NARUTO

MASSIV VOL.21

DIE ZWEI MADARA

MASASHI KISHIMOTO

NARUTO CHARACTERS

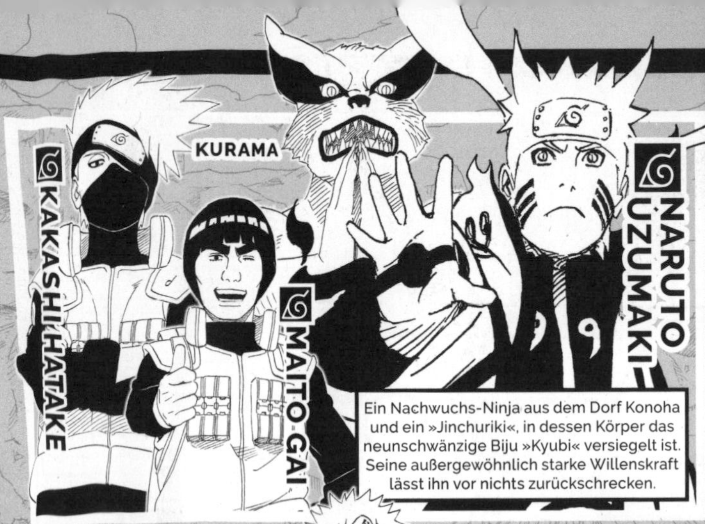

Ein Nachwuchs-Ninja aus dem Dorf Konoha und ein »Jinchuriki«, in dessen Körper das neunschwänzige Biju »Kyubi« versiegelt ist. Seine außergewöhnlich starke Willenskraft lässt ihn vor nichts zurückschrecken.

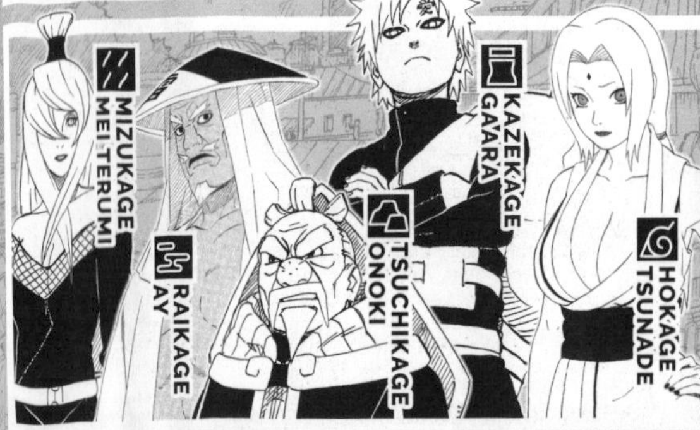

SHINOBI

DIE NINJA-ALLIANZ

EINE ALLIIERTE ARMEE AUS FÜNF NINJA-DÖRFERN: KONOHA, SUNA, KUMO, IWA UND KIRI. RAIKAGE DER VIERTE IST GENERAL-KOMMANDANT.

STORY

火影を超す!!

1

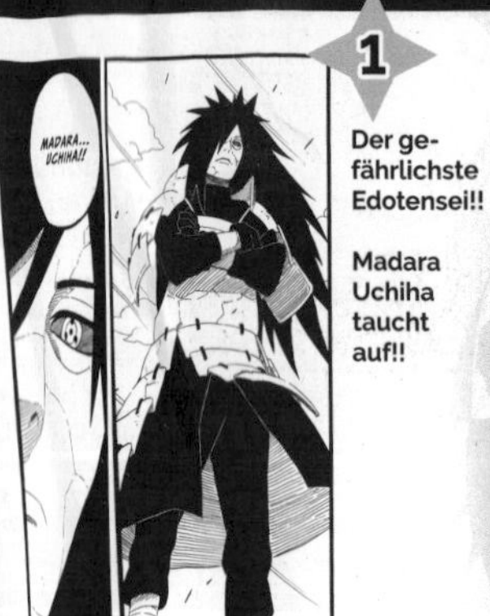

Der gefährlichste Edotensei!!

Madara Uchiha taucht auf!!

»Ein Hokage zu werden, der alle früheren Hokages übertrifft« – für diesen Traum gibt Naruto alles. Zusammen mit Sasuke und Sakura und weiteren Kameraden trainiert und kämpft er und so wird aus dem ehemaligen Tunichtgut ein richtiger Ninja.Dann geht Sasuke, besessen von der Rache an seinem großen Bruder, zu Orochimaru, um stark zu werden. Zweieinhalb Jahre später – Naruto nimmt als durchtrainierter Ninja volle Fahrt auf! Seine Kameraden im Dorf zählen immer mehr auf ihn. Da erscheint die Verbrecherorganisation Akatsuki und erschüttert die Ninja-Welt. Schließlich bricht der Vierte Ninja-Weltkrieg aus! Naruto kämpft für die Zukunft der Ninja!!

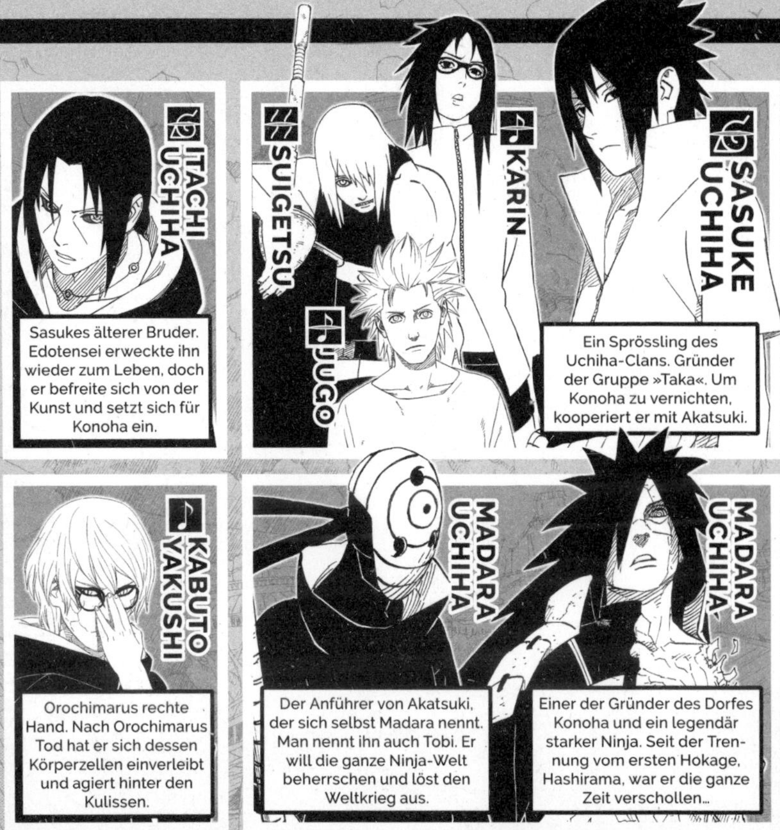

Gegen die zwei Madara kämpfen jeweils Naruto und die fünf Kage!! Unterdessen begegnet Sasuke dem wiedererwachten Itachi…!

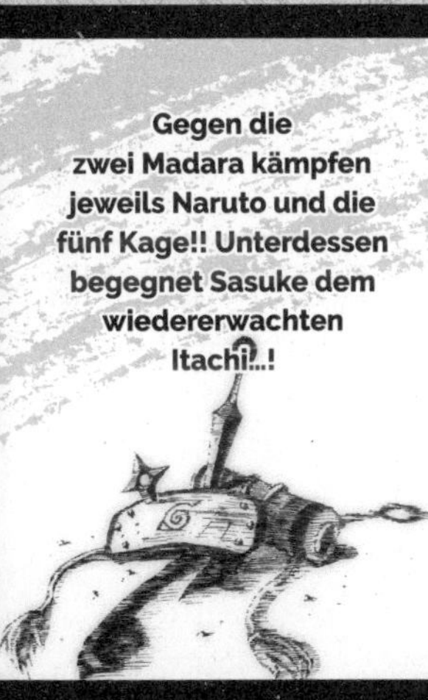

Gegen den echten Madara kämpfen die fünf Kage und Naruto nimmt es mit dem anderen Madara auf, dem Mann mit der Maske! In einem heftigen Kampf kann Naruto den Masken-Mann überwältigen – dank Kuramas Chakra, denn mit Kurama ist Naruto mittlerweile fest verbunden…!

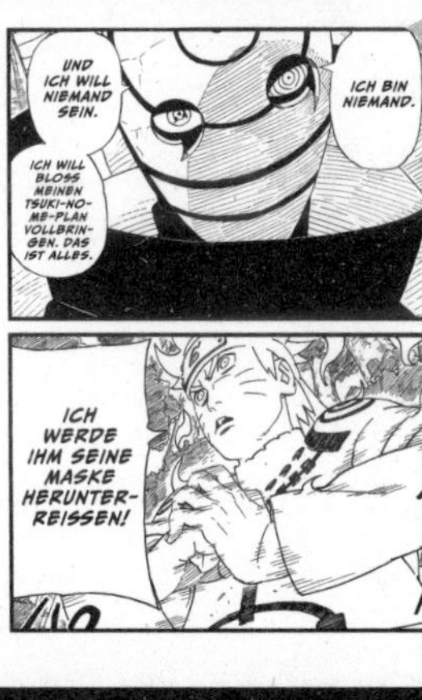

2

Naruto vs. Masken-Madara!! Wer ist der maskierte Mann in Wirklichkeit…?!

Naruto erreicht das Schlachtfeld und die Ninja-Allianz gewinnt im Krieg die Oberhand. Aber nicht lange: Durch Kabutos Edotensei erwacht der echte Madara Uchiha wieder. Seine Stärke hat ein anderes Niveau. Die fünf Kage sammeln sich und kämpfen gemeinsam gegen Madara!

NARUTO

448 SEITEN MASSIV 100% NARUTO

INHALT

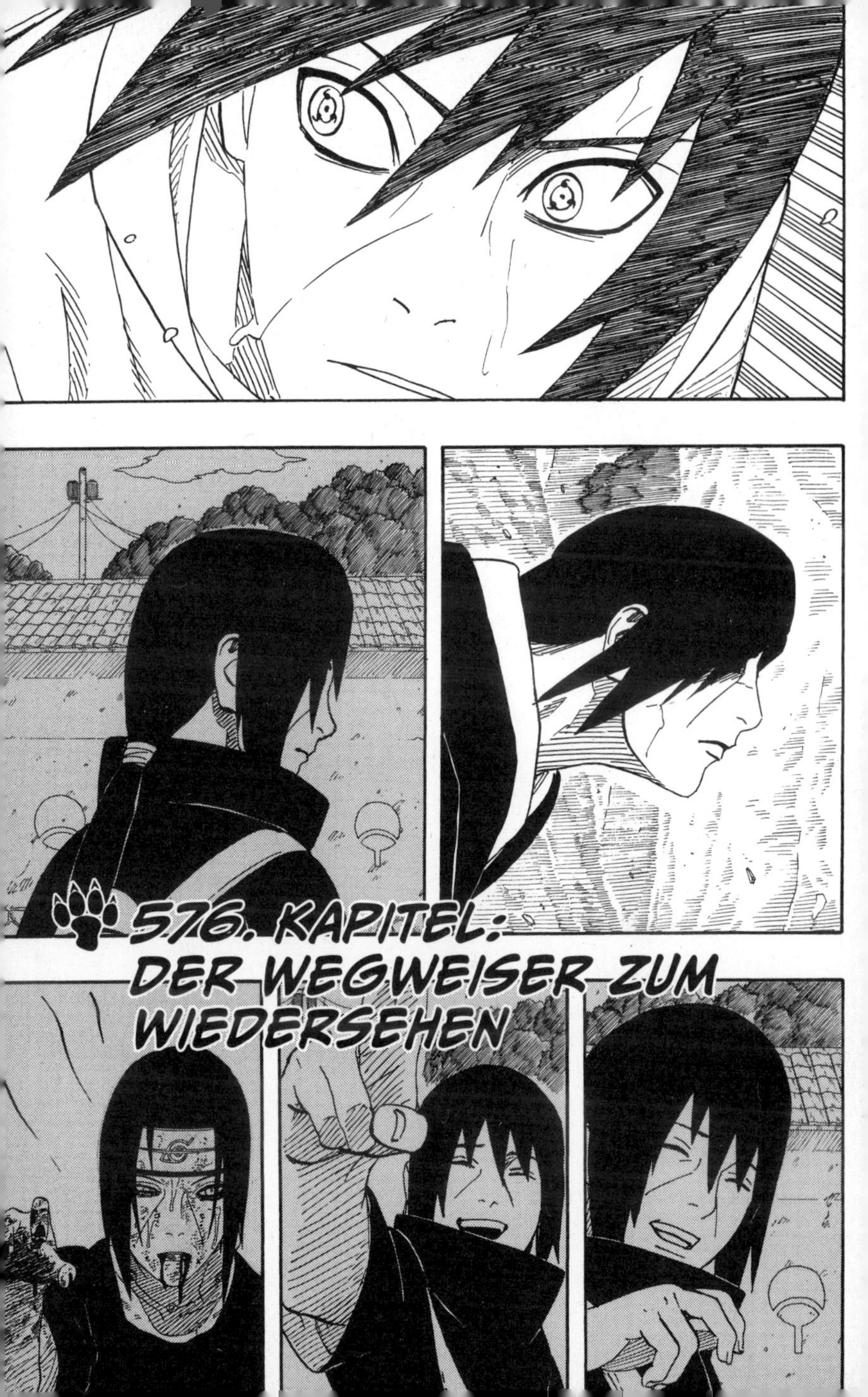
576. Kapitel:
Der Wegweiser zum Wiedersehen

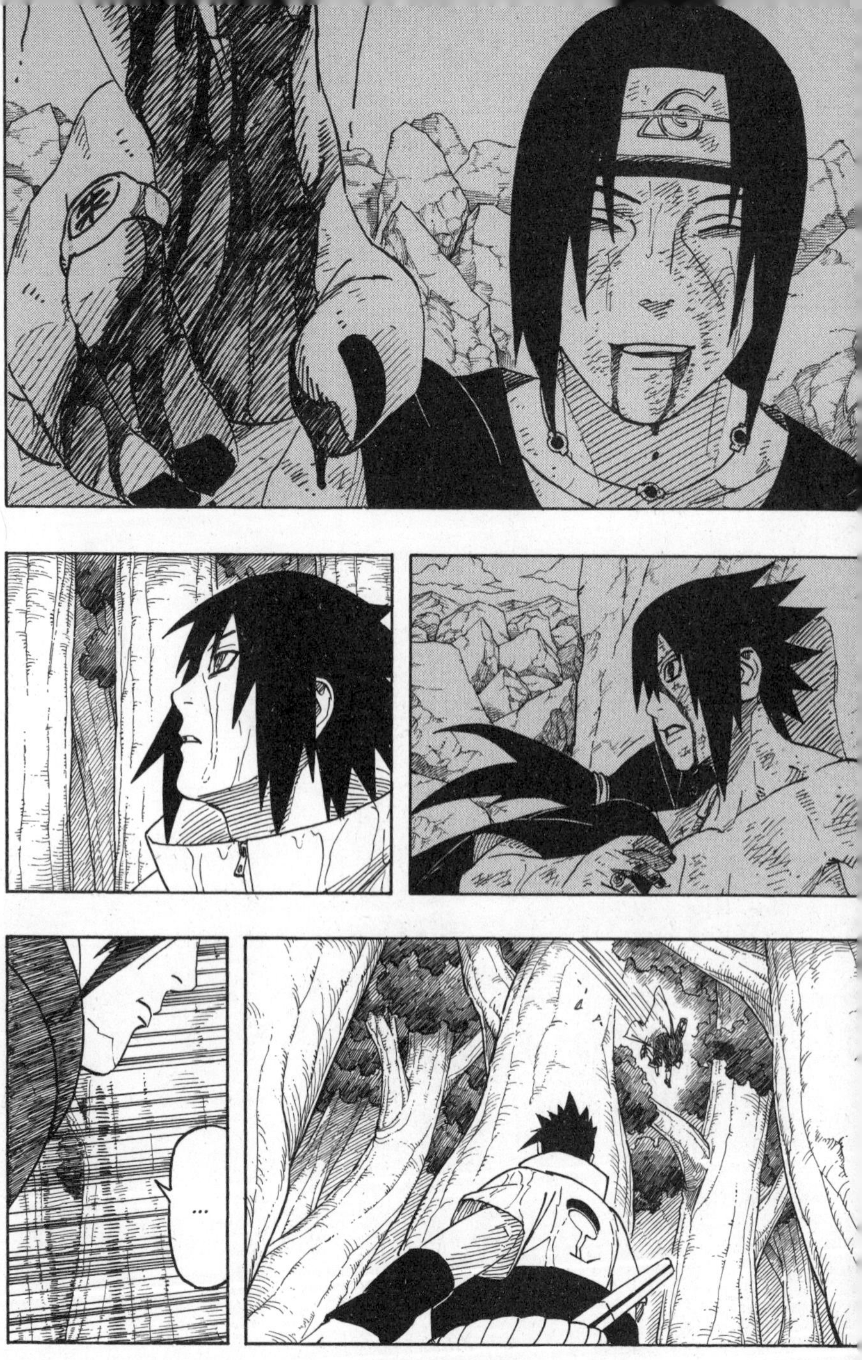

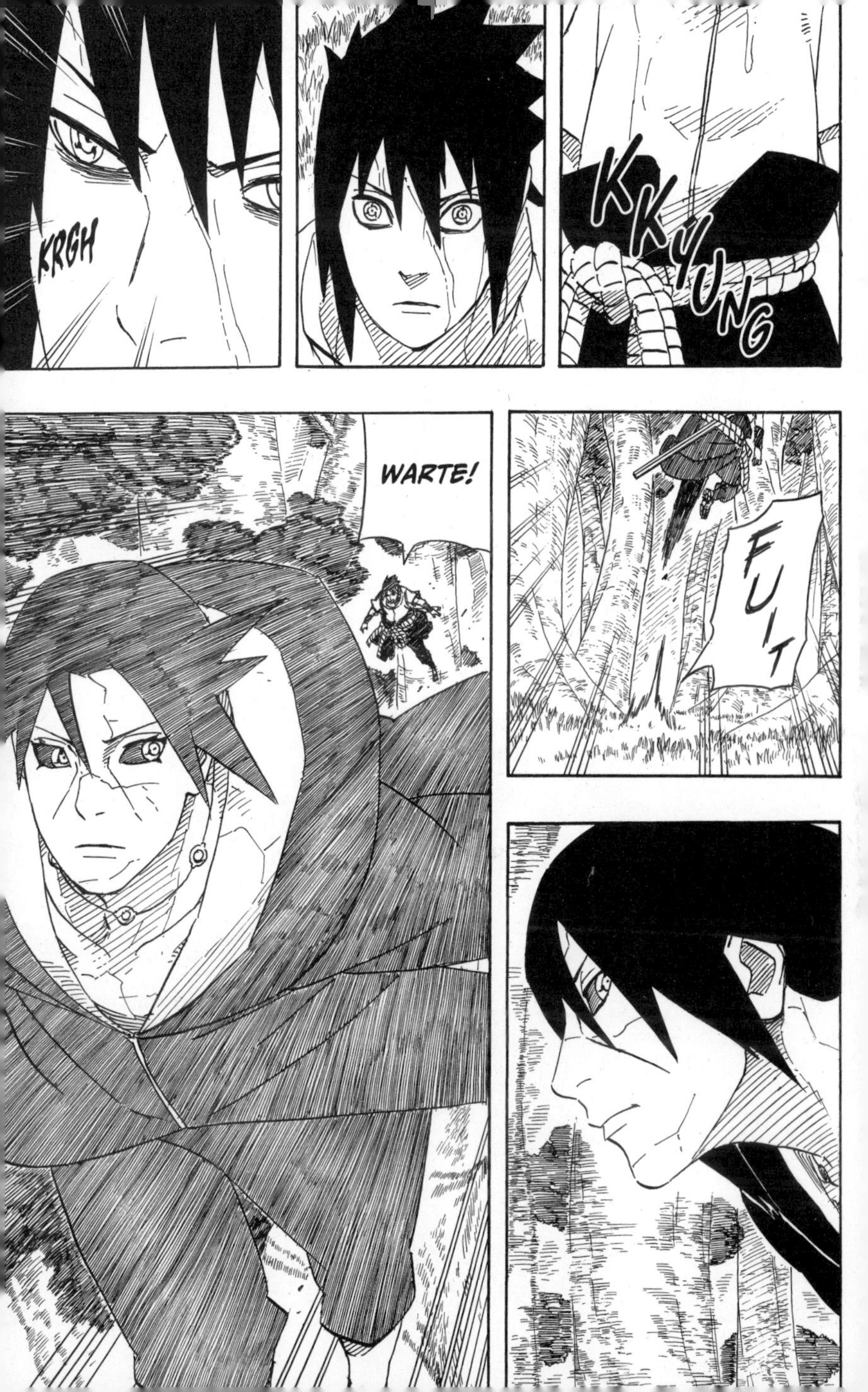
KKYUNG
KRGH
FUIT
WARTE!

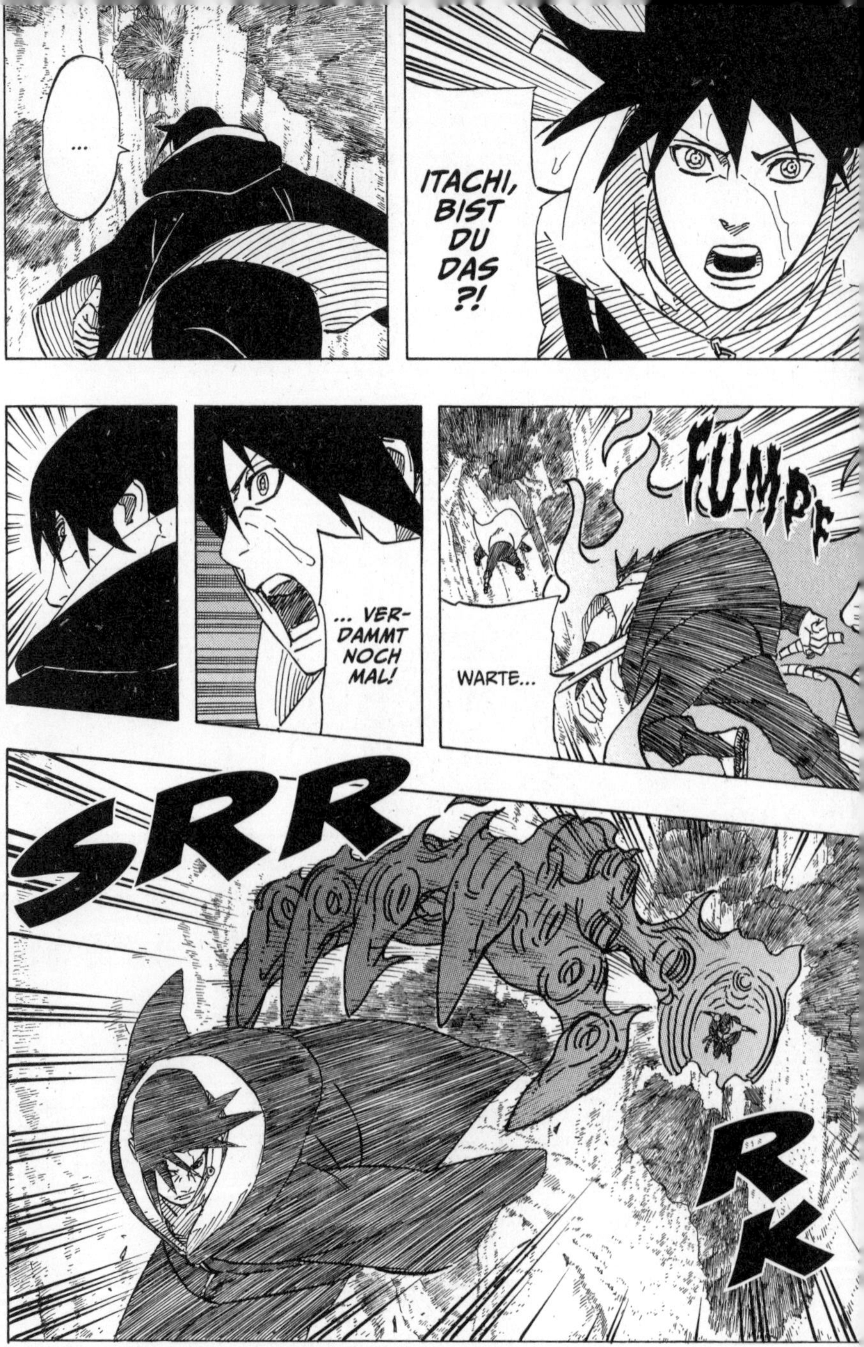
ITACHI, BIST DU DAS ?!
...
WARTE...
FUMPF
... VERDAMMT NOCH MAL!
SRR
RK

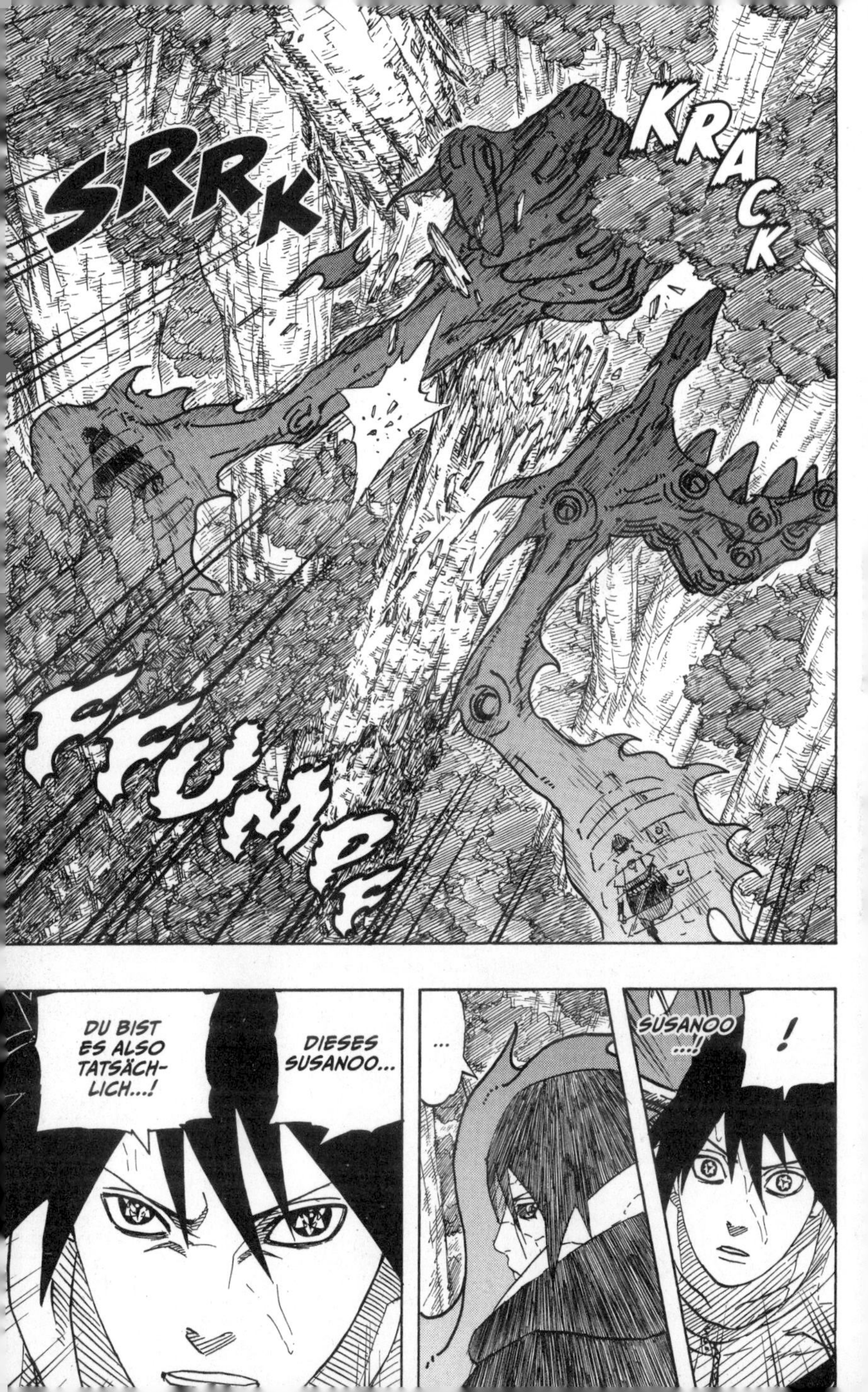
KRACK
SRRK
FFUMPF
!
SUSANOO ...!!
...
DIESES SUSANOO...
DU BIST ES ALSO TATSÄCH-LICH...!

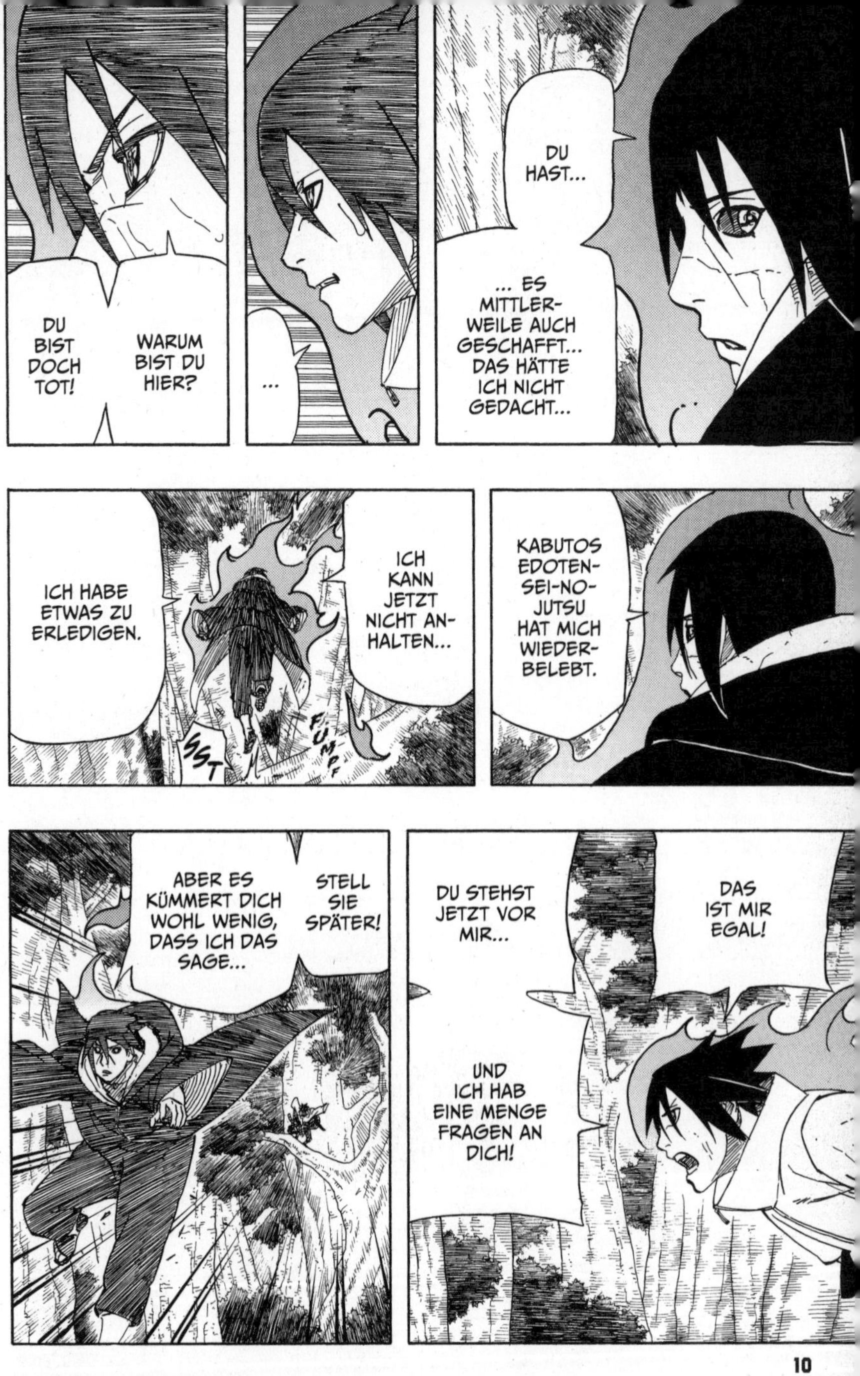
DU HAST...
... ES MITTLERWEILE AUCH GESCHAFFT... DAS HÄTTE ICH NICHT GEDACHT...
...
WARUM BIST DU HIER?
DU BIST DOCH TOT!
KABUTOS EDOTEN-SEI-NO-JUTSU HAT MICH WIEDERBELEBT.
ICH KANN JETZT NICHT ANHALTEN...
ICH HABE ETWAS ZU ERLEDIGEN.
FUMPF
SST
DAS IST MIR EGAL!
DU STEHST JETZT VOR MIR...
UND ICH HAB EINE MENGE FRAGEN AN DICH!
STELL SIE SPÄTER!
ABER ES KÜMMERT DICH WOHL WENIG, DASS ICH DAS SAGE...

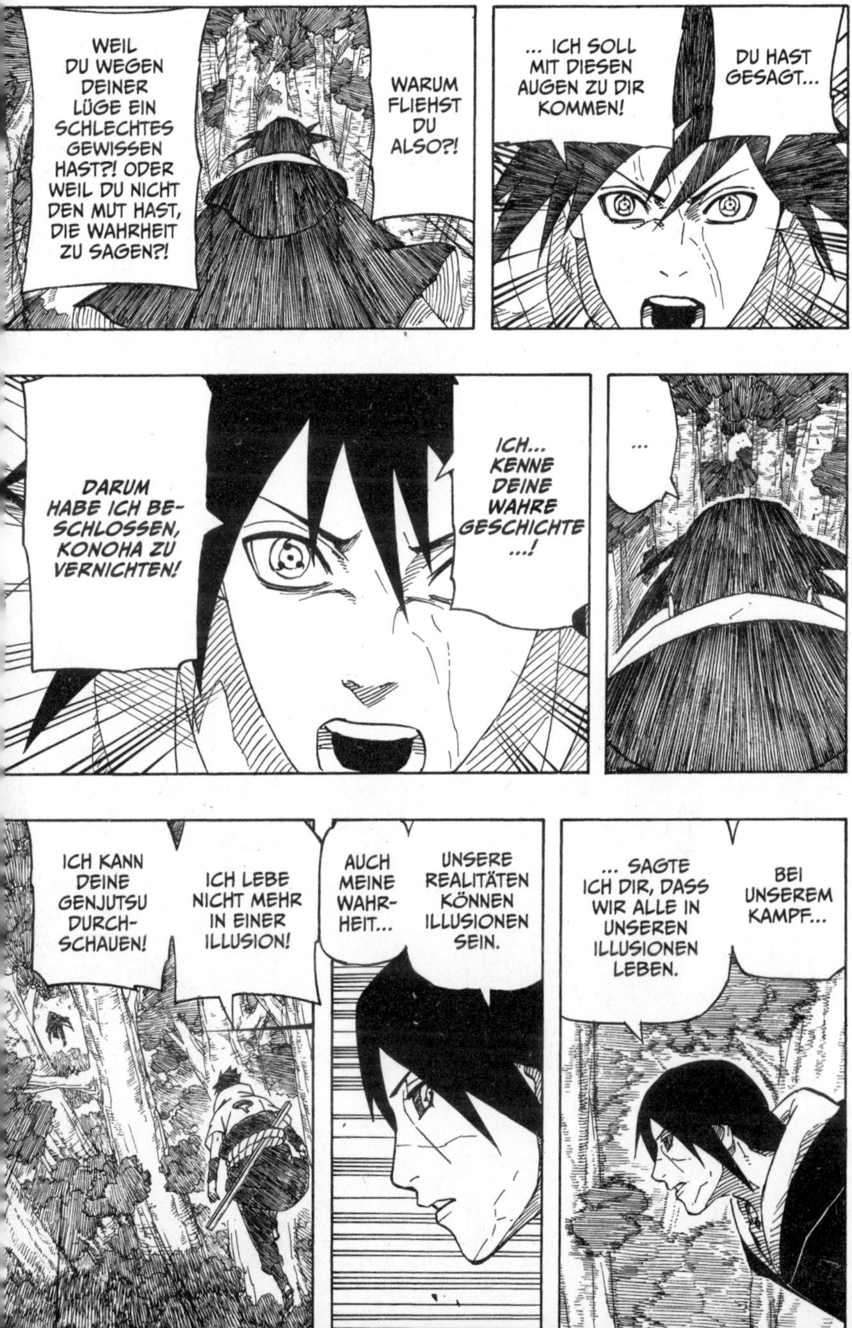
DU HAST GESAGT...
... ICH SOLL MIT DIESEN AUGEN ZU DIR KOMMEN!
WARUM FLIEHST DU ALSO?!
WEIL DU WEGEN DEINER LÜGE EIN SCHLECHTES GEWISSEN HAST?! ODER WEIL DU NICHT DEN MUT HAST, DIE WAHRHEIT ZU SAGEN?!
...
ICH... KENNE DEINE WAHRE GESCHICHTE ...!
DARUM HABE ICH BE-SCHLOSSEN, KONOHA ZU VERNICHTEN!
BEI UNSEREM KAMPF...
... SAGTE ICH DIR, DASS WIR ALLE IN UNSEREN ILLUSIONEN LEBEN.
UNSERE REALITÄTEN KÖNNEN ILLUSIONEN SEIN.
AUCH MEINE WAHR-HEIT...
ICH LEBE NICHT MEHR IN EINER ILLUSION!
ICH KANN DEINE GENJUTSU DURCH-SCHAUEN!

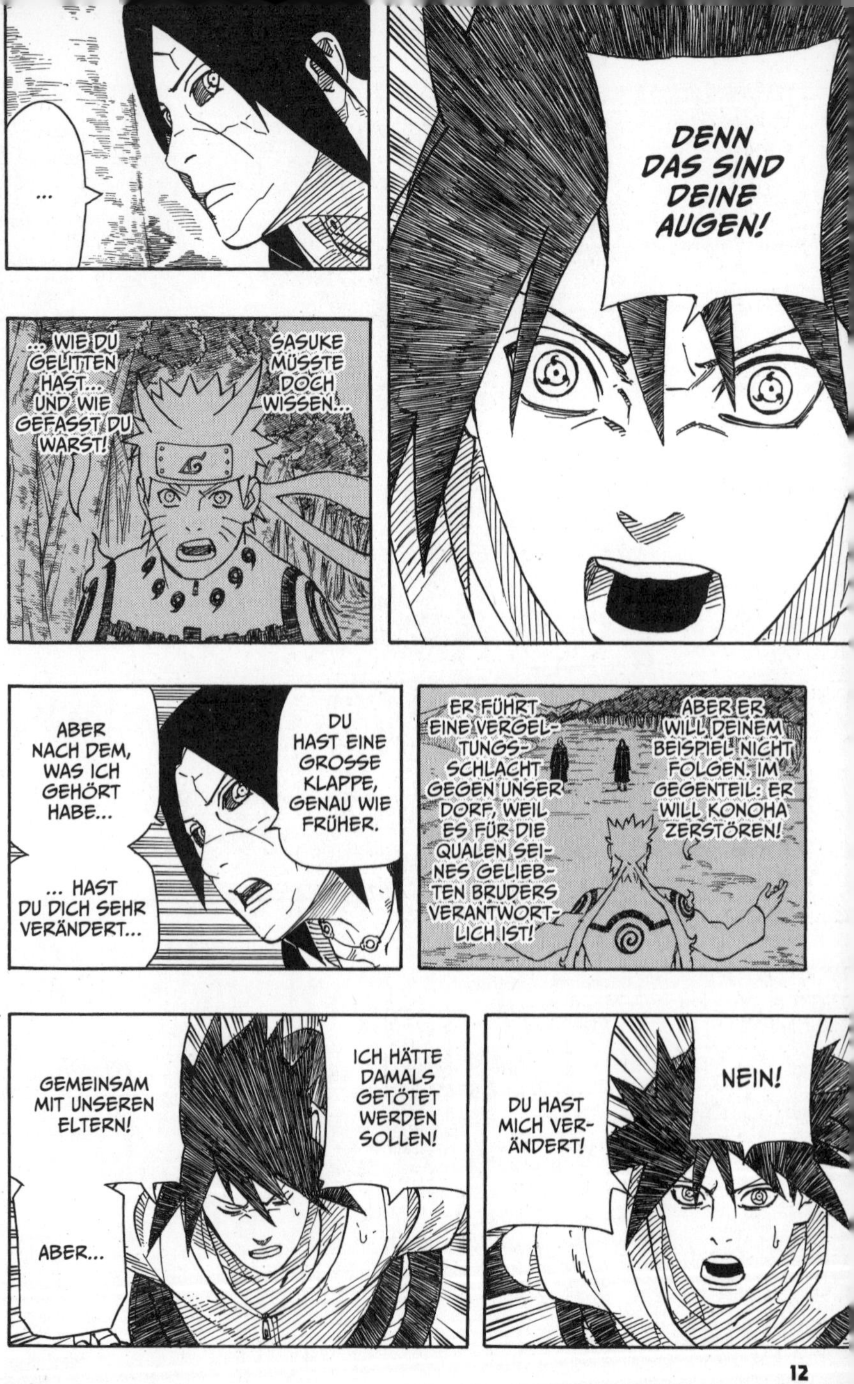
DENN DAS SIND DEINE AUGEN!
...
SASUKE MÜSSTE DOCH WISSEN...
... WIE DU GELITTEN HAST... UND WIE GEFASST DU WARST!
ER FÜHRT EINE VERGELTUNGS-SCHLACHT GEGEN UNSER DORF, WEIL ES FÜR DIE QUALEN SEINES GELIEBTEN BRUDERS VERANTWORTLICH IST!
ABER ER WILL DEINEM BEISPIEL NICHT FOLGEN. IM GEGENTEIL: ER WILL KONOHA ZERSTÖREN!
DU HAST EINE GROSSE KLAPPE, GENAU WIE FRÜHER.
ABER NACH DEM, WAS ICH GEHÖRT HABE...
... HAST DU DICH SEHR VERÄNDERT...
NEIN!
DU HAST MICH VERÄNDERT!
ICH HÄTTE DAMALS GETÖTET WERDEN SOLLEN!
GEMEINSAM MIT UNSEREN ELTERN!
ABER...

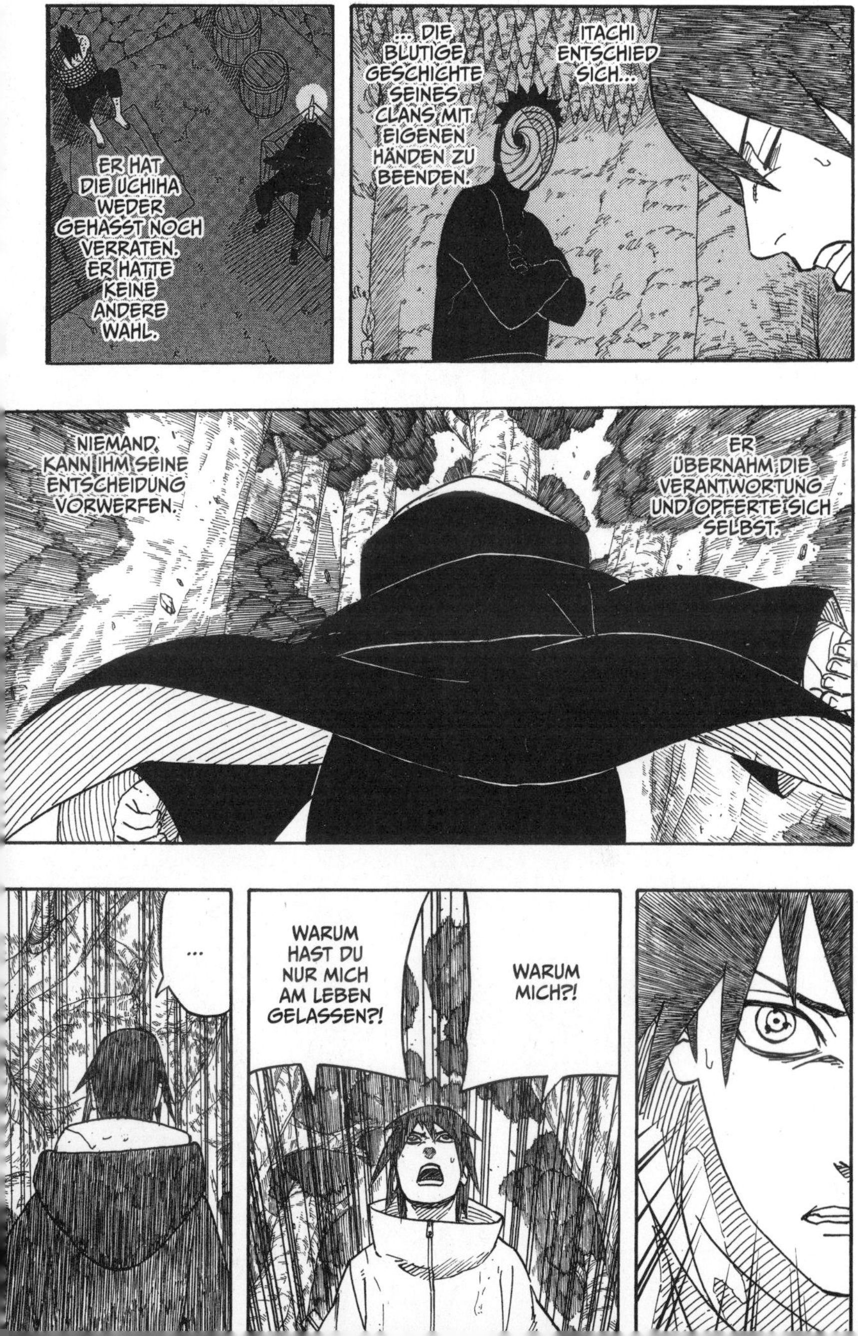

ITACHI ENTSCHIED SICH...
... DIE BLUTIGE GESCHICHTE SEINES CLANS MIT EIGENEN HÄNDEN ZU BEENDEN.
ER HAT DIE UCHIHA WEDER GEHASST NOCH VERRATEN. ER HATTE KEINE ANDERE WAHL.
ER ÜBERNAHM DIE VERANTWORTUNG UND OPFERTE SICH SELBST.
NIEMAND KANN IHM SEINE ENTSCHEIDUNG VORWERFEN.
WARUM MICH?!
WARUM HAST DU NUR MICH AM LEBEN GELASSEN?!
...

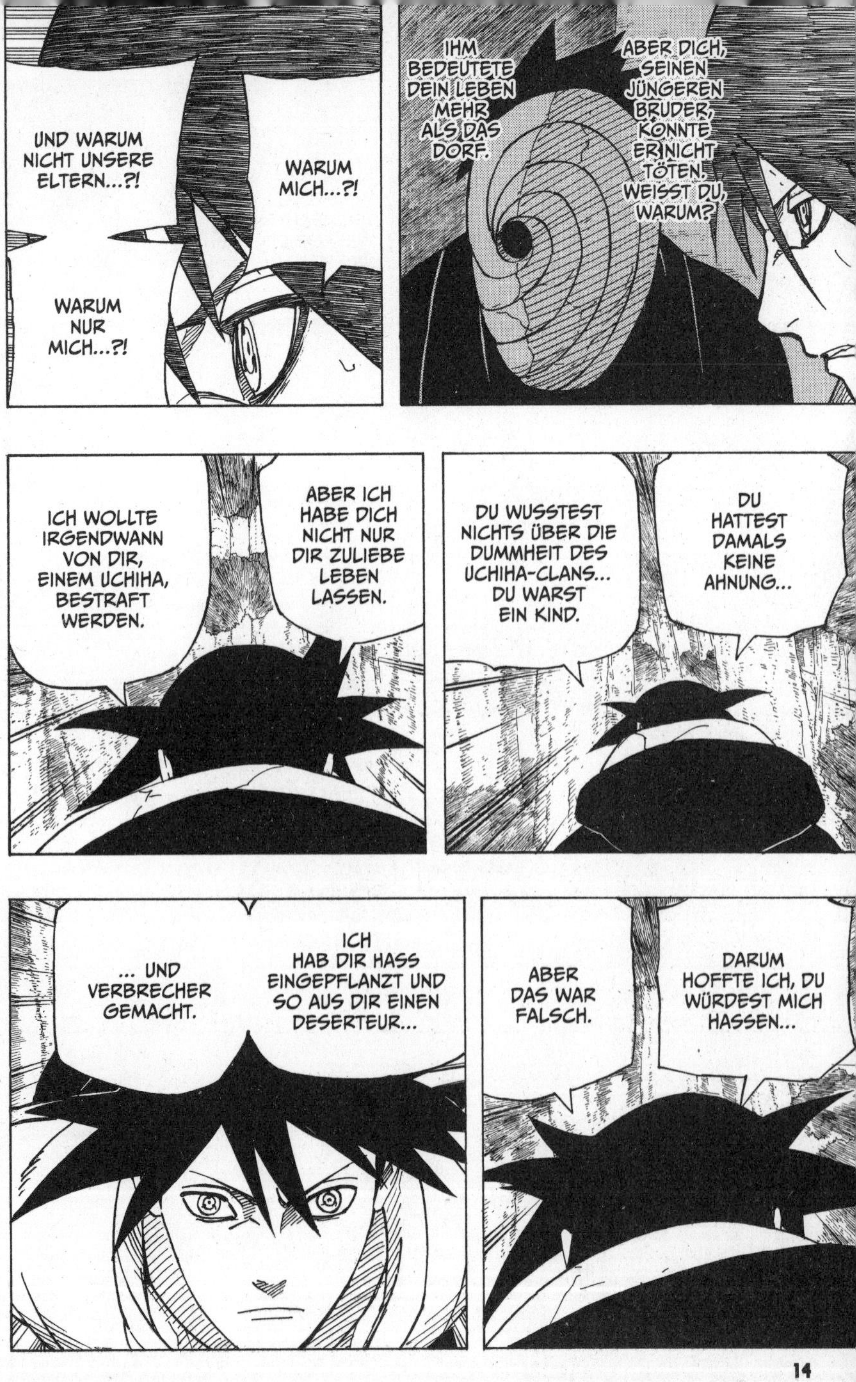
ABER DICH, SEINEN JÜNGEREN BRUDER, KONNTE ER NICHT TÖTEN. WEISST DU, WARUM?
IHM BEDEUTETE DEIN LEBEN MEHR ALS DAS DORF.
WARUM MICH...?!
UND WARUM NICHT UNSERE ELTERN...?!
WARUM NUR MICH...?!
DU HATTEST DAMALS KEINE AHNUNG...
DU WUSSTEST NICHTS ÜBER DIE DUMMHEIT DES UCHIHA-CLANS... DU WARST EIN KIND.
ABER ICH HABE DICH NICHT NUR DIR ZULIEBE LEBEN LASSEN.
ICH WOLLTE IRGENDWANN VON DIR, EINEM UCHIHA, BESTRAFT WERDEN.
DARUM HOFFTE ICH, DU WÜRDEST MICH HASSEN...
ABER DAS WAR FALSCH.
ICH HAB DIR HASS EINGEPFLANZT UND SO AUS DIR EINEN DESERTEUR...
... UND VERBRECHER GEMACHT.

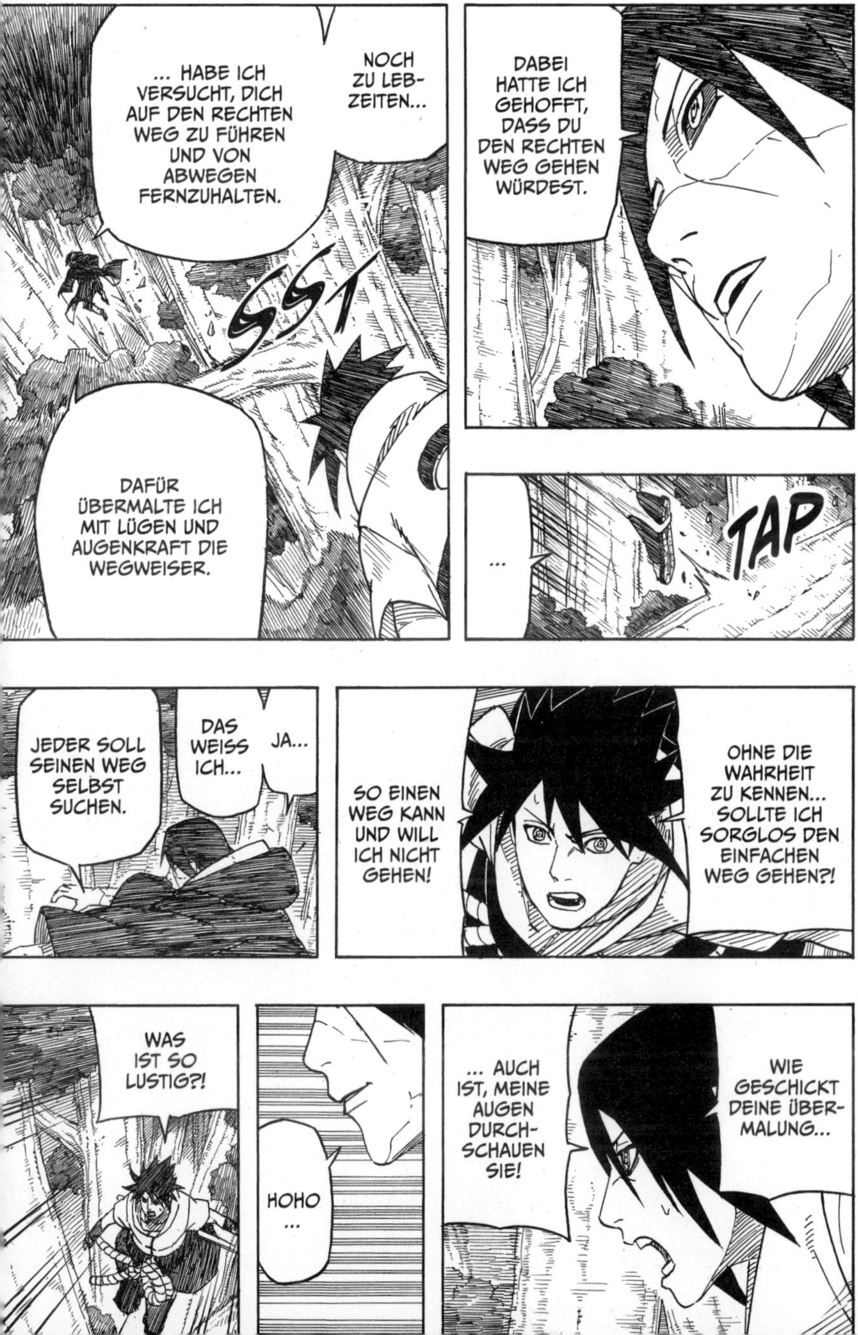
DABEI HATTE ICH GEHOFFT, DASS DU DEN RECHTEN WEG GEHEN WÜRDEST.
NOCH ZU LEB-ZEITEN...
... HABE ICH VERSUCHT, DICH AUF DEN RECHTEN WEG ZU FÜHREN UND VON ABWEGEN FERNZUHALTEN.
SST
DAFÜR ÜBERMALTE ICH MIT LÜGEN UND AUGENKRAFT DIE WEGWEISER.
TAP
...
OHNE DIE WAHRHEIT ZU KENNEN... SOLLTE ICH SORGLOS DEN EINFACHEN WEG GEHEN?!
SO EINEN WEG KANN UND WILL ICH NICHT GEHEN!
JA...
DAS WEISS ICH...
JEDER SOLL SEINEN WEG SELBST SUCHEN.
WIE GESCHICKT DEINE ÜBER-MALUNG...
... AUCH IST, MEINE AUGEN DURCH-SCHAUEN SIE!
HOHO ...
WAS IST SO LUSTIG?!

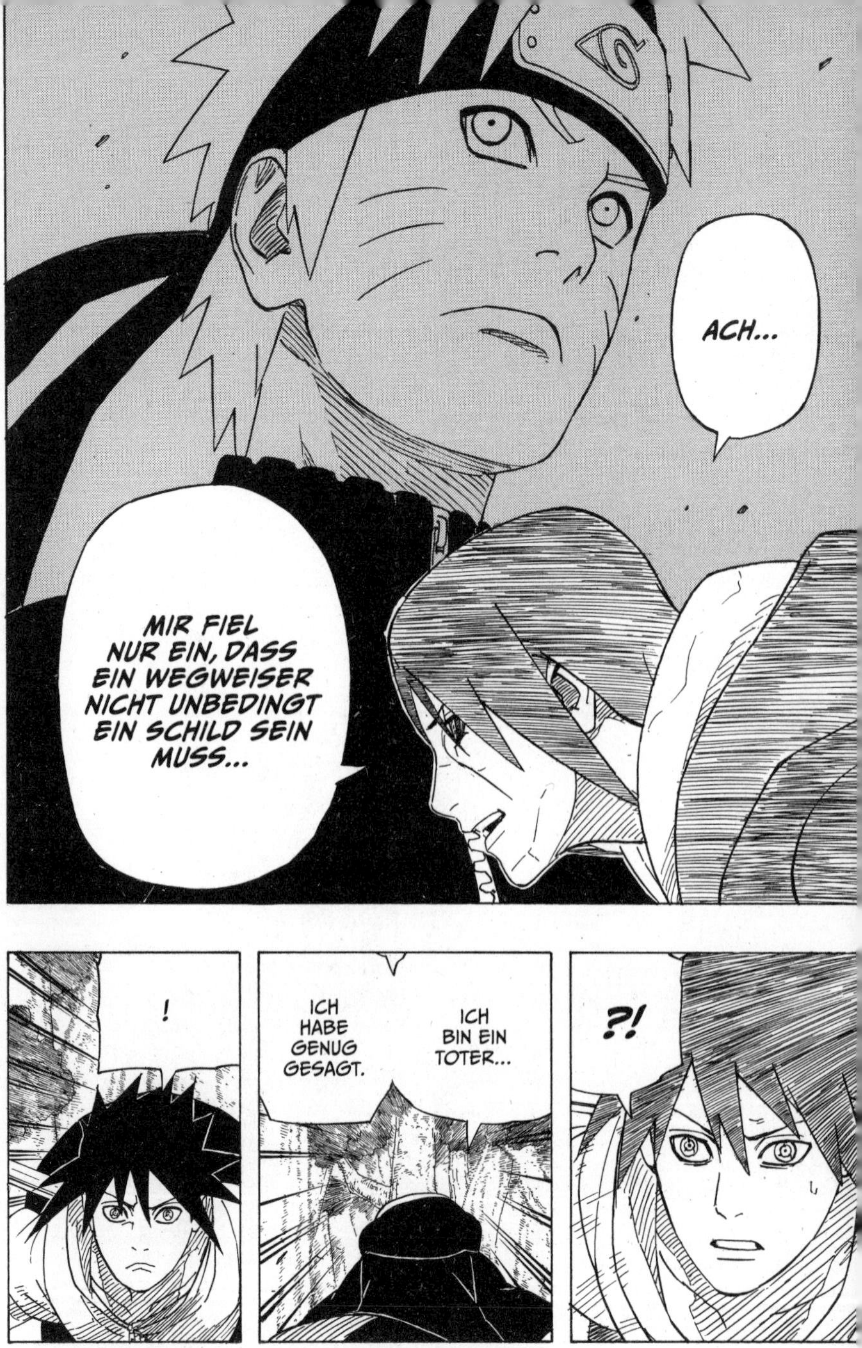
ACH...
MIR FIEL NUR EIN, DASS EIN WEGWEISER NICHT UNBEDINGT EIN SCHILD SEIN MUSS...
?!
ICH BIN EIN TOTER...
ICH HABE GENUG GESAGT.
!

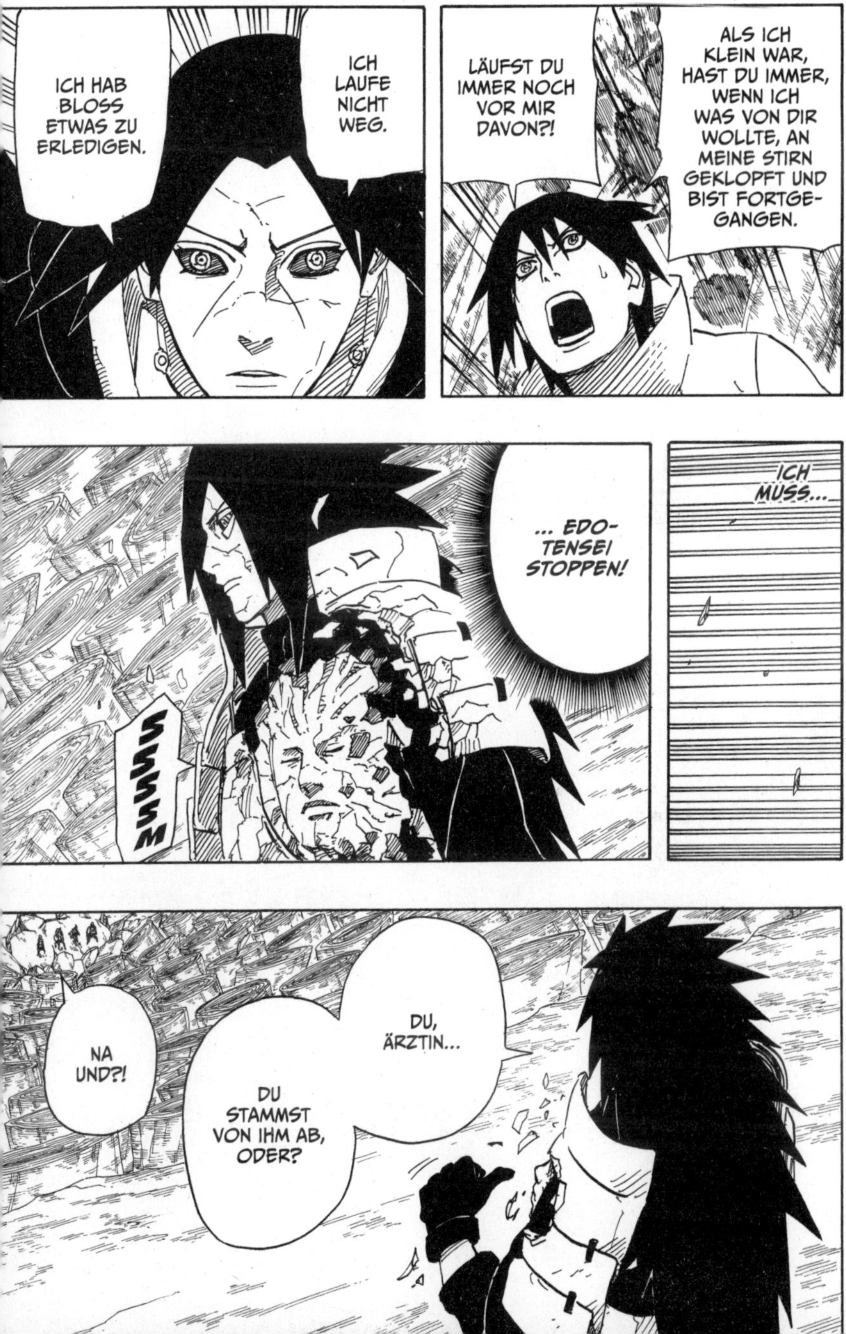
ALS ICH KLEIN WAR, HAST DU IMMER, WENN ICH WAS VON DIR WOLLTE, AN MEINE STIRN GEKLOPFT UND BIST FORTGEGANGEN.
LÄUFST DU IMMER NOCH VOR MIR DAVON?!
ICH LAUFE NICHT WEG.
ICH HAB BLOSS ETWAS ZU ERLEDIGEN.
ICH MUSS...
... EDO-TENSEI STOPPEN!
SSSSM
DU, ÄRZTIN...
DU STAMMST VON IHM AB, ODER?
NA UND?!

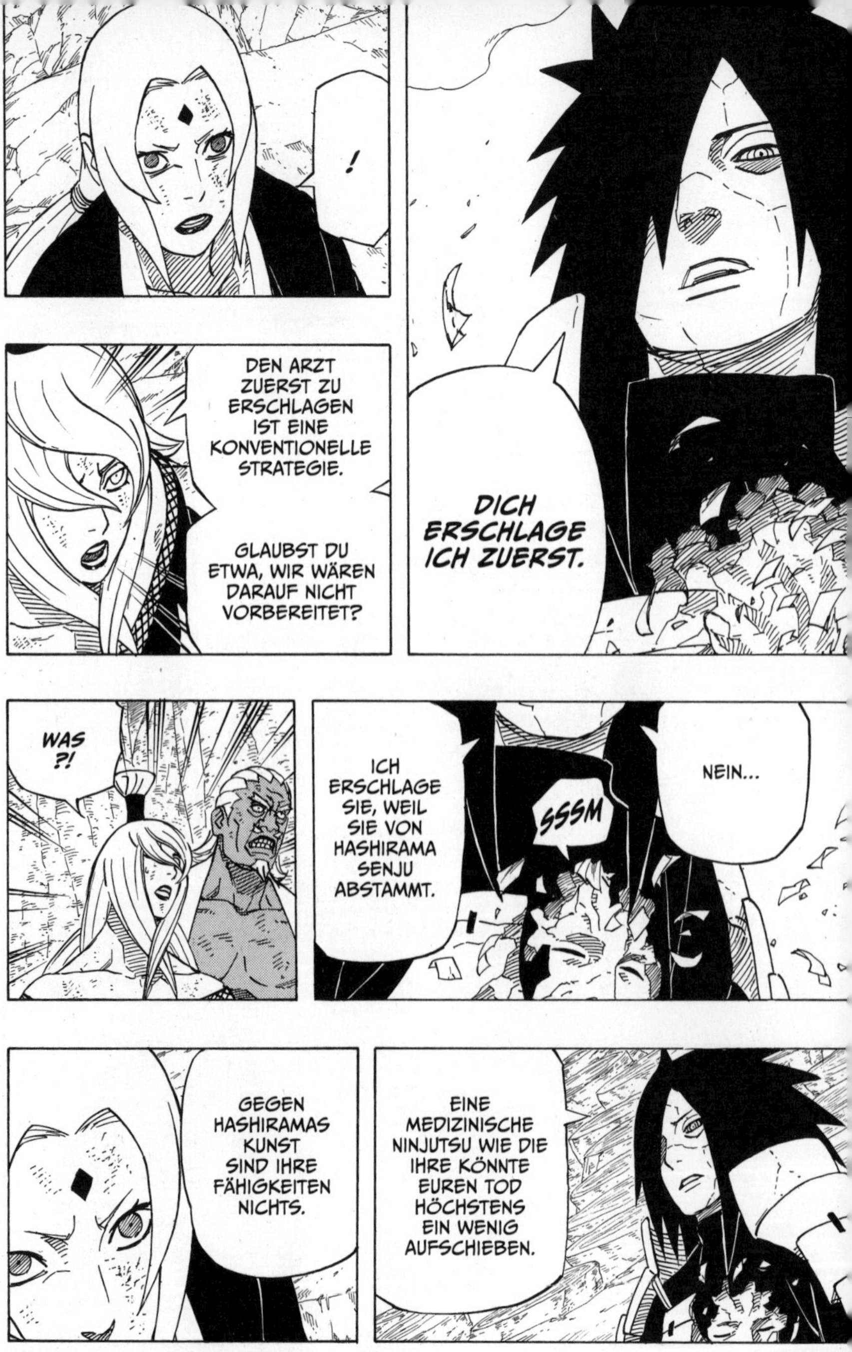
DICH ERSCHLAGE ICH ZUERST.
!
DEN ARZT ZUERST ZU ERSCHLAGEN IST EINE KONVENTIONELLE STRATEGIE.
GLAUBST DU ETWA, WIR WÄREN DARAUF NICHT VORBEREITET?
NEIN...
ICH ERSCHLAGE SIE, WEIL SIE VON HASHIRAMA SENJU ABSTAMMT.
SSSM
WAS ?!
EINE MEDIZINISCHE NINJUTSU WIE DIE IHRE KÖNNTE EUREN TOD HÖCHSTENS EIN WENIG AUFSCHIEBEN.
GEGEN HASHIRAMAS KUNST SIND IHRE FÄHIGKEITEN NICHTS.

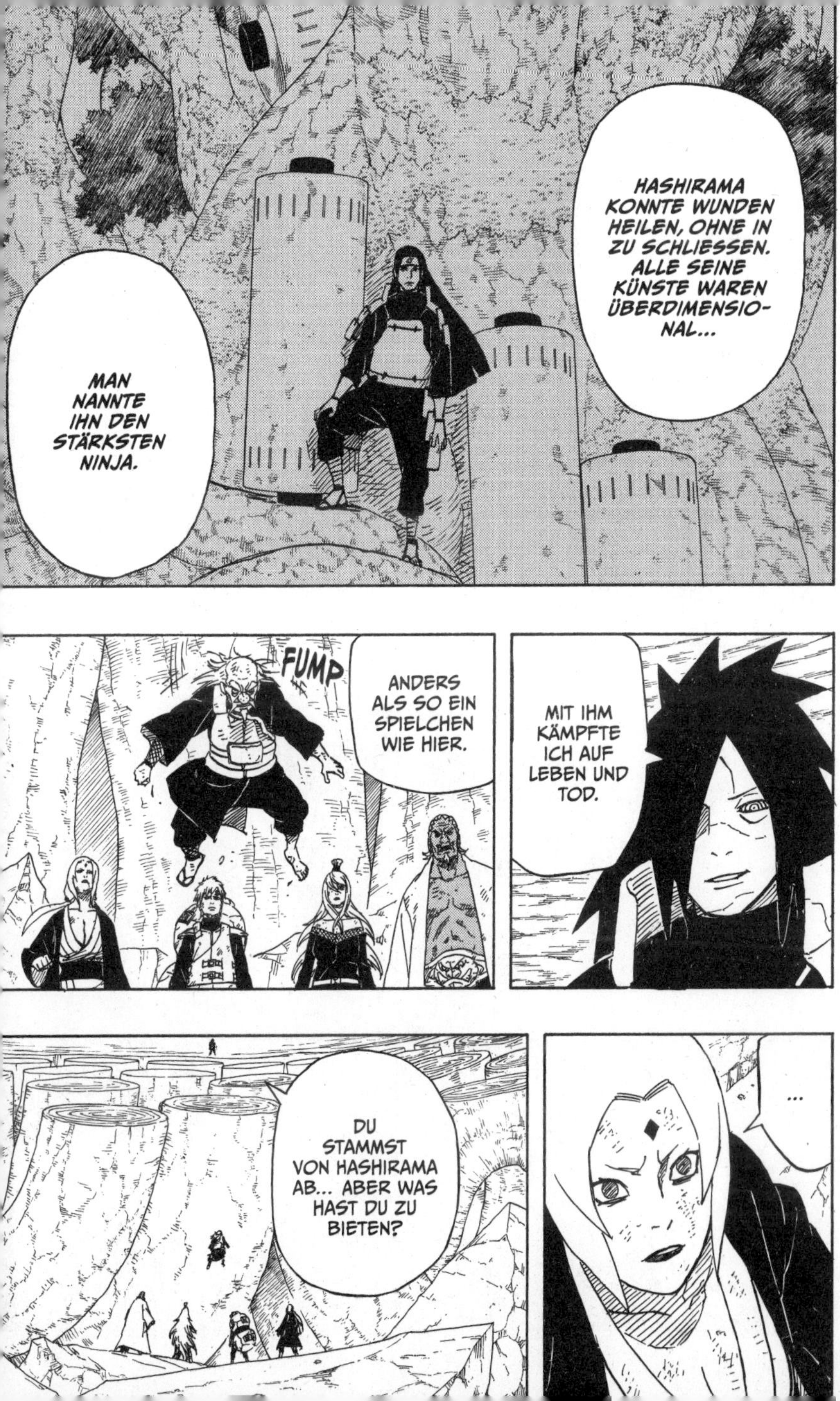
HASHIRAMA KONNTE WUNDEN HEILEN, OHNE IN ZU SCHLIESSEN. ALLE SEINE KÜNSTE WAREN ÜBERDIMENSIO-NAL...
MAN NANNTE IHN DEN STÄRKSTEN NINJA.
MIT IHM KÄMPFTE ICH AUF LEBEN UND TOD.
ANDERS ALS SO EIN SPIELCHEN WIE HIER.
FUMP
...
DU STAMMST VON HASHIRAMA AB... ABER WAS HAST DU ZU BIETEN?

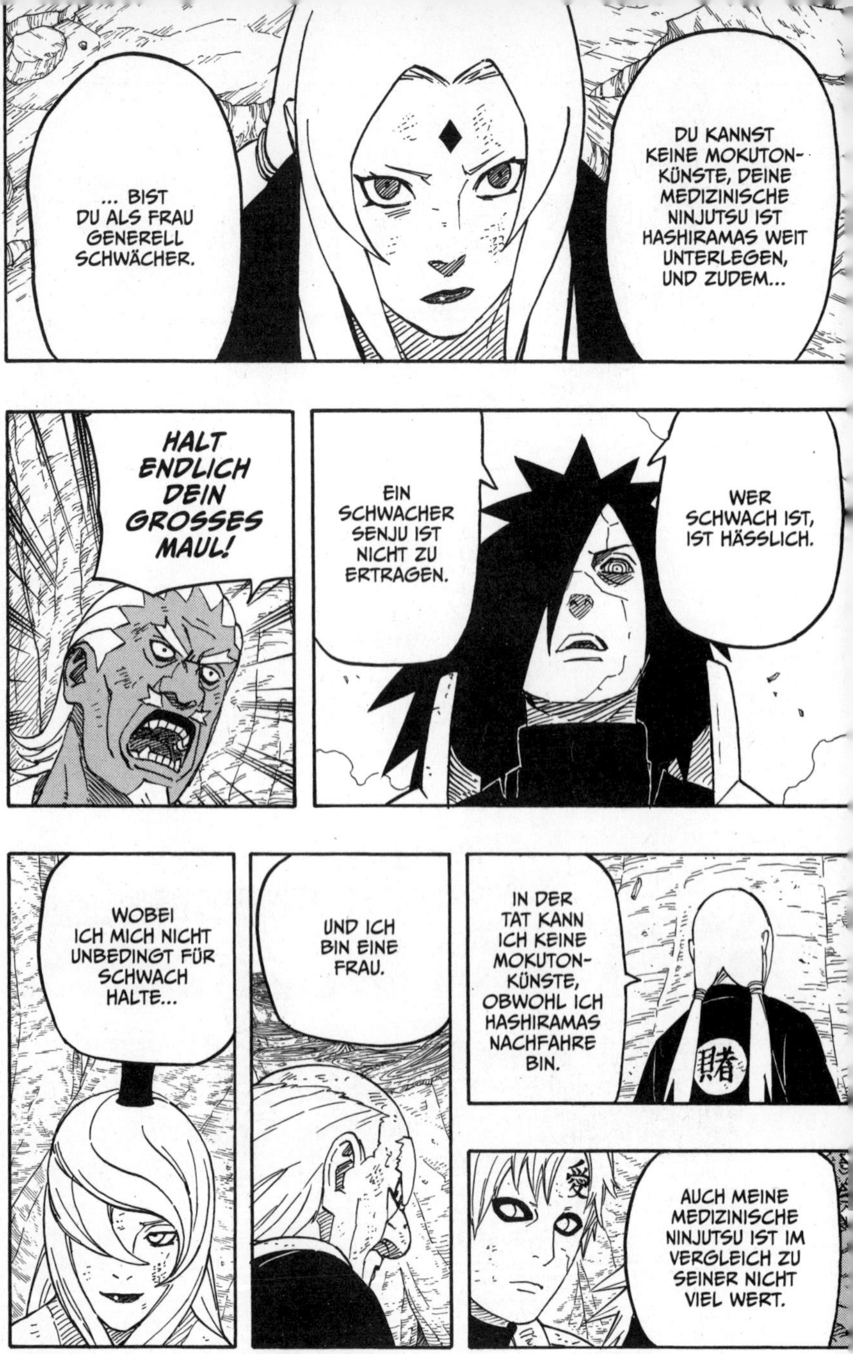
DU KANNST KEINE MOKUTON-KÜNSTE, DEINE MEDIZINISCHE NINJUTSU IST HASHIRAMAS WEIT UNTERLEGEN, UND ZUDEM...
... BIST DU ALS FRAU GENERELL SCHWÄCHER.
WER SCHWACH IST, IST HÄSSLICH.
EIN SCHWACHER SENJU IST NICHT ZU ERTRAGEN.
HALT ENDLICH DEIN GROSSES MAUL!
IN DER TAT KANN ICH KEINE MOKUTON-KÜNSTE, OBWOHL ICH HASHIRAMAS NACHFAHRE BIN.
AUCH MEINE MEDIZINISCHE NINJUTSU IST IM VERGLEICH ZU SEINER NICHT VIEL WERT.
UND ICH BIN EINE FRAU.
WOBEI ICH MICH NICHT UNBEDINGT FÜR SCHWACH HALTE...

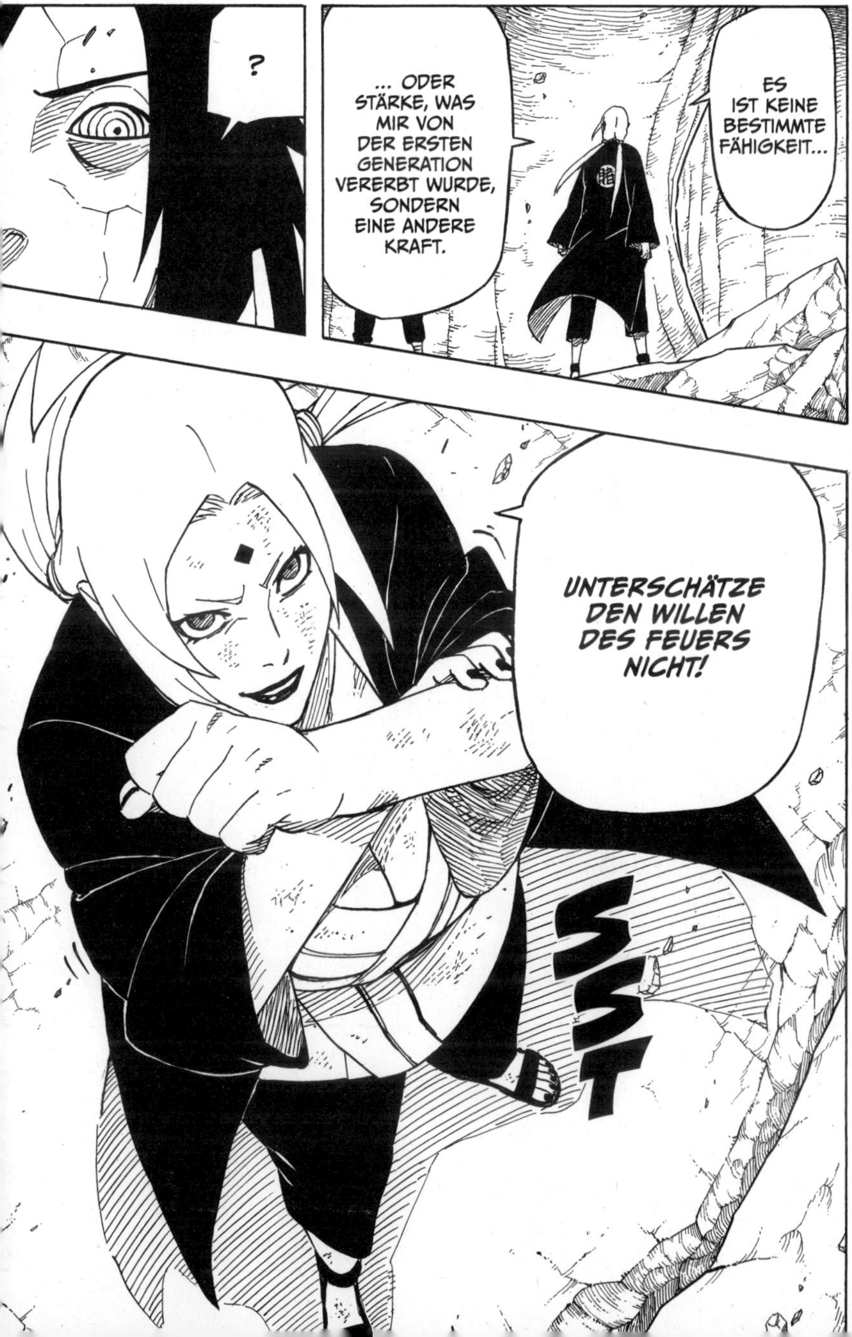
ES IST KEINE BESTIMMTE FÄHIGKEIT...
... ODER STÄRKE, WAS MIR VON DER ERSTEN GENERATION VERERBT WURDE, SONDERN EINE ANDERE KRAFT.
?
UNTERSCHÄTZE DEN WILLEN DES FEUERS NICHT!
SST

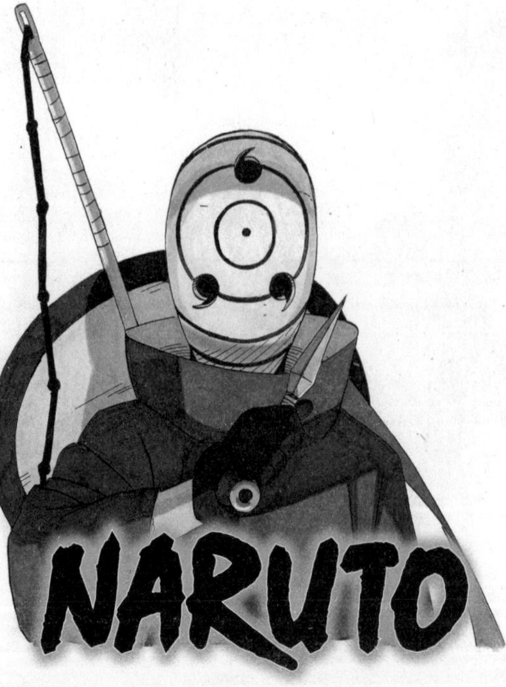
NARUTO

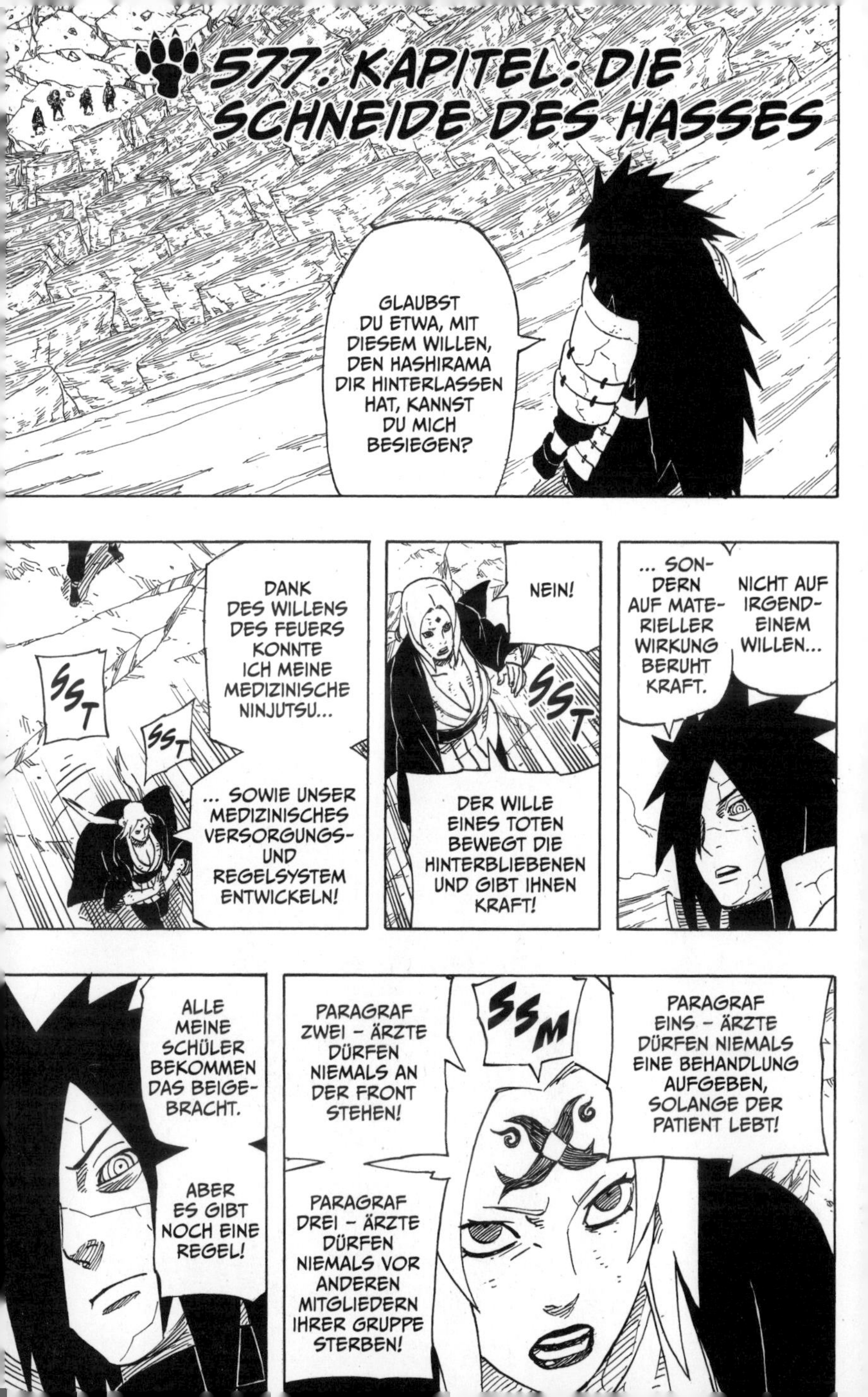
577. KAPITEL: DIE SCHNEIDE DES HASSES
GLAUBST DU ETWA, MIT DIESEM WILLEN, DEN HASHIRAMA DIR HINTERLASSEN HAT, KANNST DU MICH BESIEGEN?
NICHT AUF IRGENDEINEM WILLEN...
... SONDERN AUF MATERIELLER WIRKUNG BERUHT KRAFT.
NEIN!
SST
DER WILLE EINES TOTEN BEWEGT DIE HINTERBLIEBENEN UND GIBT IHNEN KRAFT!
DANK DES WILLENS DES FEUERS KONNTE ICH MEINE MEDIZINISCHE NINJUTSU...
SST
SST
... SOWIE UNSER MEDIZINISCHES VERSORGUNGS- UND REGELSYSTEM ENTWICKELN!
PARAGRAF EINS – ÄRZTE DÜRFEN NIEMALS EINE BEHANDLUNG AUFGEBEN, SOLANGE DER PATIENT LEBT!
SSM
PARAGRAF ZWEI – ÄRZTE DÜRFEN NIEMALS AN DER FRONT STEHEN!
PARAGRAF DREI – ÄRZTE DÜRFEN NIEMALS VOR ANDEREN MITGLIEDERN IHRER GRUPPE STERBEN!
ALLE MEINE SCHÜLER BEKOMMEN DAS BEIGEBRACHT.
ABER ES GIBT NOCH EINE REGEL!

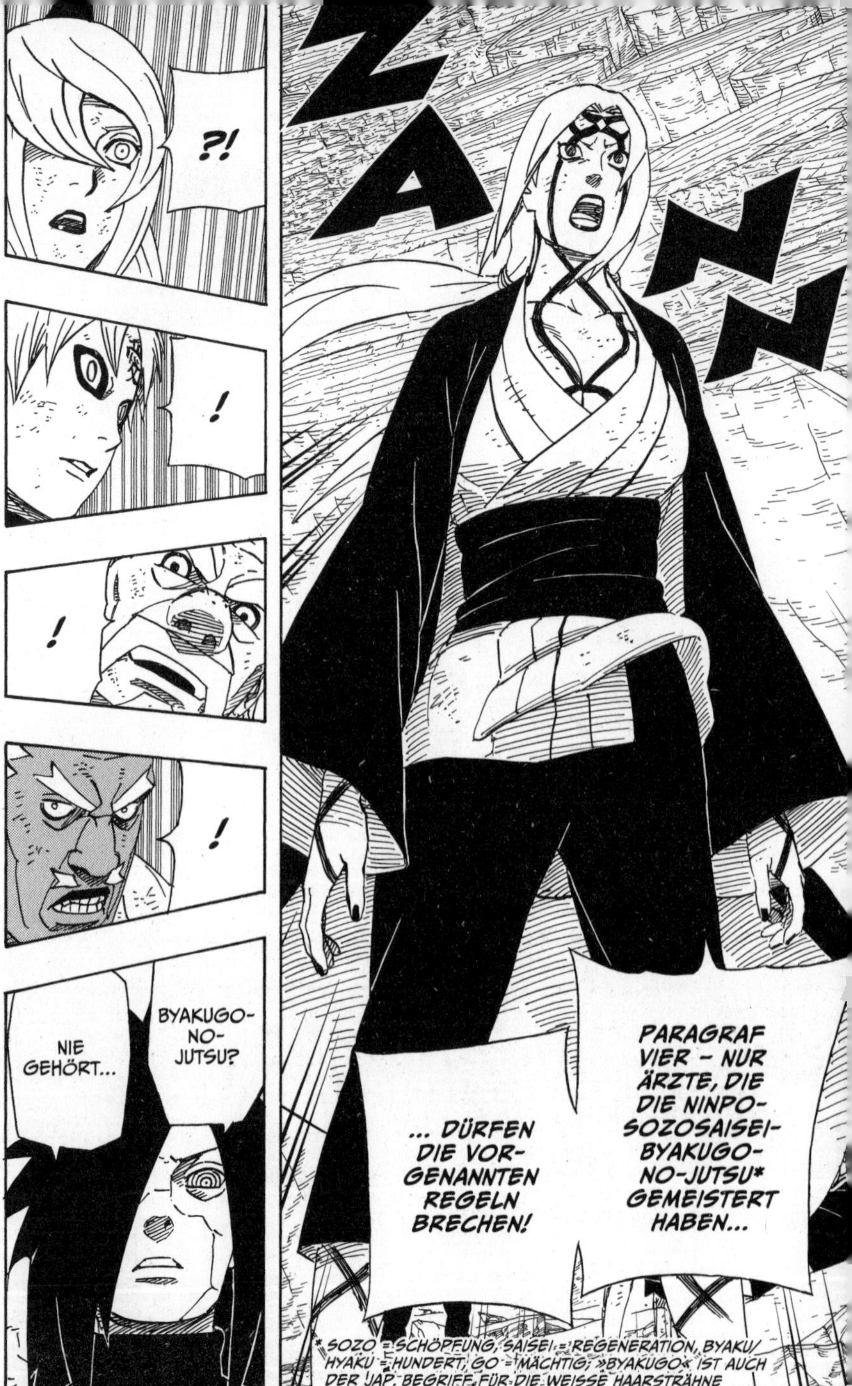

* SOZO = SCHÖPFUNG, SAISEI = REGENERATION, BYAKU/HYAKU = HUNDERT, GO = MÄCHTIG; »BYAKUGO« IST AUCH DER JAP. BEGRIFF FÜR DIE WEISSE HAARSTRÄHNE BUDDHAS, EIN SYMBOL FÜR DAS DRITTE AUGE.

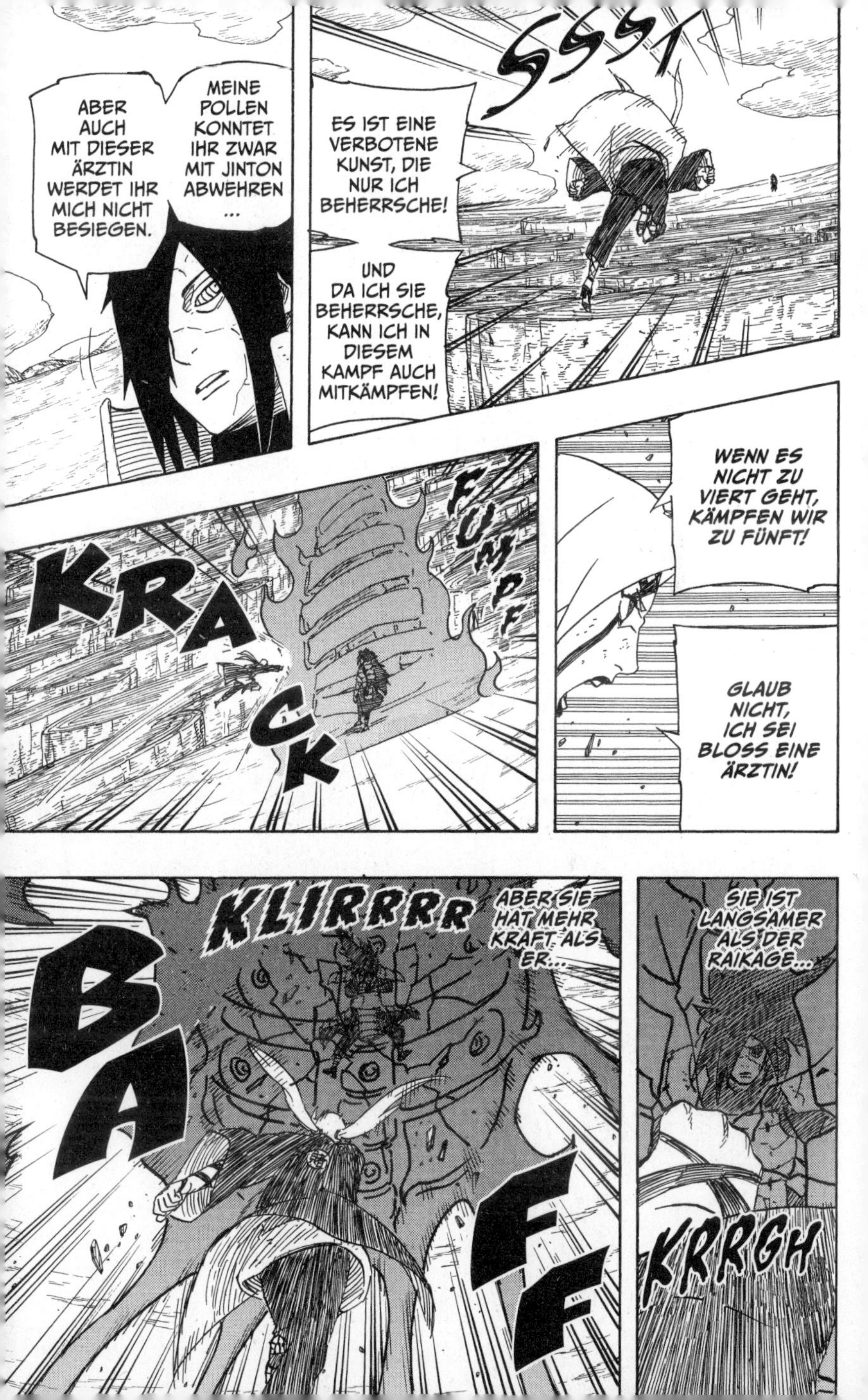
SSST
ES IST EINE VERBOTENE KUNST, DIE NUR ICH BEHERRSCHE!
UND DA ICH SIE BEHERRSCHE, KANN ICH IN DIESEM KAMPF AUCH MITKÄMPFEN!
MEINE POLLEN KONNTET IHR ZWAR MIT JINTON ABWEHREN ...
ABER AUCH MIT DIESER ÄRZTIN WERDET IHR MICH NICHT BESIEGEN.
WENN ES NICHT ZU VIERT GEHT, KÄMPFEN WIR ZU FÜNFT!
GLAUB NICHT, ICH SEI BLOSS EINE ÄRZTIN!
FUMPF
KRACK
SIE IST LANGSAMER ALS DER RAIKAGE...
KRRGH
ABER SIE HAT MEHR KRAFT ALS ER...
KLIRRRRR
BAFF

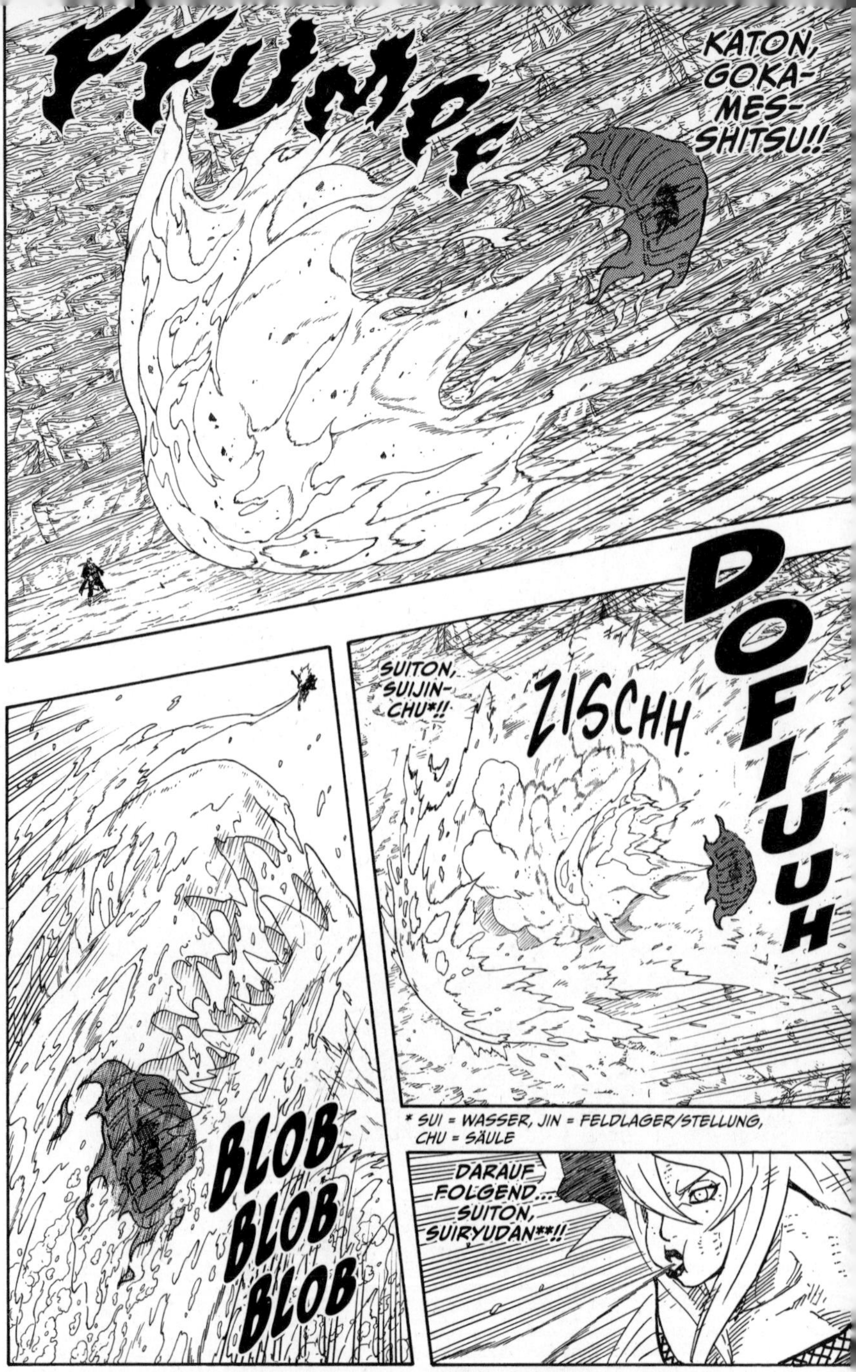

* SUI = WASSER, JIN = FELDLAGER/STELLUNG, CHU = SÄULE

** RYU = DRACHE, DAN = GESCHOSS

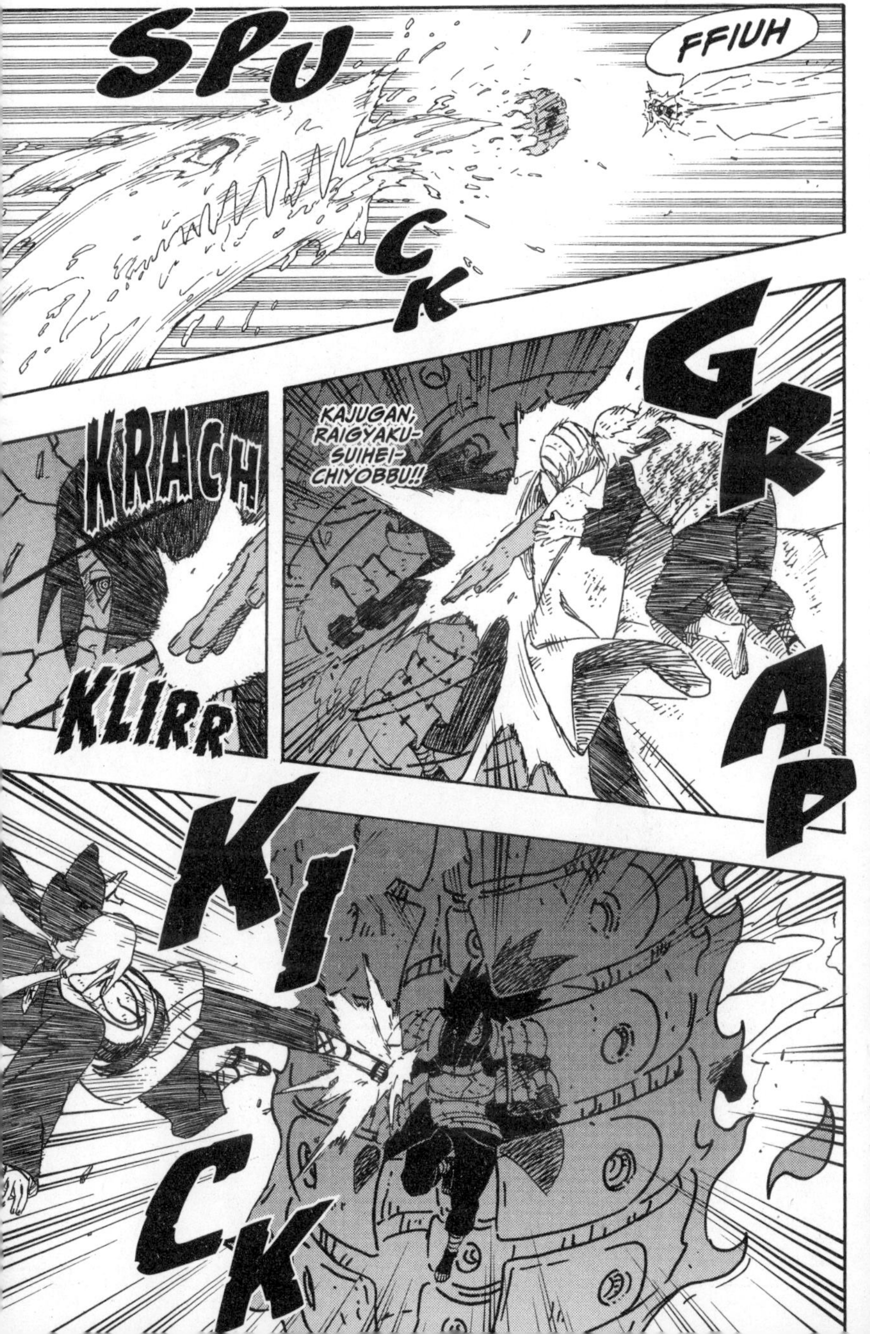
FFIUH
SPUCK
GRAP
KAJUGAN, RAIGYAKU-SUIHEI-CHIYOBBU!!
KRACH
KLIRR
KICK

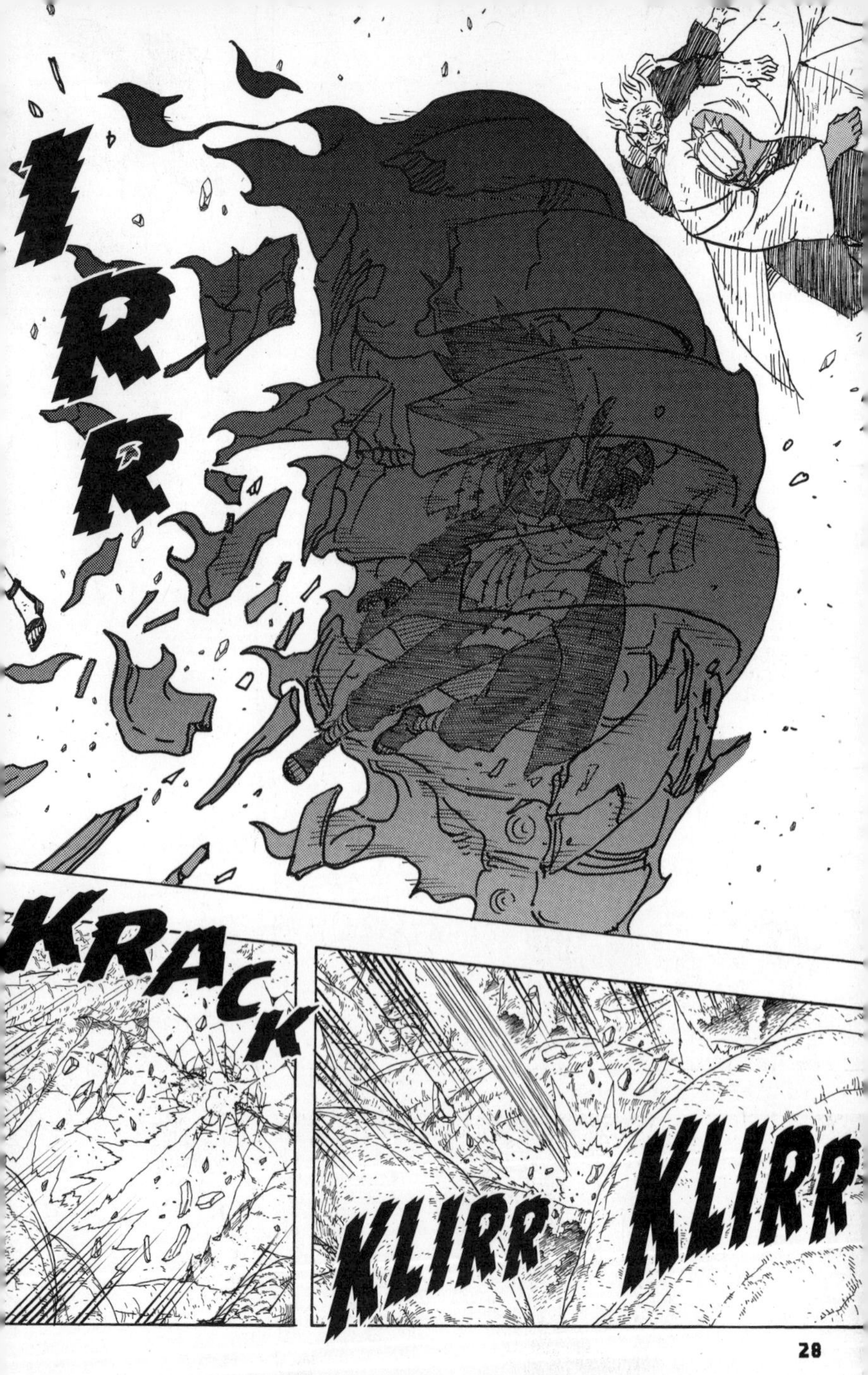
IRRR
KRACK
KLIRR KLIRR

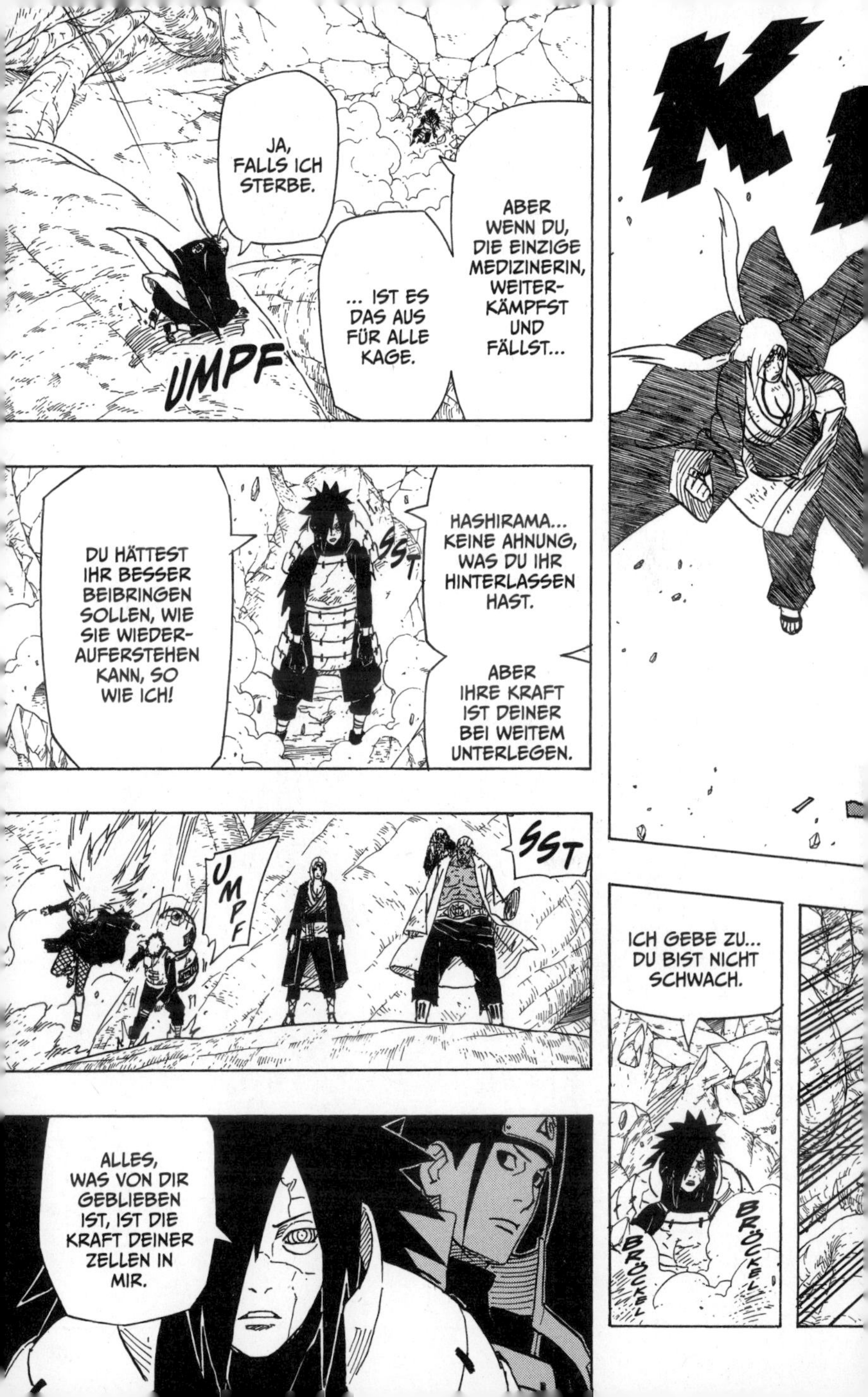
ABER WENN DU, DIE EINZIGE MEDIZINERIN, WEITER-KÄMPFST UND FÄLLST...
... IST ES DAS AUS FÜR ALLE KAGE.
JA, FALLS ICH STERBE.
UMPF
HASHIRAMA... KEINE AHNUNG, WAS DU IHR HINTERLASSEN HAST.
ABER IHRE KRAFT IST DEINER BEI WEITEM UNTERLEGEN.
SST
DU HÄTTEST IHR BESSER BEIBRINGEN SOLLEN, WIE SIE WIEDER-AUFERSTEHEN KANN, SO WIE ICH!
SST
UMPF
ALLES, WAS VON DIR GEBLIEBEN IST, IST DIE KRAFT DEINER ZELLEN IN MIR.
ICH GEBE ZU... DU BIST NICHT SCHWACH.
BRÖCKEL
BRÖCKEL

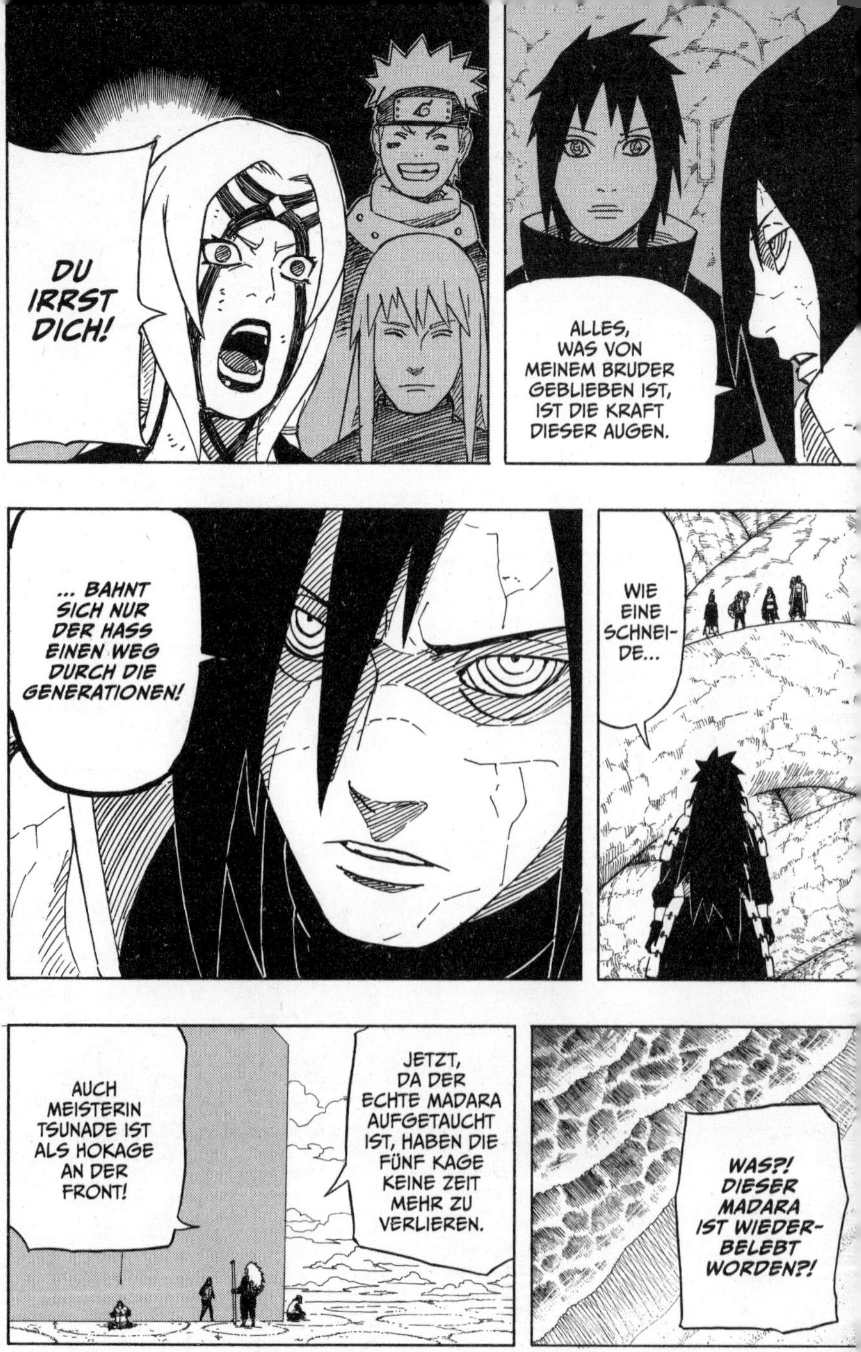
ALLES, WAS VON MEINEM BRUDER GEBLIEBEN IST, IST DIE KRAFT DIESER AUGEN.
DU IRRST DICH!
WIE EINE SCHNEI-DE...
... BAHNT SICH NUR DER HASS EINEN WEG DURCH DIE GENERATIONEN!
WAS?! DIESER MADARA IST WIEDER-BELEBT WORDEN?!
JETZT, DA DER ECHTE MADARA AUFGETAUCHT IST, HABEN DIE FÜNF KAGE KEINE ZEIT MEHR ZU VERLIEREN.
AUCH MEISTERIN TSUNADE IST ALS HOKAGE AN DER FRONT!

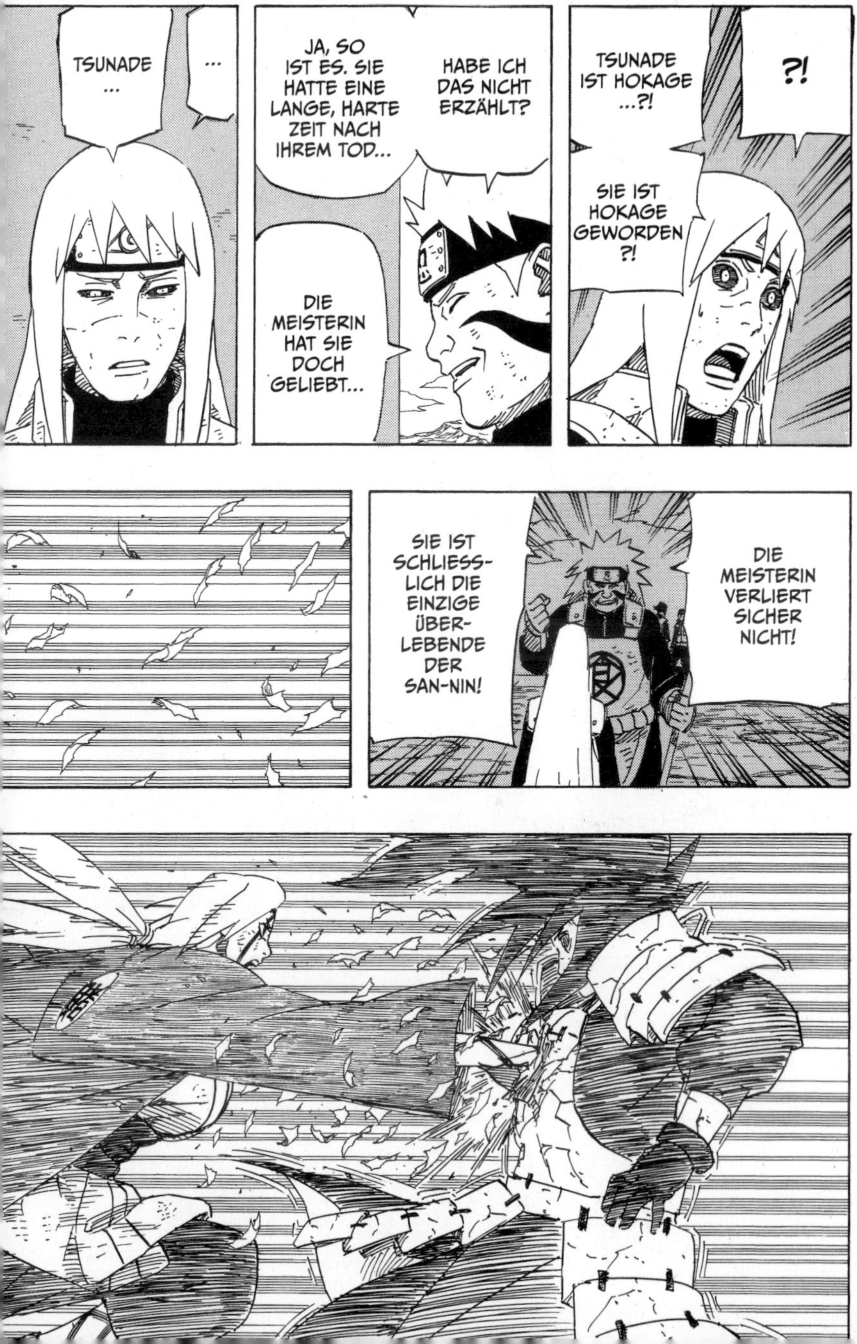
?!
TSUNADE IST HOKAGE ...?!
SIE IST HOKAGE GEWORDEN ?!
HABE ICH DAS NICHT ERZÄHLT?
JA, SO IST ES. SIE HATTE EINE LANGE, HARTE ZEIT NACH IHREM TOD...
DIE MEISTERIN HAT SIE DOCH GELIEBT...
...
TSUNADE ...
DIE MEISTERIN VERLIERT SICHER NICHT!
SIE IST SCHLIESS-LICH DIE EINZIGE ÜBER-LEBENDE DER SAN-NIN!

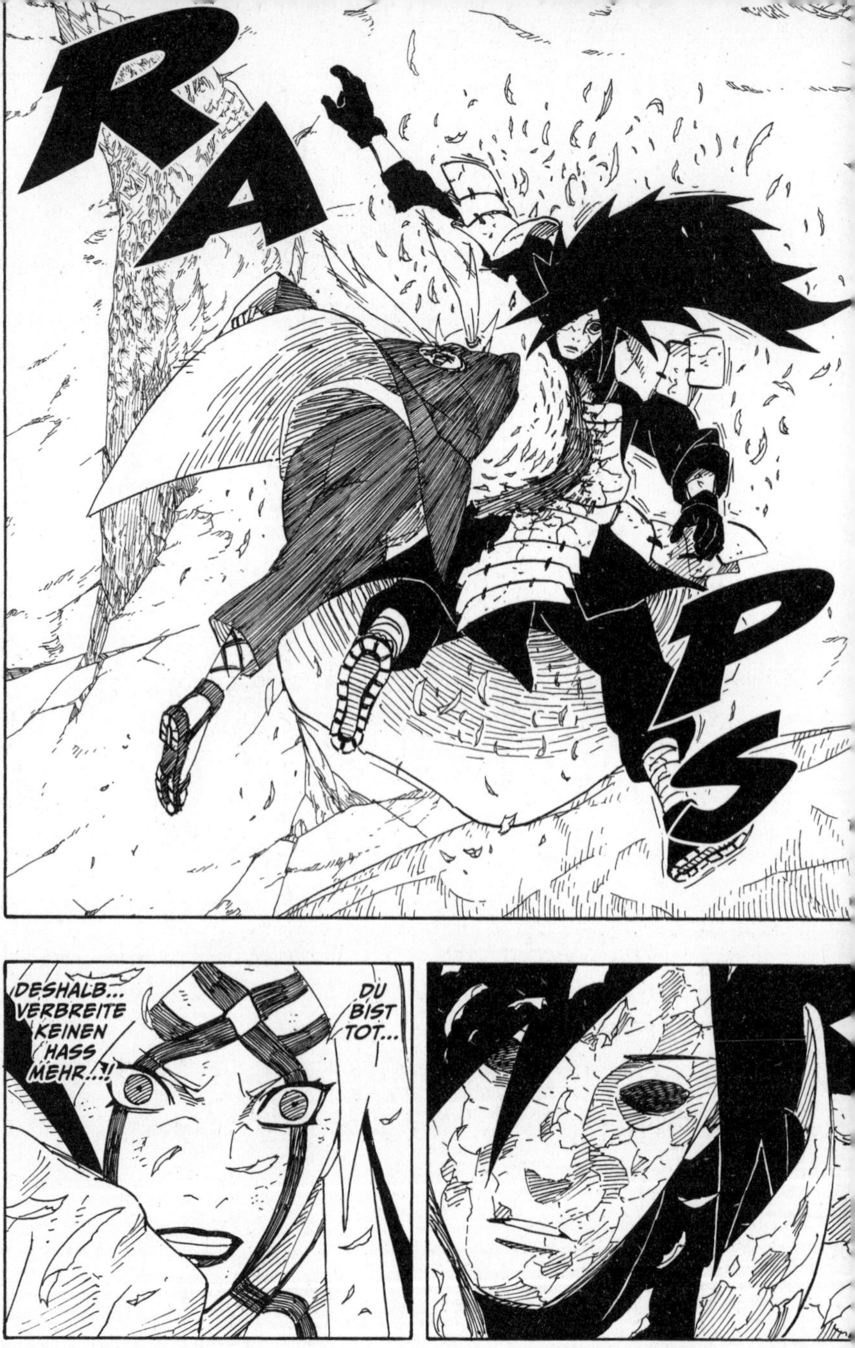
RA
PS
DU BIST TOT...
DESHALB... VERBREITE KEINEN HASS MEHR...!!

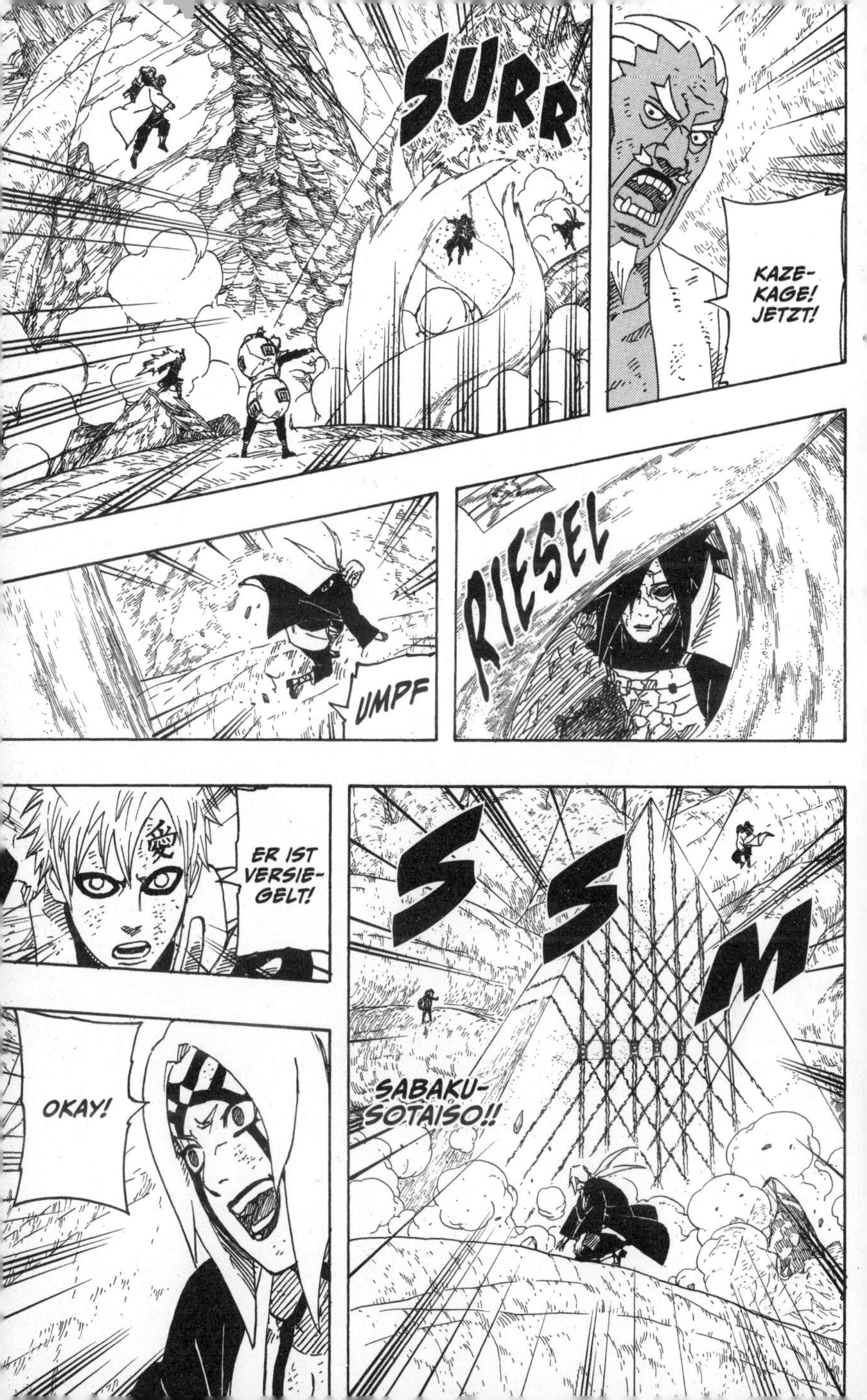
KAZE-KAGE! JETZT!
SURR
RIESEL
UMPF
ER IST VERSIE-GELT!
SABAKU-SOTAISO!!
SSM
OKAY!

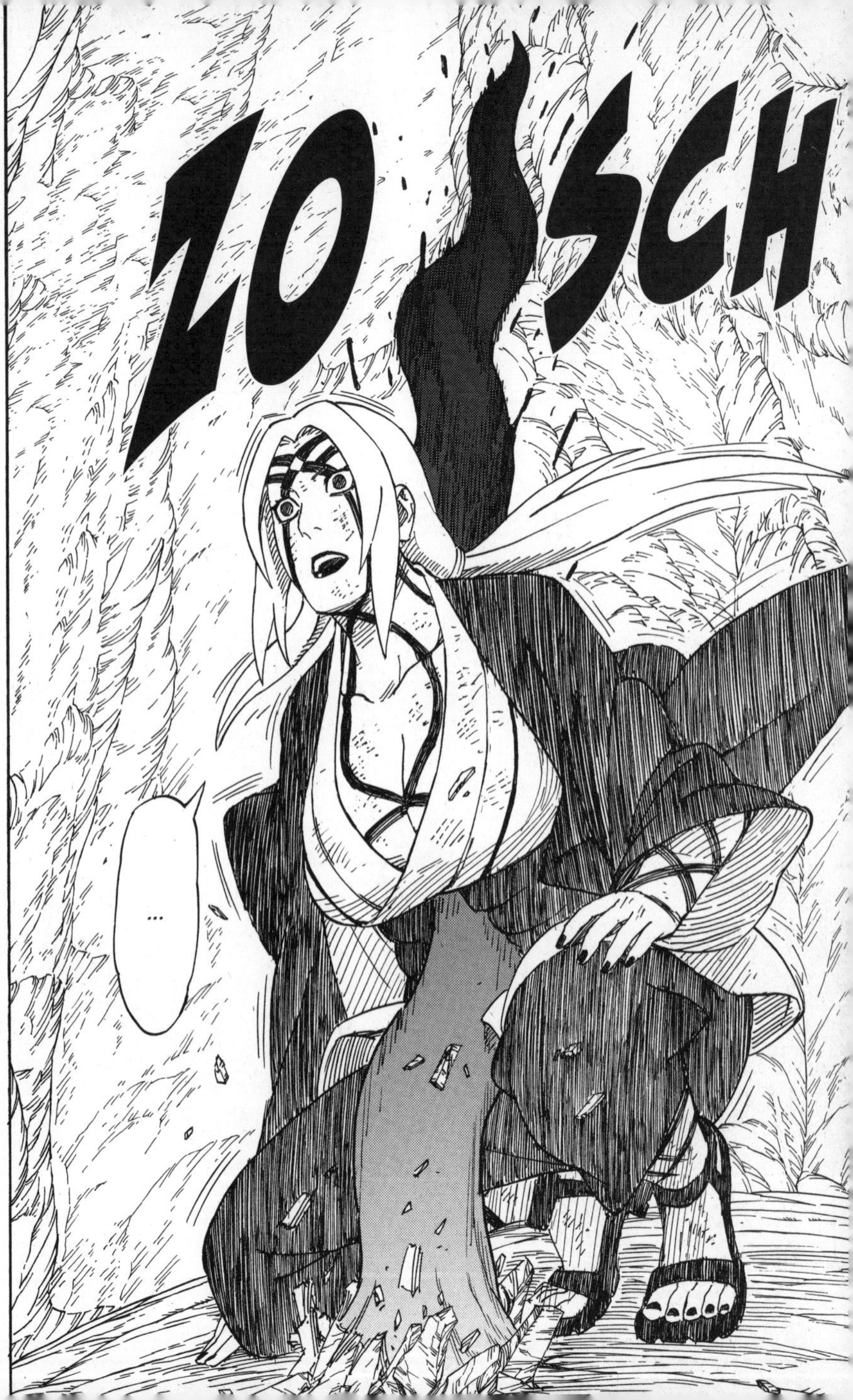
ZO SCH
...

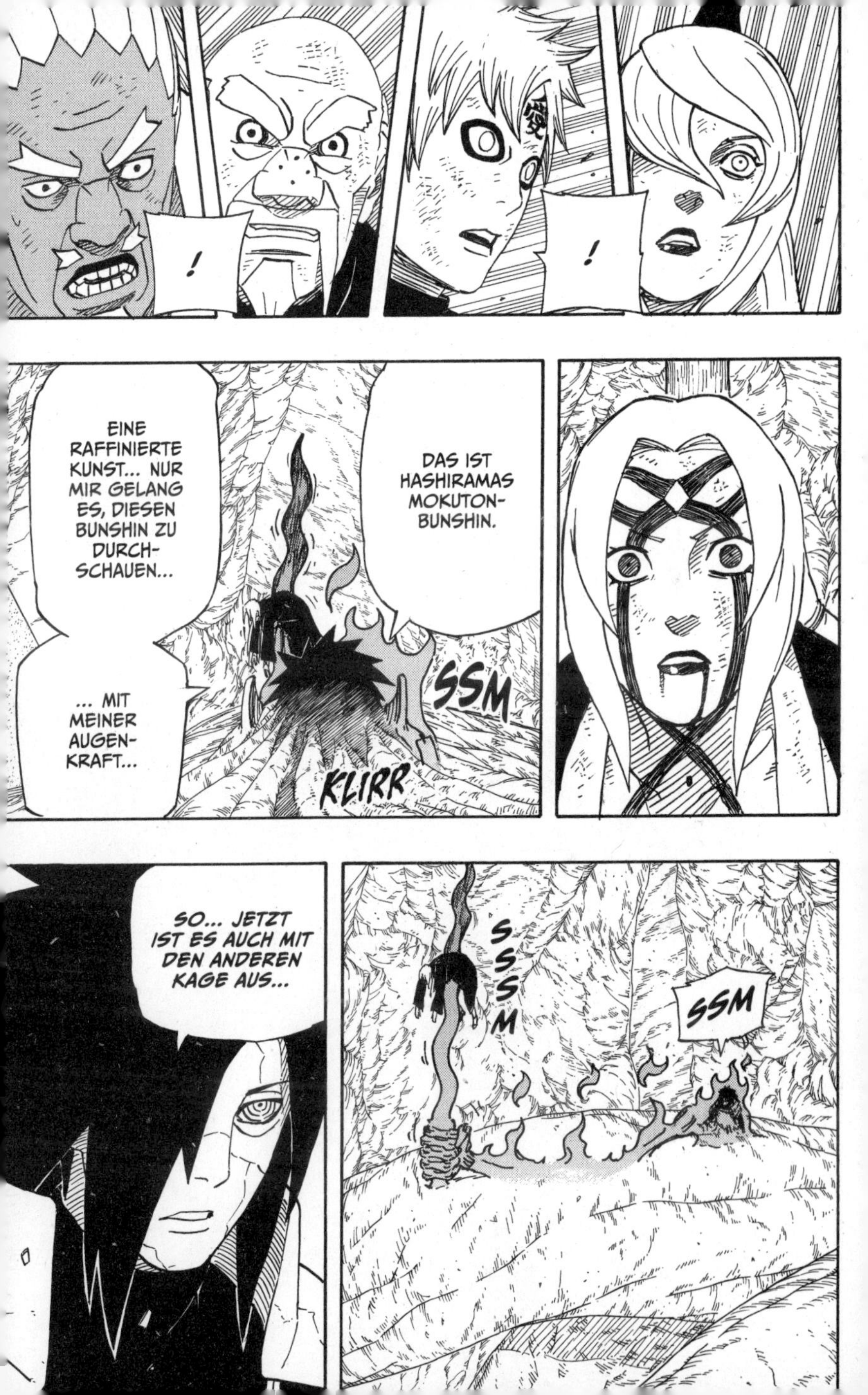
!
!
DAS IST HASHIRAMAS MOKUTON-BUNSHIN.
EINE RAFFINIERTE KUNST... NUR MIR GELANG ES, DIESEN BUNSHIN ZU DURCH-SCHAUEN...
... MIT MEINER AUGEN-KRAFT...
SSM
KLIRR
SSSM
SSM
SO... JETZT IST ES AUCH MIT DEN ANDEREN KAGE AUS...

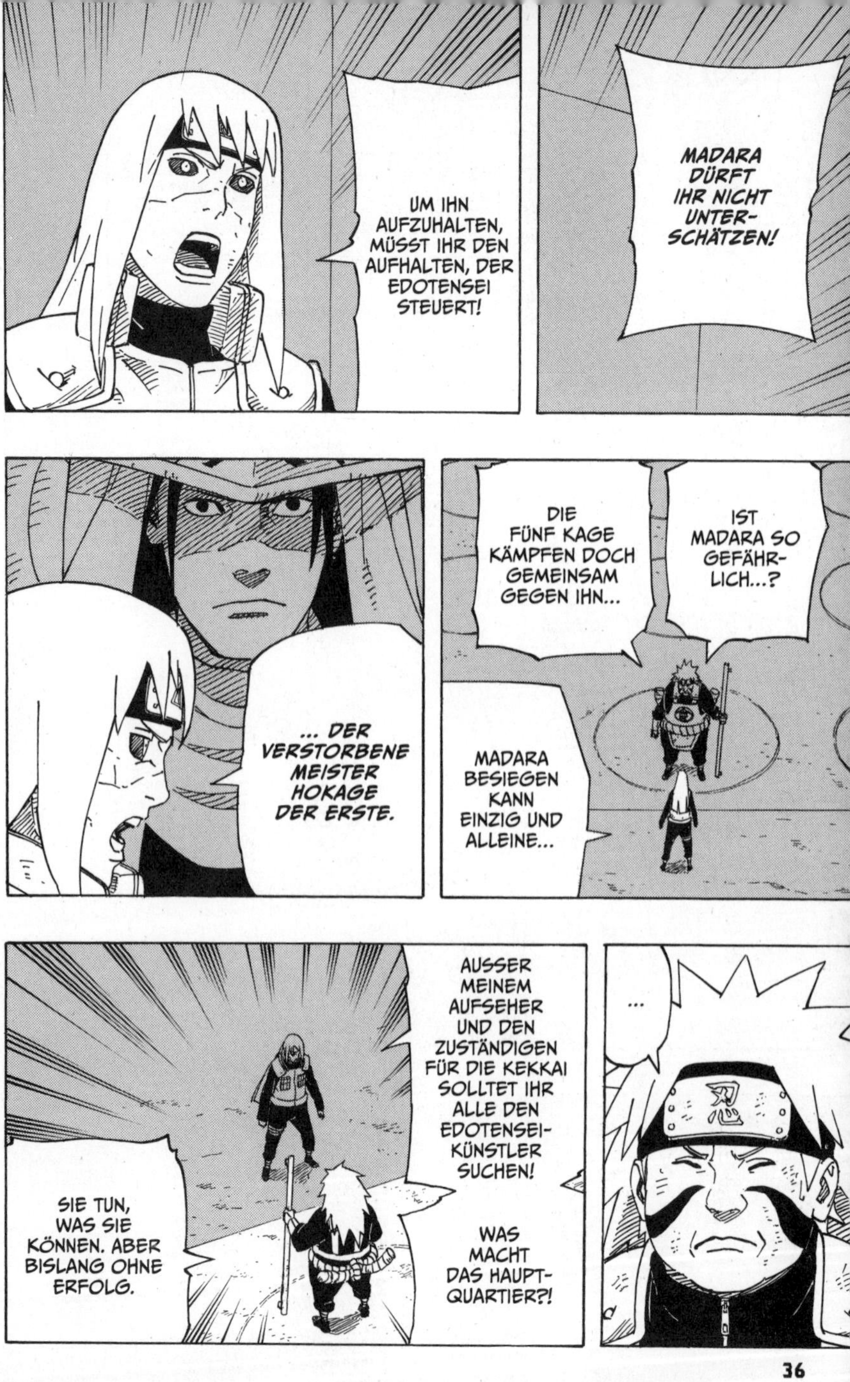
MADARA DÜRFT IHR NICHT UNTERSCHÄTZEN!
UM IHN AUFZUHALTEN, MÜSST IHR DEN AUFHALTEN, DER EDOTENSEI STEUERT!
IST MADARA SO GEFÄHRLICH...?
DIE FÜNF KAGE KÄMPFEN DOCH GEMEINSAM GEGEN IHN...
MADARA BESIEGEN KANN EINZIG UND ALLEINE...
... DER VERSTORBENE MEISTER HOKAGE DER ERSTE.
...
AUSSER MEINEM AUFSEHER UND DEN ZUSTÄNDIGEN FÜR DIE KEKKAI SOLLTET IHR ALLE DEN EDOTENSEI-KÜNSTLER SUCHEN!
WAS MACHT DAS HAUPTQUARTIER?!
SIE TUN, WAS SIE KÖNNEN. ABER BISLANG OHNE ERFOLG.

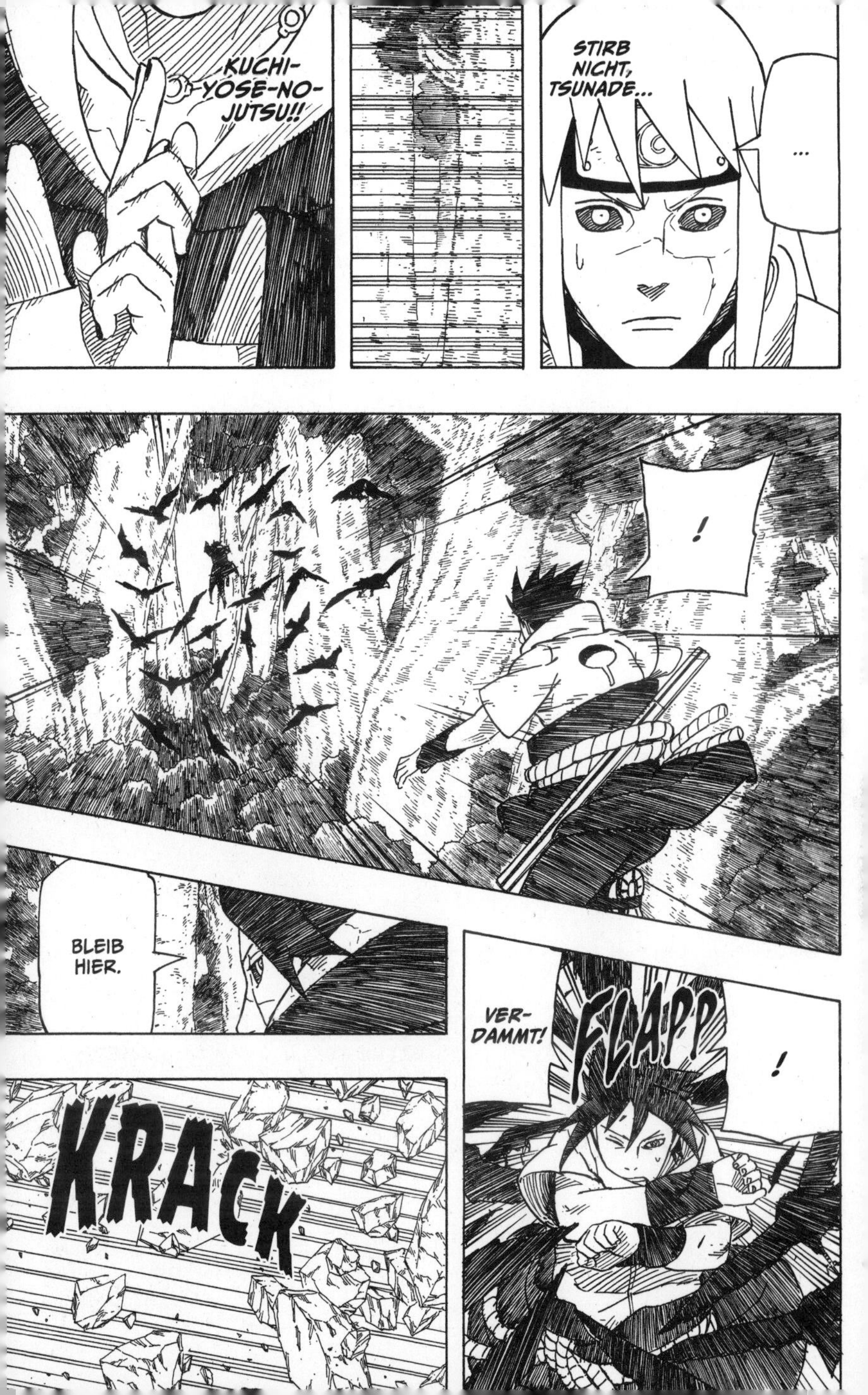

...
STIRB NICHT, TSUNADE...
KUCHI-YOSE-NO-JUTSU!!
!
BLEIB HIER.
VER-DAMMT!
FLAPP
!
KRACK

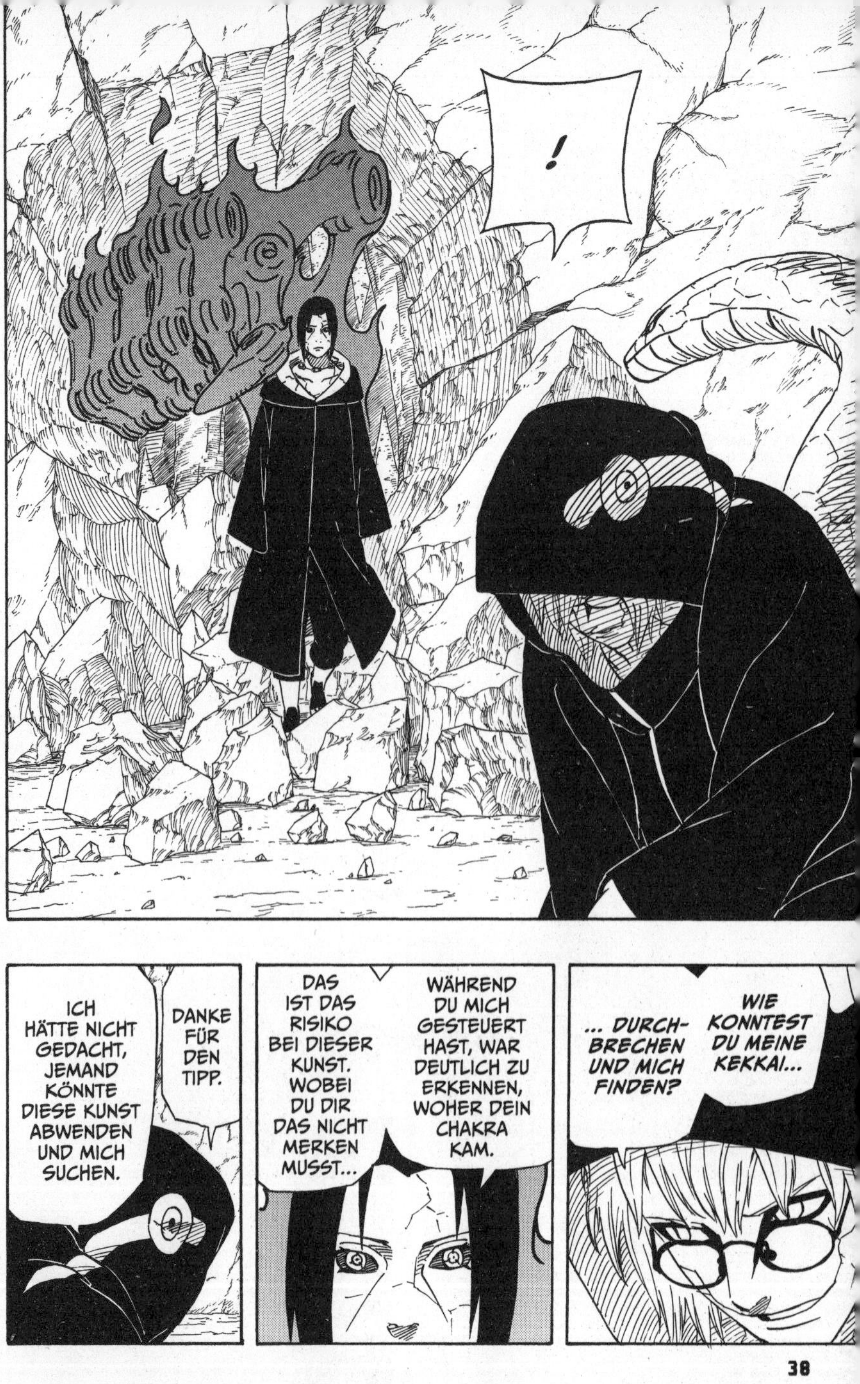
!
WIE KONNTEST DU MEINE KEKKAI...
... DURCHBRECHEN UND MICH FINDEN?
WÄHREND DU MICH GESTEUERT HAST, WAR DEUTLICH ZU ERKENNEN, WOHER DEIN CHAKRA KAM.
DAS IST DAS RISIKO BEI DIESER KUNST. WOBEI DU DIR DAS NICHT MERKEN MUSST...
DANKE FÜR DEN TIPP.
ICH HÄTTE NICHT GEDACHT, JEMAND KÖNNTE DIESE KUNST ABWENDEN UND MICH SUCHEN.

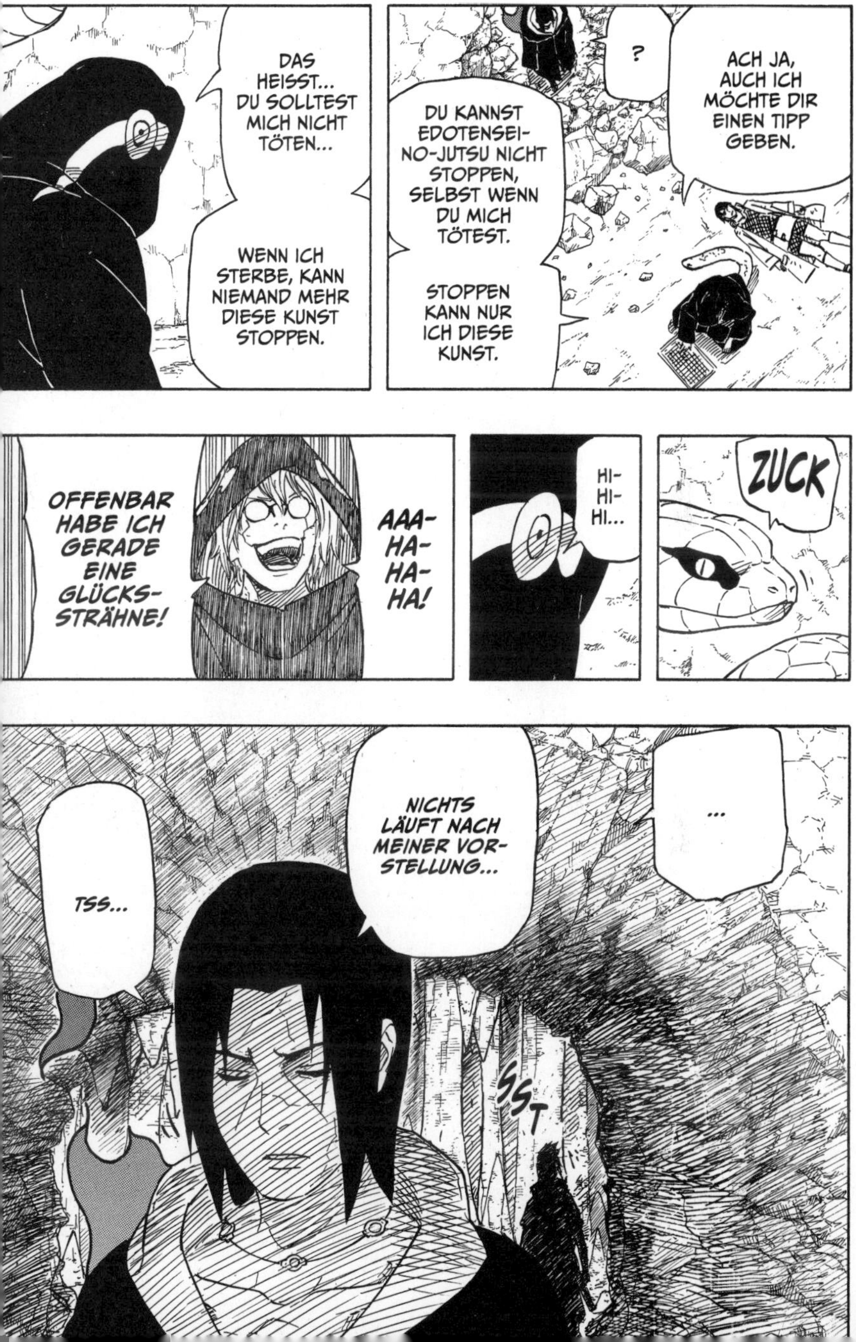
ACH JA, AUCH ICH MÖCHTE DIR EINEN TIPP GEBEN.
?
DU KANNST EDOTENSEI-NO-JUTSU NICHT STOPPEN, SELBST WENN DU MICH TÖTEST.
STOPPEN KANN NUR ICH DIESE KUNST.
DAS HEISST... DU SOLLTEST MICH NICHT TÖTEN...
WENN ICH STERBE, KANN NIEMAND MEHR DIESE KUNST STOPPEN.
ZUCK
HI-HI-HI...
AAA-HA-HA-HA!
OFFENBAR HABE ICH GERADE EINE GLÜCKS-STRÄHNE!
...
NICHTS LÄUFT NACH MEINER VOR-STELLUNG...
SST
TSS...

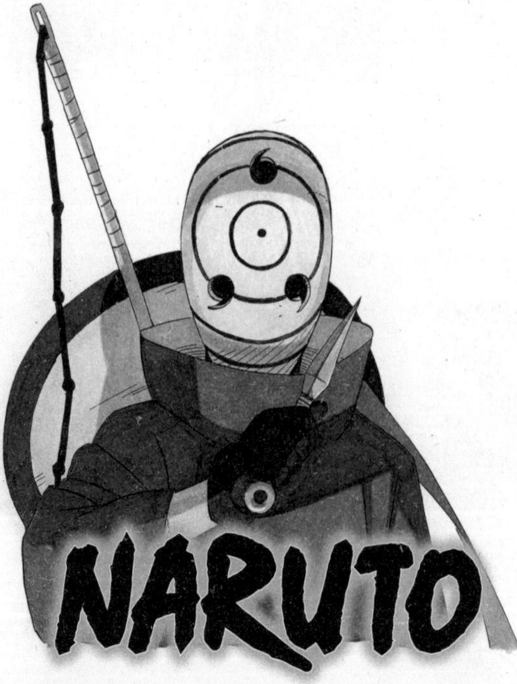
NARUTO

578. Kapitel: Das Risiko der Verzweiflung

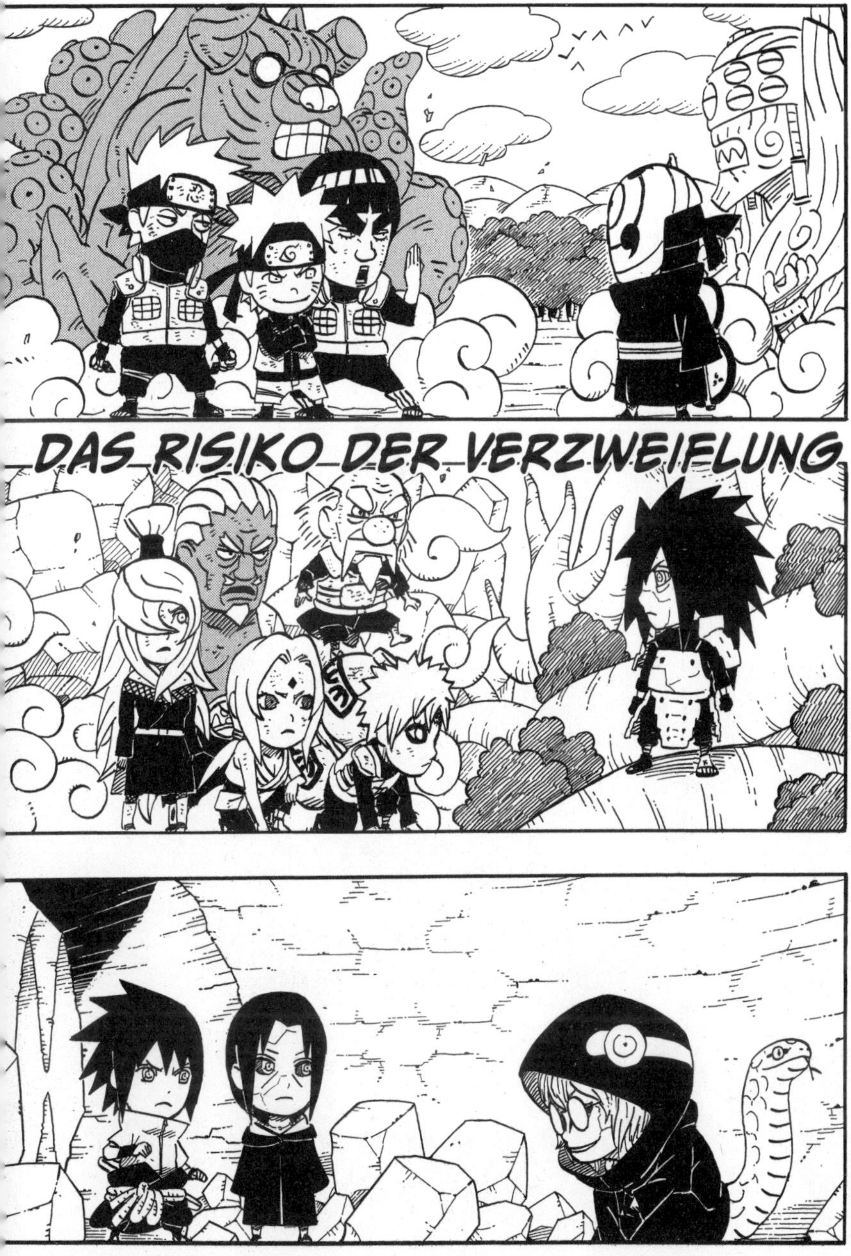

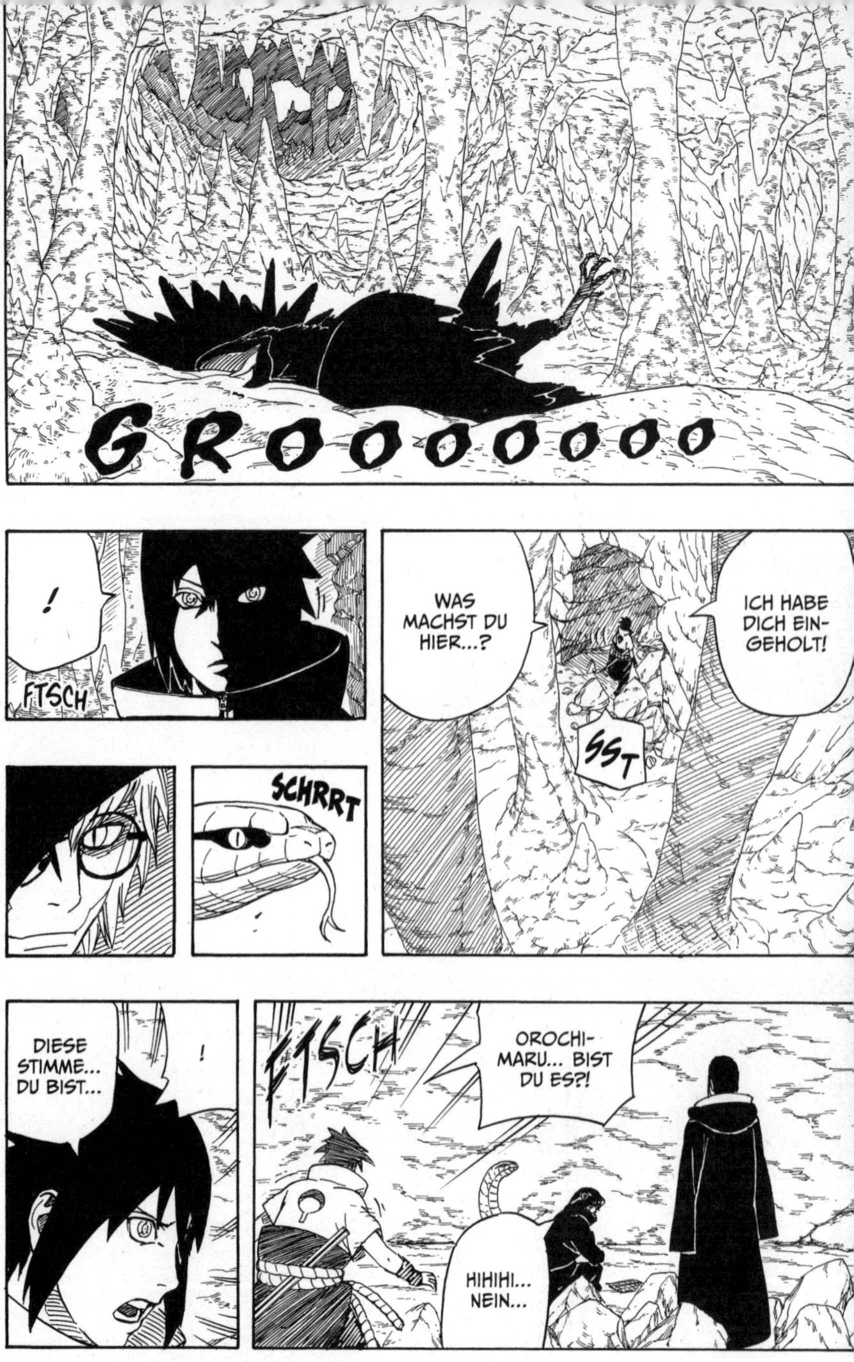
GROOOOOOOO
ICH HABE DICH EIN-GEHOLT!
WAS MACHST DU HIER...?
SST
!
FTSCH
SCHRRT
OROCHI-MARU... BIST DU ES?!
FTSCH
HIHIHI... NEIN...
DIESE STIMME... DU BIST...
!

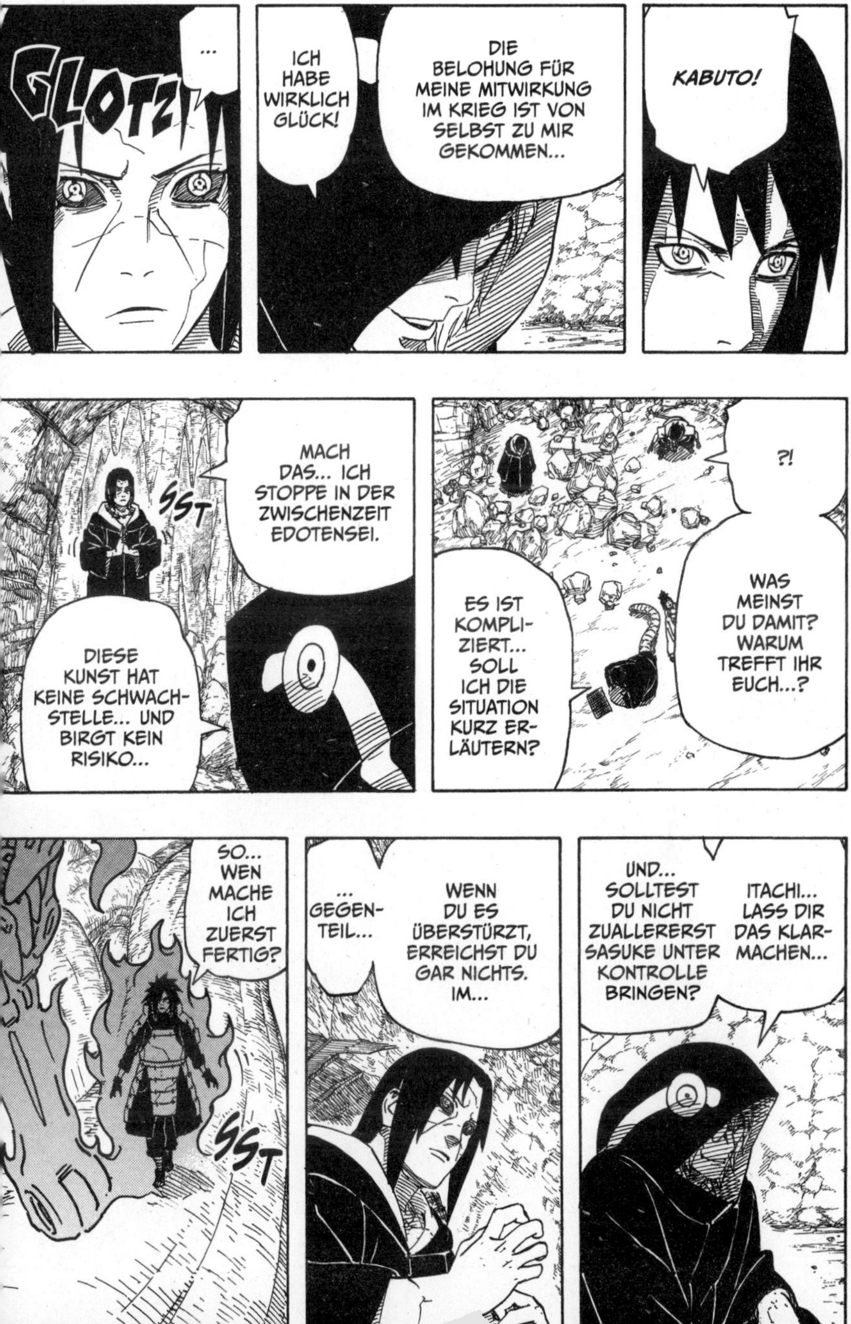
KABUTO!
DIE BELOHUNG FÜR MEINE MITWIRKUNG IM KRIEG IST VON SELBST ZU MIR GEKOMMEN...
ICH HABE WIRKLICH GLÜCK!
...
GLOTZ
?!
WAS MEINST DU DAMIT? WARUM TREFFT IHR EUCH...?
ES IST KOMPLIZIERT... SOLL ICH DIE SITUATION KURZ ERLÄUTERN?
MACH DAS... ICH STOPPE IN DER ZWISCHENZEIT EDOTENSEI.
SST
DIESE KUNST HAT KEINE SCHWACHSTELLE... UND BIRGT KEIN RISIKO...
ITACHI... LASS DIR DAS KLARMACHEN...
UND... SOLLTEST DU NICHT ZUALLERERST SASUKE UNTER KONTROLLE BRINGEN?
WENN DU ES ÜBERSTÜRZT, ERREICHST DU GAR NICHTS. IM...
... GEGENTEIL...
SO... WEN MACHE ICH ZUERST FERTIG?
SST

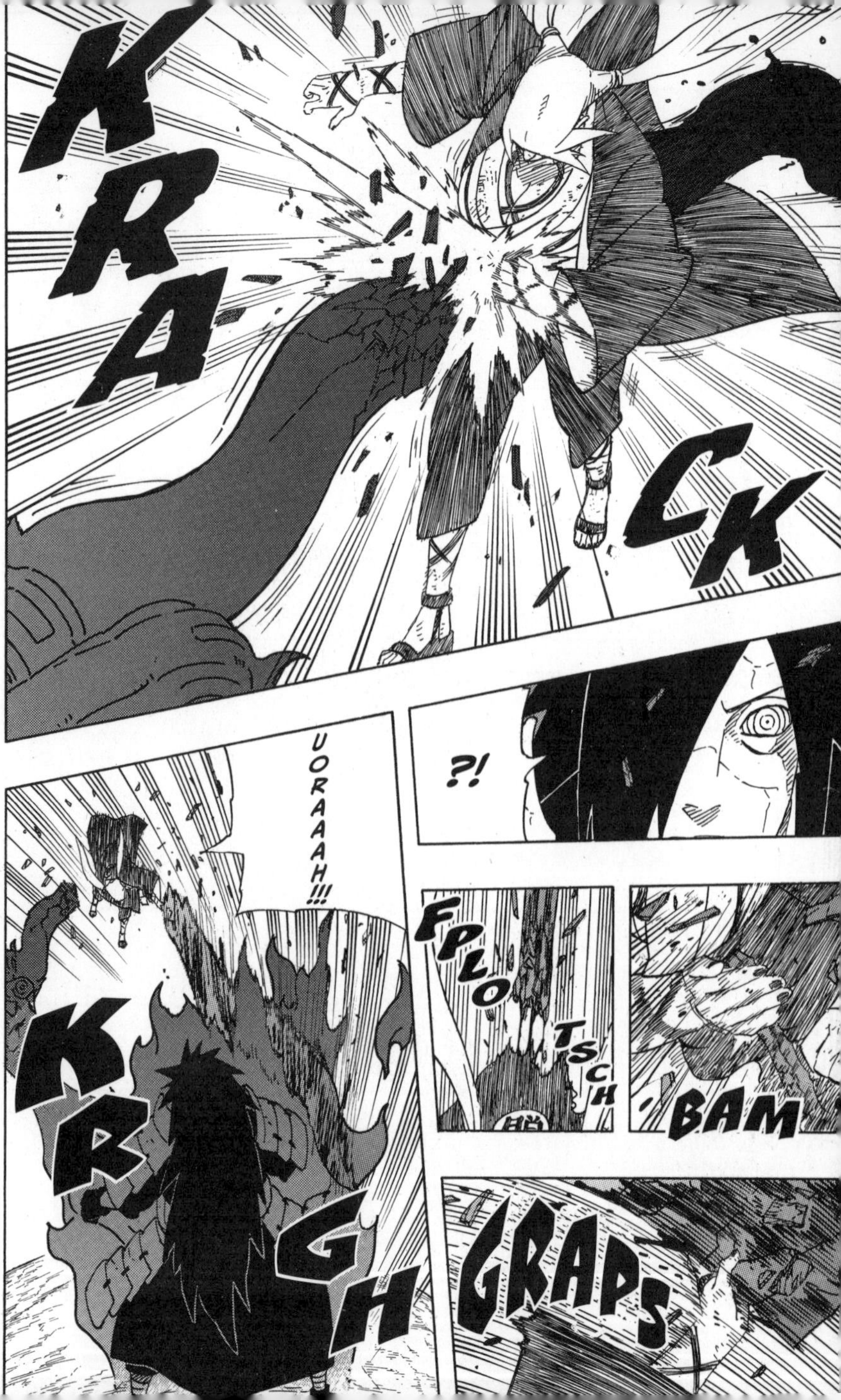
KRA-
CK
?!
UORAAAH!!!
BAM
FPLO
TSCH
KRGH
GRAPS

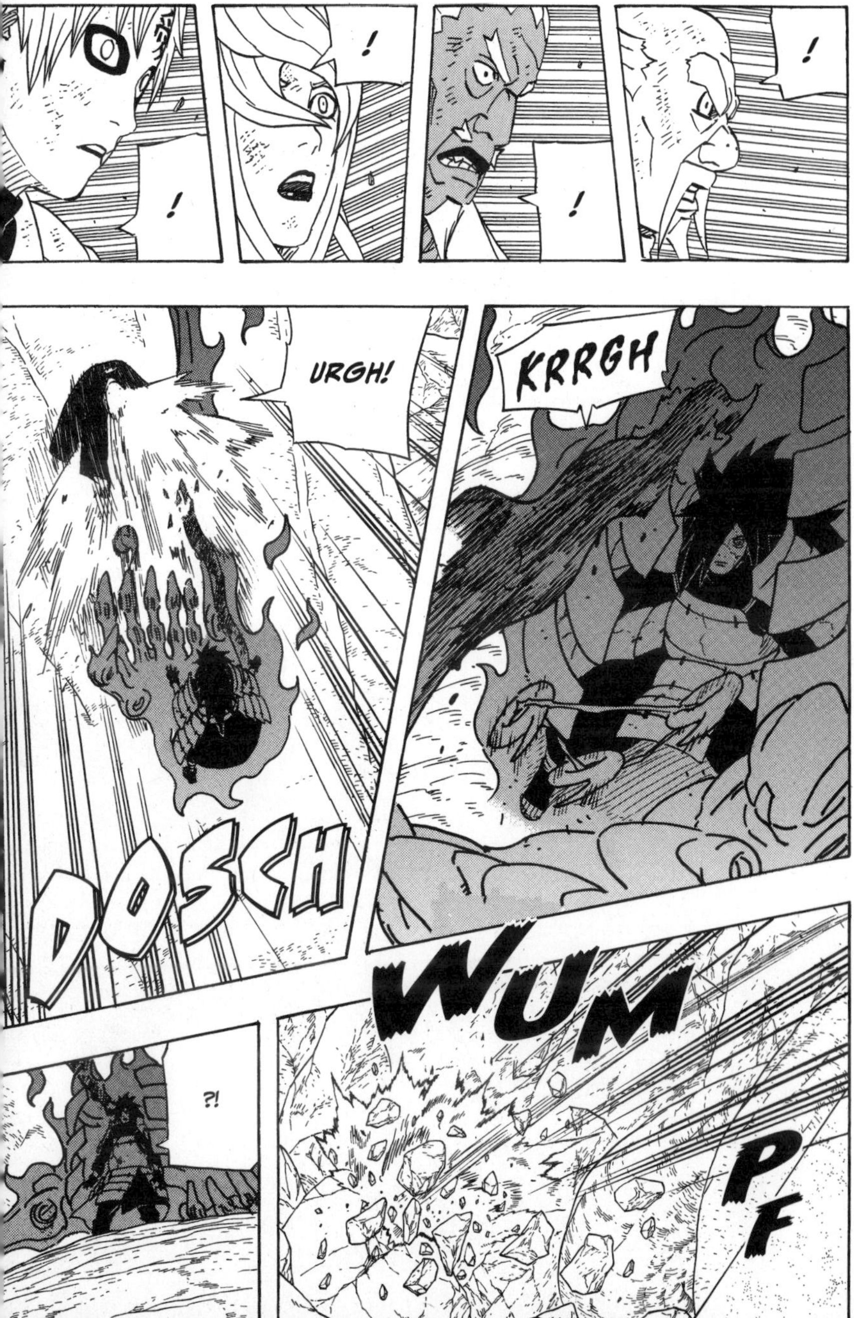
!
!
!
!
!
!
KRRGH
URGH!
DOSCH
WUM
PF
?!

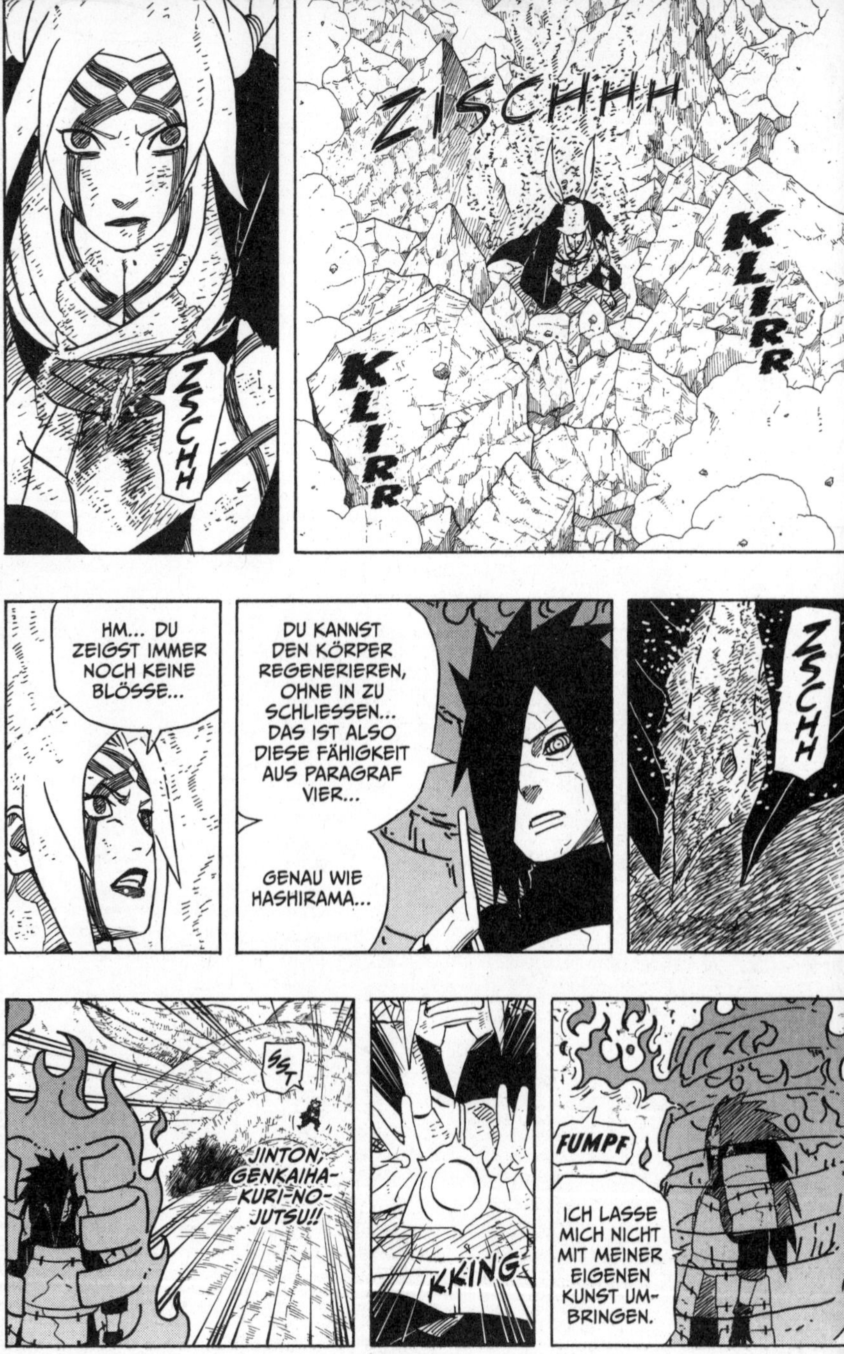
ZISCHHH
KLIRR
KLIRR
ZSCHH
ZSCHH
DU KANNST DEN KÖRPER REGENERIEREN, OHNE IN ZU SCHLIESSEN... DAS IST ALSO DIESE FÄHIGKEIT AUS PARAGRAF VIER...
GENAU WIE HASHIRAMA...
HM... DU ZEIGST IMMER NOCH KEINE BLÖSSE...
FUMPF
ICH LASSE MICH NICHT MIT MEINER EIGENEN KUNST UMBRINGEN.
KKING
SST
JINTON, GENKAIHA-KURI-NO-JUTSU!!

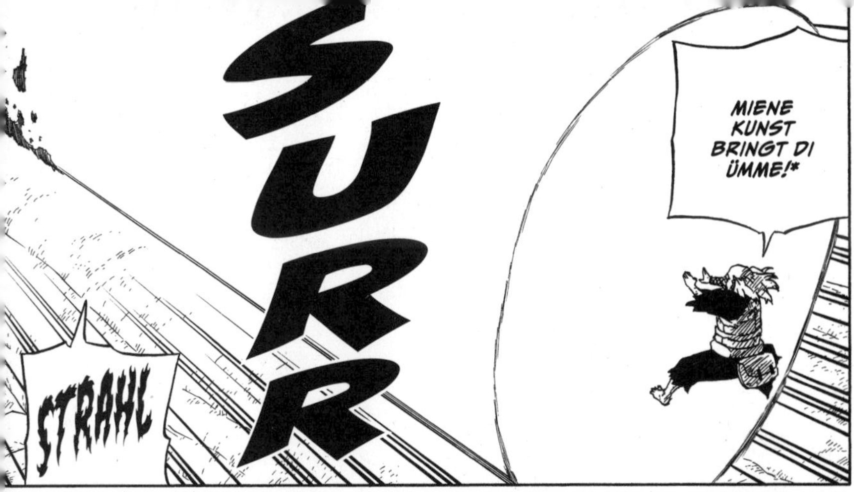

* TSUCHIKAGE, KUROTSUCHI, AKATSUCHI UND KITSUCHI SPRECHEN EINEN LÄNDLICH KLINGENDEN NORD-JAPANISCHEN DIALEKT, BEI UNS PLATTDEUTSCH. AUF S. 446 FINDET IHR EINE ÜBERSETZUNGSHILFE.

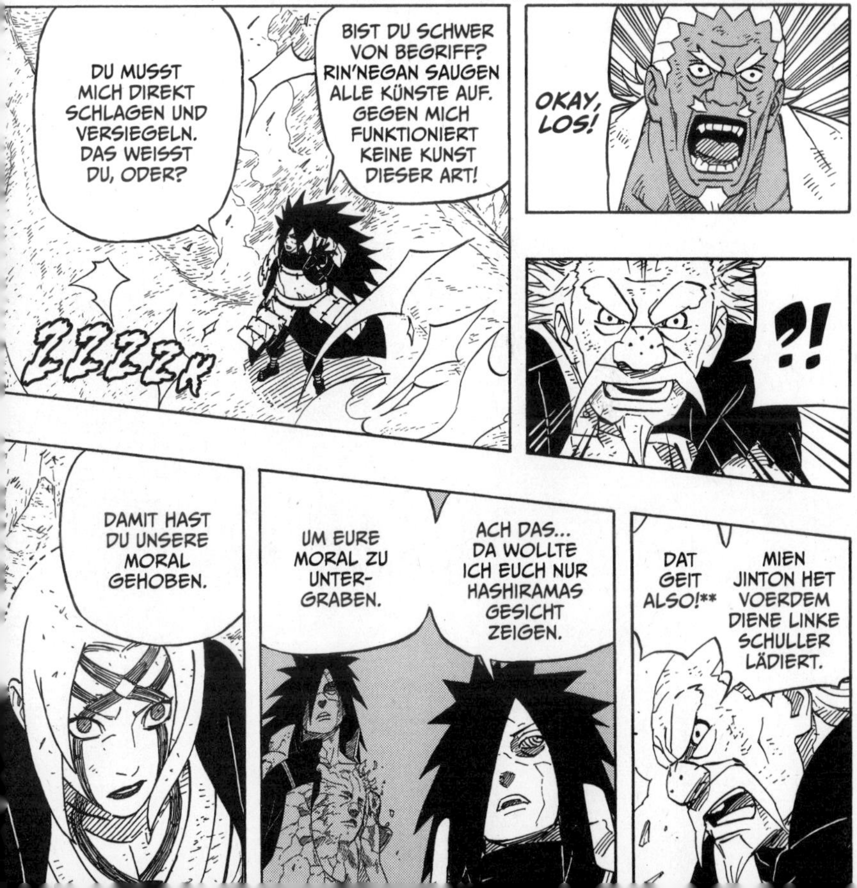

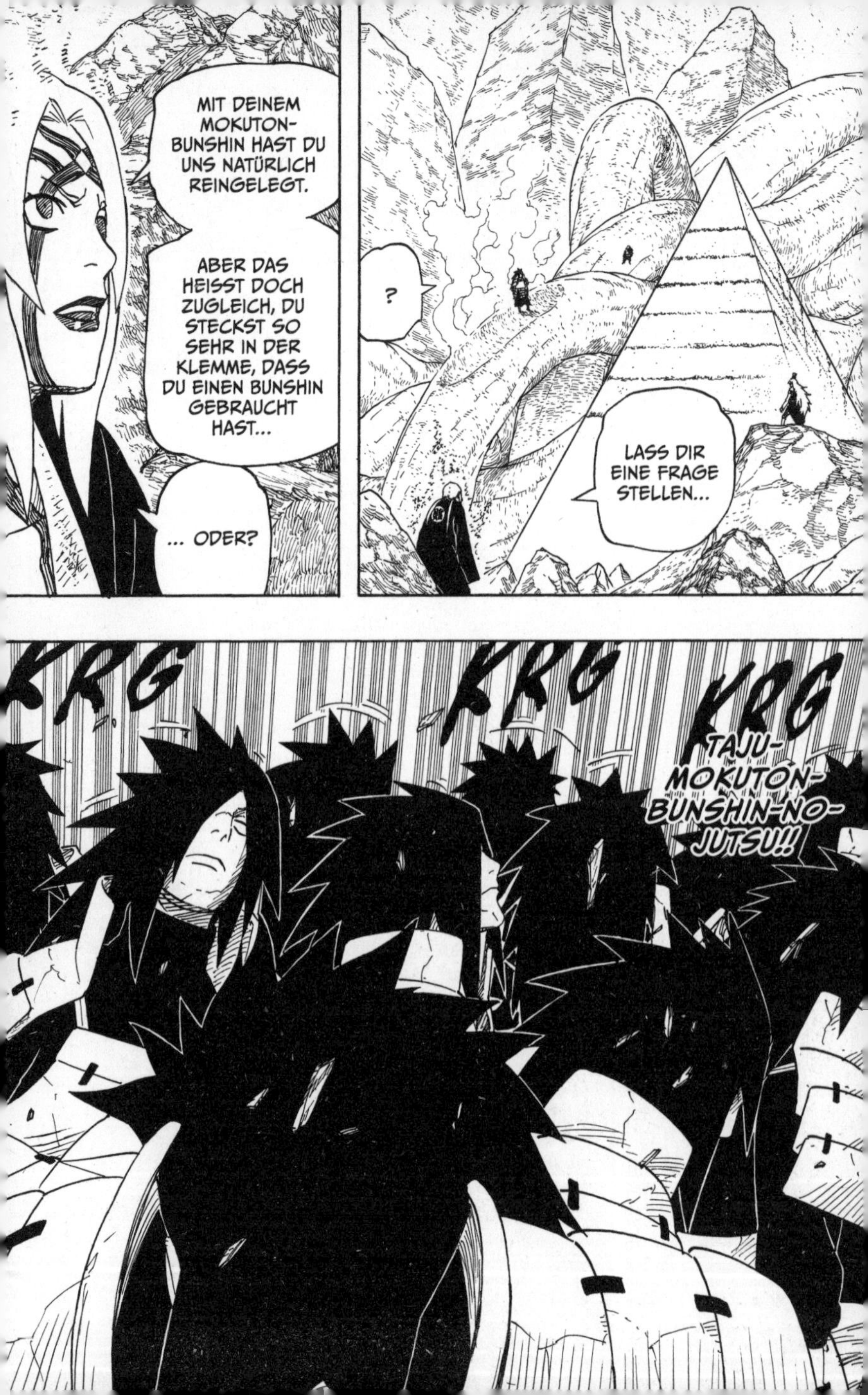
?
LASS DIR EINE FRAGE STELLEN...
MIT DEINEM MOKUTON-BUNSHIN HAST DU UNS NATÜRLICH REINGELEGT.
ABER DAS HEISST DOCH ZUGLEICH, DU STECKST SO SEHR IN DER KLEMME, DASS DU EINEN BUNSHIN GEBRAUCHT HAST...
... ODER?
KRG
KRG
KRG
TAJU-MOKUTON-BUNSHIN-NO-JUTSU!!

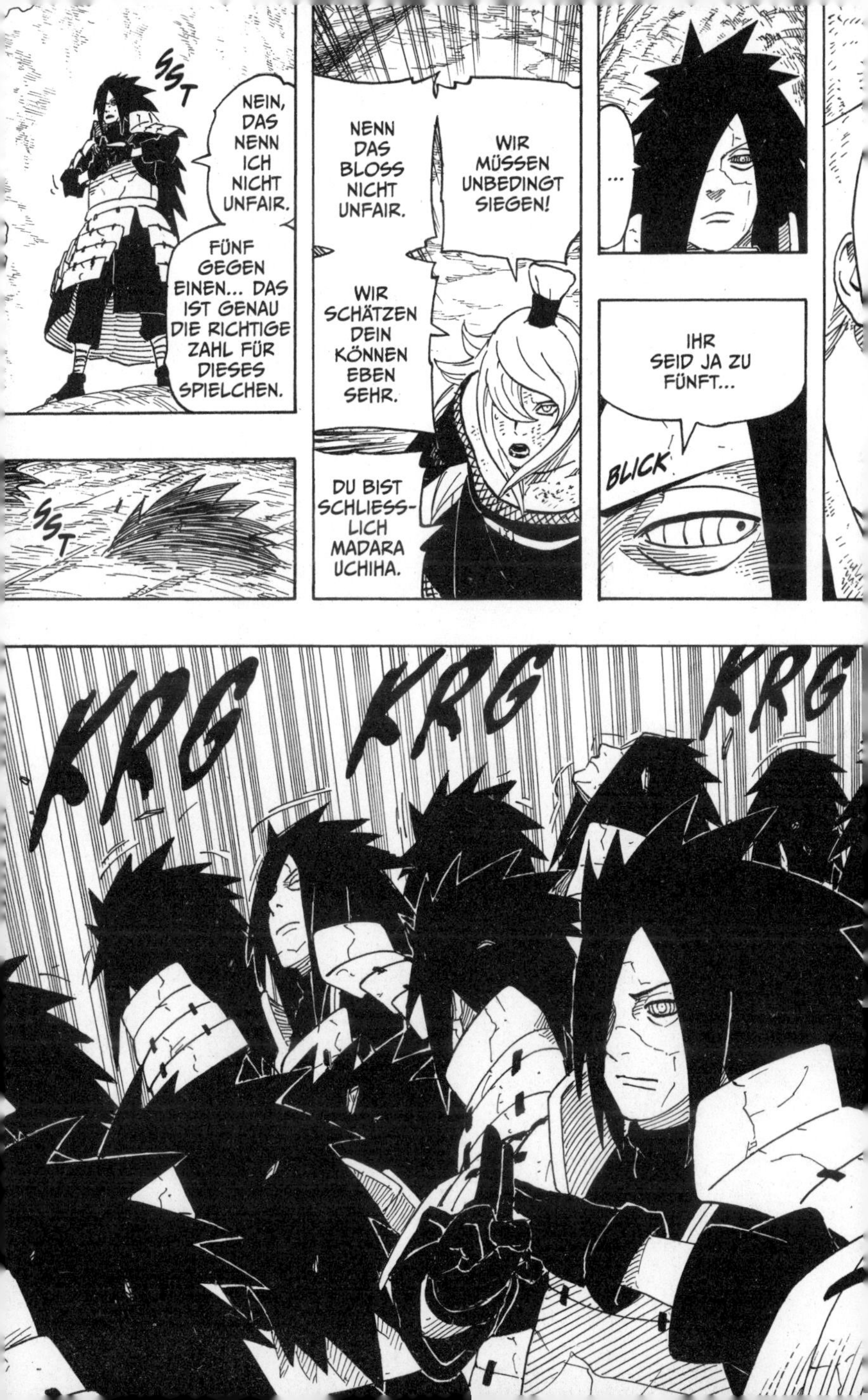
...
IHR SEID JA ZU FÜNFT...
BLICK
WIR MÜSSEN UNBEDINGT SIEGEN!
NENN DAS BLOSS NICHT UNFAIR.
WIR SCHÄTZEN DEIN KÖNNEN EBEN SEHR.
DU BIST SCHLIESS-LICH MADARA UCHIHA.
SST
NEIN, DAS NENN ICH NICHT UNFAIR.
FÜNF GEGEN EINEN... DAS IST GENAU DIE RICHTIGE ZAHL FÜR DIESES SPIELCHEN.
SST
KRG KRG KRG

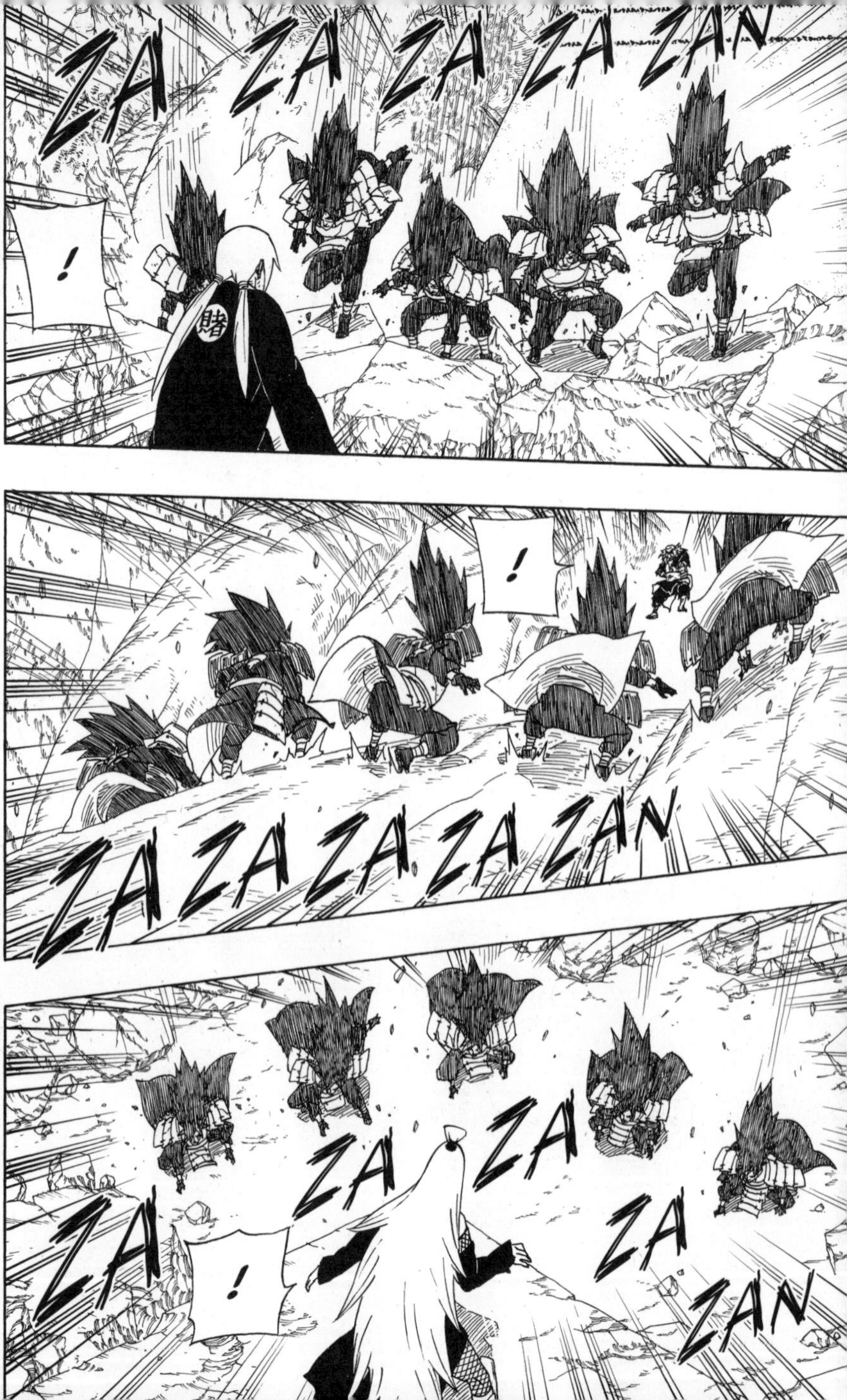
ZA ZA ZA ZA ZAN
!
賭
!
ZA ZA ZA ZA ZAN
ZA ZA ZA ZA ZAN
!

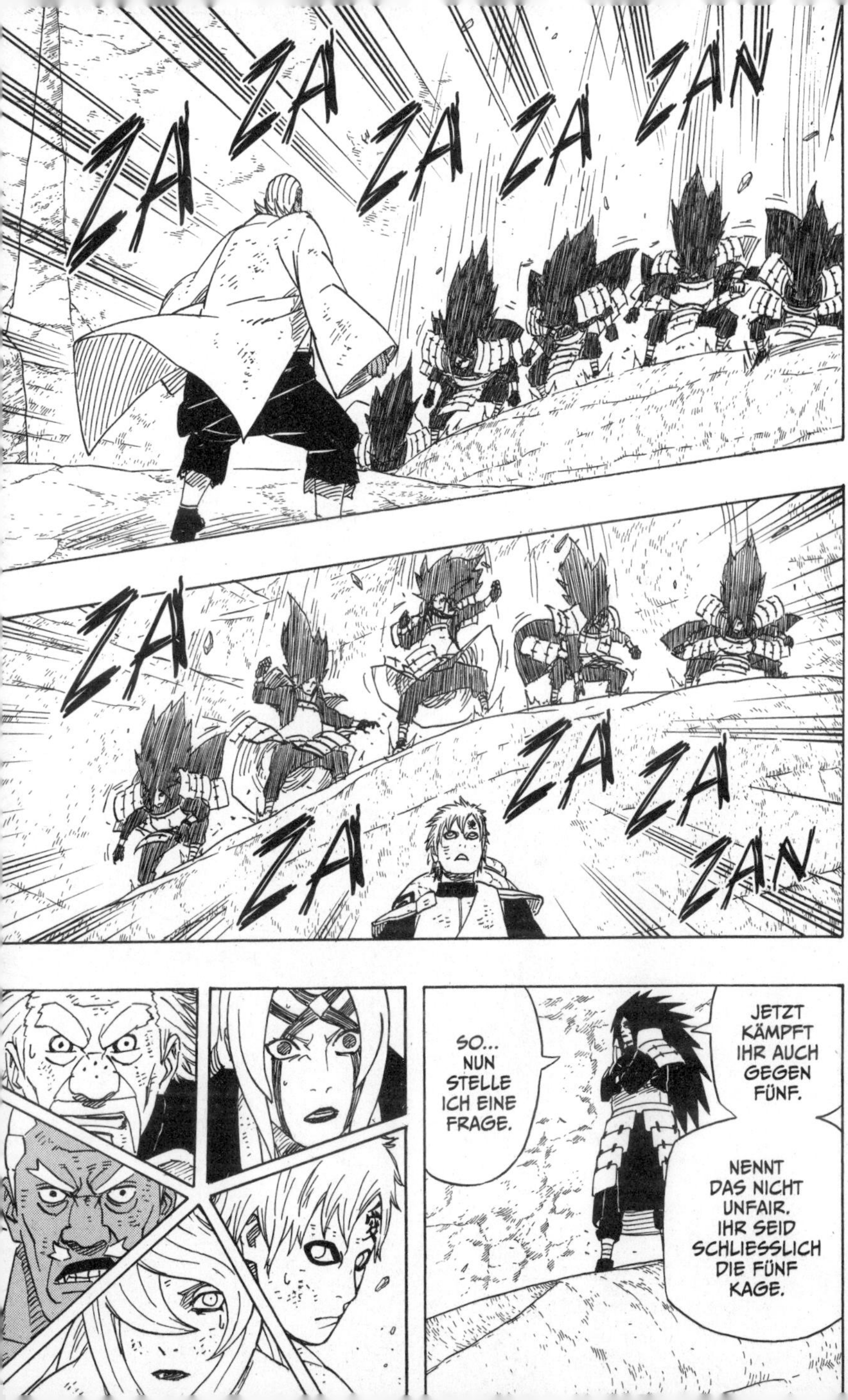
ZA ZA ZA ZA ZA ZAN
ZA ZA ZA ZA ZAN
JETZT KÄMPFT IHR AUCH GEGEN FÜNF.
NENNT DAS NICHT UNFAIR. IHR SEID SCHLIESSLICH DIE FÜNF KAGE.
SO... NUN STELLE ICH EINE FRAGE.

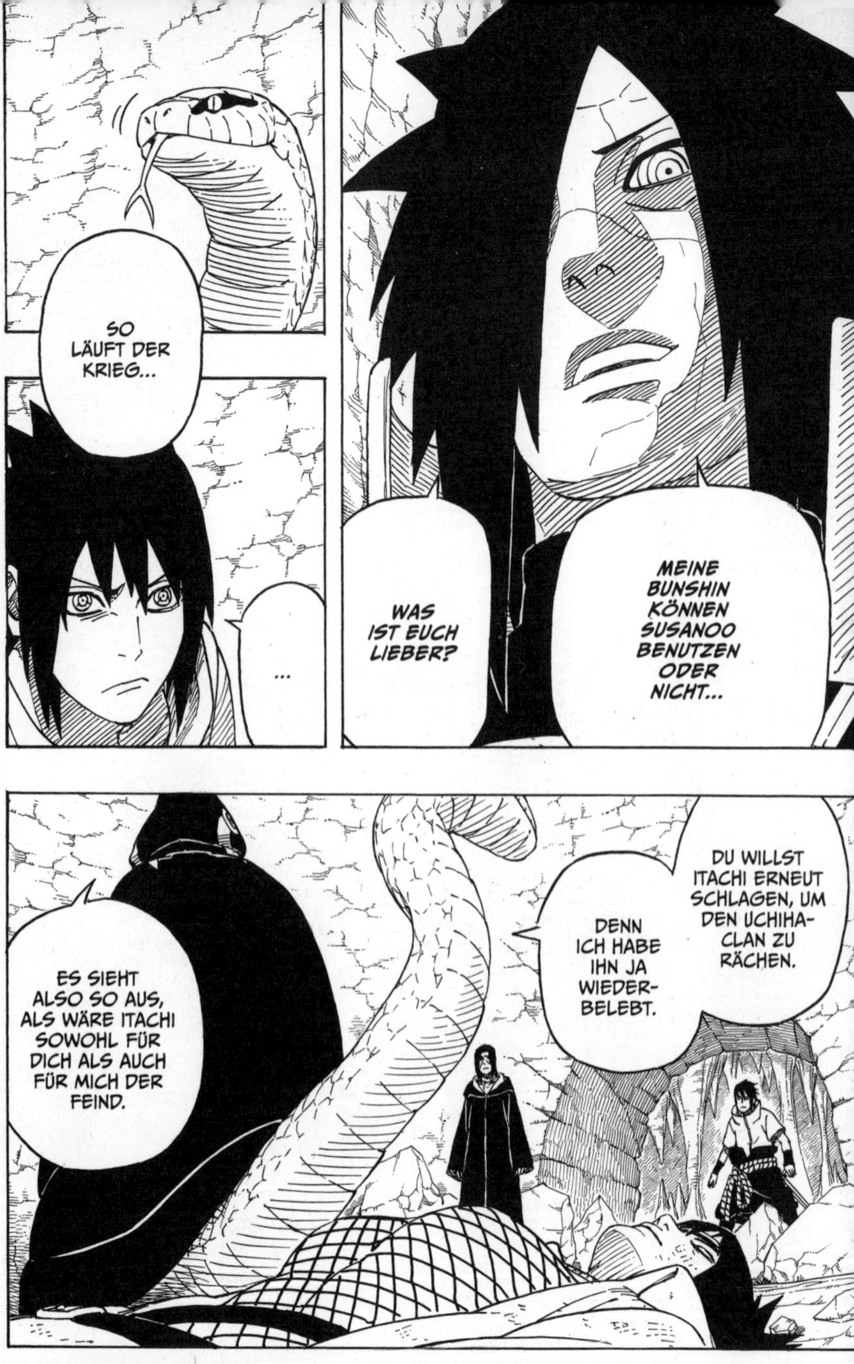
MEINE BUNSHIN KÖNNEN SUSANOO BENUTZEN ODER NICHT...
WAS IST EUCH LIEBER?
SO LÄUFT DER KRIEG...
...
DU WILLST ITACHI ERNEUT SCHLAGEN, UM DEN UCHIHA-CLAN ZU RÄCHEN.
DENN ICH HABE IHN JA WIEDER-BELEBT.
ES SIEHT ALSO SO AUS, ALS WÄRE ITACHI SOWOHL FÜR DICH ALS AUCH FÜR MICH DER FEIND.

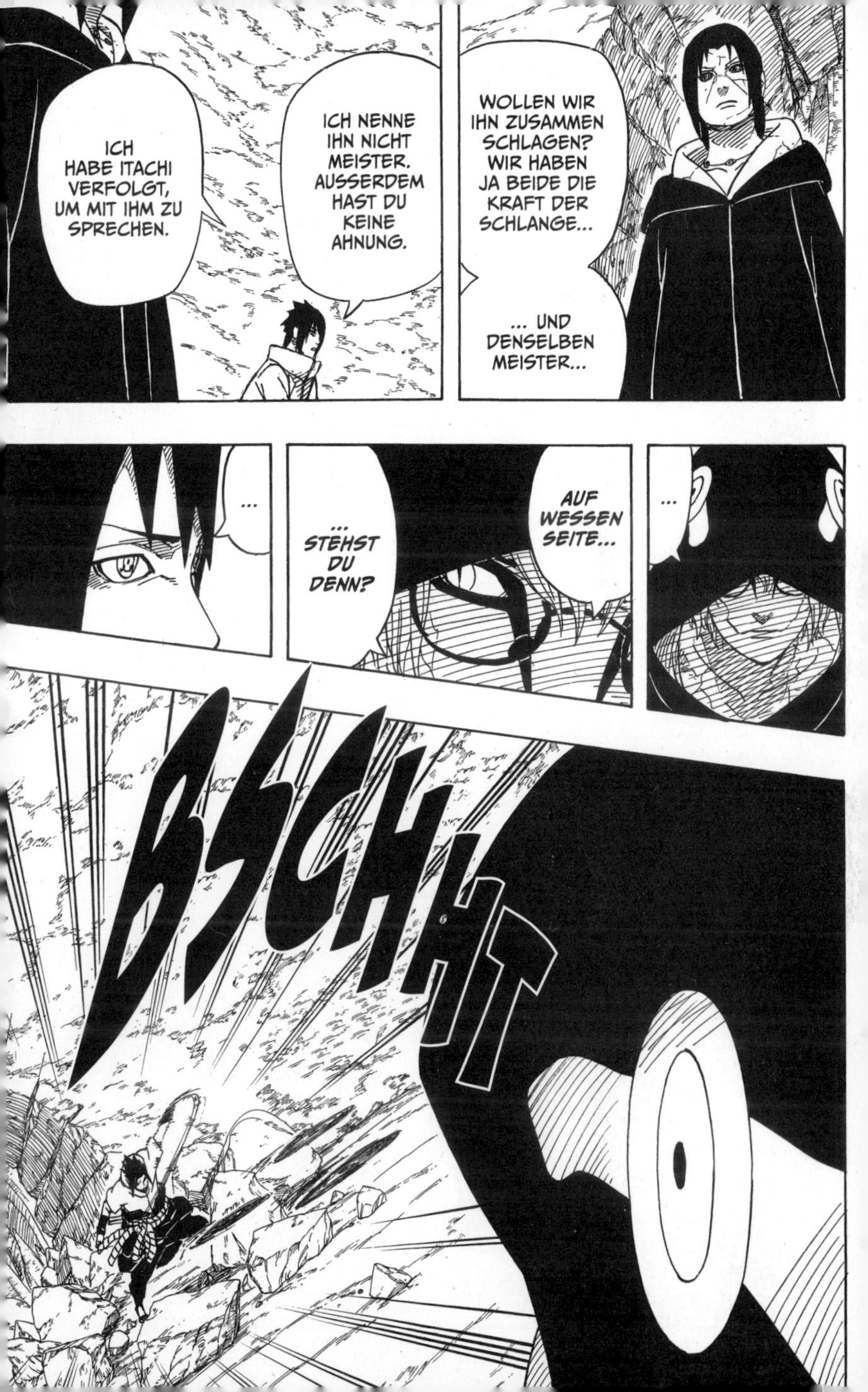
WOLLEN WIR IHN ZUSAMMEN SCHLAGEN? WIR HABEN JA BEIDE DIE KRAFT DER SCHLANGE...
... UND DENSELBEN MEISTER...
ICH NENNE IHN NICHT MEISTER. AUSSERDEM HAST DU KEINE AHNUNG.
ICH HABE ITACHI VERFOLGT, UM MIT IHM ZU SPRECHEN.
...
AUF WESSEN SEITE...
... STEHST DU DENN?
...
BSCHHT

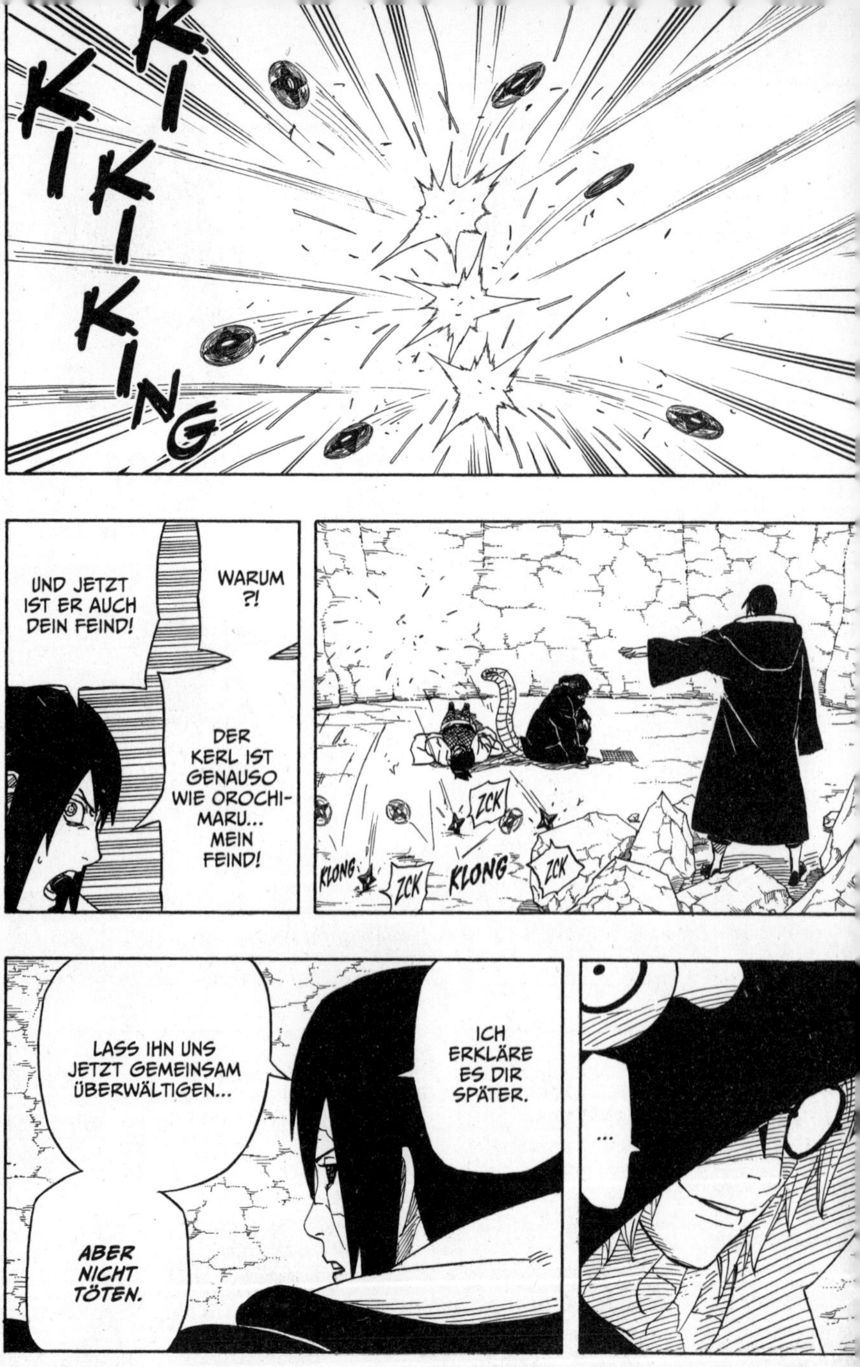
KI KI KI KING
ZCK
KLONG
ZCK
KLONG
ZCK
WARUM ?!
DER KERL IST GENAUSO WIE OROCHI-MARU... MEIN FEIND!
UND JETZT IST ER AUCH DEIN FEIND!
...
ICH ERKLÄRE ES DIR SPÄTER.
LASS IHN UNS JETZT GEMEINSAM ÜBERWÄLTIGEN...
ABER NICHT TÖTEN.

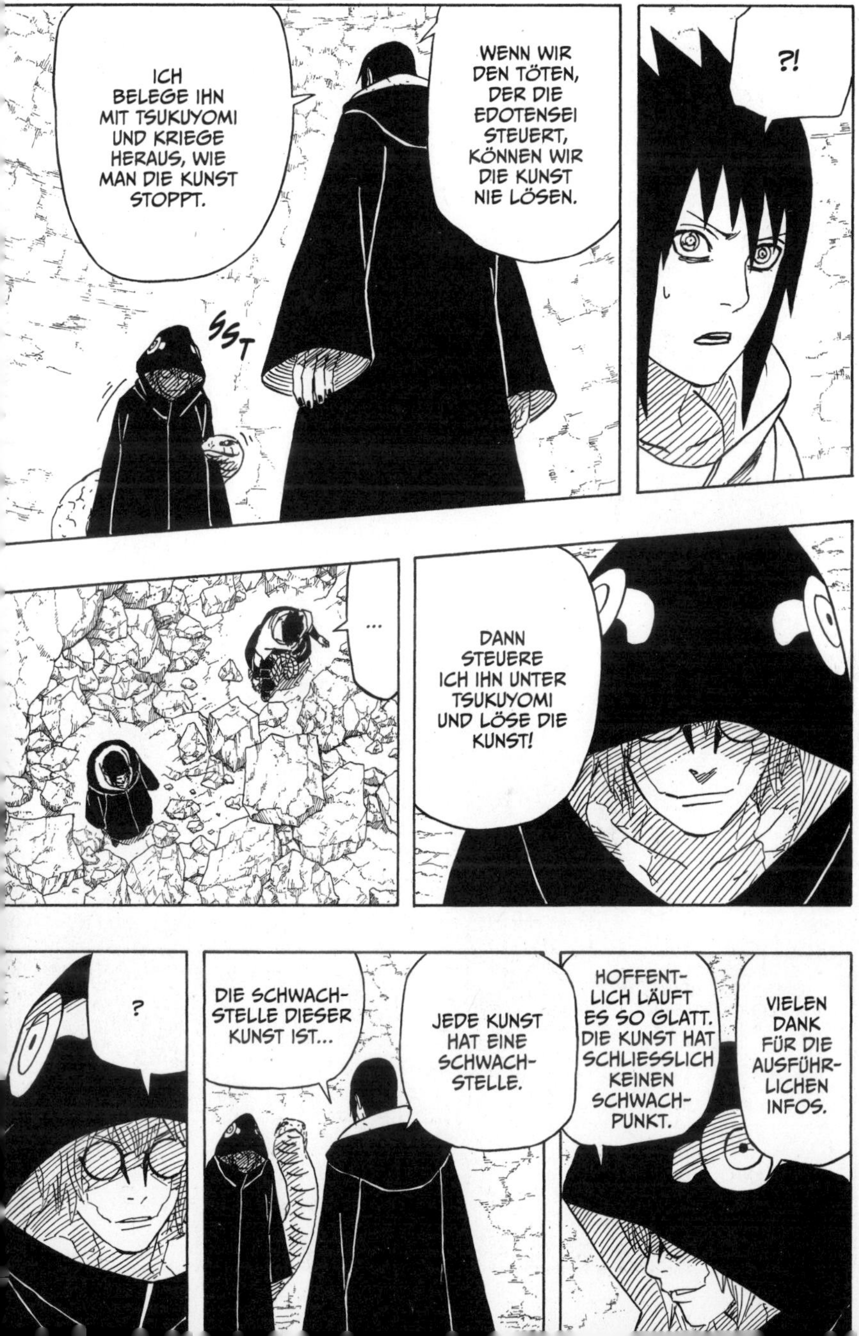
?!
WENN WIR DEN TÖTEN, DER DIE EDOTENSEI STEUERT, KÖNNEN WIR DIE KUNST NIE LÖSEN.
ICH BELEGE IHN MIT TSUKUYOMI UND KRIEGE HERAUS, WIE MAN DIE KUNST STOPPT.
SST
DANN STEUERE ICH IHN UNTER TSUKUYOMI UND LÖSE DIE KUNST!
...
VIELEN DANK FÜR DIE AUSFÜHRLICHEN INFOS.
HOFFENTLICH LÄUFT ES SO GLATT. DIE KUNST HAT SCHLIESSLICH KEINEN SCHWACHPUNKT.
JEDE KUNST HAT EINE SCHWACHSTELLE.
DIE SCHWACHSTELLE DIESER KUNST IST...
?

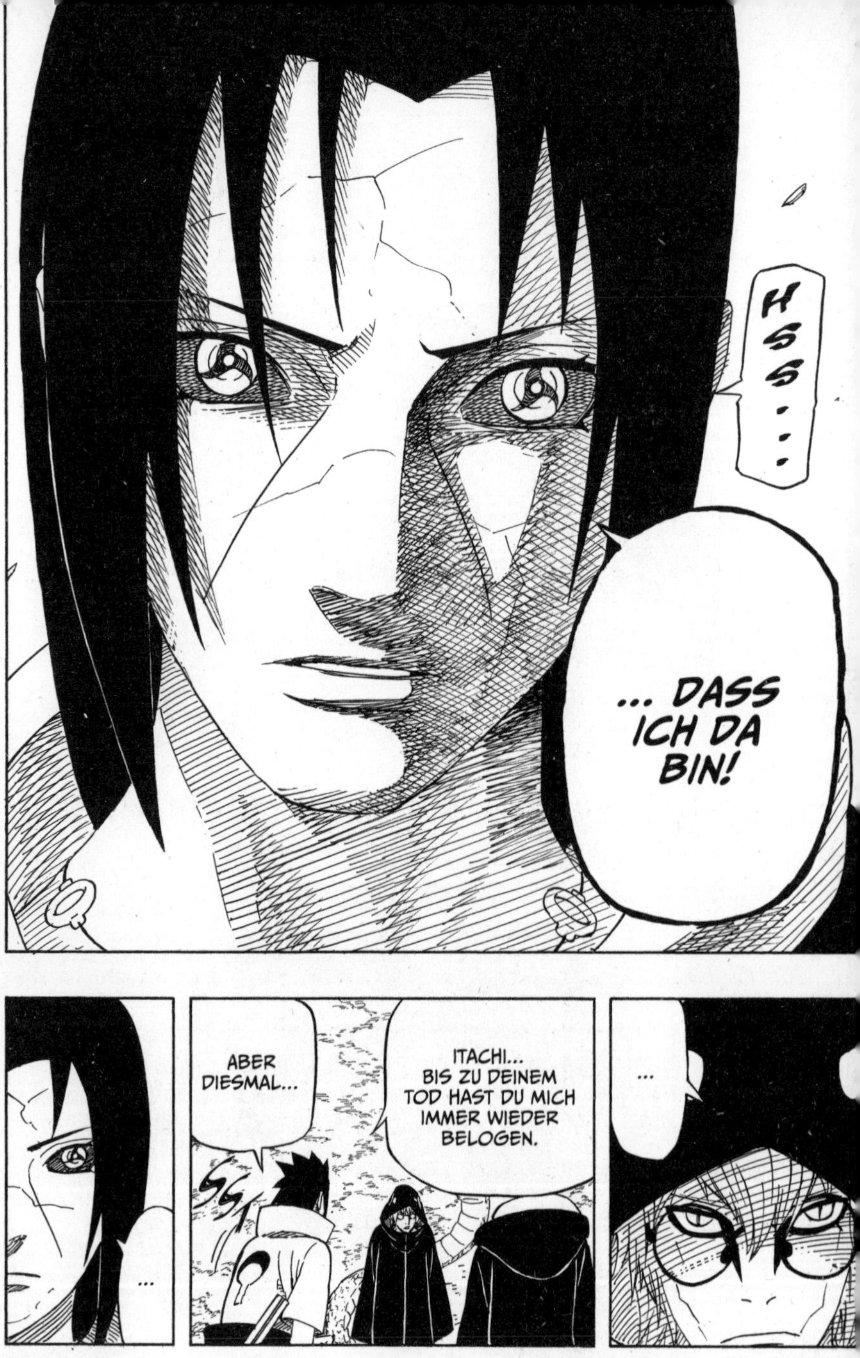
HSS...
... DASS ICH DA BIN!
...
ITACHI... BIS ZU DEINEM TOD HAST DU MICH IMMER WIEDER BELOGEN.
ABER DIESMAL...
...

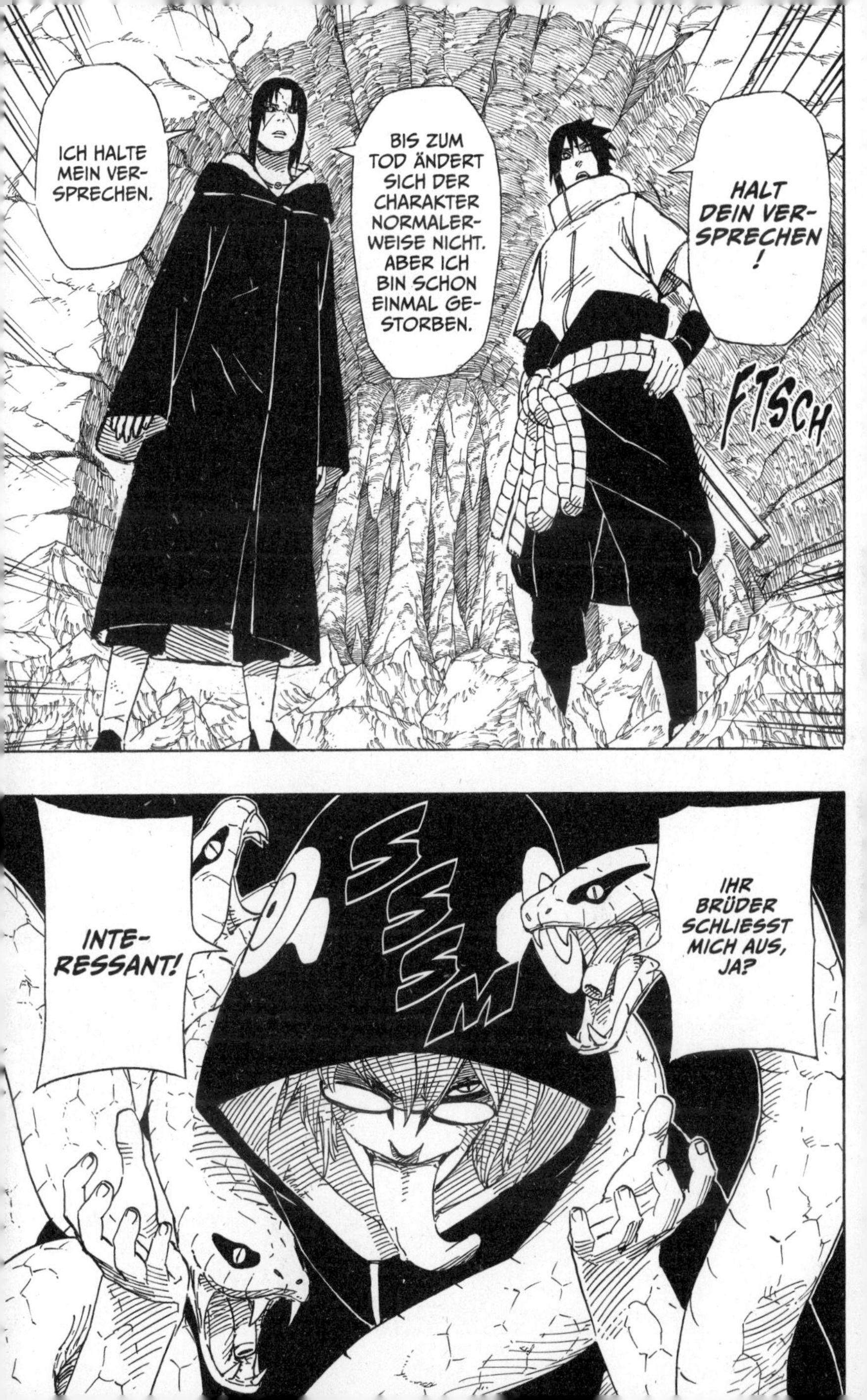
HALT DEIN VERSPRECHEN!
FTSCH
BIS ZUM TOD ÄNDERT SICH DER CHARAKTER NORMALERWEISE NICHT. ABER ICH BIN SCHON EINMAL GESTORBEN.
ICH HALTE MEIN VERSPRECHEN.
IHR BRÜDER SCHLIESST MICH AUS, JA?
SSSM
INTERESSANT!

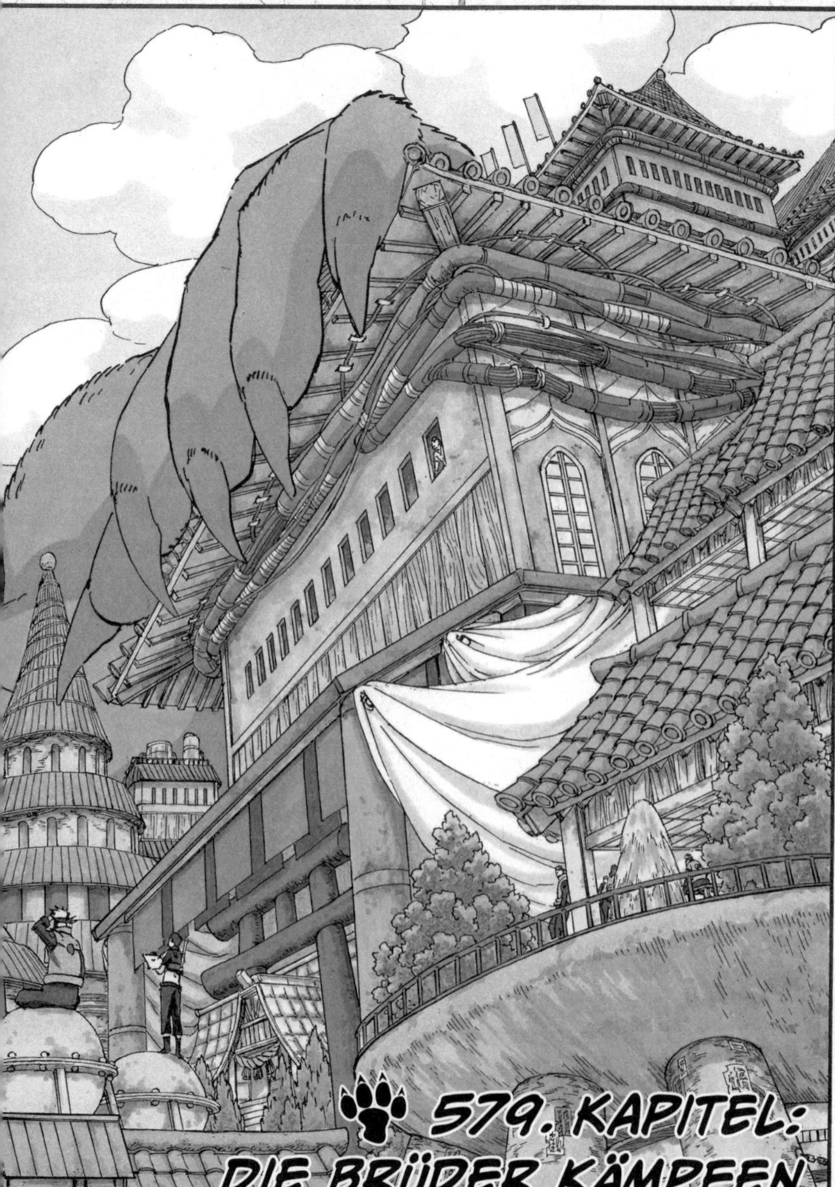
579. KAPITEL:
DIE BRÜDER KÄMPFEN GEMEINSAM!

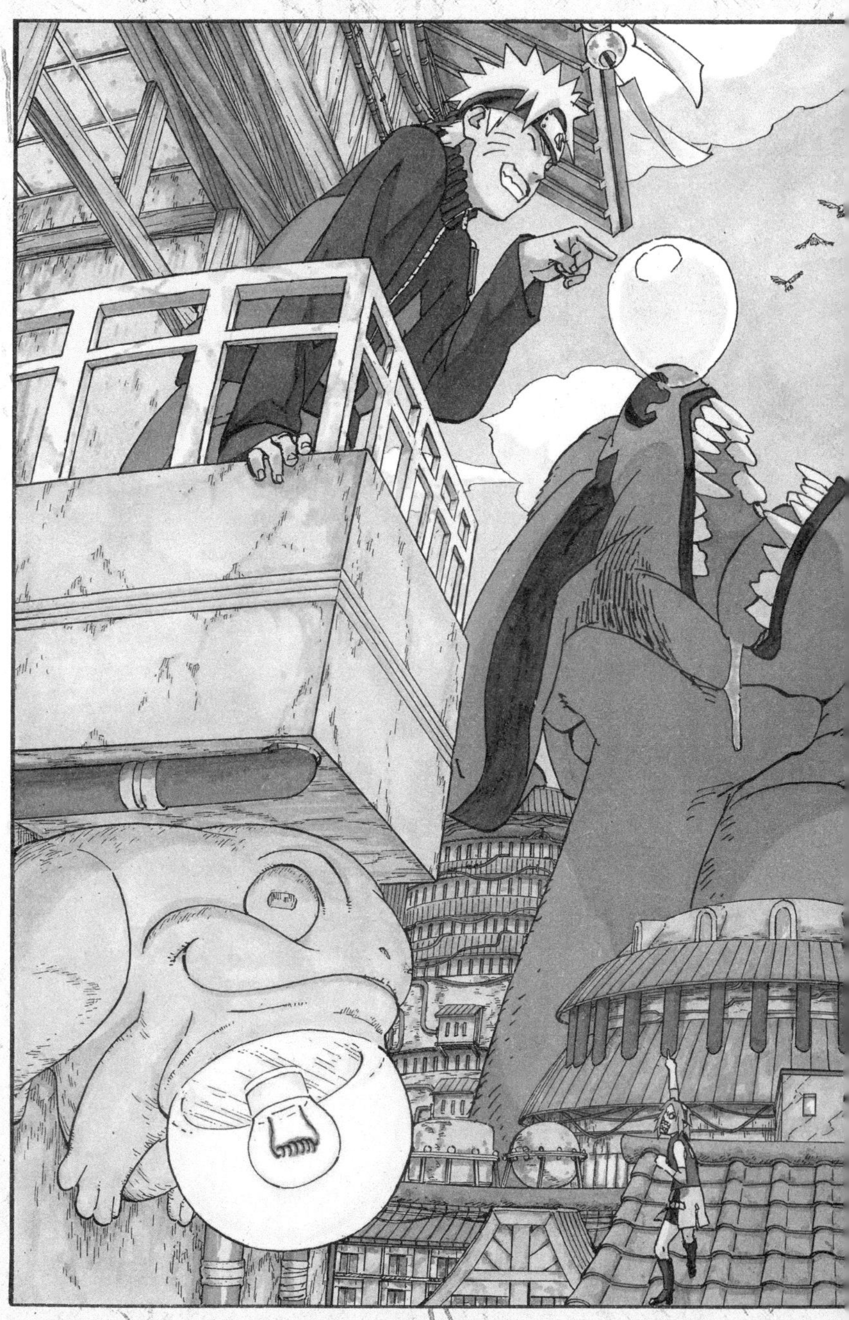

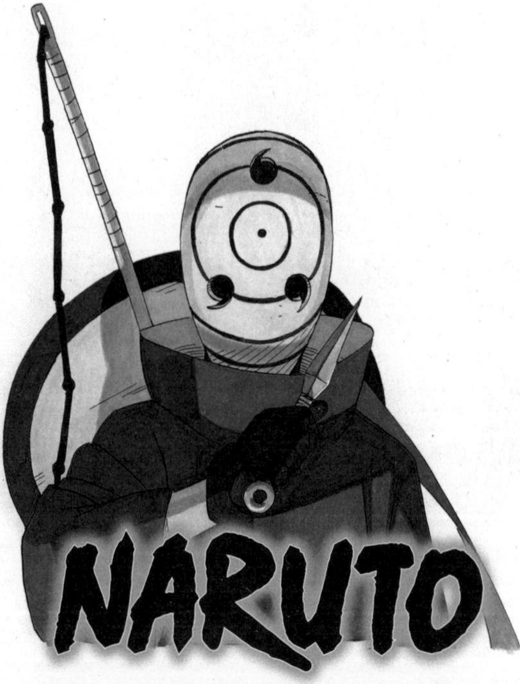
NARUTO

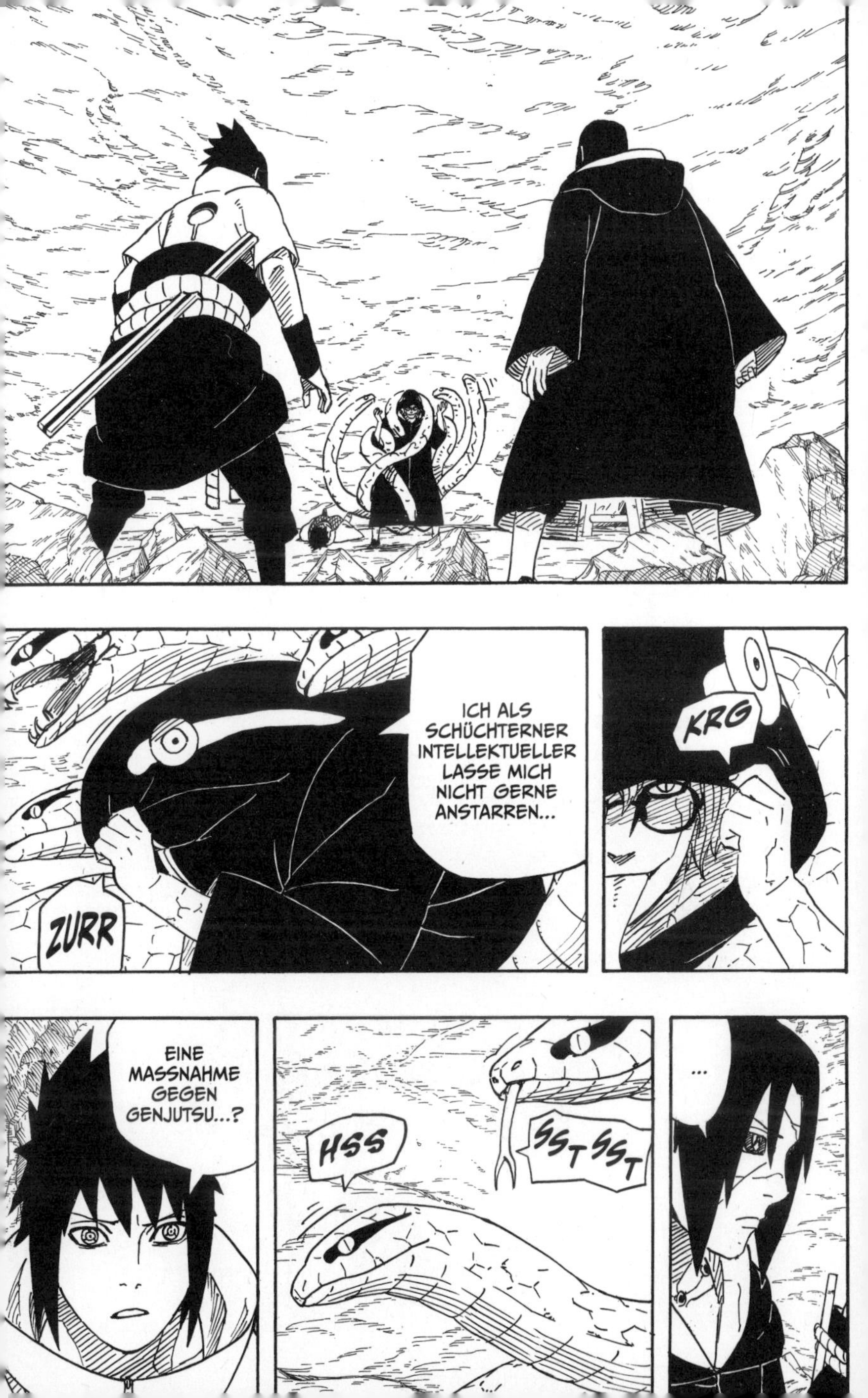
KRG
ICH ALS SCHÜCHTERNER INTELLEKTUELLER LASSE MICH NICHT GERNE ANSTARREN...
ZURR
...
SST SST
HSS
EINE MASSNAHME GEGEN GENJUTSU...?

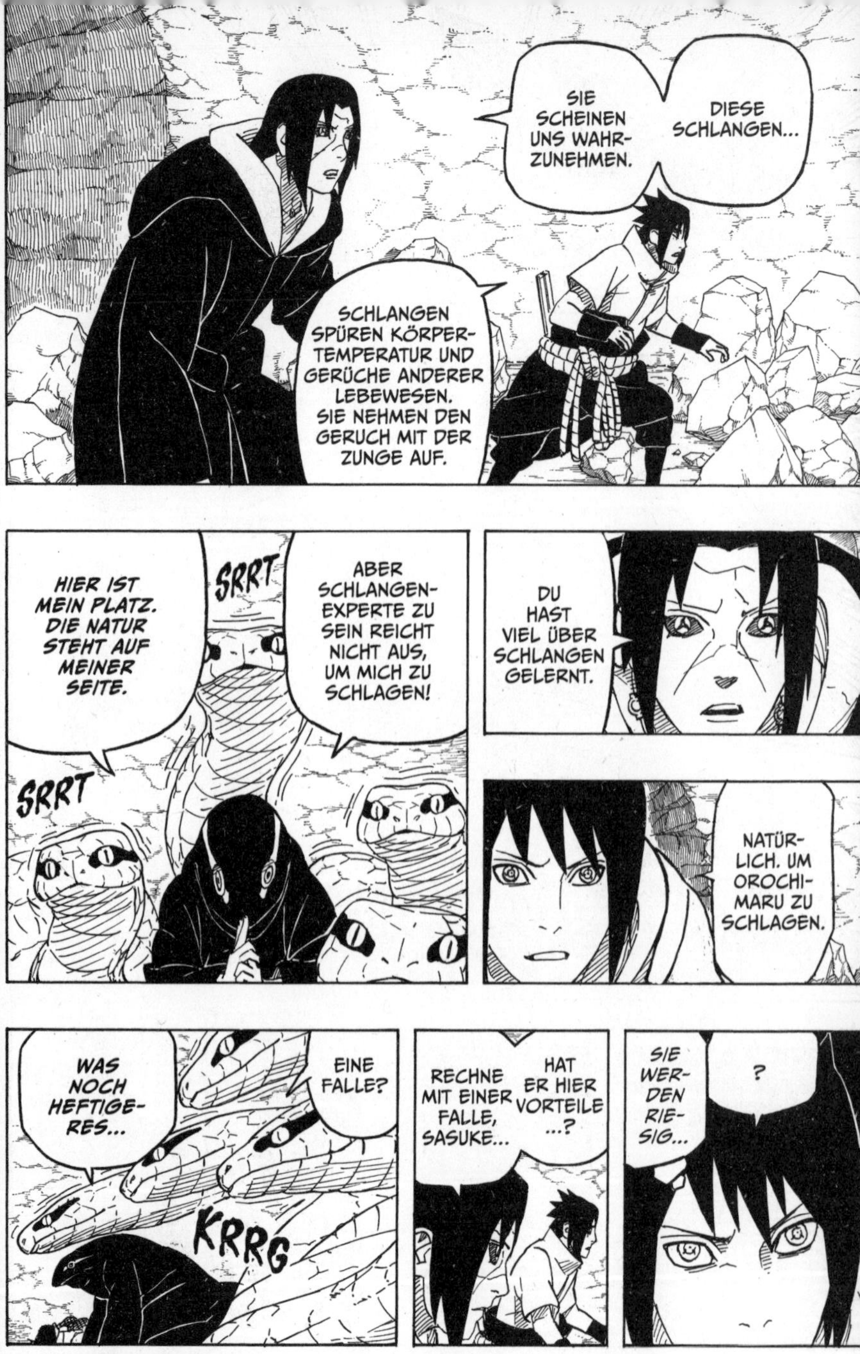
DIESE SCHLANGEN...
SIE SCHEINEN UNS WAHRZUNEHMEN.
SCHLANGEN SPÜREN KÖRPERTEMPERATUR UND GERÜCHE ANDERER LEBEWESEN. SIE NEHMEN DEN GERUCH MIT DER ZUNGE AUF.
DU HAST VIEL ÜBER SCHLANGEN GELERNT.
NATÜRLICH. UM OROCHIMARU ZU SCHLAGEN.
ABER SCHLANGENEXPERTE ZU SEIN REICHT NICHT AUS, UM MICH ZU SCHLAGEN!
SRRT
HIER IST MEIN PLATZ. DIE NATUR STEHT AUF MEINER SEITE.
SRRT
?
SIE WERDEN RIESIG...
HAT ER HIER VORTEILE ...?
RECHNE MIT EINER FALLE, SASUKE...
EINE FALLE?
WAS NOCH HEFTIGERES...
KRRG

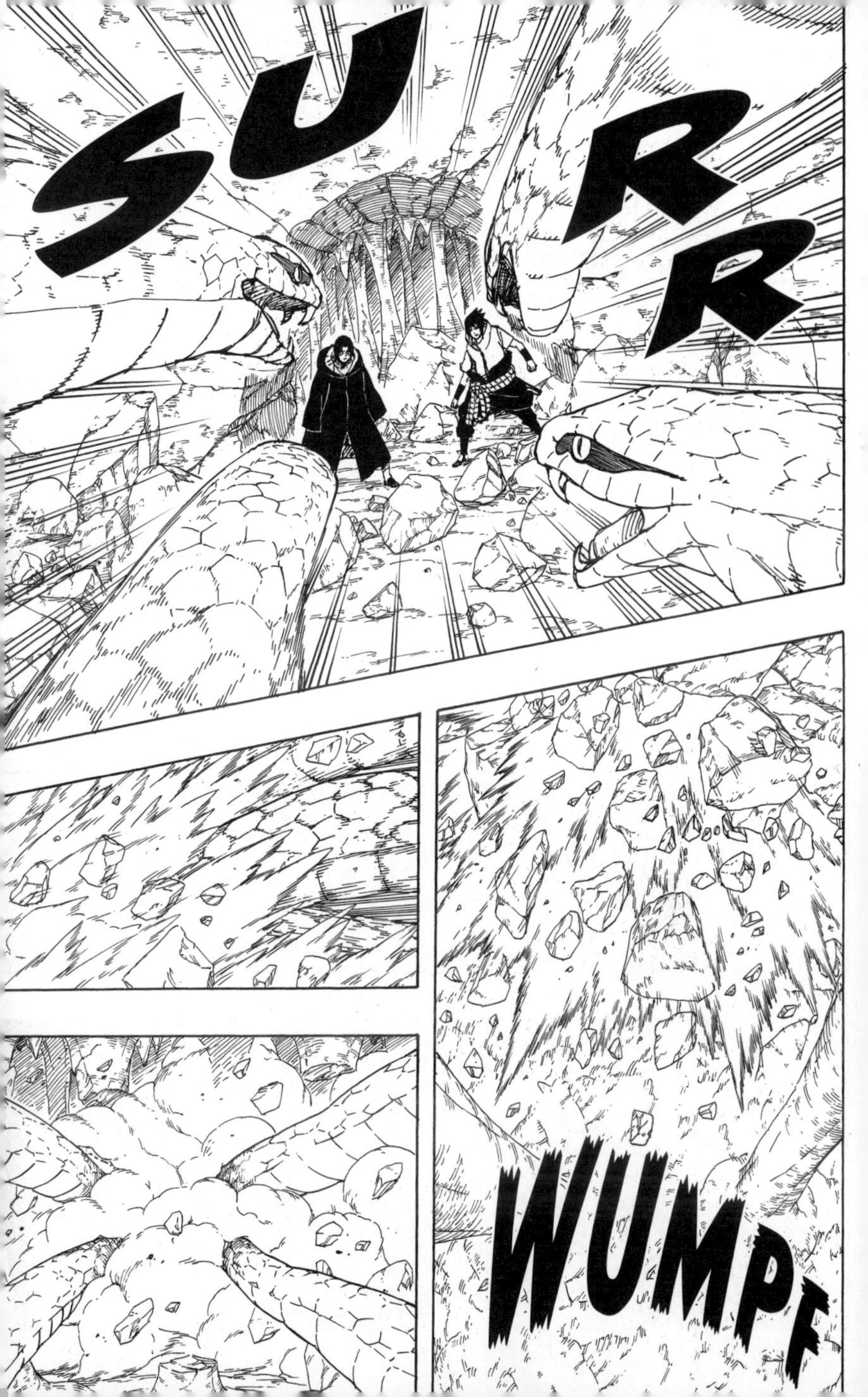
SURR
WUMPF

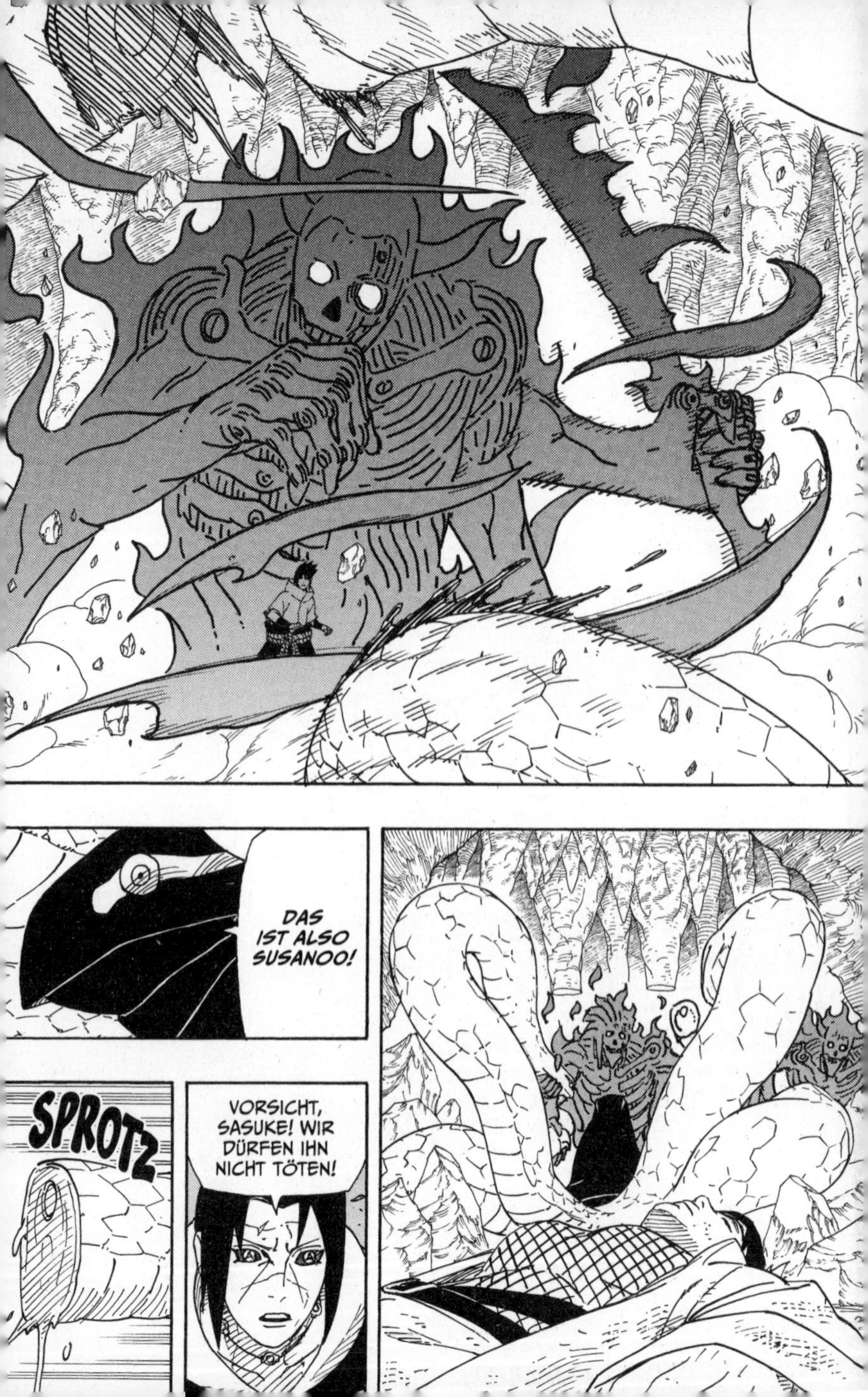
DAS IST ALSO SUSANOO!
VORSICHT, SASUKE! WIR DÜRFEN IHN NICHT TÖTEN!
SPROTZ

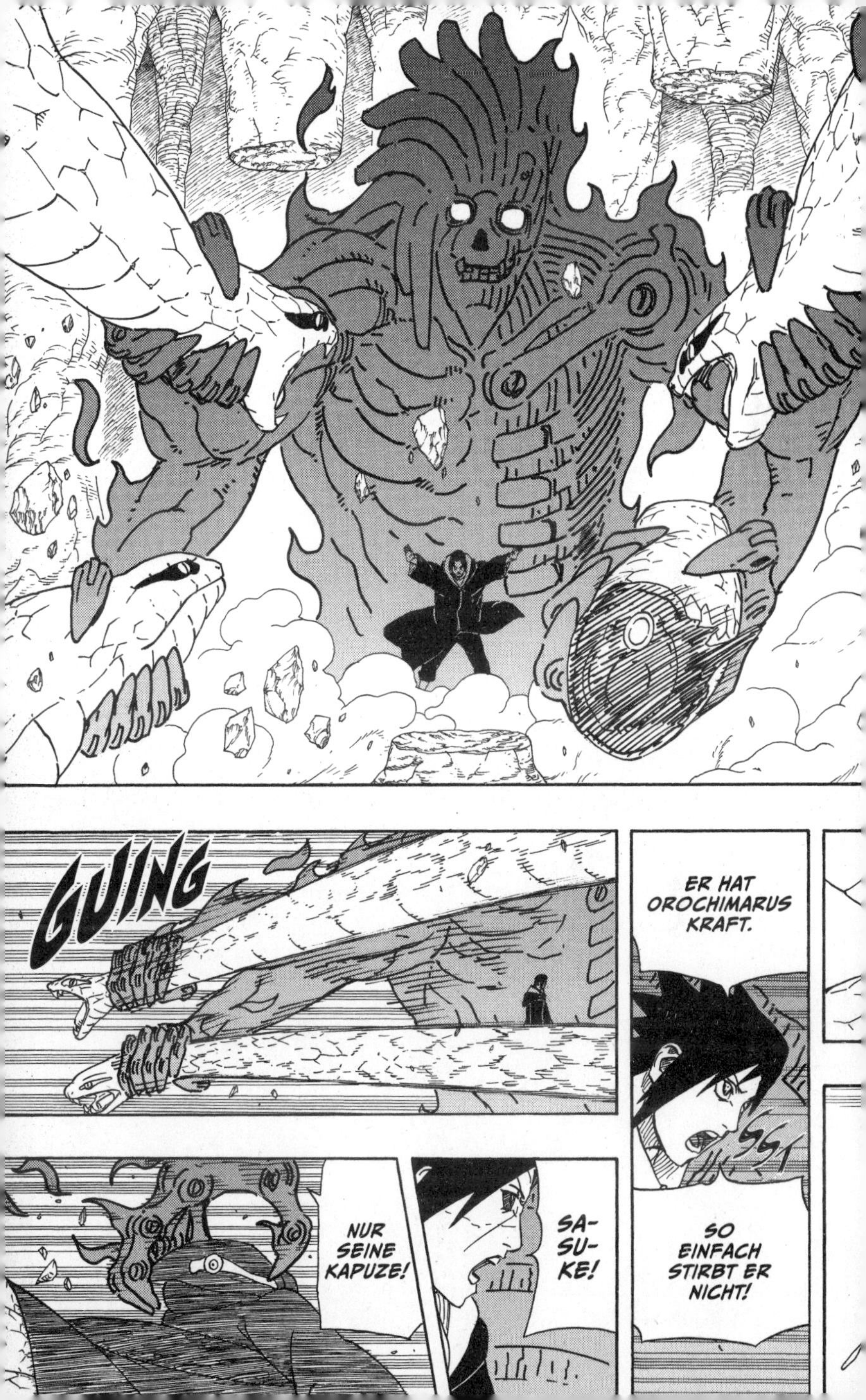
GUING
ER HAT OROCHIMARUS KRAFT.
SSS
SO EINFACH STIRBT ER NICHT!
SA-SU-KE!
NUR SEINE KAPUZE!

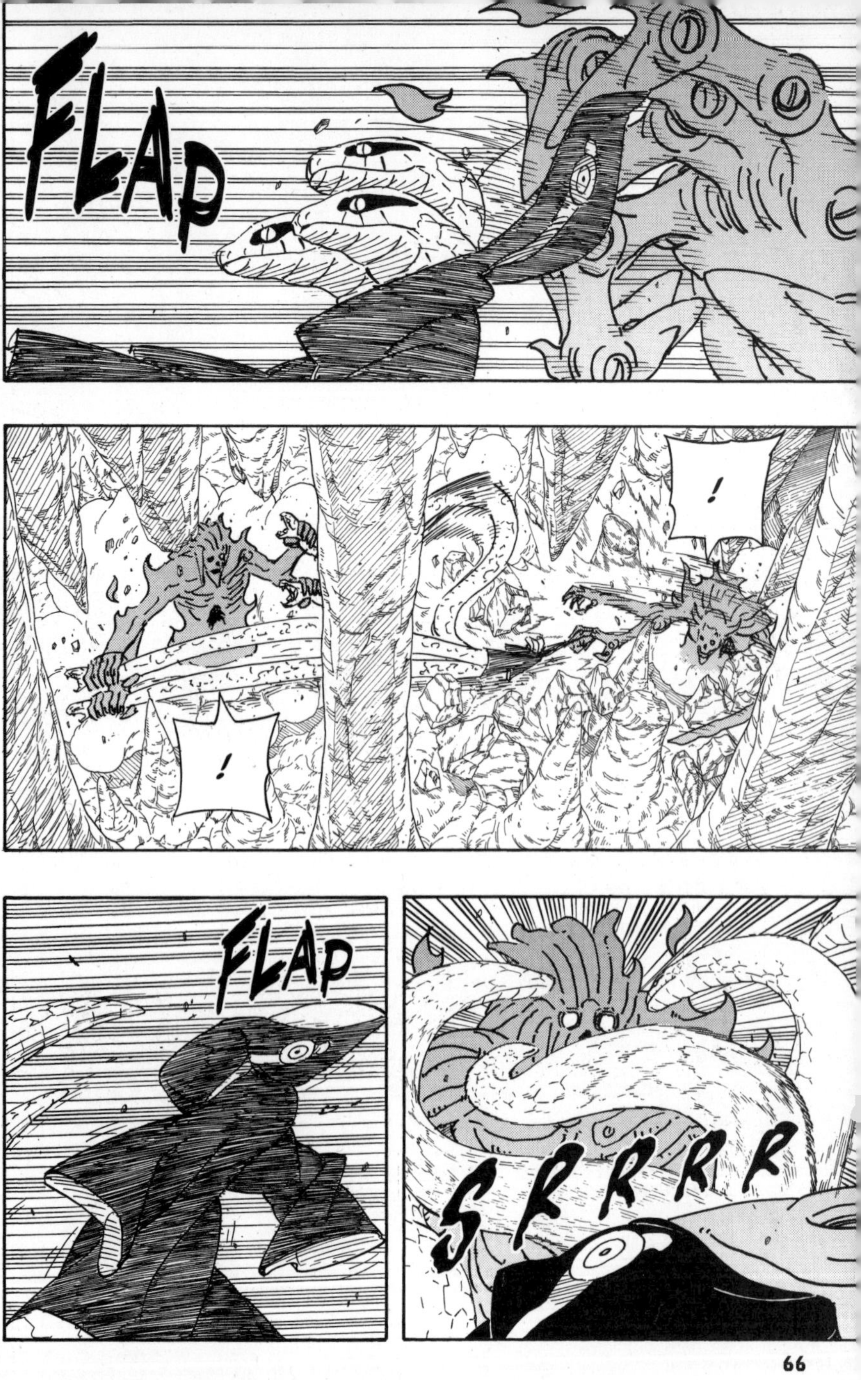

FLAP
!
!
FLAP
SRRRRR

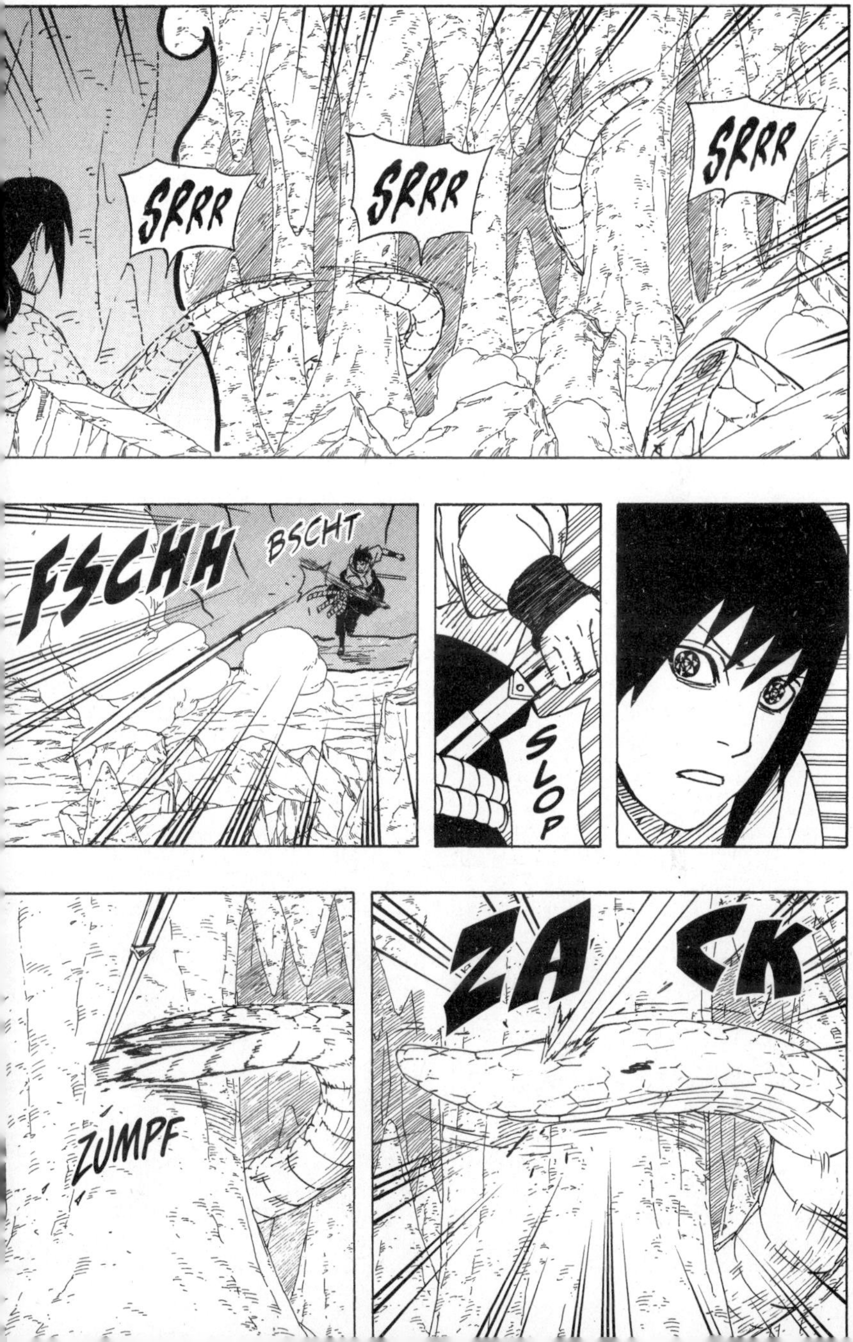
SRRR
SRRR
SRRR
SLOP
FSCHH
BSCHT
ZACK
ZUMPF

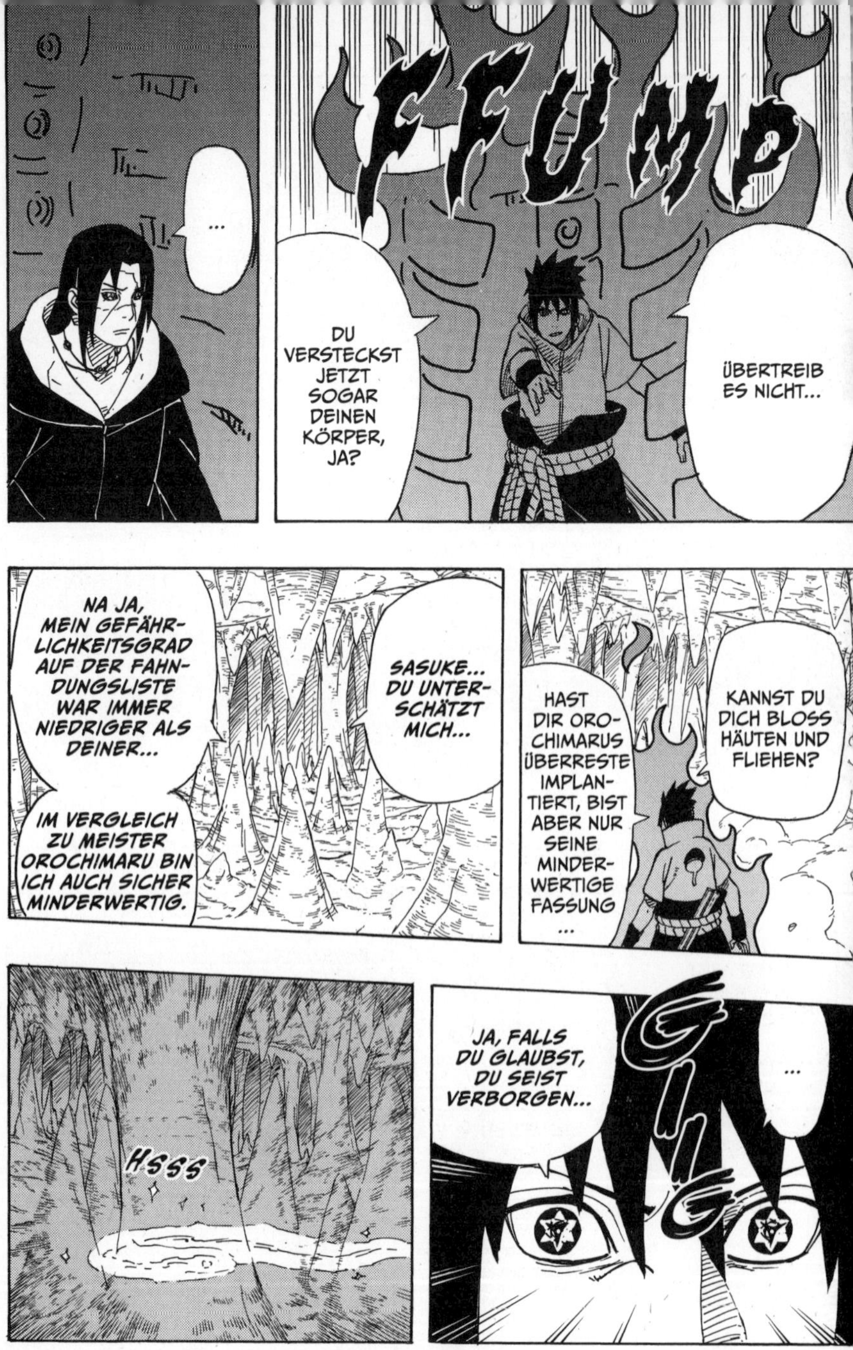
FFUMP
ÜBERTREIB ES NICHT...
DU VERSTECKST JETZT SOGAR DEINEN KÖRPER, JA?
...
KANNST DU DICH BLOSS HÄUTEN UND FLIEHEN?
HAST DIR OROCHIMARUS ÜBERRESTE IMPLANTIERT, BIST ABER NUR SEINE MINDERWERTIGE FASSUNG ...
SASUKE... DU UNTERSCHÄTZT MICH...
NA JA, MEIN GEFÄHRLICHKEITSGRAD AUF DER FAHNDUNGSLISTE WAR IMMER NIEDRIGER ALS DEINER...
IM VERGLEICH ZU MEISTER OROCHIMARU BIN ICH AUCH SICHER MINDERWERTIG.
...
GING
JA, FALLS DU GLAUBST, DU SEIST VERBORGEN...
HSSS

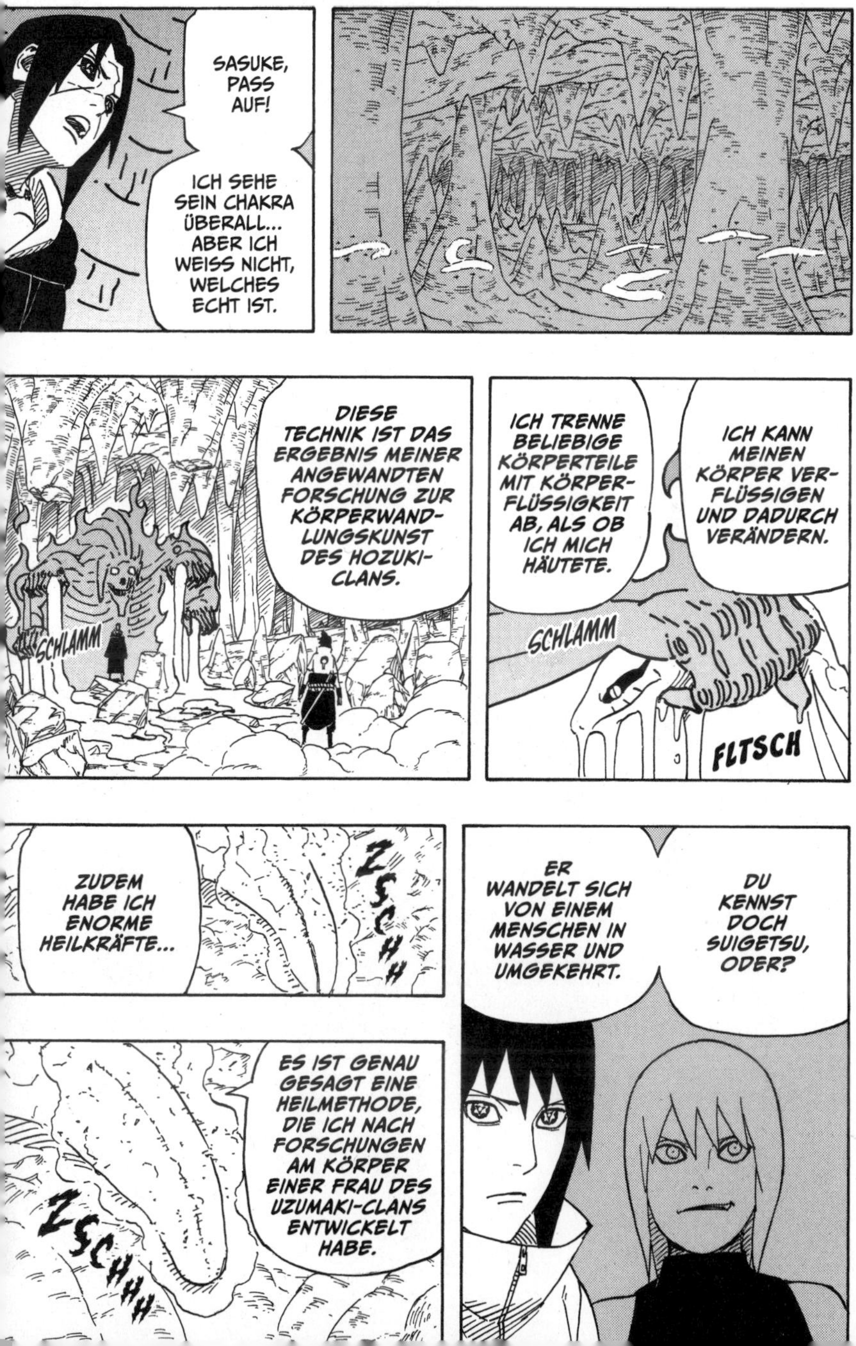
SASUKE, PASS AUF!
ICH SEHE SEIN CHAKRA ÜBERALL... ABER ICH WEISS NICHT, WELCHES ECHT IST.
ICH KANN MEINEN KÖRPER VERFLÜSSIGEN UND DADURCH VERÄNDERN.
ICH TRENNE BELIEBIGE KÖRPERTEILE MIT KÖRPERFLÜSSIGKEIT AB, ALS OB ICH MICH HÄUTETE.
SCHLAMM
FLTSCH
DIESE TECHNIK IST DAS ERGEBNIS MEINER ANGEWANDTEN FORSCHUNG ZUR KÖRPERWANDLUNGSKUNST DES HOZUKI-CLANS.
SCHLAMM
DU KENNST DOCH SUIGETSU, ODER?
ER WANDELT SICH VON EINEM MENSCHEN IN WASSER UND UMGEKEHRT.
ZUDEM HABE ICH ENORME HEILKRÄFTE...
ZSCHHH
ES IST GENAU GESAGT EINE HEILMETHODE, DIE ICH NACH FORSCHUNGEN AM KÖRPER EINER FRAU DES UZUMAKI-CLANS ENTWICKELT HABE.
ZSCHHH

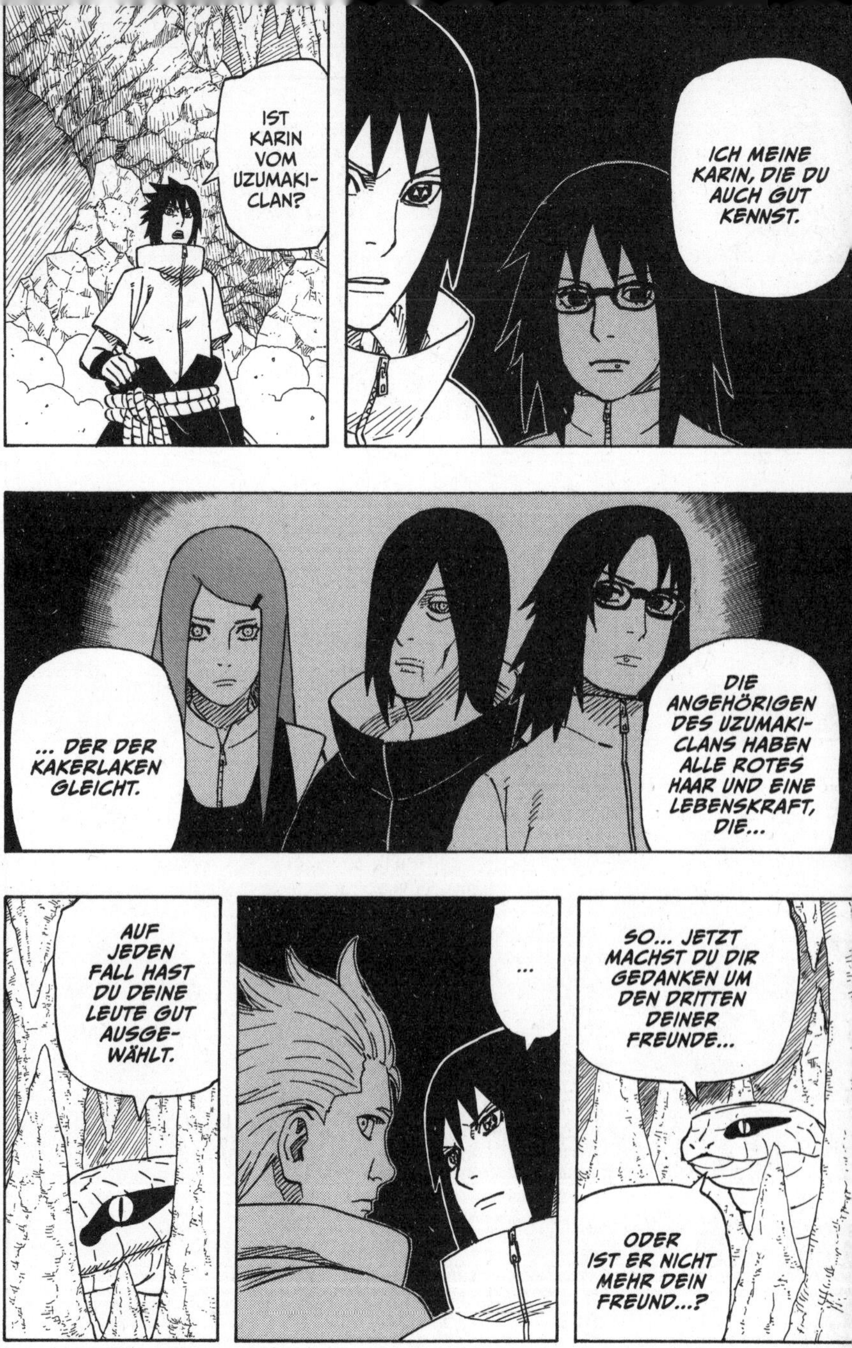

ICH MEINE KARIN, DIE DU AUCH GUT KENNST.
IST KARIN VOM UZUMAKI-CLAN?
DIE ANGEHÖRIGEN DES UZUMAKI-CLANS HABEN ALLE ROTES HAAR UND EINE LEBENSKRAFT, DIE...
... DER DER KAKERLAKEN GLEICHT.
SO... JETZT MACHST DU DIR GEDANKEN UM DEN DRITTEN DEINER FREUNDE...
ODER IST ER NICHT MEHR DEIN FREUND...?
...
AUF JEDEN FALL HAST DU DEINE LEUTE GUT AUSGE-WÄHLT.

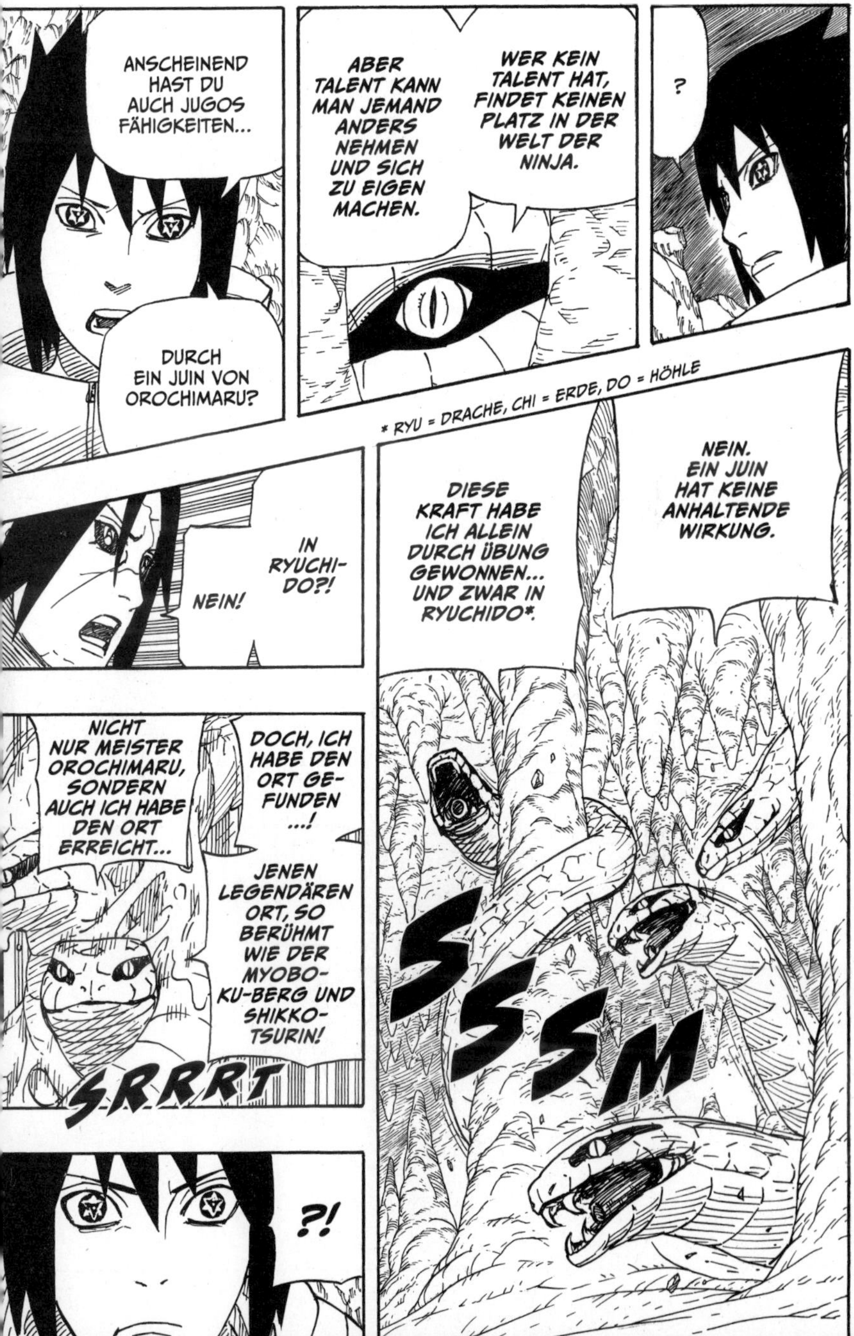
?
WER KEIN TALENT HAT, FINDET KEINEN PLATZ IN DER WELT DER NINJA.
ABER TALENT KANN MAN JEMAND ANDERS NEHMEN UND SICH ZU EIGEN MACHEN.
ANSCHEINEND HAST DU AUCH JUGOS FÄHIGKEITEN...
DURCH EIN JUIN VON OROCHIMARU?
NEIN. EIN JUIN HAT KEINE ANHALTENDE WIRKUNG.
DIESE KRAFT HABE ICH ALLEIN DURCH ÜBUNG GEWONNEN... UND ZWAR IN RYUCHIDO*.
SSSM
IN RYUCHI-DO?!
NEIN!
DOCH, ICH HABE DEN ORT GE-FUNDEN ...!
NICHT NUR MEISTER OROCHIMARU, SONDERN AUCH ICH HABE DEN ORT ERREICHT...
JENEN LEGENDÄREN ORT, SO BERÜHMT WIE DER MYOBO-KU-BERG UND SHIKKO-TSURIN!
SRRRT
?!
* RYU = DRACHE, CHI = ERDE, DO = HÖHLE

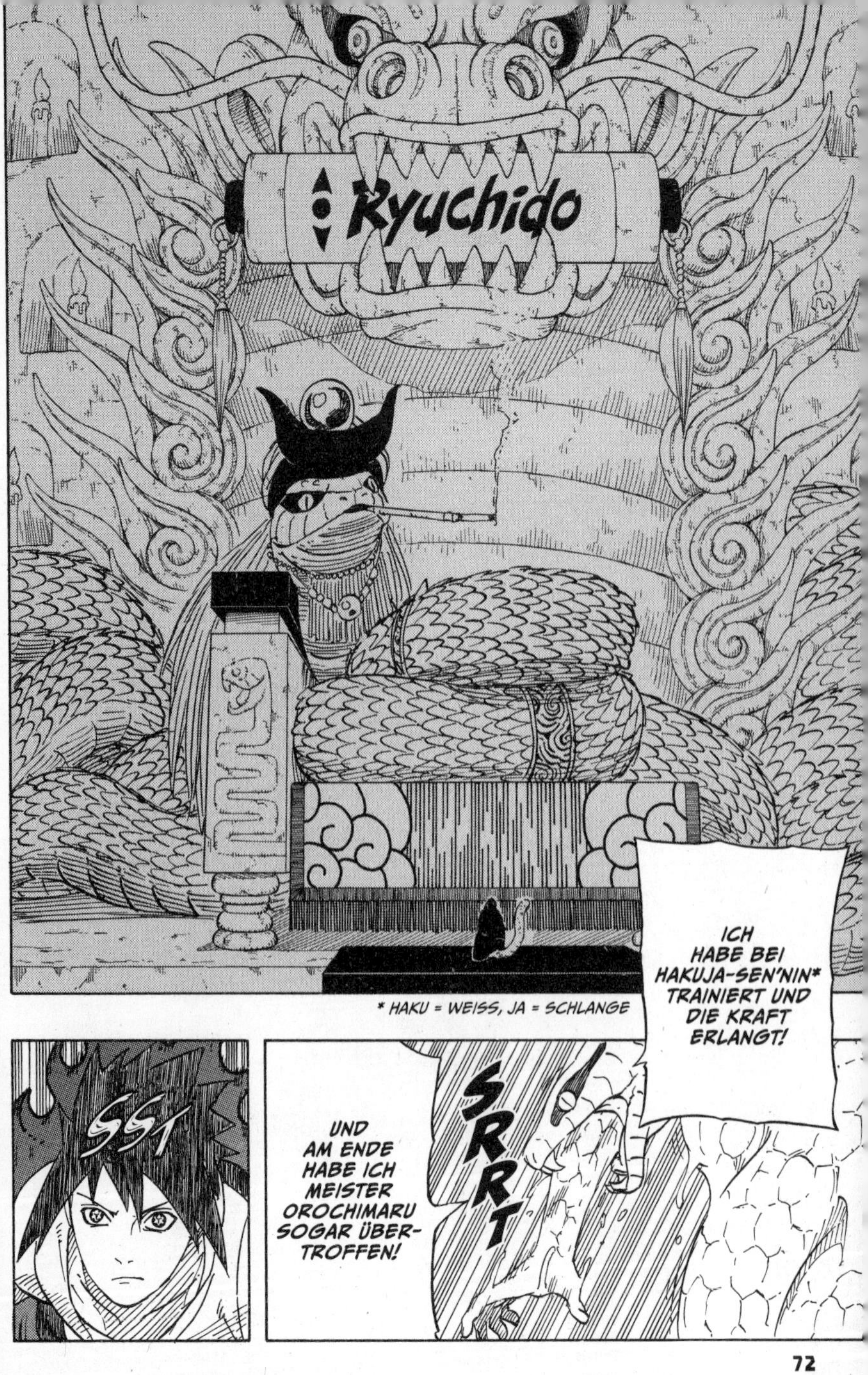
Ryuchido
ICH HABE BEI HAKUJA-SEN'NIN* TRAINIERT UND DIE KRAFT ERLANGT!
* HAKU = WEISS, JA = SCHLANGE
SRRT
UND AM ENDE HABE ICH MEISTER OROCHIMARU SOGAR ÜBER-TROFFEN!

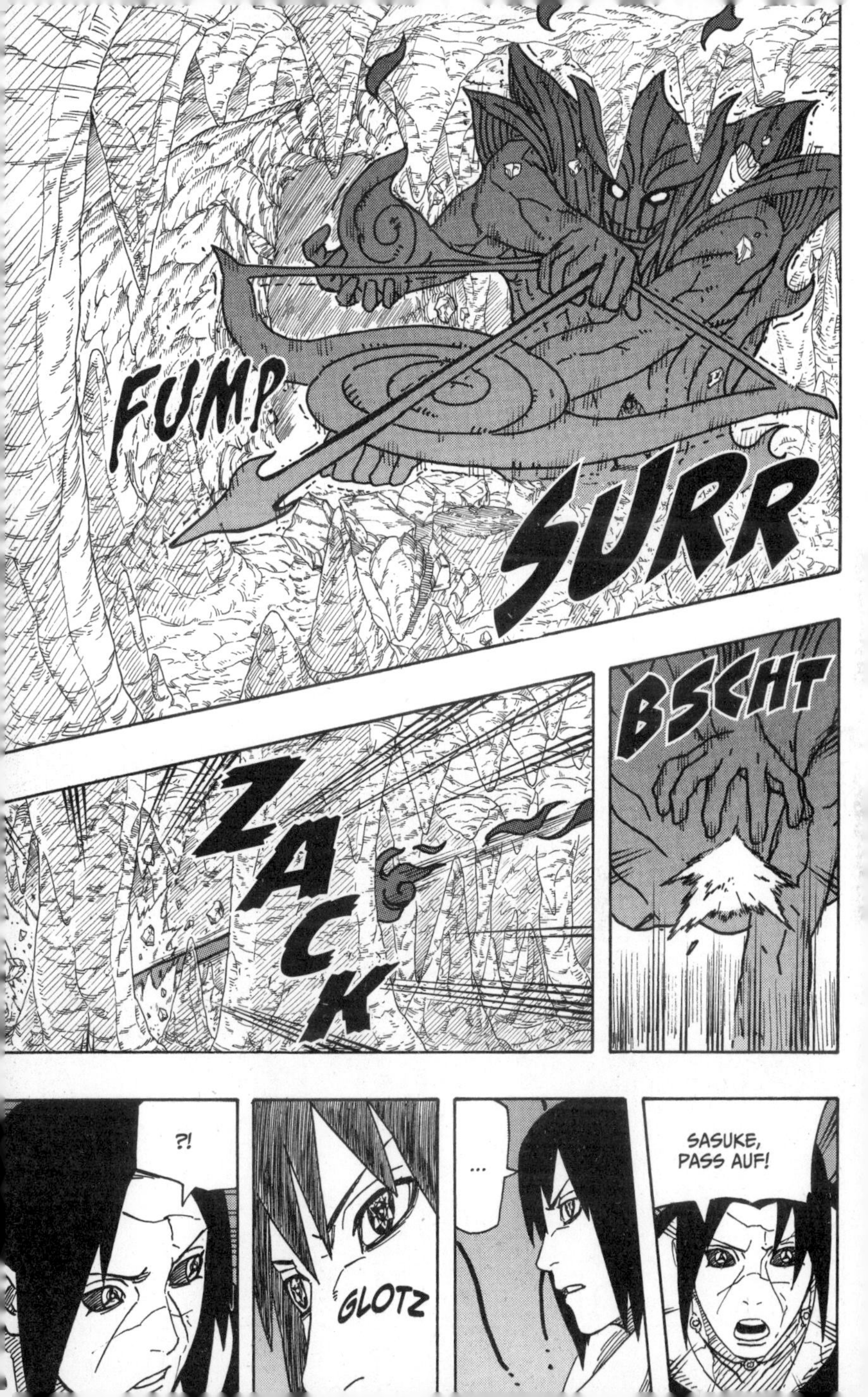
FUMP
SURR
BSCHT
ZACK
SASUKE, PASS AUF!
...
GLOTZ
?!

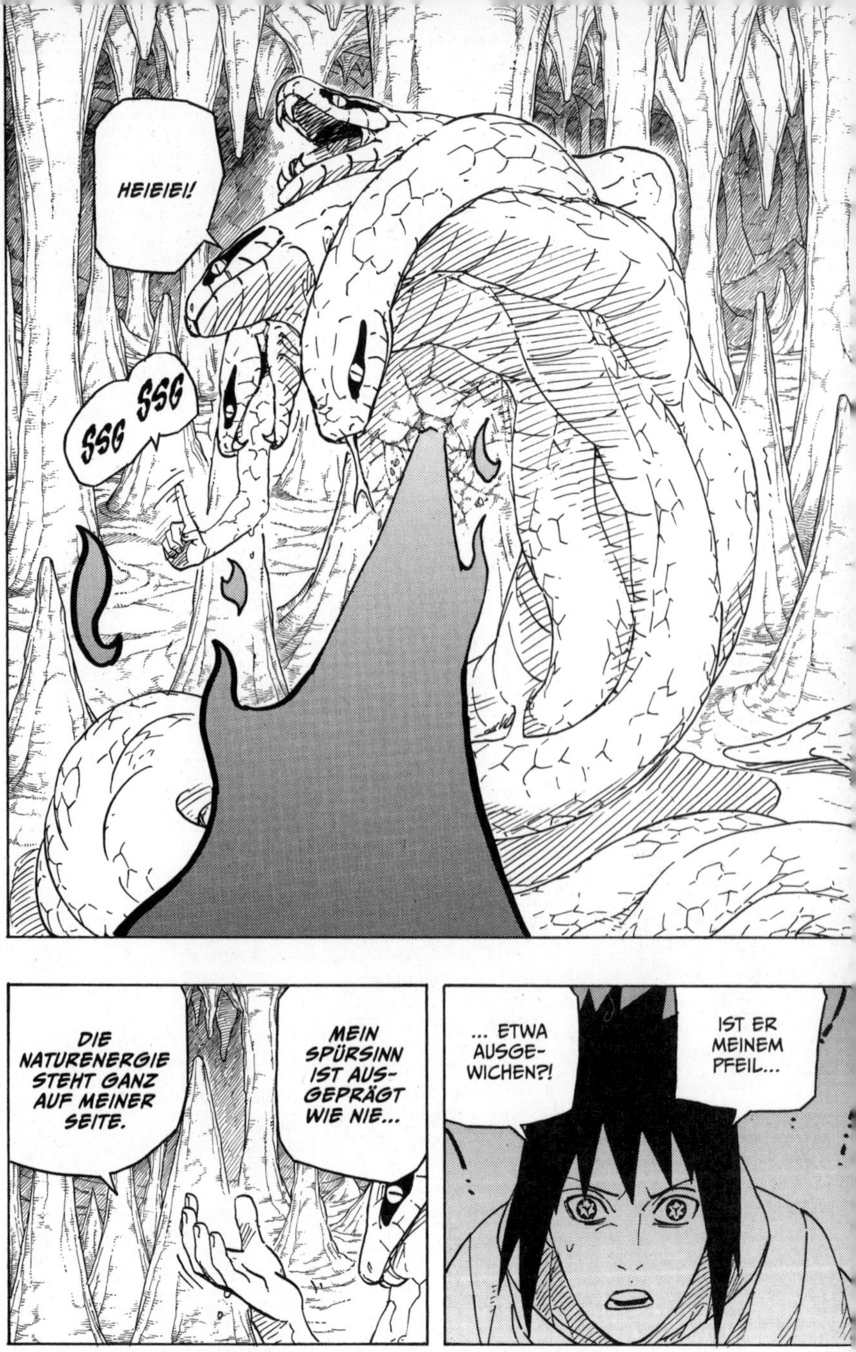
HEIEIEI!
SSG SSG
IST ER MEINEM PFEIL...
... ETWA AUSGE-WICHEN?!
MEIN SPÜRSINN IST AUS-GEPRÄGT WIE NIE...
DIE NATURENERGIE STEHT GANZ AUF MEINER SEITE.

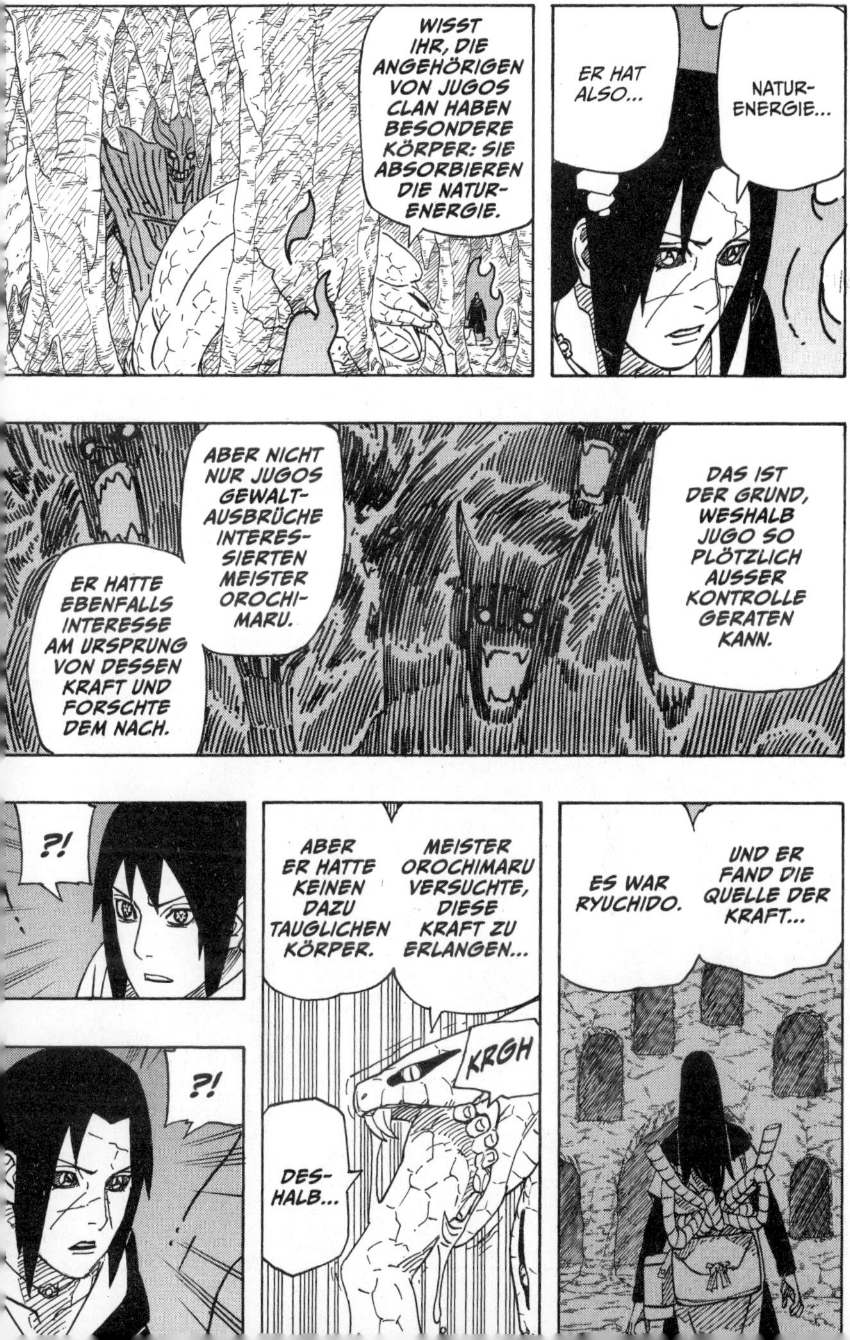
NATUR-ENERGIE...
ER HAT ALSO...
WISST IHR, DIE ANGEHÖRIGEN VON JUGOS CLAN HABEN BESONDERE KÖRPER: SIE ABSORBIEREN DIE NATUR-ENERGIE.
DAS IST DER GRUND, WESHALB JUGO SO PLÖTZLICH AUSSER KONTROLLE GERATEN KANN.
ABER NICHT NUR JUGOS GEWALT-AUSBRÜCHE INTERES-SIERTEN MEISTER OROCHI-MARU.
ER HATTE EBENFALLS INTERESSE AM URSPRUNG VON DESSEN KRAFT UND FORSCHTE DEM NACH.
UND ER FAND DIE QUELLE DER KRAFT...
ES WAR RYUCHIDO.
MEISTER OROCHIMARU VERSUCHTE, DIESE KRAFT ZU ERLANGEN...
ABER ER HATTE KEINEN DAZU TAUGLICHEN KÖRPER.
?!
KRGH
DES-HALB...
?!

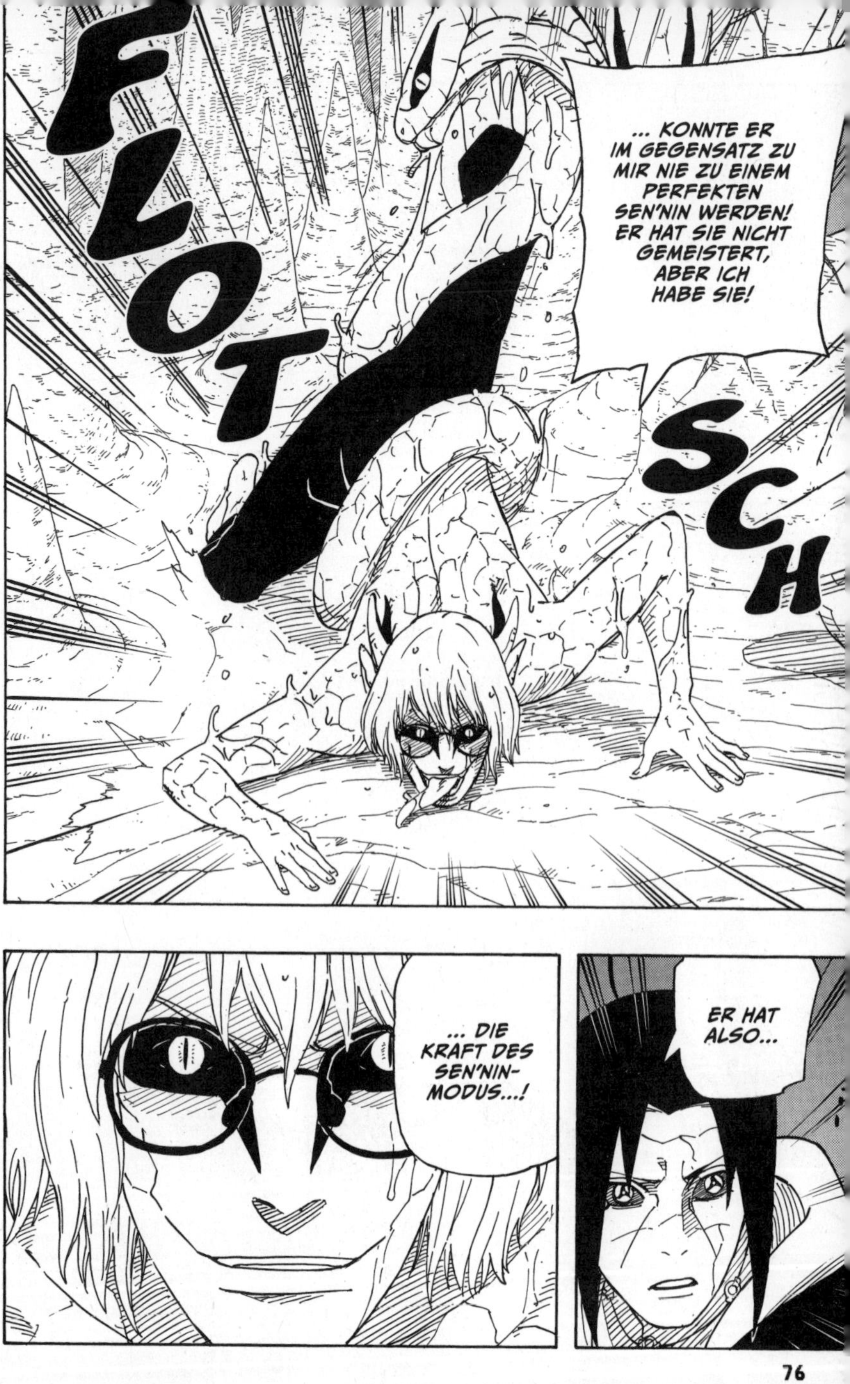
FLOT
SCH
... KONNTE ER IM GEGENSATZ ZU MIR NIE ZU EINEM PERFEKTEN SEN'NIN WERDEN! ER HAT SIE NICHT GEMEISTERT, ABER ICH HABE SIE!
ER HAT ALSO...
... DIE KRAFT DES SEN'NIN-MODUS...!

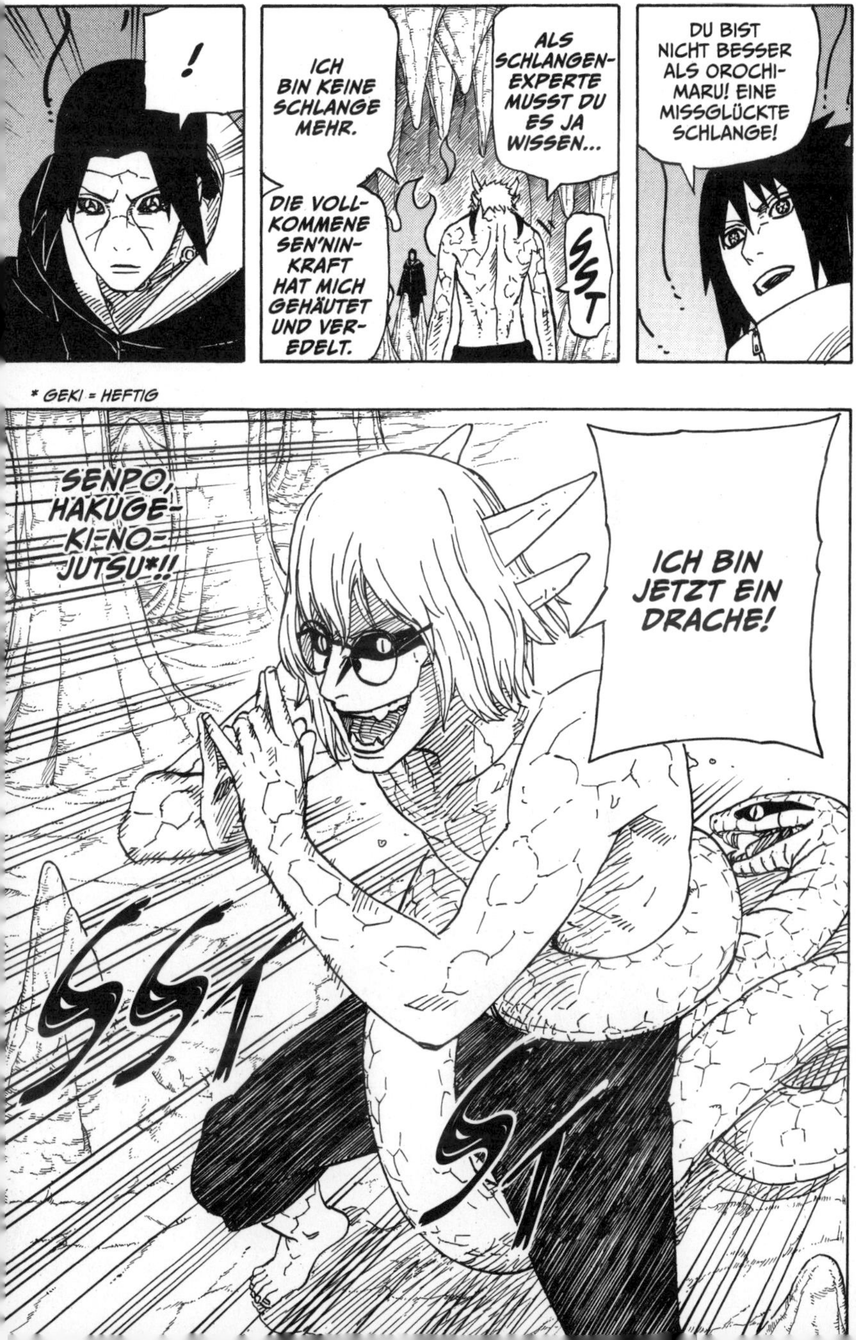
DU BIST NICHT BESSER ALS OROCHIMARU! EINE MISSGLÜCKTE SCHLANGE!
ALS SCHLANGEN-EXPERTE MUSST DU ES JA WISSEN...
SST
ICH BIN KEINE SCHLANGE MEHR.
DIE VOLLKOMMENE SEN'NIN-KRAFT HAT MICH GEHÄUTET UND VEREDELT.
!
ICH BIN JETZT EIN DRACHE!
SENPO, HAKUGEKI-NO-JUTSU*!!
SSST
SST
* GEKI = HEFTIG

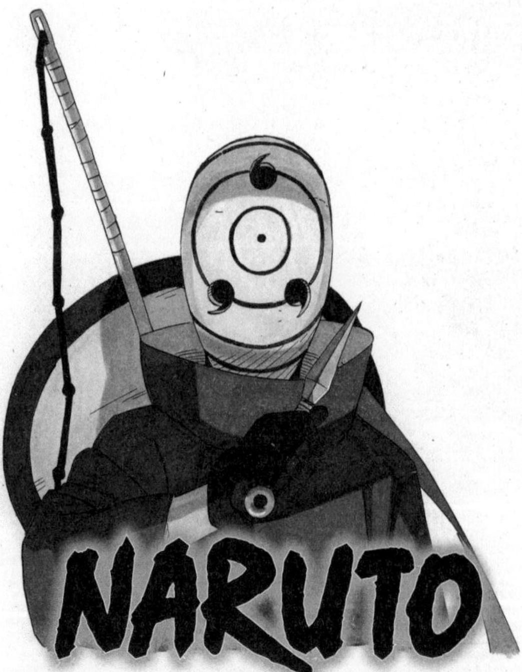
NARUTO

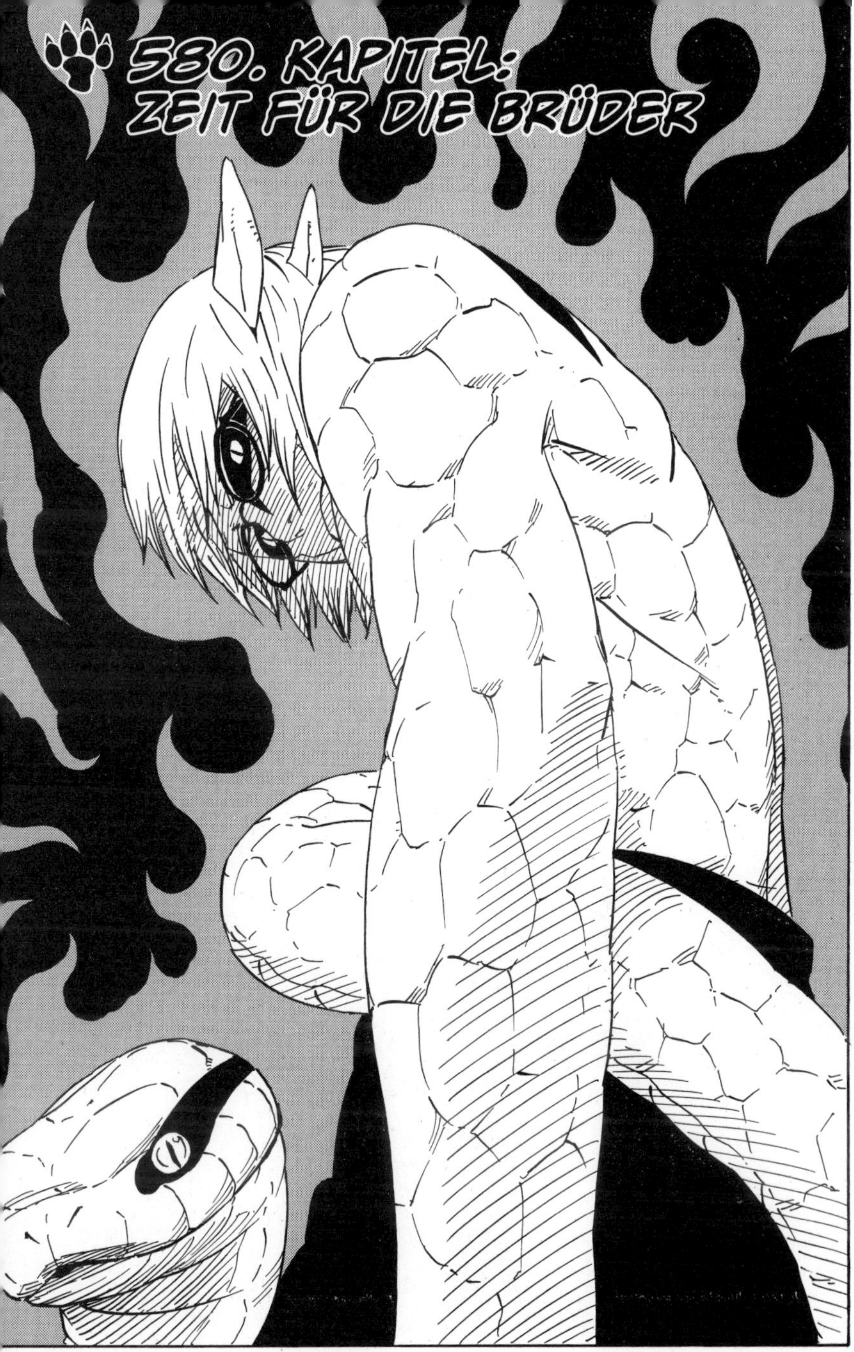
580. KAPITEL:
ZEIT FÜR DIE BRÜDER

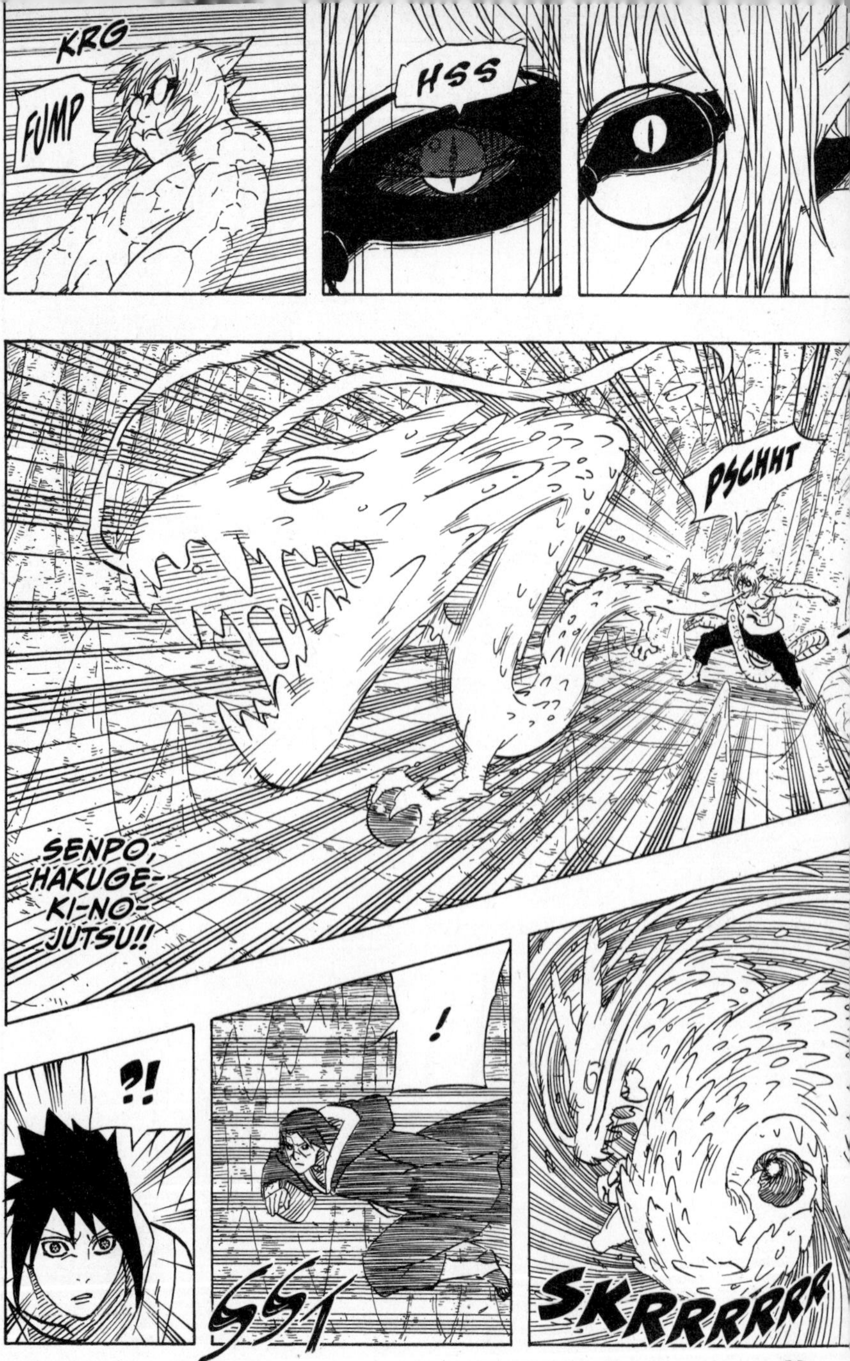
HSS
KRG
FUMP
PSCHHT
SENPO, HAKUGE-KI-NO-JUTSU!!
SKRRRRRR
!
SST
?!

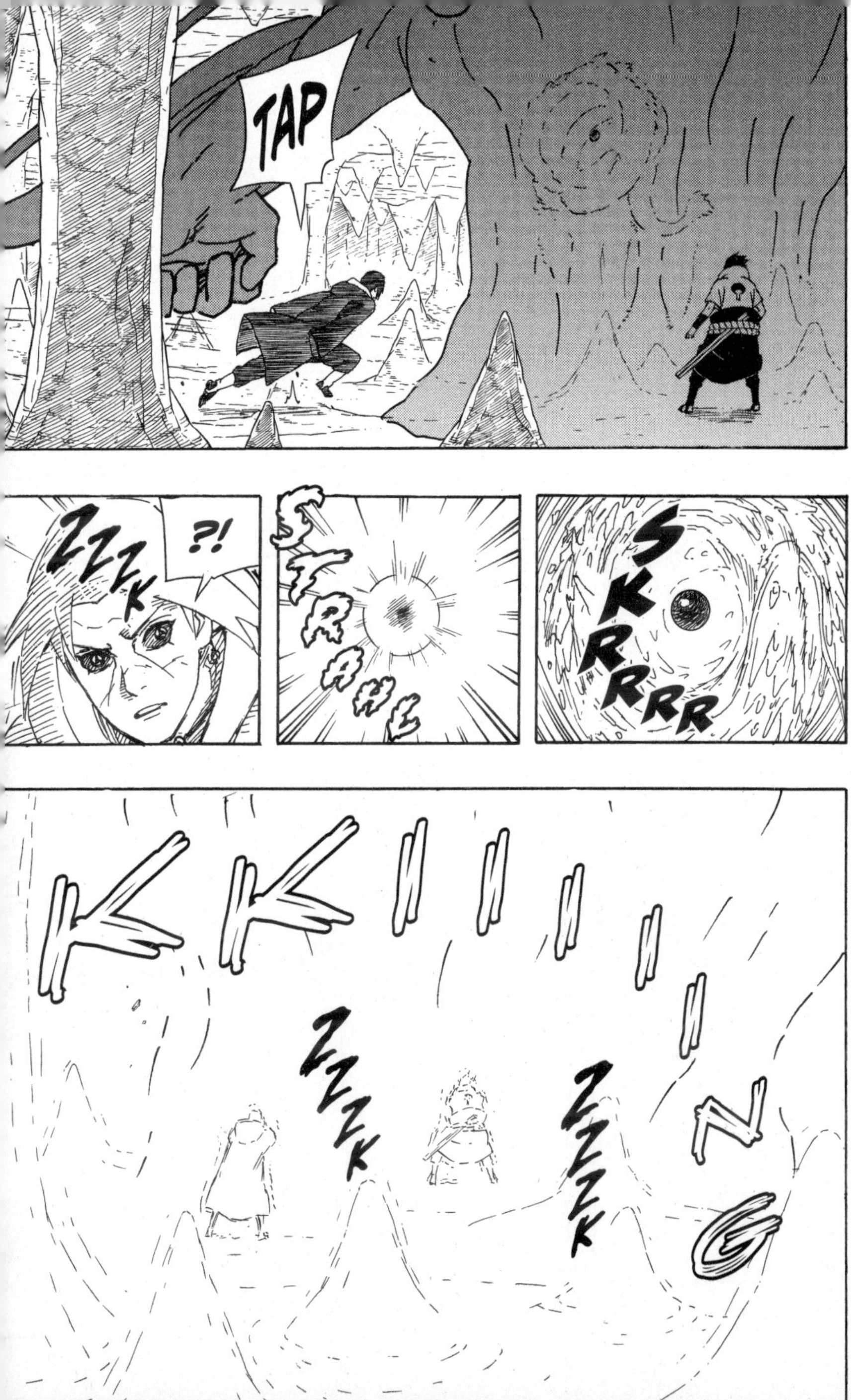
TAP
SKRRRRR
?!
ZZZK
KKIIIIING
ZZZK
ZZZK

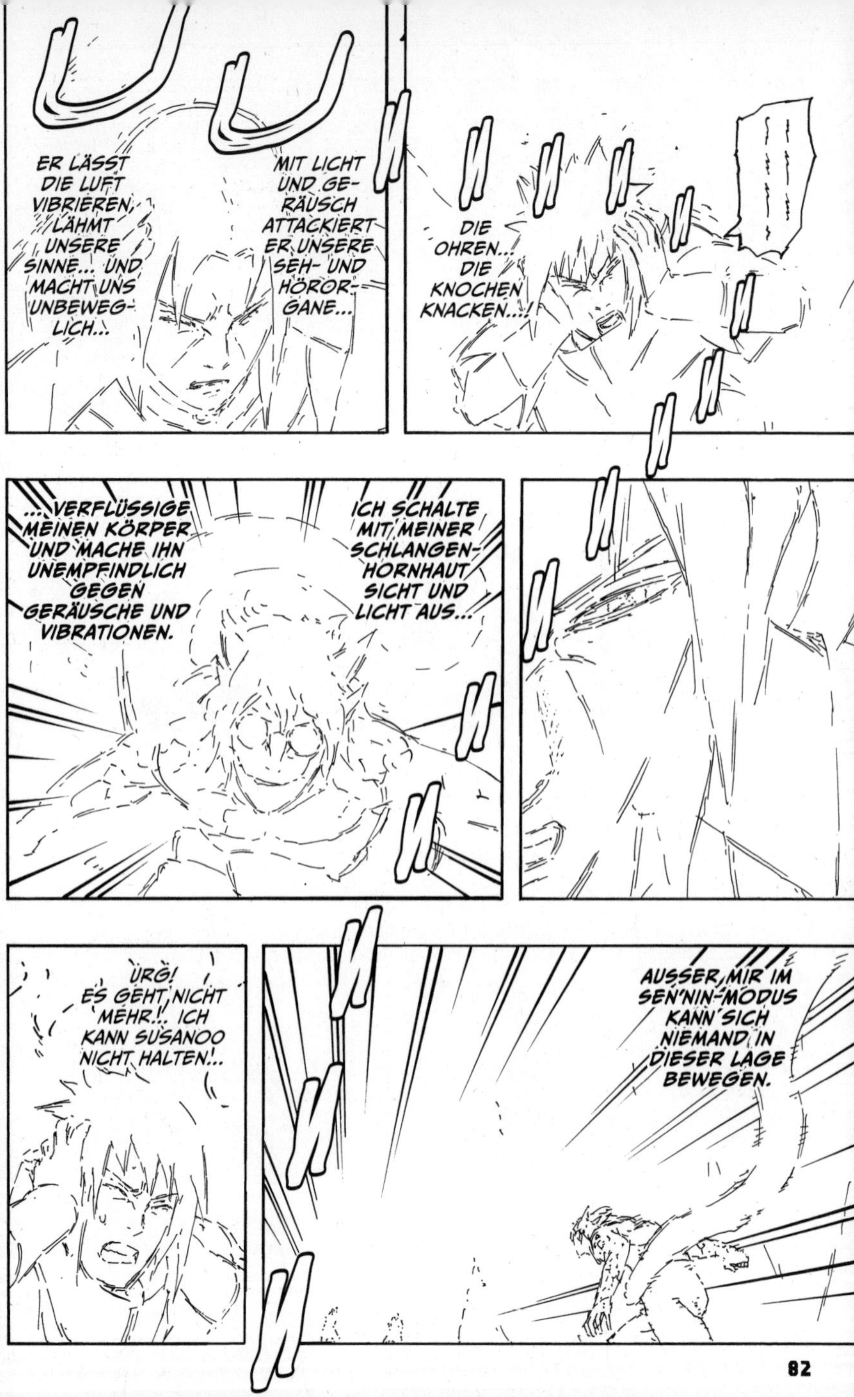
DIE OHREN... DIE KNOCHEN KNACKEN...!
MIT LICHT UND GERÄUSCH ATTACKIERT ER UNSERE SEH- UND HÖRORGANE...
ER LÄSST DIE LUFT VIBRIEREN, LÄHMT UNSERE SINNE... UND MACHT UNS UNBEWEGLICH...
ICH SCHALTE MIT MEINER SCHLANGENHORNHAUT SICHT UND LICHT AUS...
...VERFLÜSSIGE MEINEN KÖRPER UND MACHE IHN UNEMPFINDLICH GEGEN GERÄUSCHE UND VIBRATIONEN.
AUSSER MIR IM SEN'NIN-MODUS KANN SICH NIEMAND IN DIESER LAGE BEWEGEN.
ÜRG! ES GEHT NICHT MEHR!.. ICH KANN SUSANOO NICHT HALTEN!..

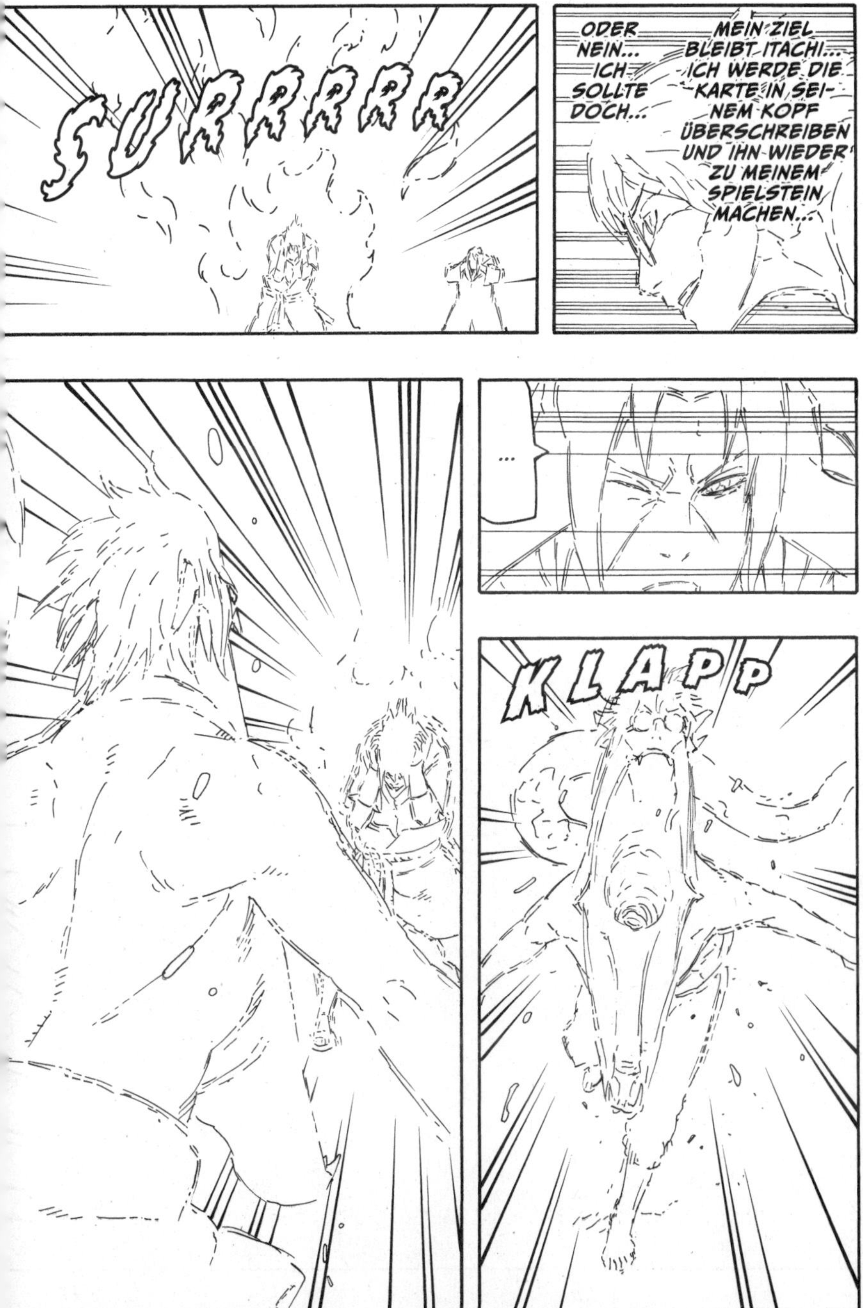

MEIN ZIEL BLEIBT ITACHI... ICH WERDE DIE KARTE IN SEINEM KOPF ÜBERSCHREIBEN UND IHN WIEDER ZU MEINEM SPIELSTEIN MACHEN...
ODER NEIN... ICH SOLLTE DOCH...
SURRRRR
...
KLAPP

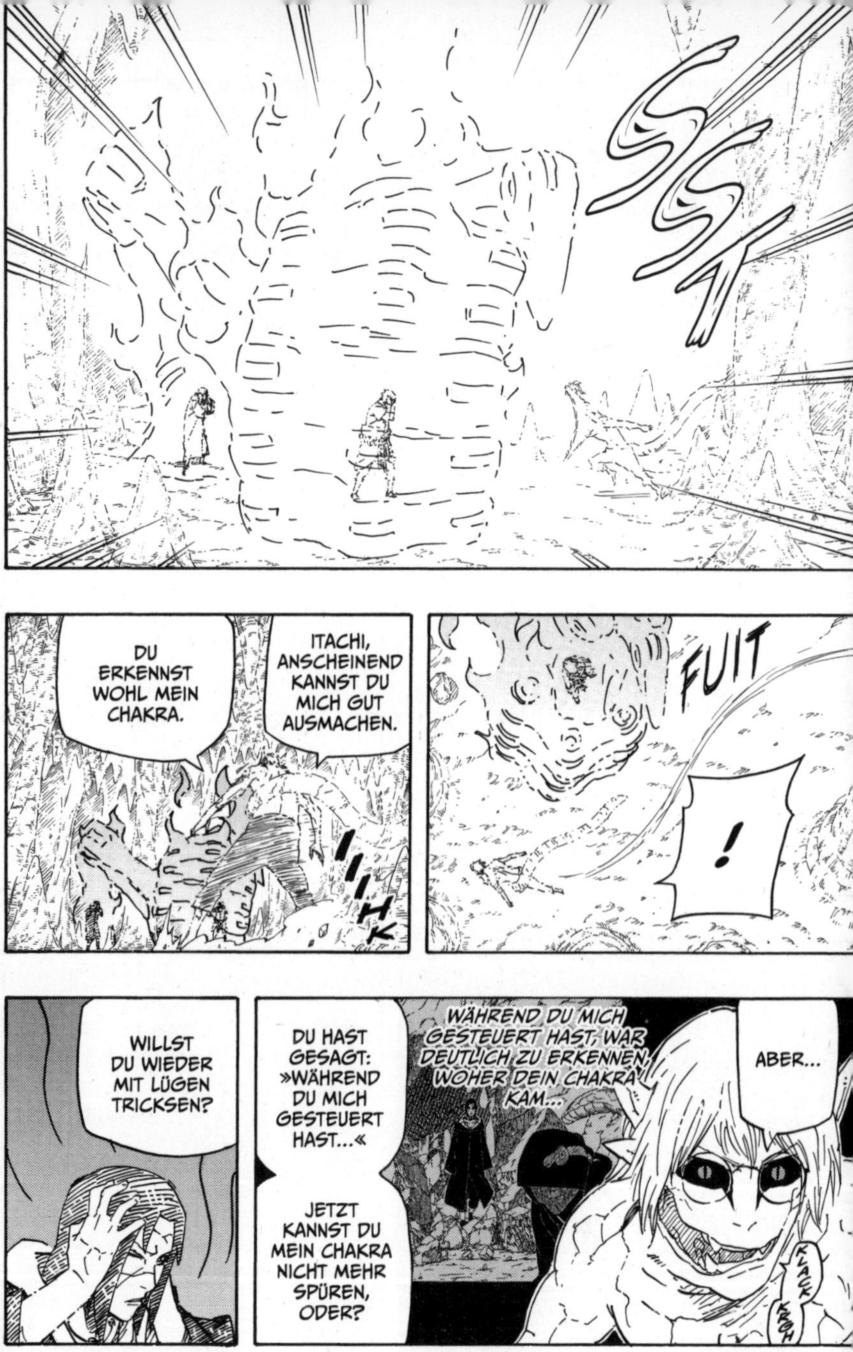
SSST
FUIT
!
ITACHI, ANSCHEINEND KANNST DU MICH GUT AUSMACHEN.
DU ERKENNST WOHL MEIN CHAKRA.
IIIHK
ABER...
WÄHREND DU MICH GESTEUERT HAST, WAR DEUTLICH ZU ERKENNEN, WOHER DEIN CHAKRA KAM...
KLACK
KRCH
DU HAST GESAGT: »WÄHREND DU MICH GESTEUERT HAST...«
JETZT KANNST DU MEIN CHAKRA NICHT MEHR SPÜREN, ODER?
WILLST DU WIEDER MIT LÜGEN TRICKSEN?

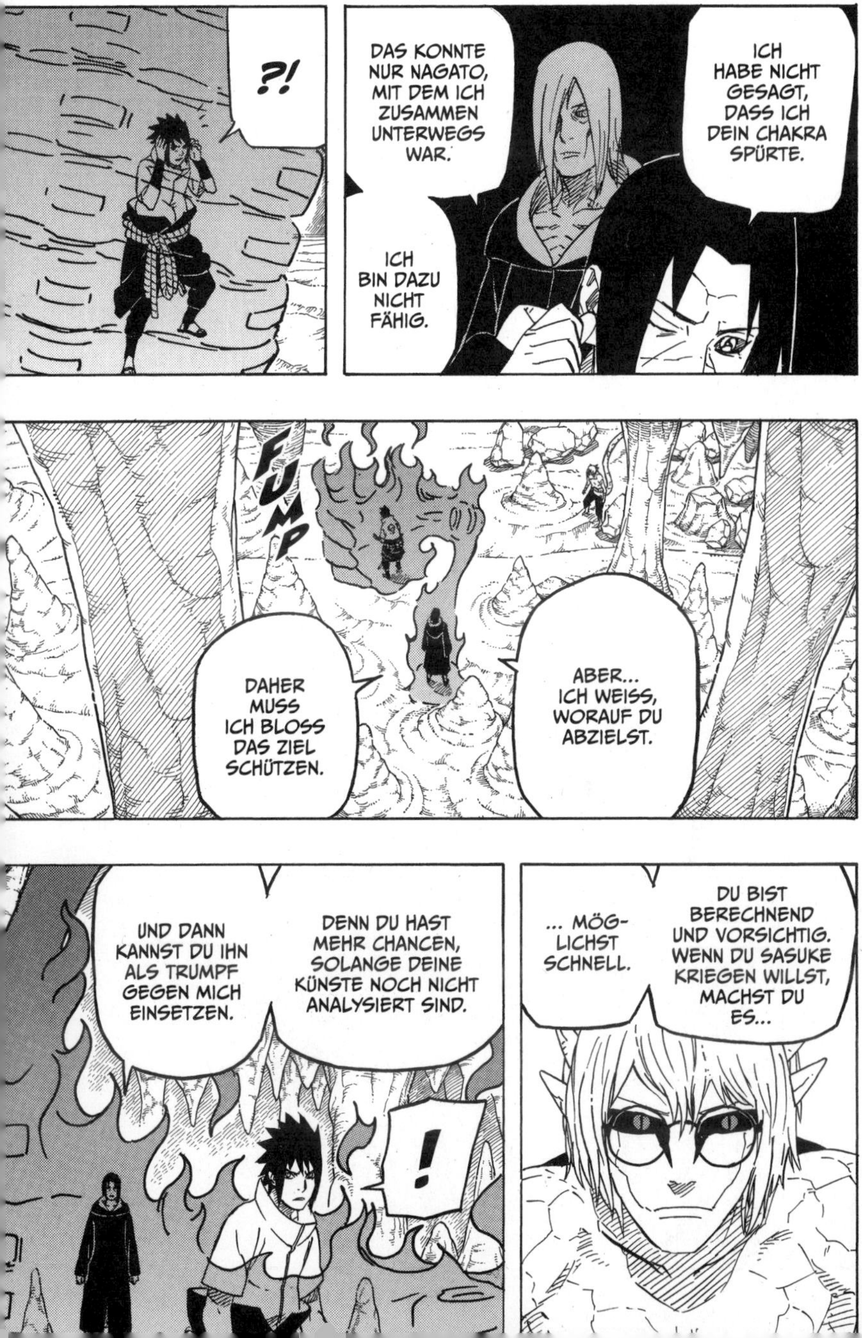
ICH HABE NICHT GESAGT, DASS ICH DEIN CHAKRA SPÜRTE.
DAS KONNTE NUR NAGATO, MIT DEM ICH ZUSAMMEN UNTERWEGS WAR.
ICH BIN DAZU NICHT FÄHIG.
?!
FUMP
ABER... ICH WEISS, WORAUF DU ABZIELST.
DAHER MUSS ICH BLOSS DAS ZIEL SCHÜTZEN.
DU BIST BERECHNEND UND VORSICHTIG. WENN DU SASUKE KRIEGEN WILLST, MACHST DU ES...
... MÖG-LICHST SCHNELL.
DENN DU HAST MEHR CHANCEN, SOLANGE DEINE KÜNSTE NOCH NICHT ANALYSIERT SIND.
UND DANN KANNST DU IHN ALS TRUMPF GEGEN MICH EINSETZEN.
!

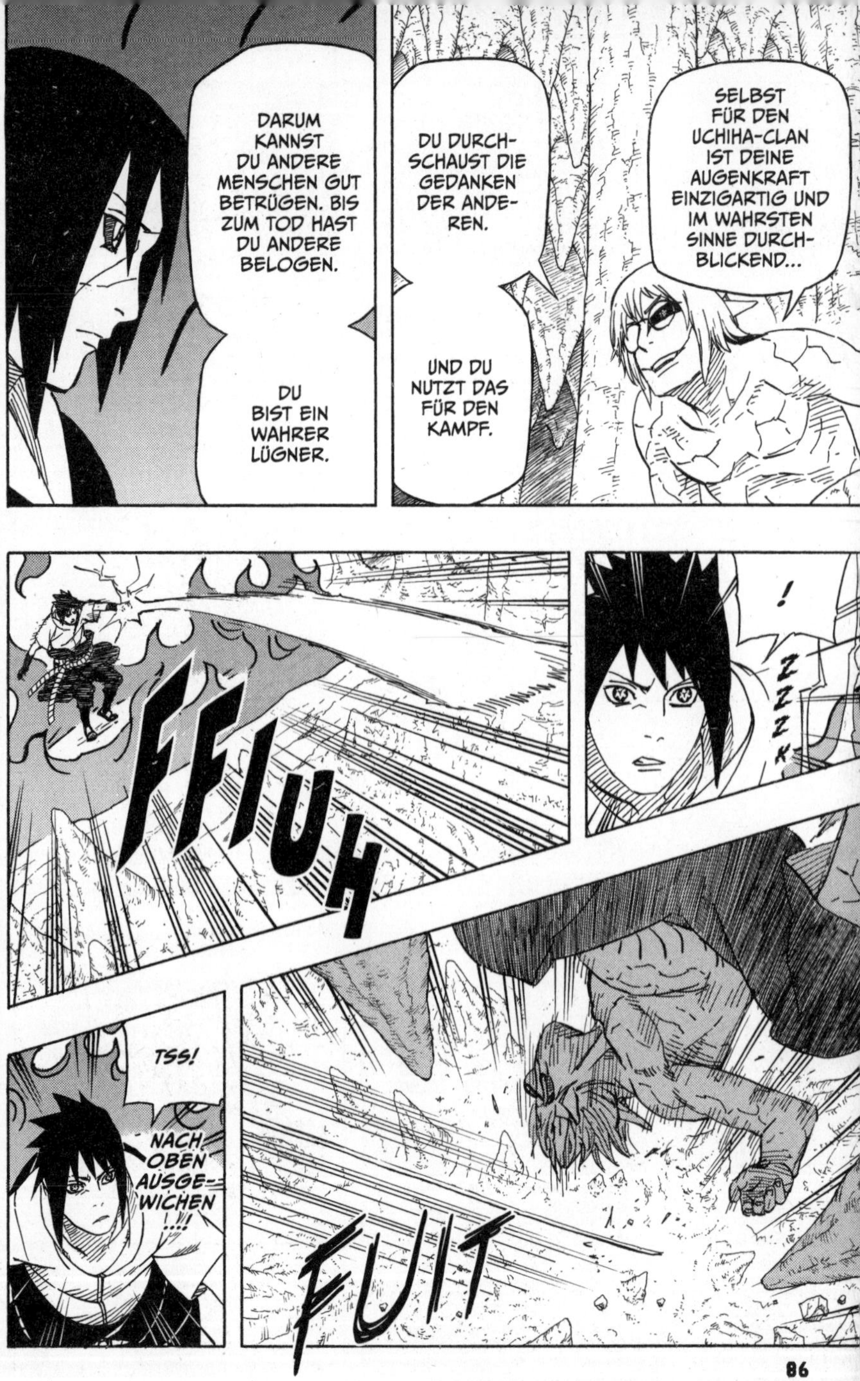
SELBST FÜR DEN UCHIHA-CLAN IST DEINE AUGENKRAFT EINZIGARTIG UND IM WAHRSTEN SINNE DURCHBLICKEND...
DU DURCHSCHAUST DIE GEDANKEN DER ANDEREN.
UND DU NUTZT DAS FÜR DEN KAMPF.
DARUM KANNST DU ANDERE MENSCHEN GUT BETRÜGEN. BIS ZUM TOD HAST DU ANDERE BELOGEN.
DU BIST EIN WAHRER LÜGNER.
!
ZZZK
FFIUH
FUIT
TSS!
NACH OBEN AUSGEWICHEN...!!

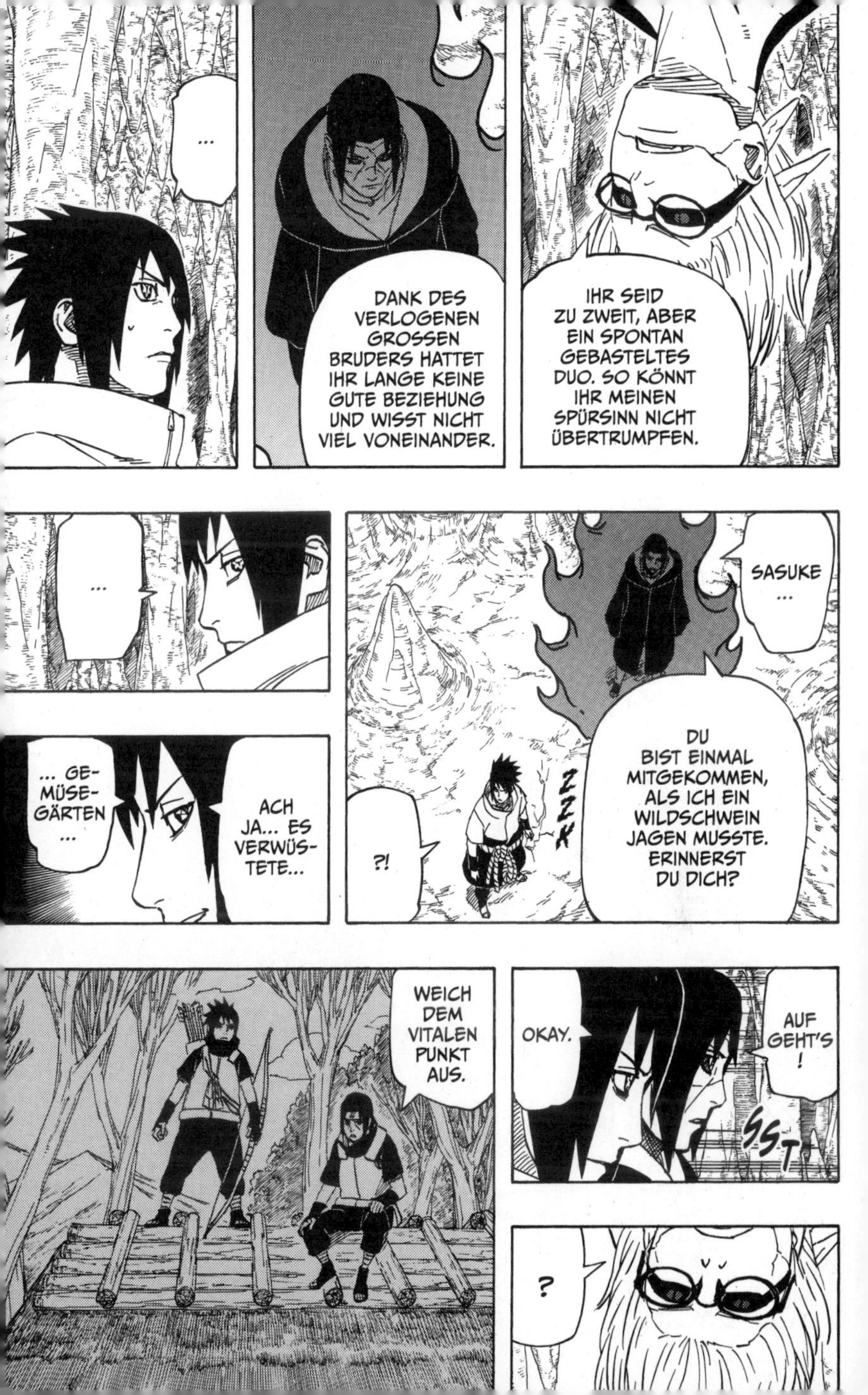
IHR SEID ZU ZWEIT, ABER EIN SPONTAN GEBASTELTES DUO. SO KÖNNT IHR MEINEN SPÜRSINN NICHT ÜBERTRUMPFEN.
DANK DES VERLOGENEN GROSSEN BRUDERS HATTET IHR LANGE KEINE GUTE BEZIEHUNG UND WISST NICHT VIEL VONEINANDER.
...
SASUKE ...
DU BIST EINMAL MITGEKOMMEN, ALS ICH EIN WILDSCHWEIN JAGEN MUSSTE. ERINNERST DU DICH?
ZZK
?!
...
ACH JA... ES VERWÜSTETE...
... GEMÜSEGÄRTEN ...
AUF GEHT'S!
SST
OKAY.
WEICH DEM VITALEN PUNKT AUS.
?

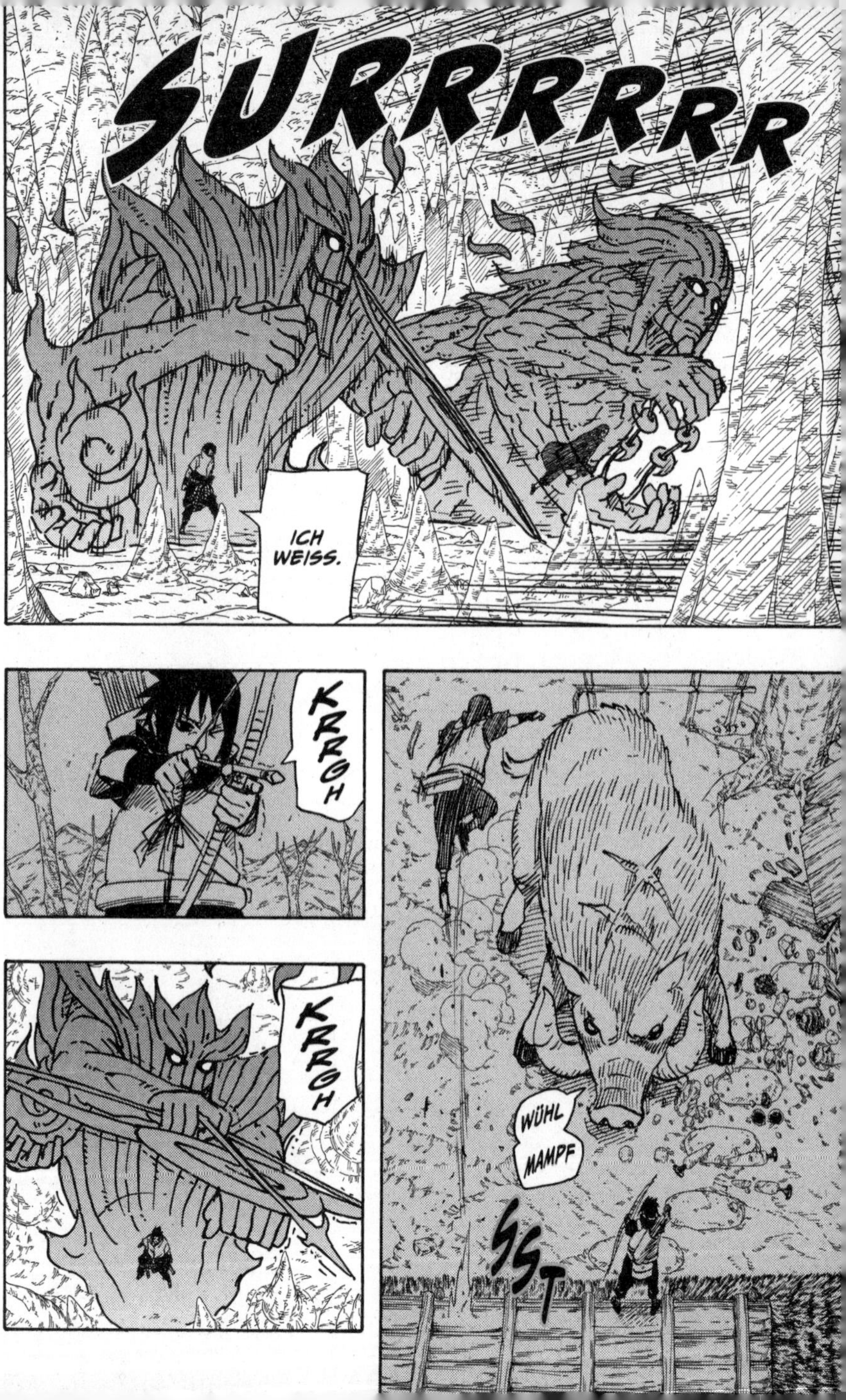
SURRRRRRR
ICH WEISS.
KRRGH
WÜHL MAMPF
KRRGH
SST

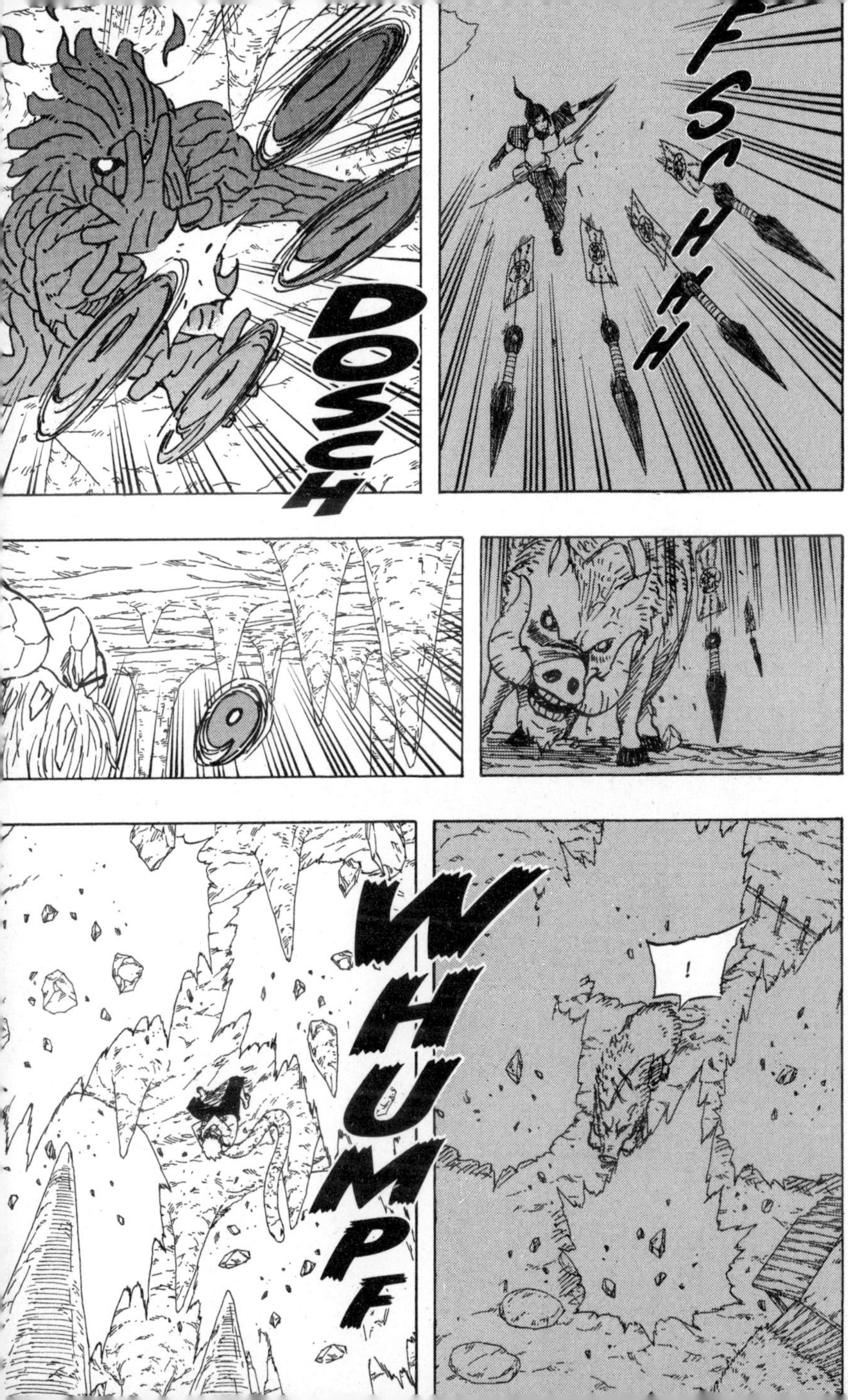
FSCHHHH
DOSCH
!
WHUMPF

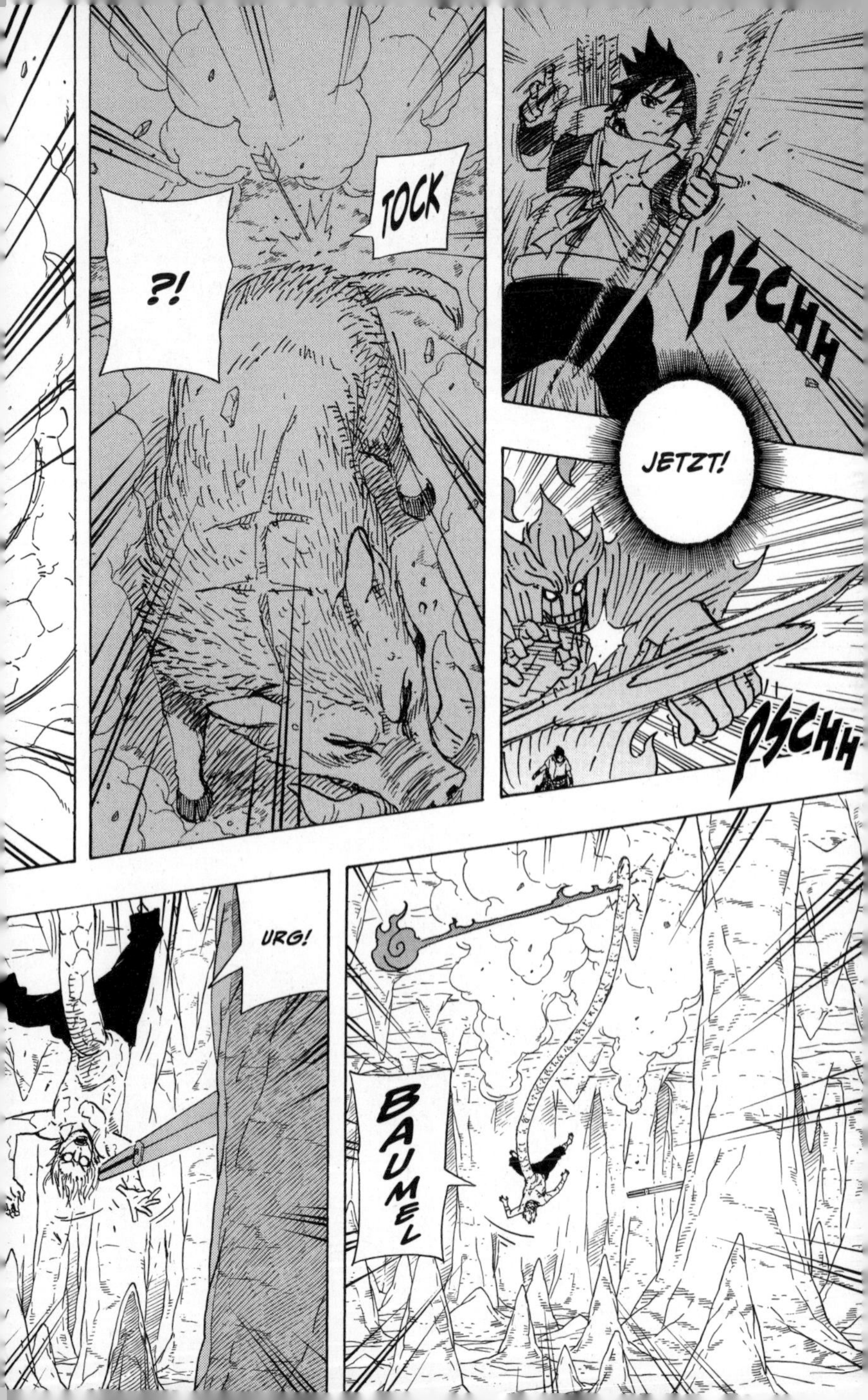
PSCHH
JETZT!
PSCHH
TOCK
?!
BAUMEL
URG!

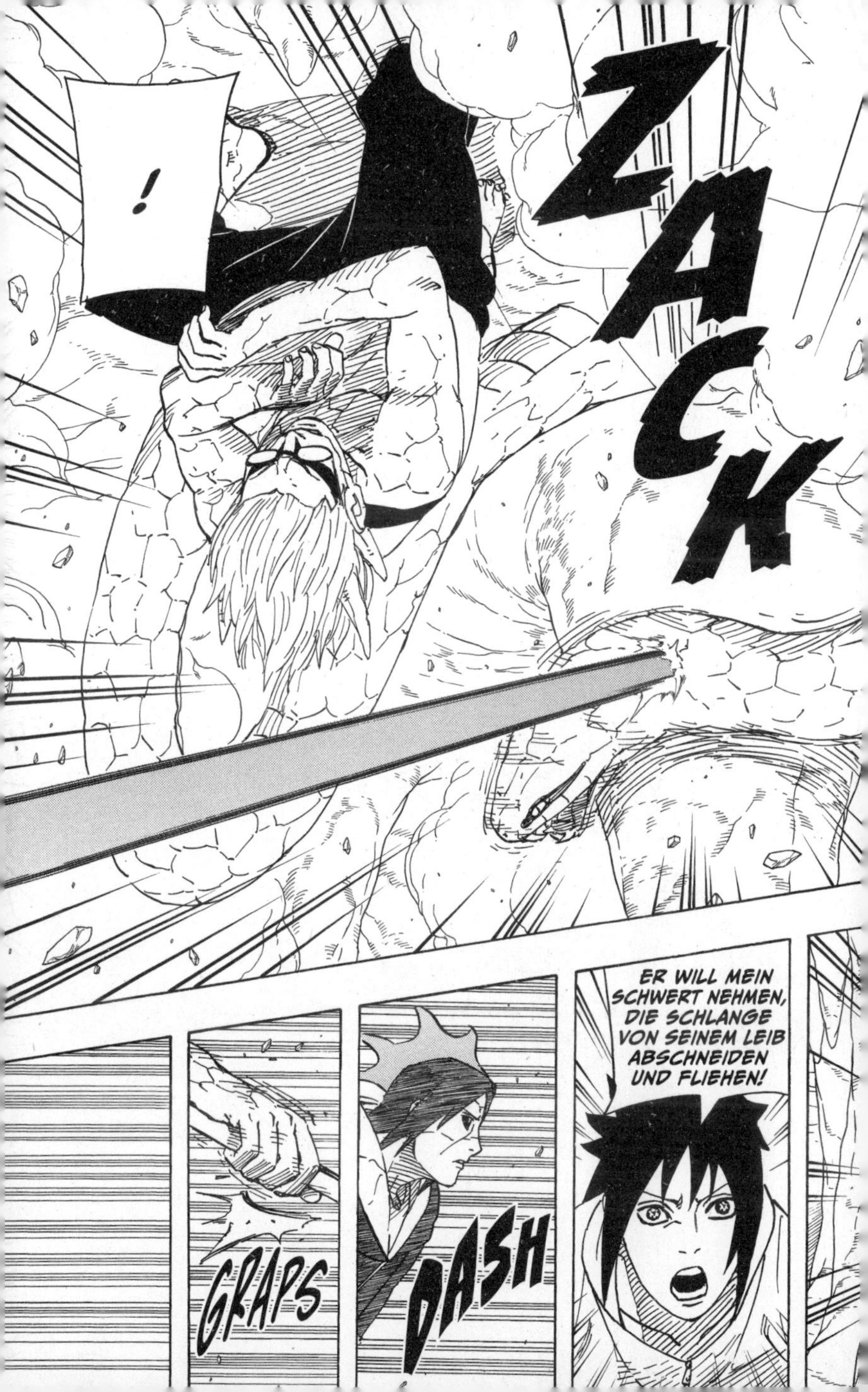
!
ZACK
ER WILL MEIN SCHWERT NEHMEN, DIE SCHLANGE VON SEINEM LEIB ABSCHNEIDEN UND FLIEHEN!
DASH
GRAPS

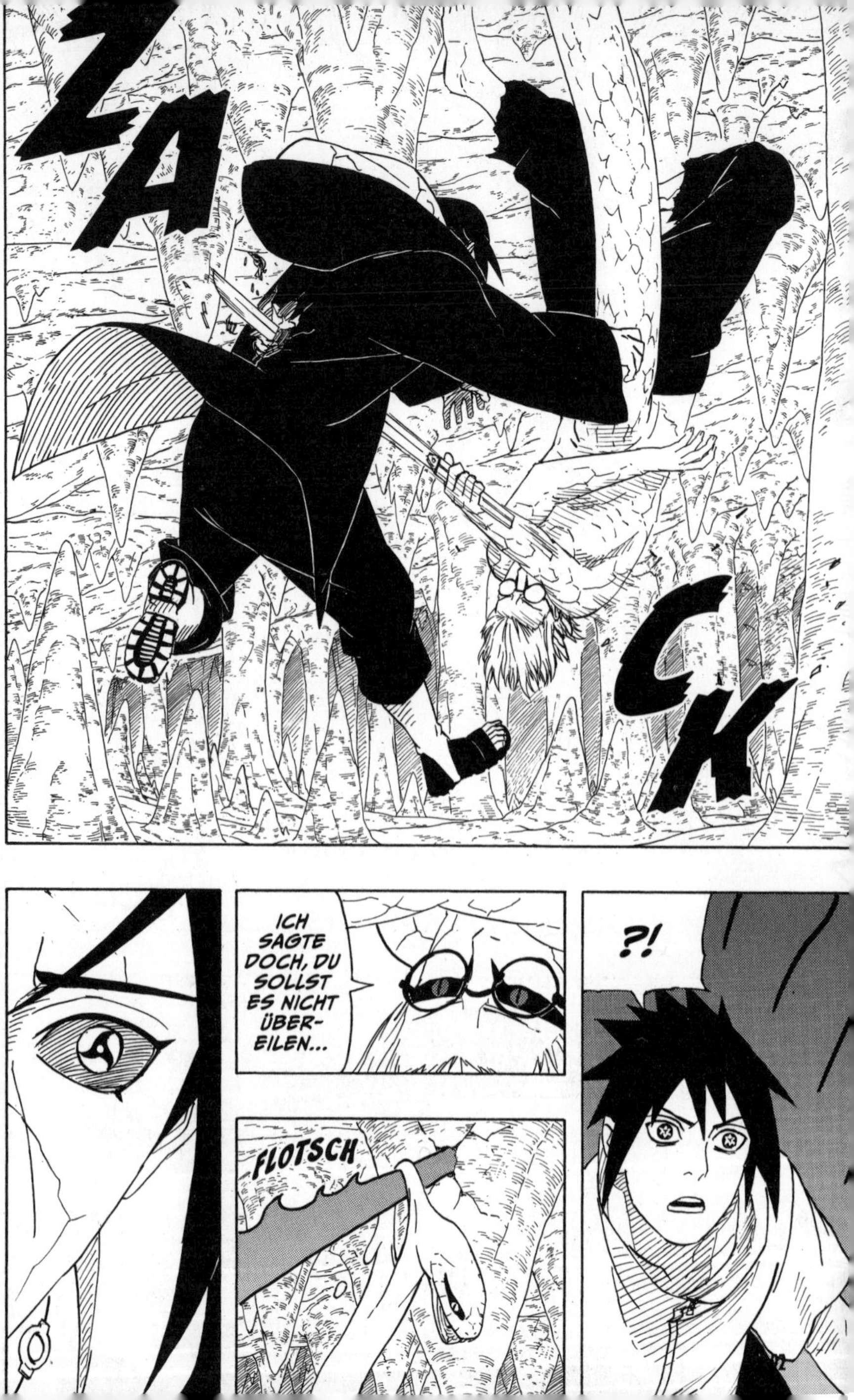
ZACK
ICH SAGTE DOCH, DU SOLLST ES NICHT ÜBER-EILEN...
?!
FLOTSCH

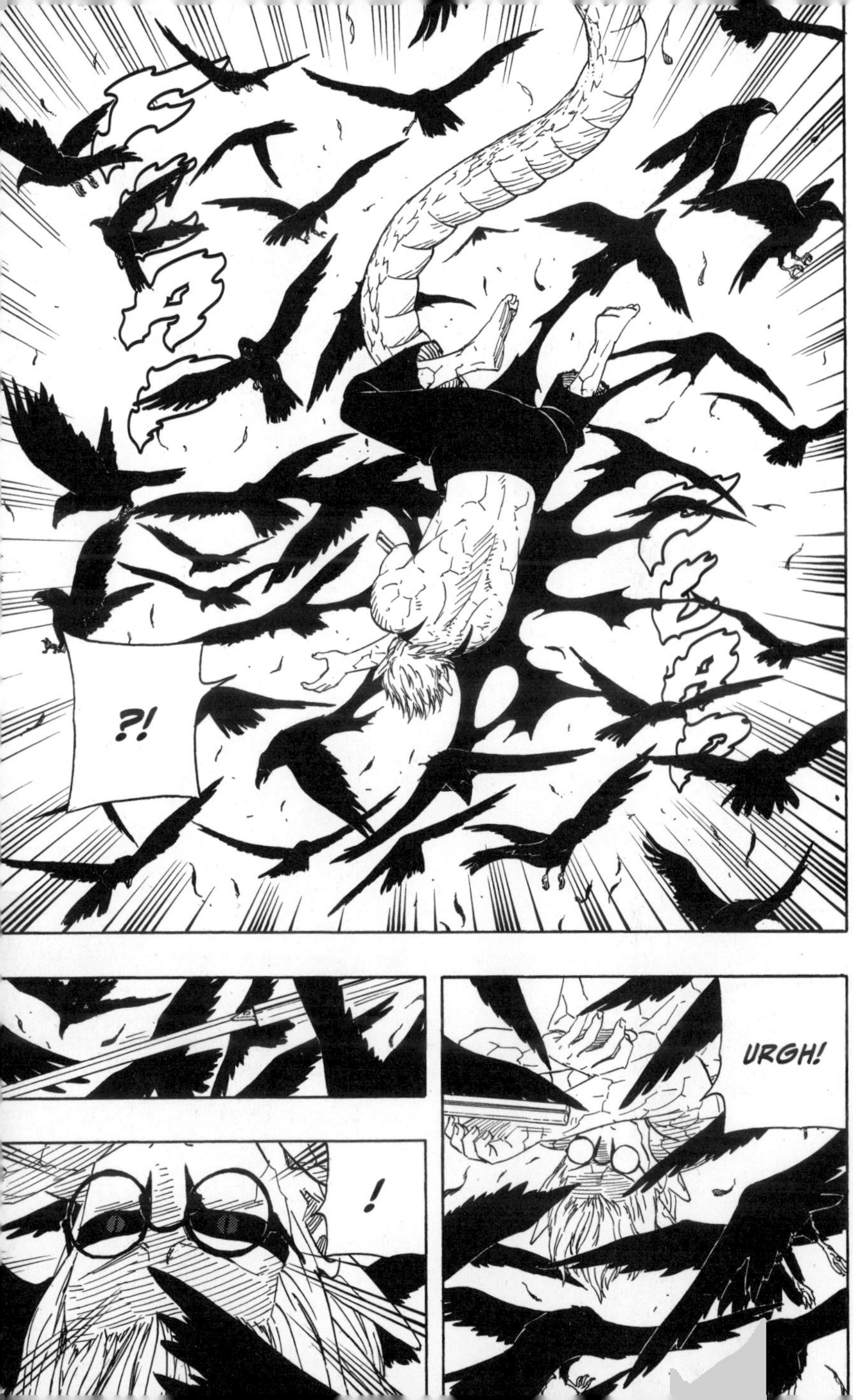
?!
URGH!
!

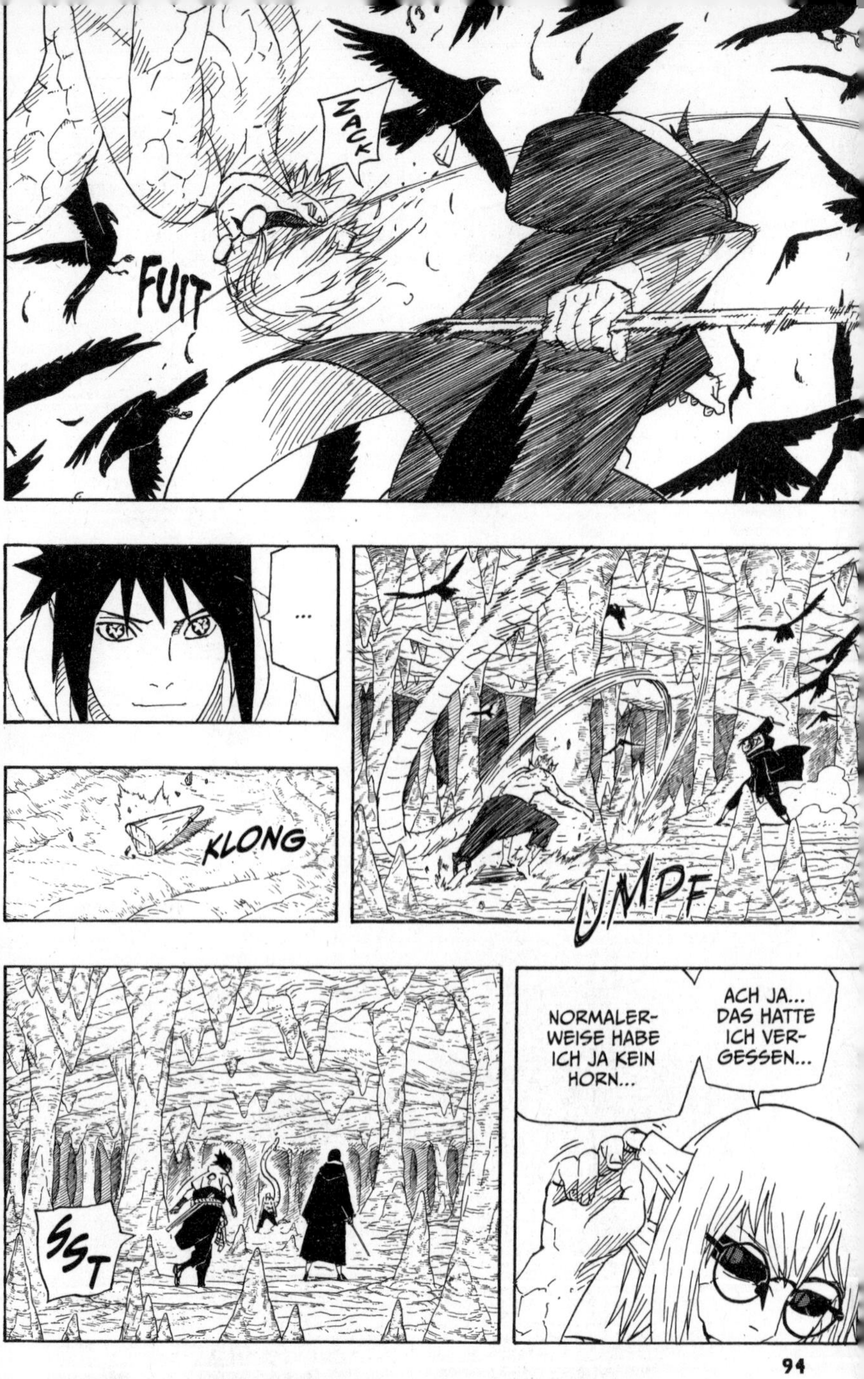
ZACK
FUIT
...
UMPF
KLONG
ACH JA... DAS HATTE ICH VERGESSEN...
NORMALERWEISE HABE ICH JA KEIN HORN...
SST

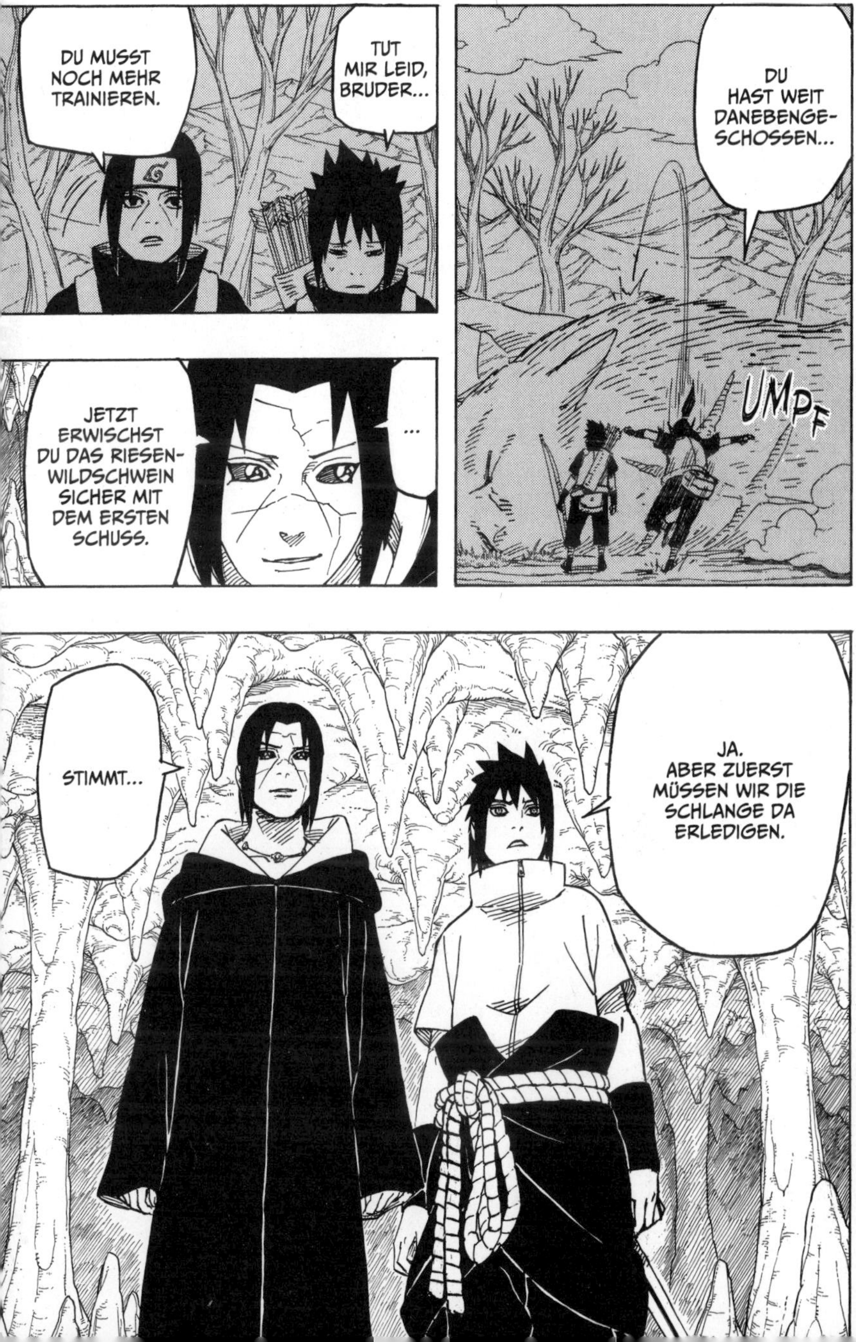
DU HAST WEIT DANEBENGE-SCHOSSEN...
UMPF
TUT MIR LEID, BRUDER...
DU MUSST NOCH MEHR TRAINIEREN.
...
JETZT ERWISCHST DU DAS RIESEN-WILDSCHWEIN SICHER MIT DEM ERSTEN SCHUSS.
JA. ABER ZUERST MÜSSEN WIR DIE SCHLANGE DA ERLEDIGEN.
STIMMT...

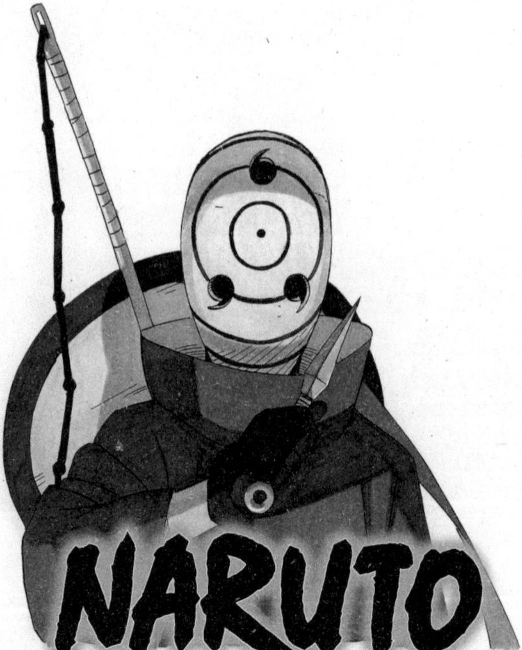
NARUTO

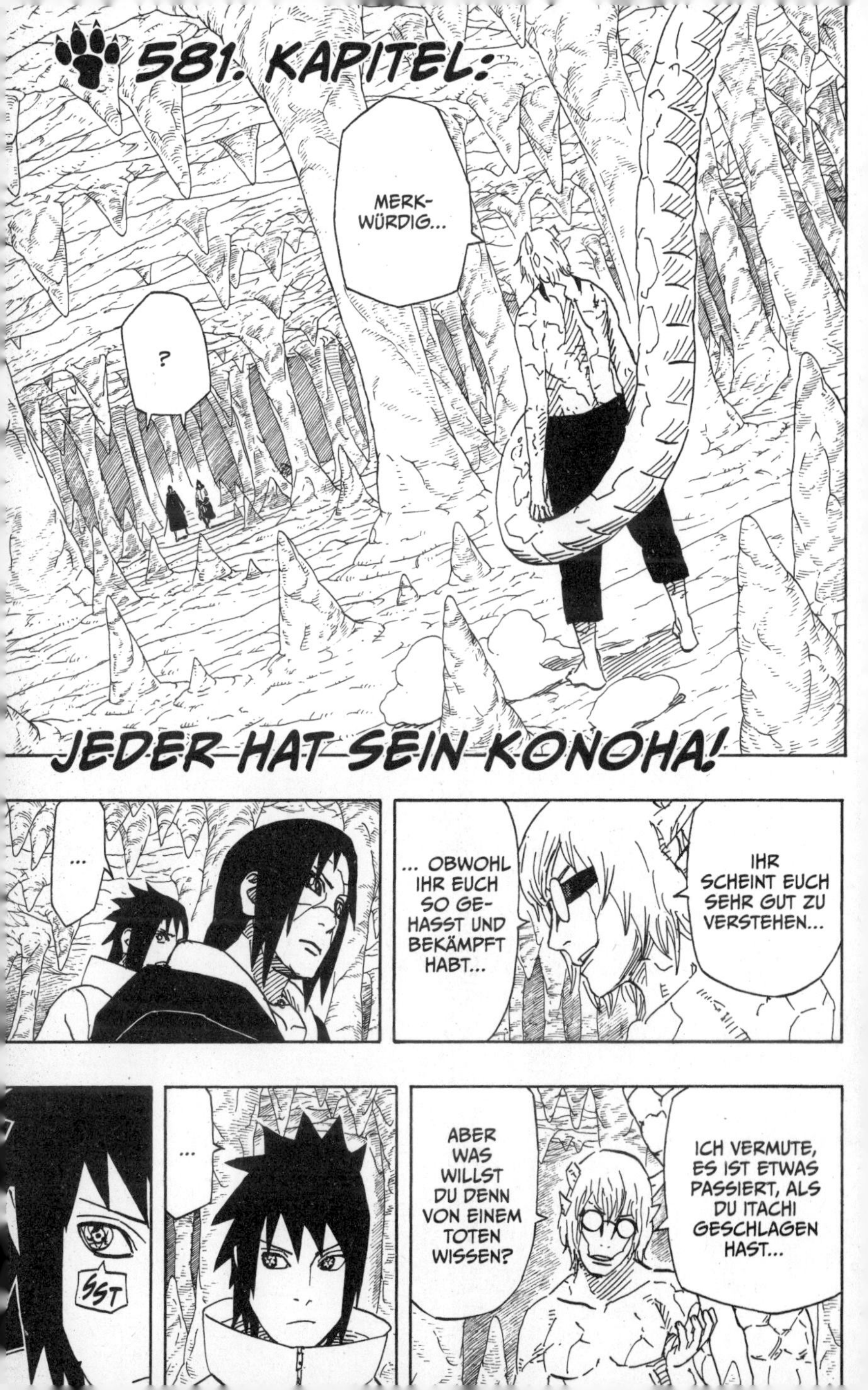

581. KAPITEL:
JEDER HAT SEIN KONOHA!
MERK-
WÜRDIG...
?
IHR SCHEINT EUCH SEHR GUT ZU VERSTEHEN...
... OBWOHL IHR EUCH SO GE-HASST UND BEKÄMPFT HABT...
...
ICH VERMUTE, ES IST ETWAS PASSIERT, ALS DU ITACHI GESCHLAGEN HAST...
ABER WAS WILLST DU DENN VON EINEM TOTEN WISSEN?
...
SST

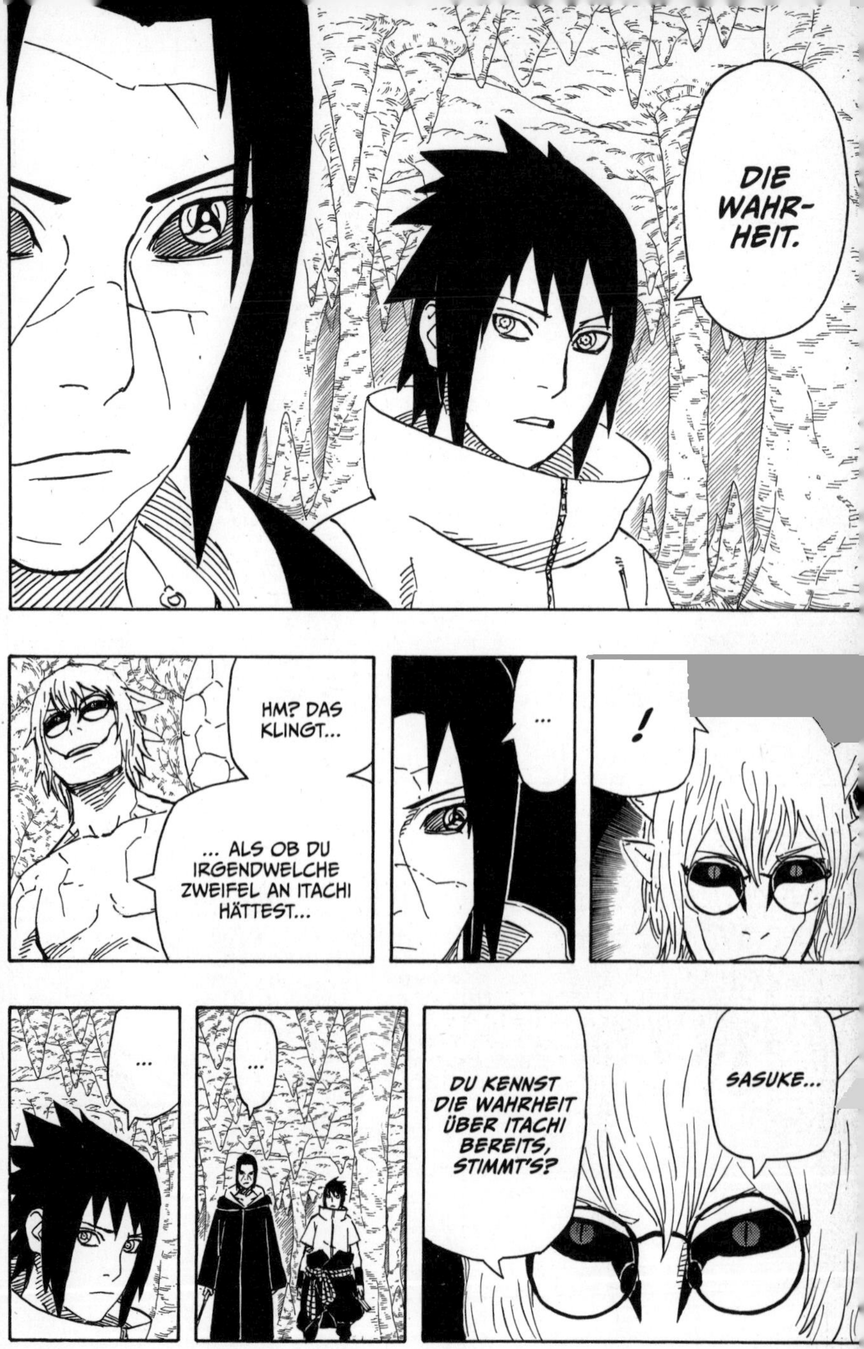
DIE WAHRHEIT.
!
...
HM? DAS KLINGT...
... ALS OB DU IRGENDWELCHE ZWEIFEL AN ITACHI HÄTTEST...
SASUKE...
DU KENNST DIE WAHRHEIT ÜBER ITACHI BEREITS, STIMMT'S?
...
...

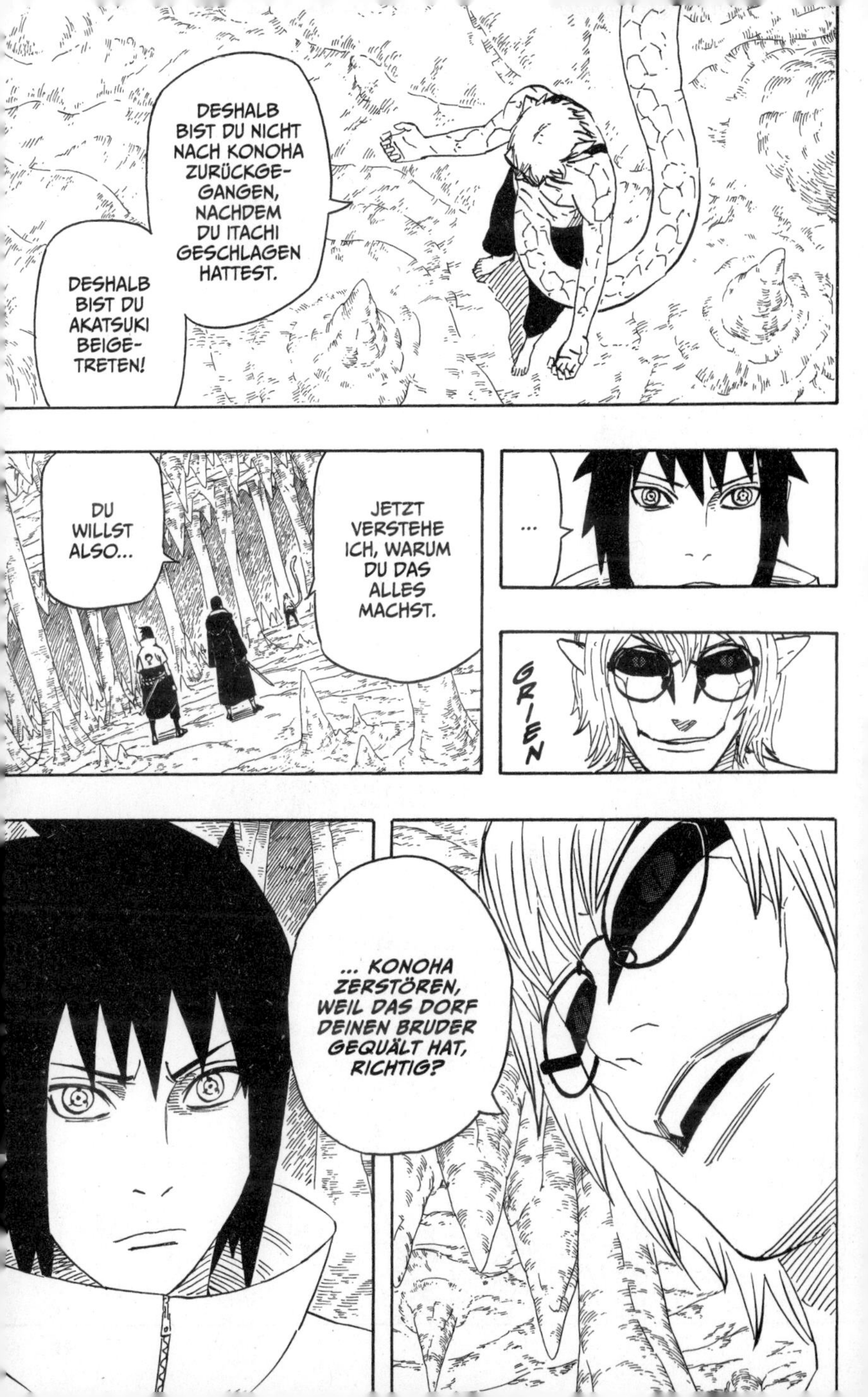
DESHALB BIST DU NICHT NACH KONOHA ZURÜCKGEGANGEN, NACHDEM DU ITACHI GESCHLAGEN HATTEST.
DESHALB BIST DU AKATSUKI BEIGETRETEN!
JETZT VERSTEHE ICH, WARUM DU DAS ALLES MACHST.
DU WILLST ALSO...
...
GRIEN
... KONOHA ZERSTÖREN, WEIL DAS DORF DEINEN BRUDER GEQUÄLT HAT, RICHTIG?

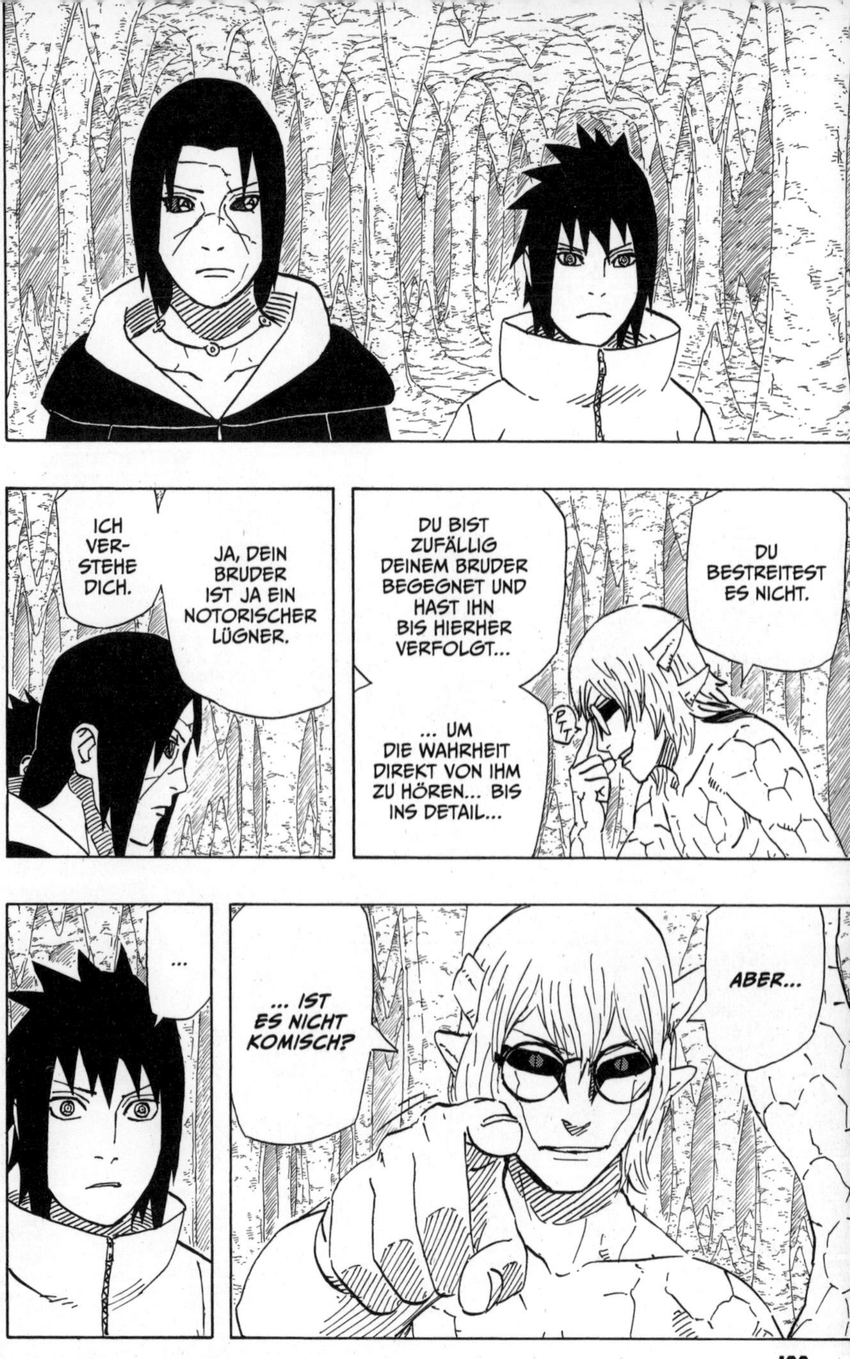
DU BESTREITEST ES NICHT.
DU BIST ZUFÄLLIG DEINEM BRUDER BEGEGNET UND HAST IHN BIS HIERHER VERFOLGT...
... UM DIE WAHRHEIT DIREKT VON IHM ZU HÖREN... BIS INS DETAIL...
JA, DEIN BRUDER IST JA EIN NOTORISCHER LÜGNER.
ICH VER-STEHE DICH.
ABER...
... IST ES NICHT KOMISCH?
...

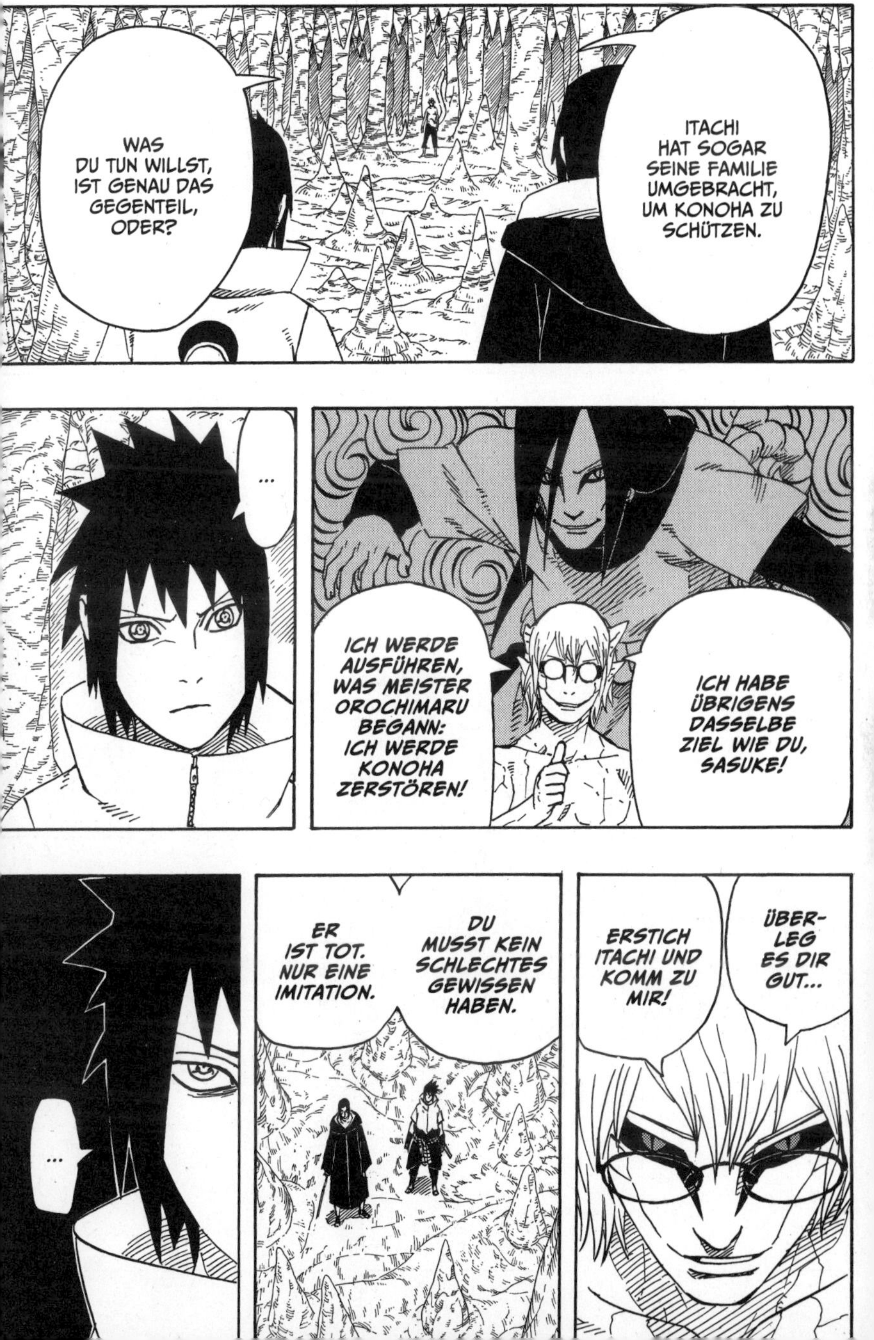
ITACHI HAT SOGAR SEINE FAMILIE UMGEBRACHT, UM KONOHA ZU SCHÜTZEN.
WAS DU TUN WILLST, IST GENAU DAS GEGENTEIL, ODER?
ICH HABE ÜBRIGENS DASSELBE ZIEL WIE DU, SASUKE!
ICH WERDE AUSFÜHREN, WAS MEISTER OROCHIMARU BEGANN: ICH WERDE KONOHA ZERSTÖREN!
...
ÜBER-LEG ES DIR GUT...
ERSTICH ITACHI UND KOMM ZU MIR!
DU MUSST KEIN SCHLECHTES GEWISSEN HABEN.
ER IST TOT. NUR EINE IMITATION.
...

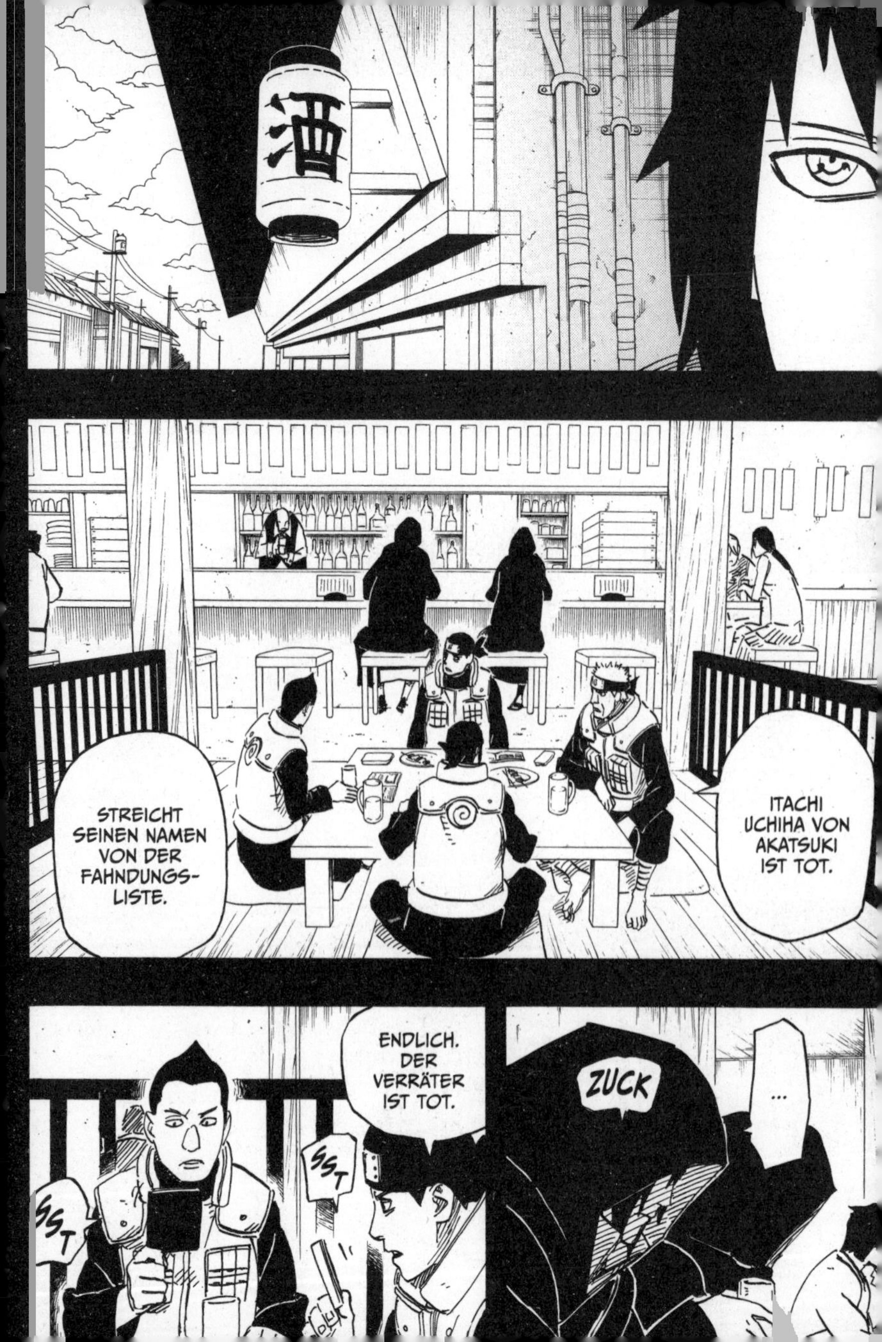
酒
ITACHI UCHIHA VON AKATSUKI IST TOT.
STREICHT SEINEN NAMEN VON DER FAHNDUNGS-LISTE.
...
ZUCK
ENDLICH. DER VERRÄTER IST TOT.
SST
SST

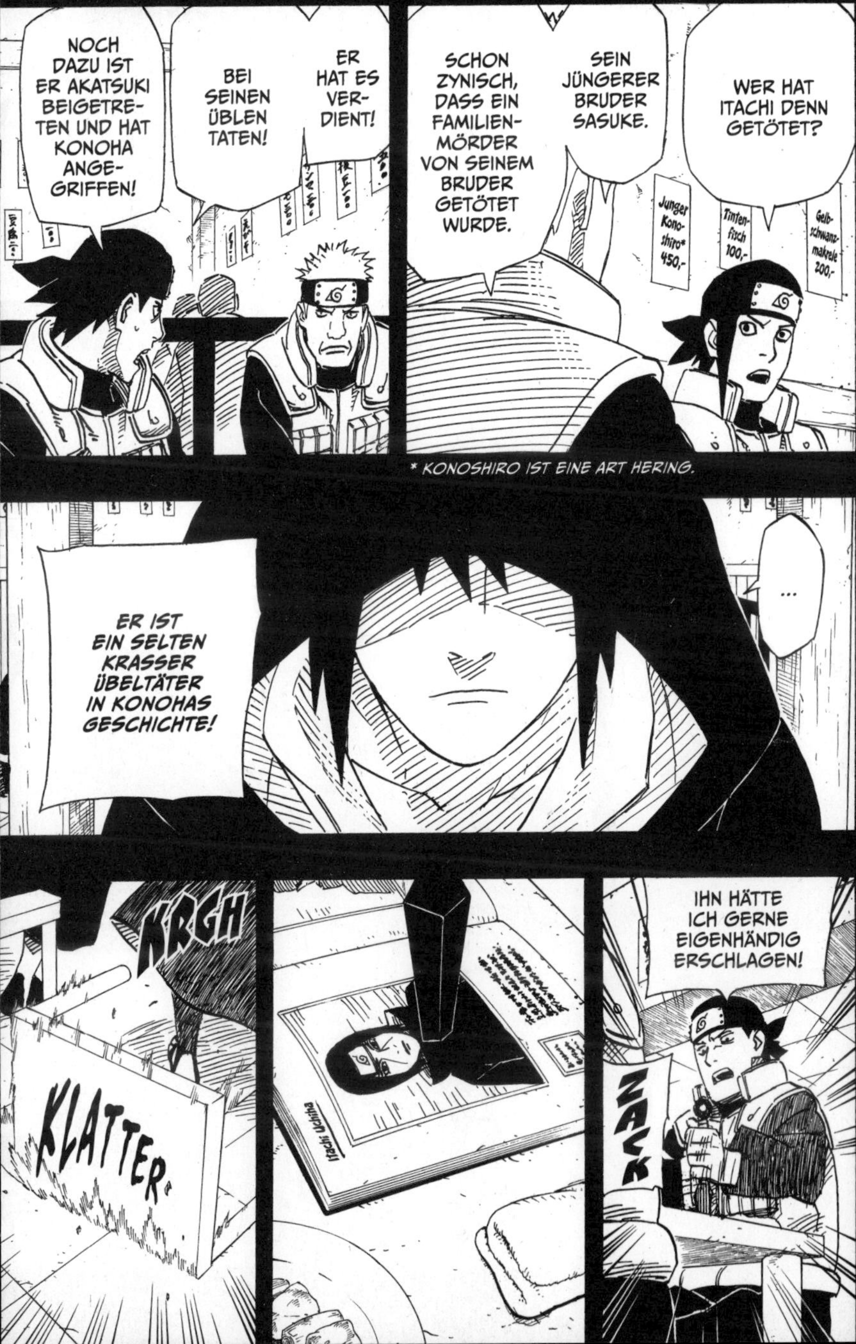

* KONOSHIRO IST EINE ART HERING.

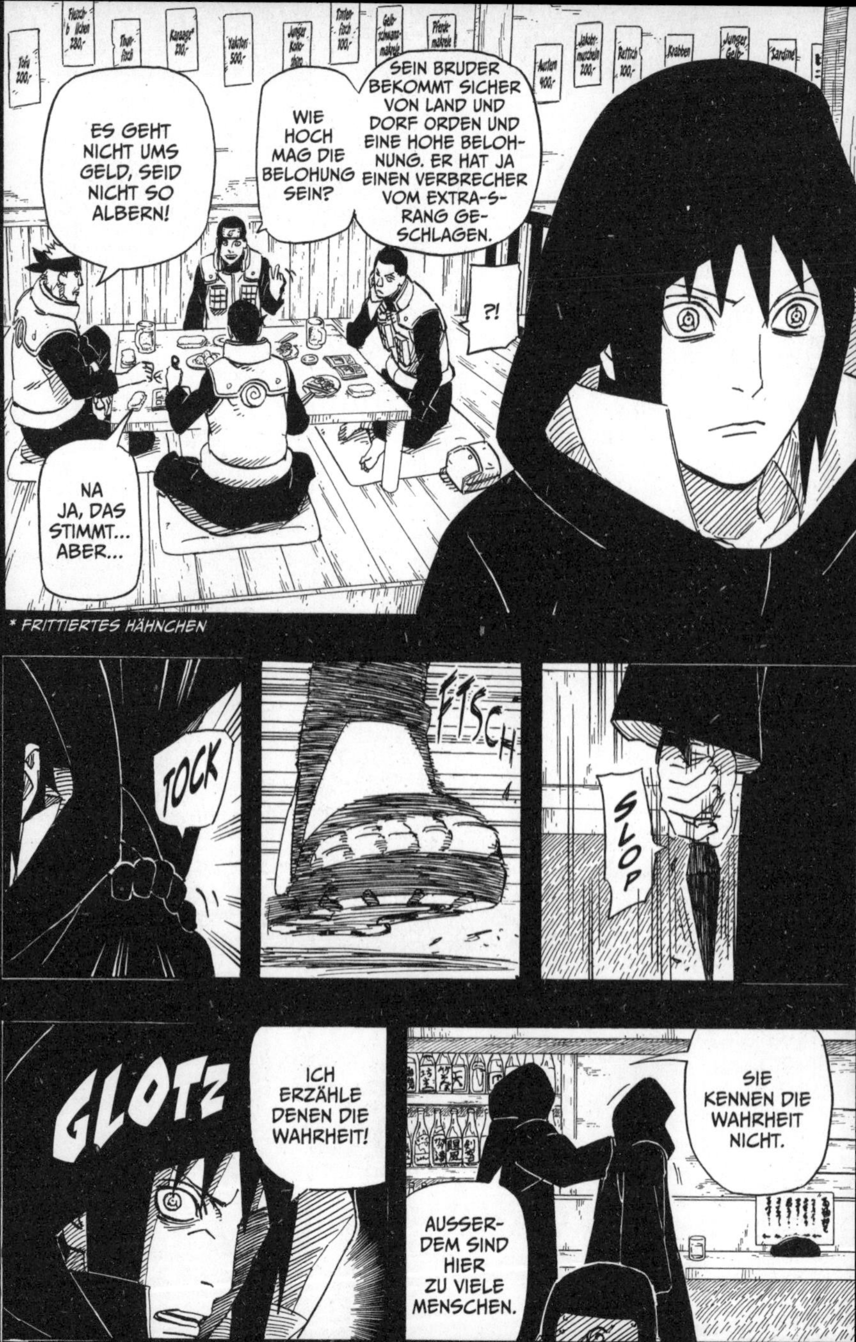

* FRITTIERTES HÄHNCHEN

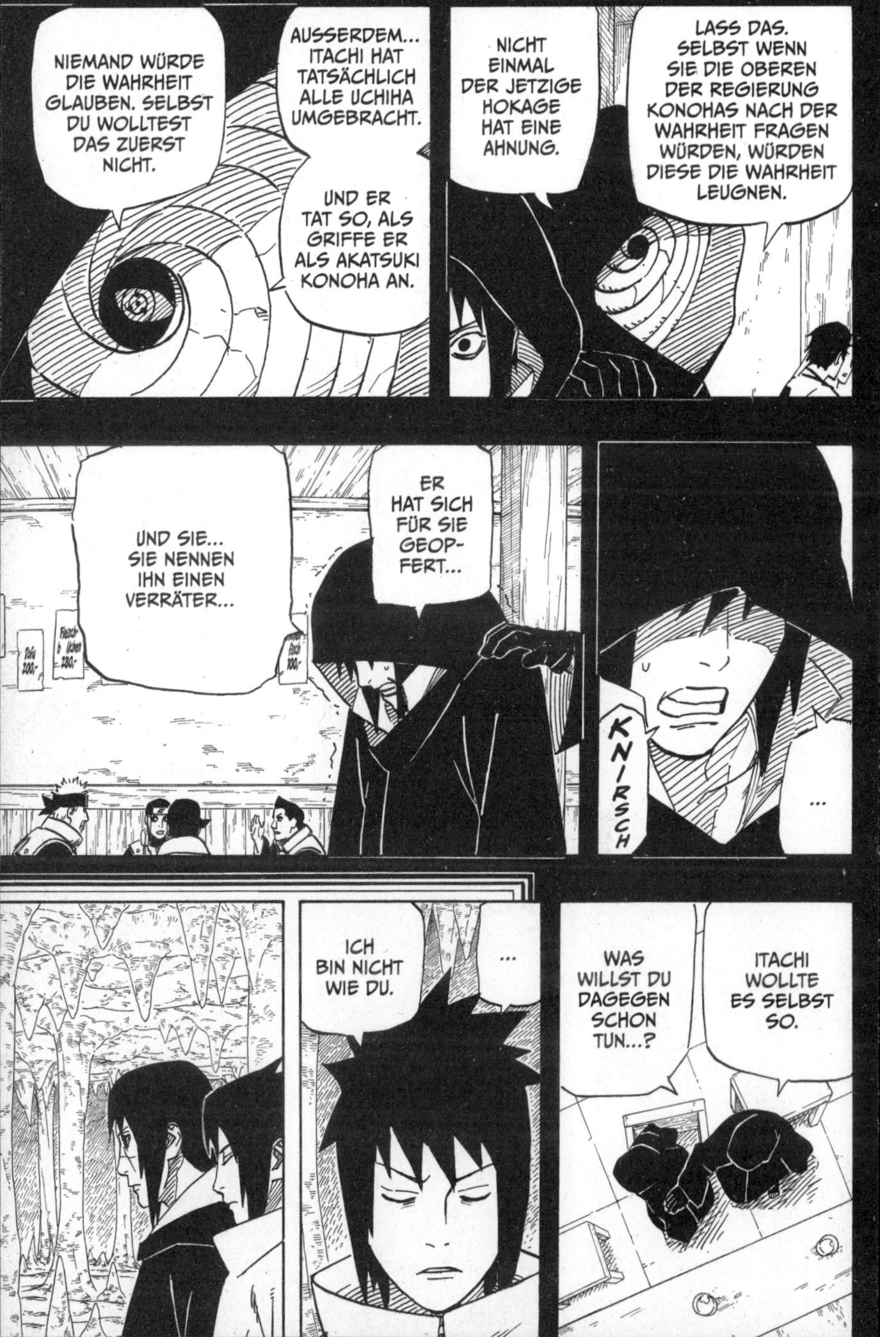

LASS DAS. SELBST WENN SIE DIE OBEREN DER REGIERUNG KONOHAS NACH DER WAHRHEIT FRAGEN WÜRDEN, WÜRDEN DIESE DIE WAHRHEIT LEUGNEN.
NICHT EINMAL DER JETZIGE HOKAGE HAT EINE AHNUNG.
AUSSERDEM... ITACHI HAT TATSÄCHLICH ALLE UCHIHA UMGEBRACHT.
UND ER TAT SO, ALS GRIFFE ER ALS AKATSUKI KONOHA AN.
NIEMAND WÜRDE DIE WAHRHEIT GLAUBEN. SELBST DU WOLLTEST DAS ZUERST NICHT.
...
KNIRSCH
ER HAT SICH FÜR SIE GEOPFERT...
UND SIE... SIE NENNEN IHN EINEN VERRÄTER...
ITACHI WOLLTE ES SELBST SO.
WAS WILLST DU DAGEGEN SCHON TUN...?
...
ICH BIN NICHT WIE DU.

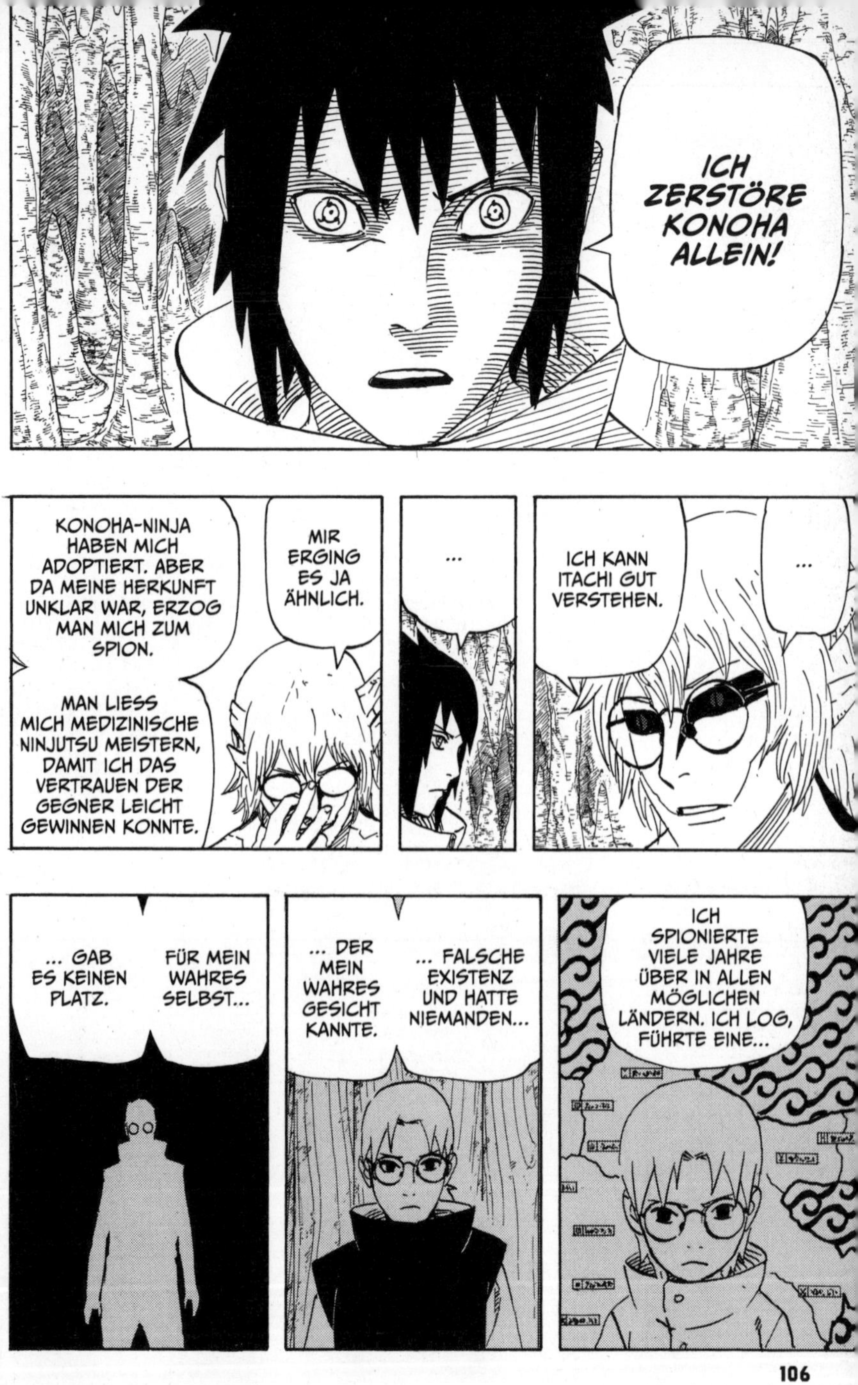
ICH ZERSTÖRE KONOHA ALLEIN!
...
ICH KANN ITACHI GUT VERSTEHEN.
...
MIR ERGING ES JA ÄHNLICH.
KONOHA-NINJA HABEN MICH ADOPTIERT. ABER DA MEINE HERKUNFT UNKLAR WAR, ERZOG MAN MICH ZUM SPION.
MAN LIESS MICH MEDIZINISCHE NINJUTSU MEISTERN, DAMIT ICH DAS VERTRAUEN DER GEGNER LEICHT GEWINNEN KONNTE.
ICH SPIONIERTE VIELE JAHRE ÜBER IN ALLEN MÖGLICHEN LÄNDERN. ICH LOG, FÜHRTE EINE...
... FALSCHE EXISTENZ UND HATTE NIEMANDEN...
... DER MEIN WAHRES GESICHT KANNTE.
FÜR MEIN WAHRES SELBST...
... GAB ES KEINEN PLATZ.

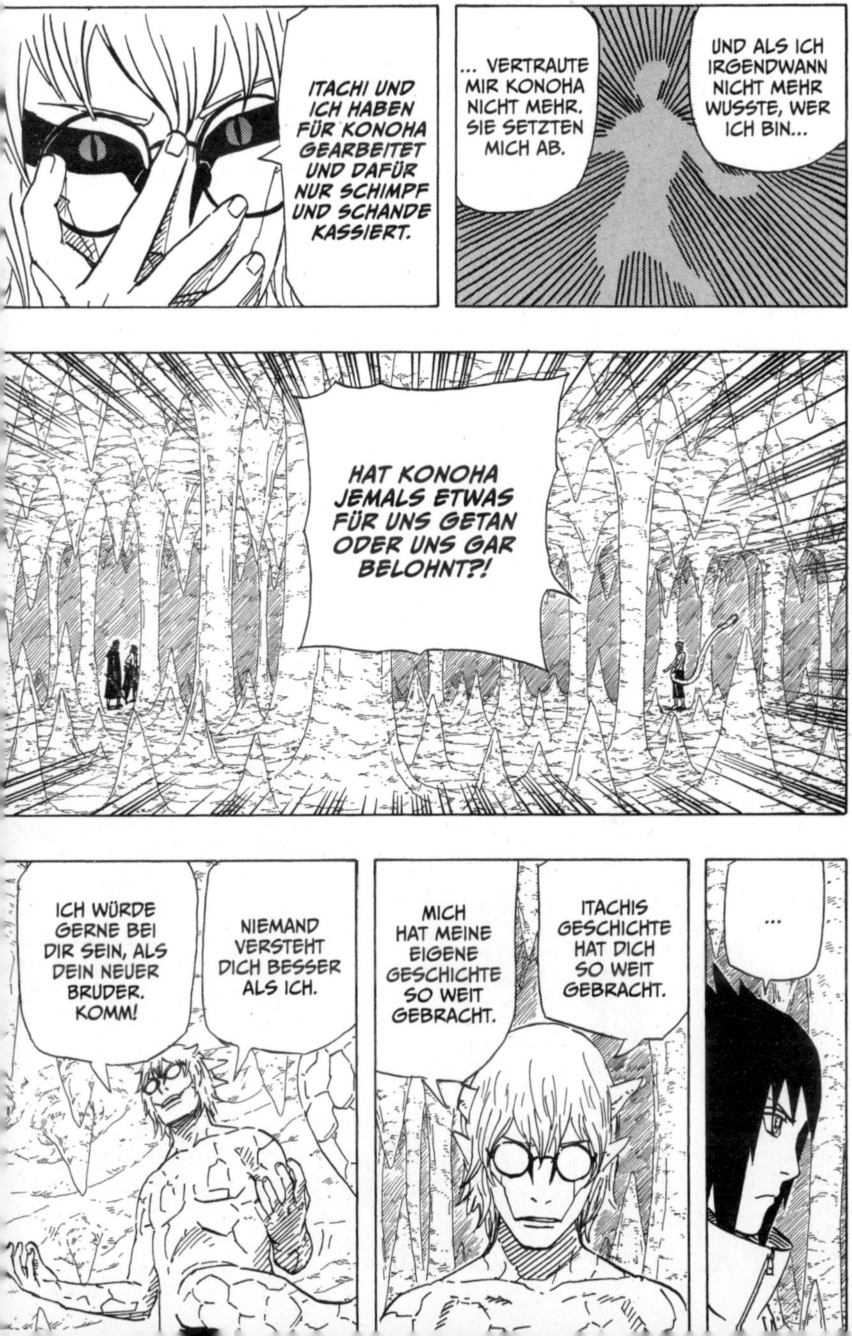
UND ALS ICH IRGENDWANN NICHT MEHR WUSSTE, WER ICH BIN...
... VERTRAUTE MIR KONOHA NICHT MEHR. SIE SETZTEN MICH AB.
ITACHI UND ICH HABEN FÜR KONOHA GEARBEITET UND DAFÜR NUR SCHIMPF UND SCHANDE KASSIERT.
HAT KONOHA JEMALS ETWAS FÜR UNS GETAN ODER UNS GAR BELOHNT?!
...
ITACHIS GESCHICHTE HAT DICH SO WEIT GEBRACHT.
MICH HAT MEINE EIGENE GESCHICHTE SO WEIT GEBRACHT.
NIEMAND VERSTEHT DICH BESSER ALS ICH.
ICH WÜRDE GERNE BEI DIR SEIN, ALS DEIN NEUER BRUDER. KOMM!

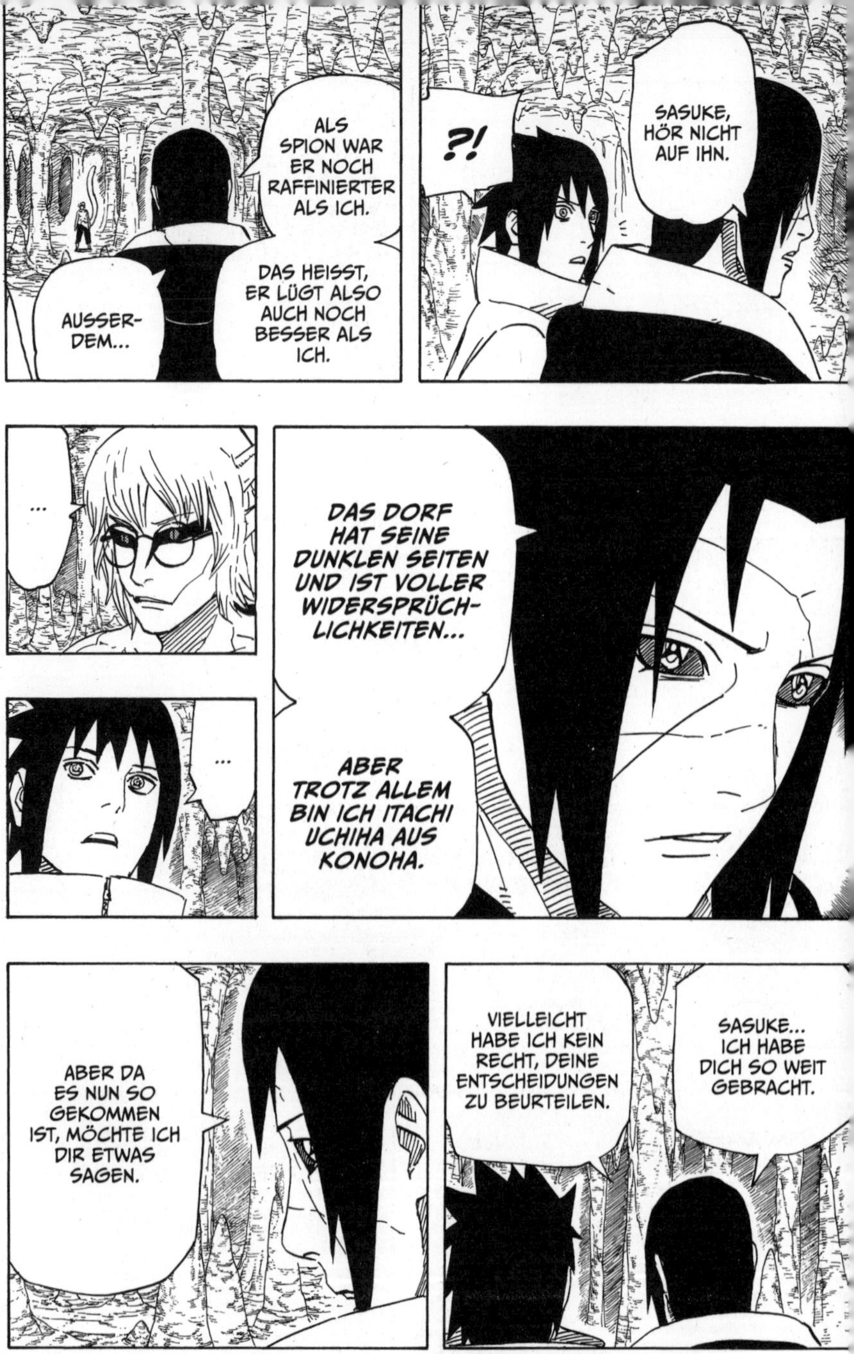
SASUKE, HÖR NICHT AUF IHN.
?!
ALS SPION WAR ER NOCH RAFFINIERTER ALS ICH.
DAS HEISST, ER LÜGT ALSO AUCH NOCH BESSER ALS ICH.
AUSSER-DEM...
DAS DORF HAT SEINE DUNKLEN SEITEN UND IST VOLLER WIDERSPRÜCH-LICHKEITEN...
ABER TROTZ ALLEM BIN ICH ITACHI UCHIHA AUS KONOHA.
...
...
SASUKE... ICH HABE DICH SO WEIT GEBRACHT.
VIELLEICHT HABE ICH KEIN RECHT, DEINE ENTSCHEIDUNGEN ZU BEURTEILEN.
ABER DA ES NUN SO GEKOMMEN IST, MÖCHTE ICH DIR ETWAS SAGEN.

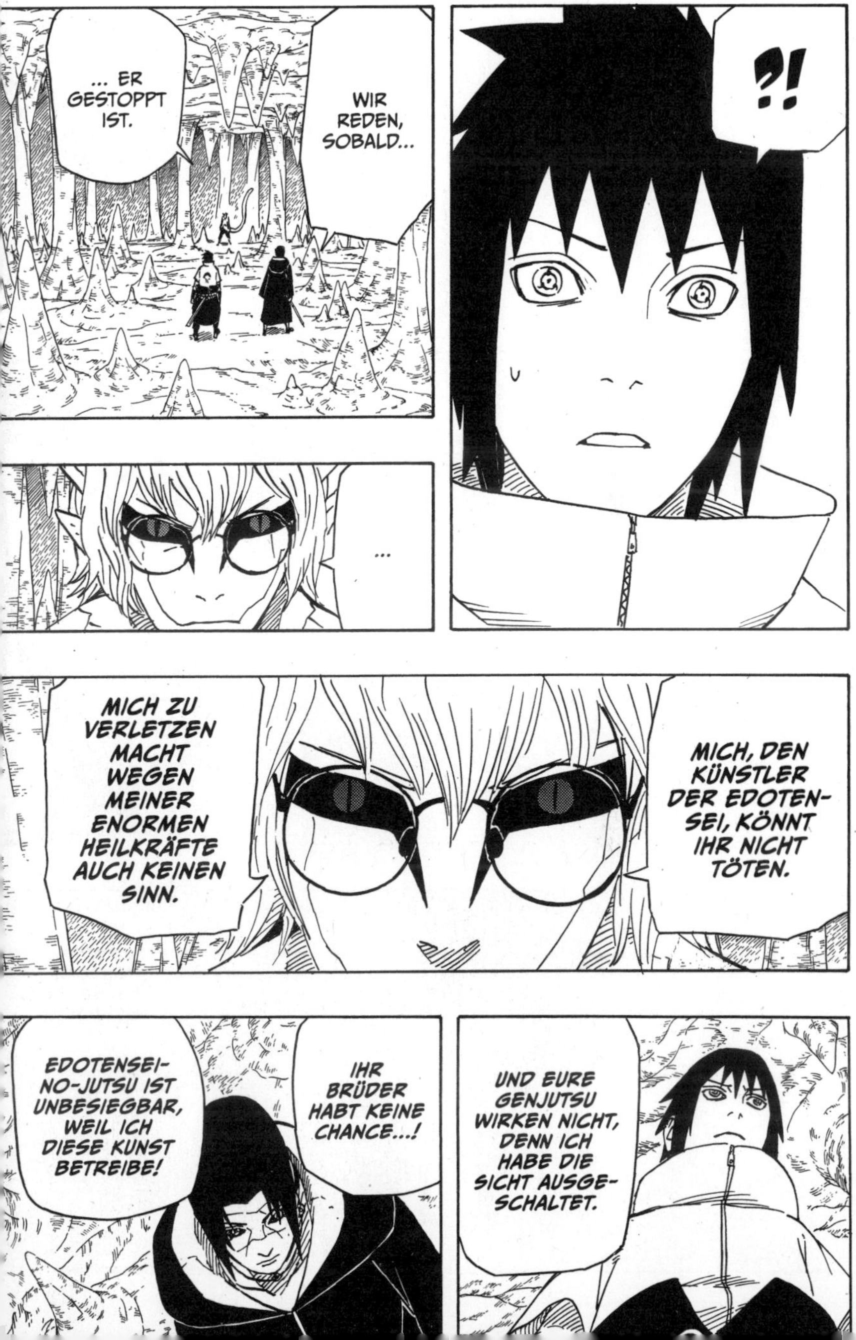
?!
WIR REDEN, SOBALD...
... ER GESTOPPT IST.
...
MICH, DEN KÜNSTLER DER EDOTEN-SEI, KÖNNT IHR NICHT TÖTEN.
MICH ZU VERLETZEN MACHT WEGEN MEINER ENORMEN HEILKRÄFTE AUCH KEINEN SINN.
UND EURE GENJUTSU WIRKEN NICHT, DENN ICH HABE DIE SICHT AUSGE-SCHALTET.
IHR BRÜDER HABT KEINE CHANCE...!
EDOTENSEI-NO-JUTSU IST UNBESIEGBAR, WEIL ICH DIESE KUNST BETREIBE!

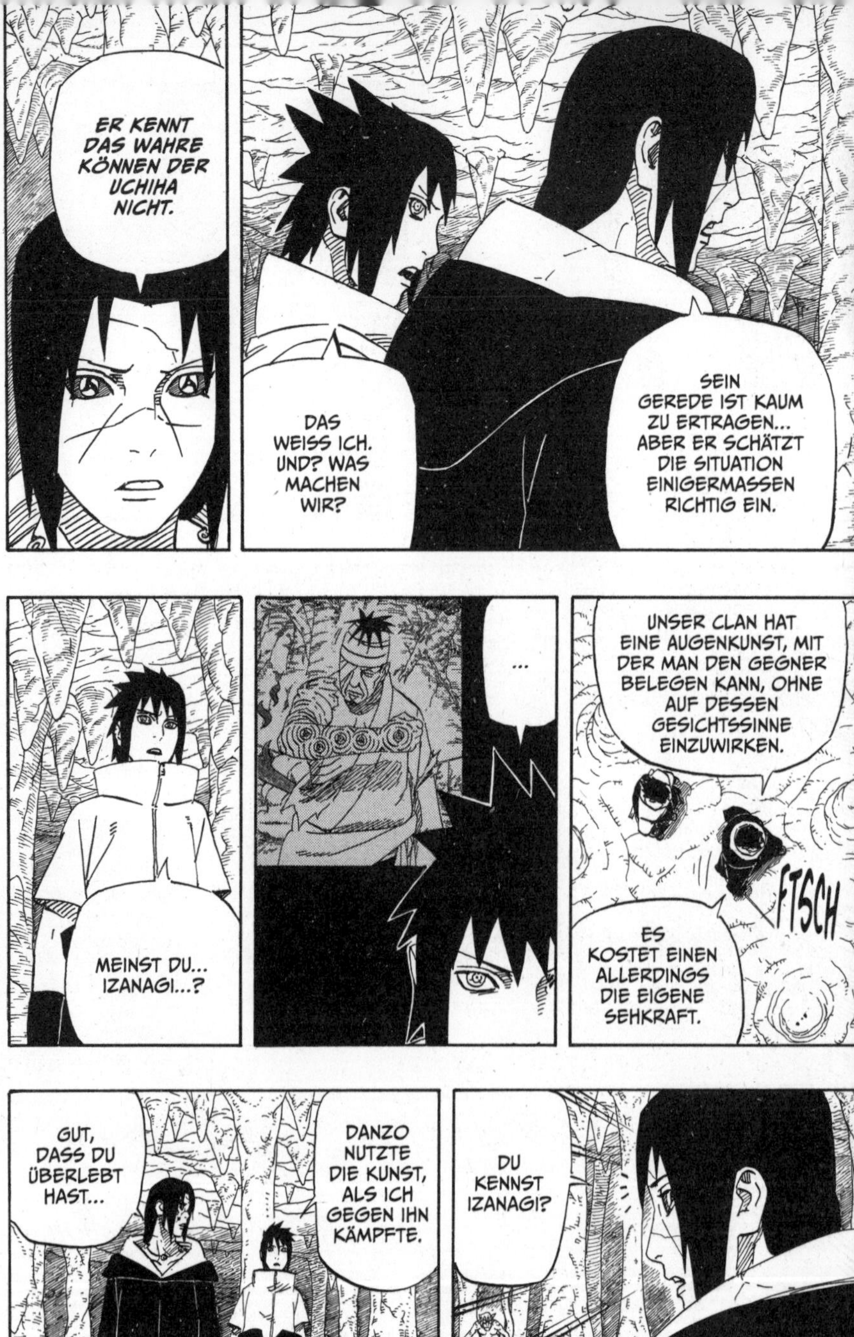

SEIN GEREDE IST KAUM ZU ERTRAGEN... ABER ER SCHÄTZT DIE SITUATION EINIGERMASSEN RICHTIG EIN.
DAS WEISS ICH. UND? WAS MACHEN WIR?
ER KENNT DAS WAHRE KÖNNEN DER UCHIHA NICHT.
UNSER CLAN HAT EINE AUGENKUNST, MIT DER MAN DEN GEGNER BELEGEN KANN, OHNE AUF DESSEN GESICHTSSINNE EINZUWIRKEN.
FTSCH
ES KOSTET EINEN ALLERDINGS DIE EIGENE SEHKRAFT.
...
MEINST DU... IZANAGI...?
DU KENNST IZANAGI?
DANZO NUTZTE DIE KUNST, ALS ICH GEGEN IHN KÄMPFTE.
GUT, DASS DU ÜBERLEBT HAST...

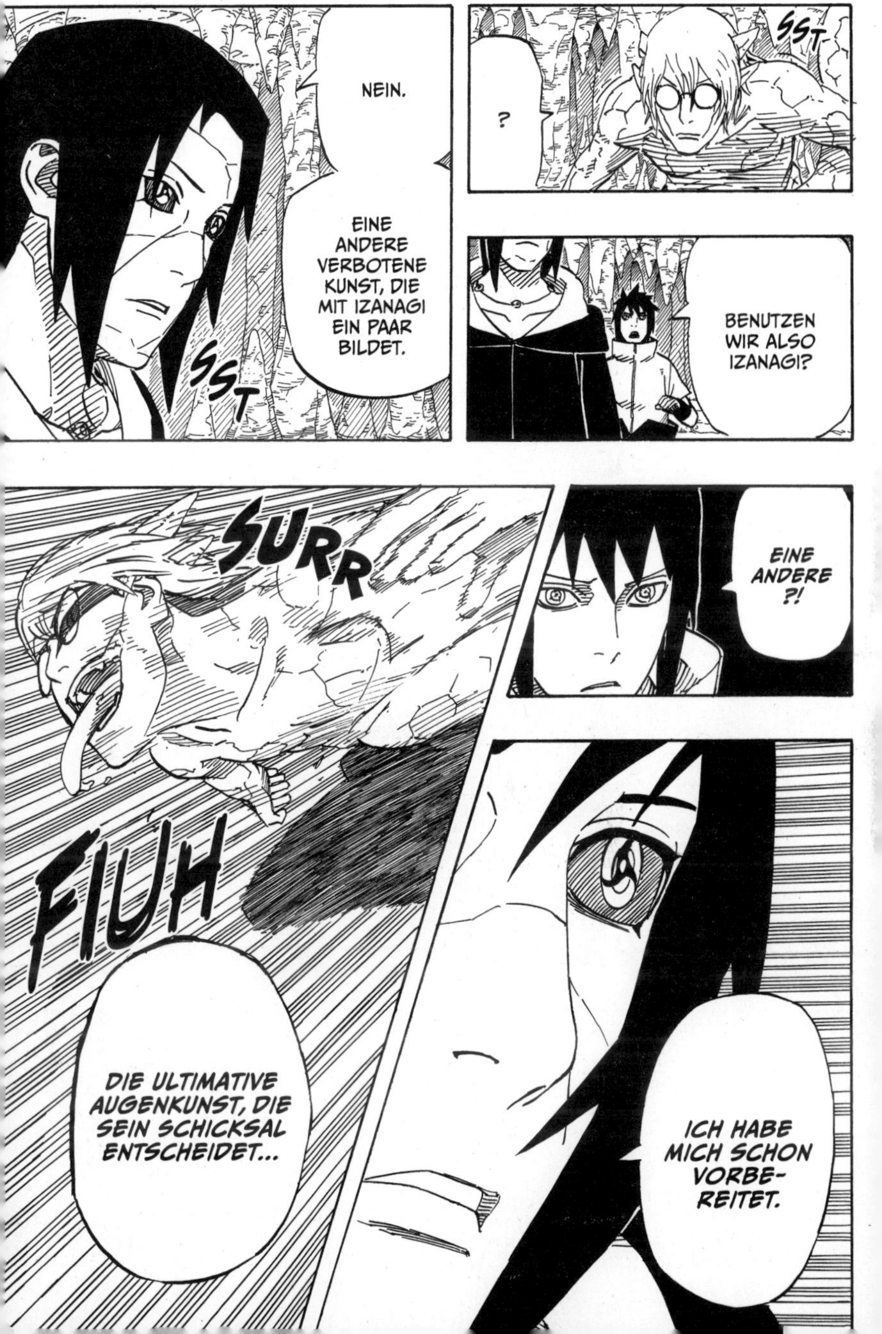
?
SST
NEIN.
EINE ANDERE VERBOTENE KUNST, DIE MIT IZANAGI EIN PAAR BILDET.
SST
BENUTZEN WIR ALSO IZANAGI?
EINE ANDERE ?!
SURR
FIUH
ICH HABE MICH SCHON VORBE-REITET.
DIE ULTIMATIVE AUGENKUNST, DIE SEIN SCHICKSAL ENTSCHEIDET...

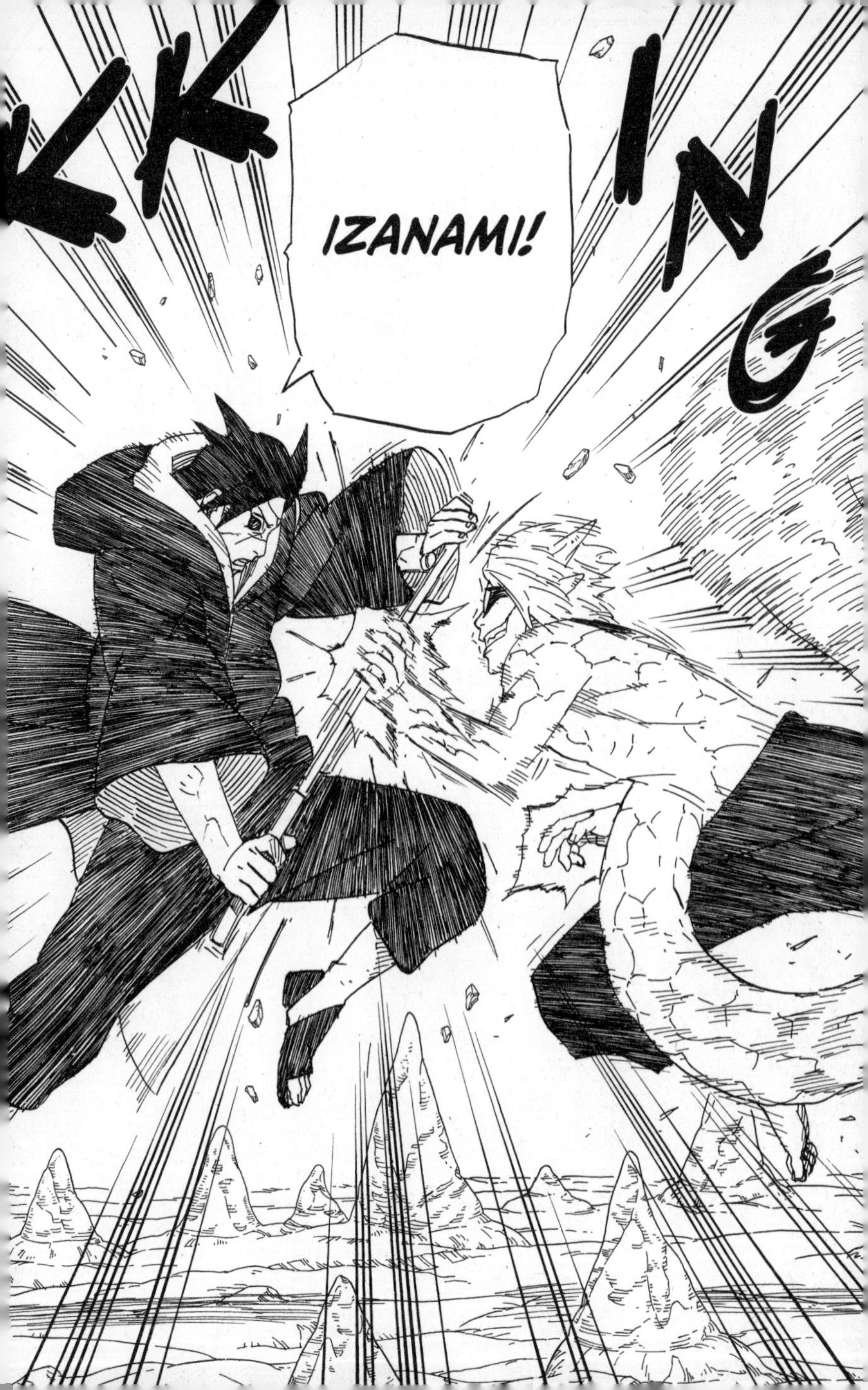
IZANAMI!
KKING

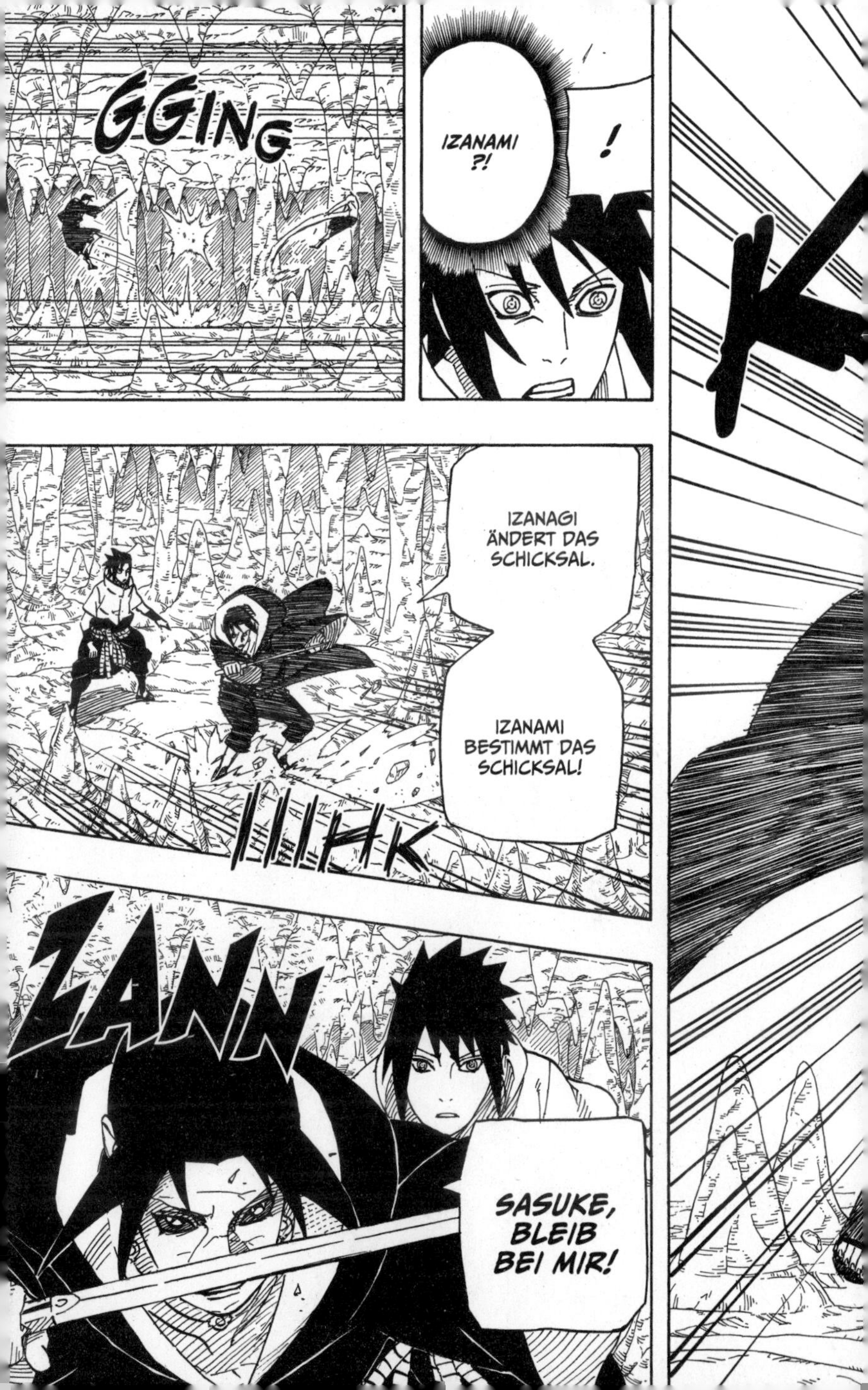
IZANAMI ?!
!
GGING
IZANAGI ÄNDERT DAS SCHICKSAL.
IZANAMI BESTIMMT DAS SCHICKSAL!
IIIIPKK
ZANN
SASUKE, BLEIB BEI MIR!

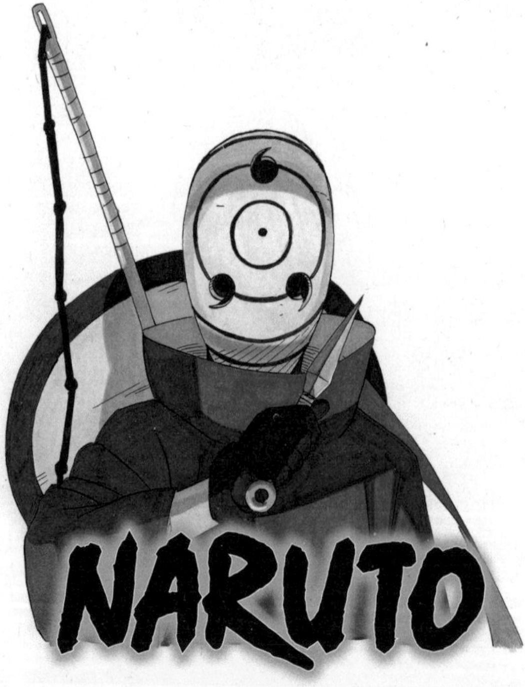
NARUTO

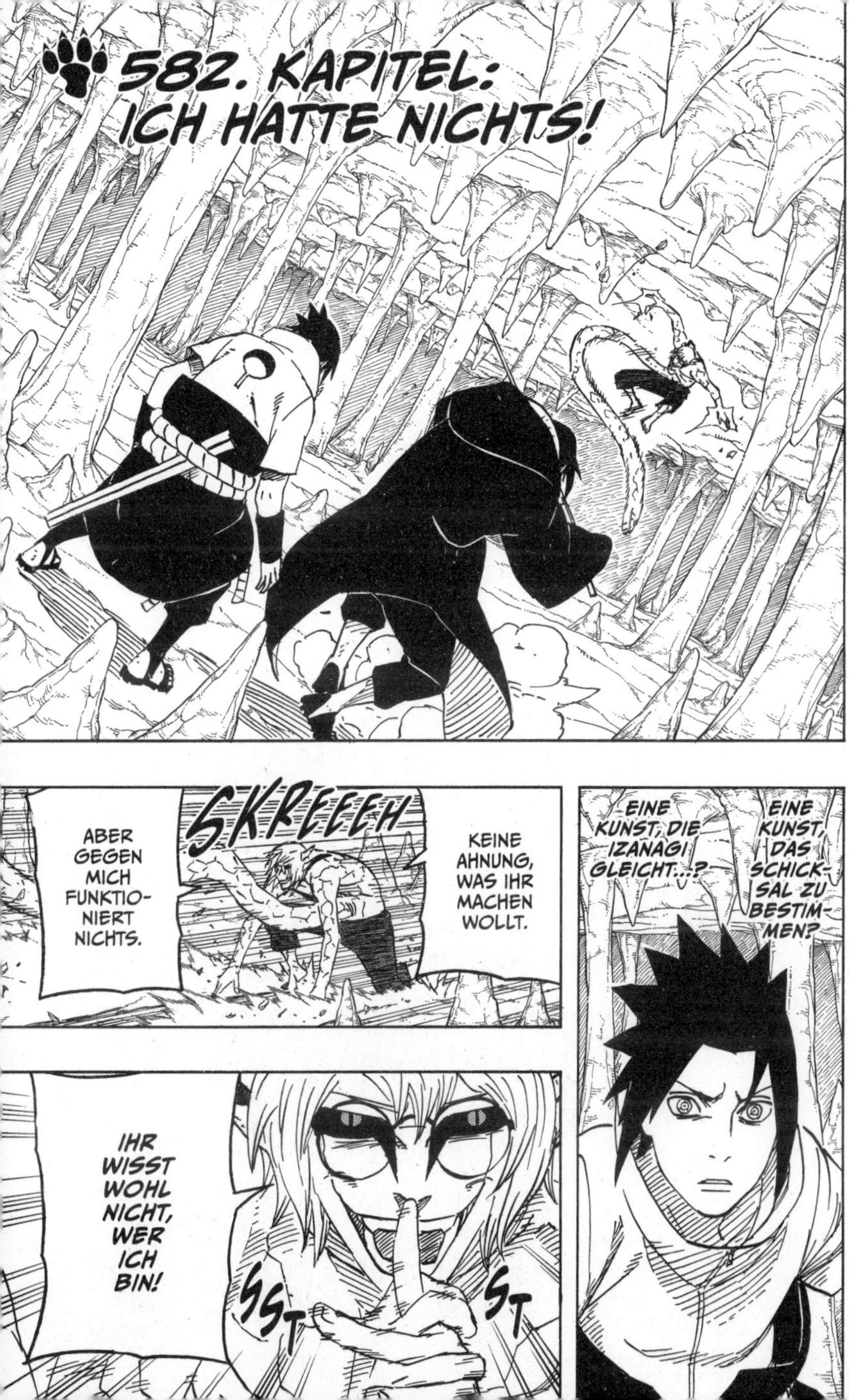
582. KAPITEL:
ICH HATTE NICHTS!
EINE KUNST, DAS SCHICKSAL ZU BESTIMMEN?
EINE KUNST, DIE IZANAGI GLEICHT...?
KEINE AHNUNG, WAS IHR MACHEN WOLLT.
SKREEEH
ABER GEGEN MICH FUNKTIONIERT NICHTS.
IHR WISST WOHL NICHT, WER ICH BIN!
SST
ST

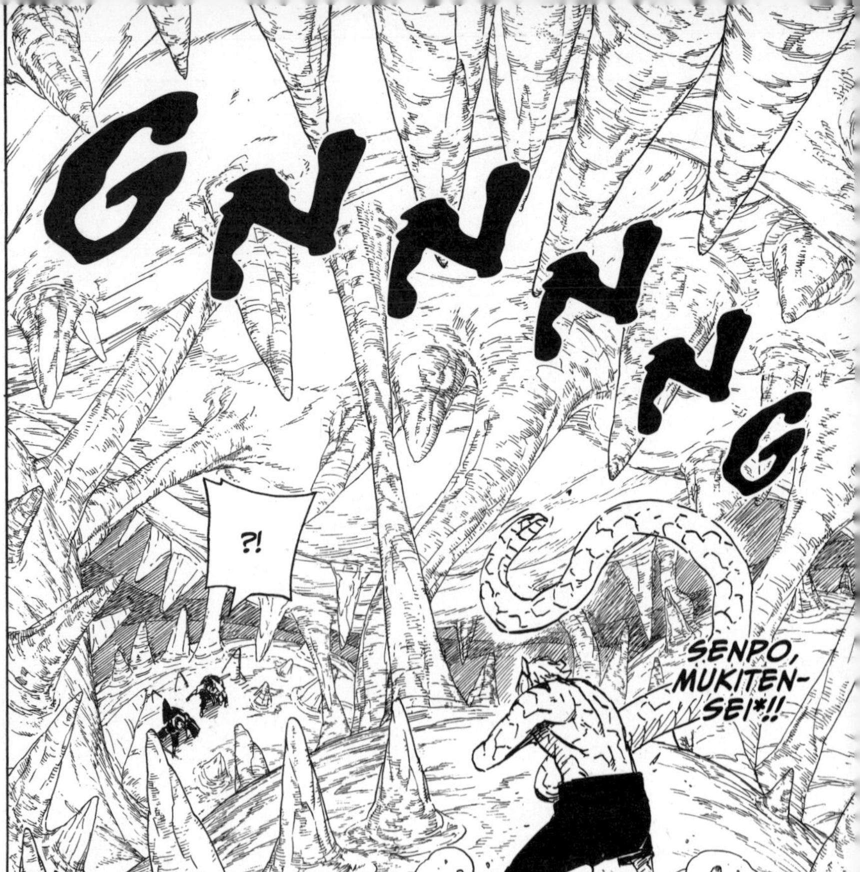

* MUKI = ANORGANISCH, TENSEI = WIEDERGEBURT

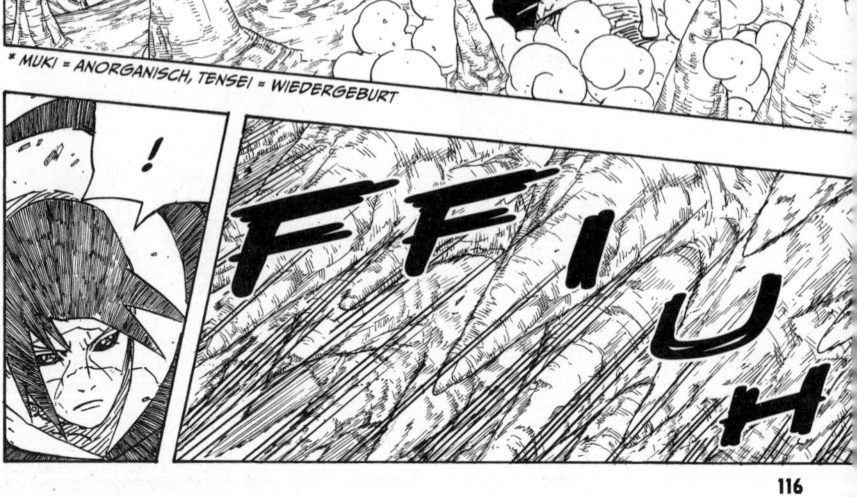

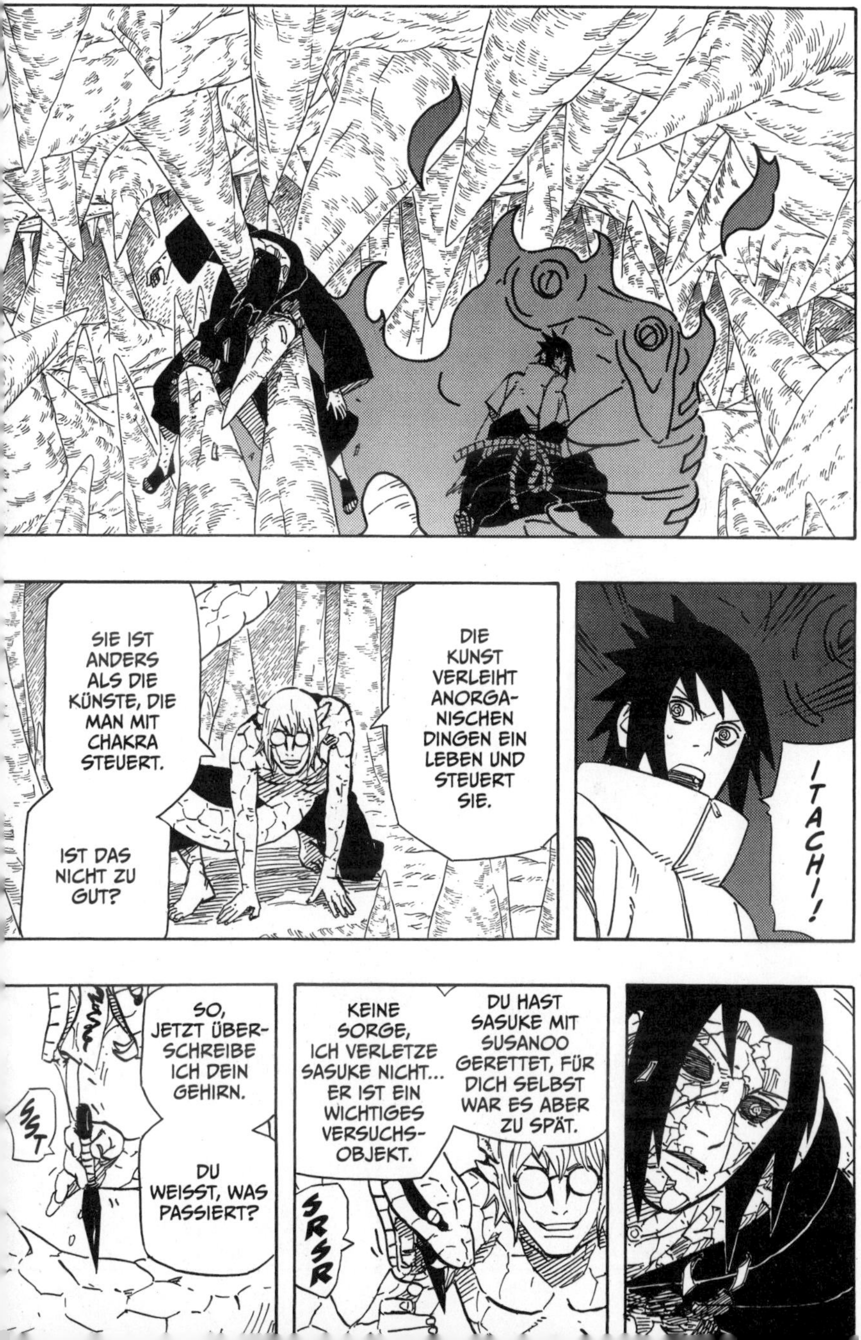
ITACHI!
DIE KUNST VERLEIHT ANORGANISCHEN DINGEN EIN LEBEN UND STEUERT SIE.
SIE IST ANDERS ALS DIE KÜNSTE, DIE MAN MIT CHAKRA STEUERT.
IST DAS NICHT ZU GUT?
DU HAST SASUKE MIT SUSANOO GERETTET, FÜR DICH SELBST WAR ES ABER ZU SPÄT.
KEINE SORGE, ICH VERLETZE SASUKE NICHT… ER IST EIN WICHTIGES VERSUCHSOBJEKT.
SRSR
SO, JETZT ÜBERSCHREIBE ICH DEIN GEHIRN.
DU WEISST, WAS PASSIERT?
WST

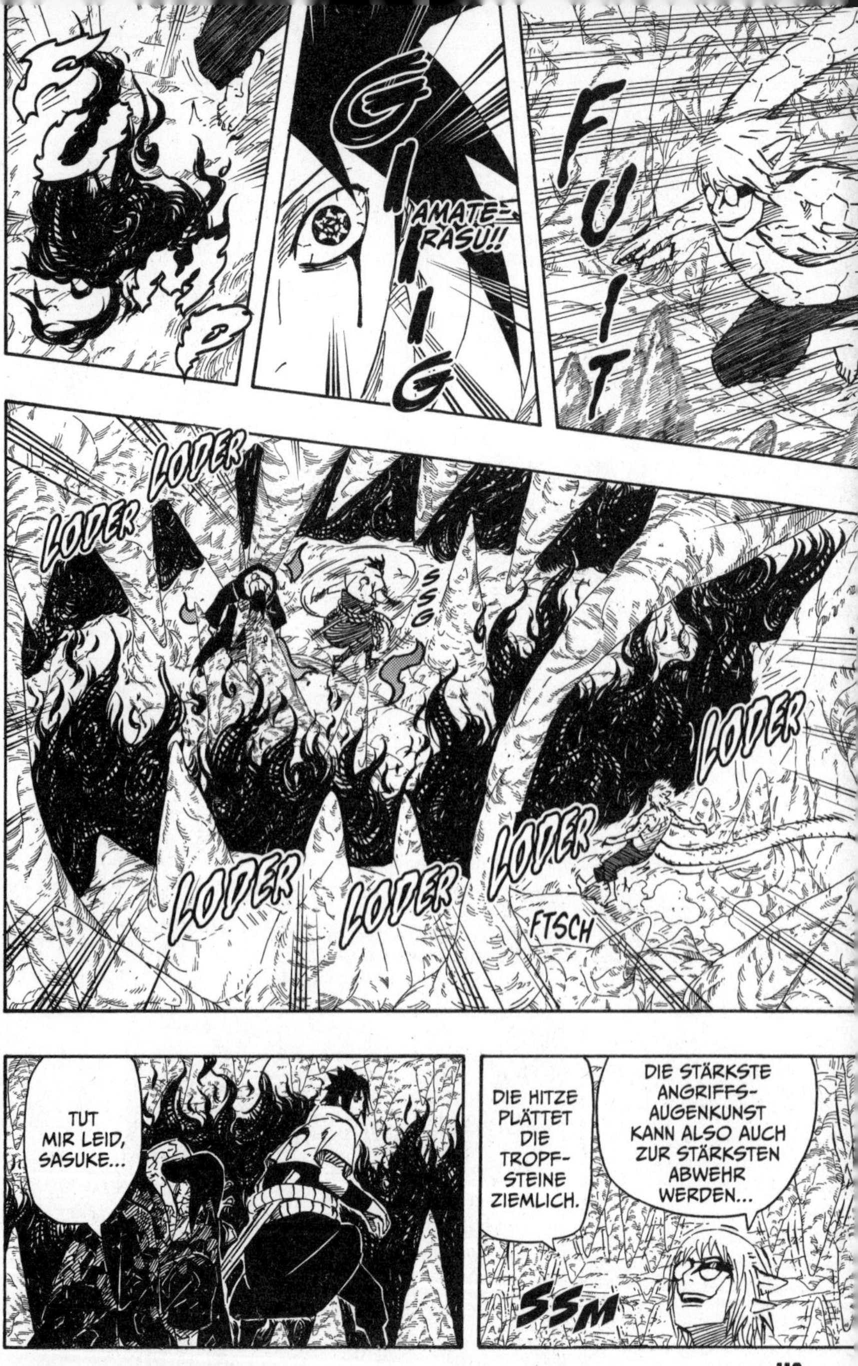
FUIT
GIIIG
AMATE-RASU!!
LODER LODER LODER
SSG
LODER LODER LODER LODER
FTSCH
DIE STÄRKSTE ANGRIFFS-AUGENKUNST KANN ALSO AUCH ZUR STÄRKSTEN ABWEHR WERDEN...
DIE HITZE PLÄTTET DIE TROPF-STEINE ZIEMLICH.
SSM
TUT MIR LEID, SASUKE...

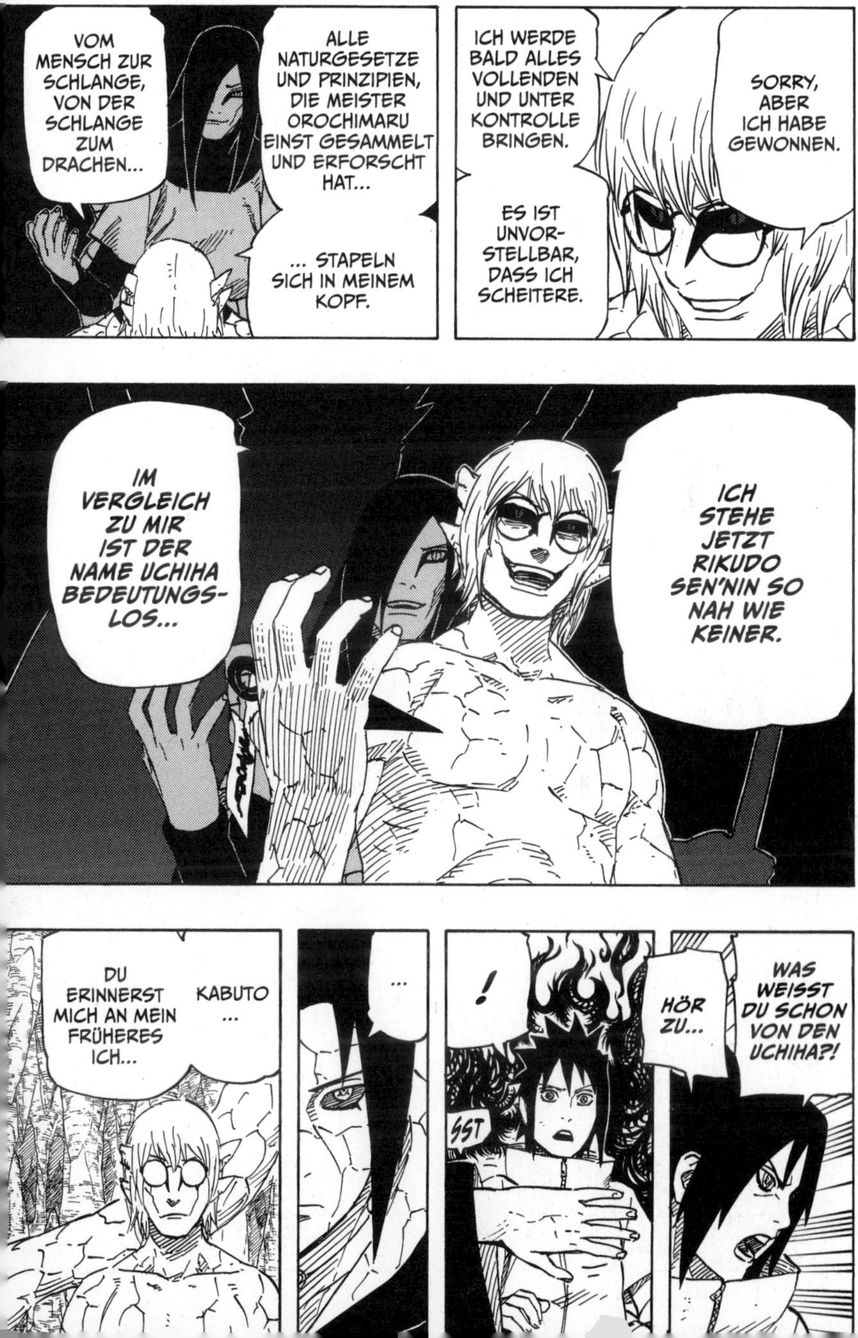
SORRY, ABER ICH HABE GEWONNEN.
ICH WERDE BALD ALLES VOLLENDEN UND UNTER KONTROLLE BRINGEN.
ES IST UNVORSTELLBAR, DASS ICH SCHEITERE.
ALLE NATURGESETZE UND PRINZIPIEN, DIE MEISTER OROCHIMARU EINST GESAMMELT UND ERFORSCHT HAT...
... STAPELN SICH IN MEINEM KOPF.
VOM MENSCH ZUR SCHLANGE, VON DER SCHLANGE ZUM DRACHEN...
ICH STEHE JETZT RIKUDO SEN'NIN SO NAH WIE KEINER.
IM VERGLEICH ZU MIR IST DER NAME UCHIHA BEDEUTUNGSLOS...
WAS WEISST DU SCHON VON DEN UCHIHA?!
HÖR ZU...
!
SST
...
KABUTO ...
DU ERINNERST MICH AN MEIN FRÜHERES ICH...

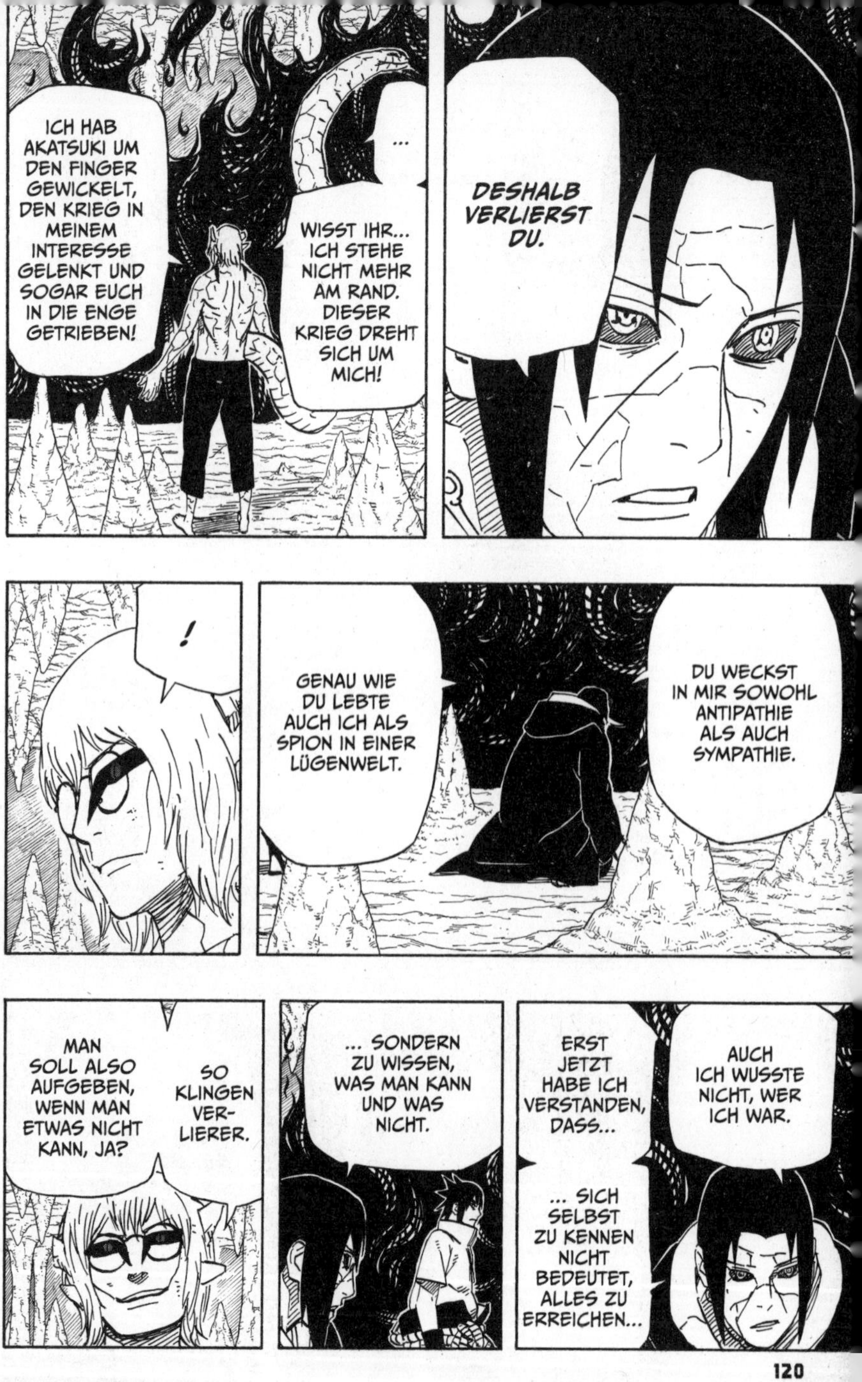
DESHALB VERLIERST DU.
...
WISST IHR... ICH STEHE NICHT MEHR AM RAND. DIESER KRIEG DREHT SICH UM MICH!
ICH HAB AKATSUKI UM DEN FINGER GEWICKELT, DEN KRIEG IN MEINEM INTERESSE GELENKT UND SOGAR EUCH IN DIE ENGE GETRIEBEN!
DU WECKST IN MIR SOWOHL ANTIPATHIE ALS AUCH SYMPATHIE.
GENAU WIE DU LEBTE AUCH ICH ALS SPION IN EINER LÜGENWELT.
!
AUCH ICH WUSSTE NICHT, WER ICH WAR.
ERST JETZT HABE ICH VERSTANDEN, DASS...
... SICH SELBST ZU KENNEN NICHT BEDEUTET, ALLES ZU ERREICHEN...
... SONDERN ZU WISSEN, WAS MAN KANN UND WAS NICHT.
SO KLINGEN VER-LIERER.
MAN SOLL ALSO AUFGEBEN, WENN MAN ETWAS NICHT KANN, JA?

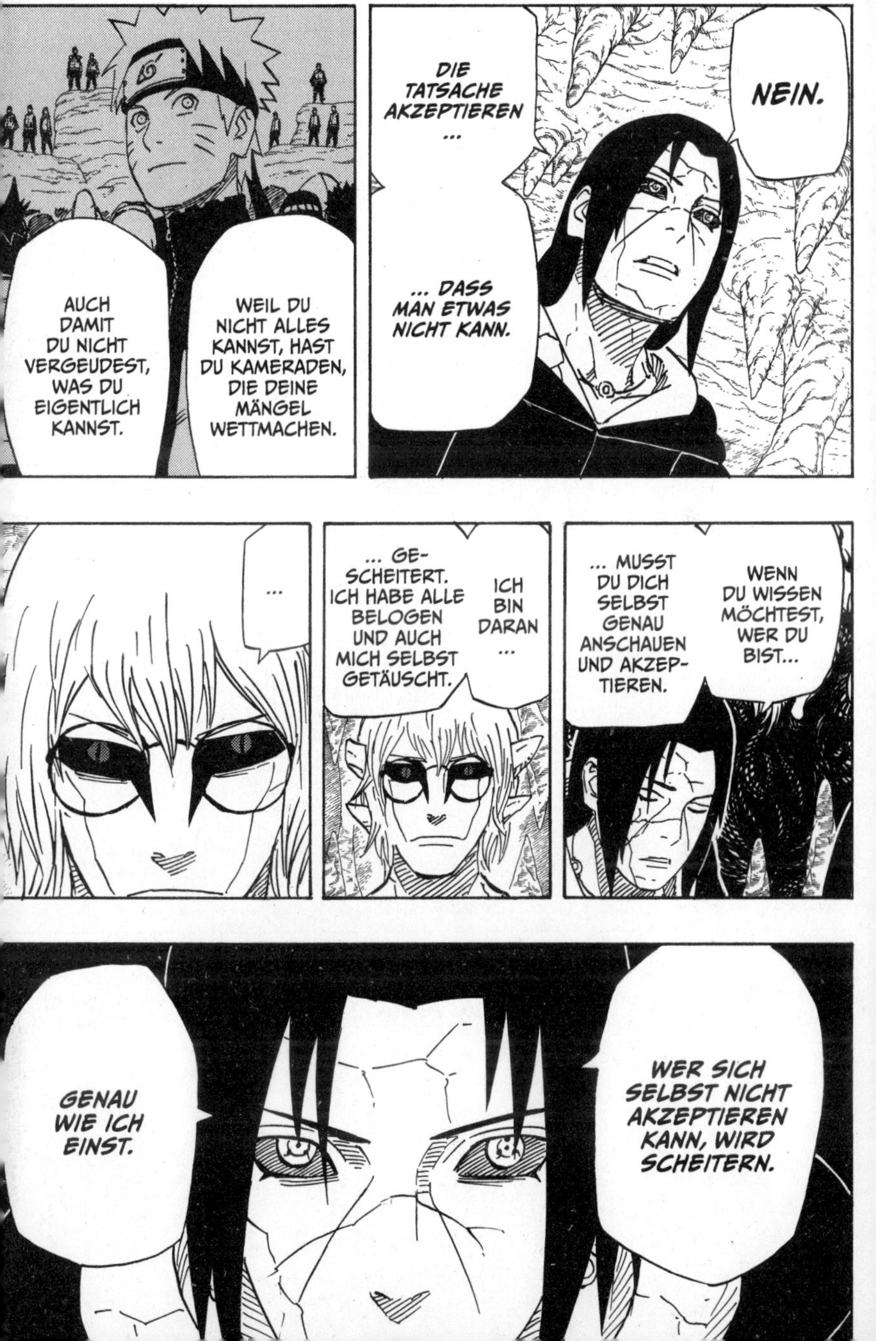
NEIN.
DIE TATSACHE AKZEPTIEREN ...
... DASS MAN ETWAS NICHT KANN.
WEIL DU NICHT ALLES KANNST, HAST DU KAMERADEN, DIE DEINE MÄNGEL WETTMACHEN.
AUCH DAMIT DU NICHT VERGEUDEST, WAS DU EIGENTLICH KANNST.
WENN DU WISSEN MÖCHTEST, WER DU BIST...
... MUSST DU DICH SELBST GENAU ANSCHAUEN UND AKZEPTIEREN.
ICH BIN DARAN ...
... GESCHEITERT. ICH HABE ALLE BELOGEN UND AUCH MICH SELBST GETÄUSCHT.
...
WER SICH SELBST NICHT AKZEPTIEREN KANN, WIRD SCHEITERN.
GENAU WIE ICH EINST.

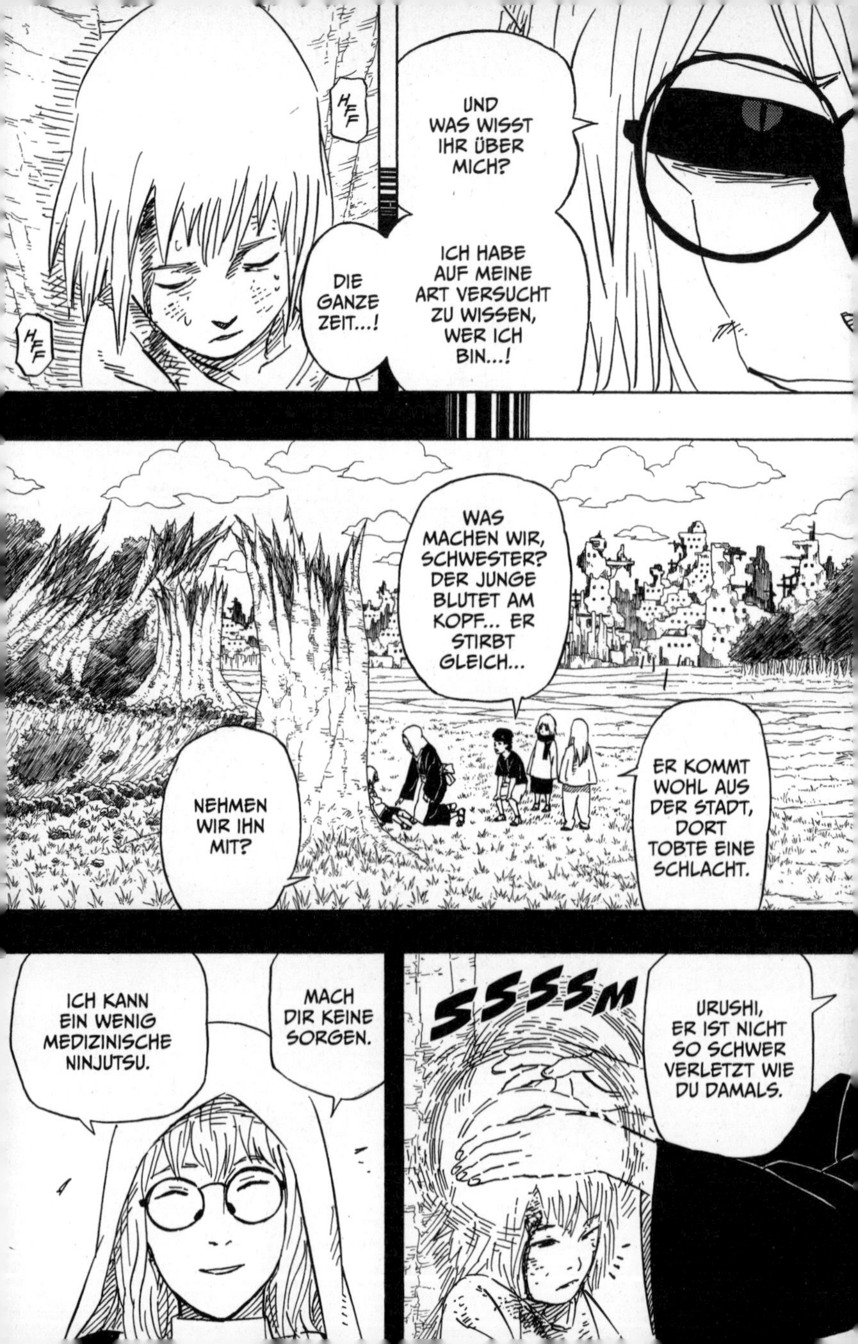
UND WAS WISST IHR ÜBER MICH?
ICH HABE AUF MEINE ART VERSUCHT ZU WISSEN, WER ICH BIN...!
HFF
DIE GANZE ZEIT...!
HFF
WAS MACHEN WIR, SCHWESTER? DER JUNGE BLUTET AM KOPF... ER STIRBT GLEICH...
ER KOMMT WOHL AUS DER STADT, DORT TOBTE EINE SCHLACHT.
NEHMEN WIR IHN MIT?
URUSHI, ER IST NICHT SO SCHWER VERLETZT WIE DU DAMALS.
SSSSM
MACH DIR KEINE SORGEN.
ICH KANN EIN WENIG MEDIZINISCHE NINJUTSU.

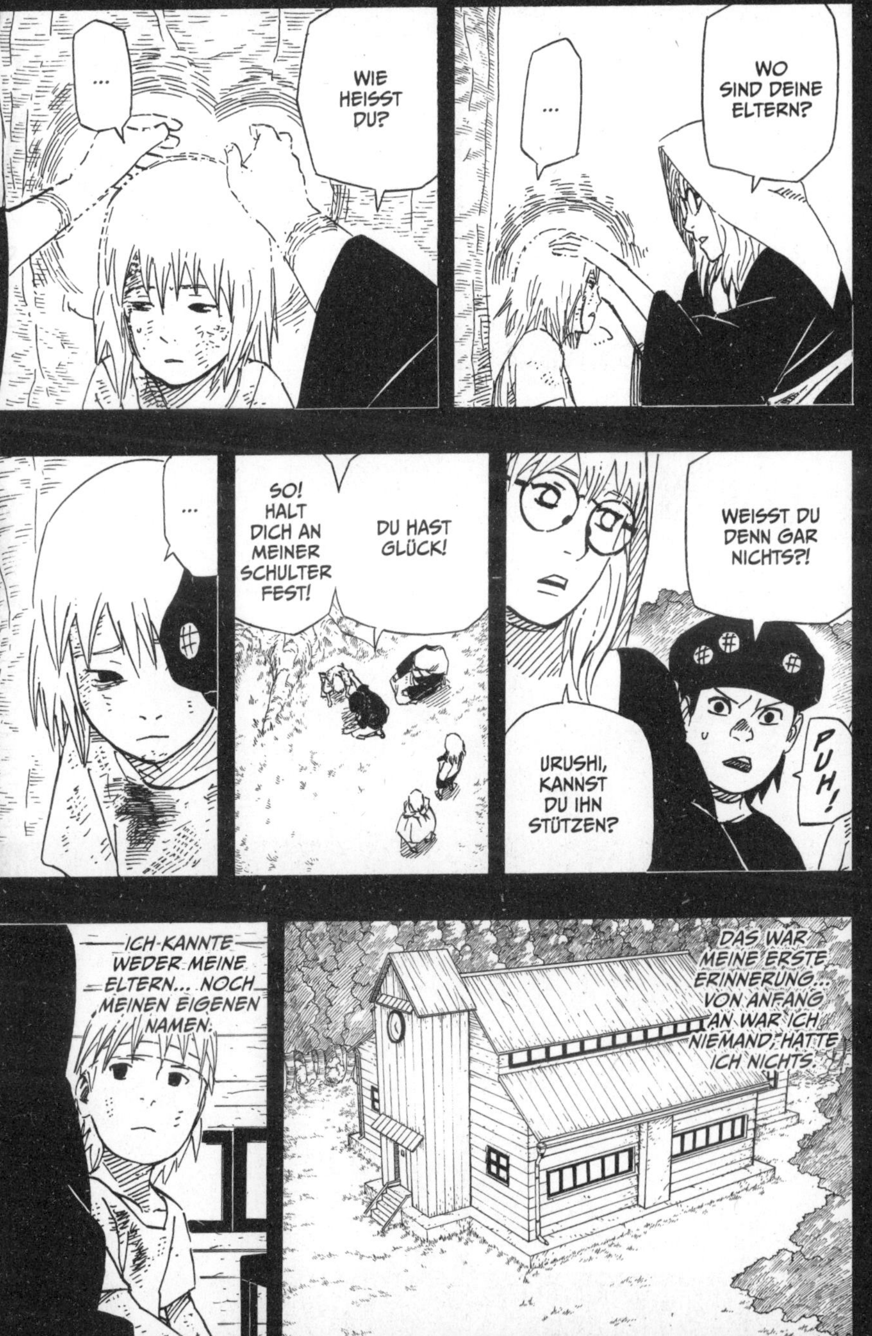
WO SIND DEINE ELTERN?
...
WIE HEISST DU?
...
WEISST DU DENN GAR NICHTS?!
PUH!
URUSHI, KANNST DU IHN STÜTZEN?
DU HAST GLÜCK!
SO! HALT DICH AN MEINER SCHULTER FEST!
...
DAS WAR MEINE ERSTE ERINNERUNG... VON ANFANG AN WAR ICH NIEMAND, HATTE ICH NICHTS.
ICH KANNTE WEDER MEINE ELTERN... NOCH MEINEN EIGENEN NAMEN.

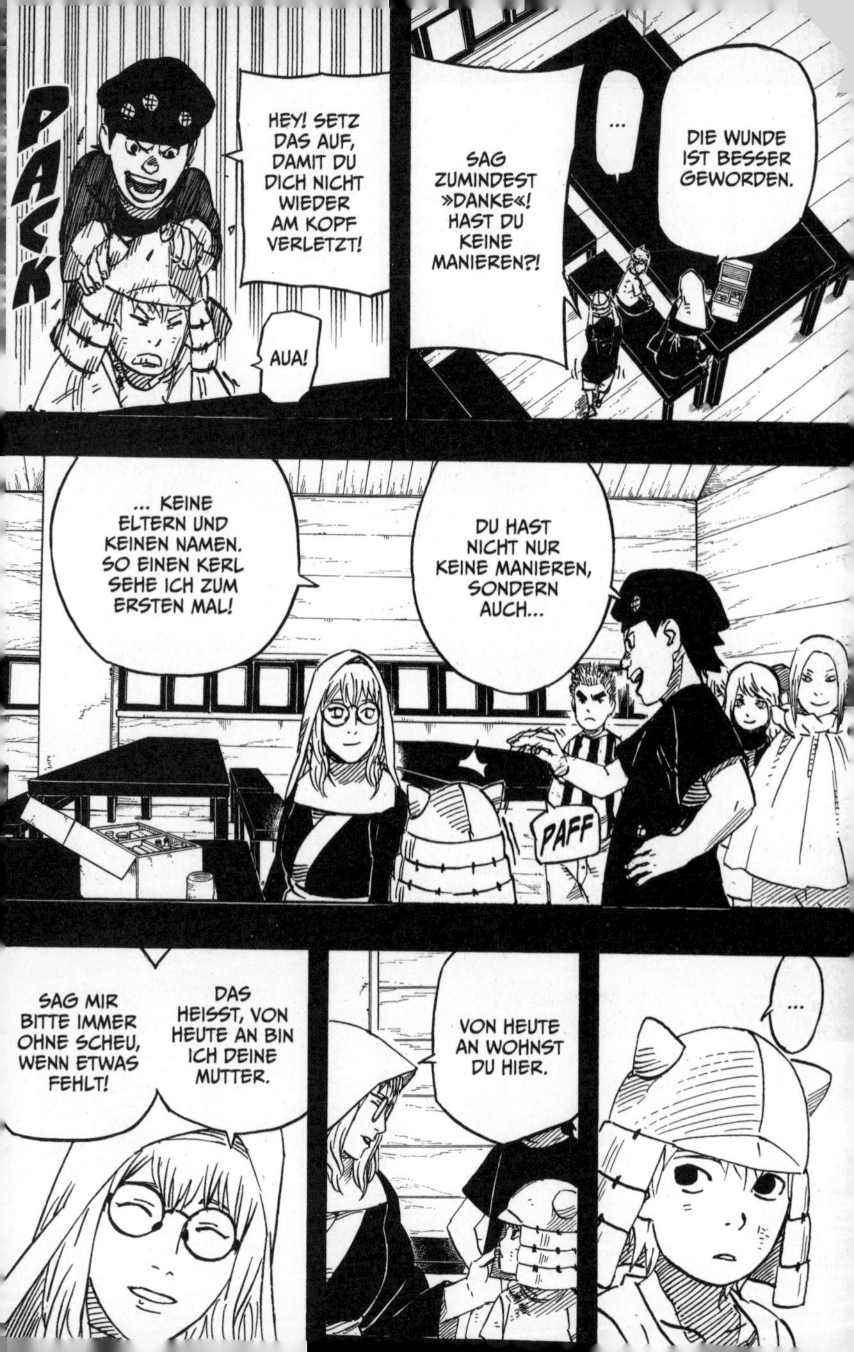
DIE WUNDE IST BESSER GEWORDEN.
...
SAG ZUMINDEST »DANKE«! HAST DU KEINE MANIEREN?!
HEY! SETZ DAS AUF, DAMIT DU DICH NICHT WIEDER AM KOPF VERLETZT!
PACK
AUA!
DU HAST NICHT NUR KEINE MANIEREN, SONDERN AUCH...
... KEINE ELTERN UND KEINEN NAMEN. SO EINEN KERL SEHE ICH ZUM ERSTEN MAL!
PAFF
...
VON HEUTE AN WOHNST DU HIER.
DAS HEISST, VON HEUTE AN BIN ICH DEINE MUTTER.
SAG MIR BITTE IMMER OHNE SCHEU, WENN ETWAS FEHLT!

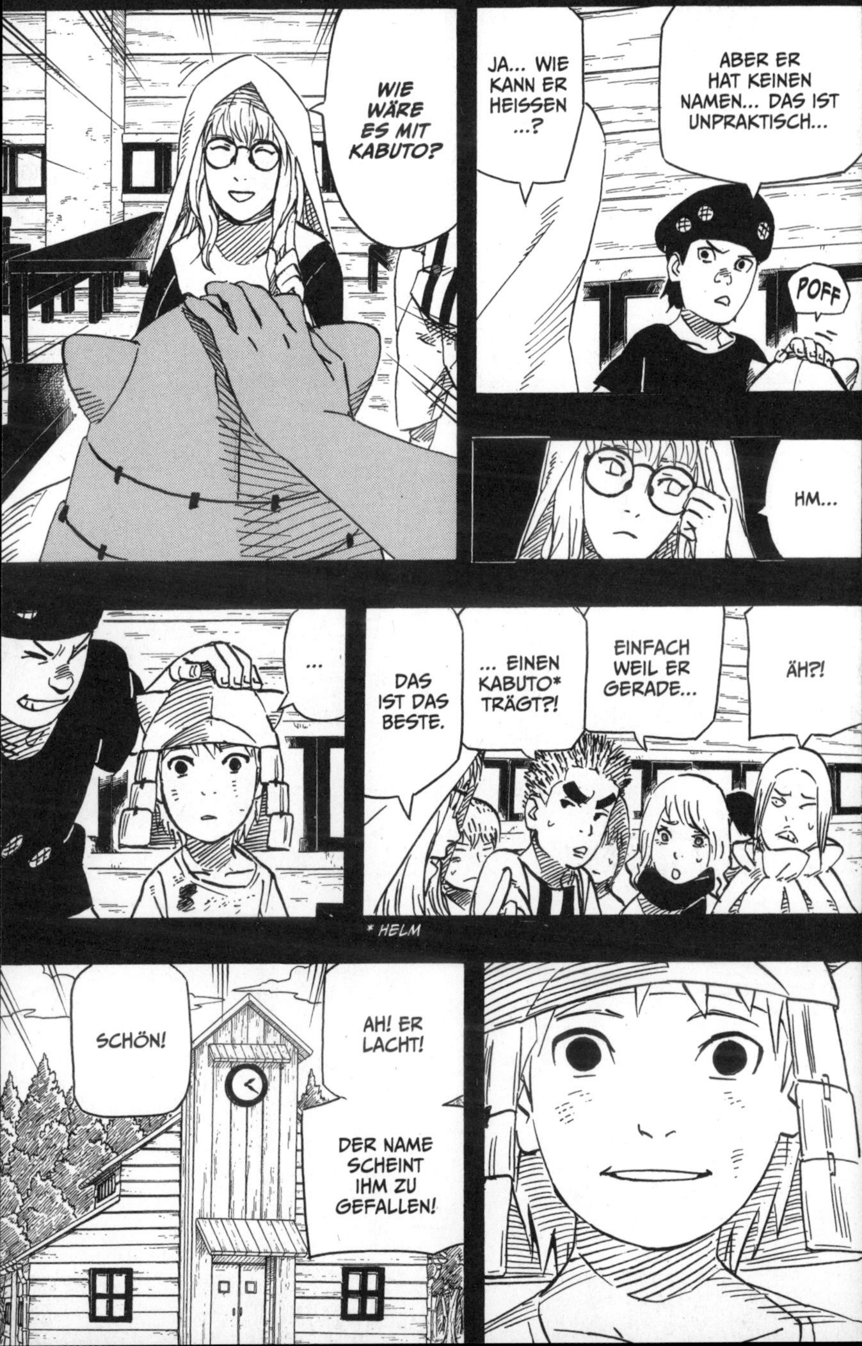
ABER ER HAT KEINEN NAMEN... DAS IST UNPRAKTISCH...
JA... WIE KANN ER HEISSEN ...?
POFF
HM...
WIE WÄRE ES MIT KABUTO?
ÄH?!
EINFACH WEIL ER GERADE...
... EINEN KABUTO* TRÄGT?!
DAS IST DAS BESTE.
...
* HELM
AH! ER LACHT!
DER NAME SCHEINT IHM ZU GEFALLEN!
SCHÖN!

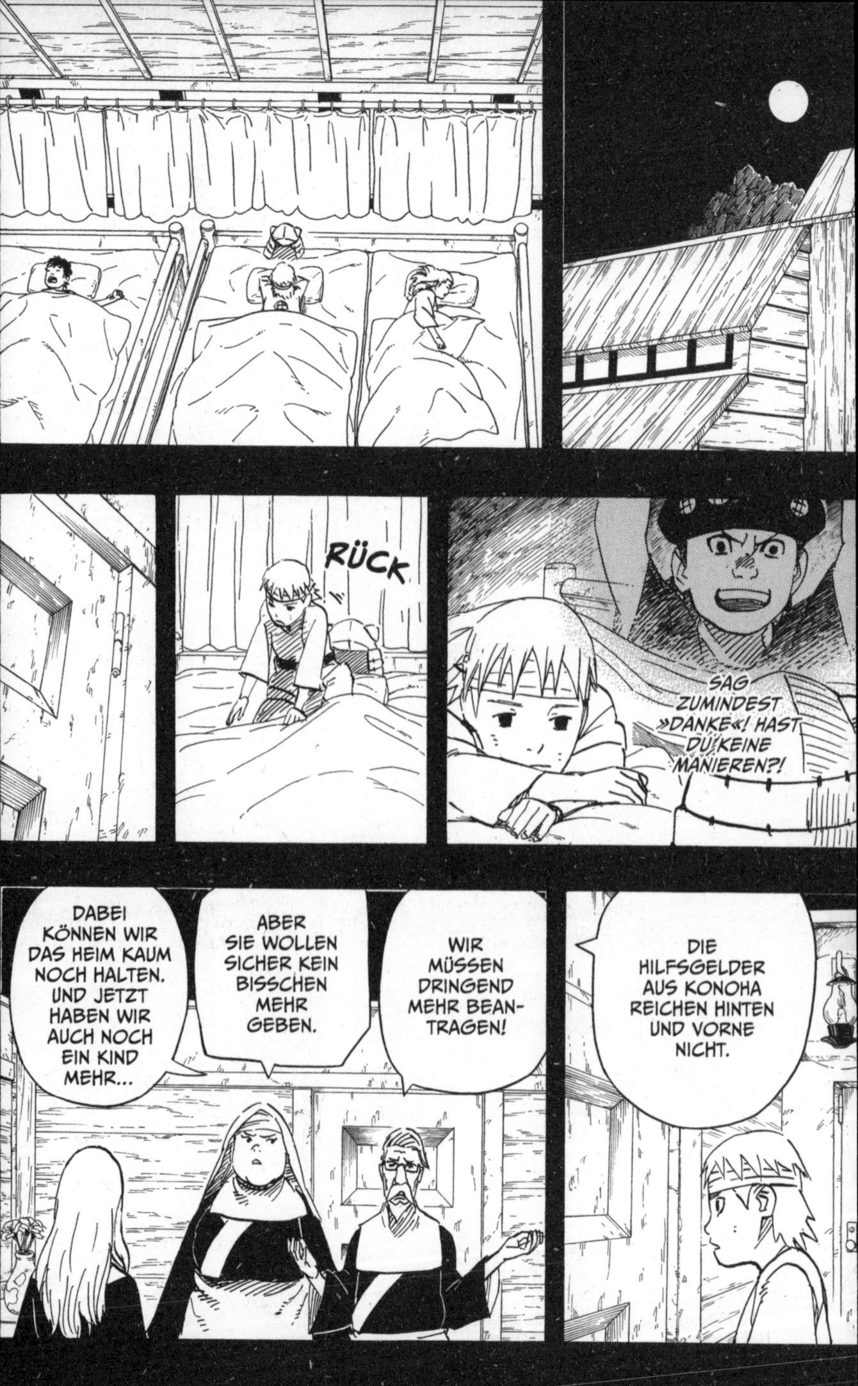
SAG ZUMINDEST »DANKE«! HAST DU KEINE MANIEREN?!
RÜCK
DIE HILFSGELDER AUS KONOHA REICHEN HINTEN UND VORNE NICHT.
WIR MÜSSEN DRINGEND MEHR BEANTRAGEN!
ABER SIE WOLLEN SICHER KEIN BISSCHEN MEHR GEBEN.
DABEI KÖNNEN WIR DAS HEIM KAUM NOCH HALTEN. UND JETZT HABEN WIR AUCH NOCH EIN KIND MEHR...

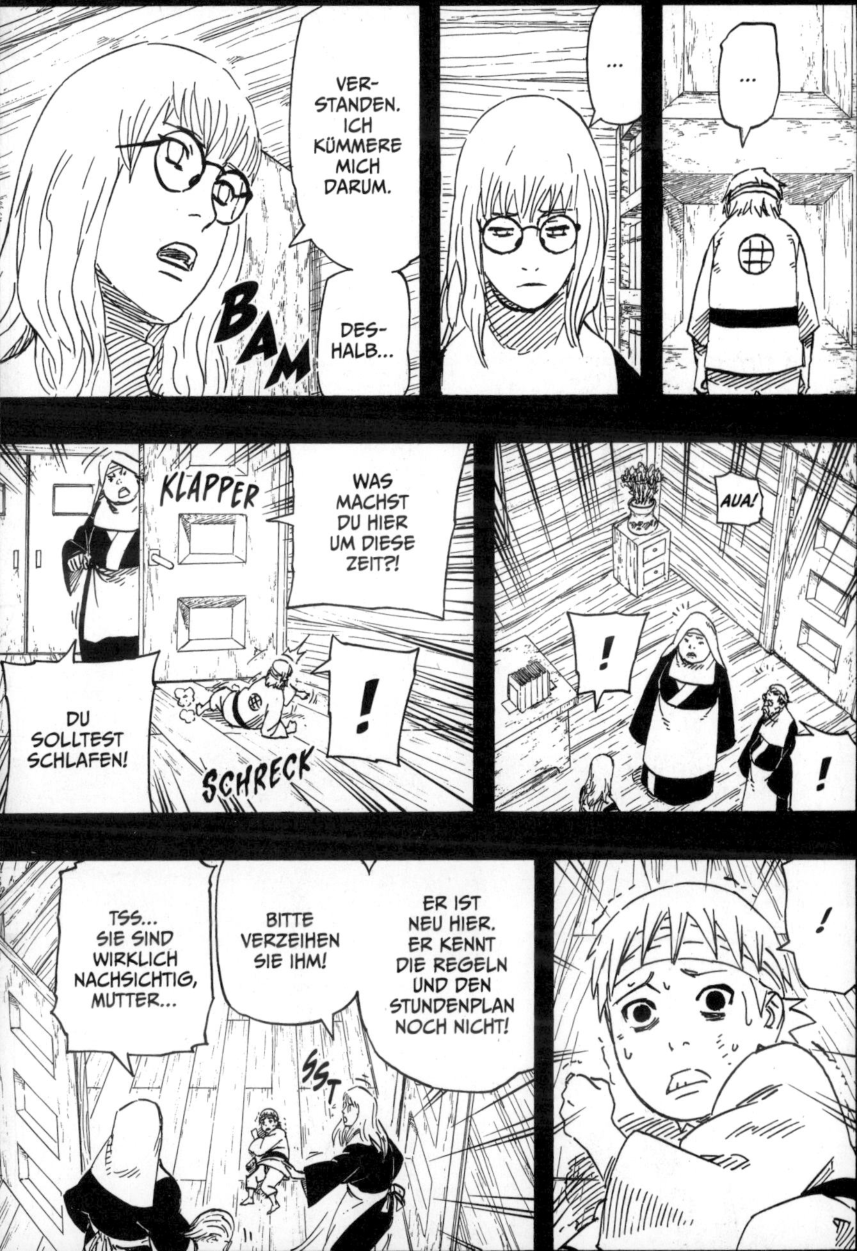
...
...
VER-STANDEN. ICH KÜMMERE MICH DARUM.
BAM
DES-HALB...
AUA!
!
!
WAS MACHST DU HIER UM DIESE ZEIT?!
KLAPPER
!
DU SOLLTEST SCHLAFEN!
SCHRECK
!
ER IST NEU HIER. ER KENNT DIE REGELN UND DEN STUNDENPLAN NOCH NICHT!
BITTE VERZEIHEN SIE IHM!
TSS... SIE SIND WIRKLICH NACHSICHTIG, MUTTER...
SST

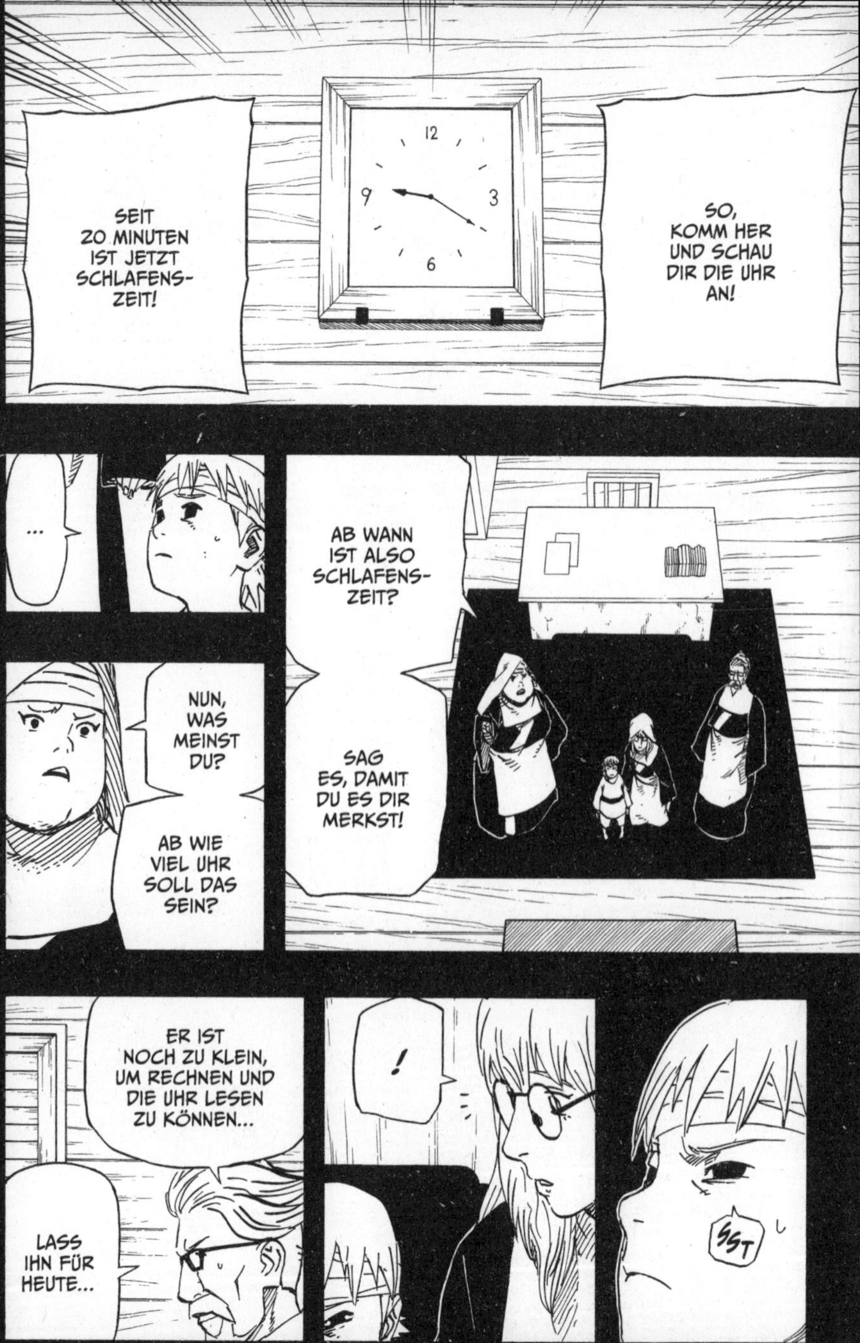
SO, KOMM HER UND SCHAU DIR DIE UHR AN!
SEIT 20 MINUTEN IST JETZT SCHLAFENSZEIT!
AB WANN IST ALSO SCHLAFENSZEIT?
SAG ES, DAMIT DU ES DIR MERKST!
...
NUN, WAS MEINST DU?
AB WIE VIEL UHR SOLL DAS SEIN?
SST
!
ER IST NOCH ZU KLEIN, UM RECHNEN UND DIE UHR LESEN ZU KÖNNEN...
LASS IHN FÜR HEUTE...

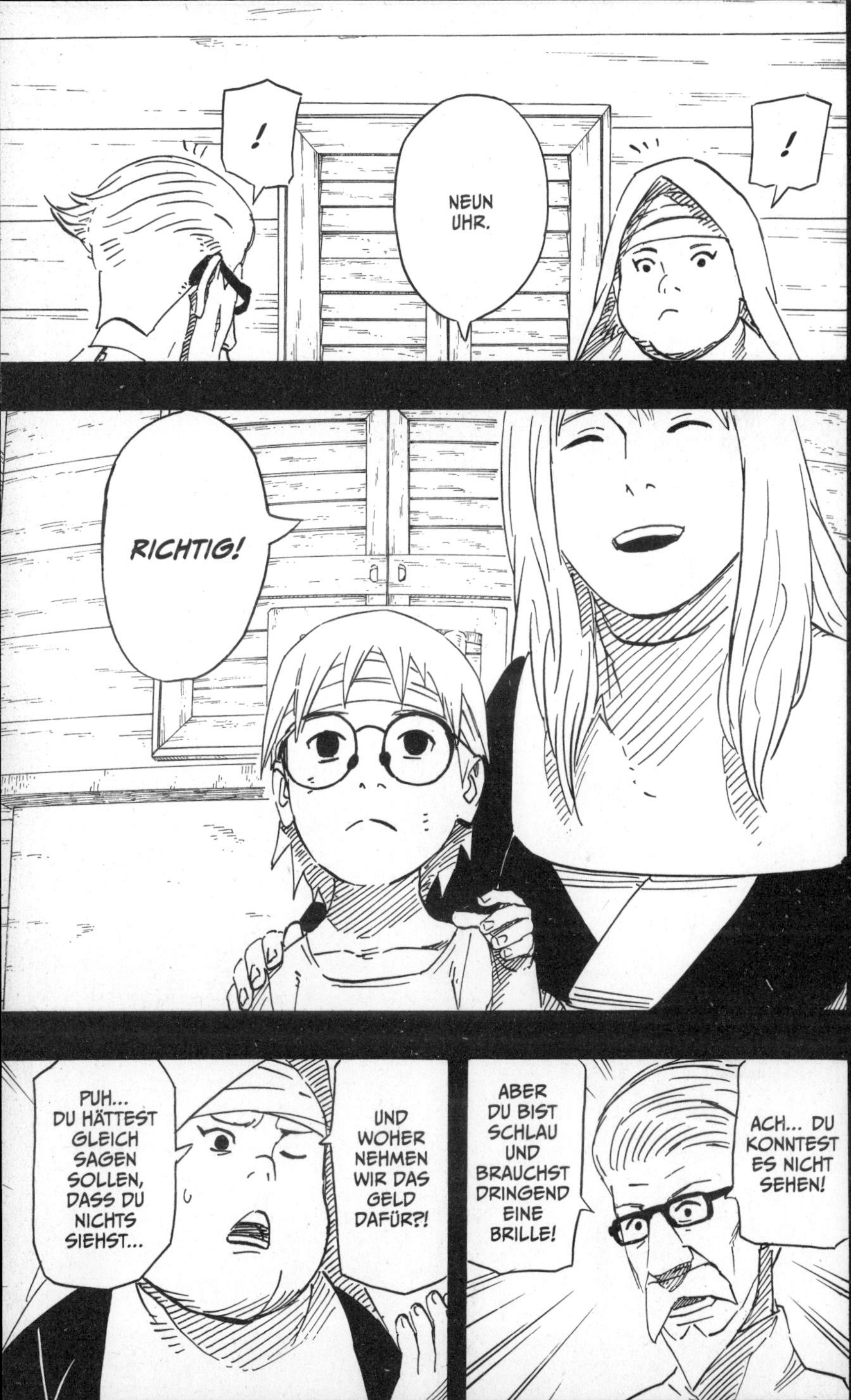

NEUN UHR.
!
!
RICHTIG!
ACH... DU KONNTEST ES NICHT SEHEN!
ABER DU BIST SCHLAU UND BRAUCHST DRINGEND EINE BRILLE!
UND WOHER NEHMEN WIR DAS GELD DAFÜR?!
PUH... DU HÄTTEST GLEICH SAGEN SOLLEN, DASS DU NICHTS SIEHST...

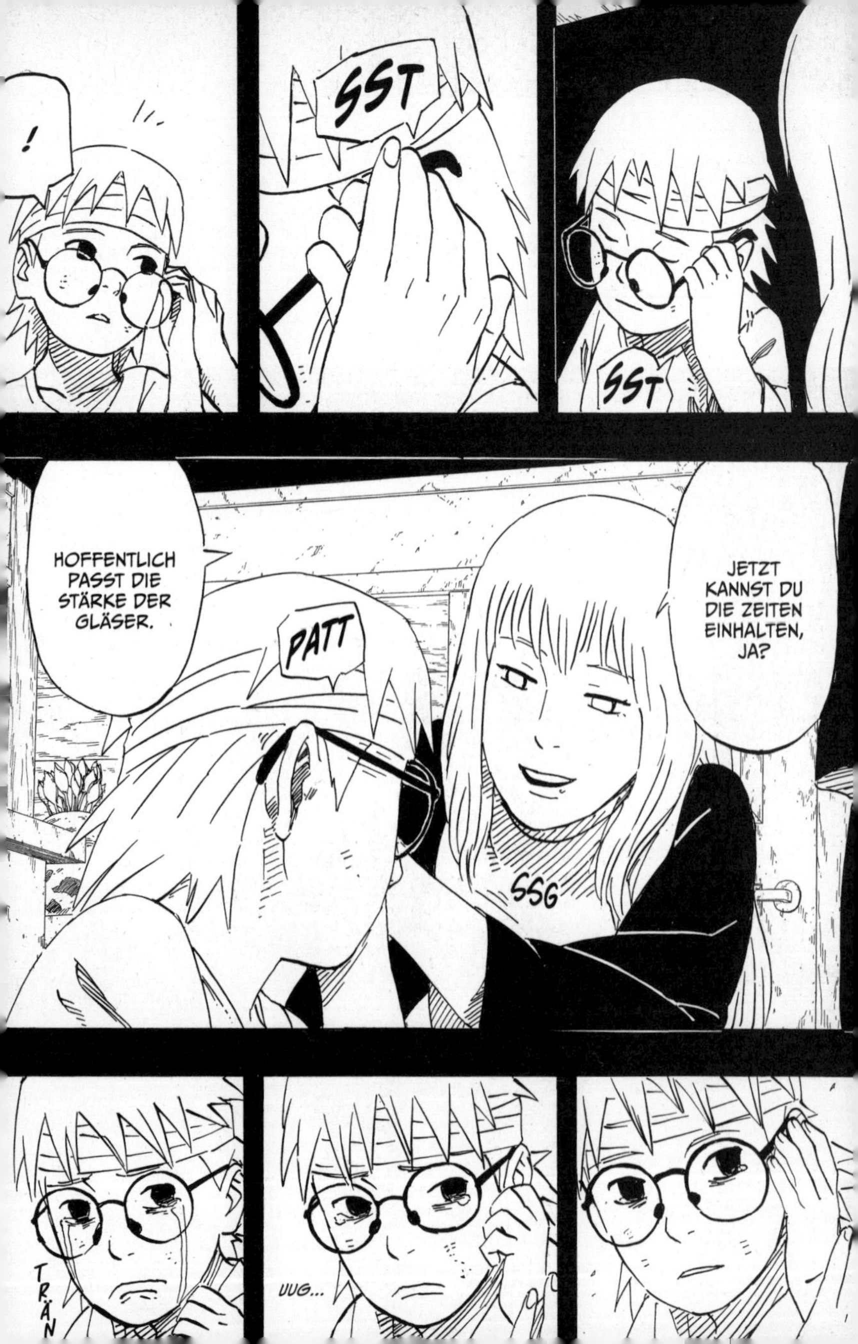

!
SST
SST
JETZT KANNST DU DIE ZEITEN EINHALTEN, JA?
HOFFENTLICH PASST DIE STÄRKE DER GLÄSER.
PATT
SSG
UUG...
TRÄN

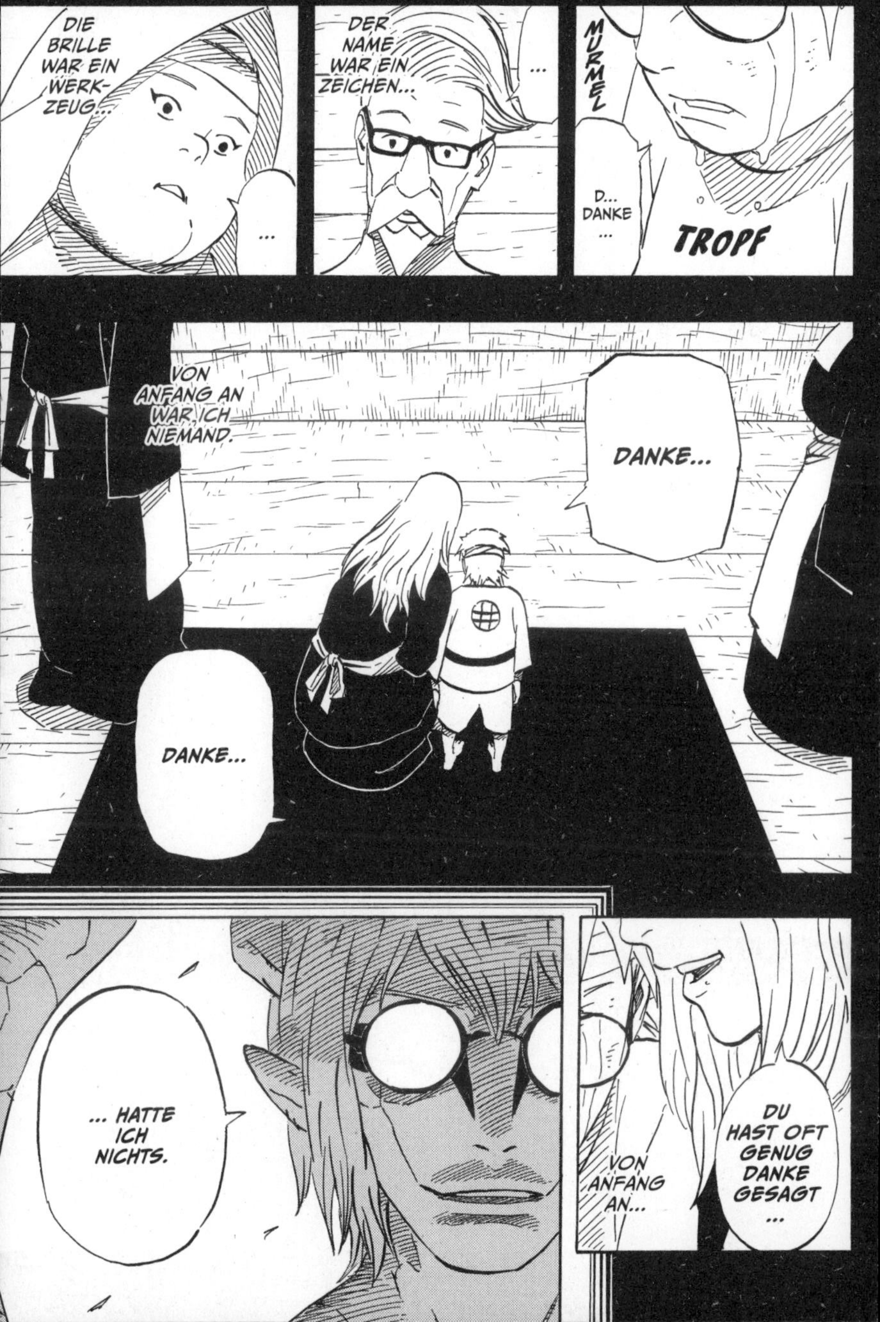
MURMEL
D... DANKE ...
TROPF
...
DER NAME WAR EIN ZEICHEN...
...
DIE BRILLE WAR EIN WERKZEUG...
DANKE...
VON ANFANG AN WAR ICH NIEMAND.
DANKE...
DU HAST OFT GENUG DANKE GESAGT ...
VON ANFANG AN...
... HATTE ICH NICHTS.

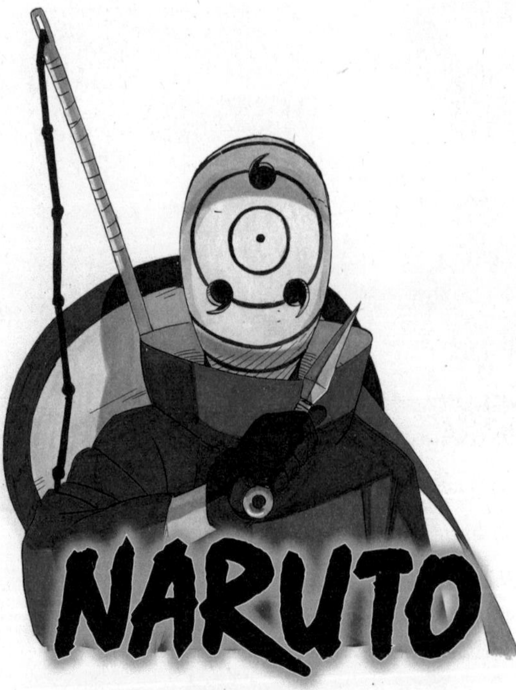
NARUTO

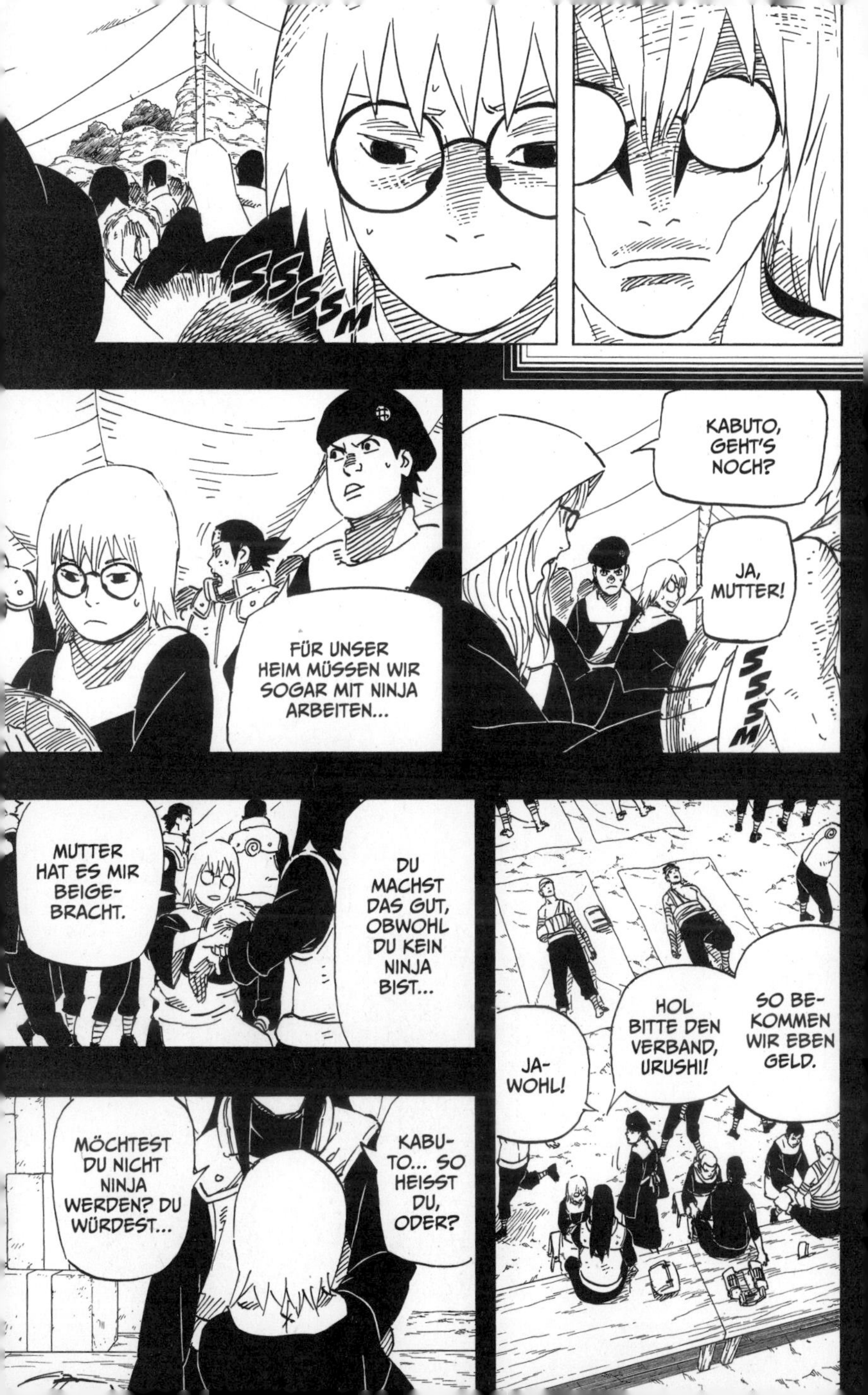
SSSSM
KABUTO, GEHT'S NOCH?
JA, MUTTER!
SSSM
FÜR UNSER HEIM MÜSSEN WIR SOGAR MIT NINJA ARBEITEN...
SO BEKOMMEN WIR EBEN GELD.
HOL BITTE DEN VERBAND, URUSHI!
JAWOHL!
DU MACHST DAS GUT, OBWOHL DU KEIN NINJA BIST...
MUTTER HAT ES MIR BEIGEBRACHT.
KABUTO... SO HEISST DU, ODER?
MÖCHTEST DU NICHT NINJA WERDEN? DU WÜRDEST...

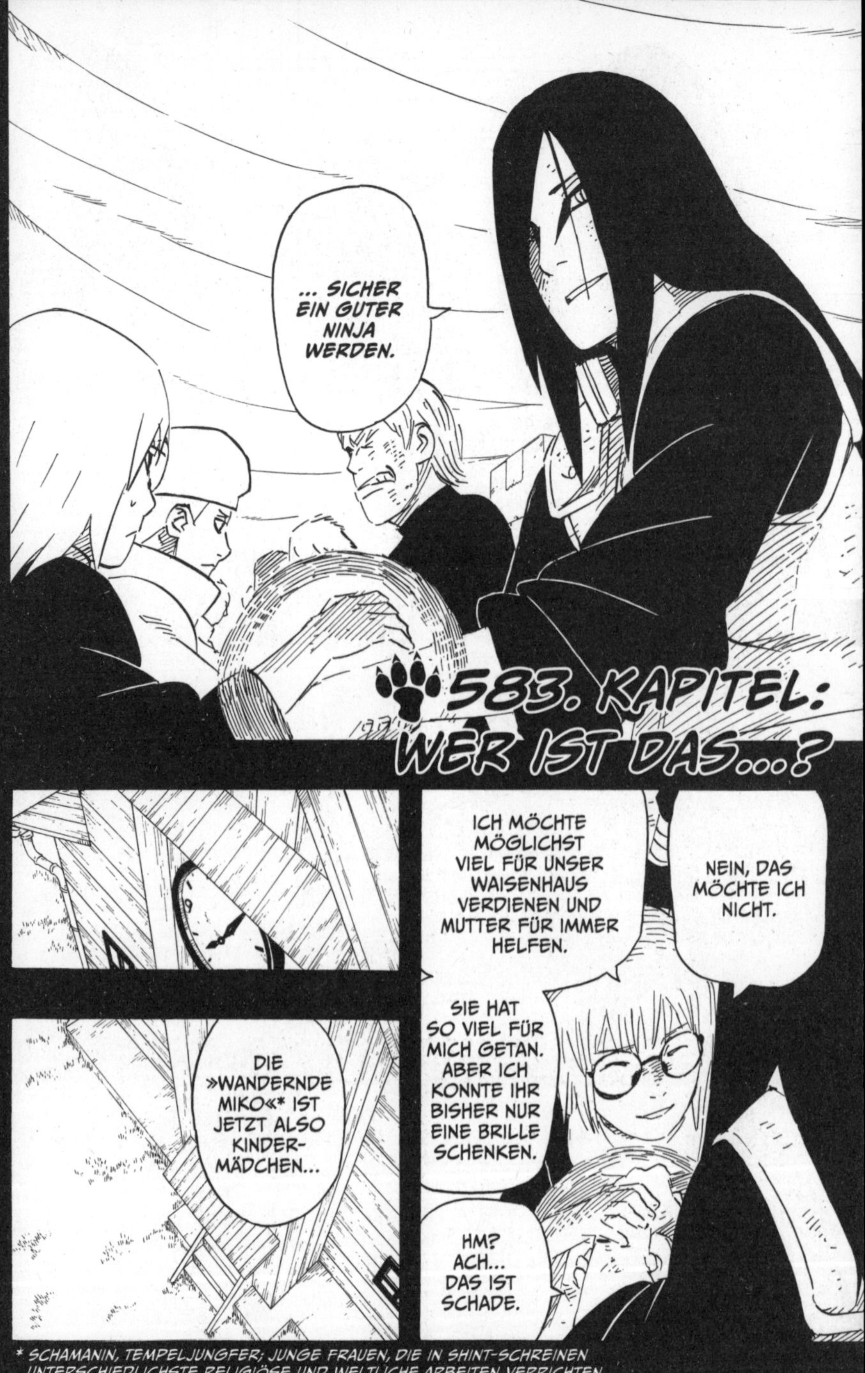

* SCHAMANIN, TEMPELJUNGFER; JUNGE FRAUEN, DIE IN SHINT-SCHREINEN UNTERSCHIEDLICHSTE RELIGIÖSE UND WELTLICHE ARBEITEN VERRICHTEN.

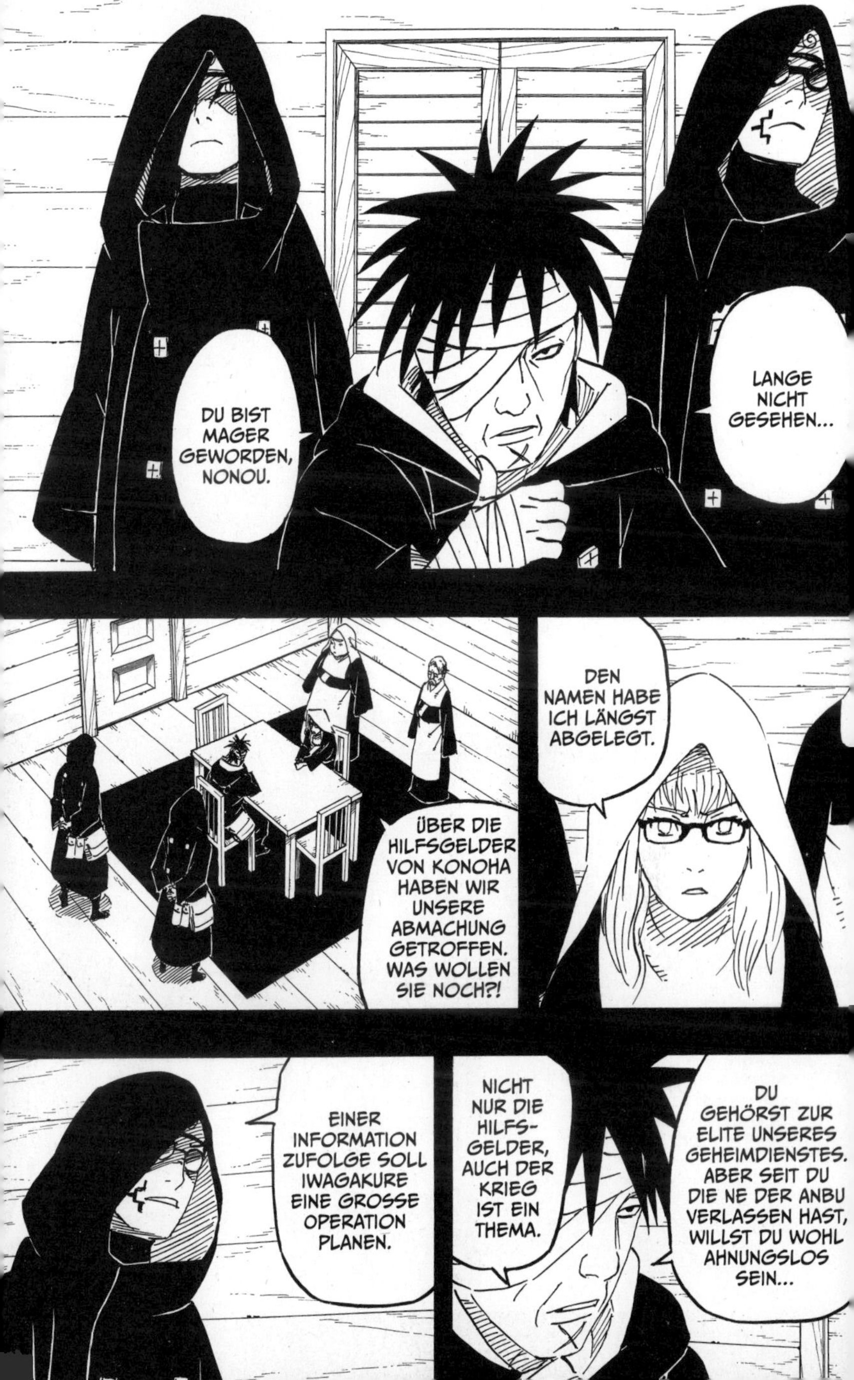
LANGE NICHT GESEHEN...
DU BIST MAGER GEWORDEN, NONOU.
DEN NAMEN HABE ICH LÄNGST ABGELEGT.
ÜBER DIE HILFSGELDER VON KONOHA HABEN WIR UNSERE ABMACHUNG GETROFFEN. WAS WOLLEN SIE NOCH?!
DU GEHÖRST ZUR ELITE UNSERES GEHEIMDIENSTES. ABER SEIT DU DIE NE DER ANBU VERLASSEN HAST, WILLST DU WOHL AHNUNGSLOS SEIN...
NICHT NUR DIE HILFS-GELDER, AUCH DER KRIEG IST EIN THEMA.
EINER INFORMATION ZUFOLGE SOLL IWAGAKURE EINE GROSSE OPERATION PLANEN.

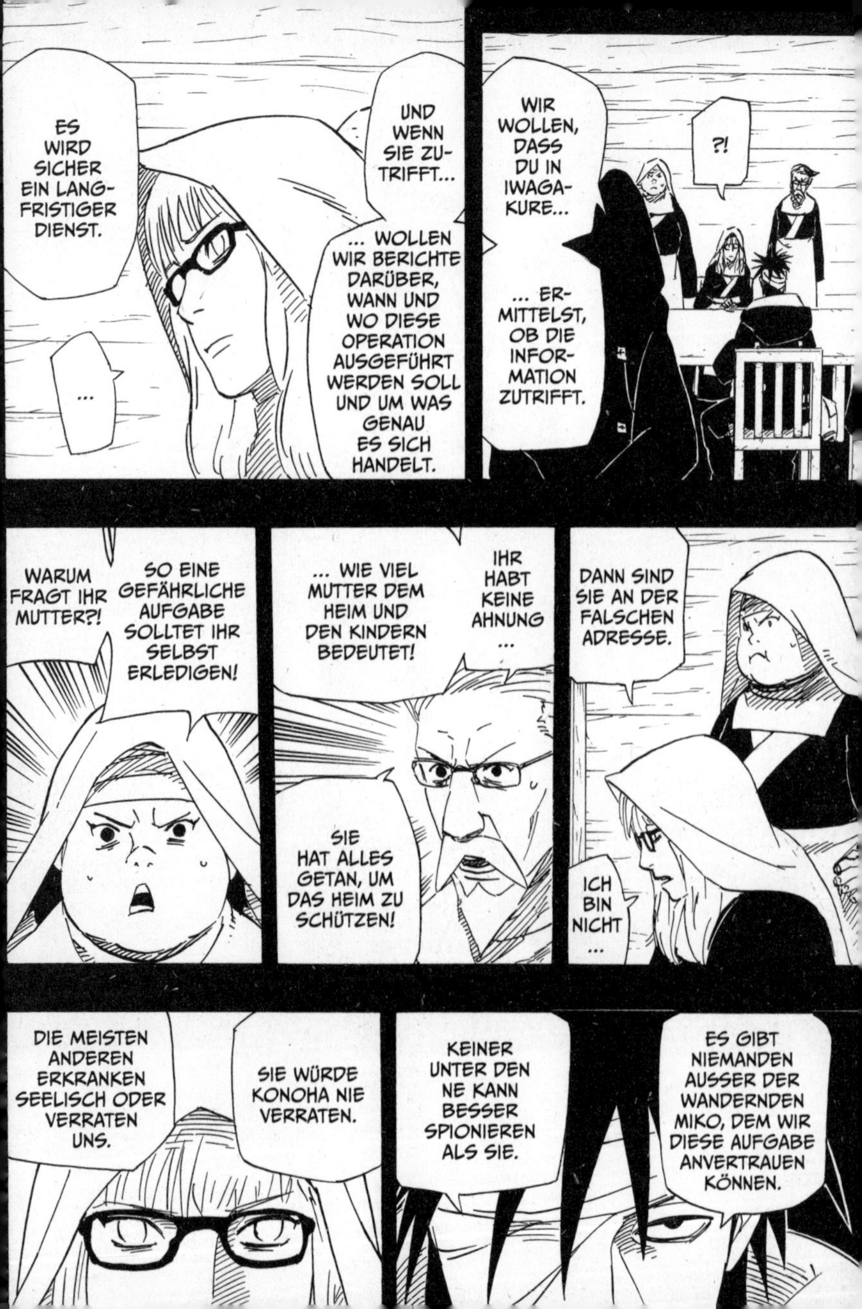
WIR WOLLEN, DASS DU IN IWAGAKURE...
... ERMITTELST, OB DIE INFORMATION ZUTRIFFT.
?!
UND WENN SIE ZUTRIFFT...
... WOLLEN WIR BERICHTE DARÜBER, WANN UND WO DIESE OPERATION AUSGEFÜHRT WERDEN SOLL UND UM WAS GENAU ES SICH HANDELT.
ES WIRD SICHER EIN LANGFRISTIGER DIENST.
...
DANN SIND SIE AN DER FALSCHEN ADRESSE.
ICH BIN NICHT ...
IHR HABT KEINE AHNUNG ...
... WIE VIEL MUTTER DEM HEIM UND DEN KINDERN BEDEUTET!
SIE HAT ALLES GETAN, UM DAS HEIM ZU SCHÜTZEN!
SO EINE GEFÄHRLICHE AUFGABE SOLLTET IHR SELBST ERLEDIGEN!
WARUM FRAGT IHR MUTTER?!
ES GIBT NIEMANDEN AUSSER DER WANDERNDEN MIKO, DEM WIR DIESE AUFGABE ANVERTRAUEN KÖNNEN.
KEINER UNTER DEN NE KANN BESSER SPIONIEREN ALS SIE.
SIE WÜRDE KONOHA NIE VERRATEN.
DIE MEISTEN ANDEREN ERKRANKEN SEELISCH ODER VERRATEN UNS.

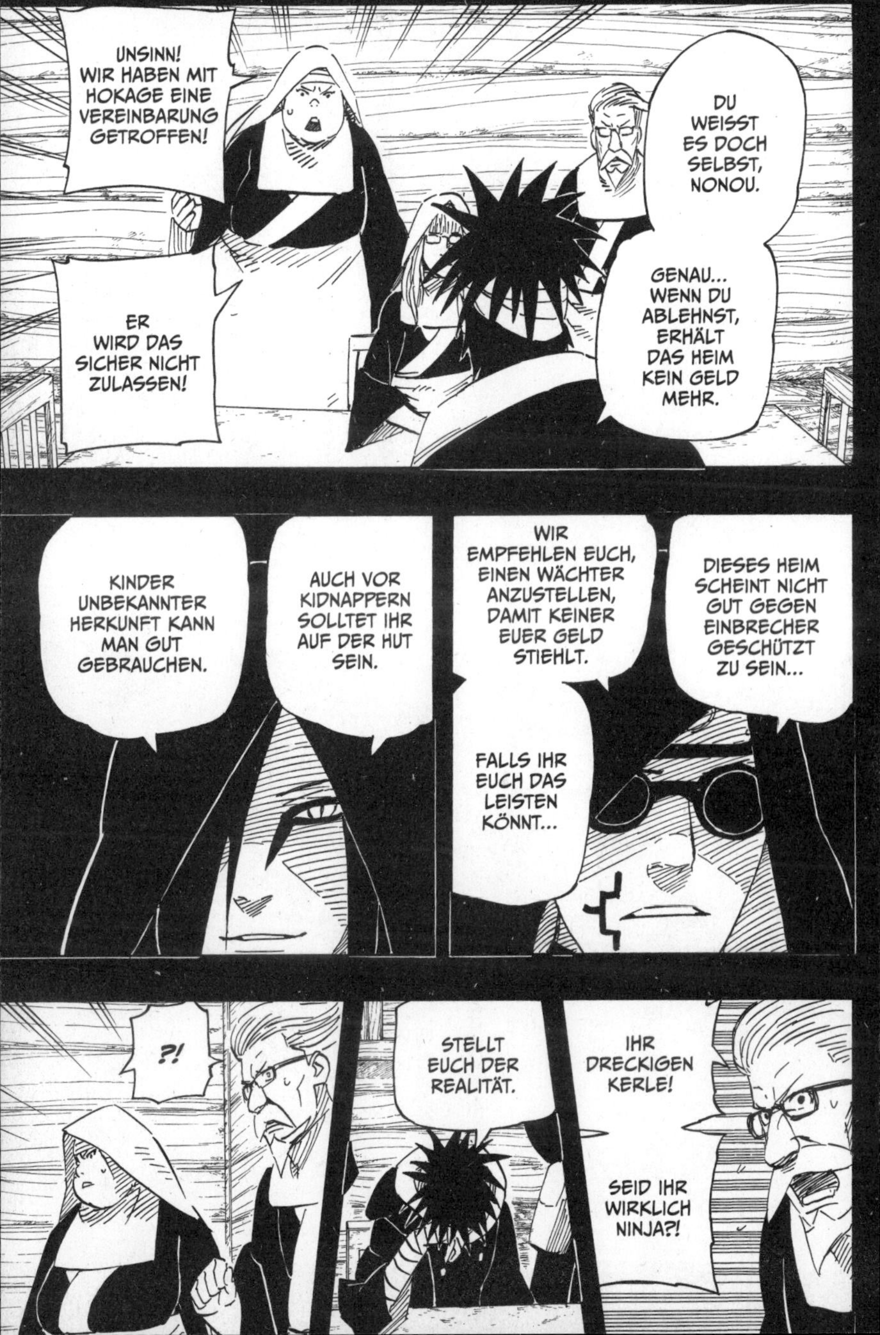
DU WEISST ES DOCH SELBST, NONOU.
GENAU... WENN DU ABLEHNST, ERHÄLT DAS HEIM KEIN GELD MEHR.
UNSINN! WIR HABEN MIT HOKAGE EINE VEREINBARUNG GETROFFEN!
ER WIRD DAS SICHER NICHT ZULASSEN!
DIESES HEIM SCHEINT NICHT GUT GEGEN EINBRECHER GESCHÜTZT ZU SEIN...
WIR EMPFEHLEN EUCH, EINEN WÄCHTER ANZUSTELLEN, DAMIT KEINER EUER GELD STIEHLT.
FALLS IHR EUCH DAS LEISTEN KÖNNT...
AUCH VOR KIDNAPPERN SOLLTET IHR AUF DER HUT SEIN.
KINDER UNBEKANNTER HERKUNFT KANN MAN GUT GEBRAUCHEN.
IHR DRECKIGEN KERLE!
SEID IHR WIRKLICH NINJA?!
STELLT EUCH DER REALITÄT.
?!

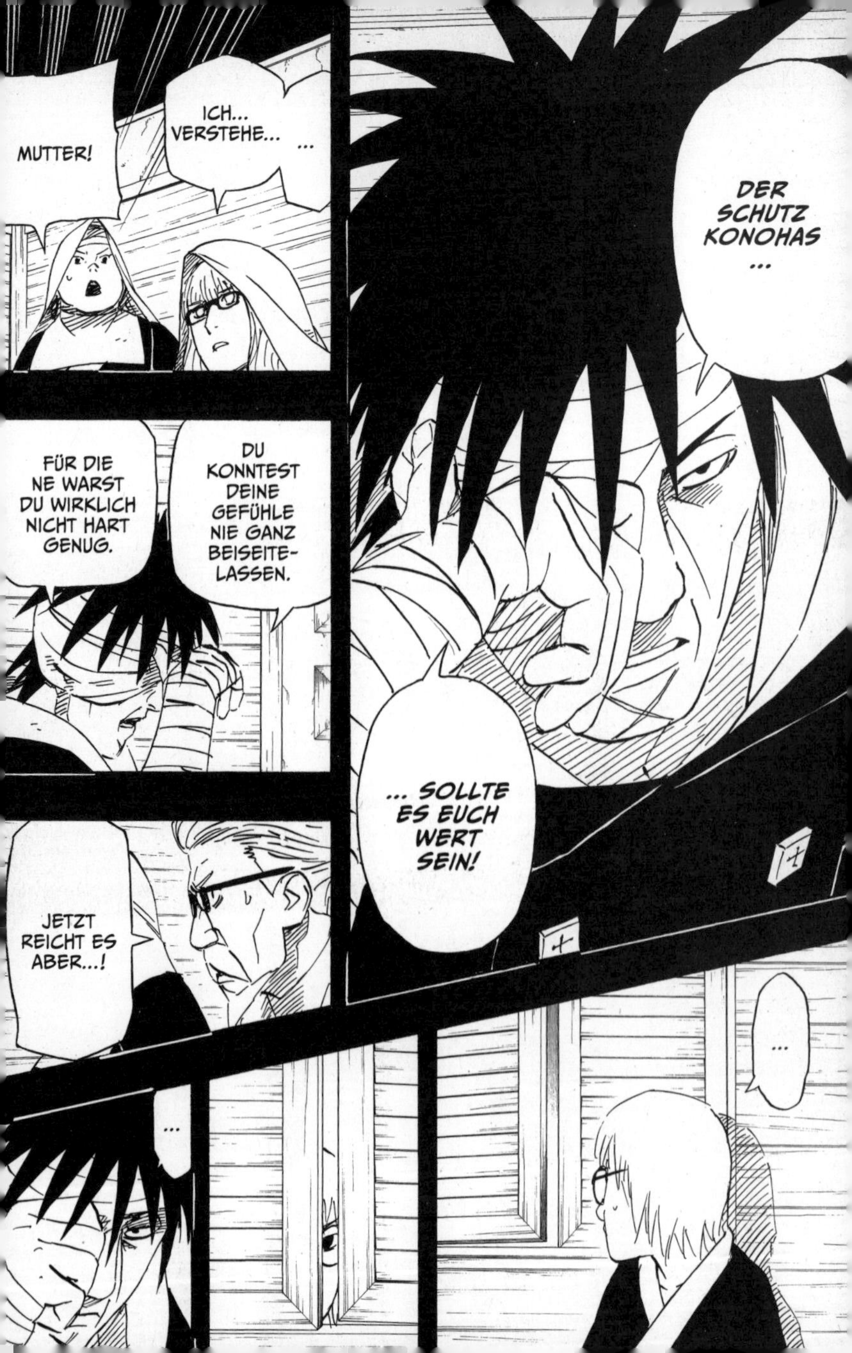
DER SCHUTZ KONOHAS ...
... SOLLTE ES EUCH WERT SEIN!
ICH... VERSTEHE... ...
MUTTER!
DU KONNTEST DEINE GEFÜHLE NIE GANZ BEISEITE-LASSEN.
FÜR DIE NE WARST DU WIRKLICH NICHT HART GENUG.
JETZT REICHT ES ABER...!
...
...

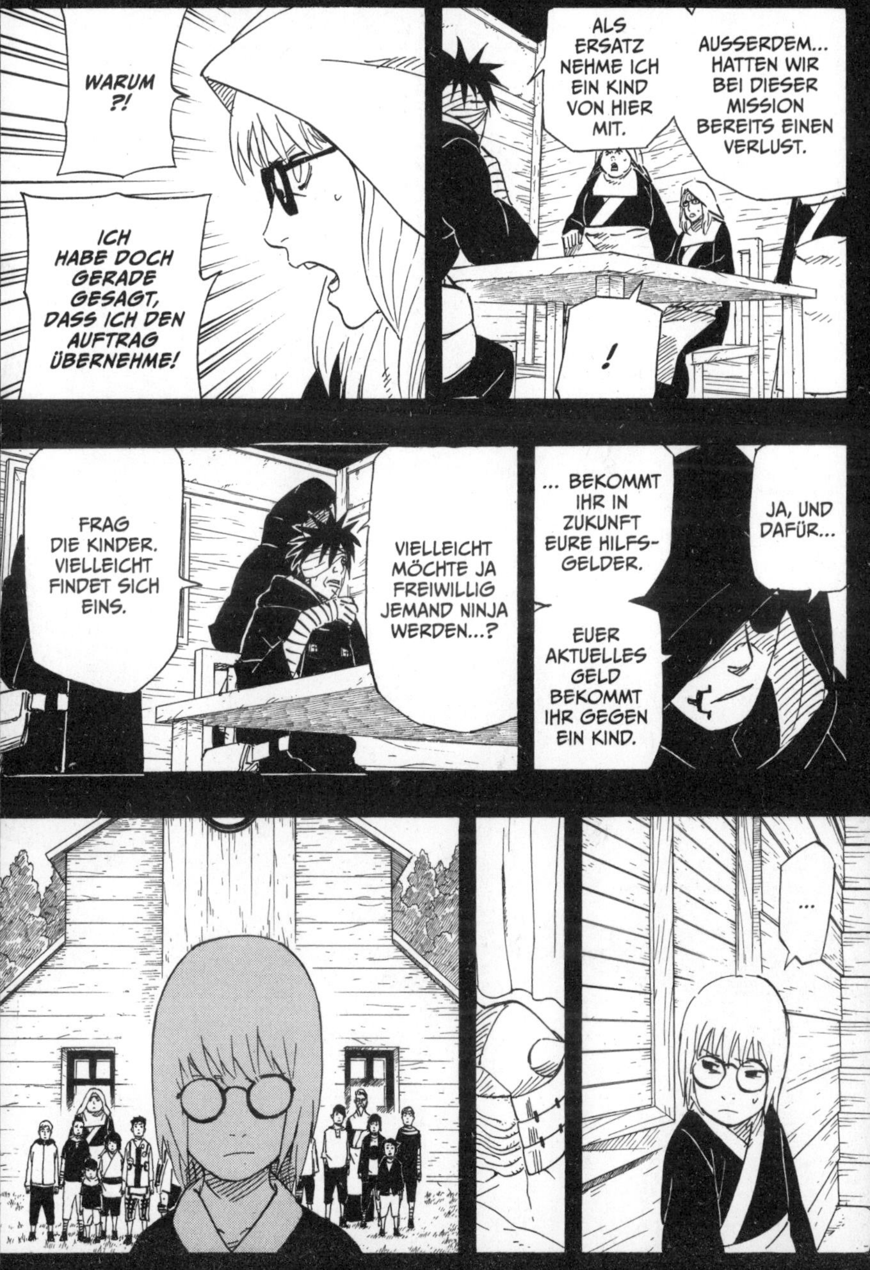

AUSSERDEM... HATTEN WIR BEI DIESER MISSION BEREITS EINEN VERLUST.
ALS ERSATZ NEHME ICH EIN KIND VON HIER MIT.
!
WARUM ?!
ICH HABE DOCH GERADE GESAGT, DASS ICH DEN AUFTRAG ÜBERNEHME!
JA, UND DAFÜR...
... BEKOMMT IHR IN ZUKUNFT EURE HILFS-GELDER.
EUER AKTUELLES GELD BEKOMMT IHR GEGEN EIN KIND.
VIELLEICHT MÖCHTE JA FREIWILLIG JEMAND NINJA WERDEN...?
FRAG DIE KINDER. VIELLEICHT FINDET SICH EINS.
...

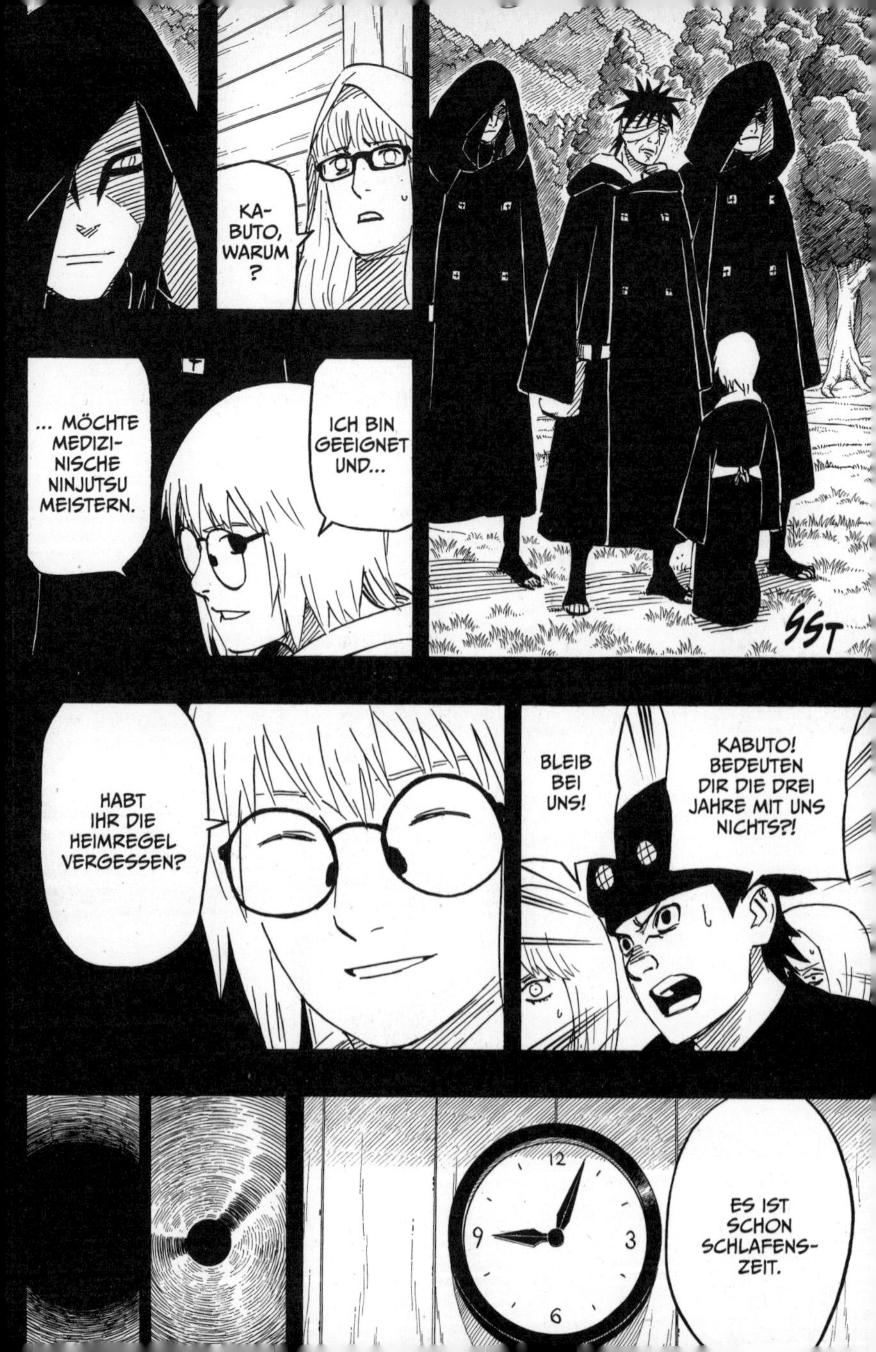
SST
KABUTO, WARUM?
ICH BIN GEEIGNET UND...
... MÖCHTE MEDIZINISCHE NINJUTSU MEISTERN.
KABUTO! BEDEUTEN DIR DIE DREI JAHRE MIT UNS NICHTS?!
BLEIB BEI UNS!
HABT IHR DIE HEIMREGEL VERGESSEN?
ES IST SCHON SCHLAFENSZEIT.

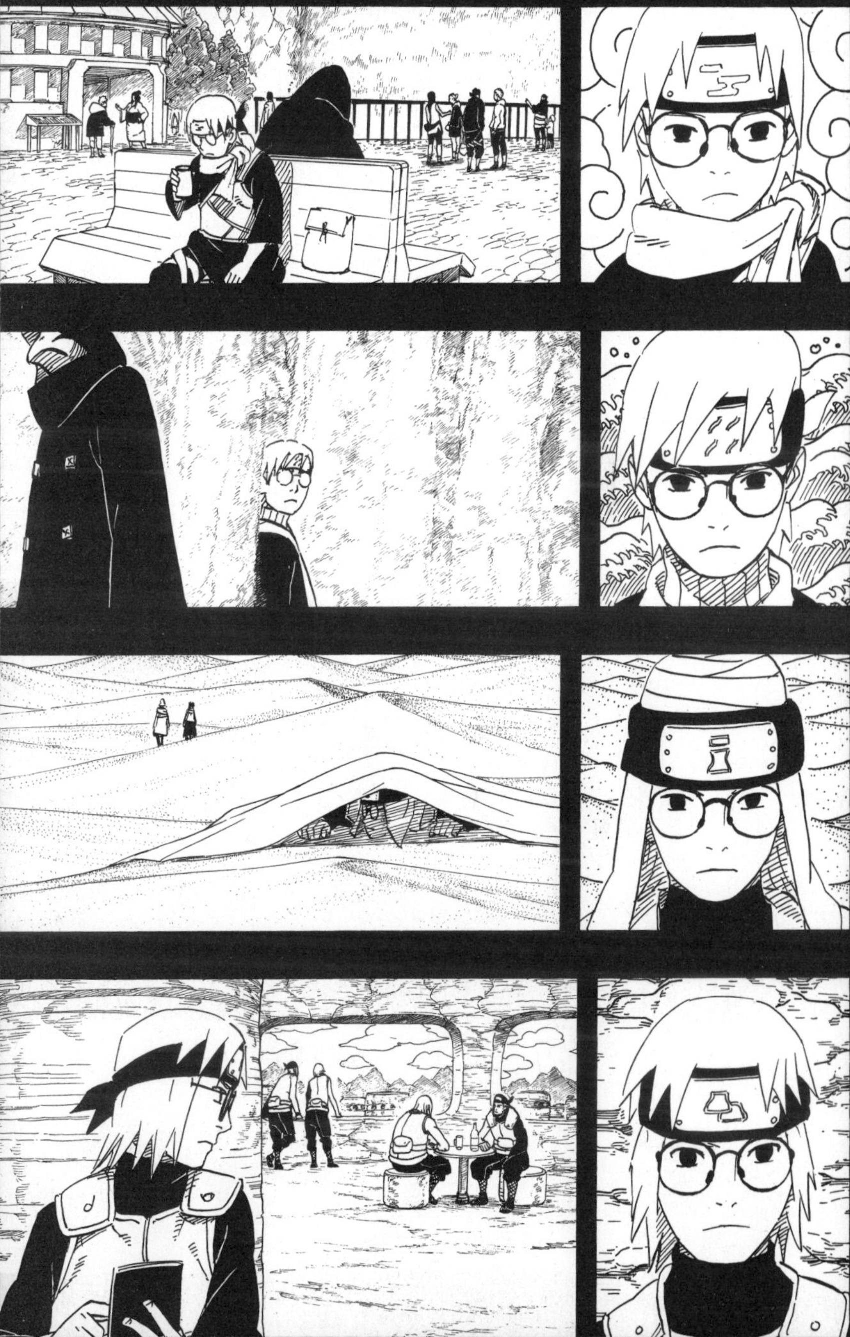

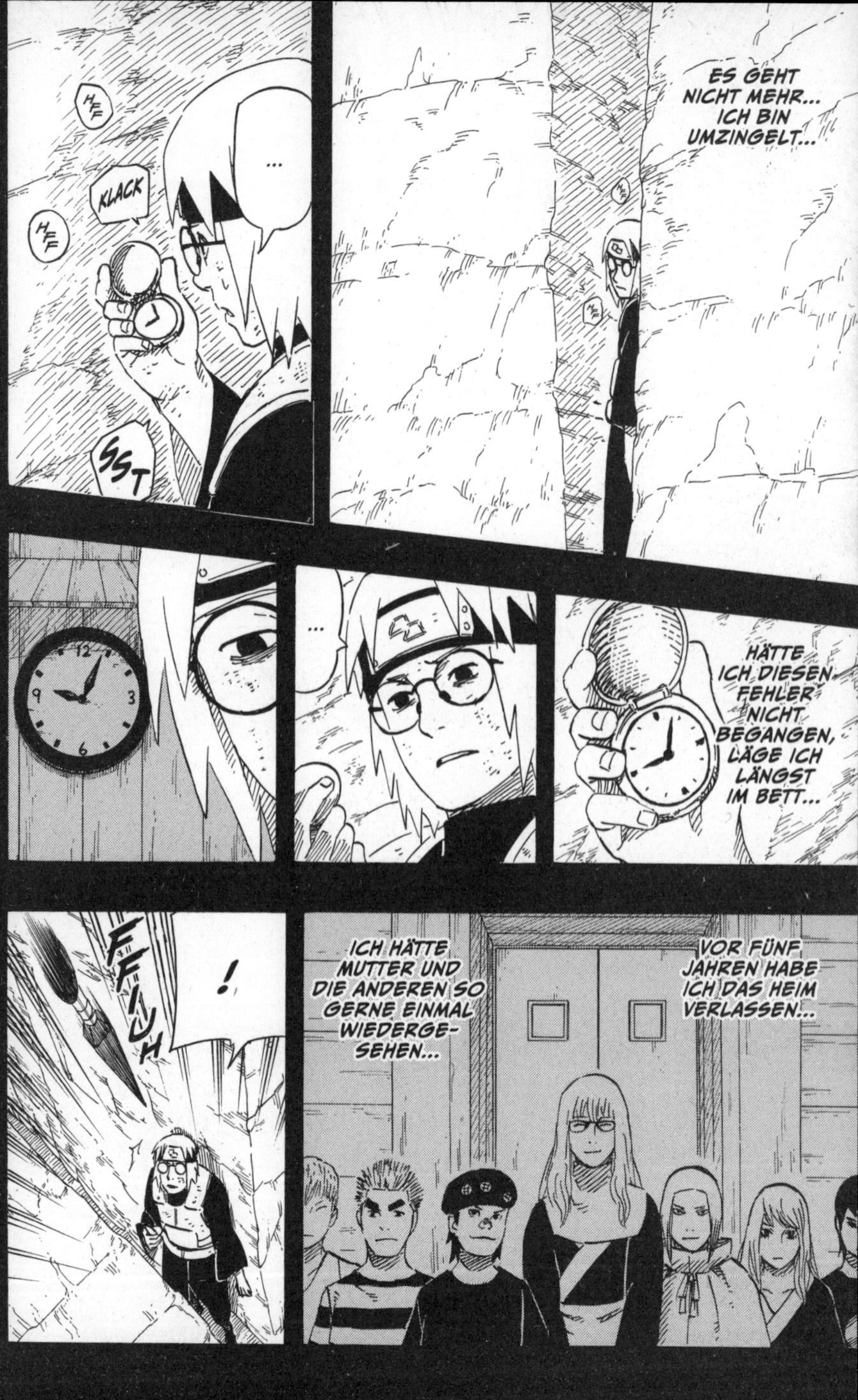
ES GEHT NICHT MEHR... ICH BIN UMZINGELT...
HEF
HEF
HEF
KLACK
HEF
...
SST
HÄTTE ICH DIESEN FEHLER NICHT BEGANGEN, LÄGE ICH LÄNGST IM BETT...
...
VOR FÜNF JAHREN HABE ICH DAS HEIM VERLASSEN...
ICH HÄTTE MUTTER UND DIE ANDEREN SO GERNE EINMAL WIEDERGE-SEHEN...
FFIUH
!

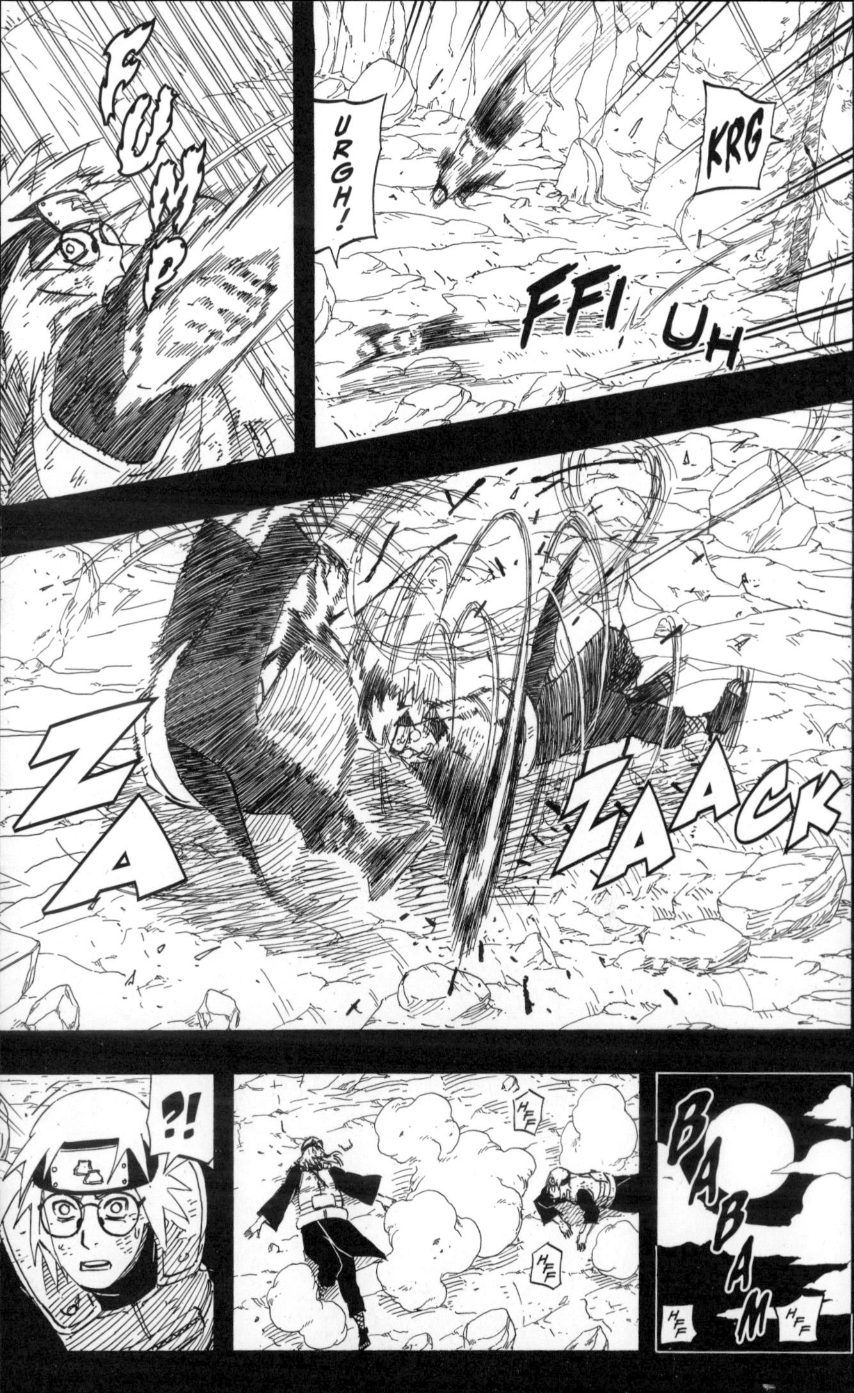
URGH!
KRG
FFIUH
FUMP
ZAZAACK
?!
HFF
HFF
BABABAM
HFF
HFF

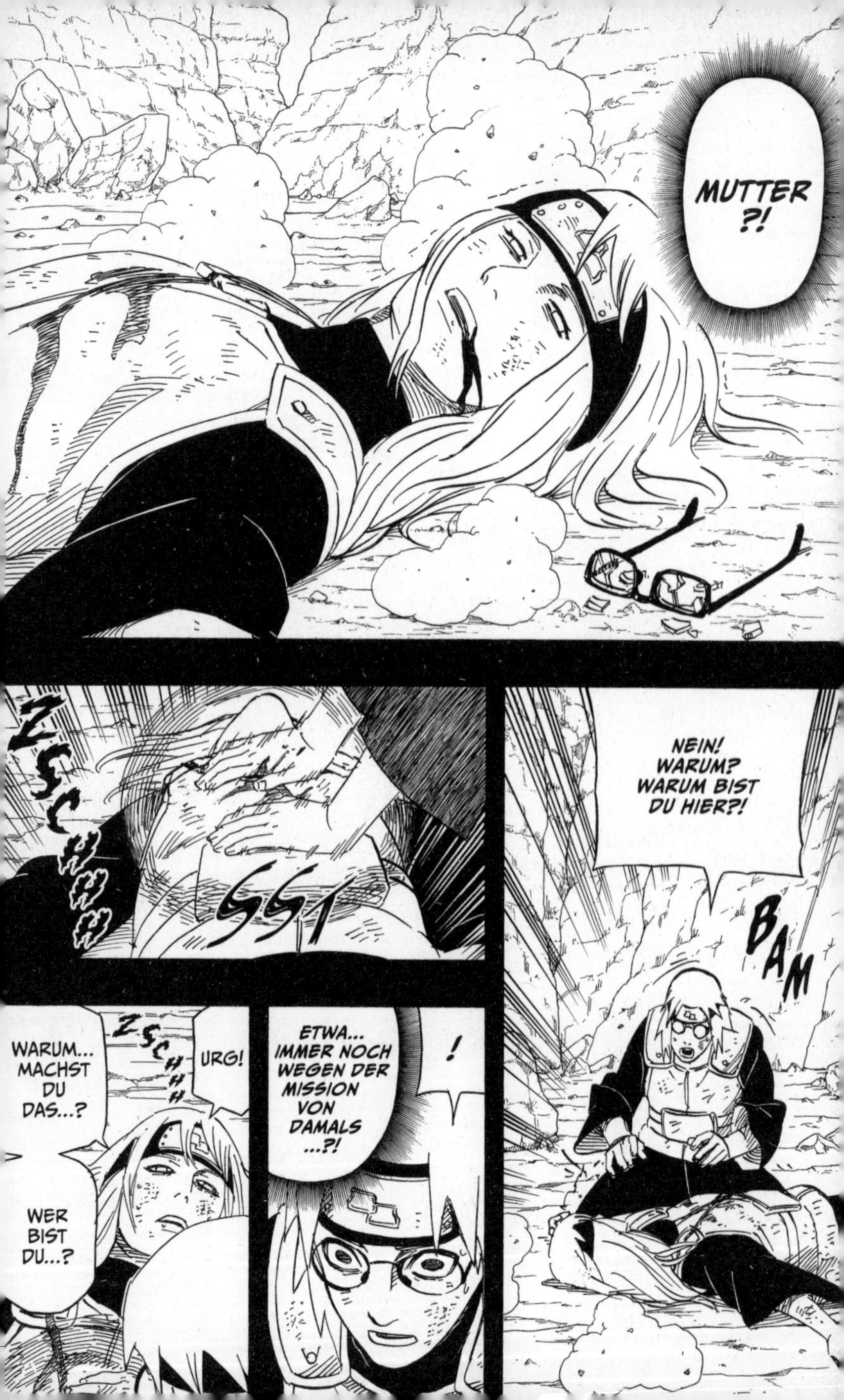
MUTTER ?!
ZSCHHHH
SST
NEIN! WARUM? WARUM BIST DU HIER?!
BAM
!
ETWA... IMMER NOCH WEGEN DER MISSION VON DAMALS ...?!
URG!
ZSCHHH
WARUM... MACHST DU DAS...?
WER BIST DU...?

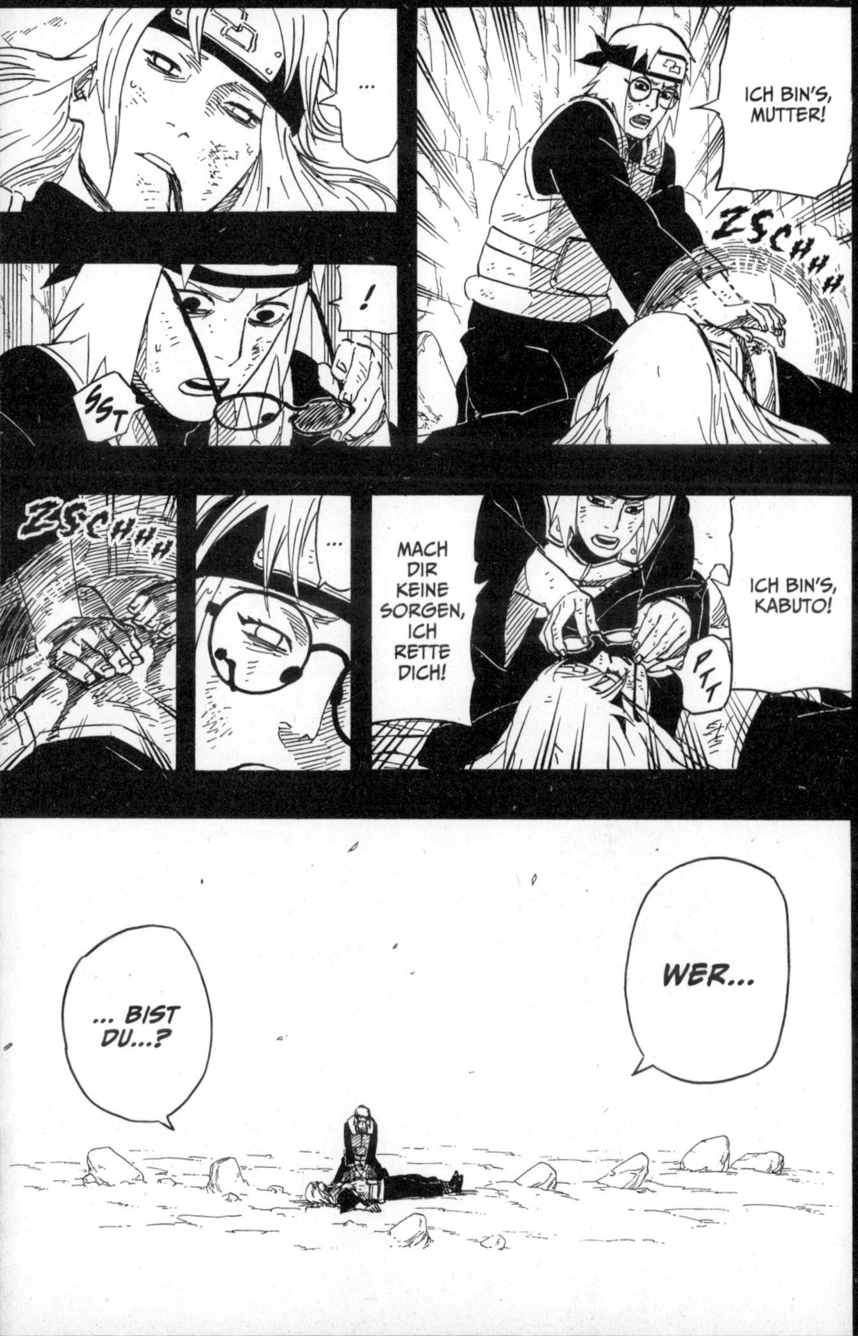
ICH BIN'S, MUTTER!
ZSCHHH
...
!
SST
ICH BIN'S, KABUTO!
PTT
MACH DIR KEINE SORGEN, ICH RETTE DICH!
...
ZSCHHH
WER...
... BIST DU...?

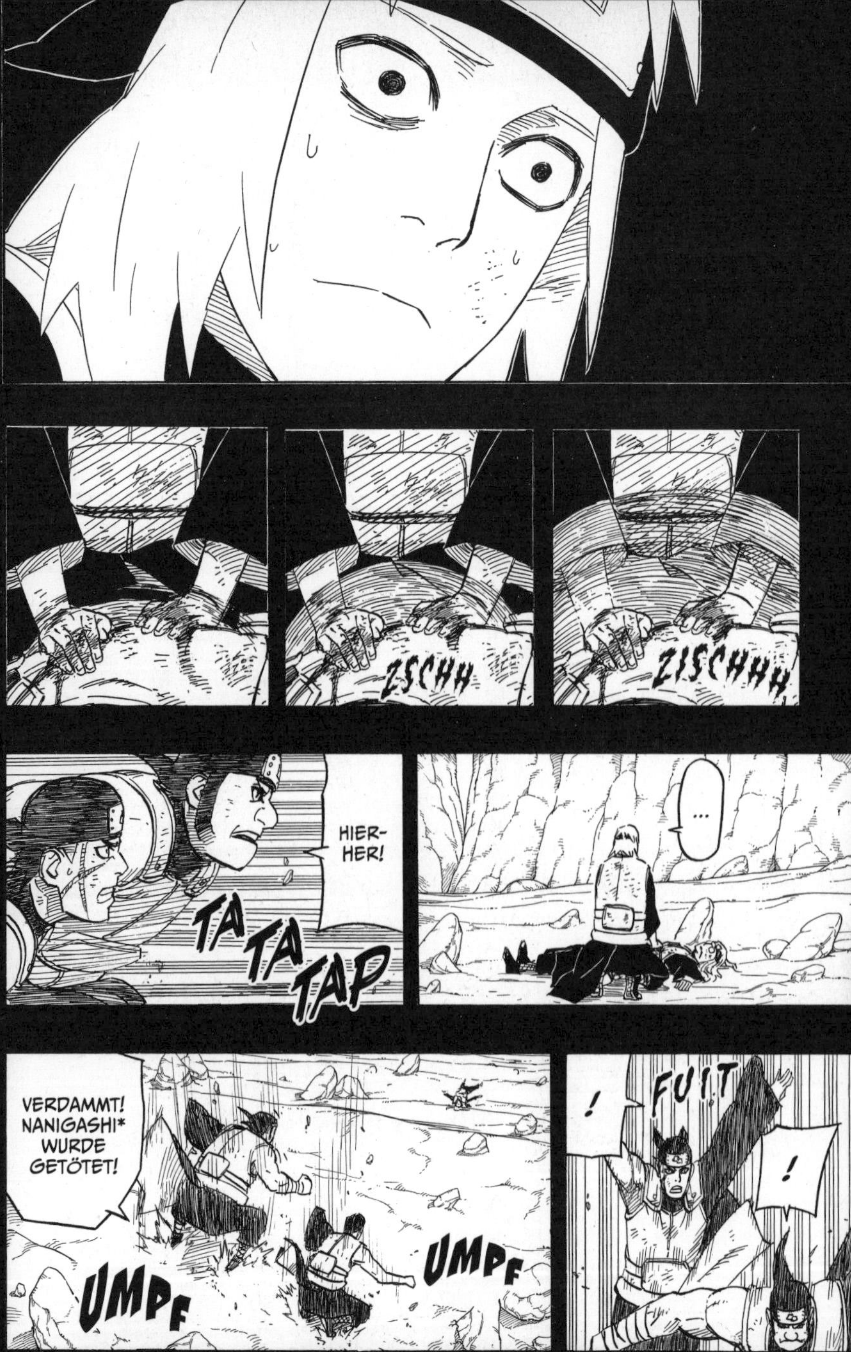

* NANIGASHI HEISST »ETWAS« ODER »EIN GEWISSER« BZW. »EINE GEWISSE«. HIER IST ES DER DECKNAME FÜR NONOU.

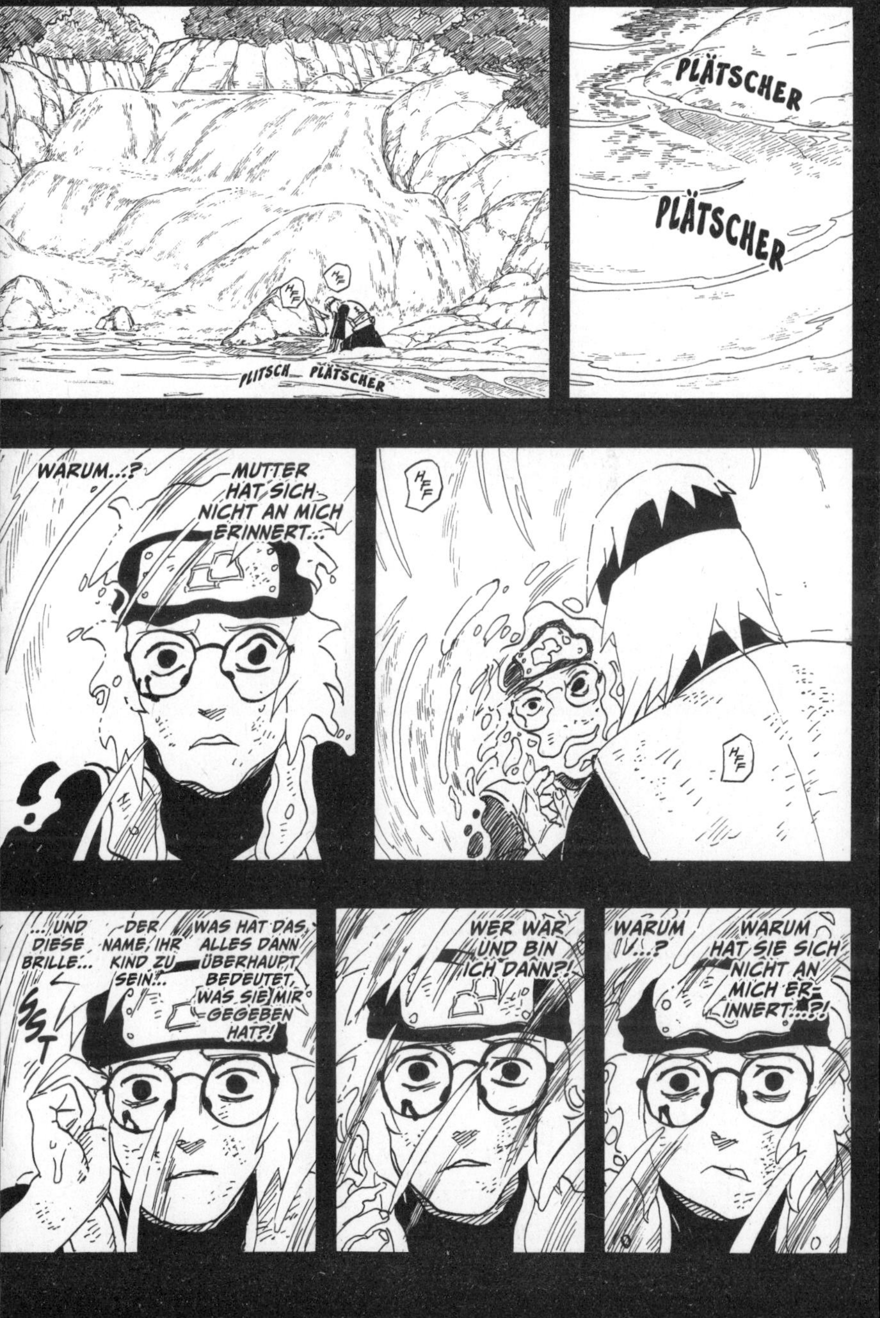
PLÄTSCHER
PLÄTSCHER
HEF
HEF
PLITSCH PLÄTSCHER
HEF
HEF
WARUM...?
MUTTER HAT SICH NICHT AN MICH ERINNERT...
WARUM ...?
WARUM HAT SIE SICH NICHT AN MICH ER-INNERT...?!
WER WAR UND BIN ICH DANN?!
...UND DIESE BRILLE...
DER NAME, IHR KIND ZU SEIN...
WAS HAT DAS ALLES DANN ÜBERHAUPT BEDEUTET, WAS SIE MIR GEGEBEN HAT?!
SST

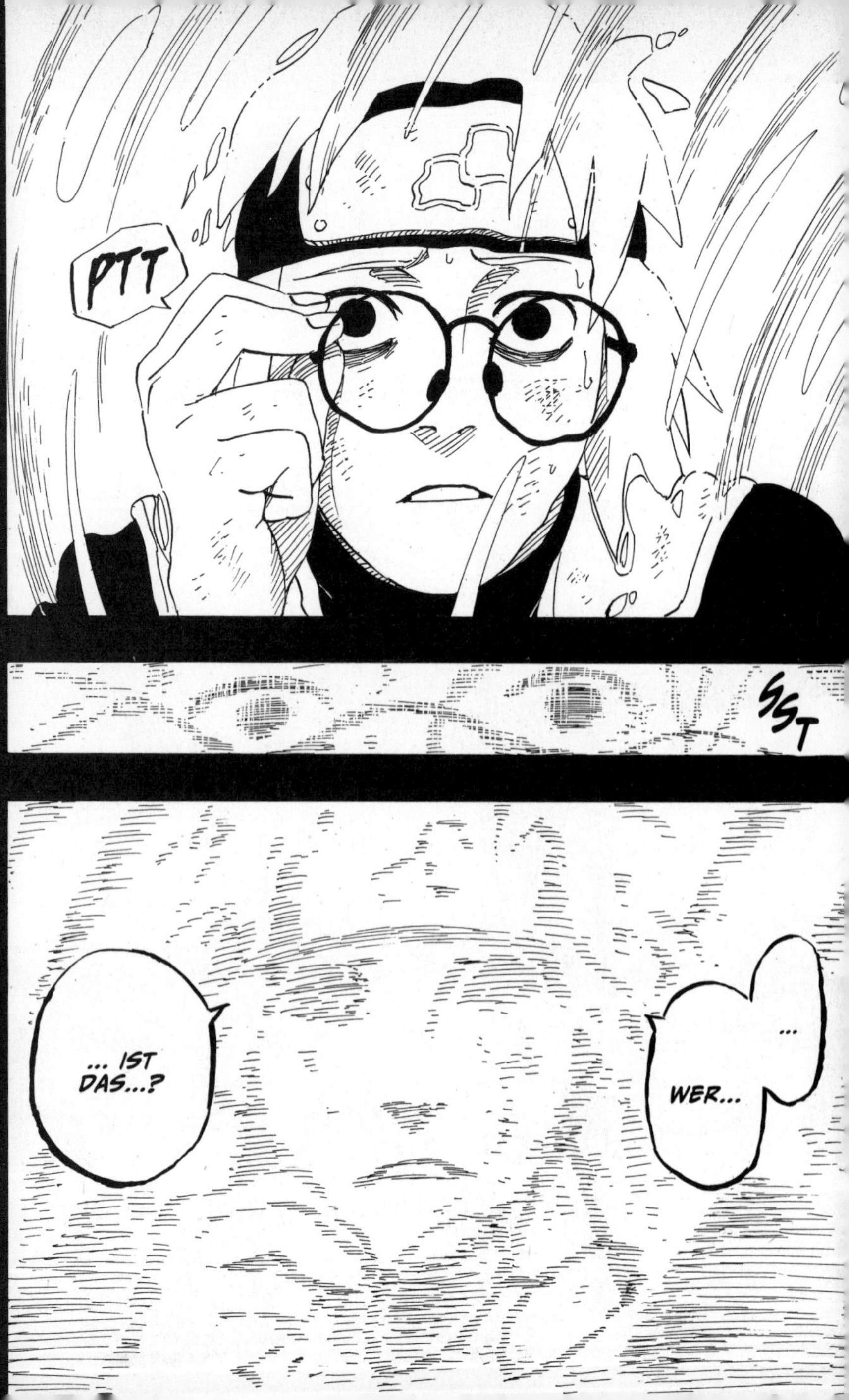
PTT
SST
...
WER...
... IST DAS...?

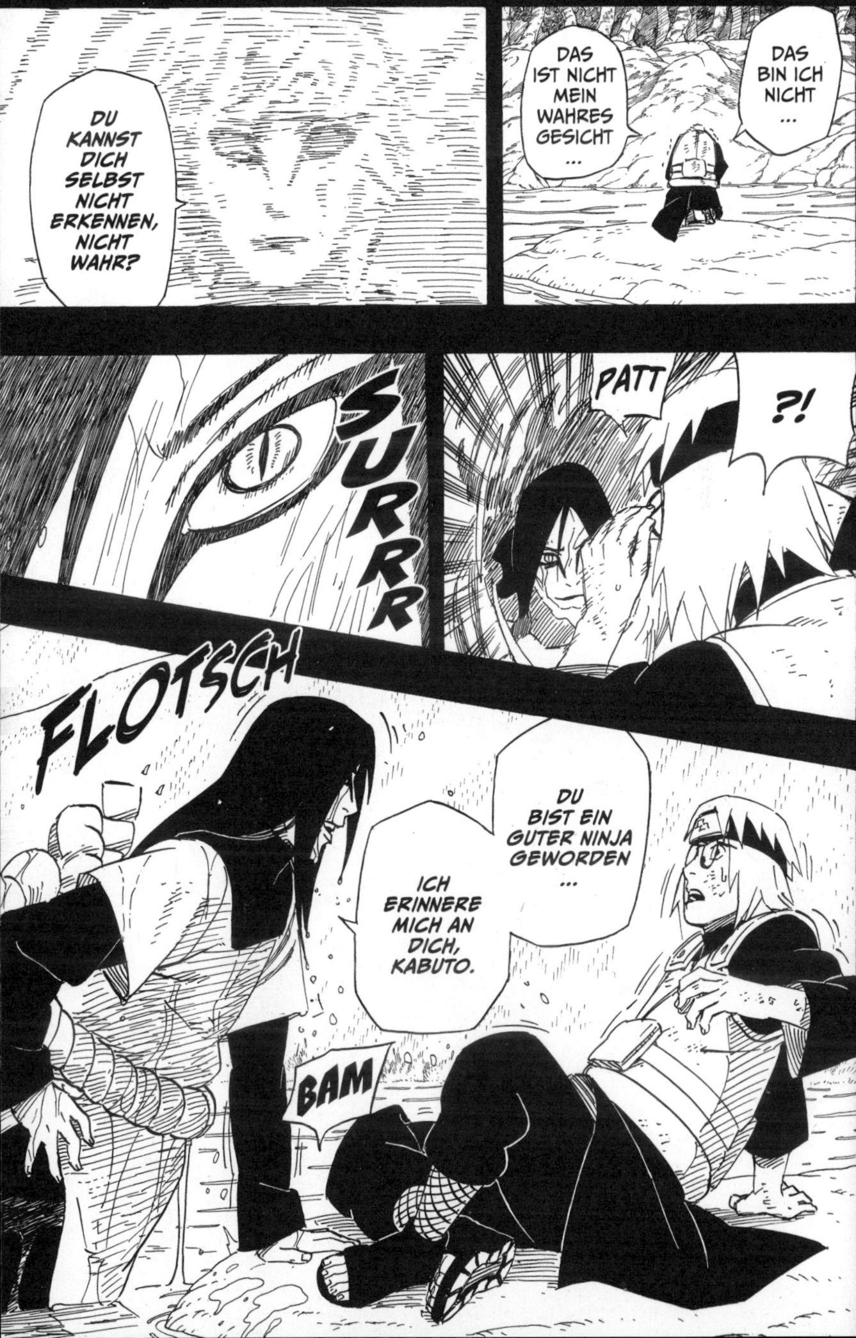
DAS BIN ICH NICHT ...
DAS IST NICHT MEIN WAHRES GESICHT ...
DU KANNST DICH SELBST NICHT ERKENNEN, NICHT WAHR?
?!
PATT
SURRR
FLOTSCH
DU BIST EIN GUTER NINJA GEWORDEN ...
ICH ERINNERE MICH AN DICH, KABUTO.
BAM

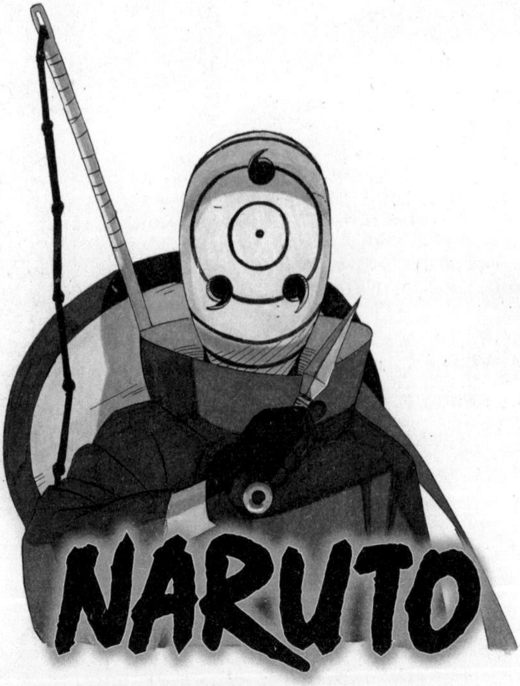
NARUTO

584. Kapitel: Kabuto Yakushi

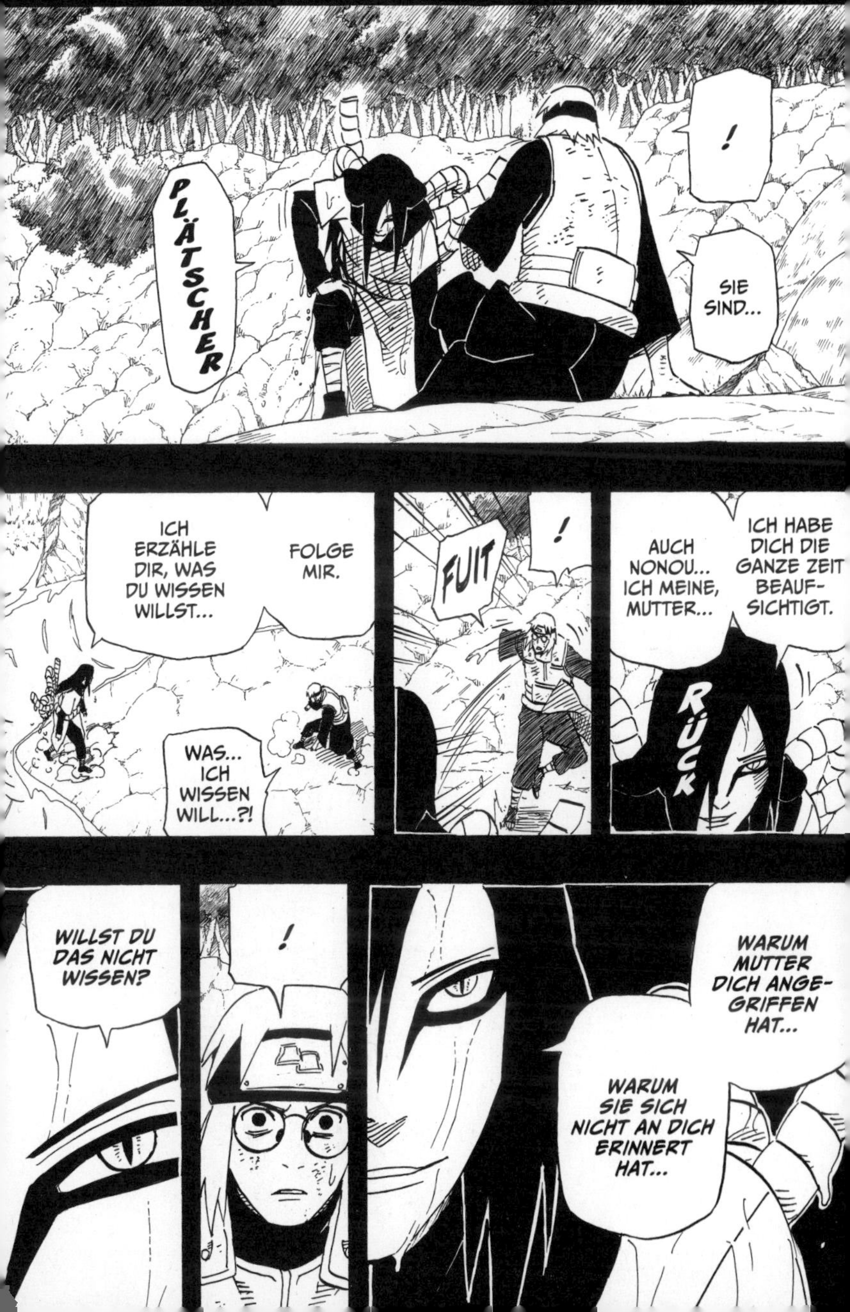

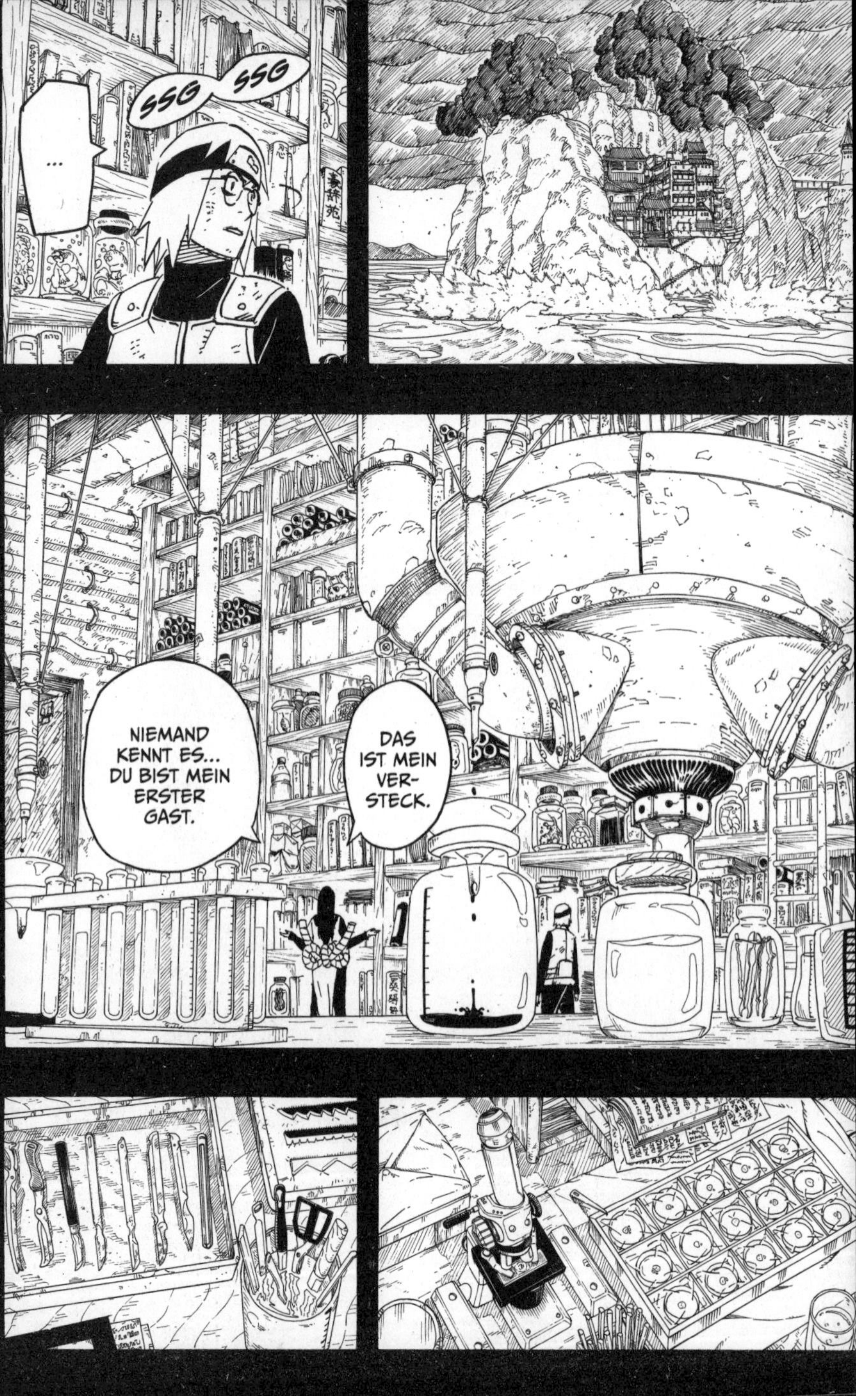
SSG SSG
...
DAS IST MEIN VERSTECK.
NIEMAND KENNT ES... DU BIST MEIN ERSTER GAST.

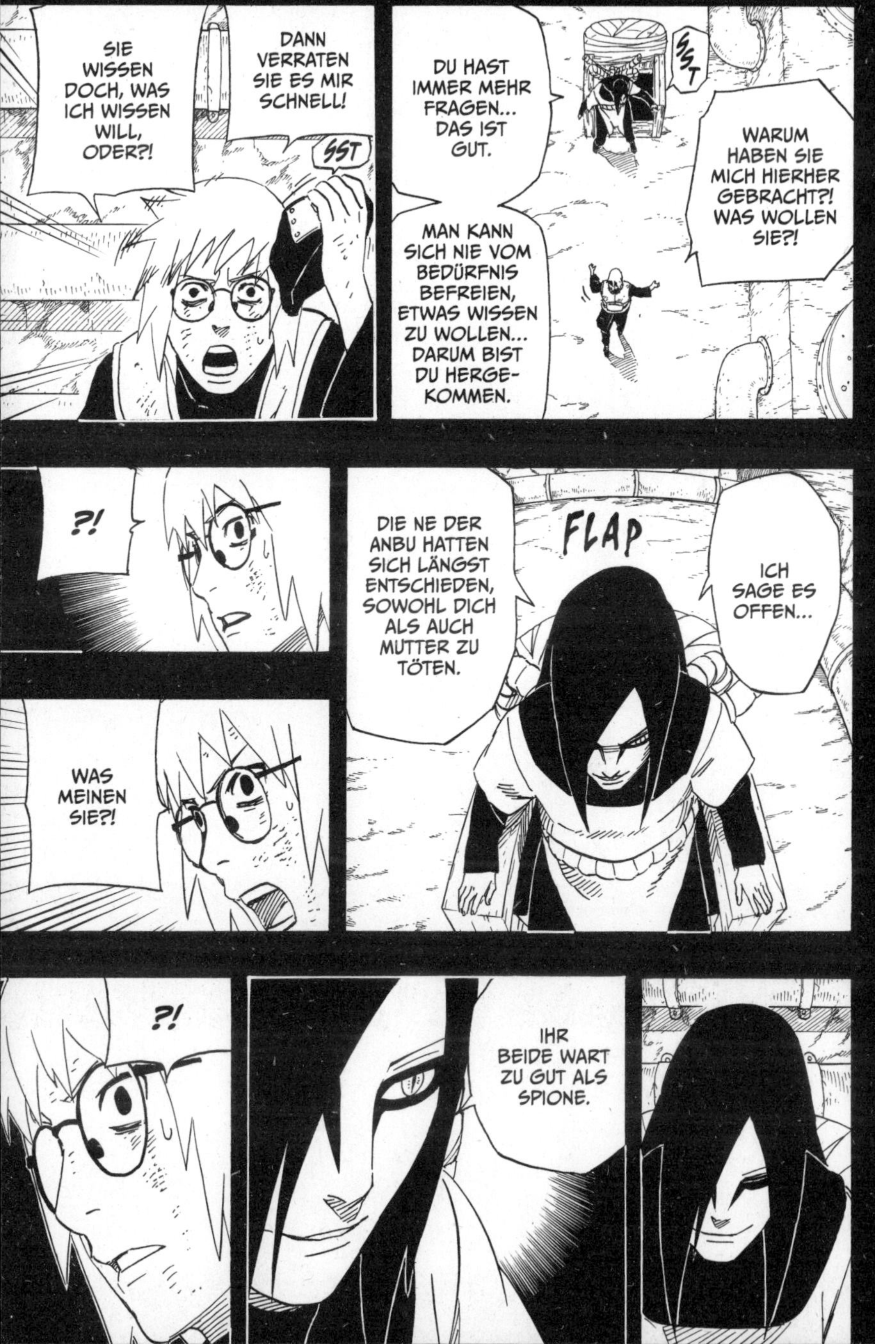
SST
WARUM HABEN SIE MICH HIERHER GEBRACHT?! WAS WOLLEN SIE?!
DU HAST IMMER MEHR FRAGEN... DAS IST GUT.
MAN KANN SICH NIE VOM BEDÜRFNIS BEFREIEN, ETWAS WISSEN ZU WOLLEN... DARUM BIST DU HERGE-KOMMEN.
DANN VERRATEN SIE ES MIR SCHNELL!
SST
SIE WISSEN DOCH, WAS ICH WISSEN WILL, ODER?!
FLAP
ICH SAGE ES OFFEN...
DIE NE DER ANBU HATTEN SICH LÄNGST ENTSCHIEDEN, SOWOHL DICH ALS AUCH MUTTER ZU TÖTEN.
?!
WAS MEINEN SIE?!
IHR BEIDE WART ZU GUT ALS SPIONE.
?!

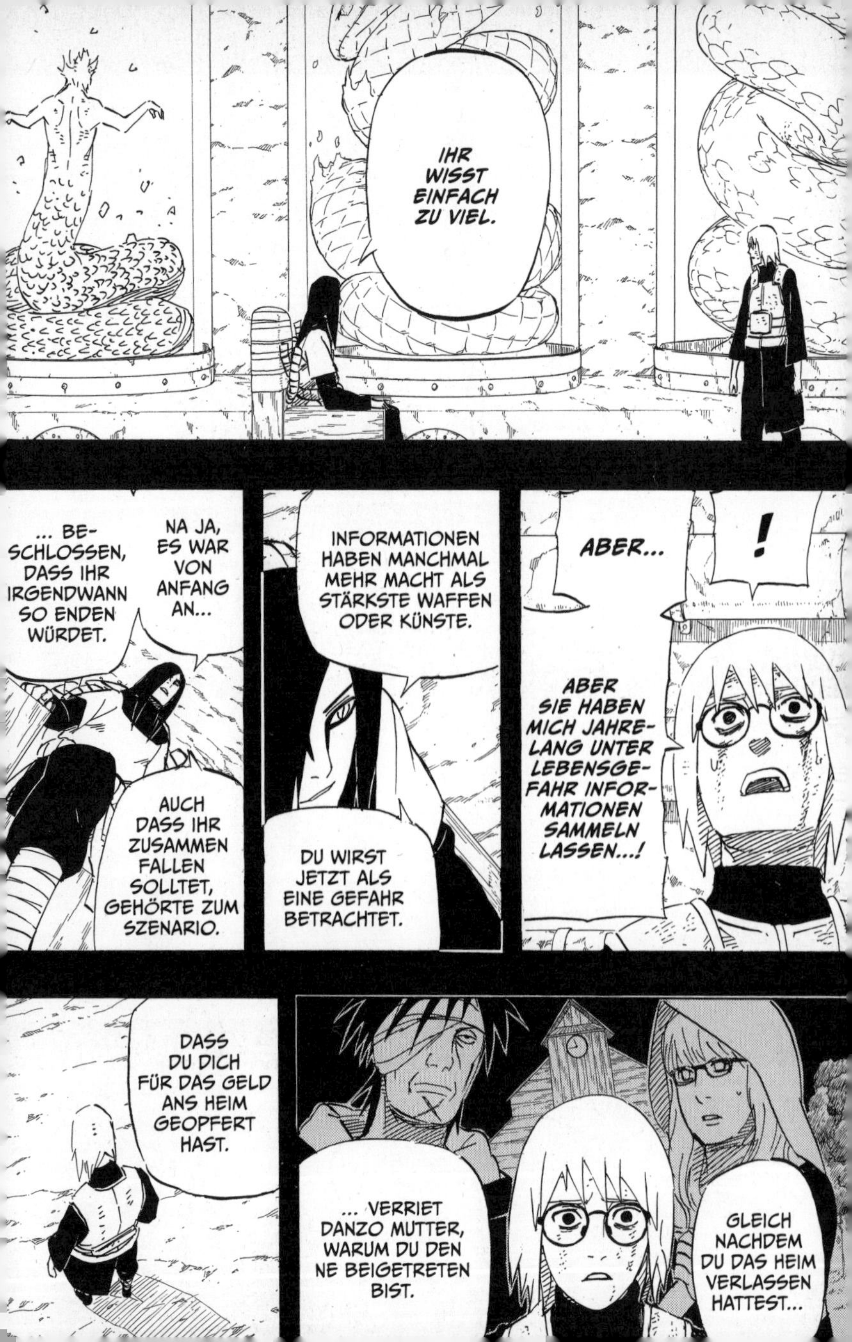
IHR WISST EINFACH ZU VIEL.
!
ABER...
ABER SIE HABEN MICH JAHRELANG UNTER LEBENSGEFAHR INFORMATIONEN SAMMELN LASSEN...!
INFORMATIONEN HABEN MANCHMAL MEHR MACHT ALS STÄRKSTE WAFFEN ODER KÜNSTE.
DU WIRST JETZT ALS EINE GEFAHR BETRACHTET.
NA JA, ES WAR VON ANFANG AN...
... BESCHLOSSEN, DASS IHR IRGENDWANN SO ENDEN WÜRDET.
AUCH DASS IHR ZUSAMMEN FALLEN SOLLTET, GEHÖRTE ZUM SZENARIO.
GLEICH NACHDEM DU DAS HEIM VERLASSEN HATTEST...
... VERRIET DANZO MUTTER, WARUM DU DEN NE BEIGETRETEN BIST.
DASS DU DICH FÜR DAS GELD ANS HEIM GEOPFERT HAST.

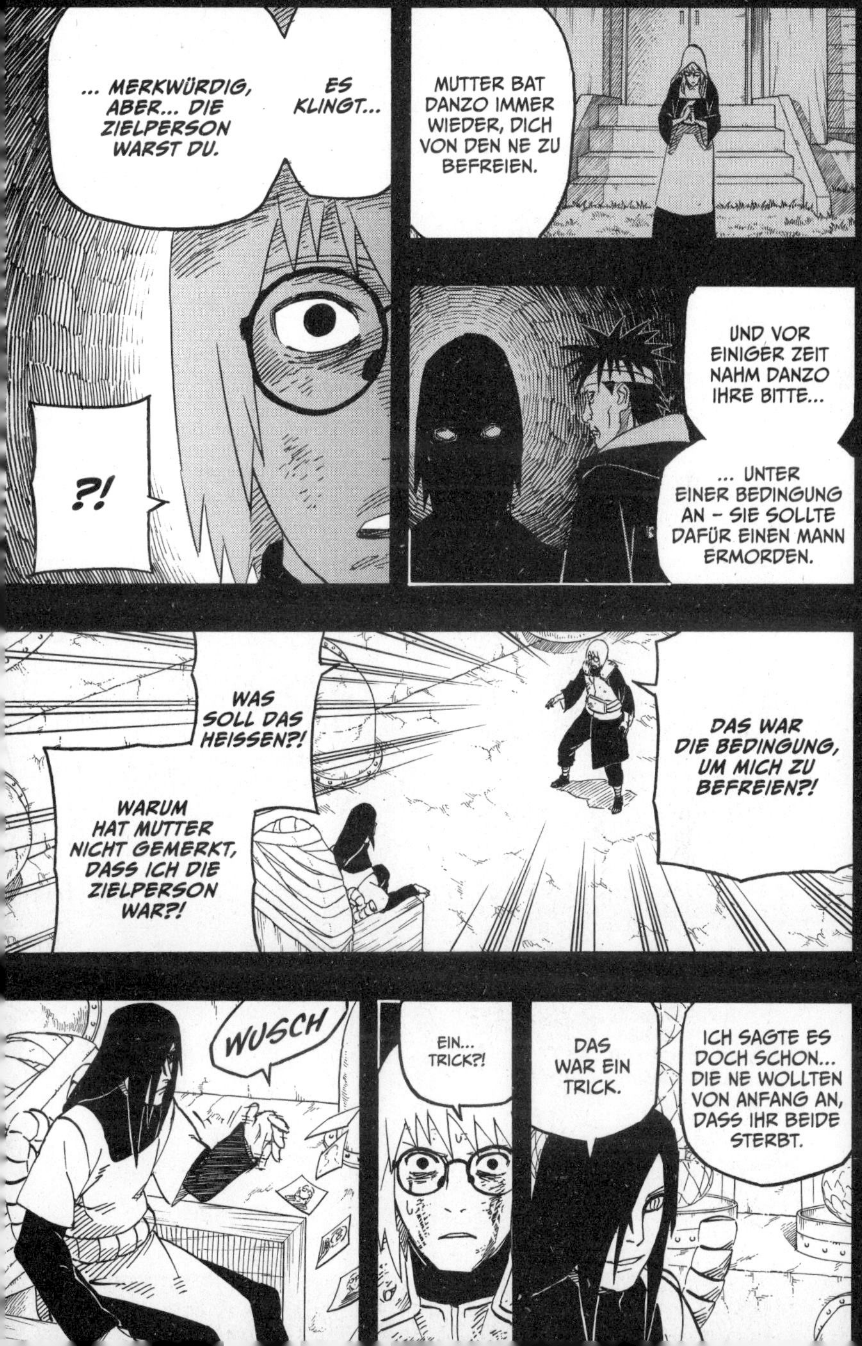

MUTTER BAT DANZO IMMER WIEDER, DICH VON DEN NE ZU BEFREIEN.
UND VOR EINIGER ZEIT NAHM DANZO IHRE BITTE...
... UNTER EINER BEDINGUNG AN – SIE SOLLTE DAFÜR EINEN MANN ERMORDEN.
ES KLINGT...
... MERKWÜRDIG, ABER... DIE ZIELPERSON WARST DU.
?!
DAS WAR DIE BEDINGUNG, UM MICH ZU BEFREIEN?!
WAS SOLL DAS HEISSEN?!
WARUM HAT MUTTER NICHT GEMERKT, DASS ICH DIE ZIELPERSON WAR?!
ICH SAGTE ES DOCH SCHON... DIE NE WOLLTEN VON ANFANG AN, DASS IHR BEIDE STERBT.
DAS WAR EIN TRICK.
EIN... TRICK?!
WUSCH

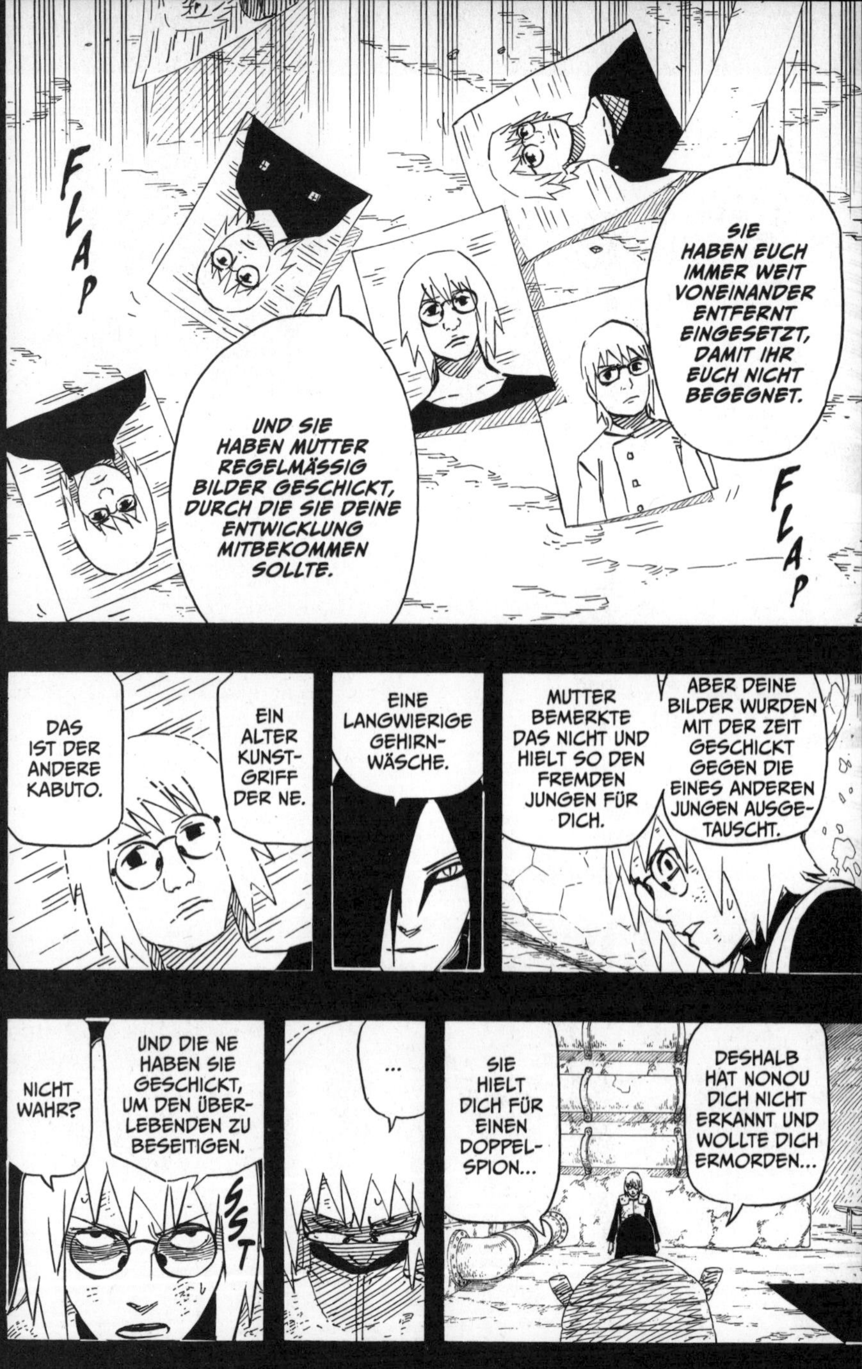
FLAP
SIE HABEN EUCH IMMER WEIT VONEINANDER ENTFERNT EINGESETZT, DAMIT IHR EUCH NICHT BEGEGNET.
UND SIE HABEN MUTTER REGELMÄSSIG BILDER GESCHICKT, DURCH DIE SIE DEINE ENTWICKLUNG MITBEKOMMEN SOLLTE.
FLAP
ABER DEINE BILDER WURDEN MIT DER ZEIT GESCHICKT GEGEN DIE EINES ANDEREN JUNGEN AUSGETAUSCHT.
MUTTER BEMERKTE DAS NICHT UND HIELT SO DEN FREMDEN JUNGEN FÜR DICH.
EINE LANGWIERIGE GEHIRNWÄSCHE.
EIN ALTER KUNSTGRIFF DER NE.
DAS IST DER ANDERE KABUTO.
DESHALB HAT NONOU DICH NICHT ERKANNT UND WOLLTE DICH ERMORDEN...
SIE HIELT DICH FÜR EINEN DOPPELSPION...
...
UND DIE NE HABEN SIE GESCHICKT, UM DEN ÜBERLEBENDEN ZU BESEITIGEN.
NICHT WAHR?
SST

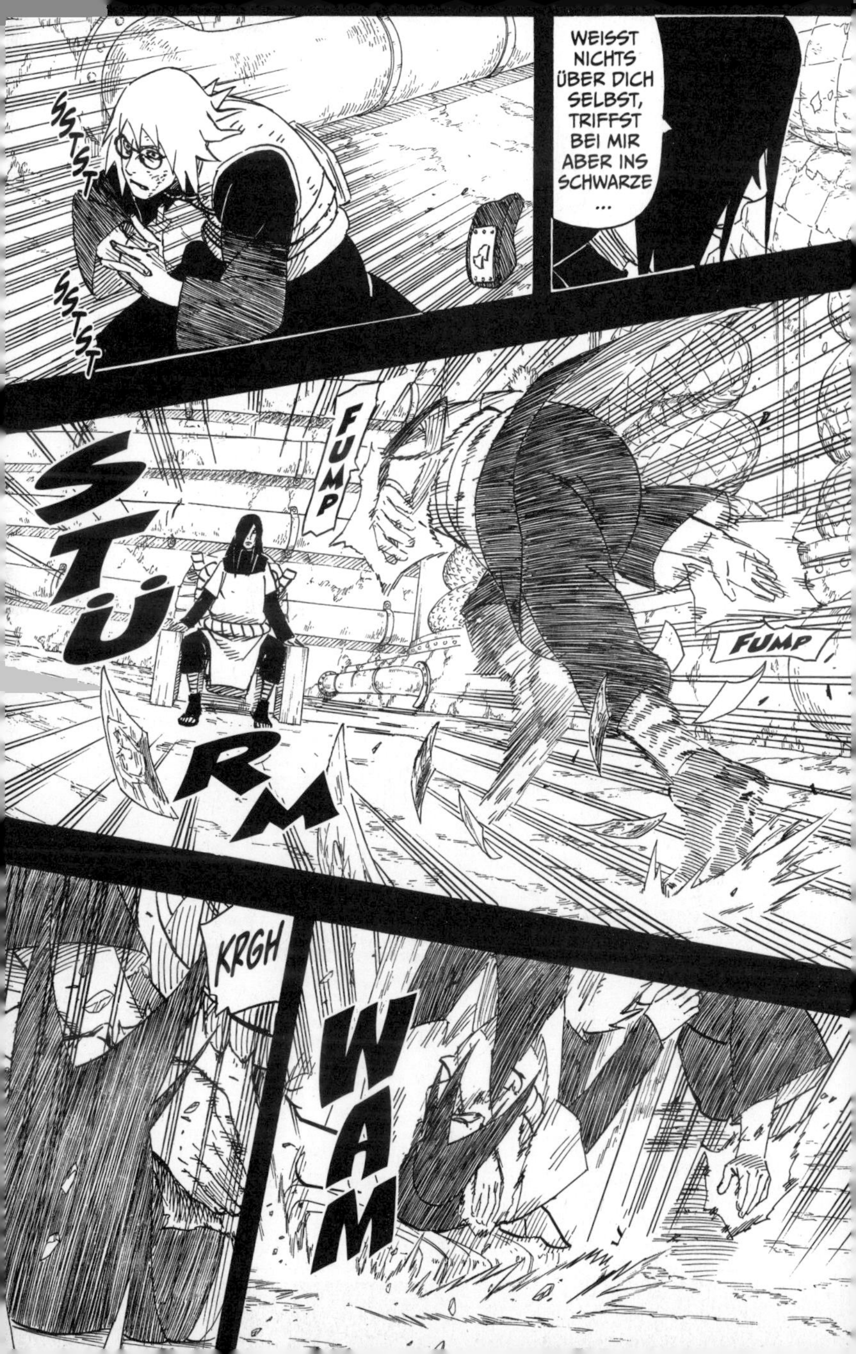
WEISST NICHTS ÜBER DICH SELBST, TRIFFST BEI MIR ABER INS SCHWARZE ...
SSTSST
SSTSST
FUMP
FUMP
STÜRM
KRGH
WAM

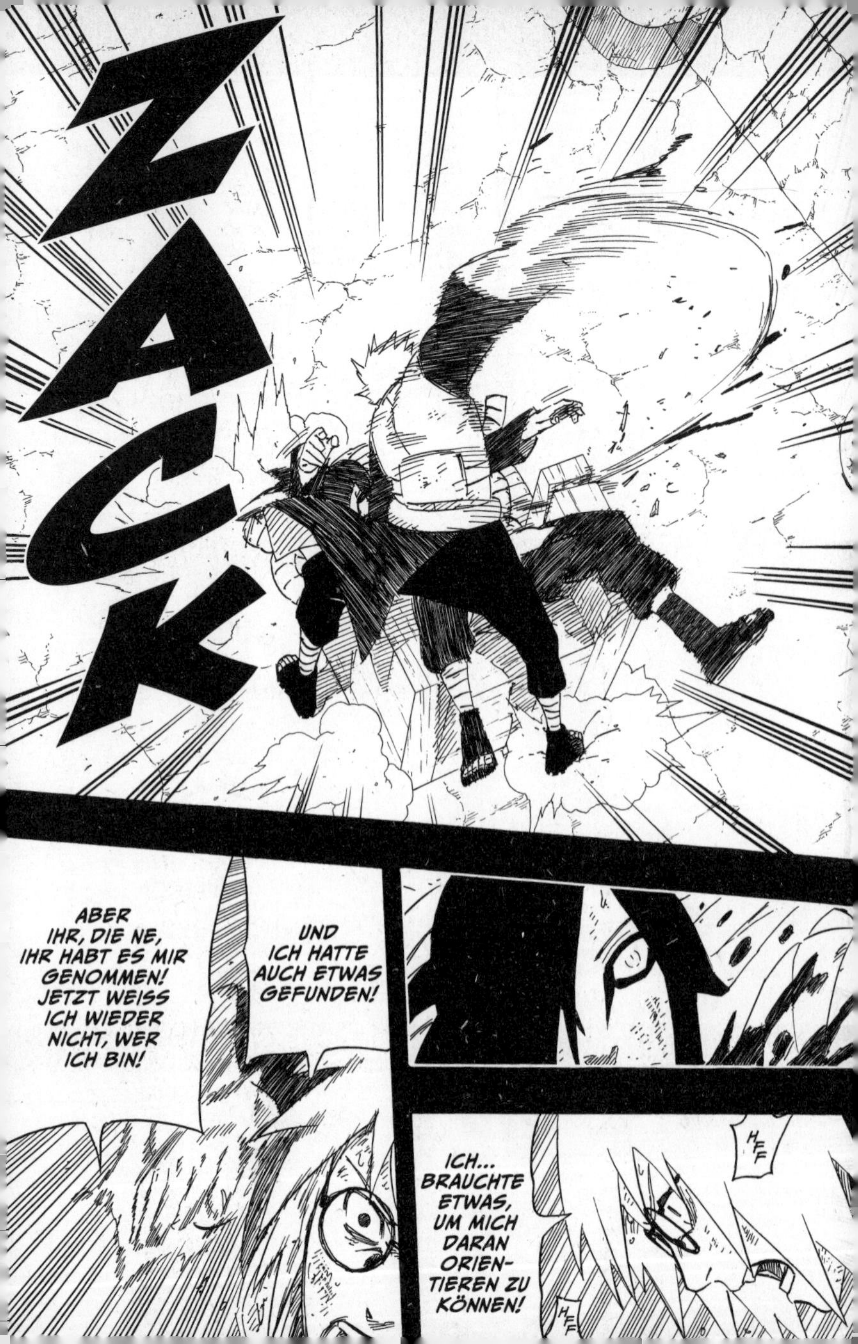
ZACK
HFF
ICH... BRAUCHTE ETWAS, UM MICH DARAN ORIEN-TIEREN ZU KÖNNEN!
HFF
UND ICH HATTE AUCH ETWAS GEFUNDEN!
ABER IHR, DIE NE, IHR HABT ES MIR GENOMMEN! JETZT WEISS ICH WIEDER NICHT, WER ICH BIN!

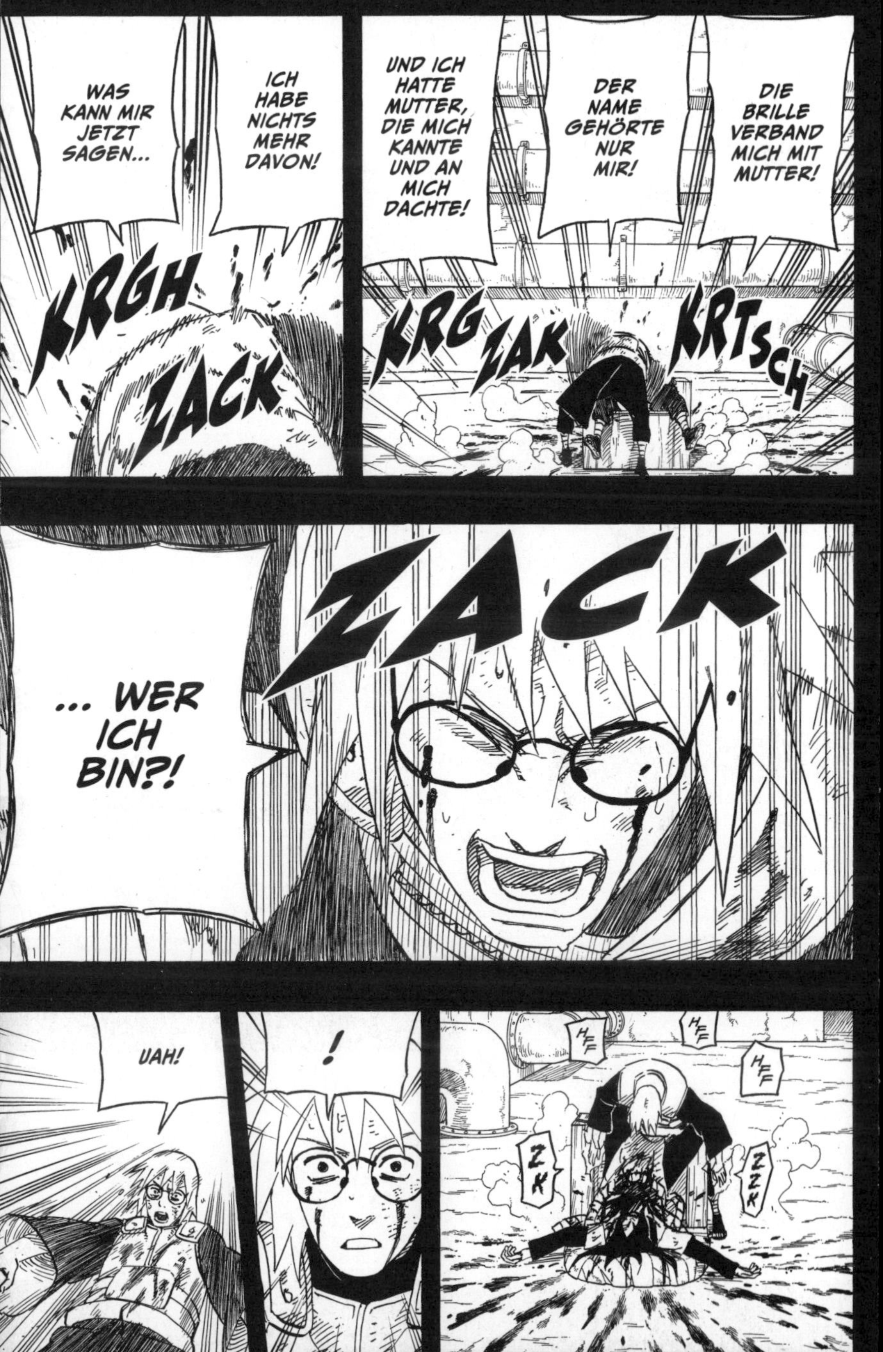
DIE BRILLE VERBAND MICH MIT MUTTER!
DER NAME GEHÖRTE NUR MIR!
UND ICH HATTE MUTTER, DIE MICH KANNTE UND AN MICH DACHTE!
KRTSCH
ZAK
KRG
ICH HABE NICHTS MEHR DAVON!
WAS KANN MIR JETZT SAGEN...
KRGH
ZACK
ZACK
... WER ICH BIN?!
HFF
HFF
HFF
ZZZK
ZK
!
UAH!

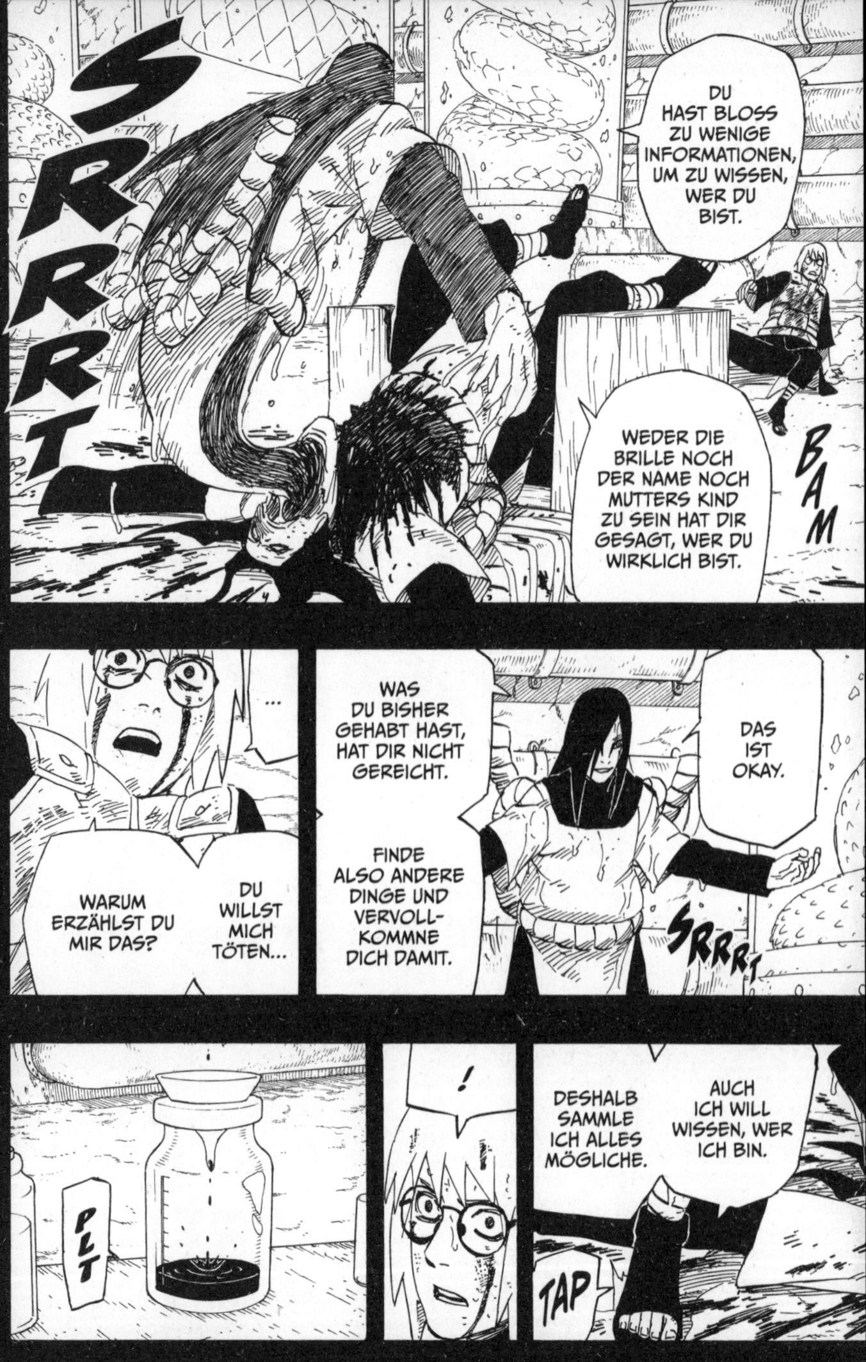
SRRRT
DU HAST BLOSS ZU WENIGE INFORMATIONEN, UM ZU WISSEN, WER DU BIST.
WEDER DIE BRILLE NOCH DER NAME NOCH MUTTERS KIND ZU SEIN HAT DIR GESAGT, WER DU WIRKLICH BIST.
BAM
DAS IST OKAY.
WAS DU BISHER GEHABT HAST, HAT DIR NICHT GEREICHT.
FINDE ALSO ANDERE DINGE UND VERVOLL-KOMMNE DICH DAMIT.
SRRRT
...
DU WILLST MICH TÖTEN...
WARUM ERZÄHLST DU MIR DAS?
AUCH ICH WILL WISSEN, WER ICH BIN.
DESHALB SAMMLE ICH ALLES MÖGLICHE.
TAP
!
PLT

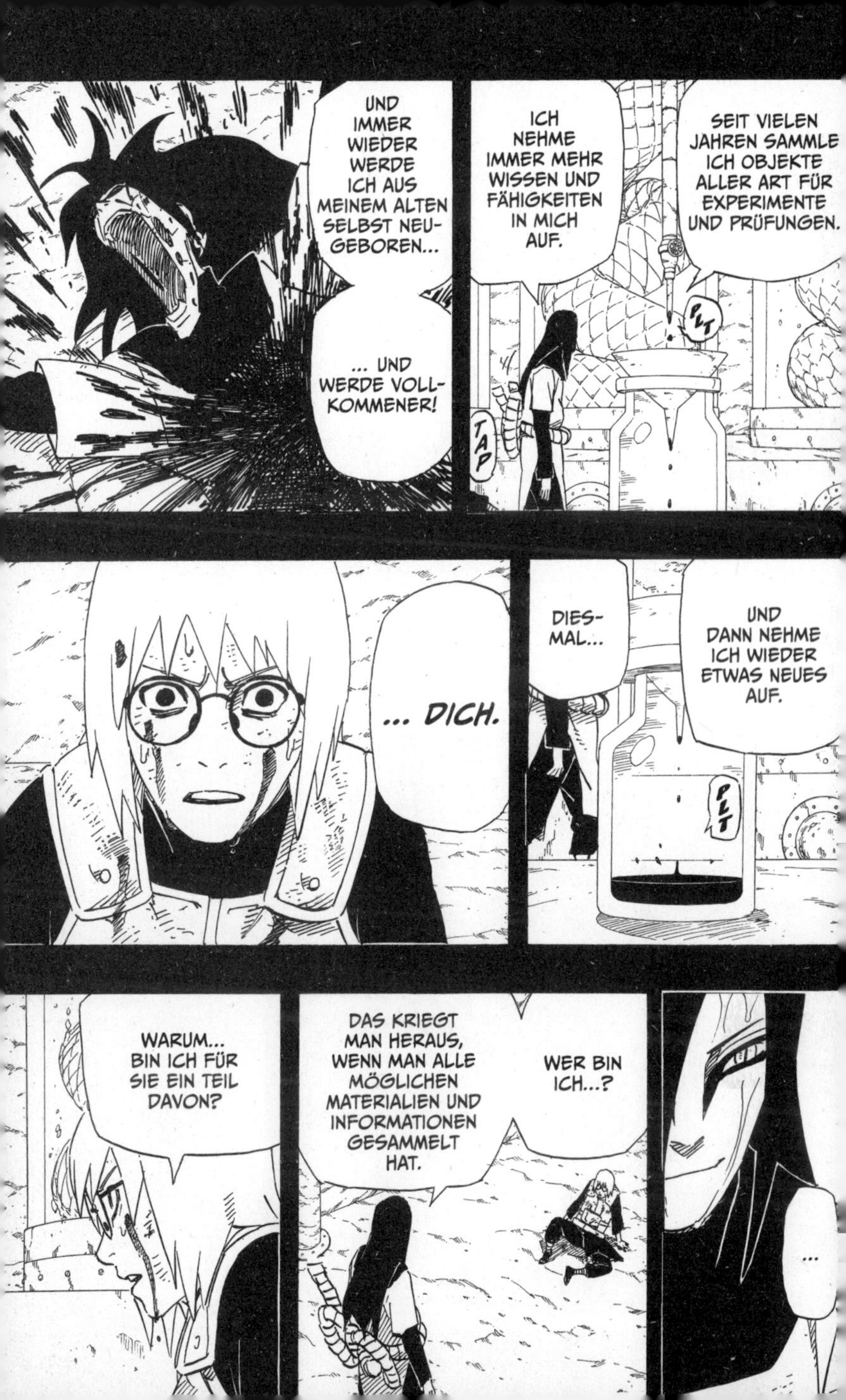

SEIT VIELEN JAHREN SAMMLE ICH OBJEKTE ALLER ART FÜR EXPERIMENTE UND PRÜFUNGEN.
PLT
ICH NEHME IMMER MEHR WISSEN UND FÄHIGKEITEN IN MICH AUF.
TAP
UND IMMER WIEDER WERDE ICH AUS MEINEM ALTEN SELBST NEU-GEBOREN...
... UND WERDE VOLL-KOMMENER!
UND DANN NEHME ICH WIEDER ETWAS NEUES AUF.
PLT
DIES-MAL...
... DICH.
...
WER BIN ICH...?
DAS KRIEGT MAN HERAUS, WENN MAN ALLE MÖGLICHEN MATERIALIEN UND INFORMATIONEN GESAMMELT HAT.
WARUM... BIN ICH FÜR SIE EIN TEIL DAVON?

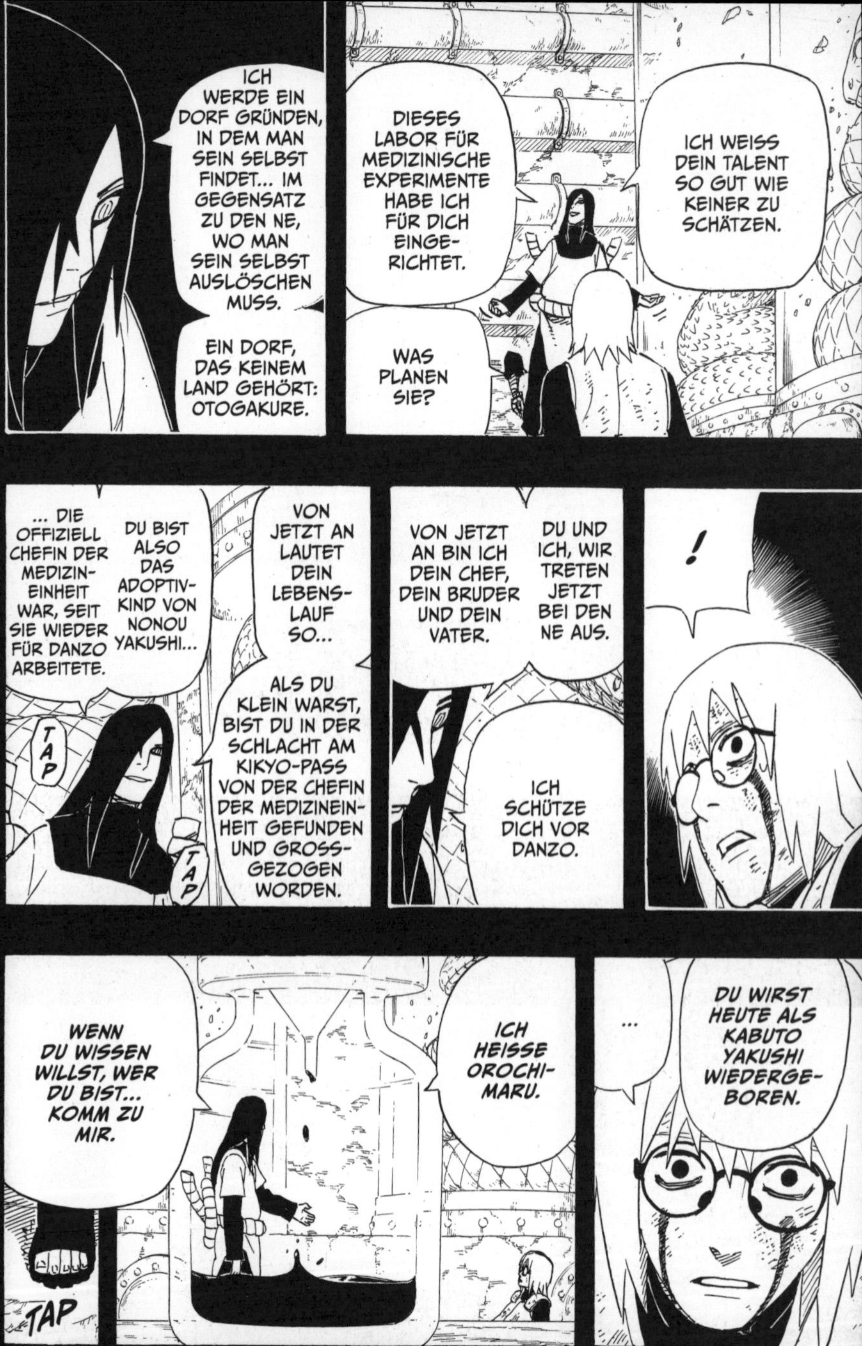

ICH WEISS DEIN TALENT SO GUT WIE KEINER ZU SCHÄTZEN.
DIESES LABOR FÜR MEDIZINISCHE EXPERIMENTE HABE ICH FÜR DICH EINGE-RICHTET.
WAS PLANEN SIE?
ICH WERDE EIN DORF GRÜNDEN, IN DEM MAN SEIN SELBST FINDET... IM GEGENSATZ ZU DEN NE, WO MAN SEIN SELBST AUSLÖSCHEN MUSS.
EIN DORF, DAS KEINEM LAND GEHÖRT: OTOGAKURE.
!
DU UND ICH, WIR TRETEN JETZT BEI DEN NE AUS.
VON JETZT AN BIN ICH DEIN CHEF, DEIN BRUDER UND DEIN VATER.
ICH SCHÜTZE DICH VOR DANZO.
VON JETZT AN LAUTET DEIN LEBENSLAUF SO...
DU BIST ALSO DAS ADOPTIV-KIND VON NONOU YAKUSHI...
... DIE OFFIZIELL CHEFIN DER MEDIZIN-EINHEIT WAR, SEIT SIE WIEDER FÜR DANZO ARBEITETE.
ALS DU KLEIN WARST, BIST DU IN DER SCHLACHT AM KIKYO-PASS VON DER CHEFIN DER MEDIZINEIN-HEIT GEFUNDEN UND GROSS-GEZOGEN WORDEN.
TAP
TAP
DU WIRST HEUTE ALS KABUTO YAKUSHI WIEDERGE-BOREN.
...
ICH HEISSE OROCHI-MARU.
WENN DU WISSEN WILLST, WER DU BIST... KOMM ZU MIR.
TAP

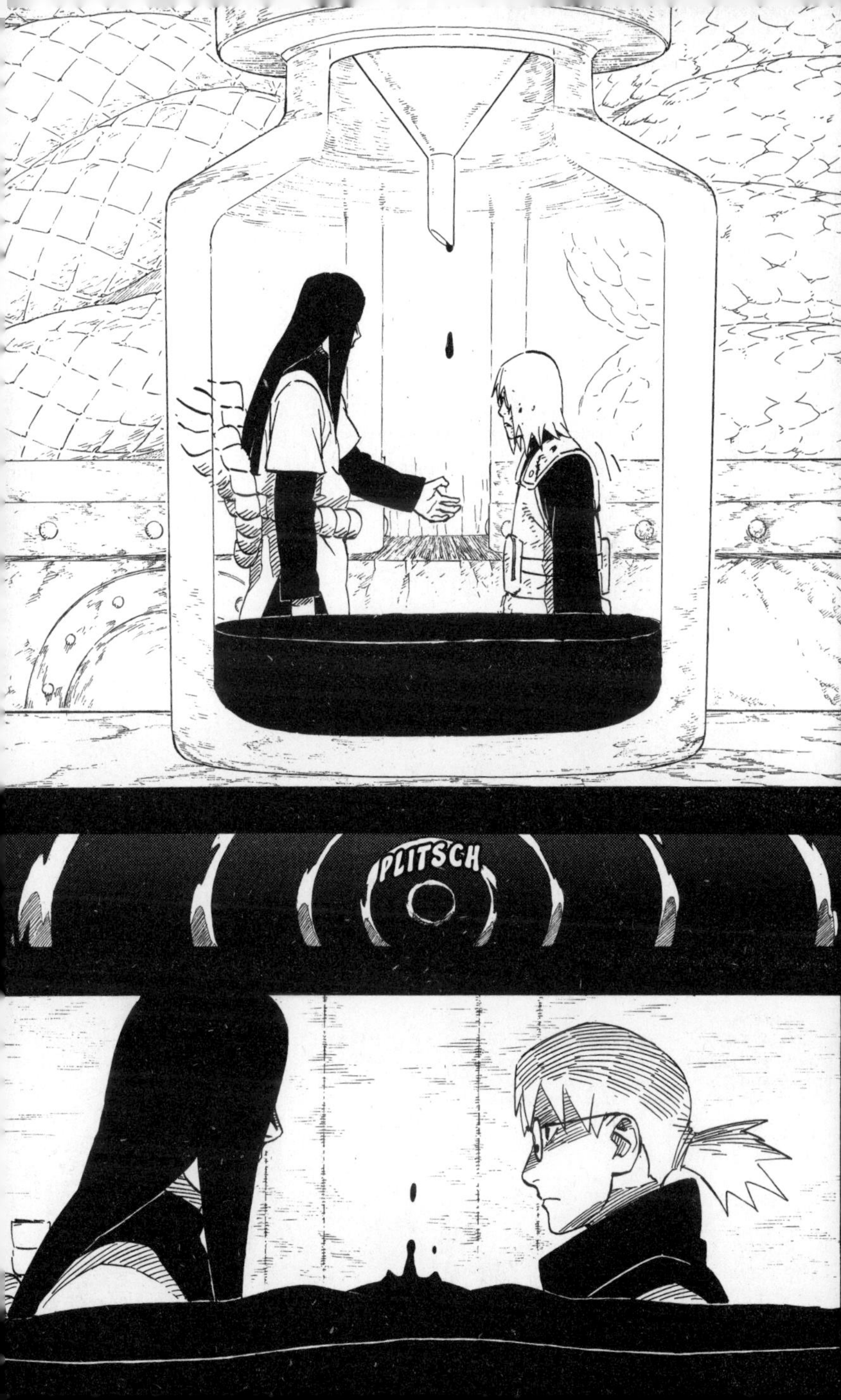
PLITSCH

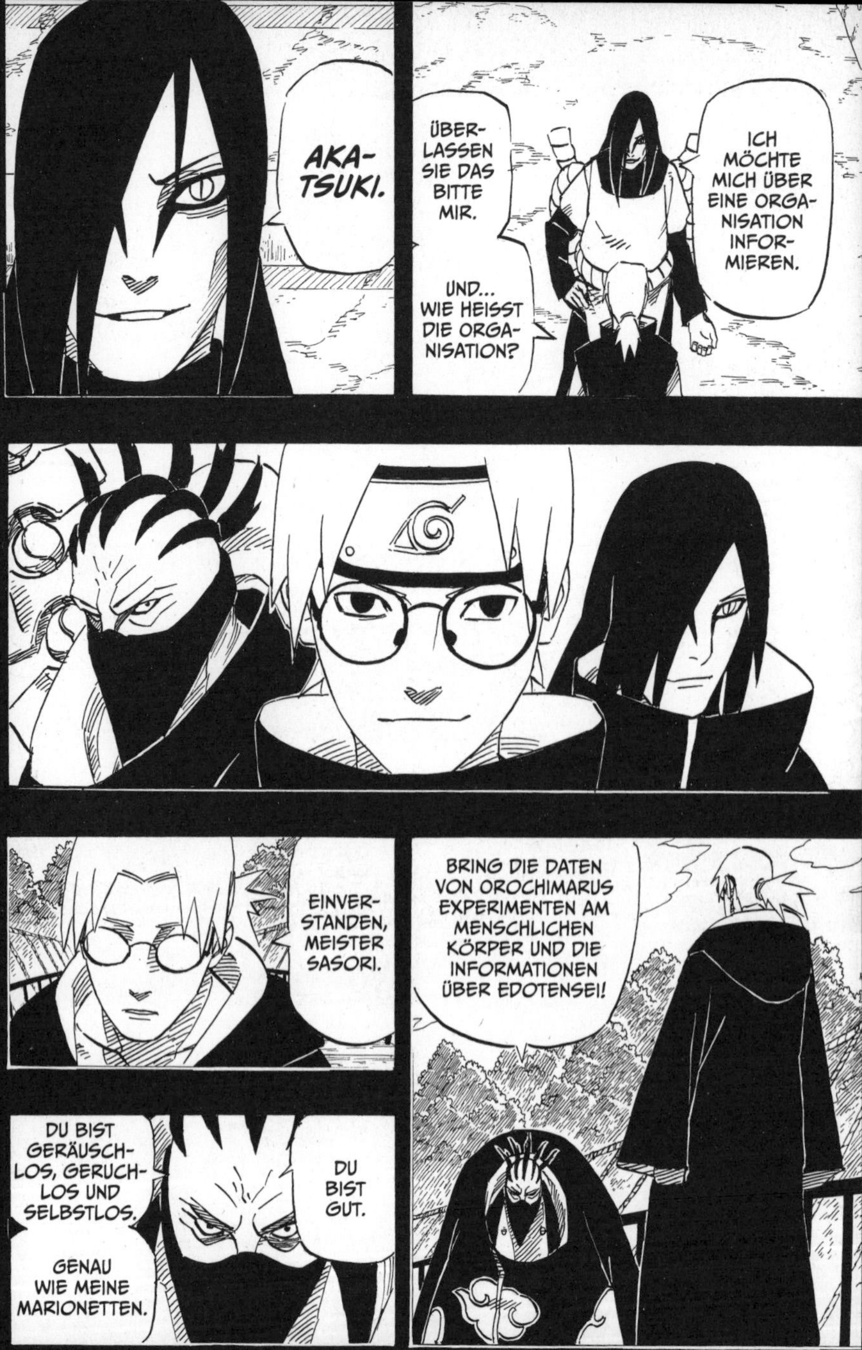
ICH MÖCHTE MICH ÜBER EINE ORGANISATION INFORMIEREN.
ÜBERLASSEN SIE DAS BITTE MIR.
UND... WIE HEISST DIE ORGANISATION?
AKATSUKI.
BRING DIE DATEN VON OROCHIMARUS EXPERIMENTEN AM MENSCHLICHEN KÖRPER UND DIE INFORMATIONEN ÜBER EDOTENSEI!
EINVERSTANDEN, MEISTER SASORI.
DU BIST GUT.
DU BIST GERÄUSCHLOS, GERUCHLOS UND SELBSTLOS.
GENAU WIE MEINE MARIONETTEN.

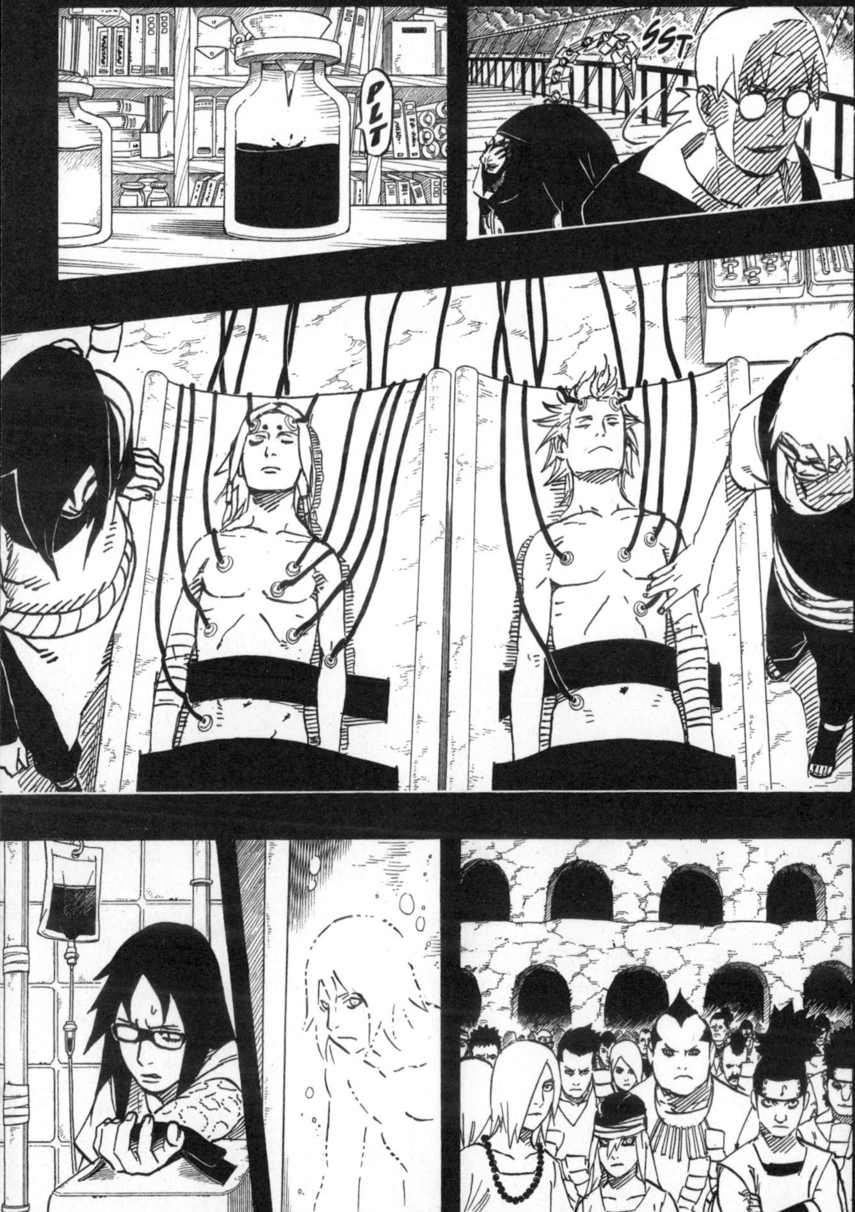
PLT
SST

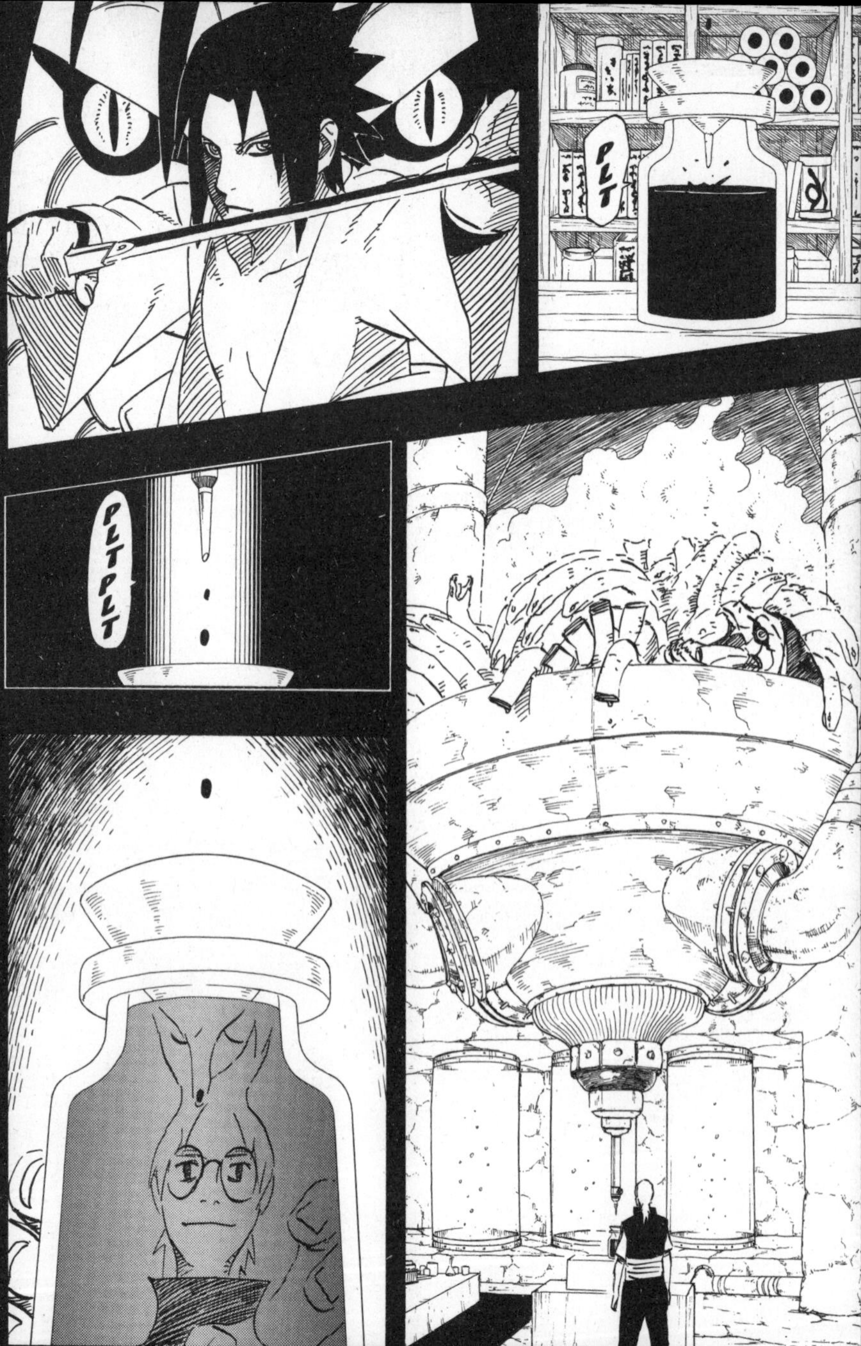
PLT
PLT PLT

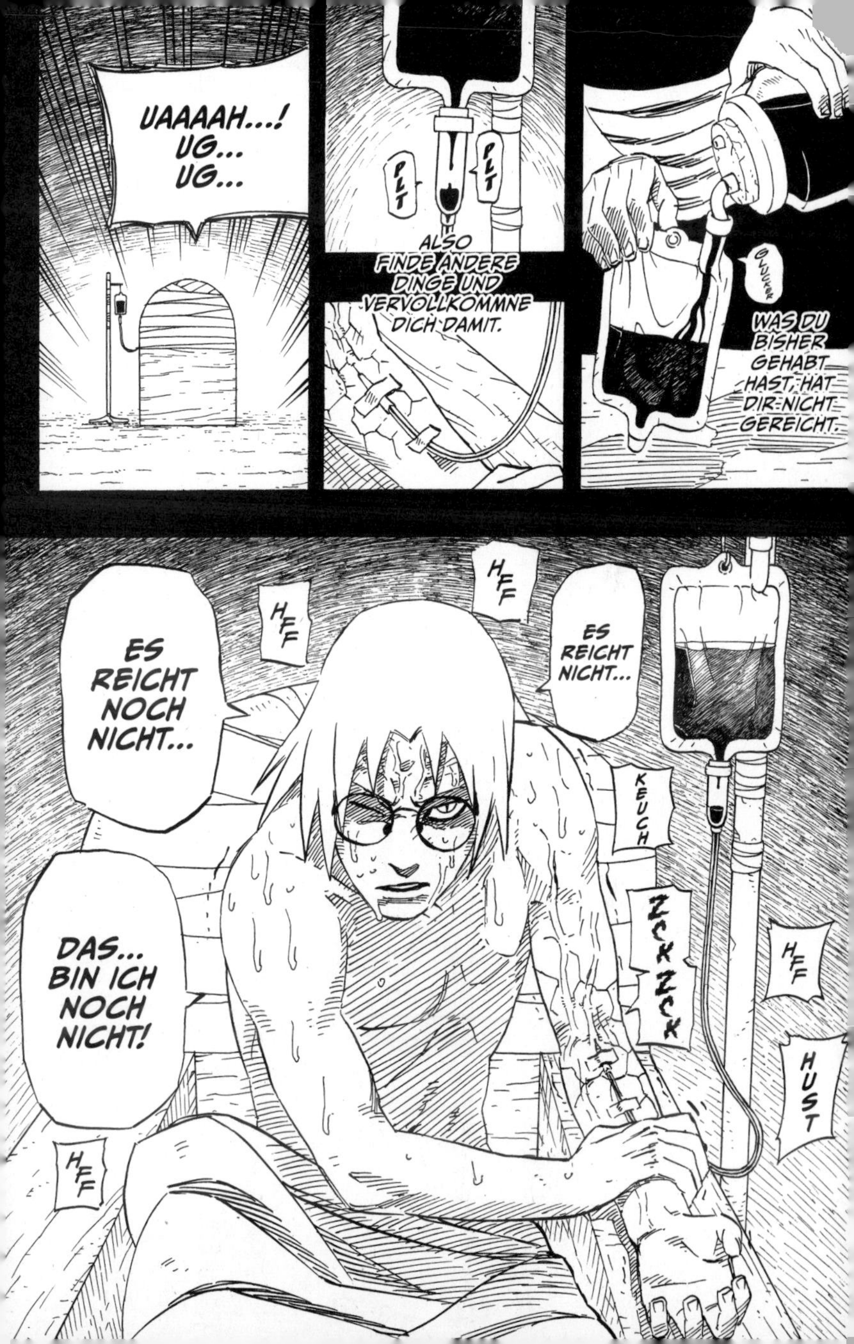
GLUCKER
WAS DU BISHER GEHABT HAST, HAT DIR NICHT GEREICHT.
PLT
PLT
ALSO FINDE ANDERE DINGE UND VERVOLLKOMMNE DICH DAMIT.
UAAAAH...! UG... UG...
HFF
ES REICHT NICHT...
HFF
ES REICHT NOCH NICHT...
KEUCH
ZCK ZCK
HFF
HUST
DAS... BIN ICH NOCH NICHT!
HFF

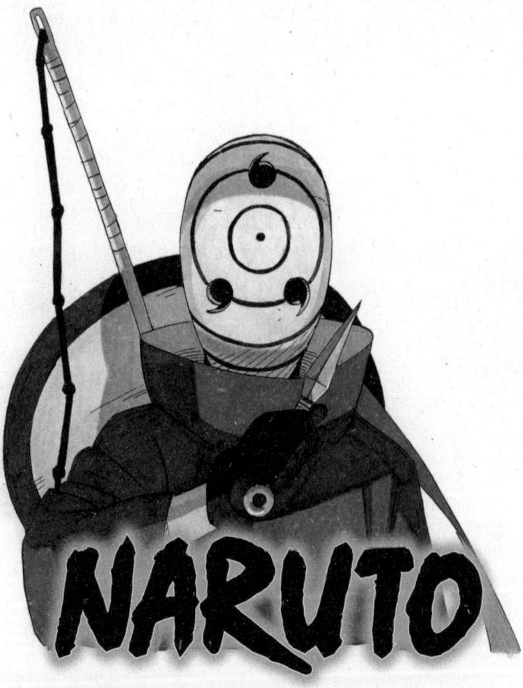
NARUTO

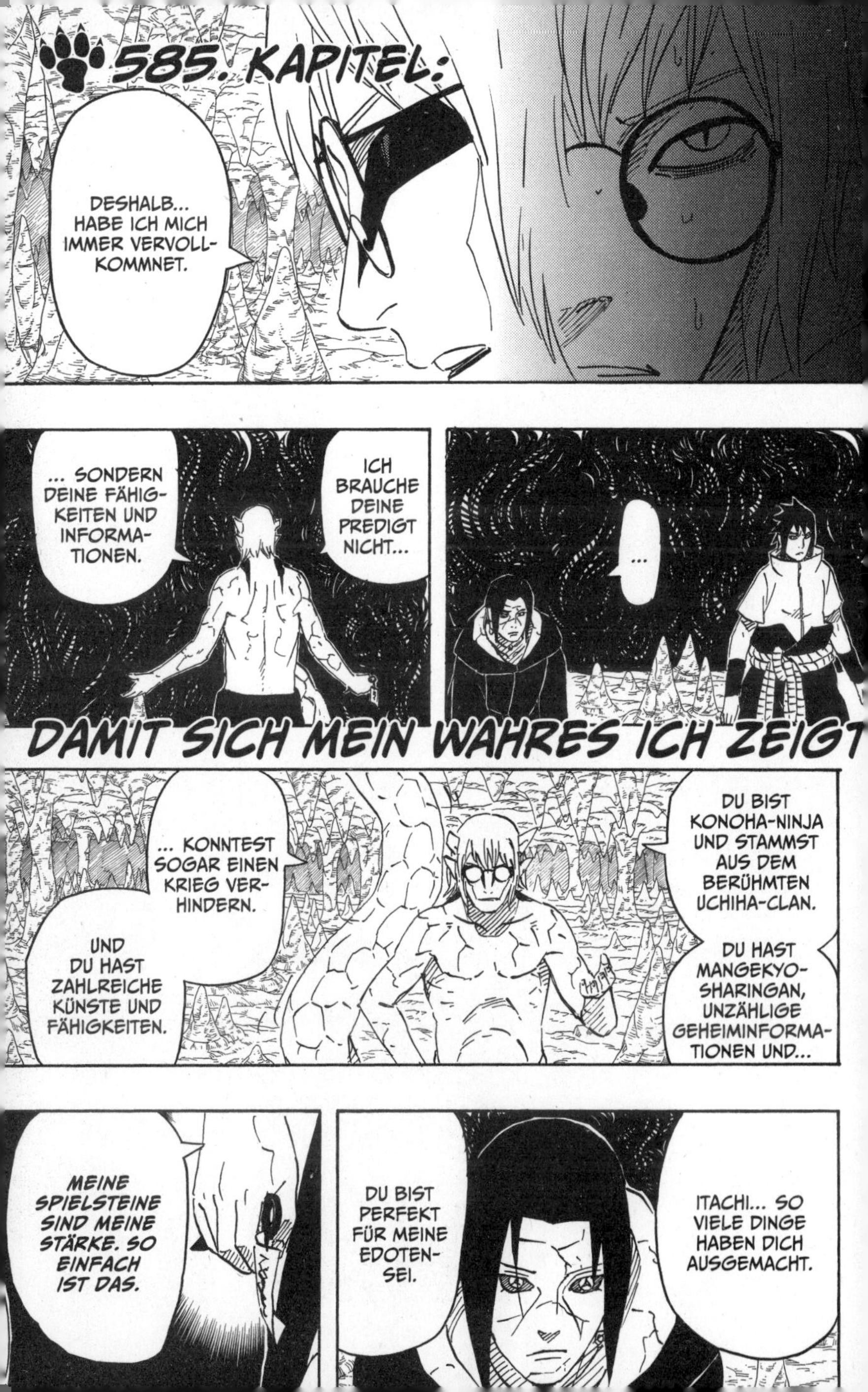
585. KAPITEL:
DAMIT SICH MEIN WAHRES ICH ZEIGT
DESHALB... HABE ICH MICH IMMER VERVOLL-KOMMNET.
...
ICH BRAUCHE DEINE PREDIGT NICHT...
... SONDERN DEINE FÄHIG-KEITEN UND INFORMA-TIONEN.
DU BIST KONOHA-NINJA UND STAMMST AUS DEM BERÜHMTEN UCHIHA-CLAN.
DU HAST MANGEKYO-SHARINGAN, UNZÄHLIGE GEHEIMINFORMA-TIONEN UND...
... KONNTEST SOGAR EINEN KRIEG VER-HINDERN.
UND DU HAST ZAHLREICHE KÜNSTE UND FÄHIGKEITEN.
ITACHI... SO VIELE DINGE HABEN DICH AUSGEMACHT.
DU BIST PERFEKT FÜR MEINE EDOTEN-SEI.
MEINE SPIELSTEINE SIND MEINE STÄRKE. SO EINFACH IST DAS.

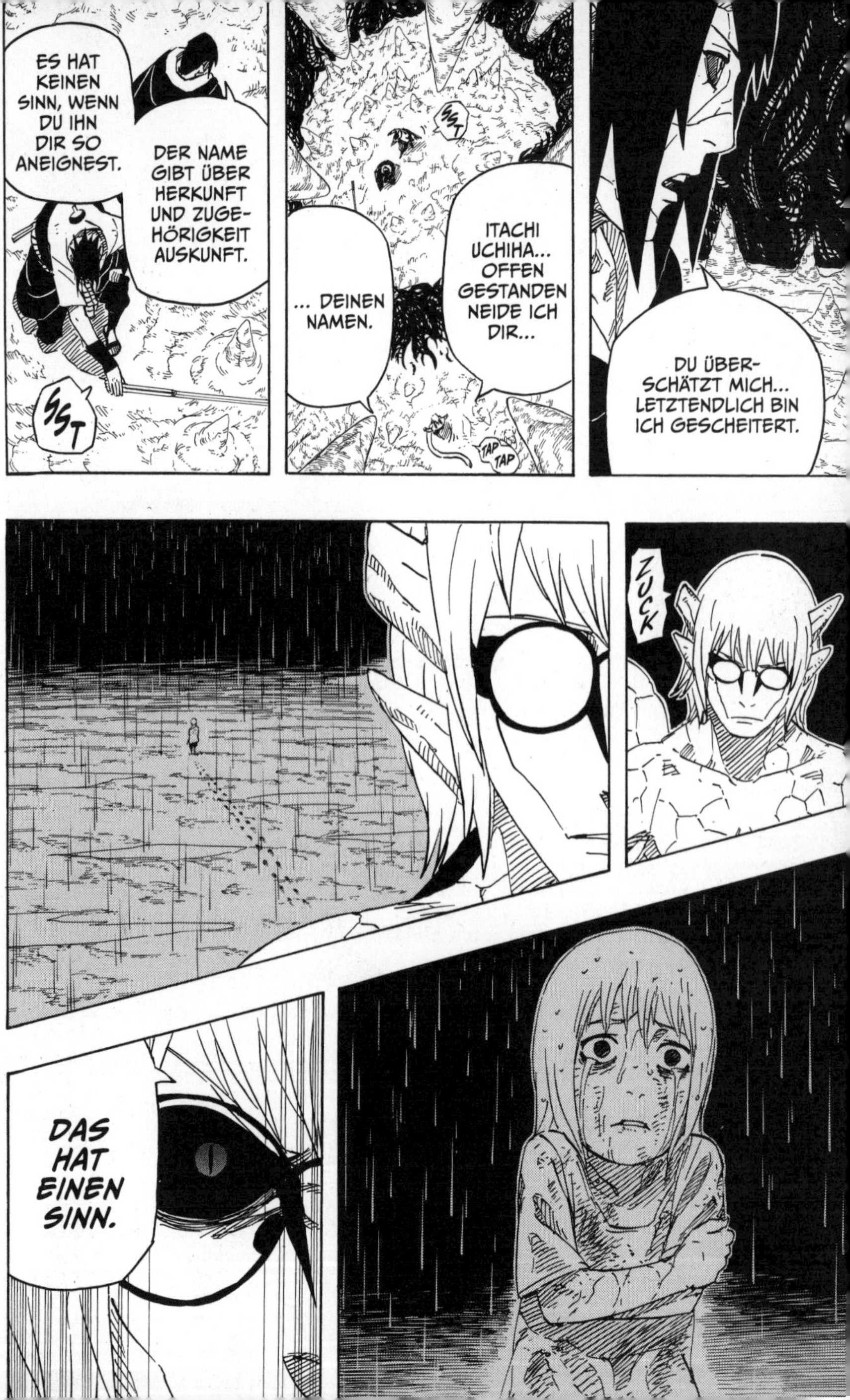
DU ÜBERSCHÄTZT MICH... LETZTENDLICH BIN ICH GESCHEITERT.
SST
ITACHI UCHIHA... OFFEN GESTANDEN NEIDE ICH DIR...
... DEINEN NAMEN.
TAP TAP
DER NAME GIBT ÜBER HERKUNFT UND ZUGEHÖRIGKEIT AUSKUNFT.
ES HAT KEINEN SINN, WENN DU IHN DIR SO ANEIGNEST.
SST
ZUCK
DAS HAT EINEN SINN.

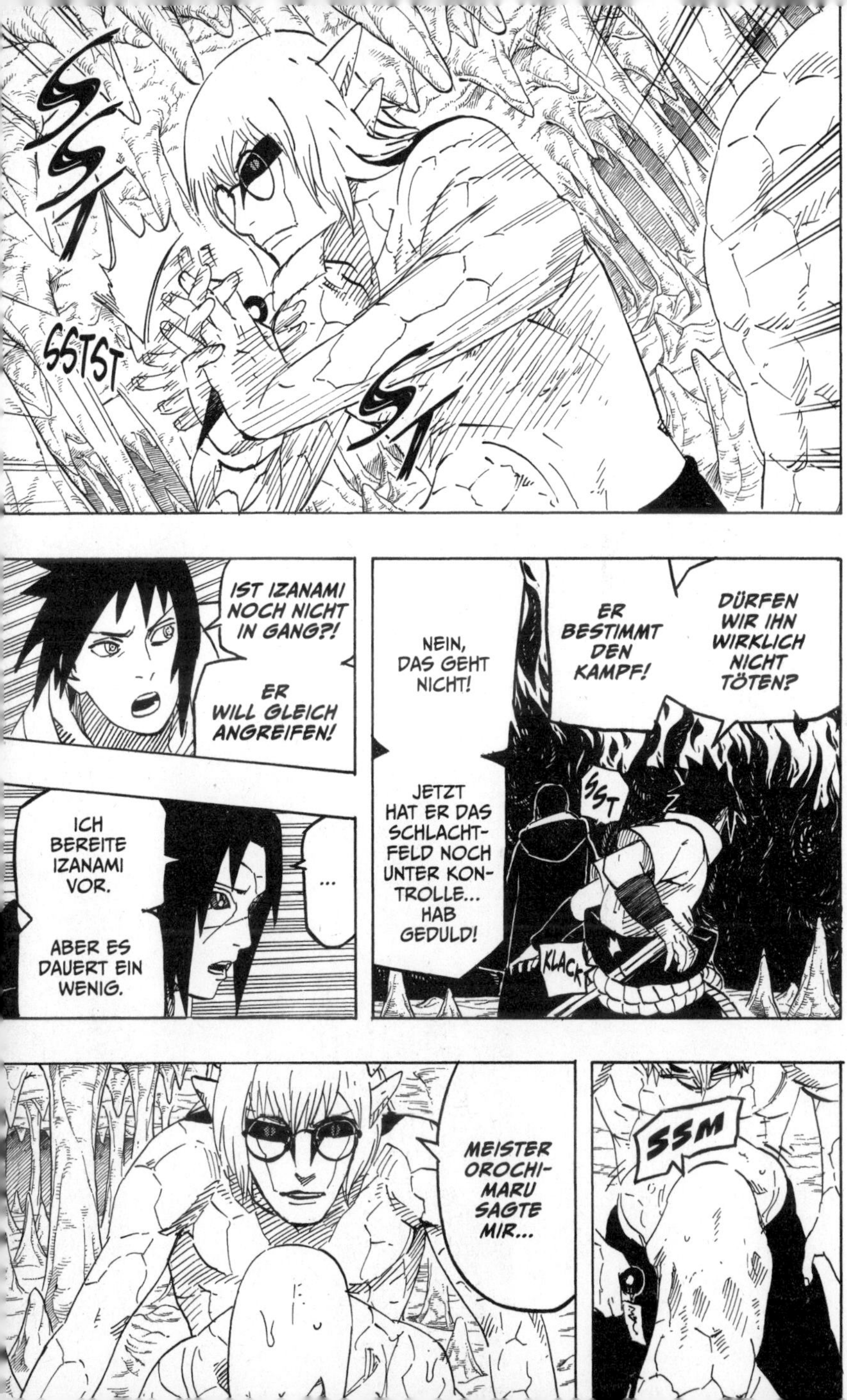

SST
SSTST
SST
DÜRFEN WIR IHN WIRKLICH NICHT TÖTEN?
ER BESTIMMT DEN KAMPF!
NEIN, DAS GEHT NICHT!
JETZT HAT ER DAS SCHLACHTFELD NOCH UNTER KONTROLLE... HAB GEDULD!
SST
KLACK
IST IZANAMI NOCH NICHT IN GANG?!
ER WILL GLEICH ANGREIFEN!
...
ICH BEREITE IZANAMI VOR.
ABER ES DAUERT EIN WENIG.
SSM
MEISTER OROCHIMARU SAGTE MIR...

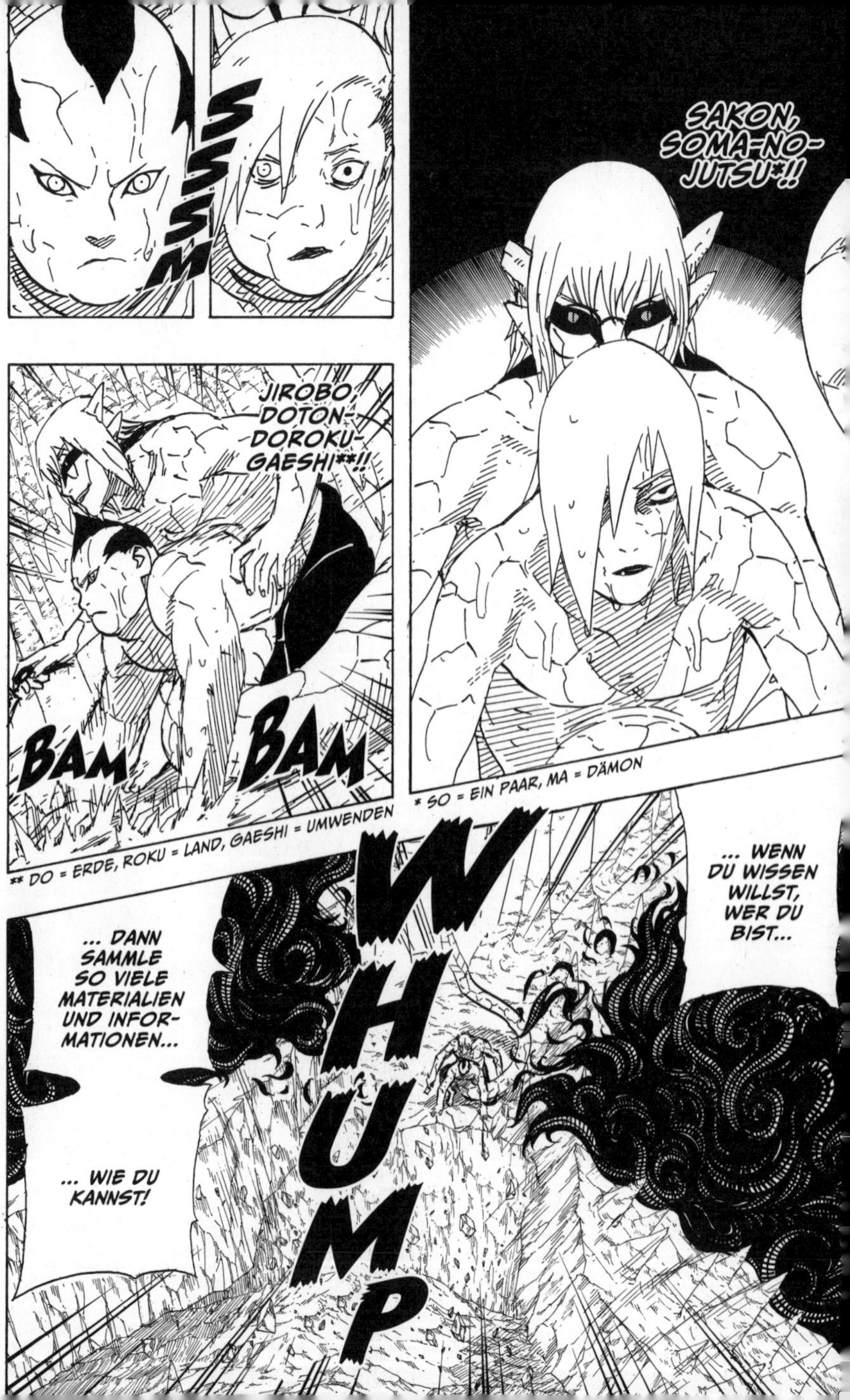
SSSM
SAKON, SOMA-NO-JUTSU*!!
JIROBO, DOTON-DOROKU-GAESHI**!!
BAM
BAM
* SO = EIN PAAR, MA = DÄMON
** DO = ERDE, ROKU = LAND, GAESHI = UMWENDEN
... WENN DU WISSEN WILLST, WER DU BIST...
WHUMP
... DANN SAMMLE SO VIELE MATERIALIEN UND INFORMATIONEN...
... WIE DU KANNST!

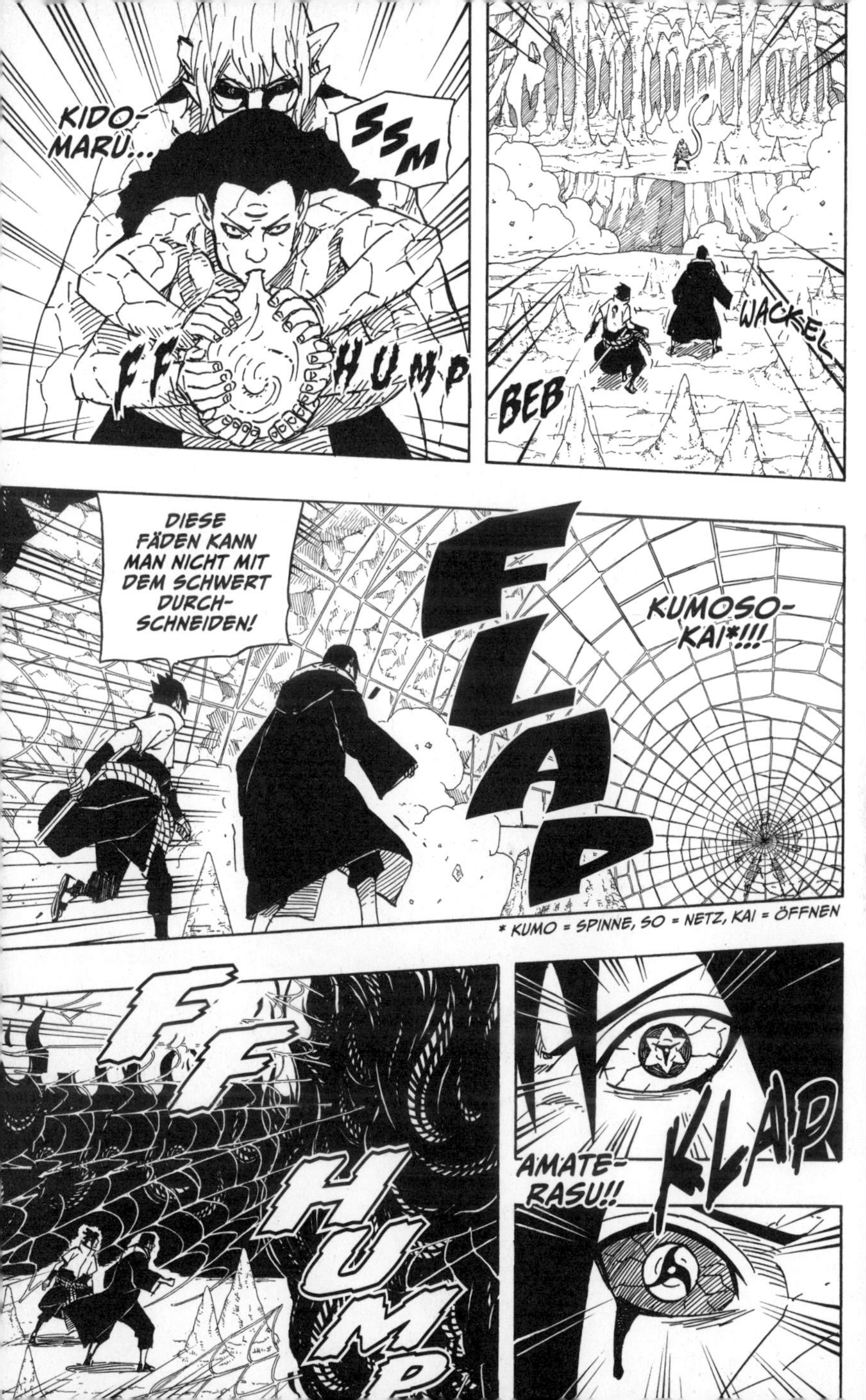
WACKEL
BEB
KIDO-MARU...
SSM
FFHUMP
KUMOSO-KAI*!!!
FLAP
DIESE FÄDEN KANN MAN NICHT MIT DEM SCHWERT DURCH-SCHNEIDEN!
* KUMO = SPINNE, SO = NETZ, KAI = ÖFFNEN
KLAP
AMATE-RASU!!
FF
HUMP

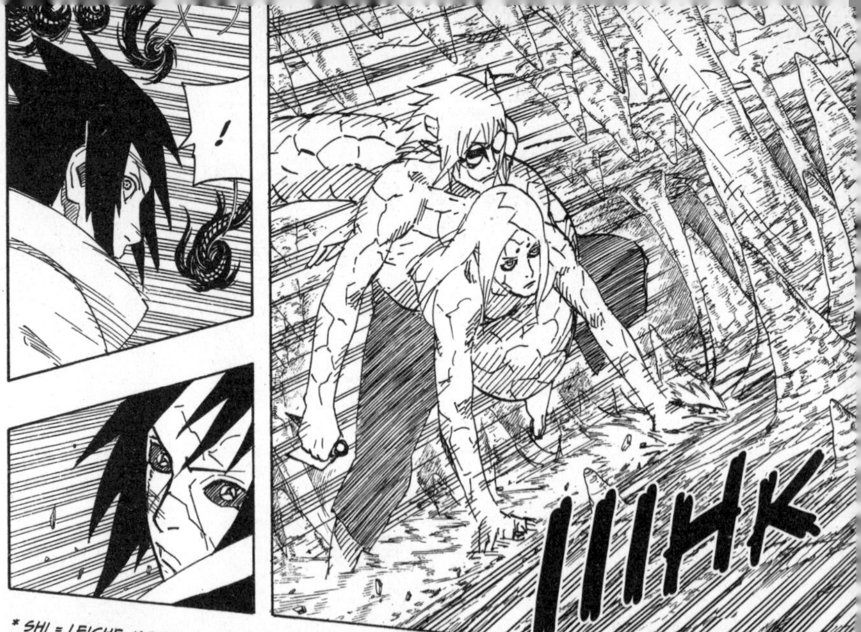

* SHI = LEICHE, KOTSU = KNOCHEN, MYAKU = ADER, SAWARABI = FARNKNOSPEN, MAI = TANZ

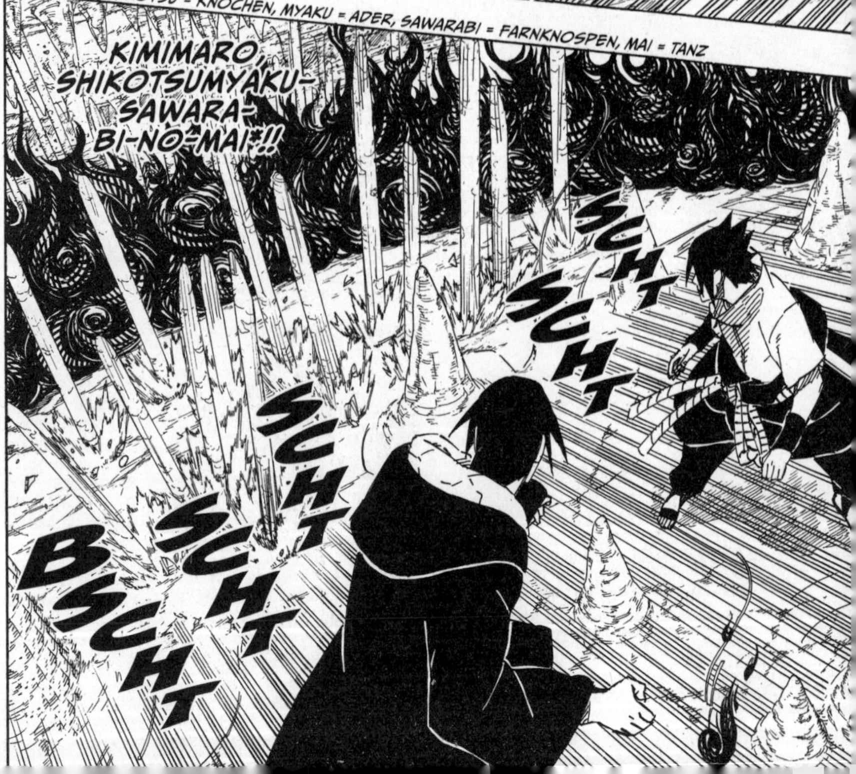

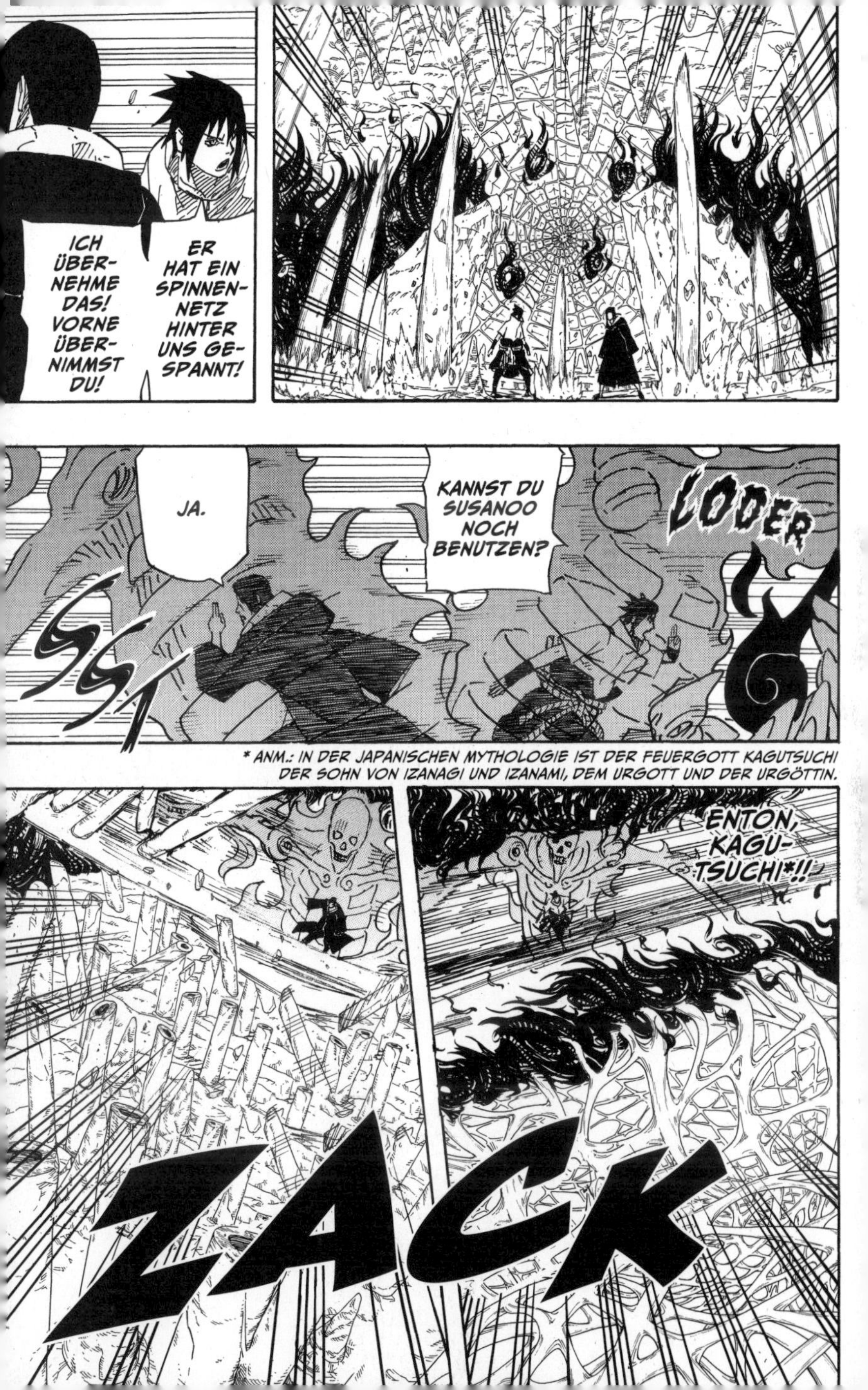

* ANM.: IN DER JAPANISCHEN MYTHOLOGIE IST DER FEUERGOTT KAGUTSUCHI DER SOHN VON IZANAGI UND IZANAMI, DEM URGOTT UND DER URGÖTTIN.

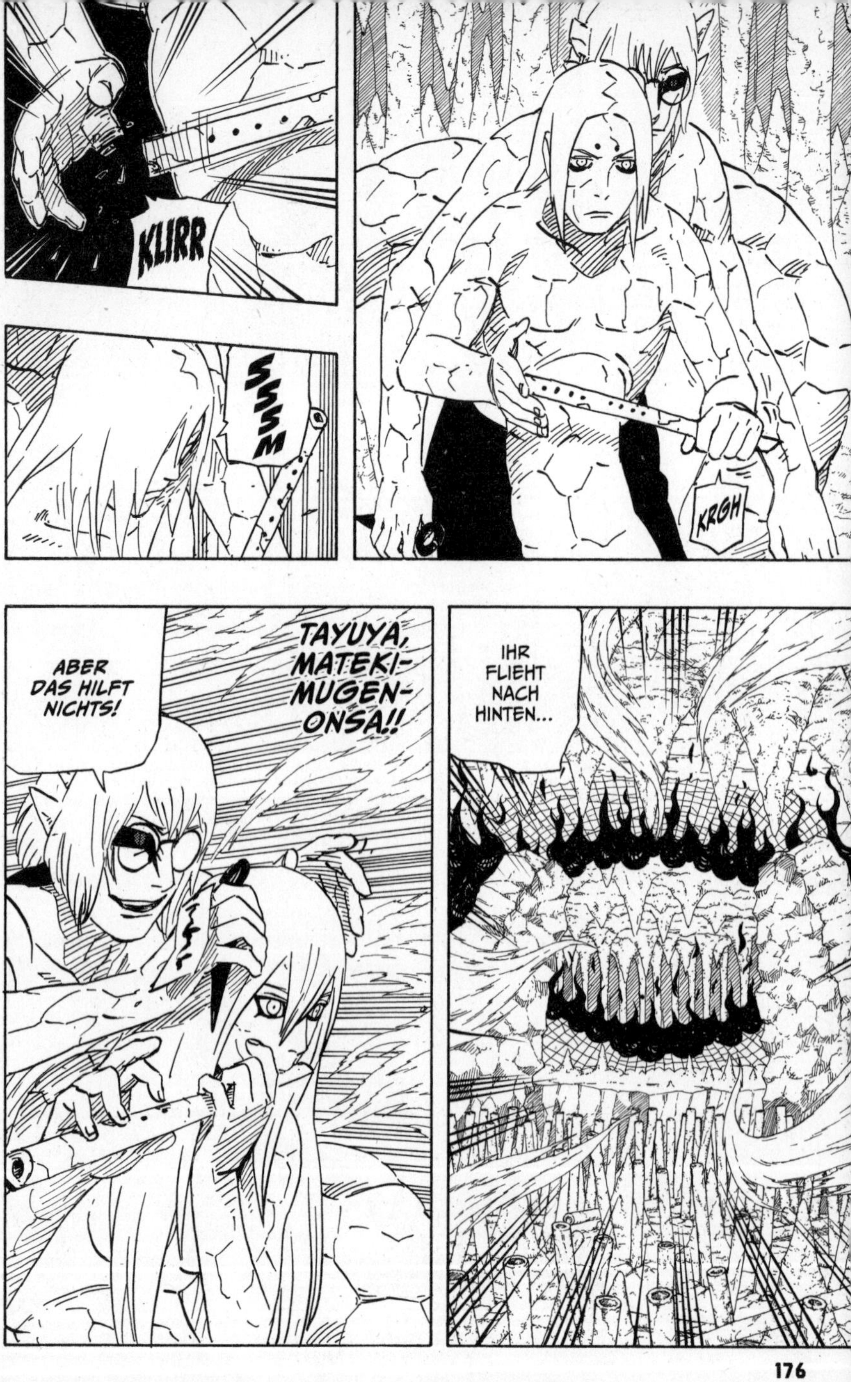
KRGH
KLIRR
SSSM
IHR FLIEHT NACH HINTEN...
TAYUYA, MATEKI-MUGEN-ONSA!!
ABER DAS HILFT NICHTS!

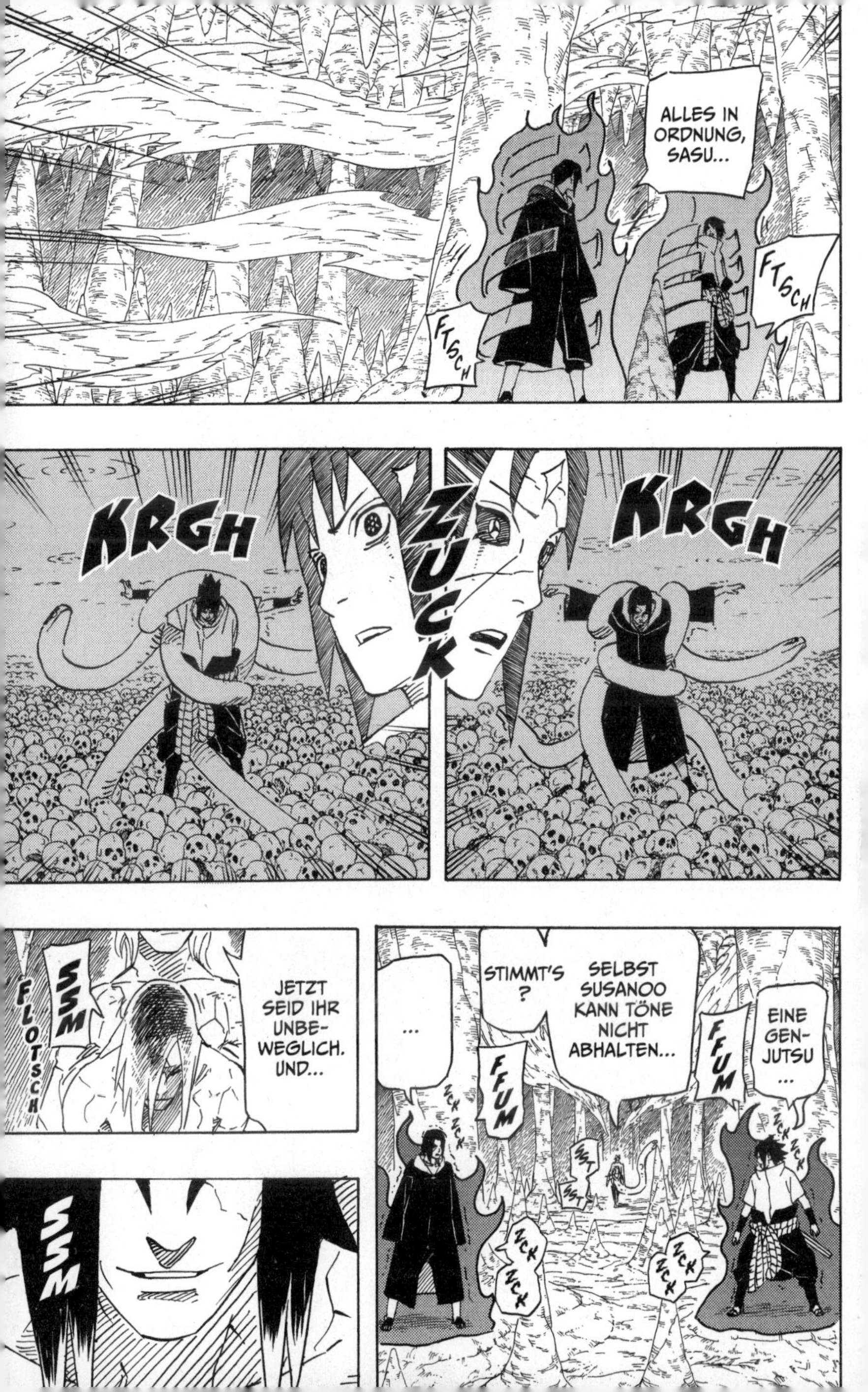
ALLES IN ORDNUNG, SASU...
FTSCH
FTSCH
KRGH
ZUCK
KRGH
EINE GEN-JUTSU ...
FFUM
SELBST SUSANOO KANN TÖNE NICHT ABHALTEN...
STIMMT'S ?
FFUM
...
ZCK ZCK
ZCK ZCK
SST SST
ZCK ZCK
ZCK ZCK
JETZT SEID IHR UNBE-WEGLICH. UND...
SSM
FLOTSCH
SSM

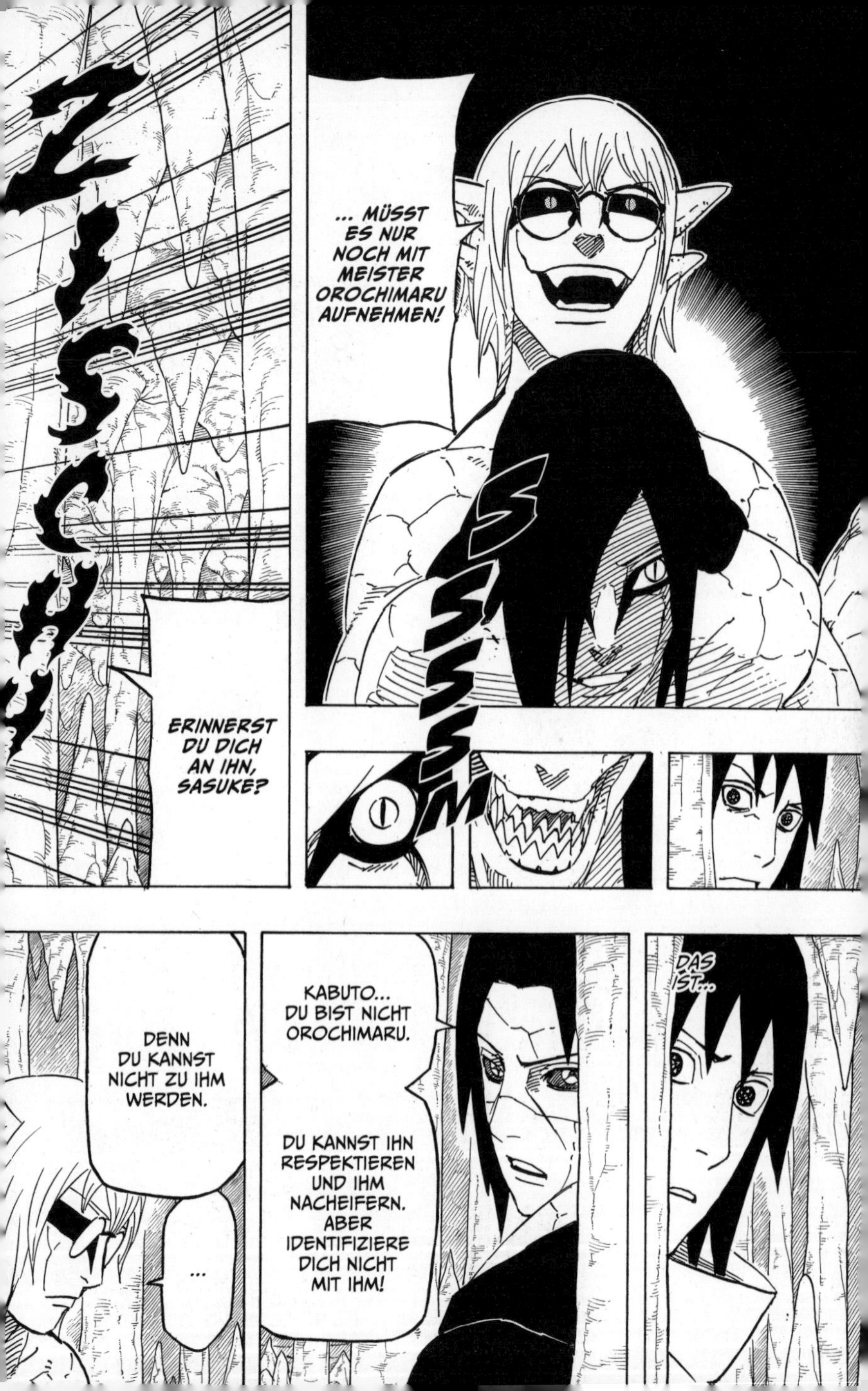
... MÜSST ES NUR NOCH MIT MEISTER OROCHIMARU AUFNEHMEN!
ERINNERST DU DICH AN IHN, SASUKE?
DAS IST...
KABUTO... DU BIST NICHT OROCHIMARU.
DU KANNST IHN RESPEKTIEREN UND IHM NACHEIFERN. ABER IDENTIFIZIERE DICH NICHT MIT IHM!
DENN DU KANNST NICHT ZU IHM WERDEN.
...

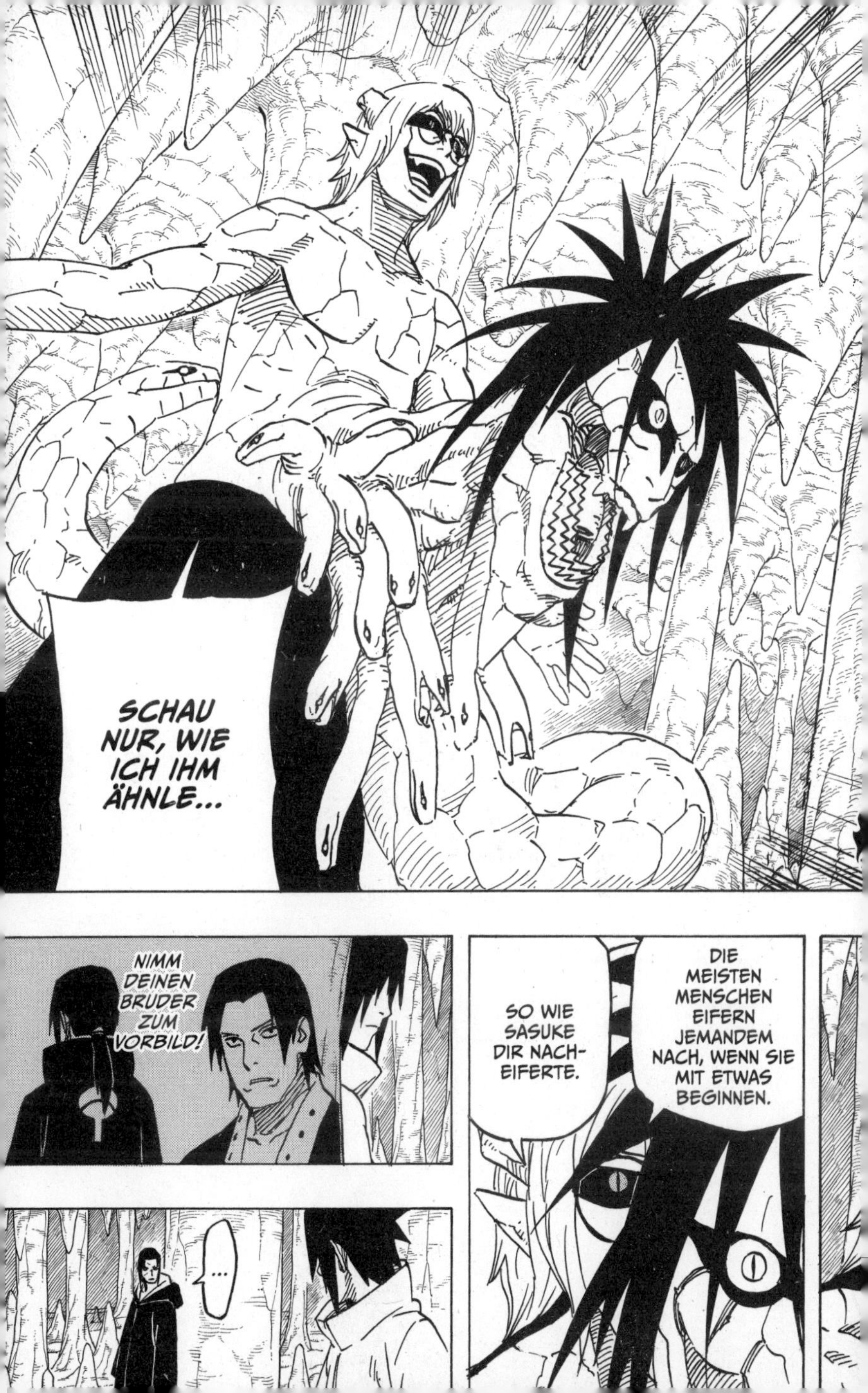
SCHAU NUR, WIE ICH IHM ÄHNLE...
DIE MEISTEN MENSCHEN EIFERN JEMANDEM NACH, WENN SIE MIT ETWAS BEGINNEN.
SO WIE SASUKE DIR NACH-EIFERTE.
NIMM DEINEN BRUDER ZUM VORBILD!
...

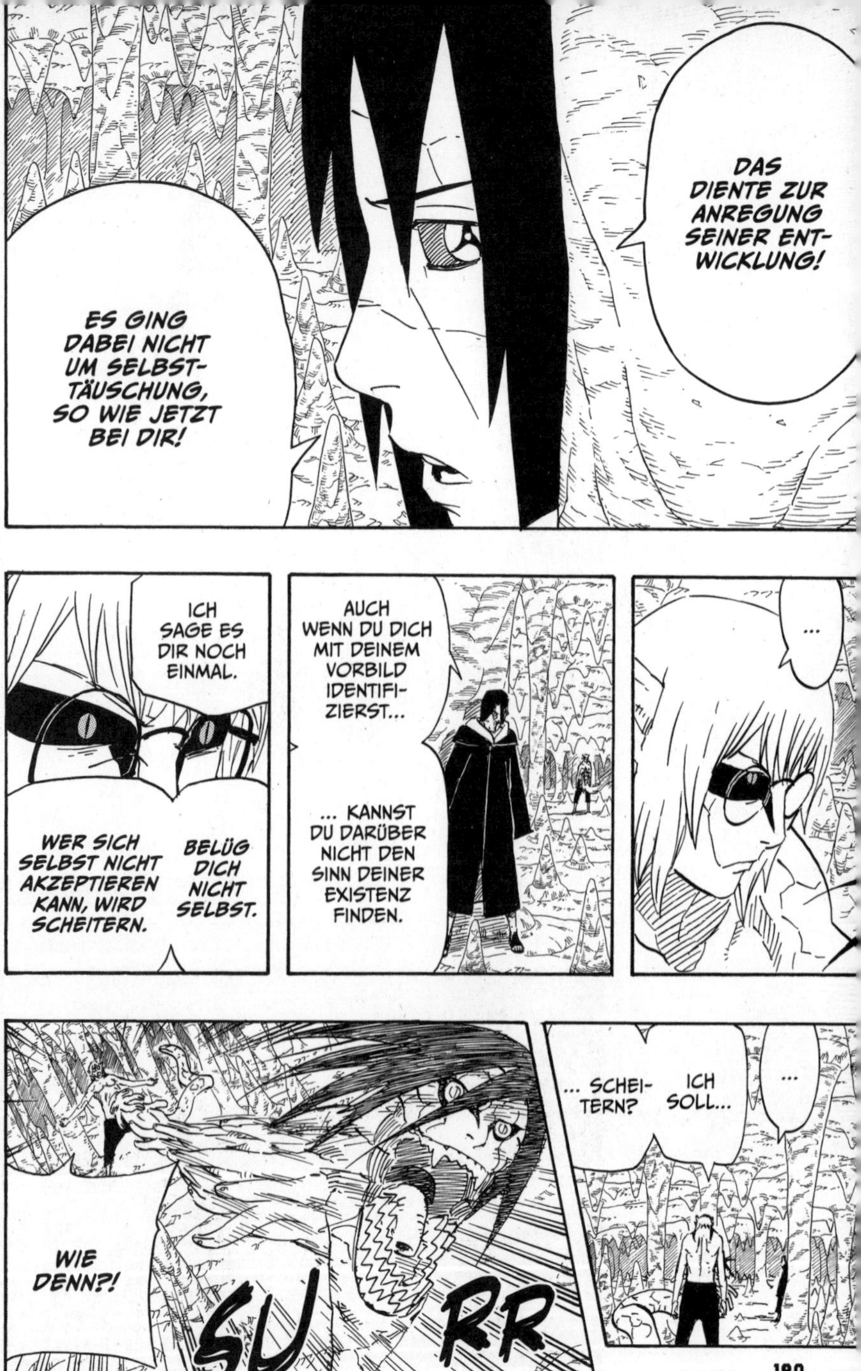
DAS DIENTE ZUR ANREGUNG SEINER ENTWICKLUNG!
ES GING DABEI NICHT UM SELBSTTÄUSCHUNG, SO WIE JETZT BEI DIR!
...
AUCH WENN DU DICH MIT DEINEM VORBILD IDENTIFIZIERST...
... KANNST DU DARÜBER NICHT DEN SINN DEINER EXISTENZ FINDEN.
ICH SAGE ES DIR NOCH EINMAL.
BELÜG DICH NICHT SELBST.
WER SICH SELBST NICHT AKZEPTIEREN KANN, WIRD SCHEITERN.
...
ICH SOLL...
... SCHEITERN?
WIE DENN?!
SURR

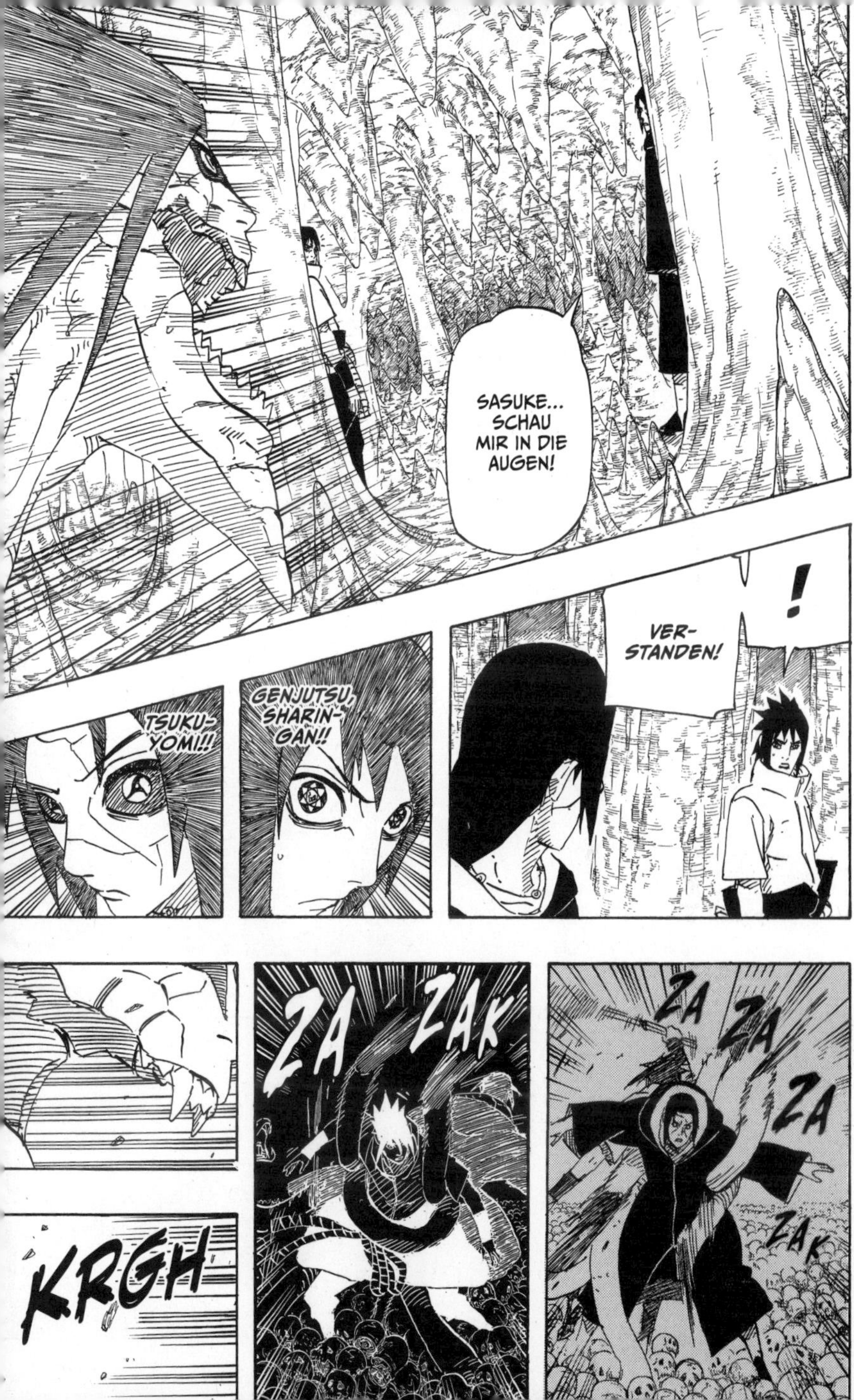
SASUKE... SCHAU MIR IN DIE AUGEN!
!
VER-STANDEN!
GENJUTSU, SHARIN-GAN!!
TSUKU-YOMI!!
ZA ZA ZA ZAK
ZA ZAK
KRGH

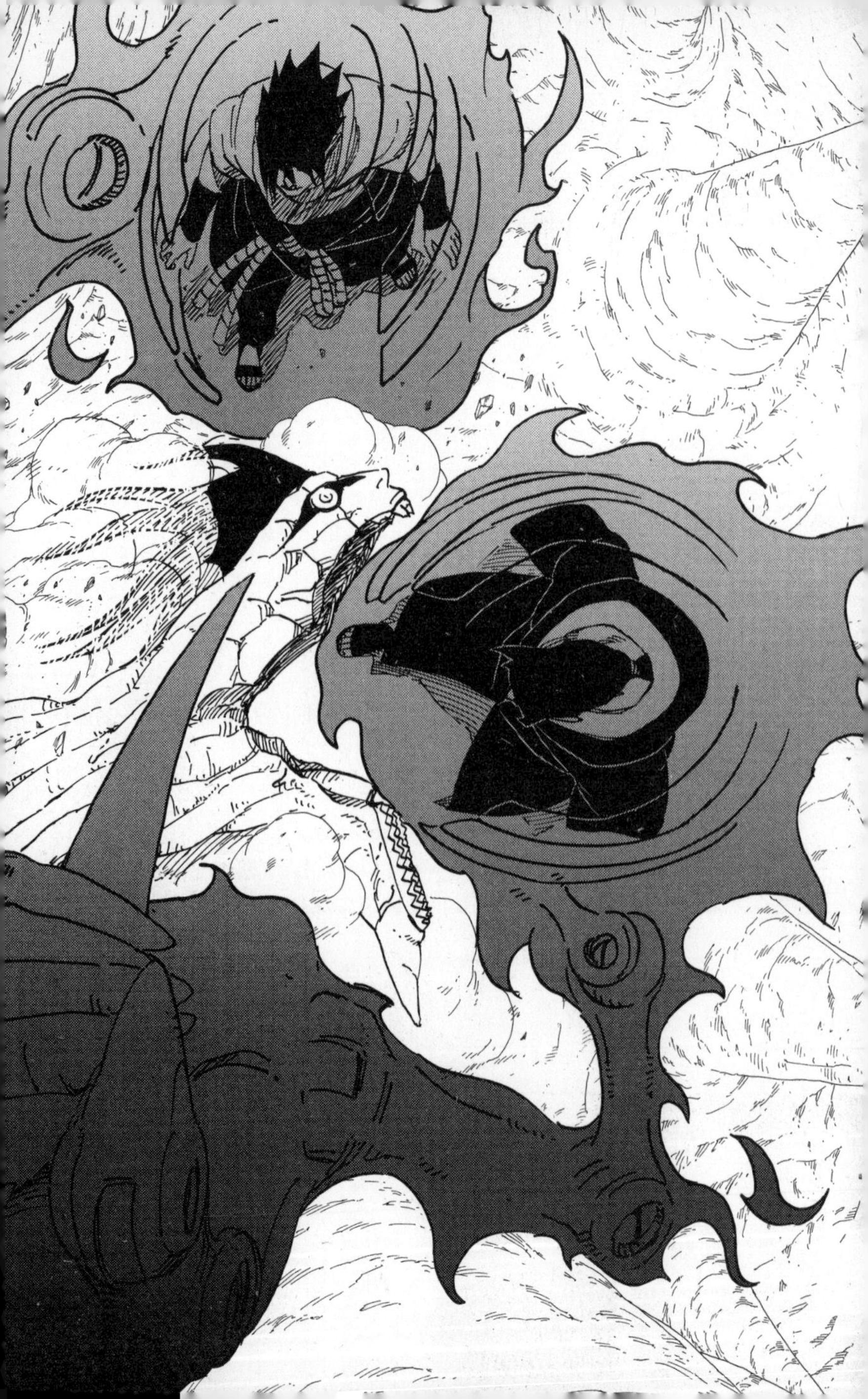

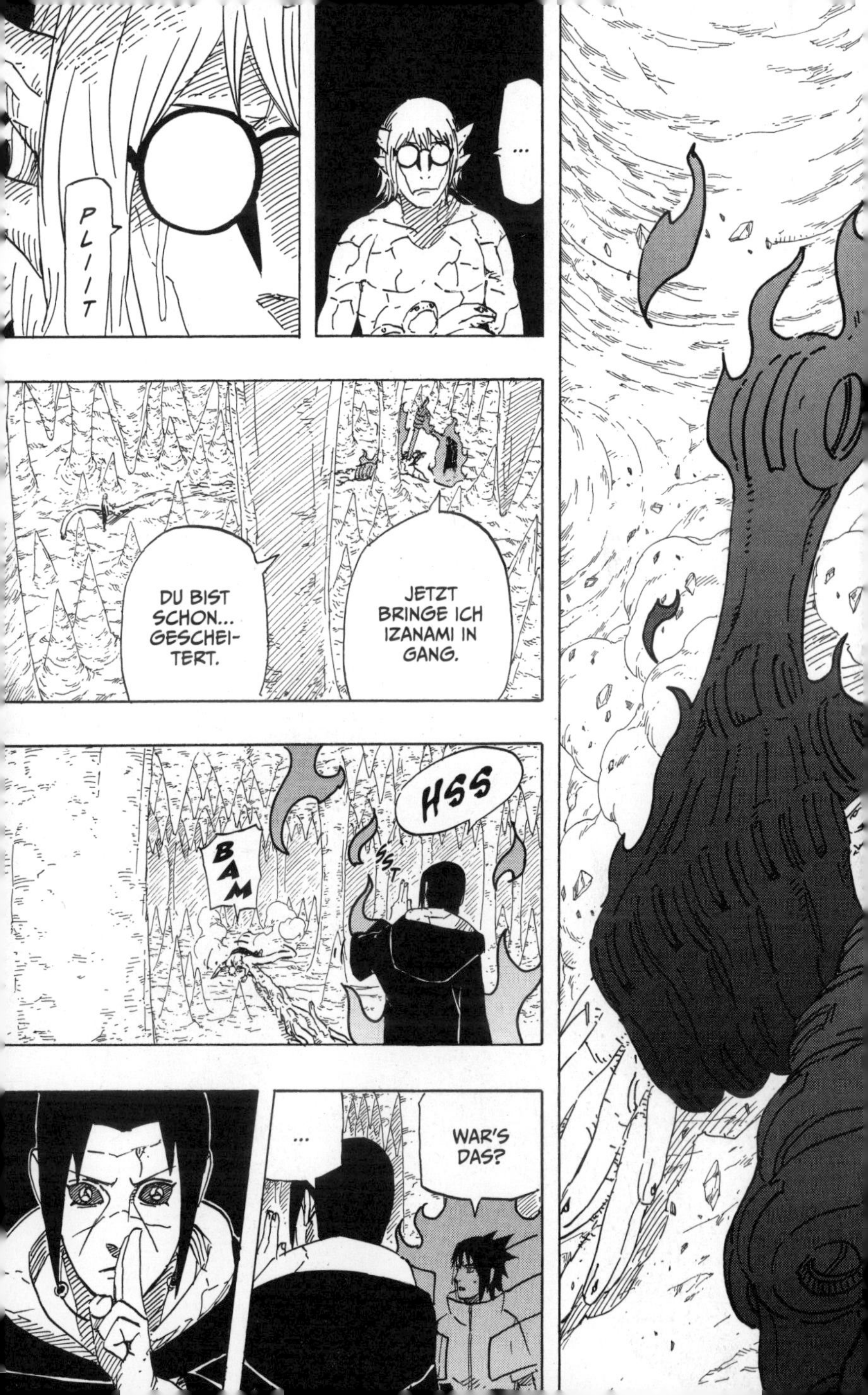

...
PLIIT
JETZT BRINGE ICH IZANAMI IN GANG.
DU BIST SCHON... GESCHEI-TERT.
HSS
SST
BAM
WAR'S DAS?
...

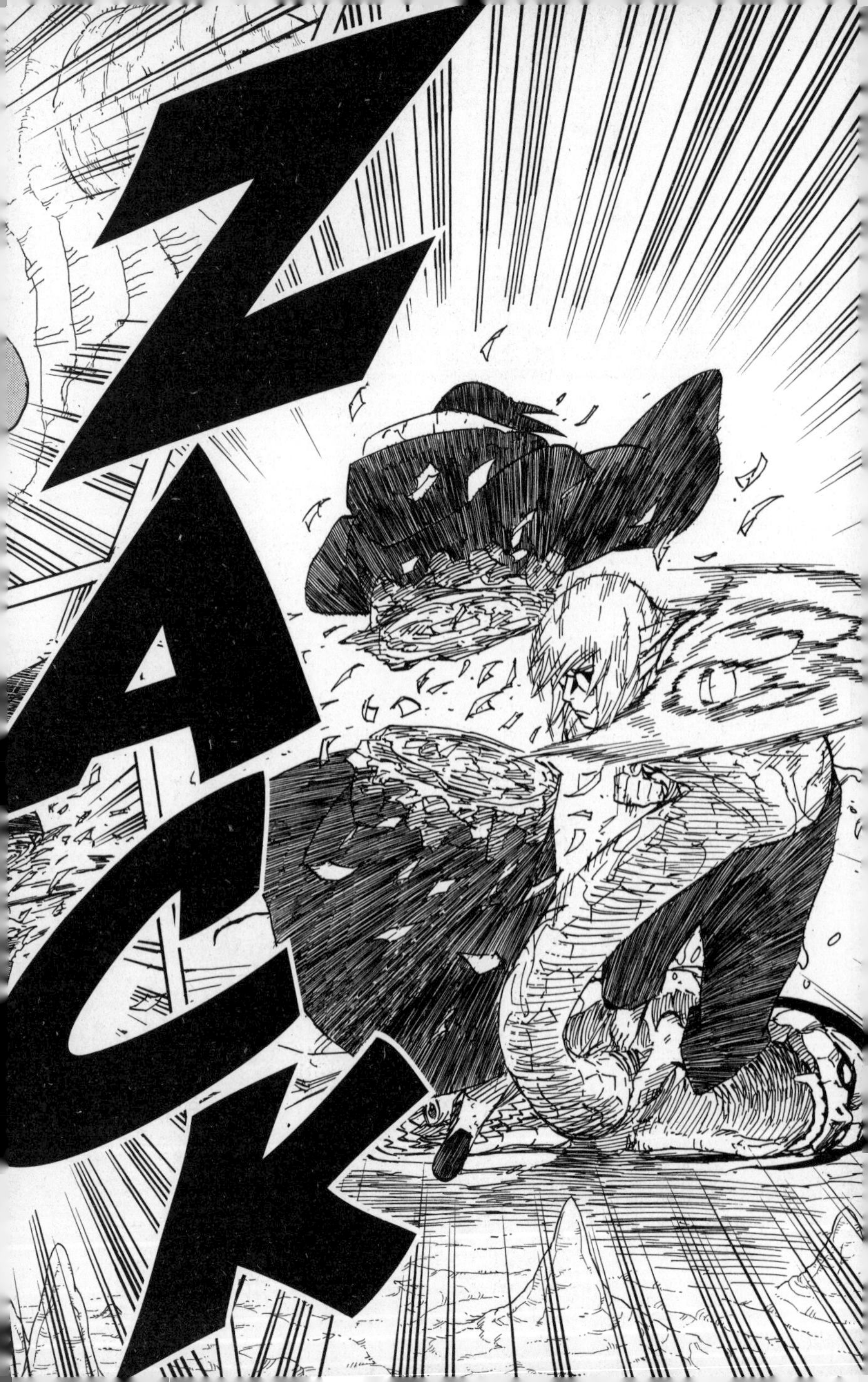
ZACK

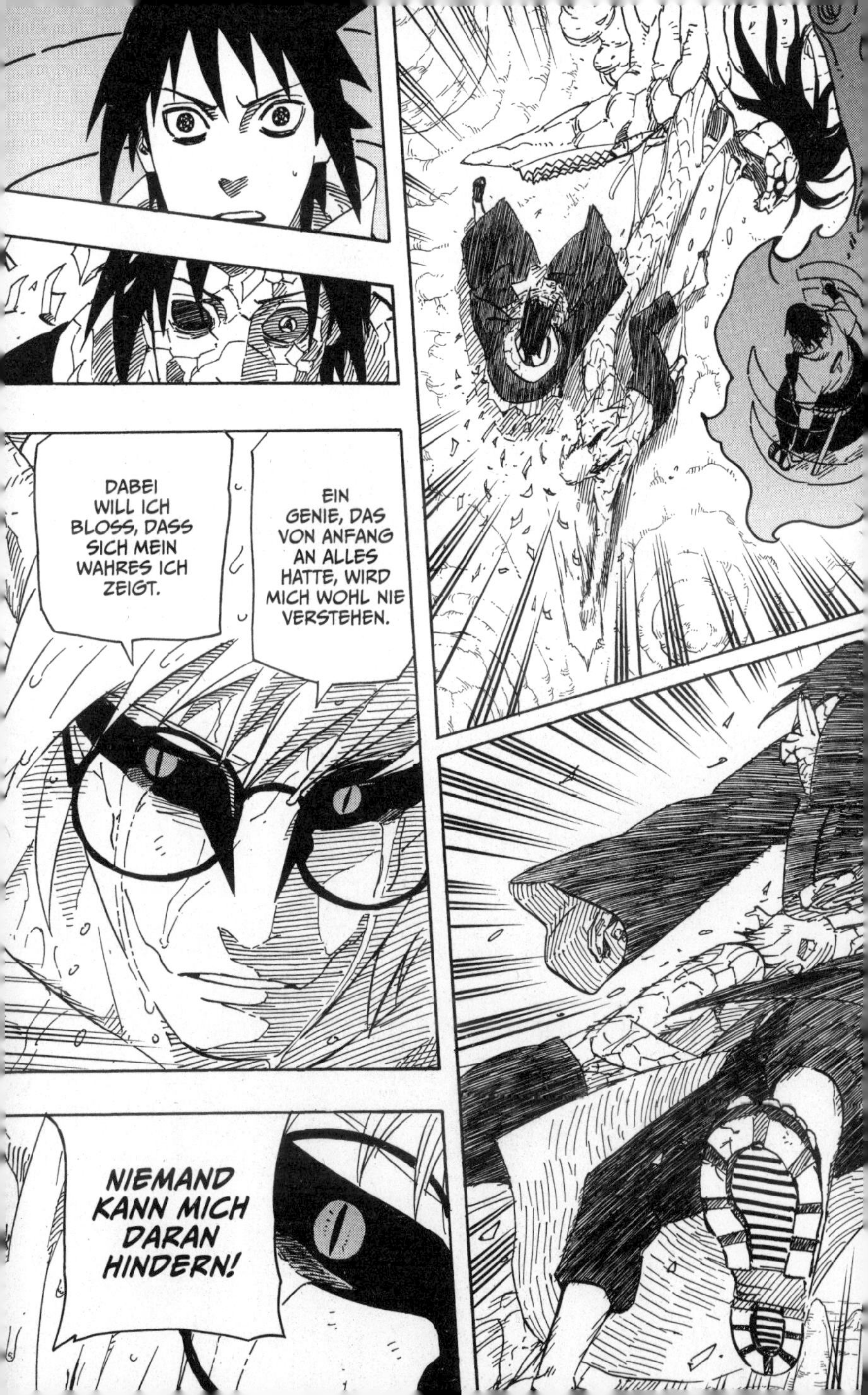

EIN GENIE, DAS VON ANFANG AN ALLES HATTE, WIRD MICH WOHL NIE VERSTEHEN.
DABEI WILL ICH BLOSS, DASS SICH MEIN WAHRES ICH ZEIGT.
NIEMAND KANN MICH DARAN HINDERN!

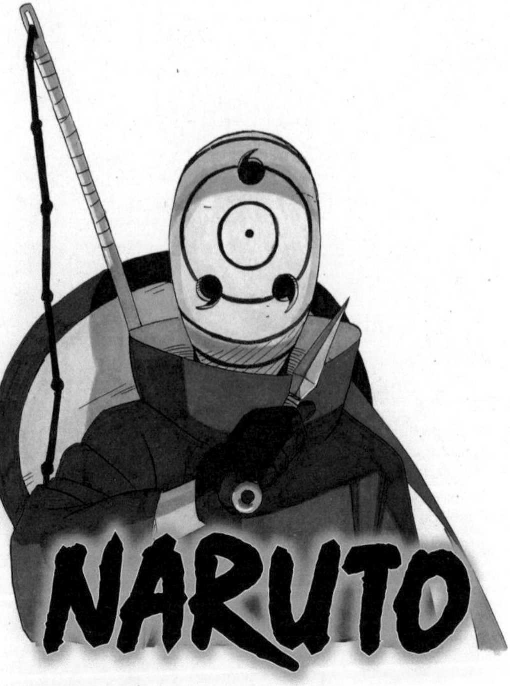
NARUTO

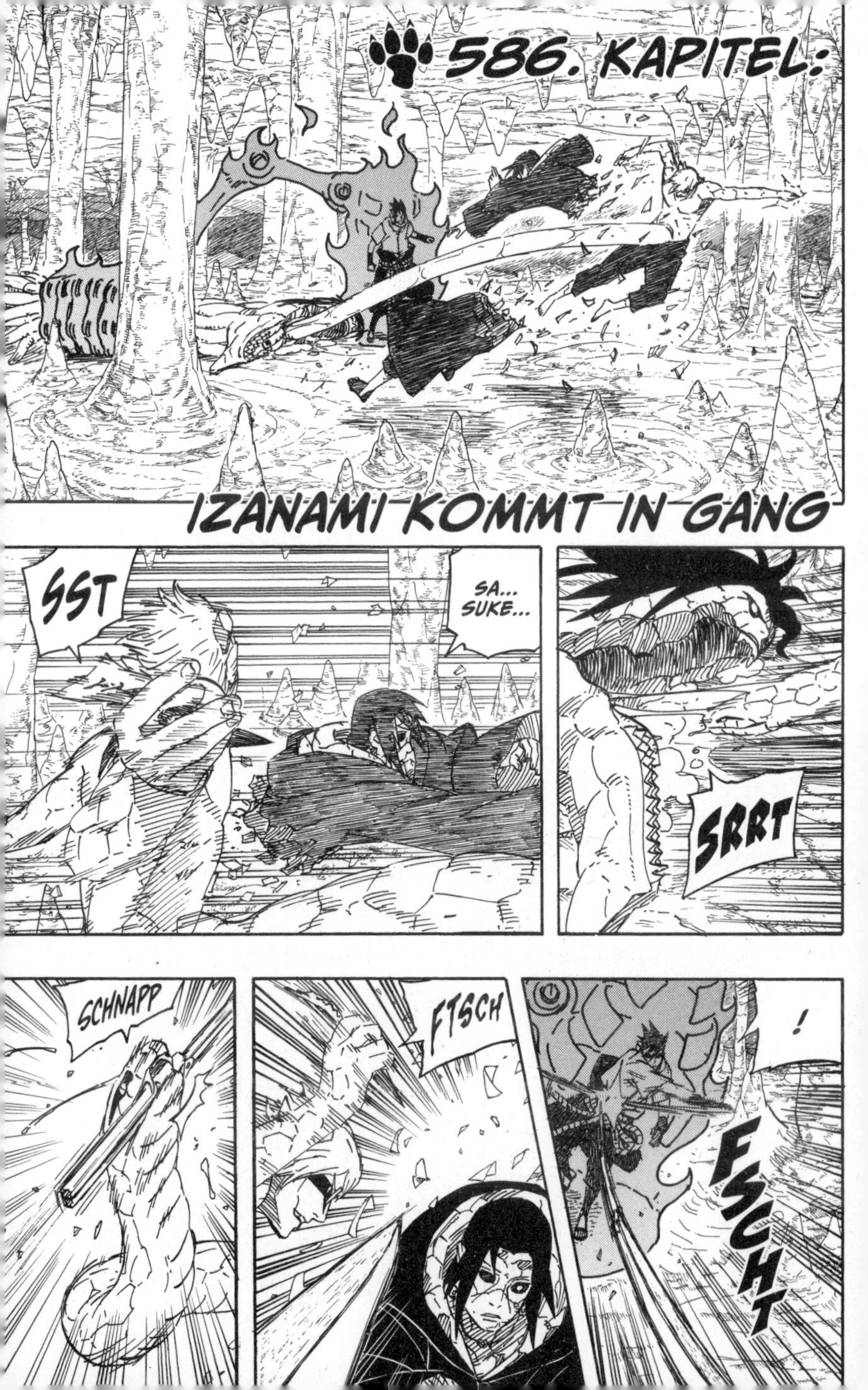
586. KAPITEL:
IZANAMI KOMMT IN GANG
SRRT
SA... SUKE...
SST
!
FSCHT
FTSCH
SCHNAPP

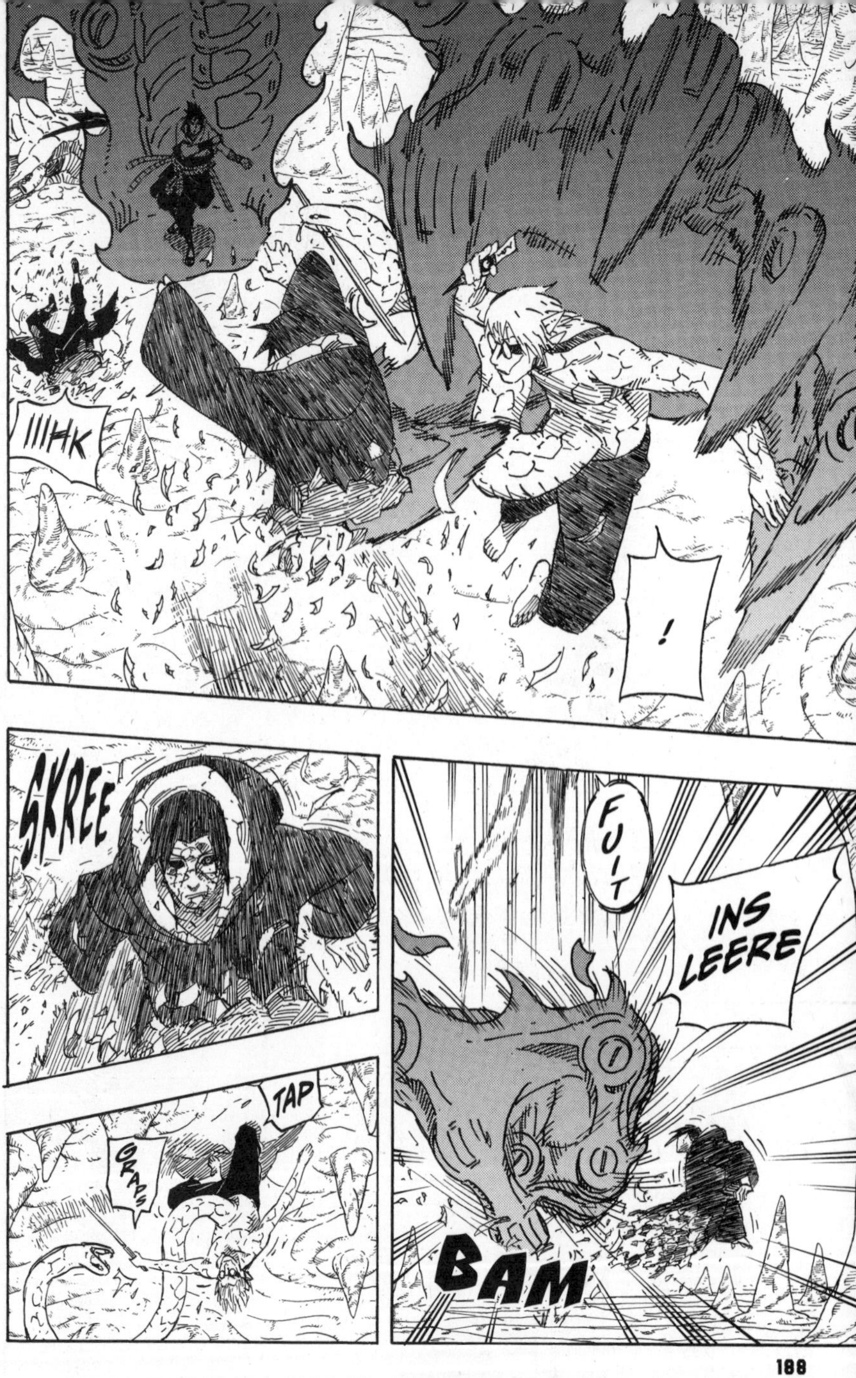
!
IIIHK
FUIT
INS
LEERE
BAM
SKREE
TAP
GRAPS

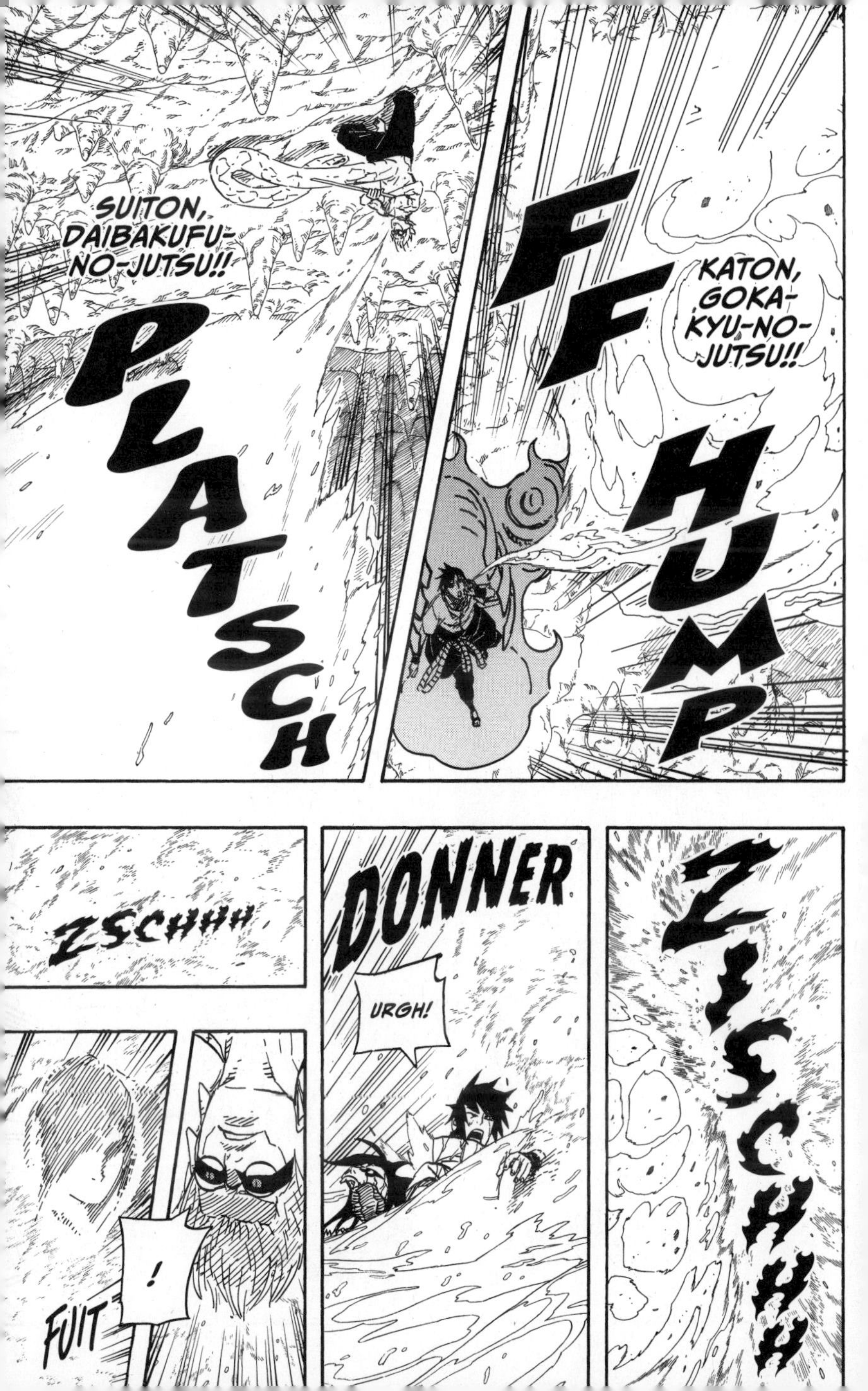
KATON, GOKA-KYU-NO-JUTSU!!
FFHUMP
SUITON, DAIBAKUFU-NO-JUTSU!!
PLATSCH
ZISCHHH
DONNER
URGH!
ZSCHHH
!
FUIT

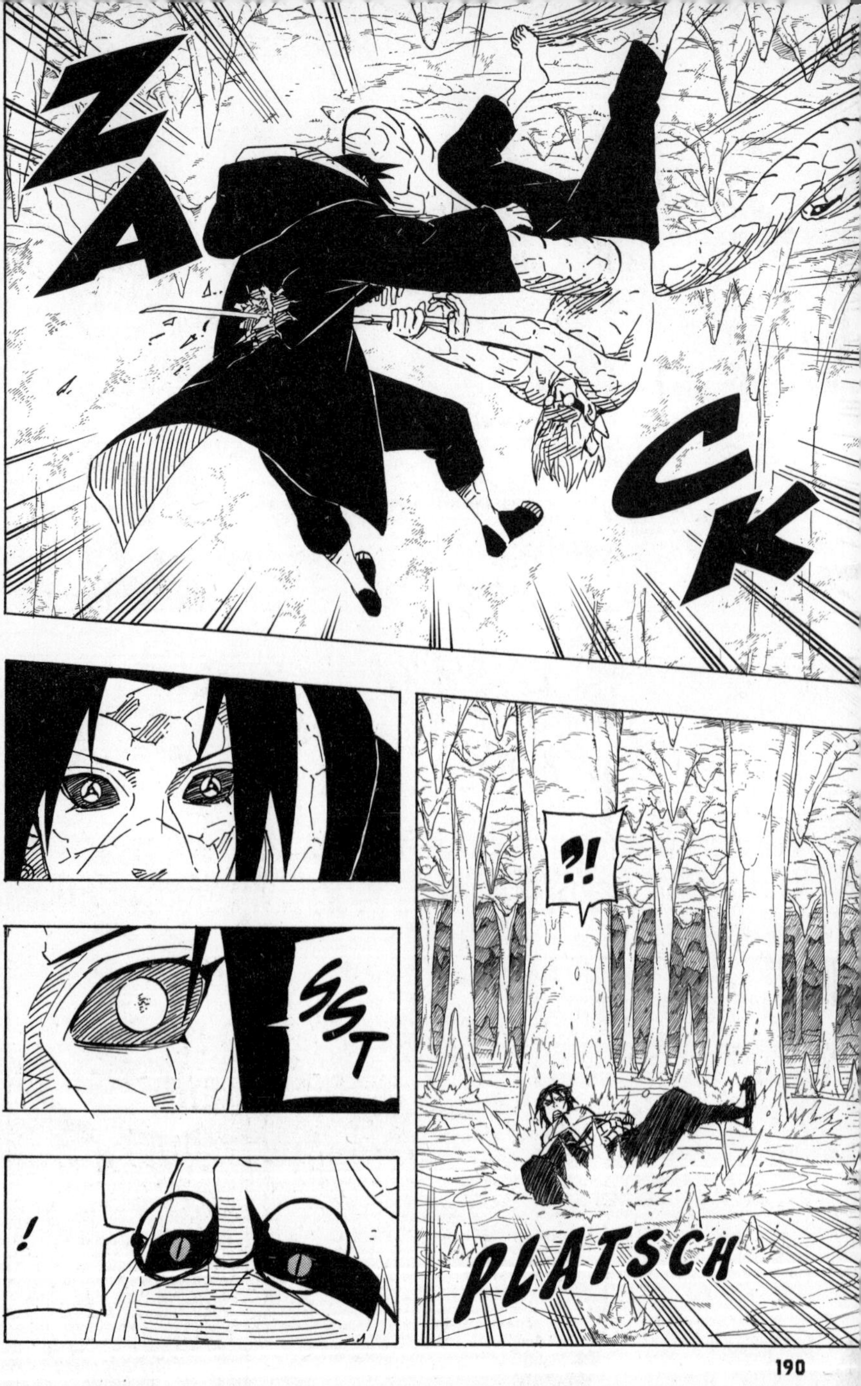

ZACK
SST
!
?!
PLATSCH

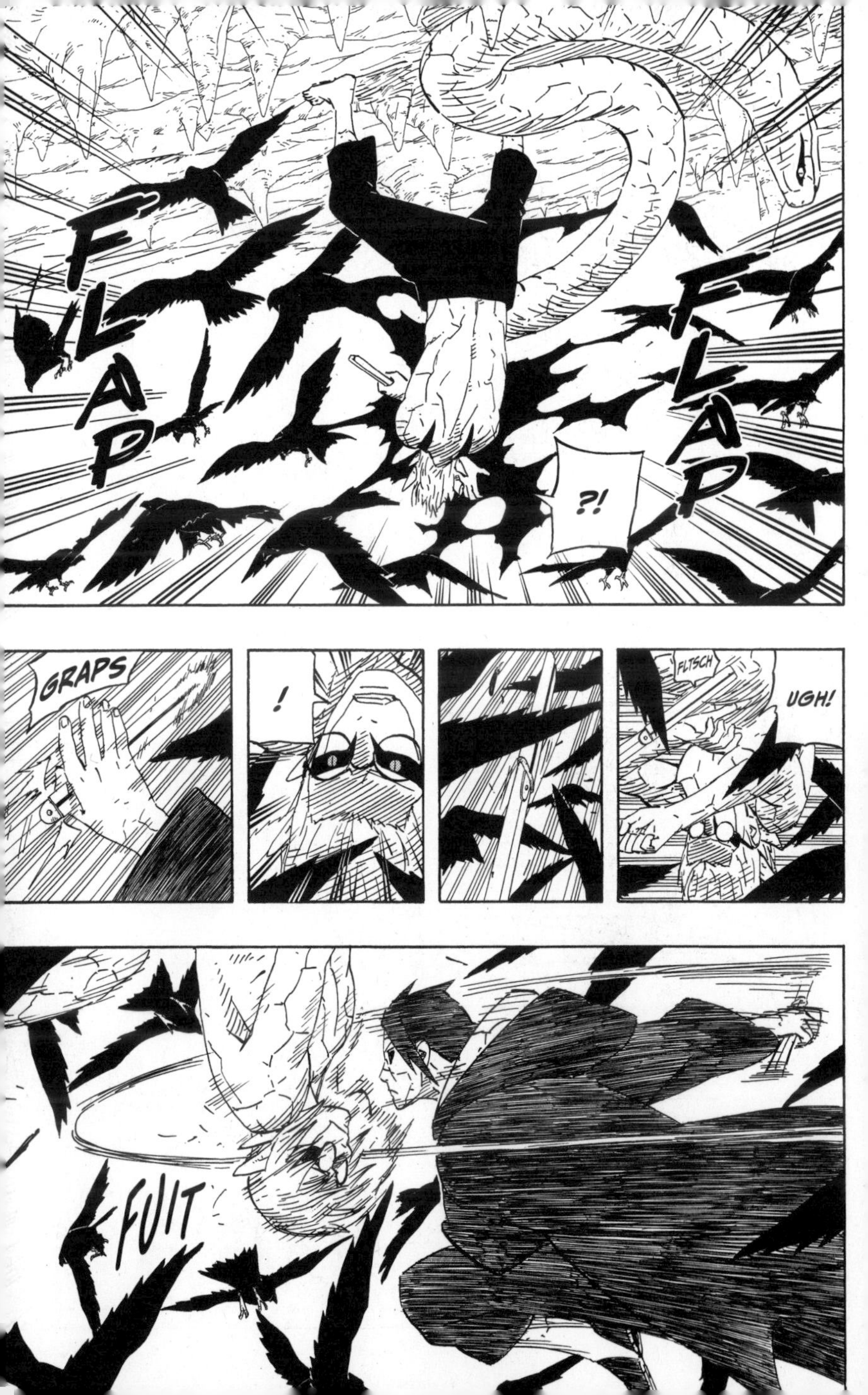
FLAP
?!
FLAP
FLTSCH
UGH!
!
GRAPS
FUIT

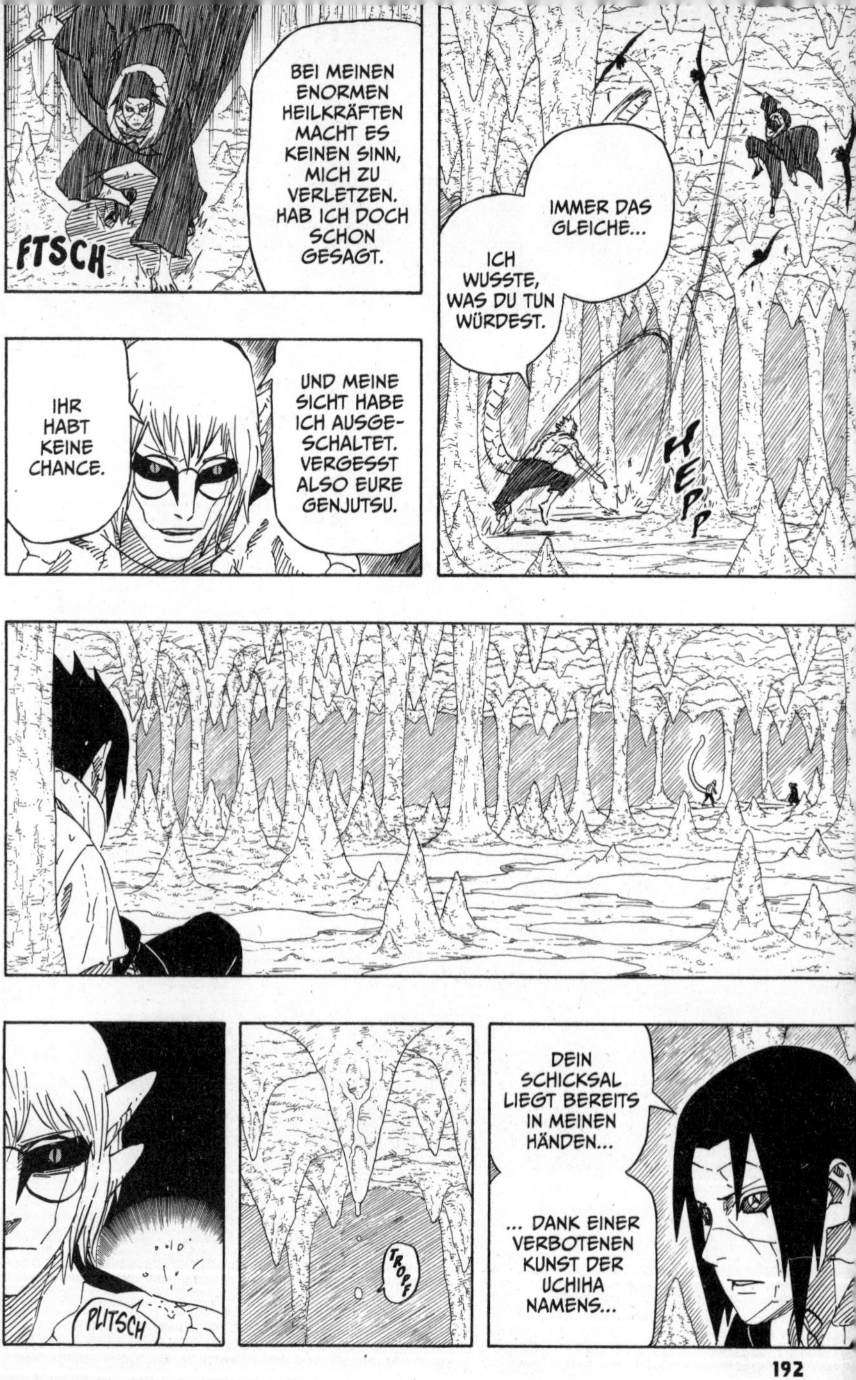
IMMER DAS GLEICHE...
ICH WUSSTE, WAS DU TUN WÜRDEST.
HEPP
BEI MEINEN ENORMEN HEILKRÄFTEN MACHT ES KEINEN SINN, MICH ZU VERLETZEN. HAB ICH DOCH SCHON GESAGT.
FTSCH
UND MEINE SICHT HABE ICH AUSGESCHALTET. VERGESST ALSO EURE GENJUTSU.
IHR HABT KEINE CHANCE.
DEIN SCHICKSAL LIEGT BEREITS IN MEINEN HÄNDEN...
... DANK EINER VERBOTENEN KUNST DER UCHIHA NAMENS...
TROPF
PLITSCH

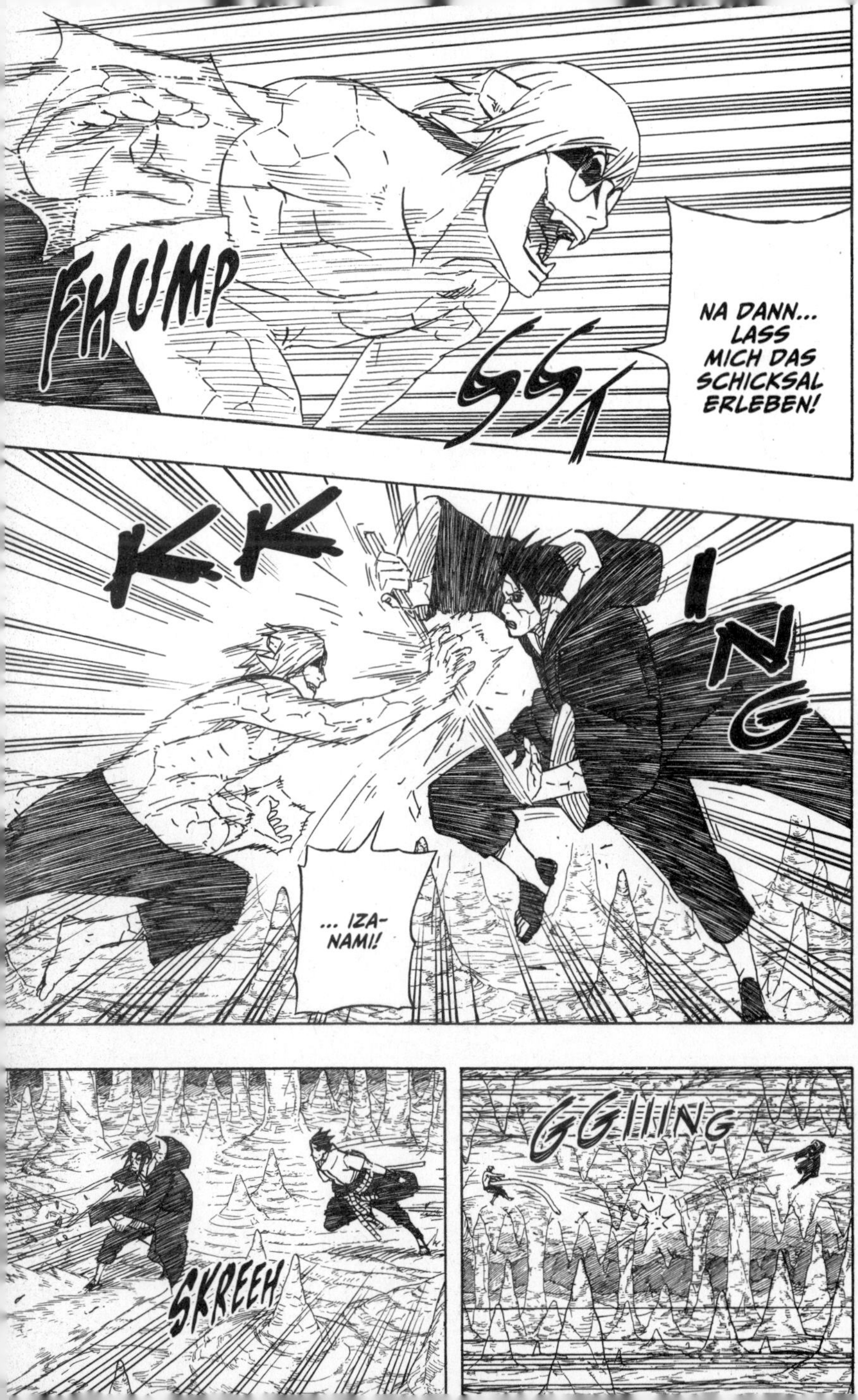
NA DANN... LASS MICH DAS SCHICKSAL ERLEBEN!
FHUMP
SST
KKING
... IZA-NAMI!
SKREEH
GGIIING

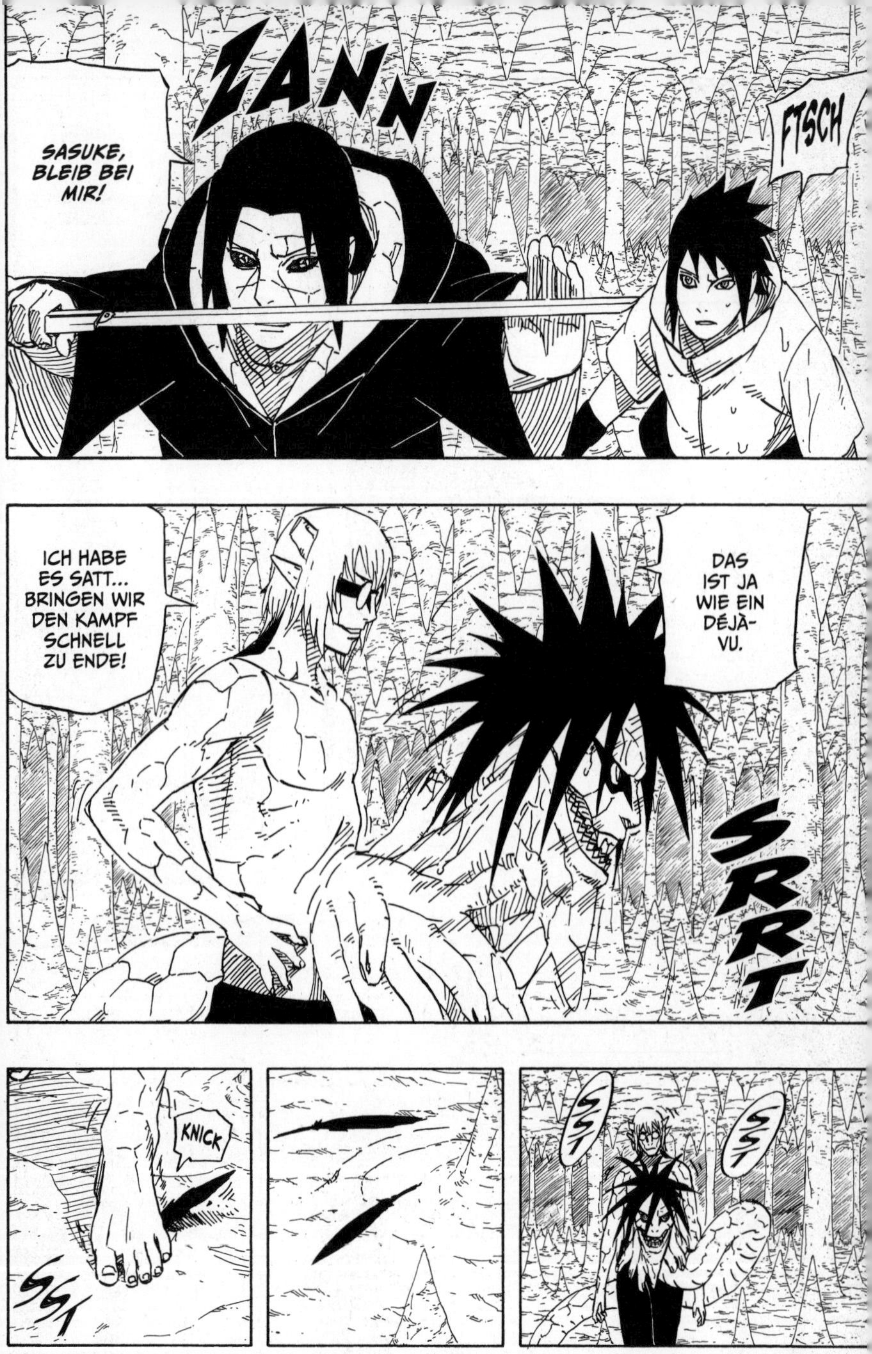
FTSCH
ZANN
SASUKE, BLEIB BEI MIR!
DAS IST JA WIE EIN DÉJÀ-VU.
ICH HABE ES SATT... BRINGEN WIR DEN KAMPF SCHNELL ZU ENDE!
SRRT
SST
SST
KNICK
SST

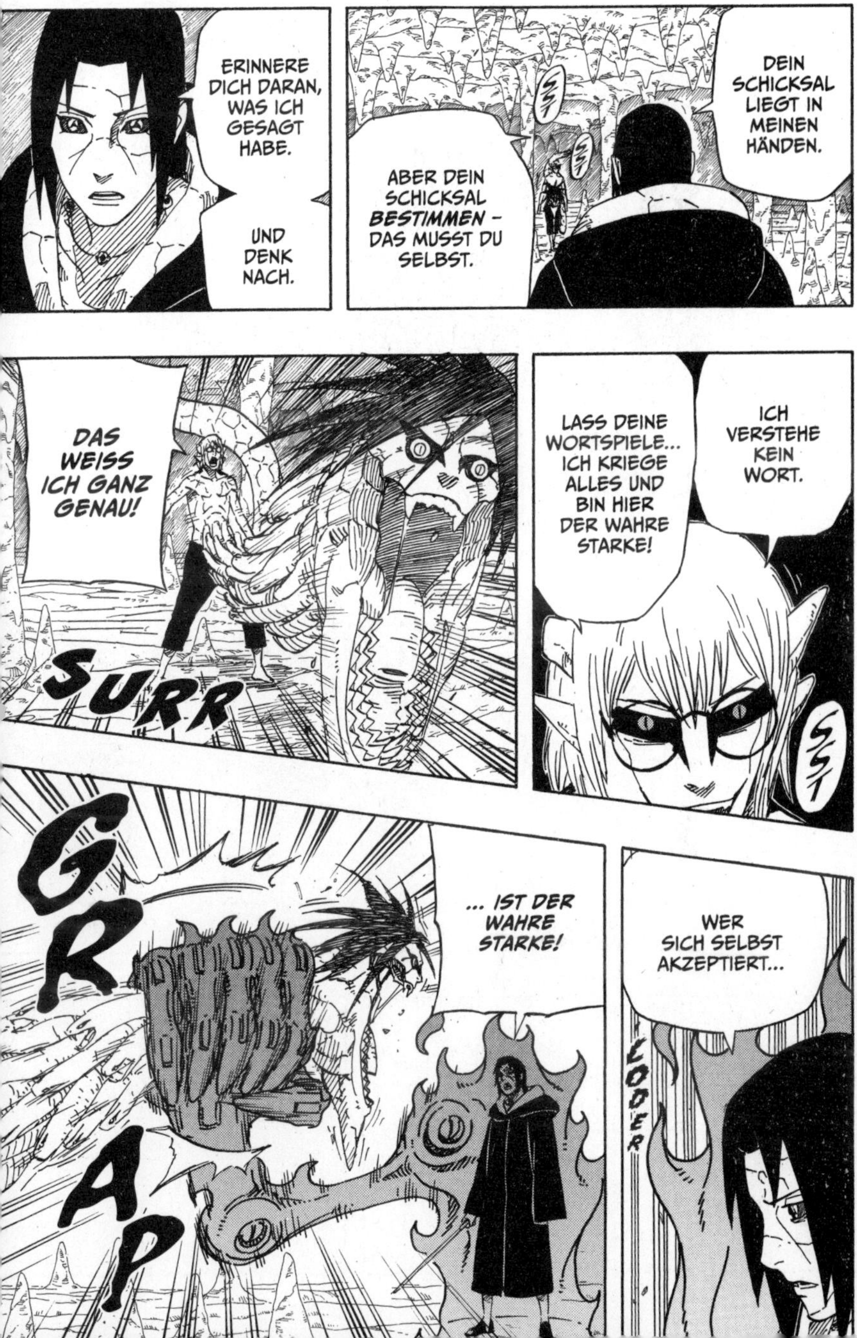
DEIN SCHICKSAL LIEGT IN MEINEN HÄNDEN.
SST
SST
ABER DEIN SCHICKSAL *BESTIMMEN* – DAS MUSST DU SELBST.
ERINNERE DICH DARAN, WAS ICH GESAGT HABE.
UND DENK NACH.
ICH VERSTEHE KEIN WORT.
LASS DEINE WORTSPIELE... ICH KRIEGE ALLES UND BIN HIER DER WAHRE STARKE!
SST
DAS WEISS ICH GANZ GENAU!
SURR
WER SICH SELBST AKZEPTIERT...
LODER
... IST DER WAHRE STARKE!
GRAP

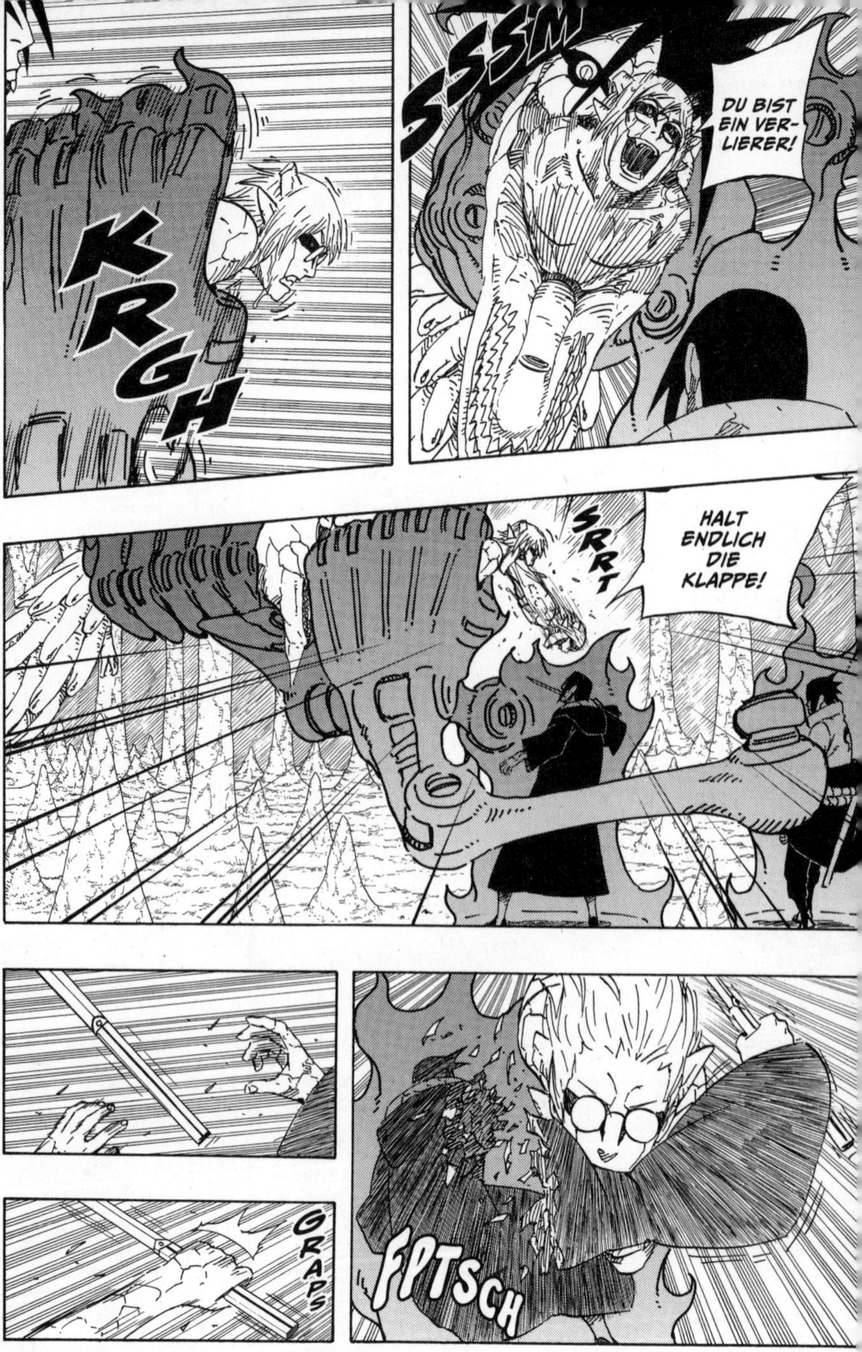

SSSM
DU BIST EIN VERLIERER!
KRGH
HALT ENDLICH DIE KLAPPE!
SRRT
FPTSCH
GRAPS

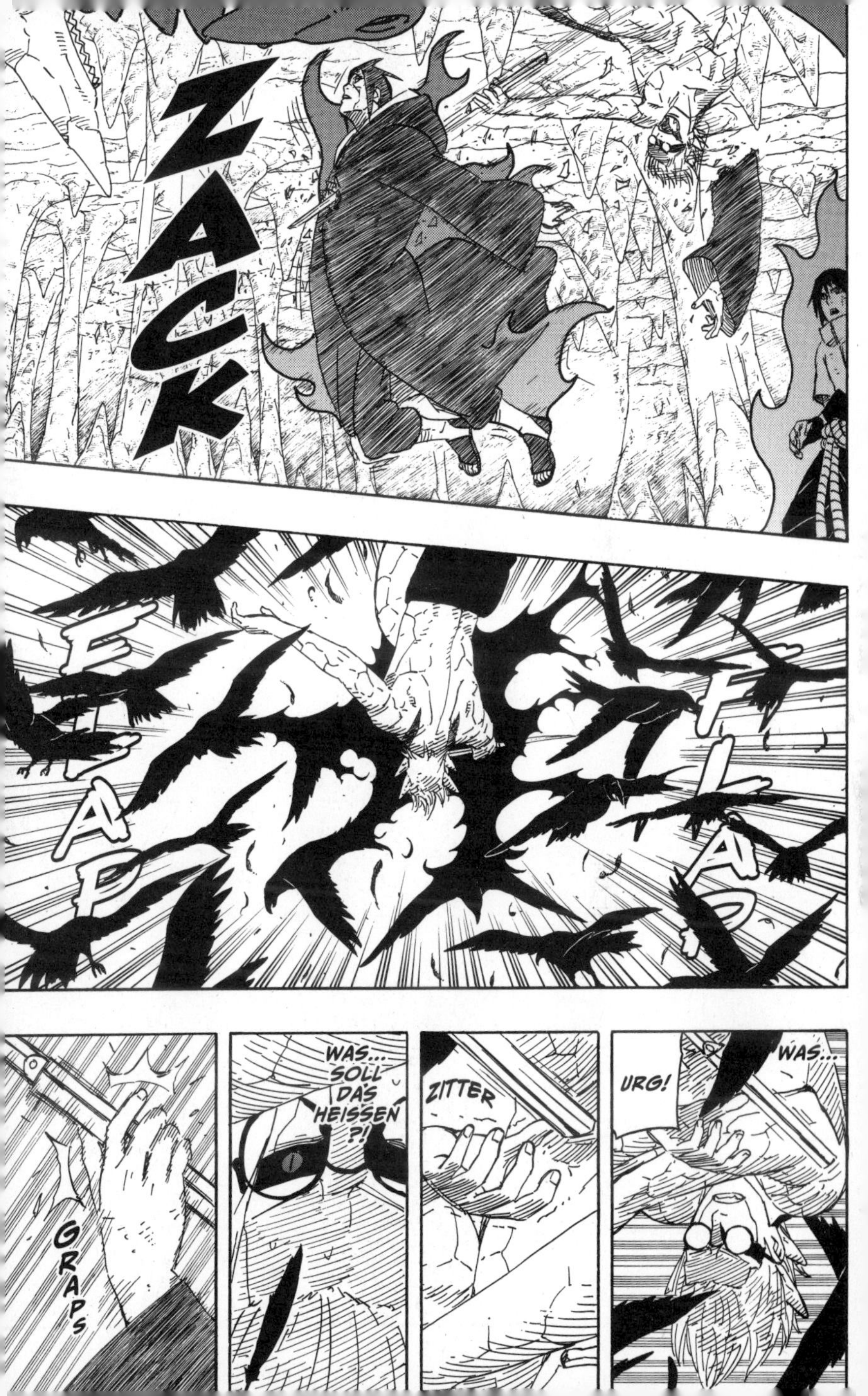
ZACK
FLAP
FLAP
WAS...
URG!
ZITTER
WAS... SOLL DAS HEISSEN?!
GRAPS

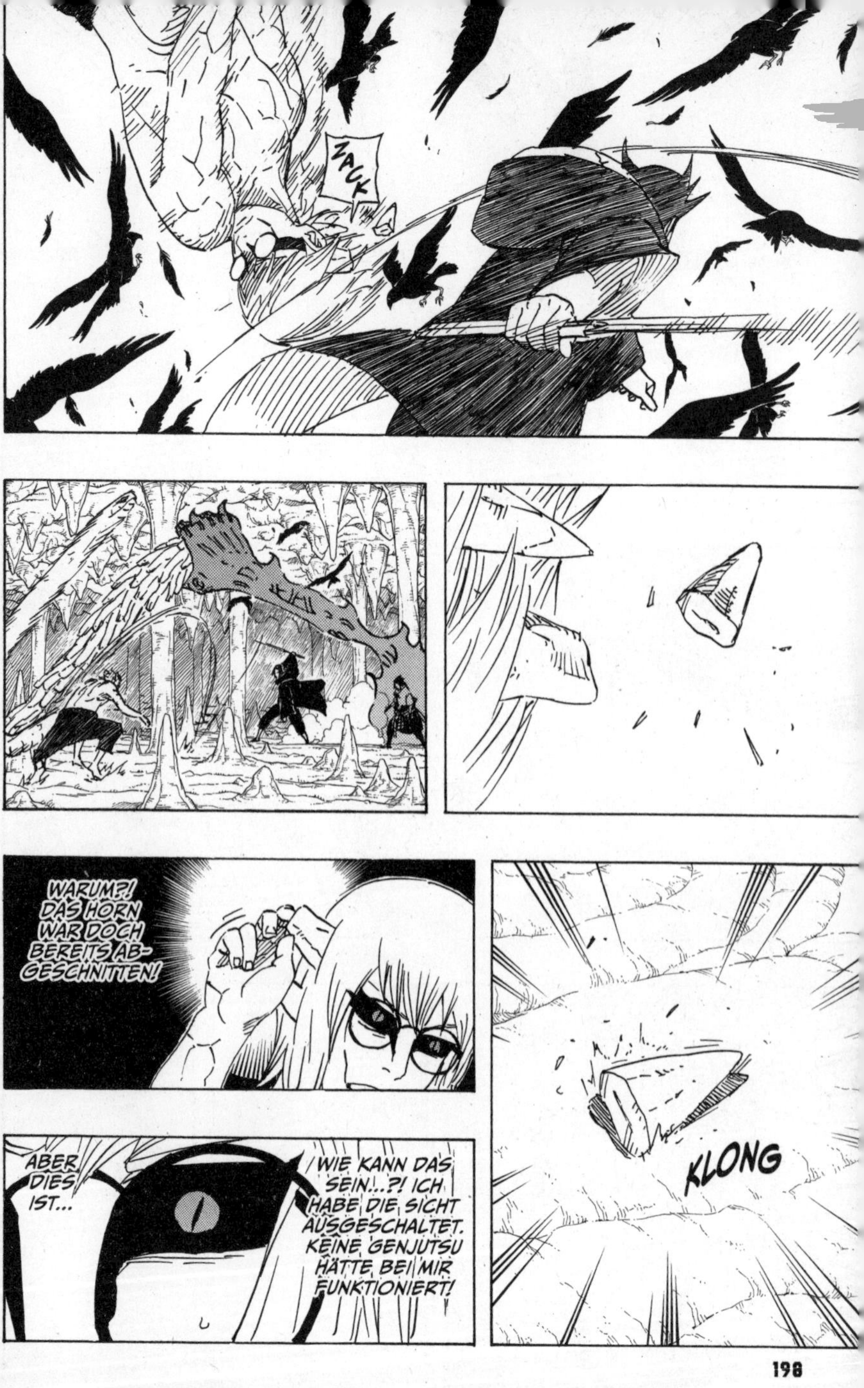
ZACK
WARUM?! DAS HORN WAR DOCH BEREITS AB-GESCHNITTEN!
KLONG
ABER DIES IST...
WIE KANN DAS SEIN...?! ICH HABE DIE SICHT AUSGESCHALTET. KEINE GENJUTSU HÄTTE BEI MIR FUNKTIONIERT!

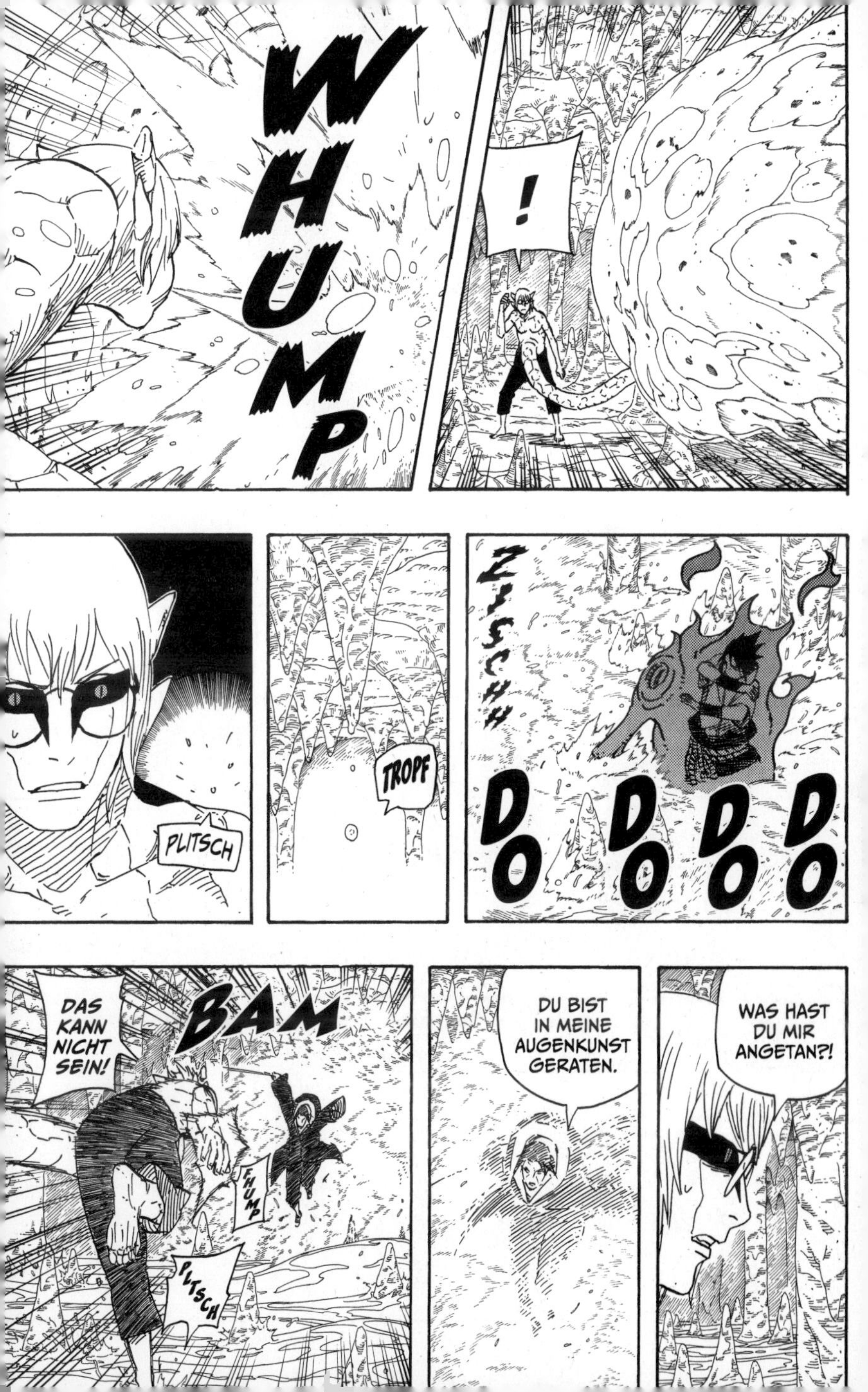
!
WHUMP
ZISCHH
DODODODO
TROPF
PLITSCH
WAS HAST DU MIR ANGETAN?!
DU BIST IN MEINE AUGENKUNST GERATEN.
DAS KANN NICHT SEIN!
BAM
FHUMP
PLITSCH

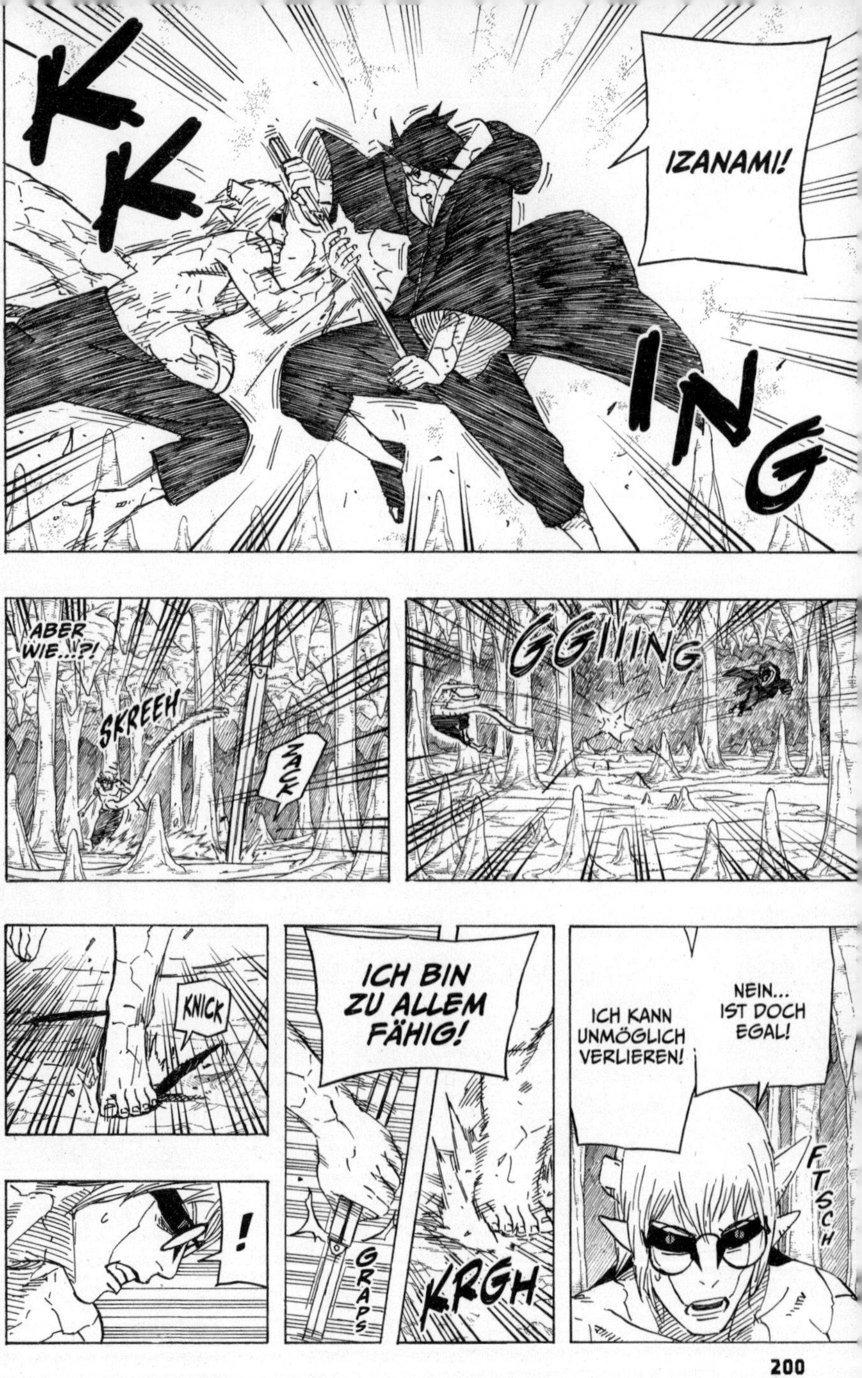
IZANAMI!
KK
ING
GGIIING
ABER WIE...?!
SKREEH
ZACK
NEIN... IST DOCH EGAL!
ICH KANN UNMÖGLICH VERLIEREN!
FTSCH
ICH BIN ZU ALLEM FÄHIG!
GRAPS
KRGH
KNICK
!

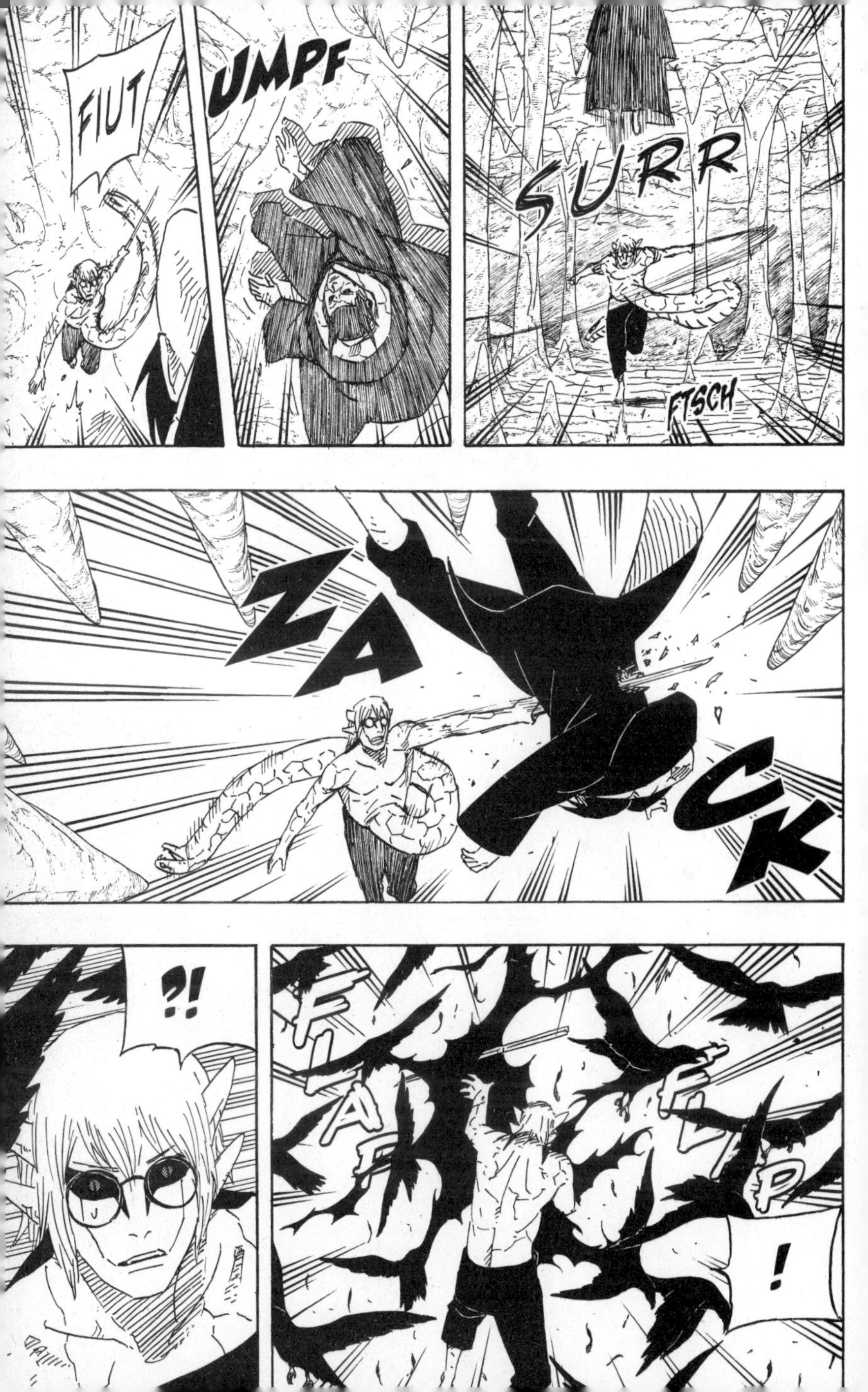
SURR
FTSCH
UMPF
FIUT
ZACK
FLAP
FLAP
!
?!

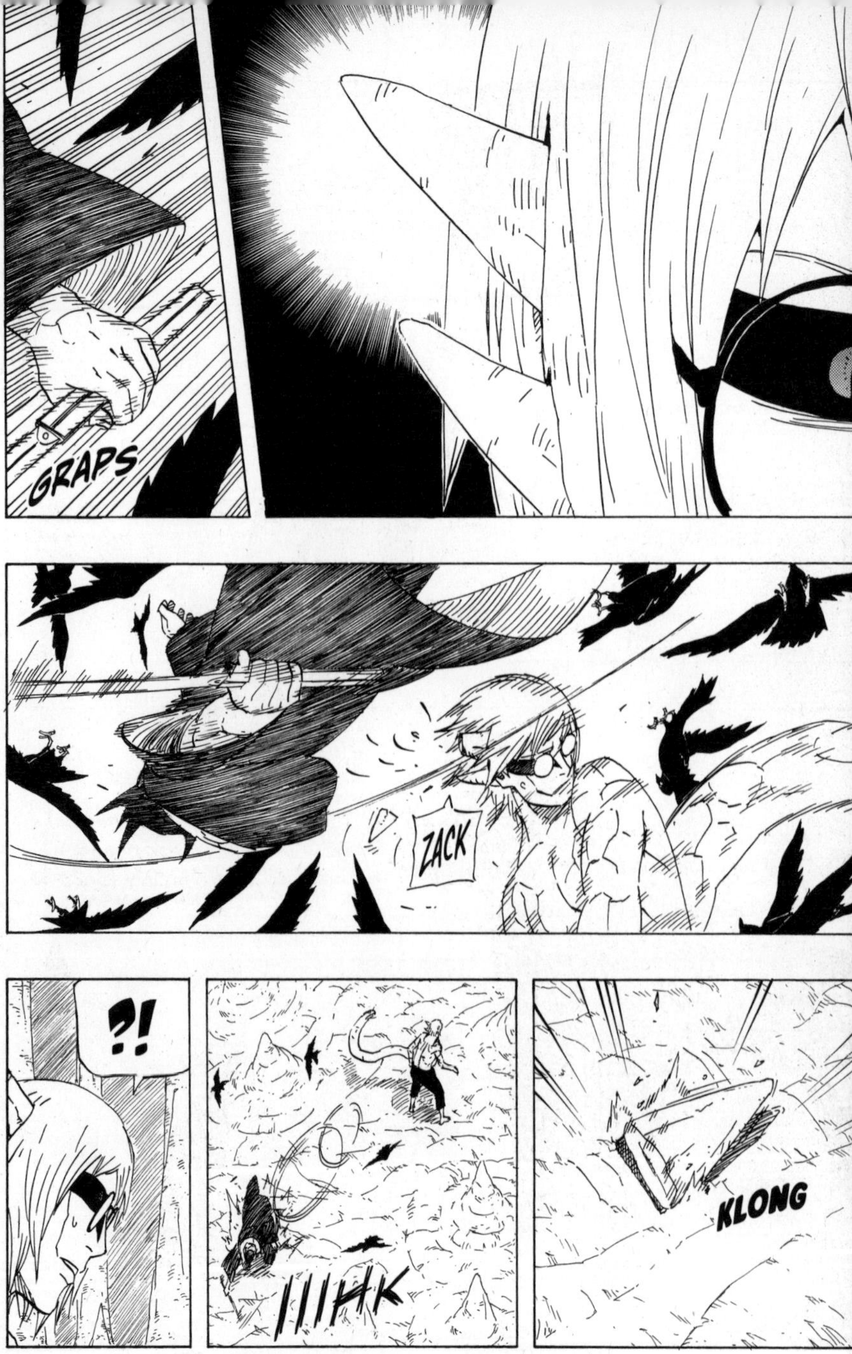
GRAPS
ZACK
KLONG
IIIHK
?!

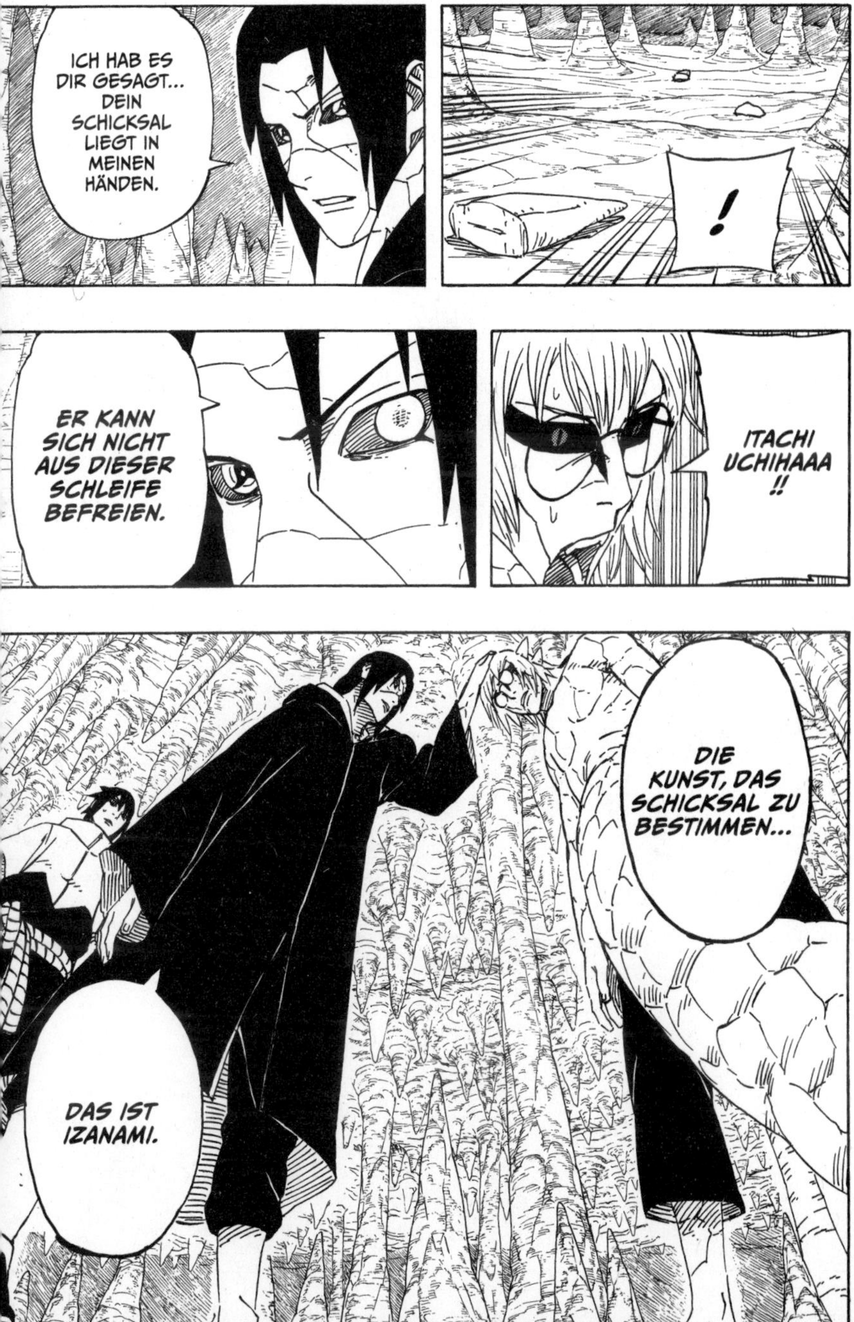
!
ICH HAB ES DIR GESAGT... DEIN SCHICKSAL LIEGT IN MEINEN HÄNDEN.
ITACHI UCHIHAAA !!
ER KANN SICH NICHT AUS DIESER SCHLEIFE BEFREIEN.
DIE KUNST, DAS SCHICKSAL ZU BESTIMMEN...
DAS IST IZANAMI.

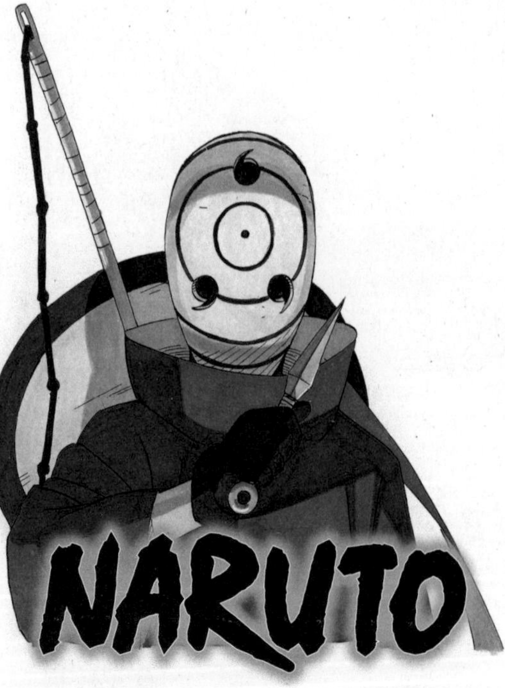
NARUTO

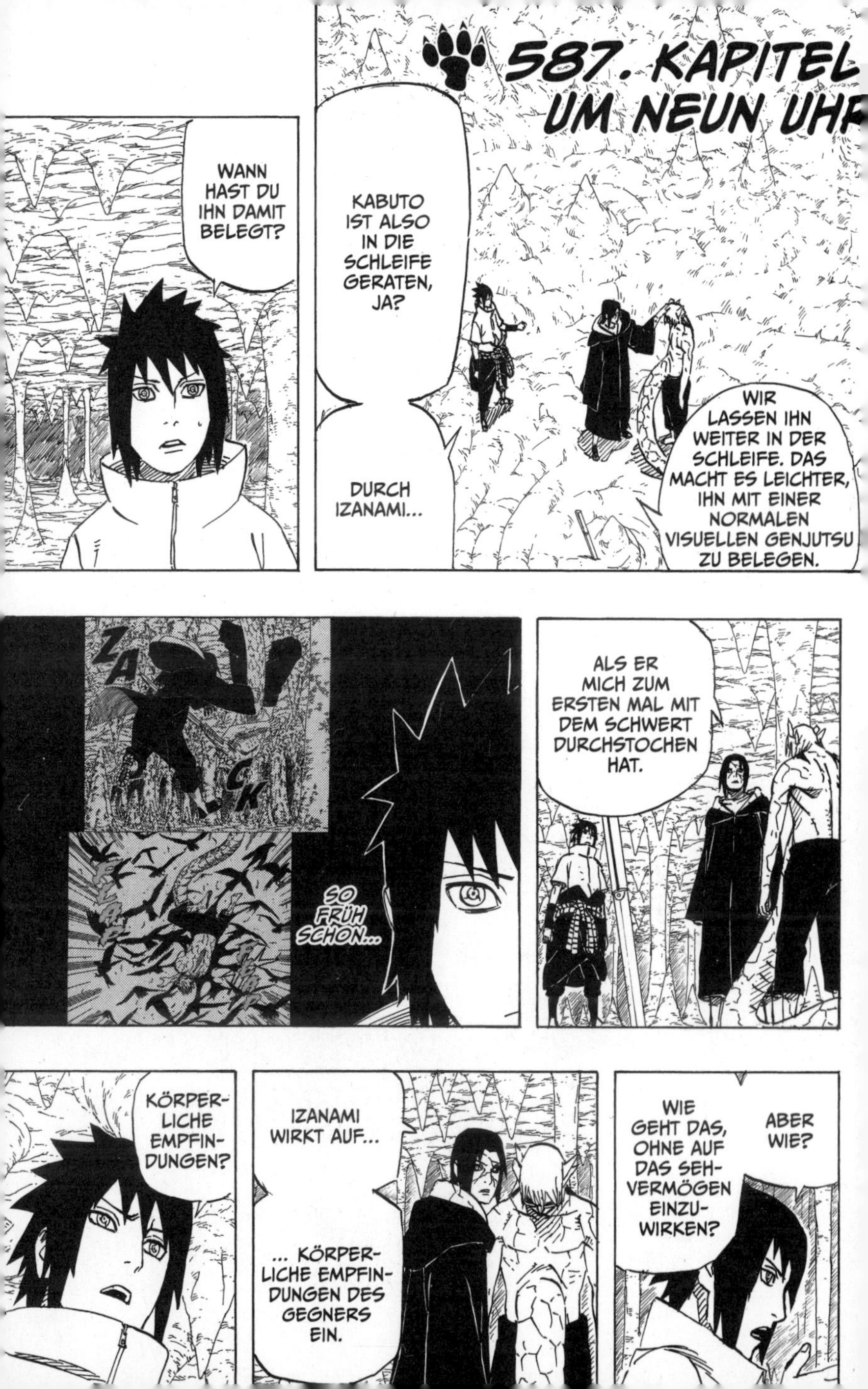
587. KAPITEL
UM NEUN UHR
KABUTO IST ALSO IN DIE SCHLEIFE GERATEN, JA?
DURCH IZANAMI...
WIR LASSEN IHN WEITER IN DER SCHLEIFE. DAS MACHT ES LEICHTER, IHN MIT EINER NORMALEN VISUELLEN GENJUTSU ZU BELEGEN.
WANN HAST DU IHN DAMIT BELEGT?
ALS ER MICH ZUM ERSTEN MAL MIT DEM SCHWERT DURCHSTOCHEN HAT.
SO FRÜH SCHON...
ZACK
FLAP
FLAP
ABER WIE?
WIE GEHT DAS, OHNE AUF DAS SEHVERMÖGEN EINZUWIRKEN?
IZANAMI WIRKT AUF...
... KÖRPERLICHE EMPFINDUNGEN DES GEGNERS EIN.
KÖRPERLICHE EMPFINDUNGEN?

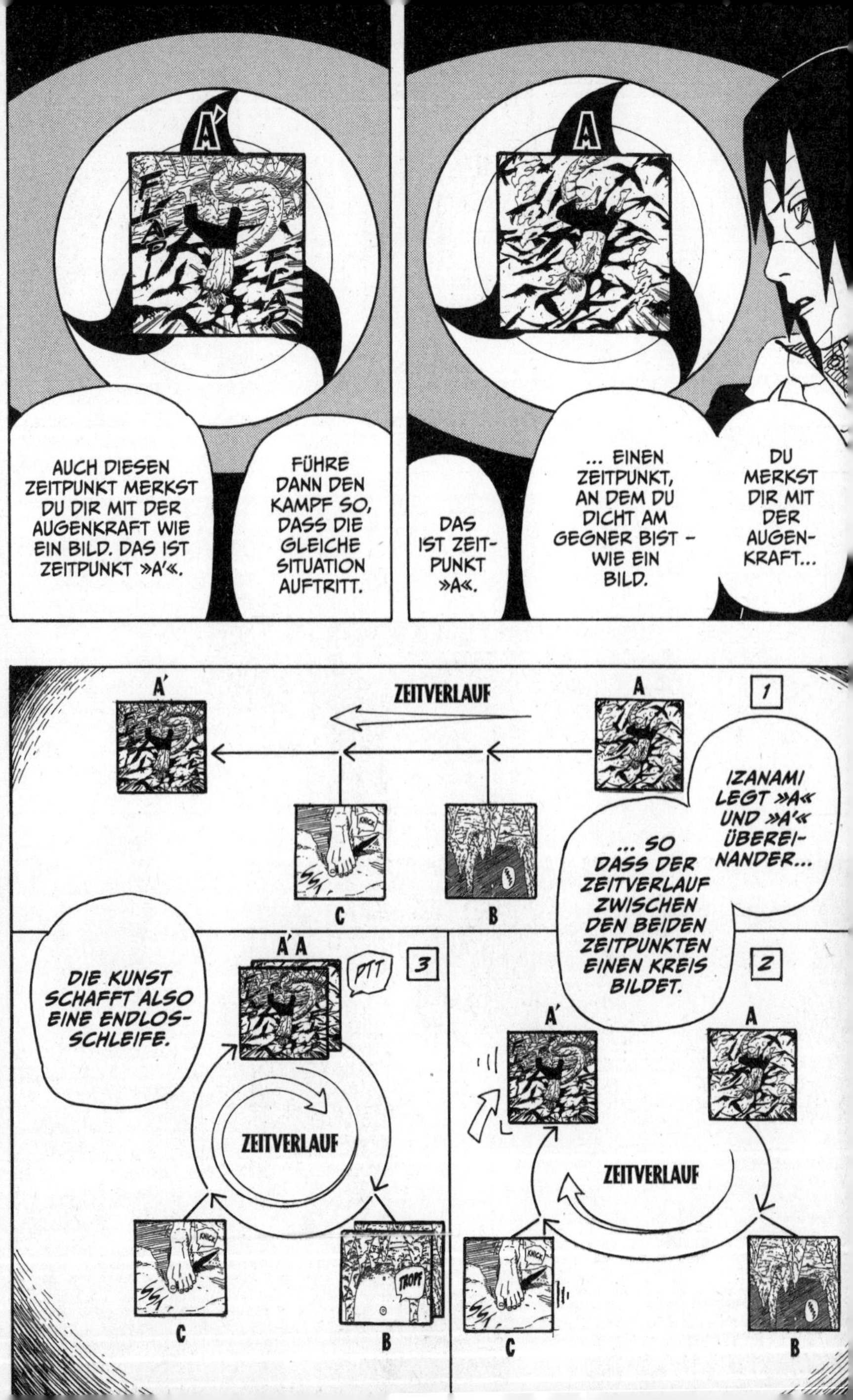
A
DU MERKST DIR MIT DER AUGENKRAFT...
... EINEN ZEITPUNKT, AN DEM DU DICHT AM GEGNER BIST – WIE EIN BILD.
DAS IST ZEITPUNKT »A«.
A'
FLAP
FLAP
FÜHRE DANN DEN KAMPF SO, DASS DIE GLEICHE SITUATION AUFTRITT.
AUCH DIESEN ZEITPUNKT MERKST DU DIR MIT DER AUGENKRAFT WIE EIN BILD. DAS IST ZEITPUNKT »A'«.
1
A
ZEITVERLAUF
A'
B
KNICK
C
IZANAMI LEGT »A« UND »A'« ÜBEREINANDER...
... SO DASS DER ZEITVERLAUF ZWISCHEN DEN BEIDEN ZEITPUNKTEN EINEN KREIS BILDET.
2
A
A'
ZEITVERLAUF
B
KNICK
C
3
A' A
PTT
ZEITVERLAUF
TROPF
B
KNICK
C
DIE KUNST SCHAFFT ALSO EINE ENDLOSSCHLEIFE.

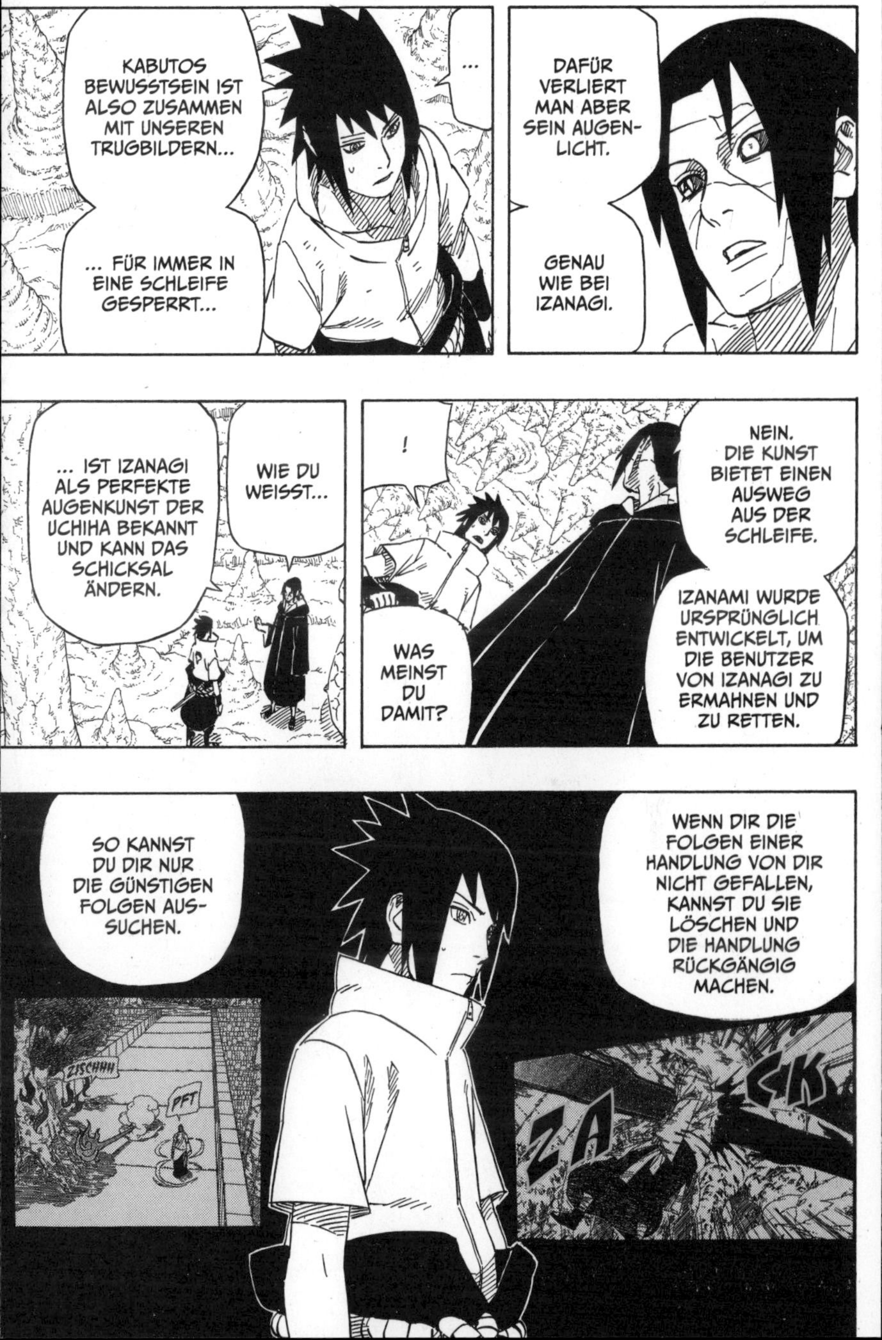
KABUTOS BEWUSSTSEIN IST ALSO ZUSAMMEN MIT UNSEREN TRUGBILDERN...
... FÜR IMMER IN EINE SCHLEIFE GESPERRT...
...
DAFÜR VERLIERT MAN ABER SEIN AUGEN-LICHT.
GENAU WIE BEI IZANAGI.
WIE DU WEISST...
... IST IZANAGI ALS PERFEKTE AUGENKUNST DER UCHIHA BEKANNT UND KANN DAS SCHICKSAL ÄNDERN.
NEIN. DIE KUNST BIETET EINEN AUSWEG AUS DER SCHLEIFE.
!
WAS MEINST DU DAMIT?
IZANAMI WURDE URSPRÜNGLICH ENTWICKELT, UM DIE BENUTZER VON IZANAGI ZU ERMAHNEN UND ZU RETTEN.
WENN DIR DIE FOLGEN EINER HANDLUNG VON DIR NICHT GEFALLEN, KANNST DU SIE LÖSCHEN UND DIE HANDLUNG RÜCKGÄNGIG MACHEN.
SO KANNST DU DIR NUR DIE GÜNSTIGEN FOLGEN AUS-SUCHEN.
ZISCHHH
PFT
ZA
CK

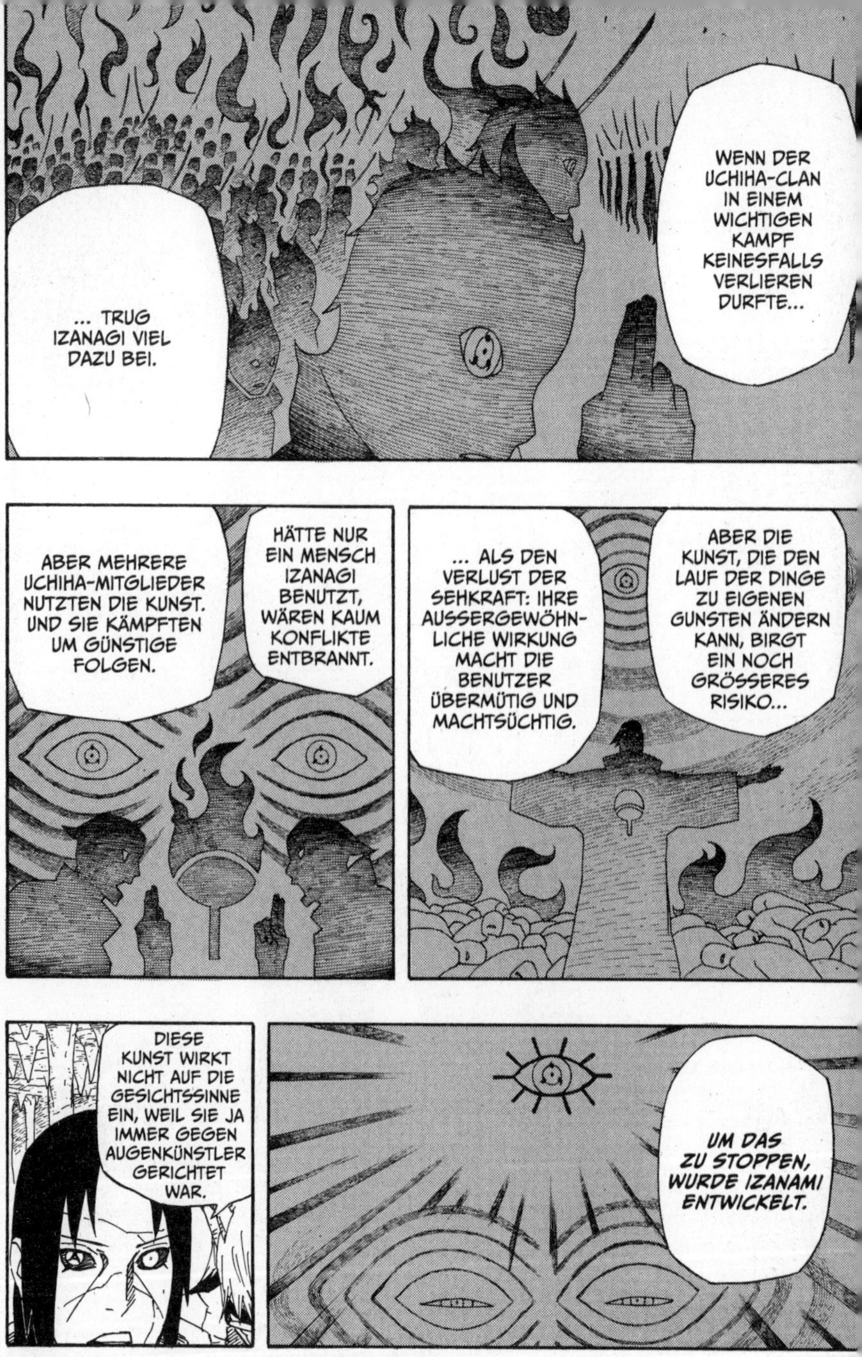

WENN DER UCHIHA-CLAN IN EINEM WICHTIGEN KAMPF KEINESFALLS VERLIEREN DURFTE...
... TRUG IZANAGI VIEL DAZU BEI.
ABER DIE KUNST, DIE DEN LAUF DER DINGE ZU EIGENEN GUNSTEN ÄNDERN KANN, BIRGT EIN NOCH GRÖSSERES RISIKO...
... ALS DEN VERLUST DER SEHKRAFT: IHRE AUSSERGEWÖHNLICHE WIRKUNG MACHT DIE BENUTZER ÜBERMÜTIG UND MACHTSÜCHTIG.
HÄTTE NUR EIN MENSCH IZANAGI BENUTZT, WÄREN KAUM KONFLIKTE ENTBRANNT.
ABER MEHRERE UCHIHA-MITGLIEDER NUTZTEN DIE KUNST. UND SIE KÄMPFTEN UM GÜNSTIGE FOLGEN.
UM DAS ZU STOPPEN, WURDE IZANAMI ENTWICKELT.
DIESE KUNST WIRKT NICHT AUF DIE GESICHTSSINNE EIN, WEIL SIE JA IMMER GEGEN AUGENKÜNSTLER GERICHTET WAR.

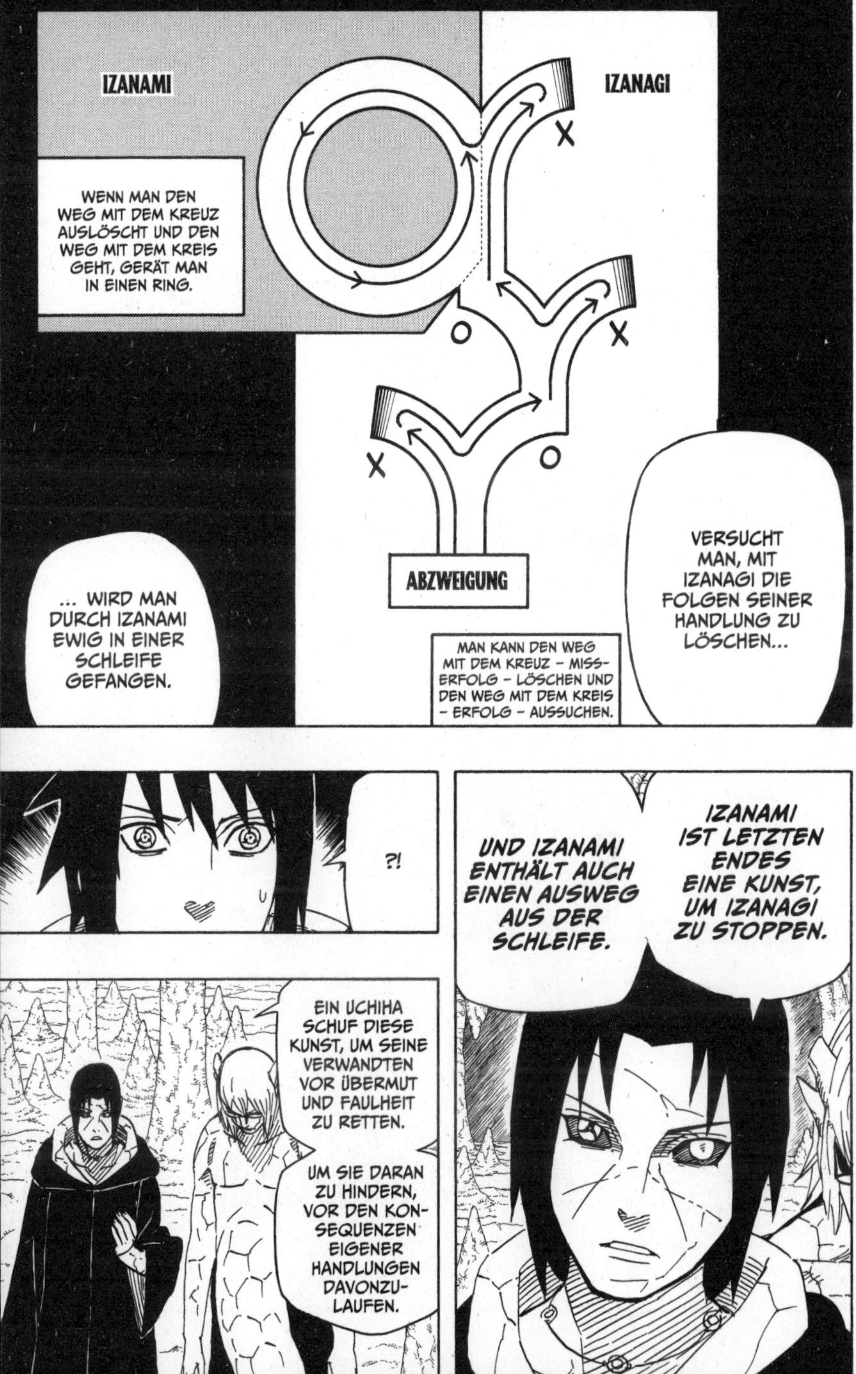
IZANAGI
IZANAMI
X
X
X
O
O
ABZWEIGUNG
WENN MAN DEN WEG MIT DEM KREUZ AUSLÖSCHT UND DEN WEG MIT DEM KREIS GEHT, GERÄT MAN IN EINEN RING.
MAN KANN DEN WEG MIT DEM KREUZ – MISS-ERFOLG – LÖSCHEN UND DEN WEG MIT DEM KREIS – ERFOLG – AUSSUCHEN.
VERSUCHT MAN, MIT IZANAGI DIE FOLGEN SEINER HANDLUNG ZU LÖSCHEN...
... WIRD MAN DURCH IZANAMI EWIG IN EINER SCHLEIFE GEFANGEN.
IZANAMI IST LETZTEN ENDES EINE KUNST, UM IZANAGI ZU STOPPEN.
UND IZANAMI ENTHÄLT AUCH EINEN AUSWEG AUS DER SCHLEIFE.
?!
EIN UCHIHA SCHUF DIESE KUNST, UM SEINE VERWANDTEN VOR ÜBERMUT UND FAULHEIT ZU RETTEN.
UM SIE DARAN ZU HINDERN, VOR DEN KON-SEQUENZEN EIGENER HANDLUNGEN DAVONZU-LAUFEN.

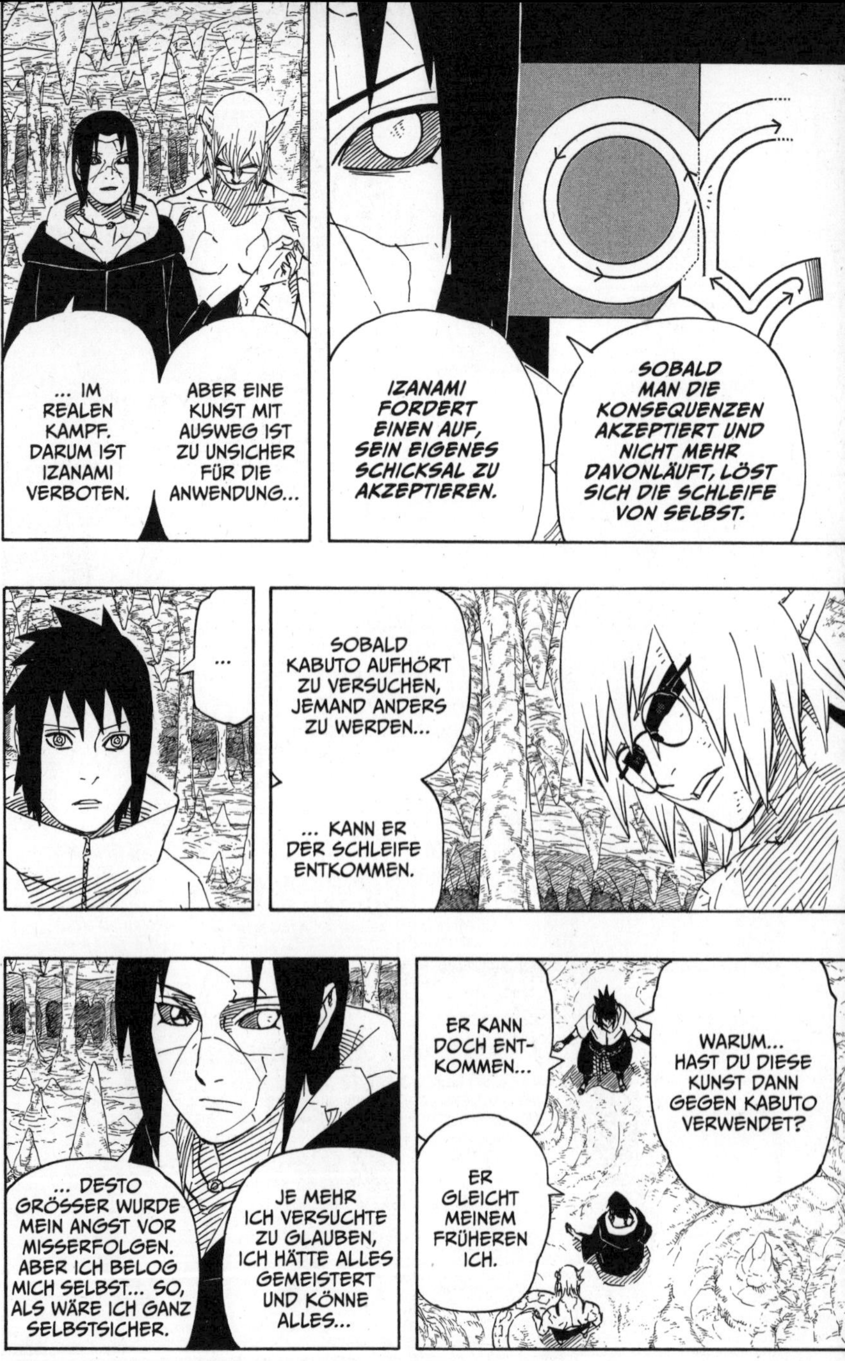
SOBALD MAN DIE KONSEQUENZEN AKZEPTIERT UND NICHT MEHR DAVONLÄUFT, LÖST SICH DIE SCHLEIFE VON SELBST.
IZANAMI FORDERT EINEN AUF, SEIN EIGENES SCHICKSAL ZU AKZEPTIEREN.
ABER EINE KUNST MIT AUSWEG IST ZU UNSICHER FÜR DIE ANWENDUNG...
... IM REALEN KAMPF. DARUM IST IZANAMI VERBOTEN.
SOBALD KABUTO AUFHÖRT ZU VERSUCHEN, JEMAND ANDERS ZU WERDEN...
... KANN ER DER SCHLEIFE ENTKOMMEN.
...
WARUM... HAST DU DIESE KUNST DANN GEGEN KABUTO VERWENDET?
ER KANN DOCH ENT-KOMMEN...
ER GLEICHT MEINEM FRÜHEREN ICH.
JE MEHR ICH VERSUCHTE ZU GLAUBEN, ICH HÄTTE ALLES GEMEISTERT UND KÖNNE ALLES...
... DESTO GRÖSSER WURDE MEIN ANGST VOR MISSERFOLGEN. ABER ICH BELOG MICH SELBST... SO, ALS WÄRE ICH GANZ SELBSTSICHER.

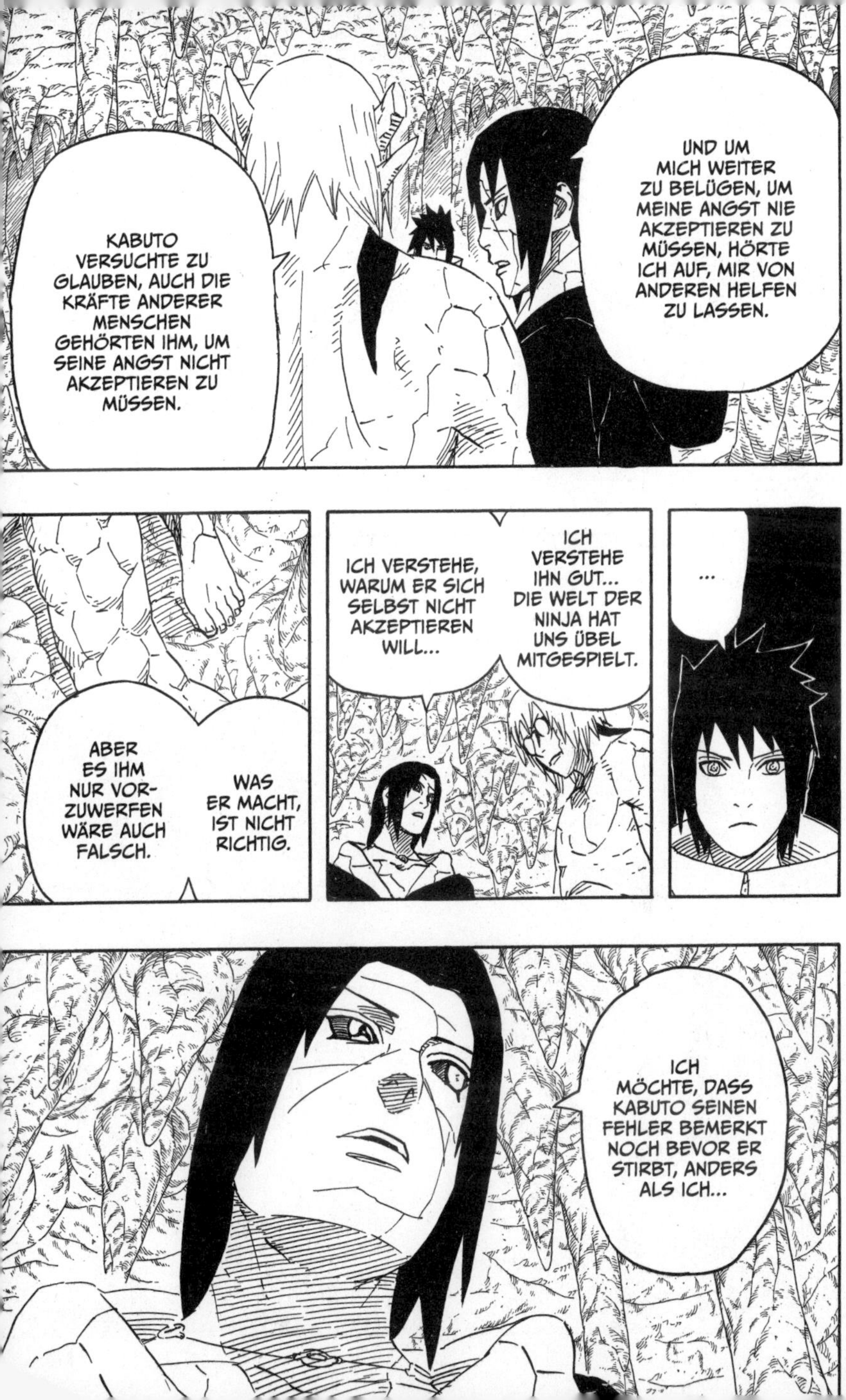
UND UM MICH WEITER ZU BELÜGEN, UM MEINE ANGST NIE AKZEPTIEREN ZU MÜSSEN, HÖRTE ICH AUF, MIR VON ANDEREN HELFEN ZU LASSEN.
KABUTO VERSUCHTE ZU GLAUBEN, AUCH DIE KRÄFTE ANDERER MENSCHEN GEHÖRTEN IHM, UM SEINE ANGST NICHT AKZEPTIEREN ZU MÜSSEN.
...
ICH VERSTEHE IHN GUT... DIE WELT DER NINJA HAT UNS ÜBEL MITGESPIELT.
ICH VERSTEHE, WARUM ER SICH SELBST NICHT AKZEPTIEREN WILL...
WAS ER MACHT, IST NICHT RICHTIG.
ABER ES IHM NUR VOR-ZUWERFEN WÄRE AUCH FALSCH.
ICH MÖCHTE, DASS KABUTO SEINEN FEHLER BEMERKT NOCH BEVOR ER STIRBT, ANDERS ALS ICH...

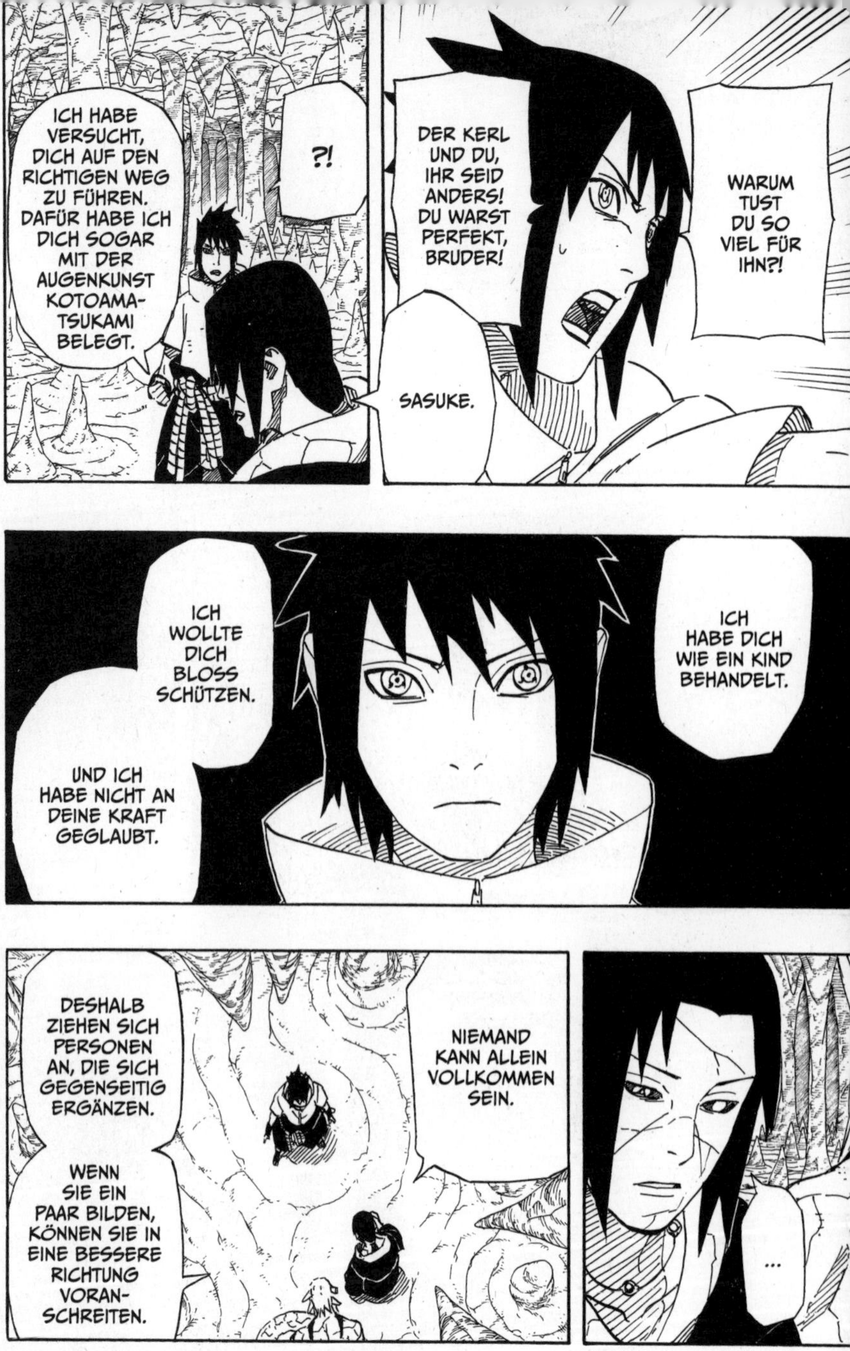
WARUM TUST DU SO VIEL FÜR IHN?!
DER KERL UND DU, IHR SEID ANDERS! DU WARST PERFEKT, BRUDER!
SASUKE.
?!
ICH HABE VERSUCHT, DICH AUF DEN RICHTIGEN WEG ZU FÜHREN. DAFÜR HABE ICH DICH SOGAR MIT DER AUGENKUNST KOTOAMA-TSUKAMI BELEGT.
ICH HABE DICH WIE EIN KIND BEHANDELT.
ICH WOLLTE DICH BLOSS SCHÜTZEN.
UND ICH HABE NICHT AN DEINE KRAFT GEGLAUBT.
...
NIEMAND KANN ALLEIN VOLLKOMMEN SEIN.
DESHALB ZIEHEN SICH PERSONEN AN, DIE SICH GEGENSEITIG ERGÄNZEN.
WENN SIE EIN PAAR BILDEN, KÖNNEN SIE IN EINE BESSERE RICHTUNG VORAN-SCHREITEN.

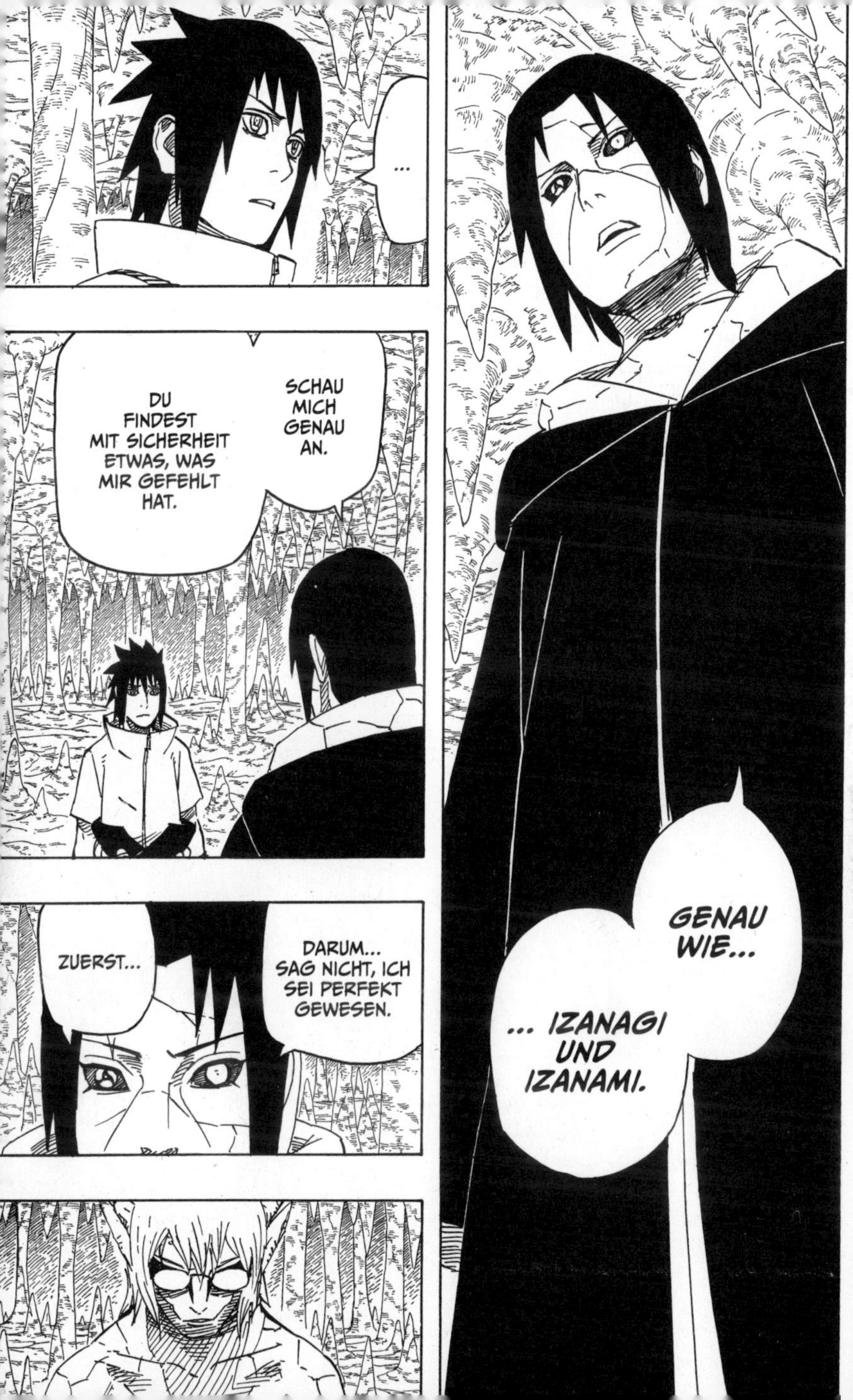

...
SCHAU MICH GENAU AN.
DU FINDEST MIT SICHERHEIT ETWAS, WAS MIR GEFEHLT HAT.
DARUM... SAG NICHT, ICH SEI PERFEKT GEWESEN.
ZUERST...
GENAU WIE...
... IZANAGI UND IZANAMI.

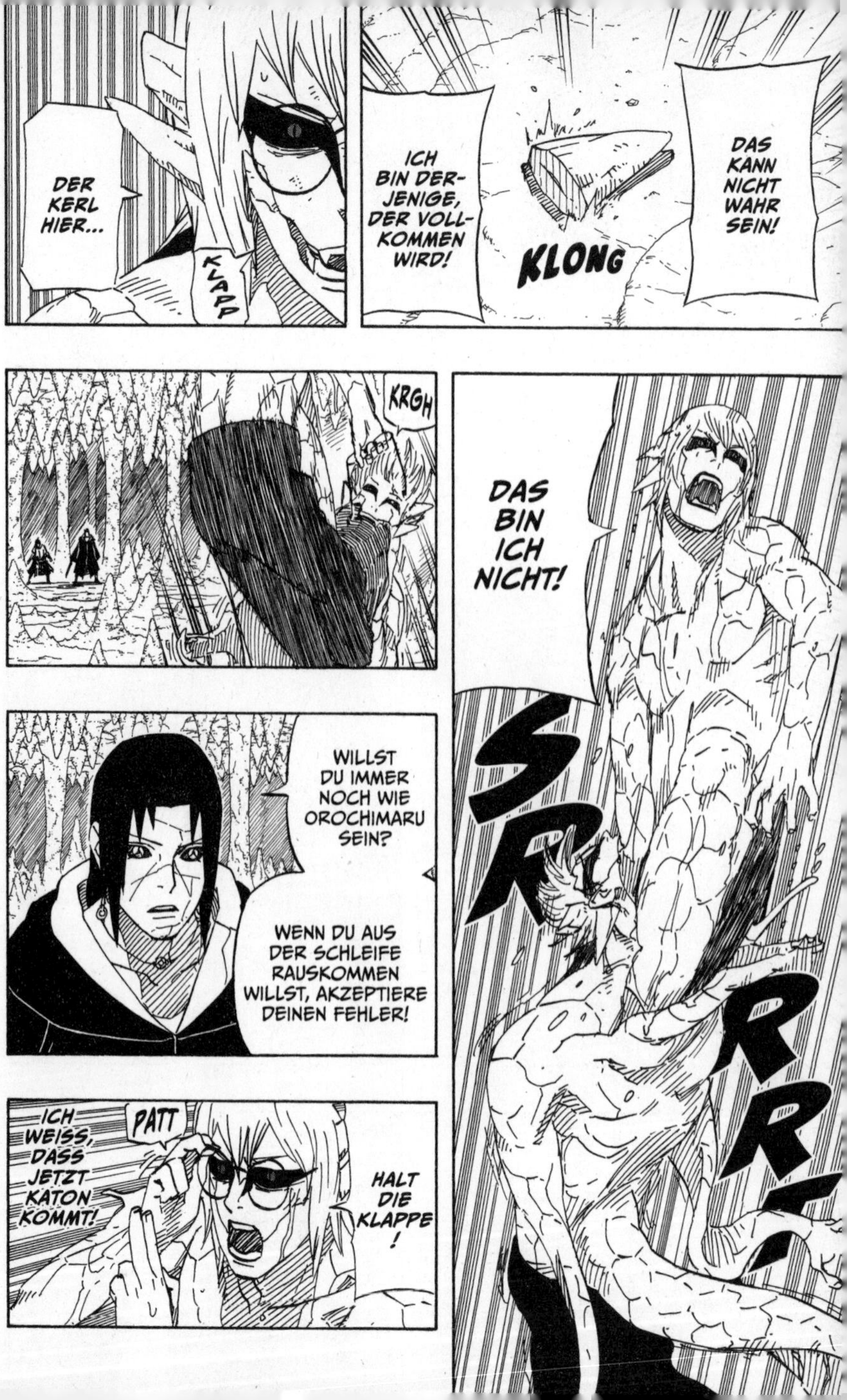
DAS KANN NICHT WAHR SEIN!
KLONG
ICH BIN DERJENIGE, DER VOLLKOMMEN WIRD!
DER KERL HIER...
KLAPP
DAS BIN ICH NICHT!
SRRRR
KRGH
WILLST DU IMMER NOCH WIE OROCHIMARU SEIN?
WENN DU AUS DER SCHLEIFE RAUSKOMMEN WILLST, AKZEPTIERE DEINEN FEHLER!
HALT DIE KLAPPE!
PATT
ICH WEISS, DASS JETZT KATON KOMMT!

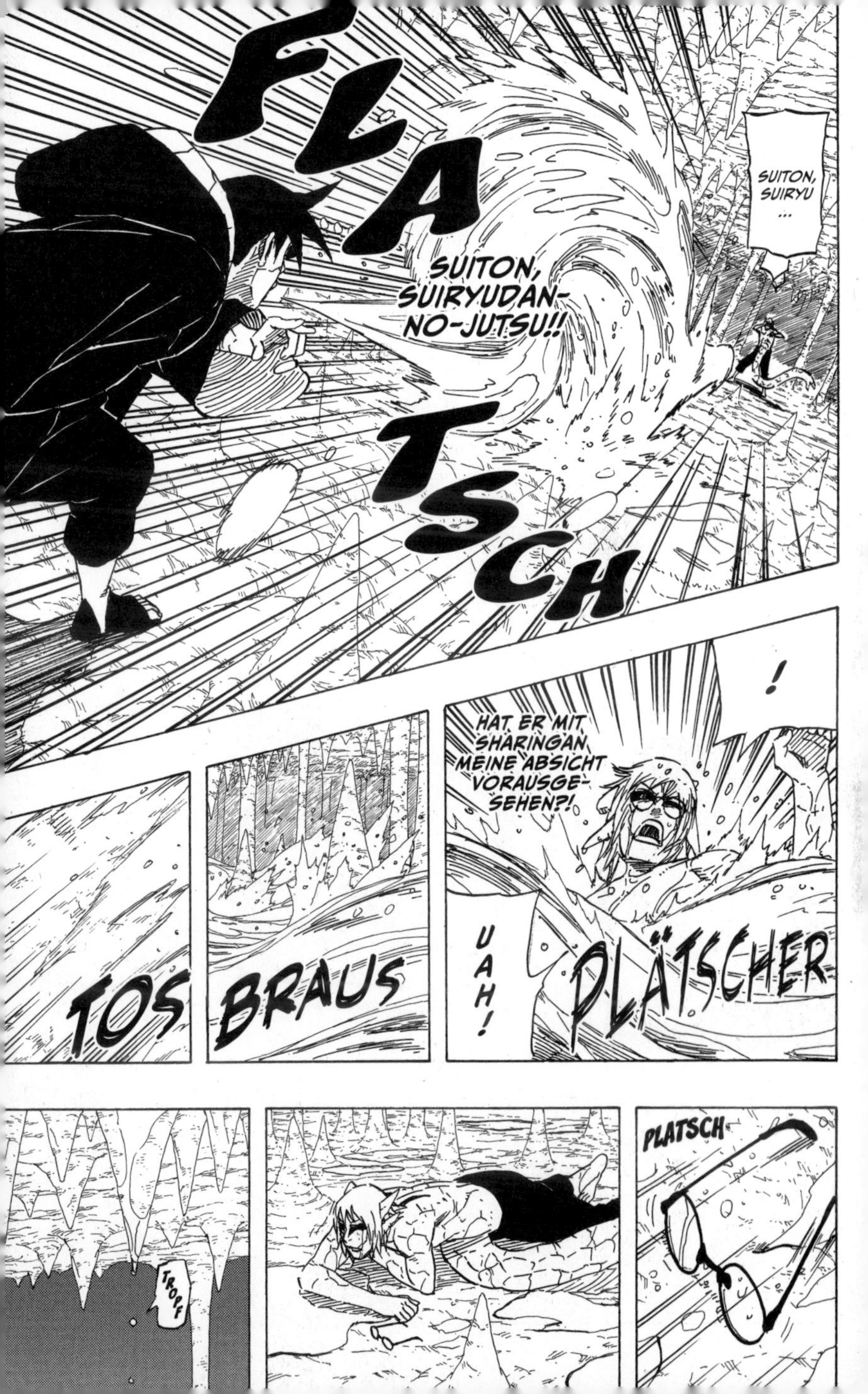

SUITON, SUIRYU …
FLA
SUITON, SUIRYUDAN-NO-JUTSU!!
TSCH
!
HAT ER MIT SHARINGAN MEINE ABSICHT VORAUSGE-SEHEN?!
UAH!
PLÄTSCHER
BRAUS
TOS
PLATSCH
TROPF

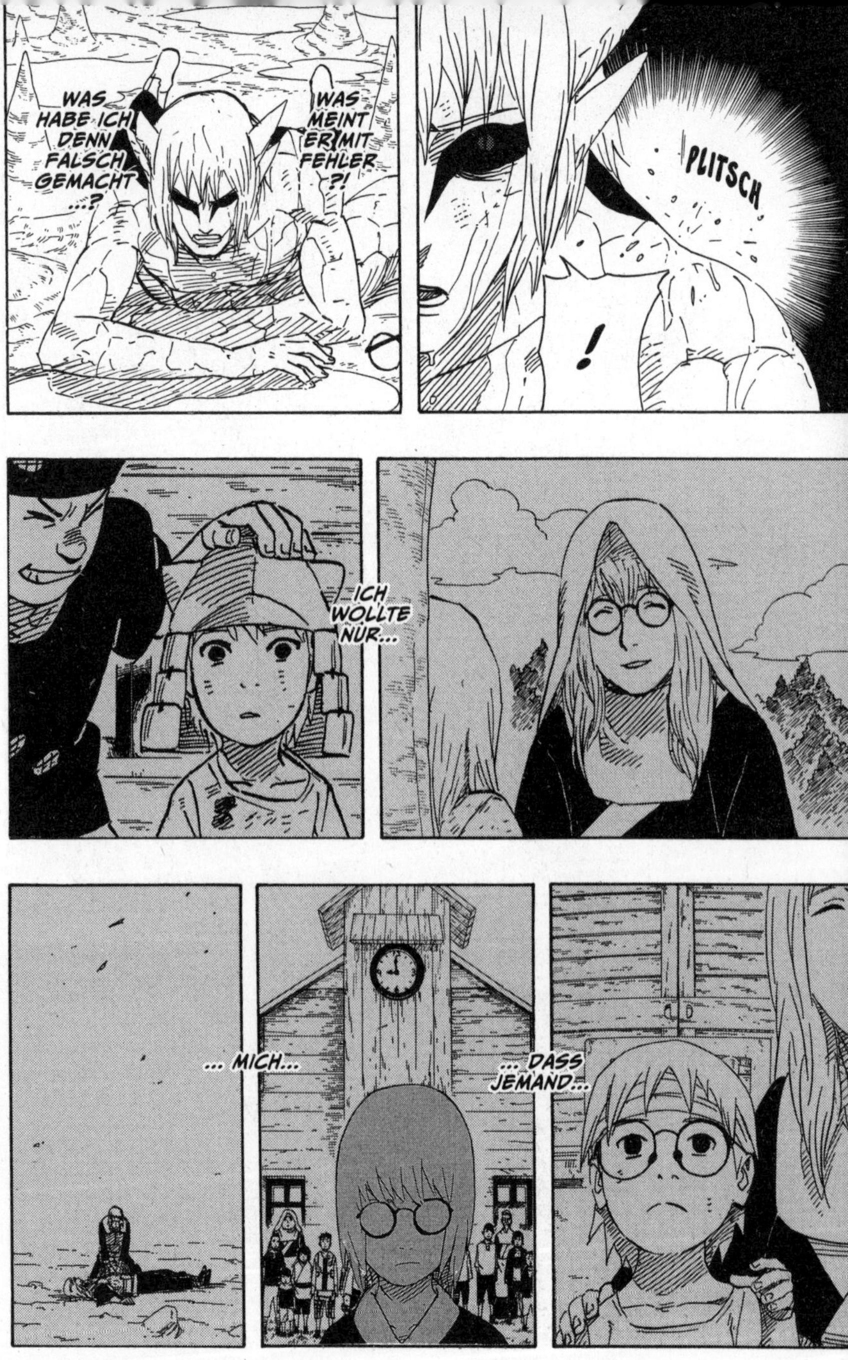
WAS MEINT ER MIT FEHLER ?!
WAS HABE ICH DENN FALSCH GEMACHT ...?
PLITSCH
!
ICH WOLLTE NUR...
... DASS JEMAND...
... MICH...

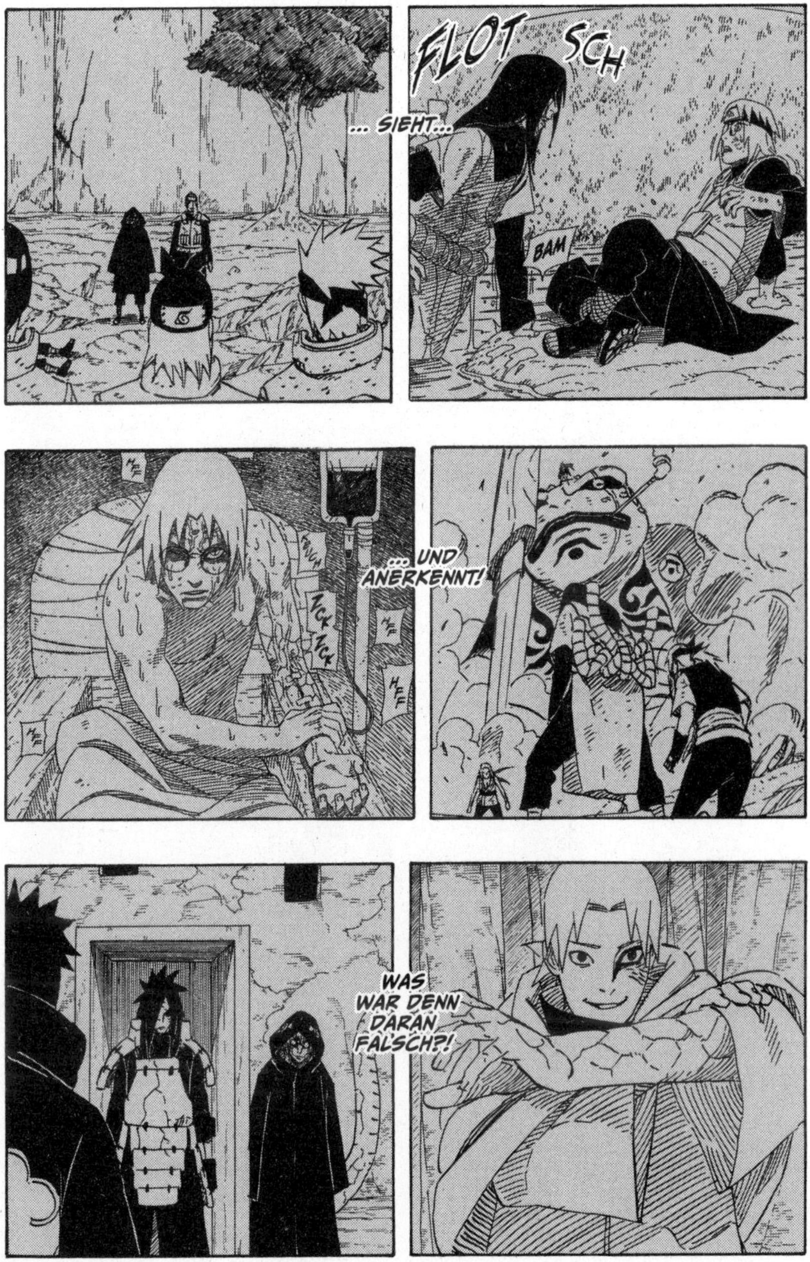
FLOT
SCH
... SIEHT ...
BAM
HFF
HFF
KNACH
ZCK ZCK
HFF
HFF
... UND ANERKENNT!
WAS WAR DENN DARAN FALSCH?!

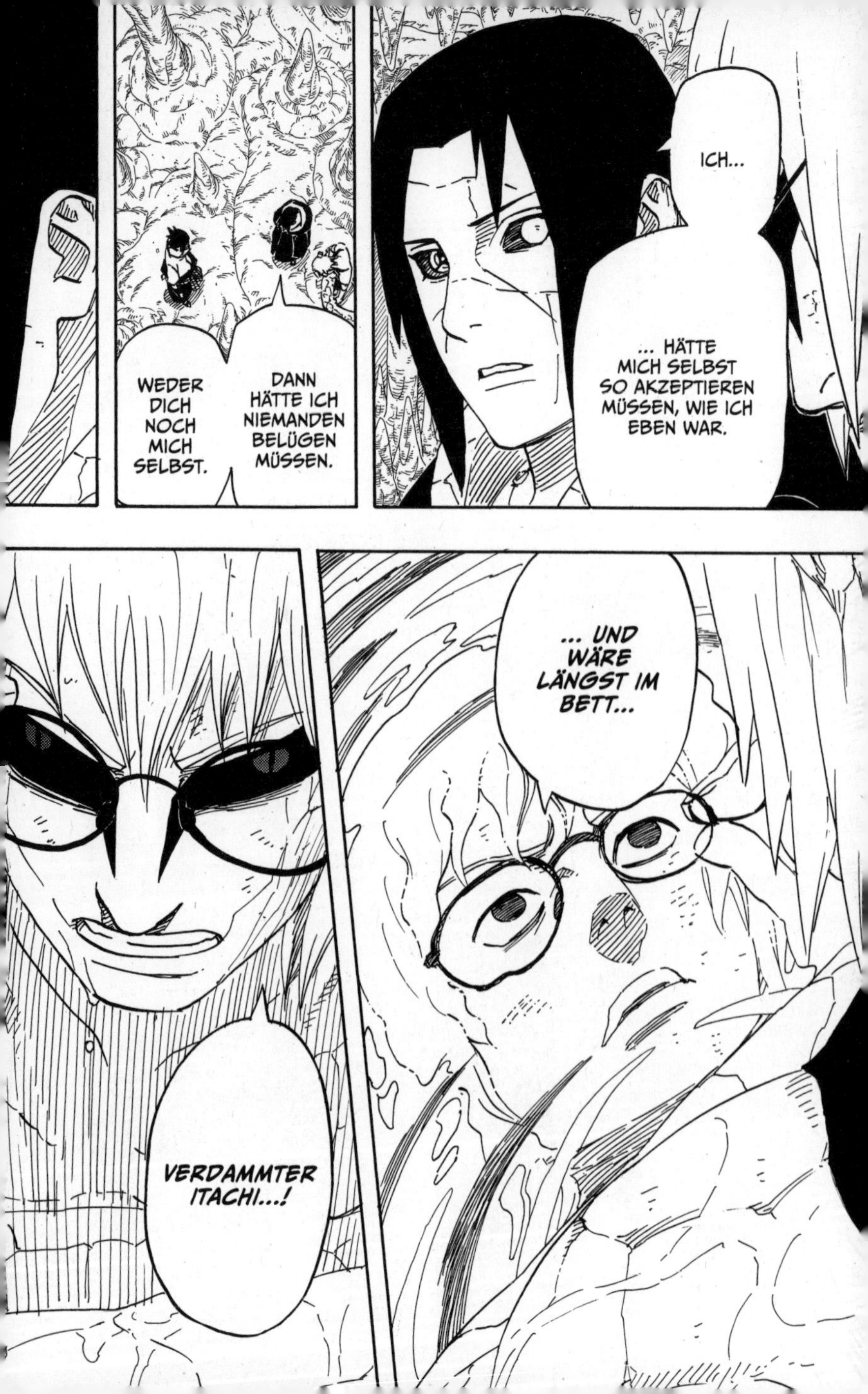
ICH...
... HÄTTE MICH SELBST SO AKZEPTIEREN MÜSSEN, WIE ICH EBEN WAR.
DANN HÄTTE ICH NIEMANDEN BELÜGEN MÜSSEN.
WEDER DICH NOCH MICH SELBST.
... UND WÄRE LÄNGST IM BETT...
VERDAMMTER ITACHI...!

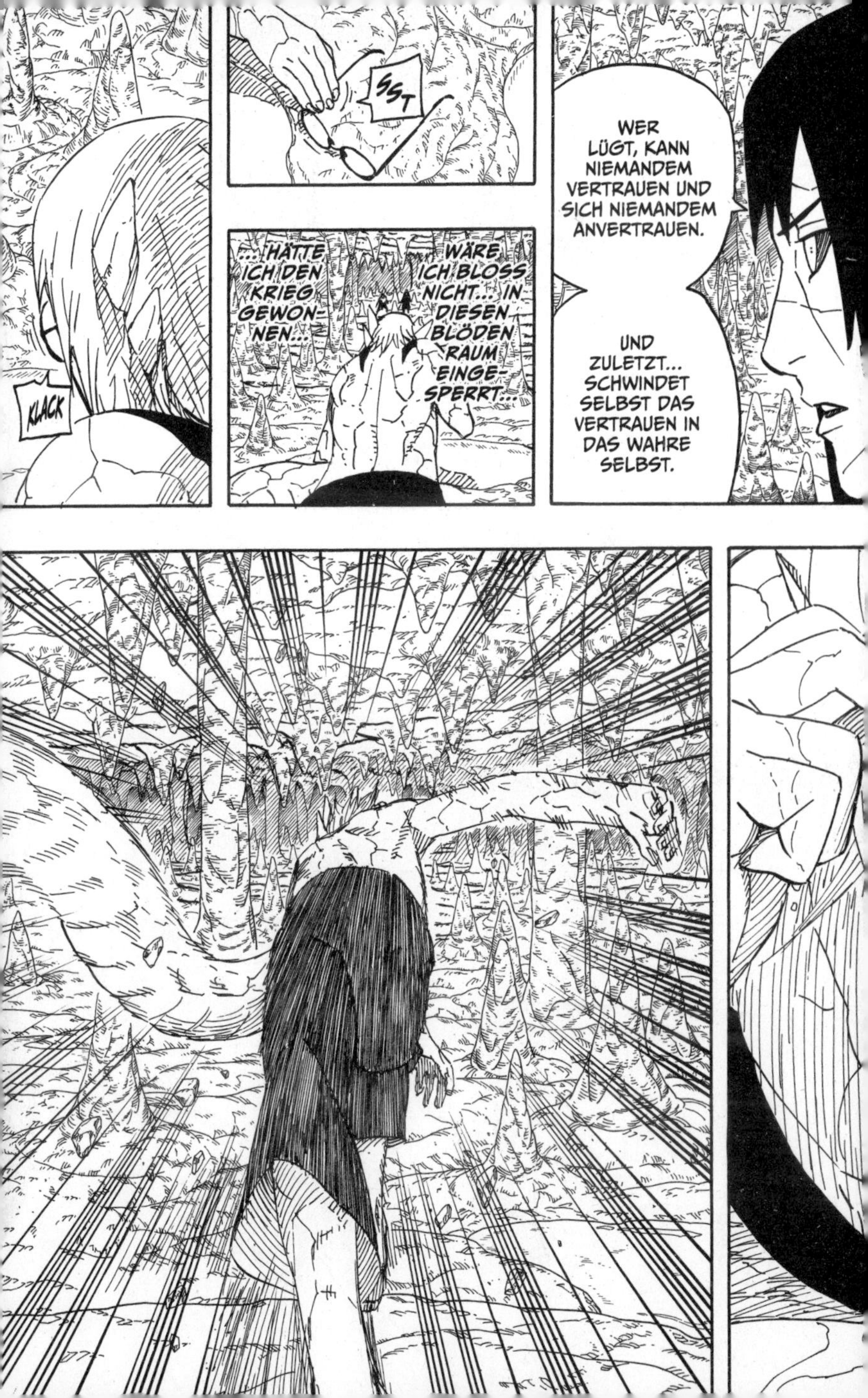
WER LÜGT, KANN NIEMANDEM VERTRAUEN UND SICH NIEMANDEM ANVERTRAUEN.
UND ZULETZT... SCHWINDET SELBST DAS VERTRAUEN IN DAS WAHRE SELBST.
SST
WÄRE ICH BLOSS NICHT... IN DIESEN BLÖDEN RAUM EINGESPERRT...
... HÄTTE ICH DEN KRIEG GEWONNEN...
KLACK

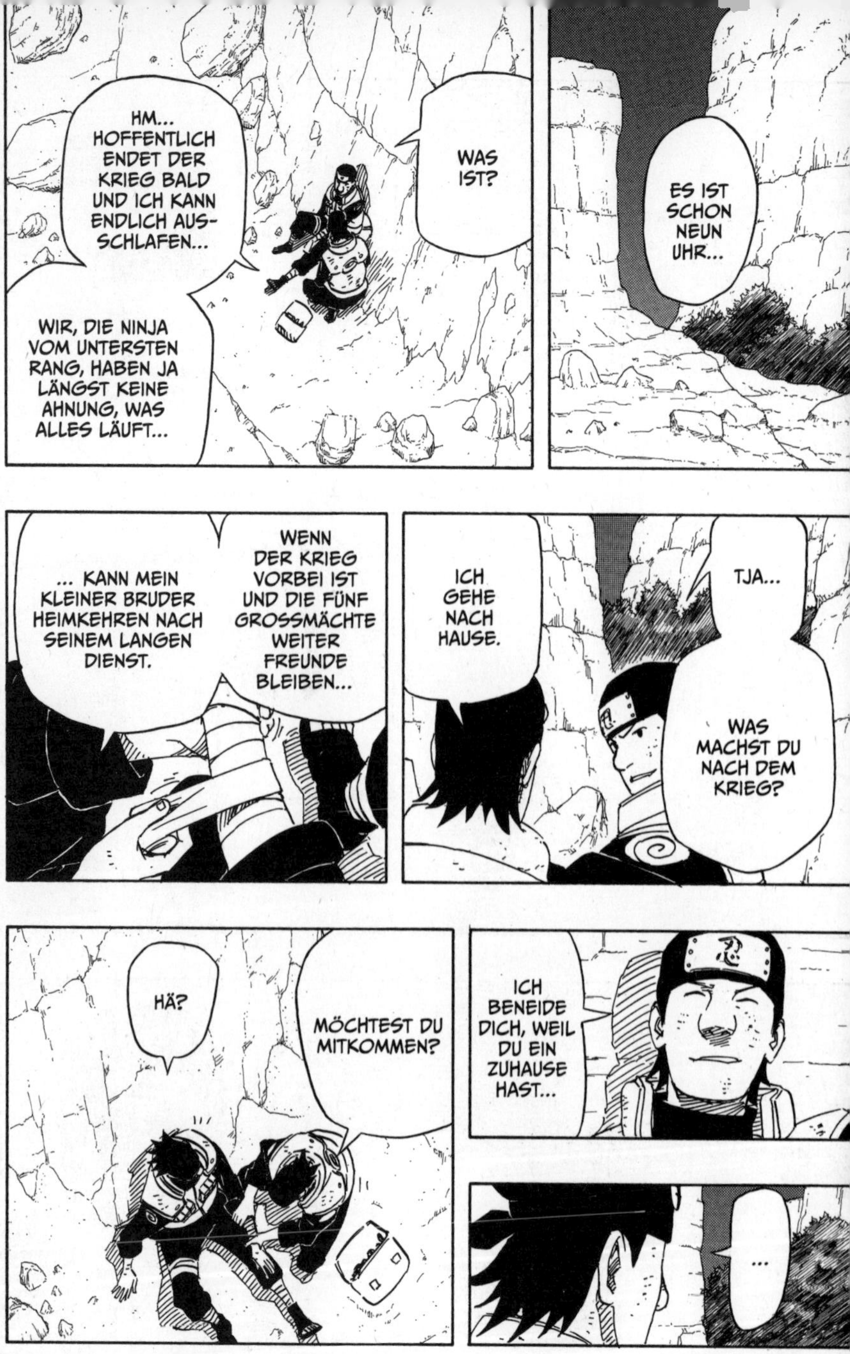

ES IST SCHON NEUN UHR...
WAS IST?
HM... HOFFENTLICH ENDET DER KRIEG BALD UND ICH KANN ENDLICH AUS-SCHLAFEN...
WIR, DIE NINJA VOM UNTERSTEN RANG, HABEN JA LÄNGST KEINE AHNUNG, WAS ALLES LÄUFT...
TJA...
WAS MACHST DU NACH DEM KRIEG?
ICH GEHE NACH HAUSE.
WENN DER KRIEG VORBEI IST UND DIE FÜNF GROSSMÄCHTE WEITER FREUNDE BLEIBEN...
... KANN MEIN KLEINER BRUDER HEIMKEHREN NACH SEINEM LANGEN DIENST.
ICH BENEIDE DICH, WEIL DU EIN ZUHAUSE HAST...
...
MÖCHTEST DU MITKOMMEN?
HÄ?

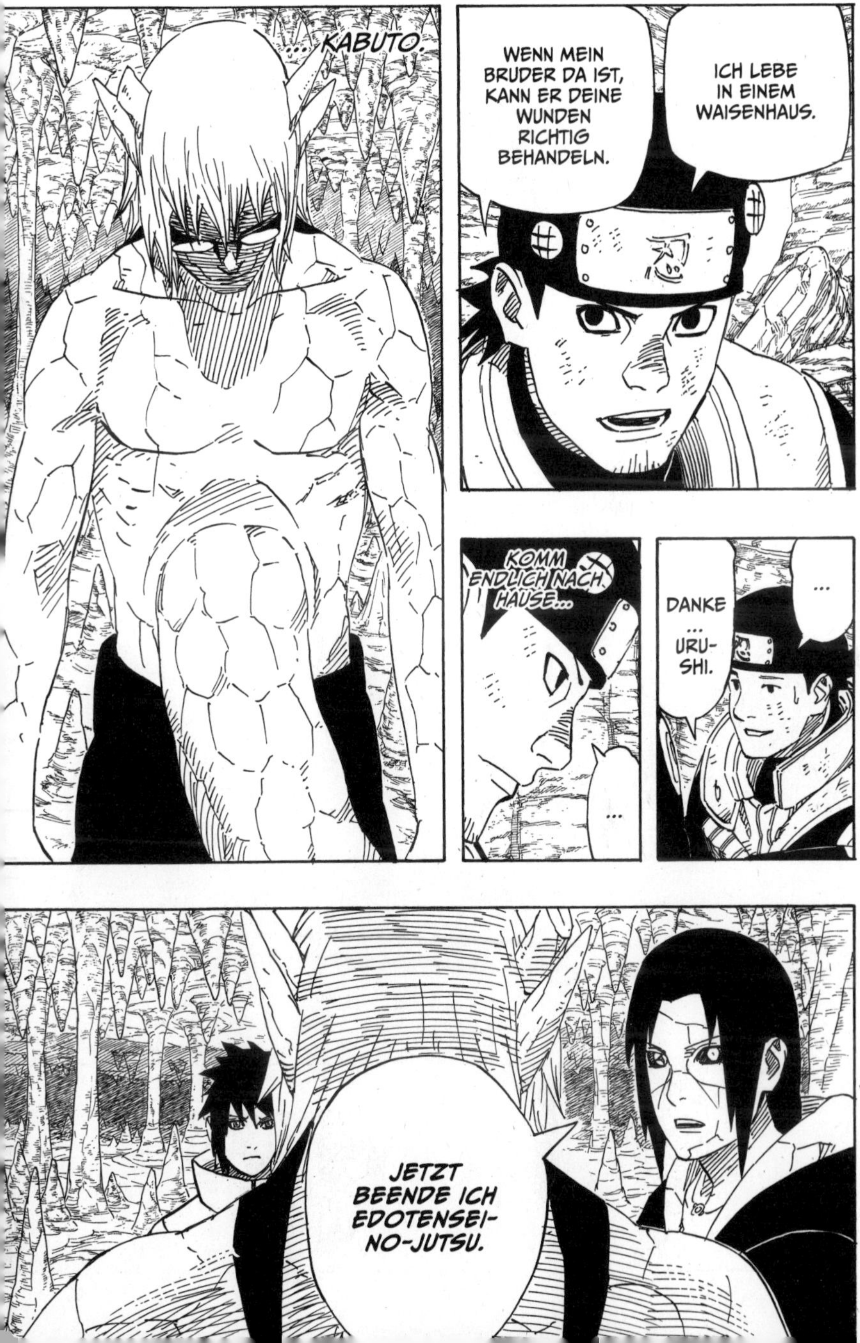
ICH LEBE IN EINEM WAISENHAUS.
WENN MEIN BRUDER DA IST, KANN ER DEINE WUNDEN RICHTIG BEHANDELN.
...
DANKE ... URU-SHI.
KOMM ENDLICH NACH HAUSE...
...
...KABUTO.
JETZT BEENDE ICH EDOTENSEI-NO-JUTSU.

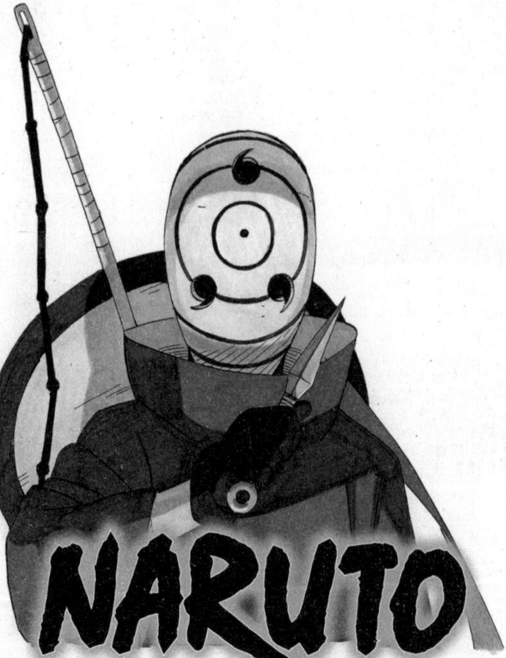
NARUTO

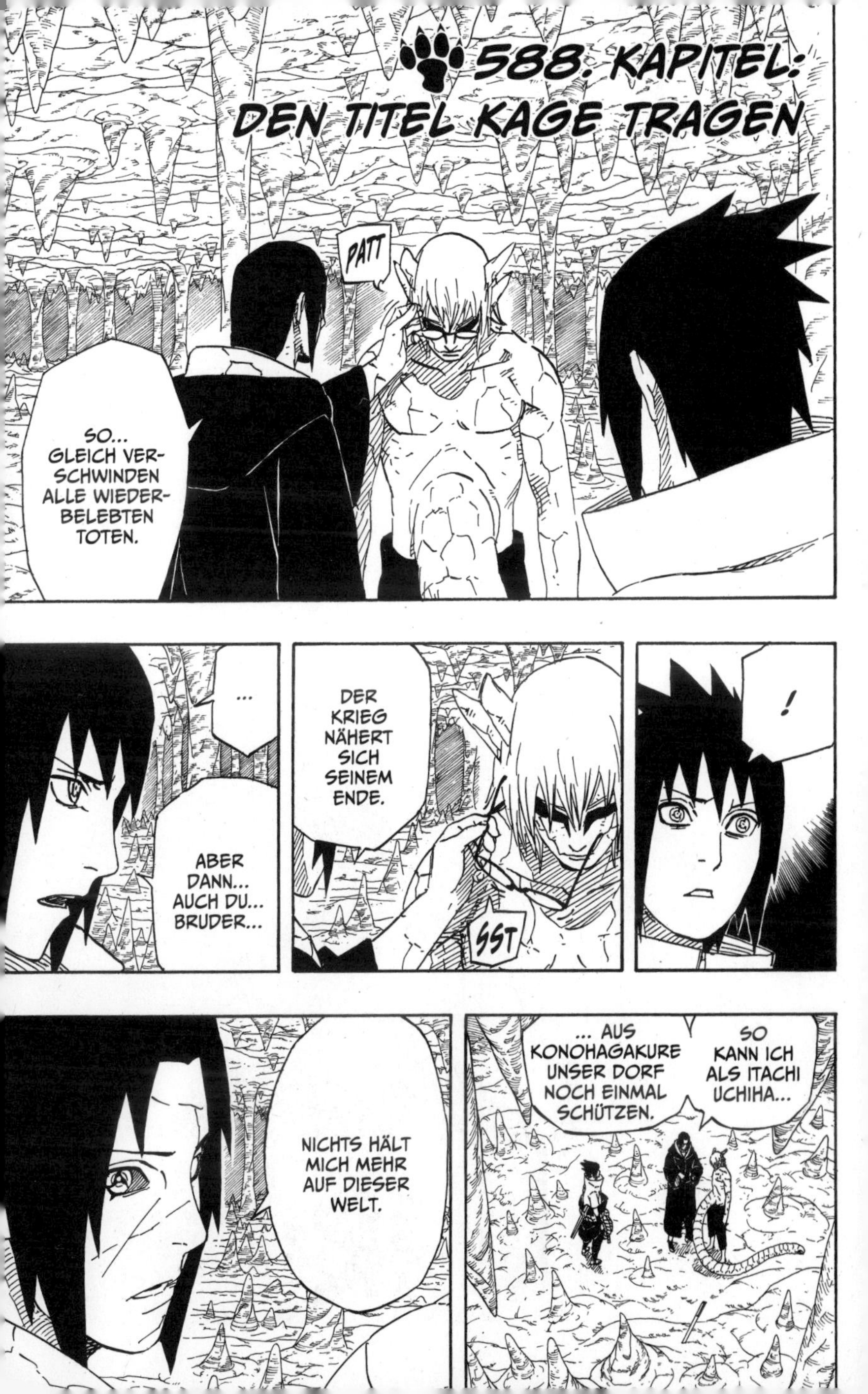
588. KAPITEL:
DEN TITEL KAGE TRAGEN
PATT
SO... GLEICH VERSCHWINDEN ALLE WIEDERBELEBTEN TOTEN.
!
DER KRIEG NÄHERT SICH SEINEM ENDE.
SST
...
ABER DANN... AUCH DU... BRUDER...
SO KANN ICH ALS ITACHI UCHIHA...
... AUS KONOHAGAKURE UNSER DORF NOCH EINMAL SCHÜTZEN.
NICHTS HÄLT MICH MEHR AUF DIESER WELT.

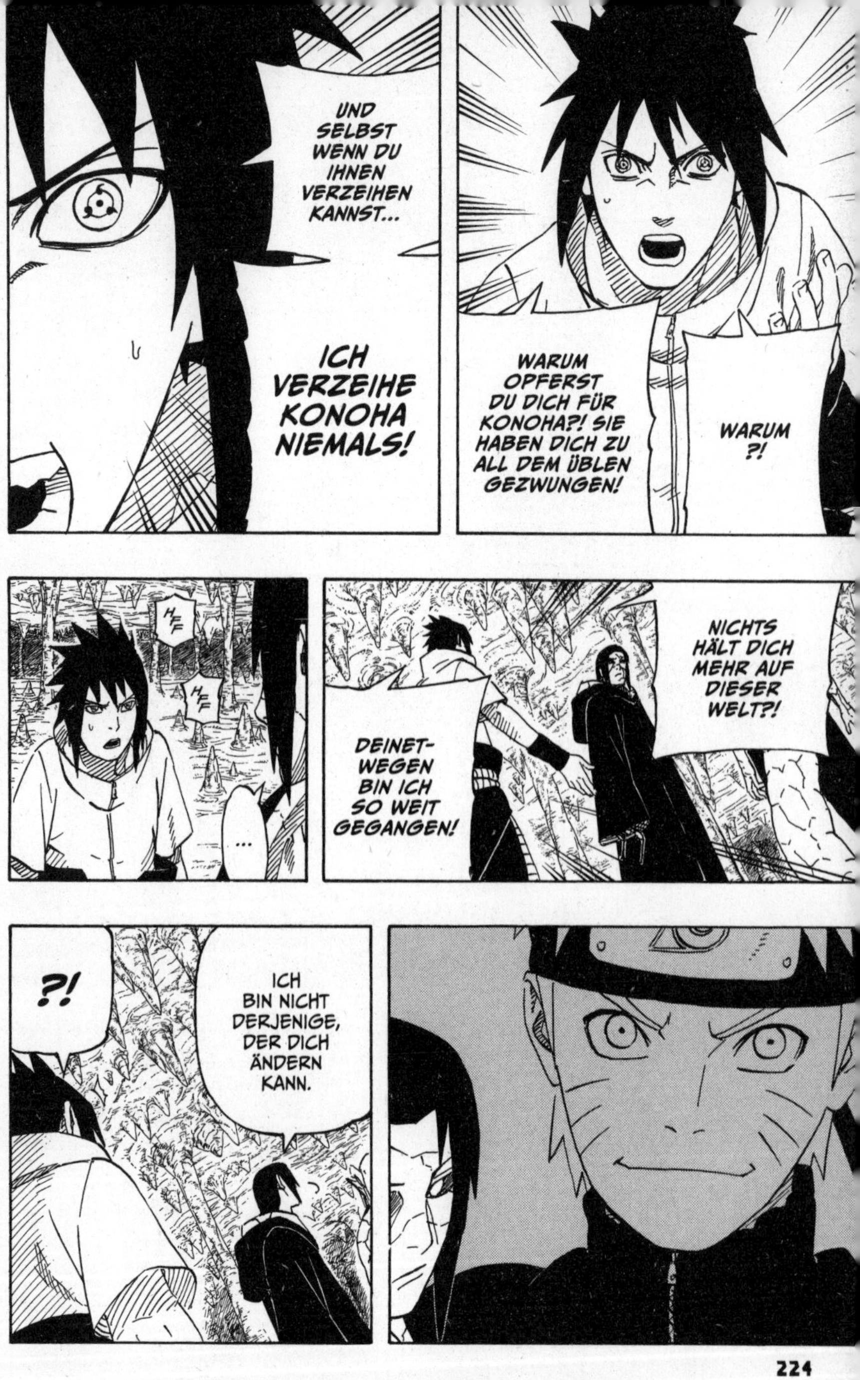
WARUM ?!
WARUM OPFERST DU DICH FÜR KONOHA?! SIE HABEN DICH ZU ALL DEM ÜBLEN GEZWUNGEN!
UND SELBST WENN DU IHNEN VERZEIHEN KANNST...
ICH VERZEIHE KONOHA NIEMALS!
NICHTS HÄLT DICH MEHR AUF DIESER WELT?!
DEINET-WEGEN BIN ICH SO WEIT GEGANGEN!
HEF
HEF
...
ICH BIN NICHT DERJENIGE, DER DICH ÄNDERN KANN.
?!

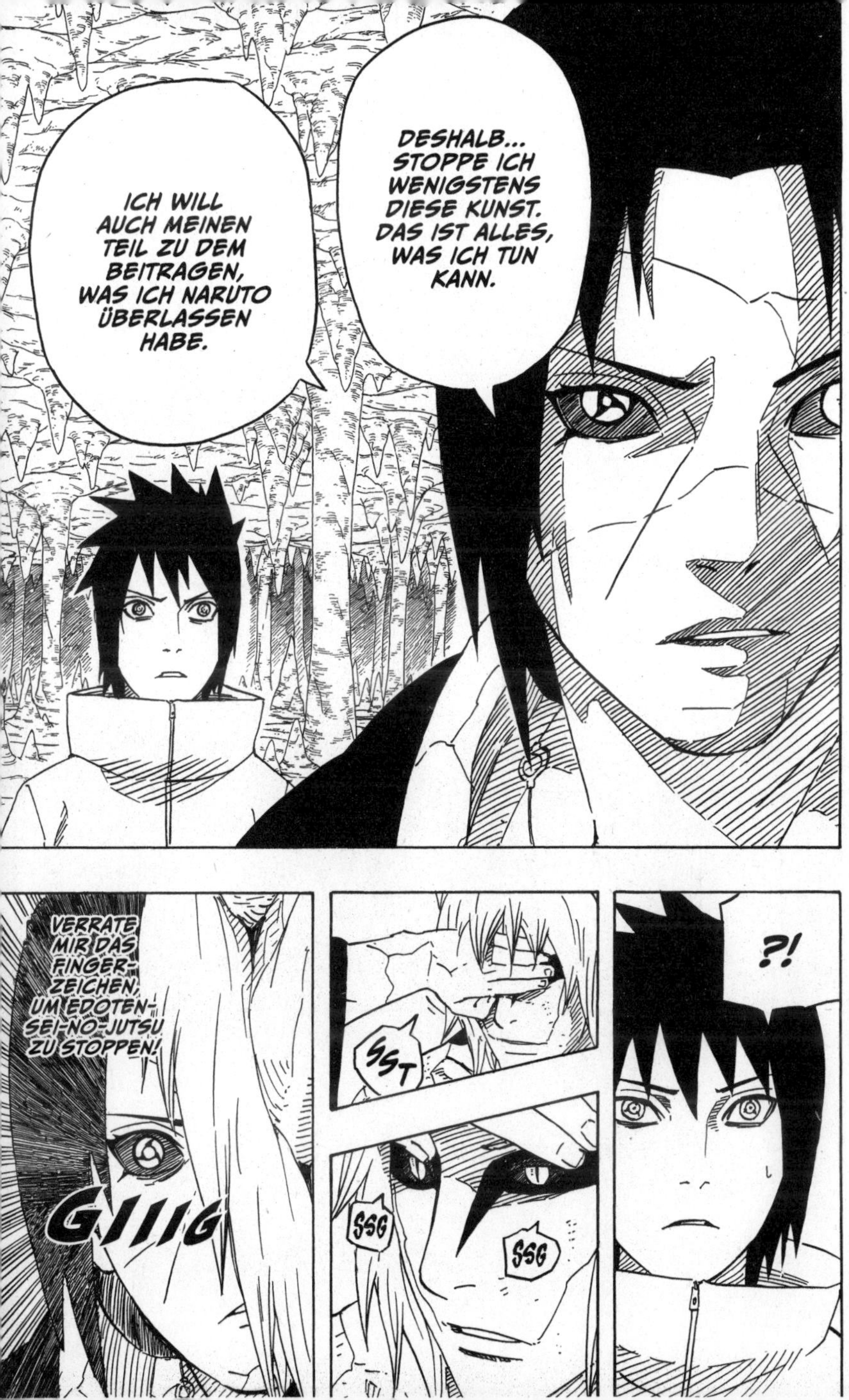
DESHALB... STOPPE ICH WENIGSTENS DIESE KUNST. DAS IST ALLES, WAS ICH TUN KANN.
ICH WILL AUCH MEINEN TEIL ZU DEM BEITRAGEN, WAS ICH NARUTO ÜBERLASSEN HABE.
?!
SST
SSG
SSG
VERRATE MIR DAS FINGER-ZEICHEN, UM EDOTEN-SEI-NO-JUTSU ZU STOPPEN!
GIIIG

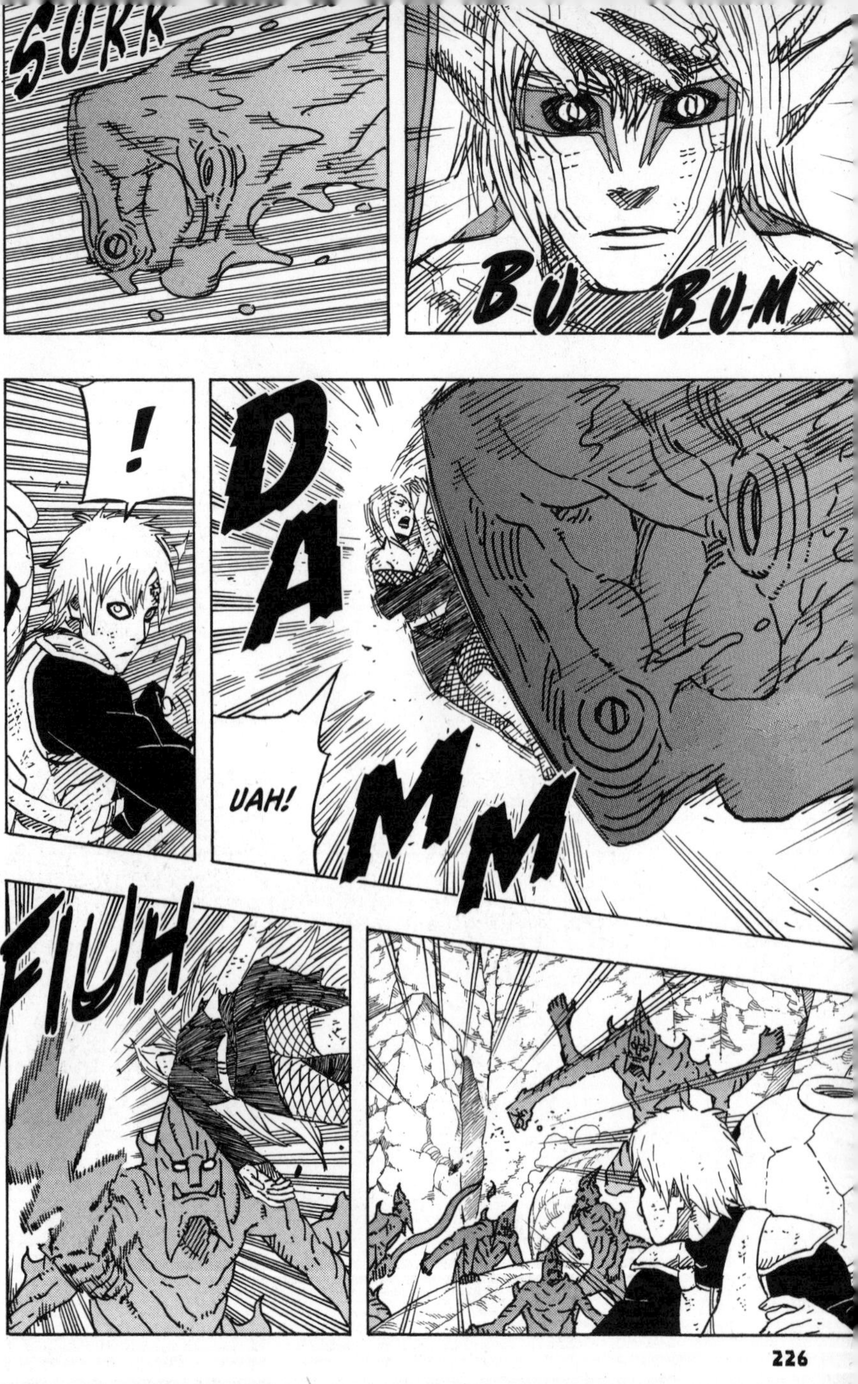
SUKK
BU BUM
!
DAMM
UAH!
FIUH

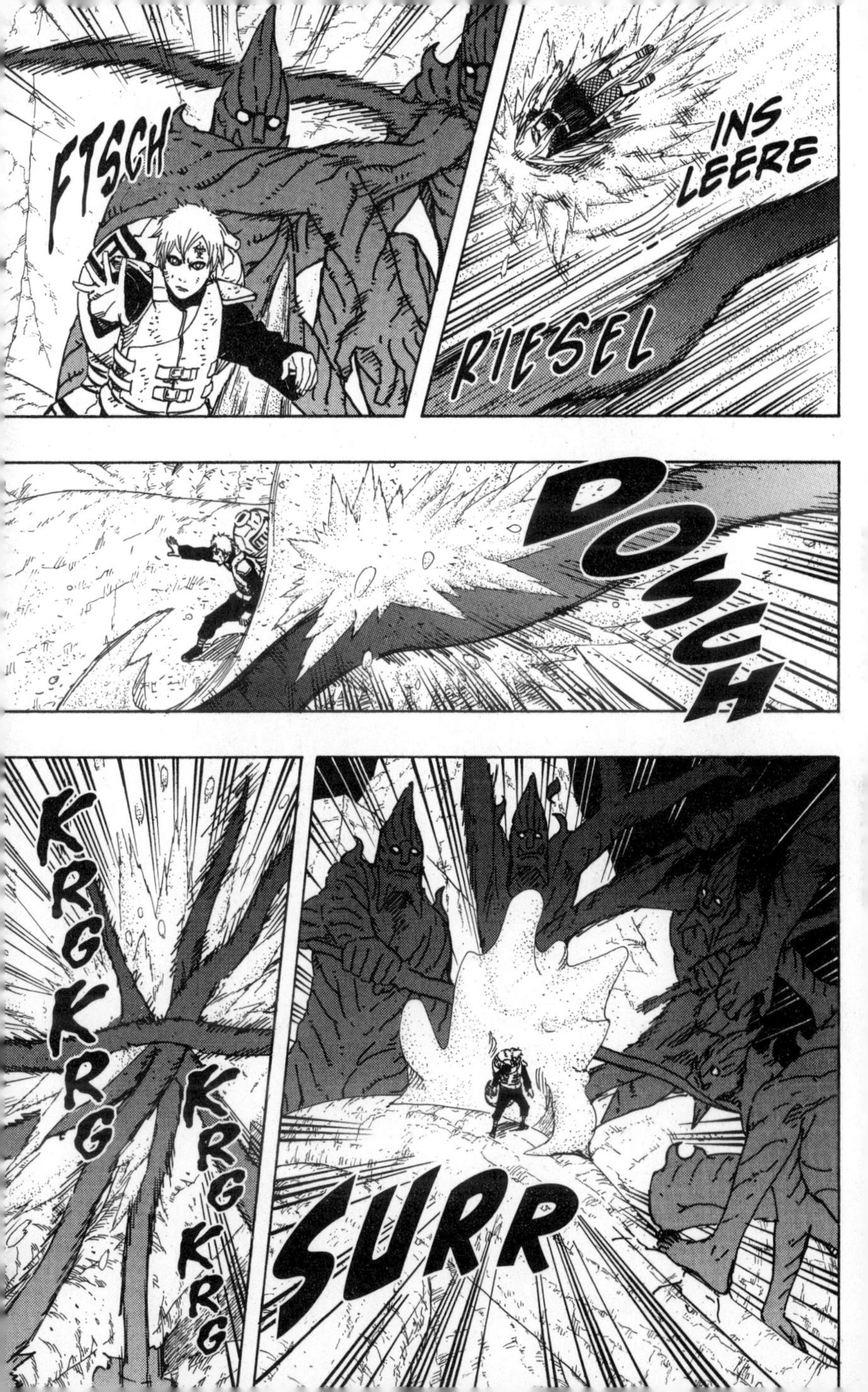
INS LEERE
RIESEL
FTSCH
DOSCH
SURR
KRG KRG
KRG KRG

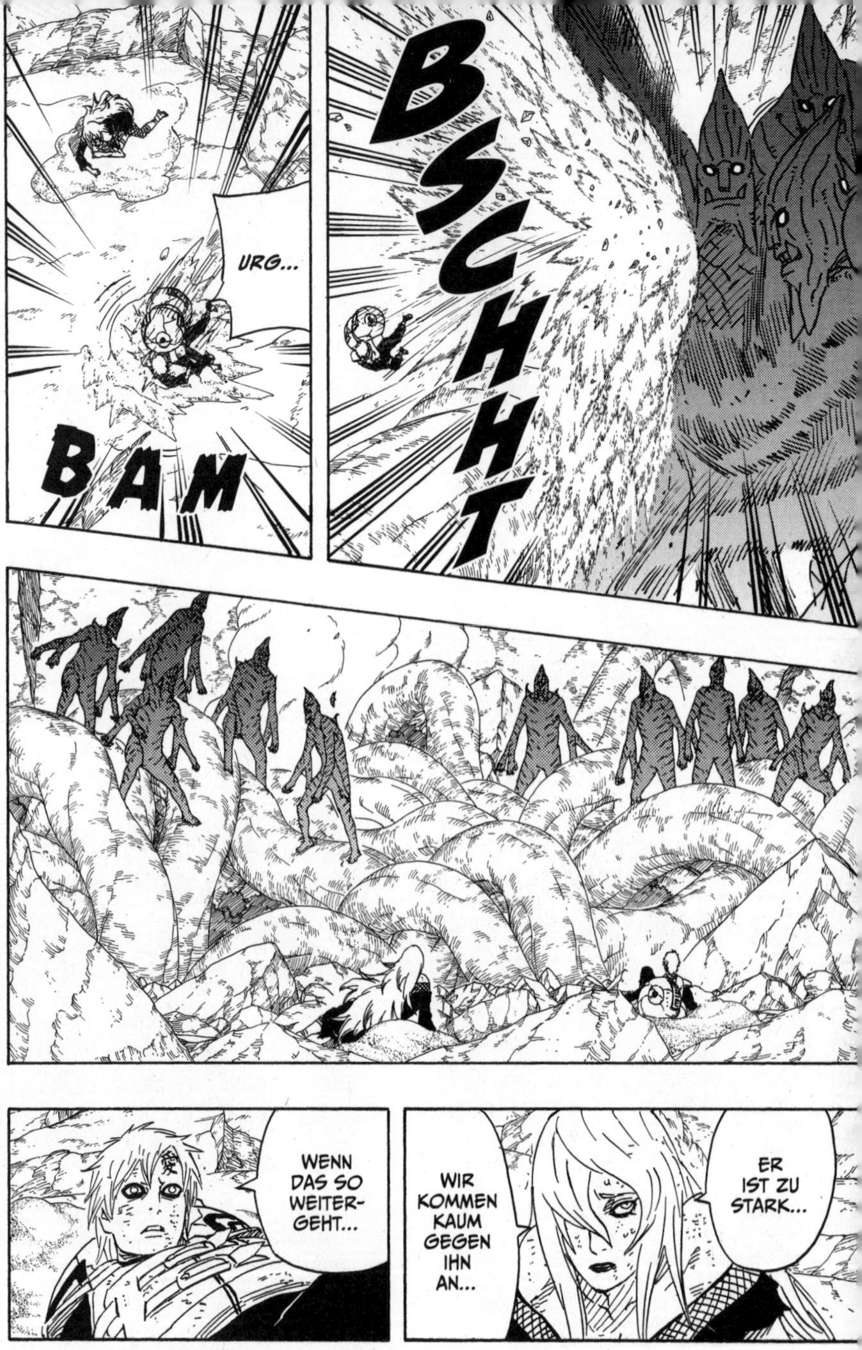
BSCHHT
URG...
BAM
ER IST ZU STARK...
WIR KOMMEN KAUM GEGEN IHN AN...
WENN DAS SO WEITER-GEHT...

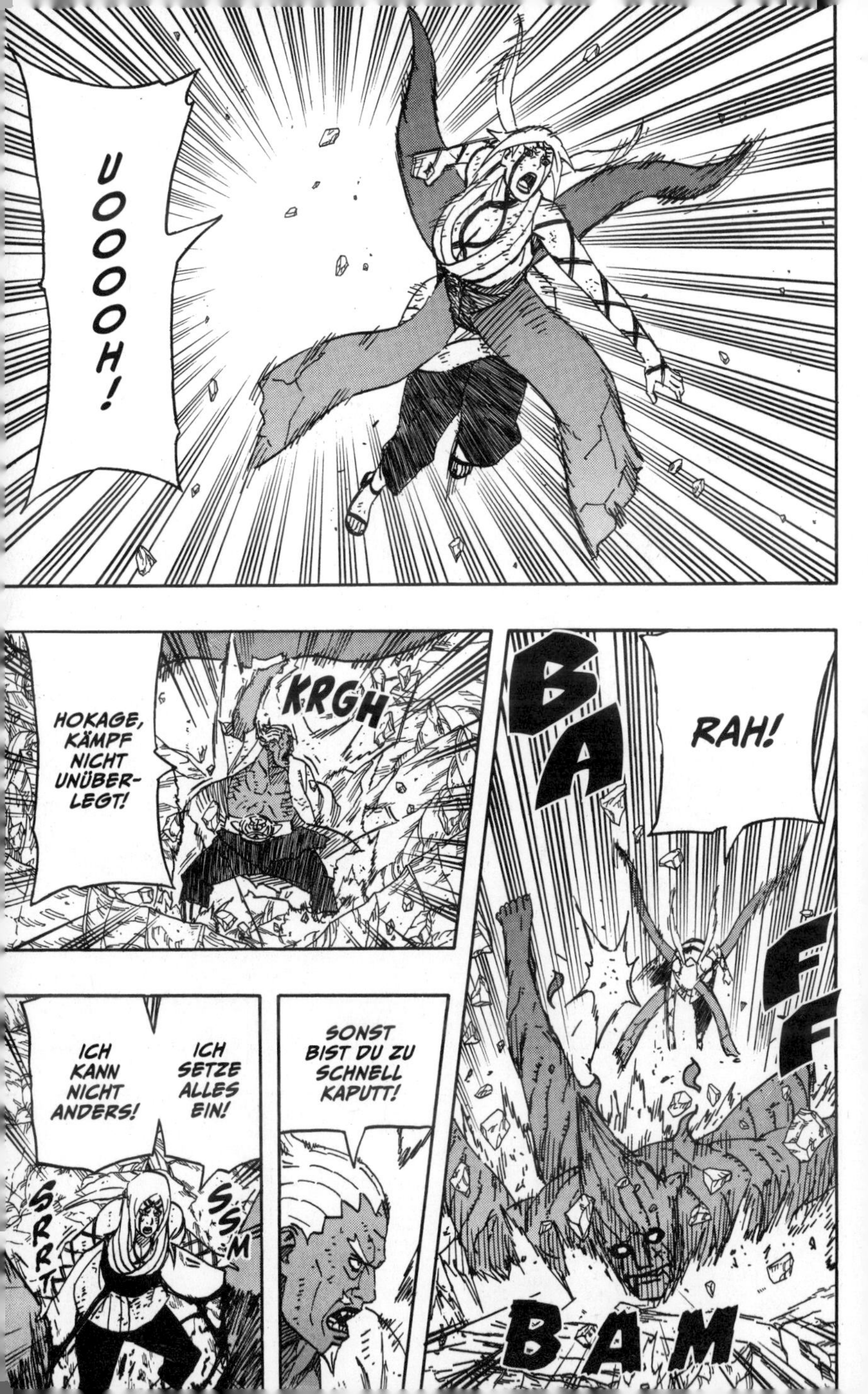
UOOOOH!
BA
RAH!
FF
BAM
HOKAGE, KÄMPF NICHT UNÜBERLEGT!
KRGH
SONST BIST DU ZU SCHNELL KAPUTT!
ICH SETZE ALLES EIN!
ICH KANN NICHT ANDERS!
SSM
SRRT

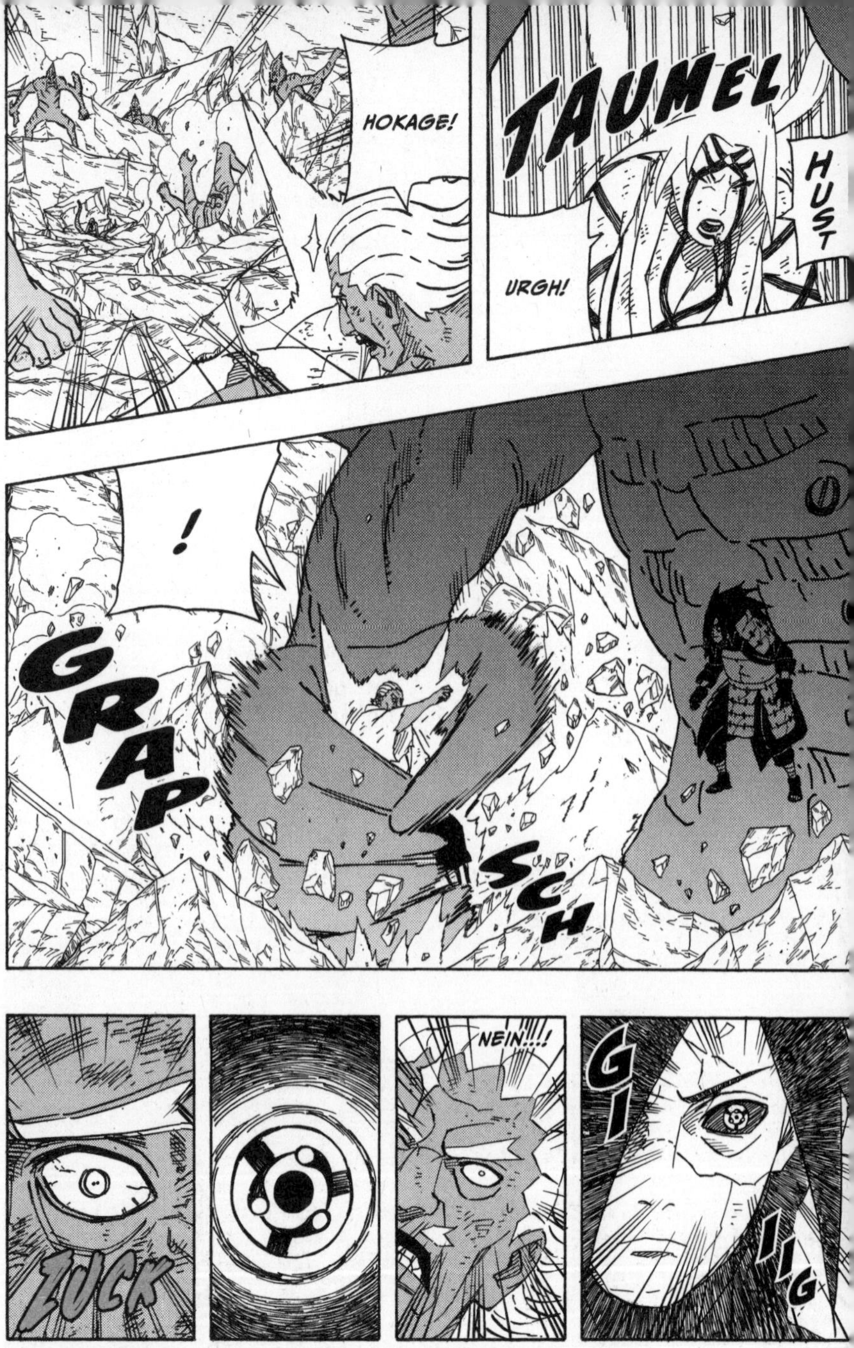

TAUMEL
HUST
URGH!
HOKAGE!
!
GRAP
SCH
GI
IIG
NEIN!!!!
ZUCK

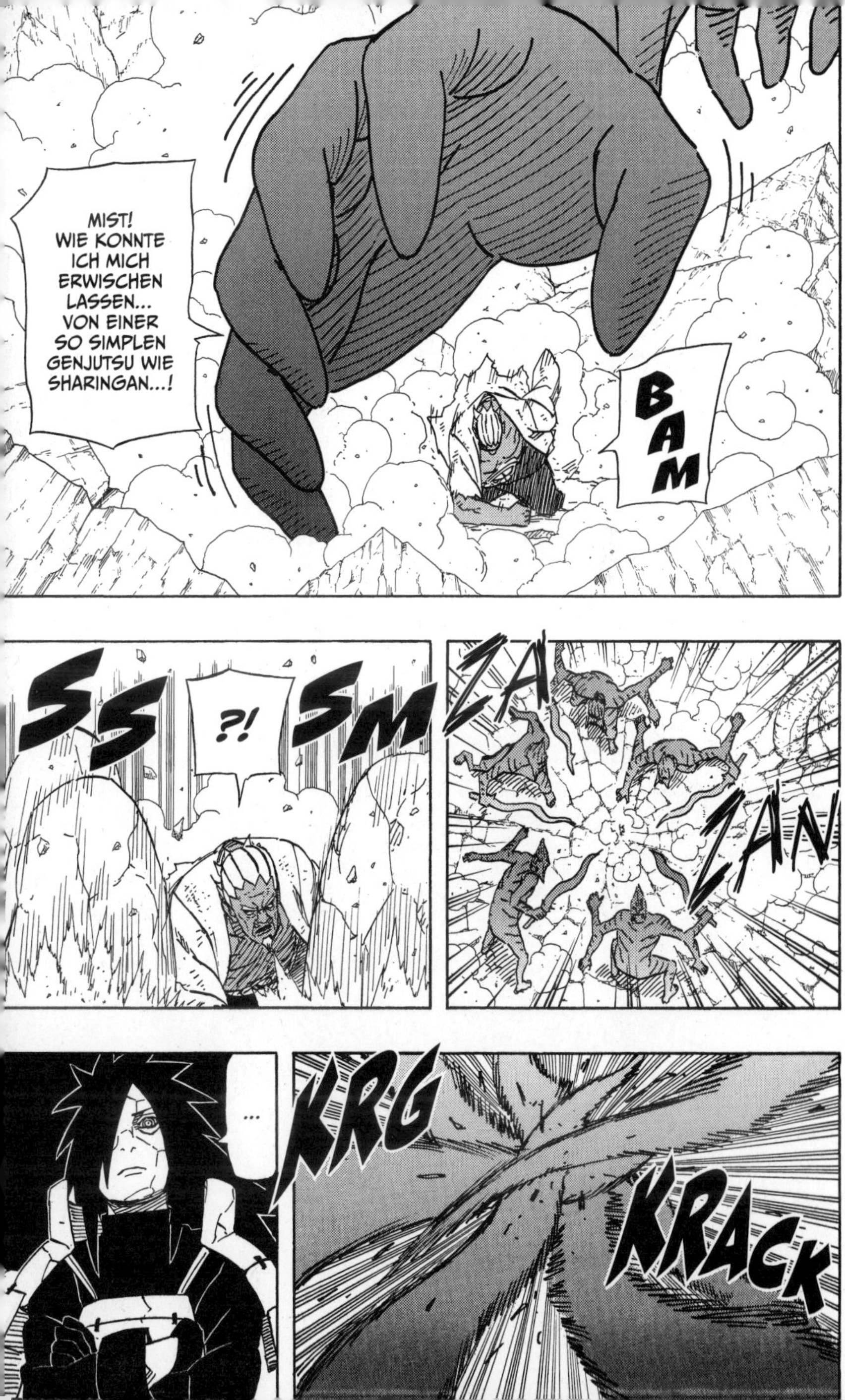
BAM
MIST! WIE KONNTE ICH MICH ERWISCHEN LASSEN... VON EINER SO SIMPLEN GENJUTSU WIE SHARINGAN...!
ZA
ZAN
SS
?!
SM
KRG
KRACK
...

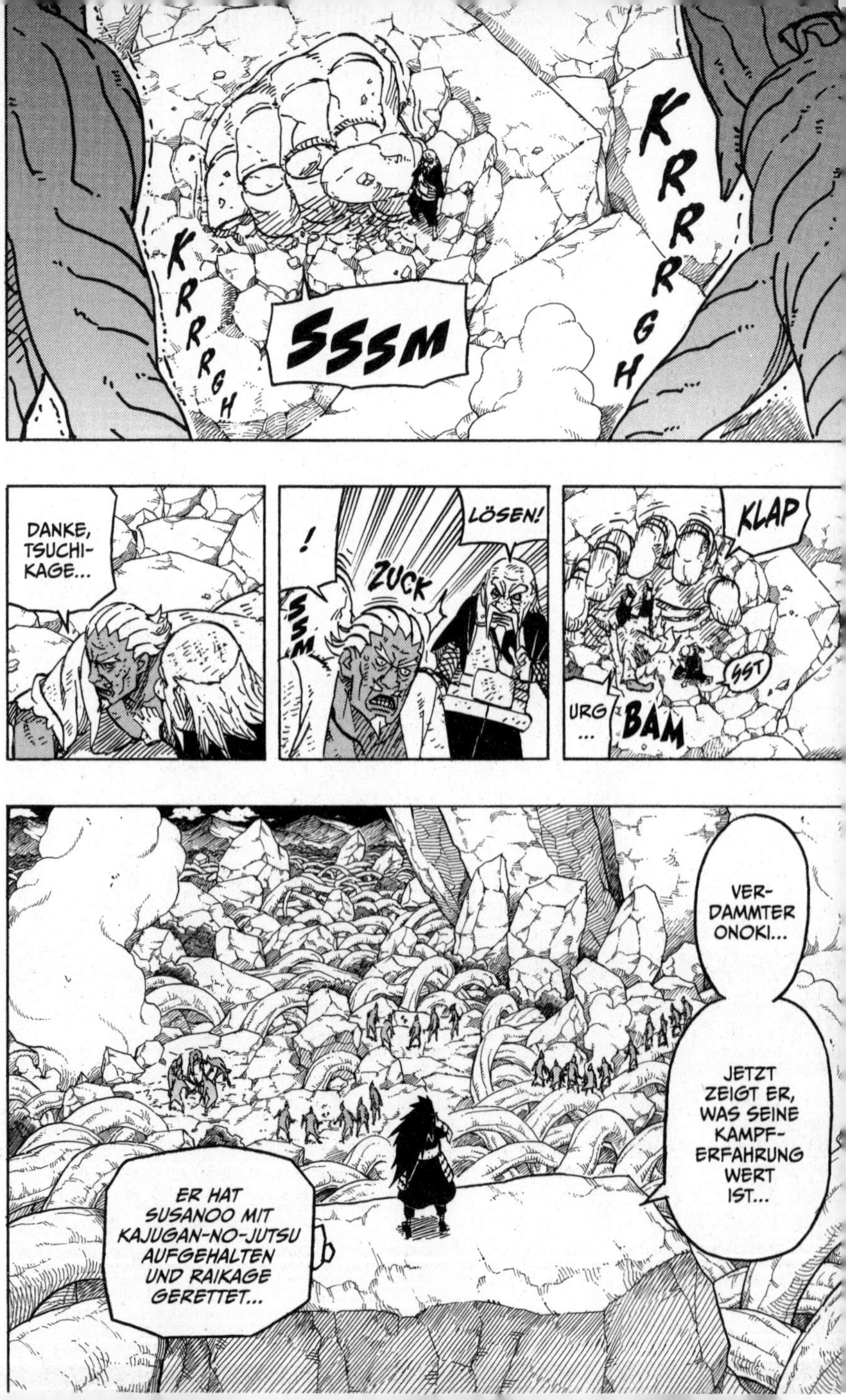
KRRRRGH
KRRRGH
SSSM
KLAP
SST
BAM
URG ...
LÖSEN!
!
ZUCK
SSSM
DANKE, TSUCHI-KAGE...
VER-DAMMTER ONOKI...
JETZT ZEIGT ER, WAS SEINE KAMPF-ERFAHRUNG WERT IST...
ER HAT SUSANOO MIT KAJUGAN-NO-JUTSU AUFGEHALTEN UND RAIKAGE GERETTET...

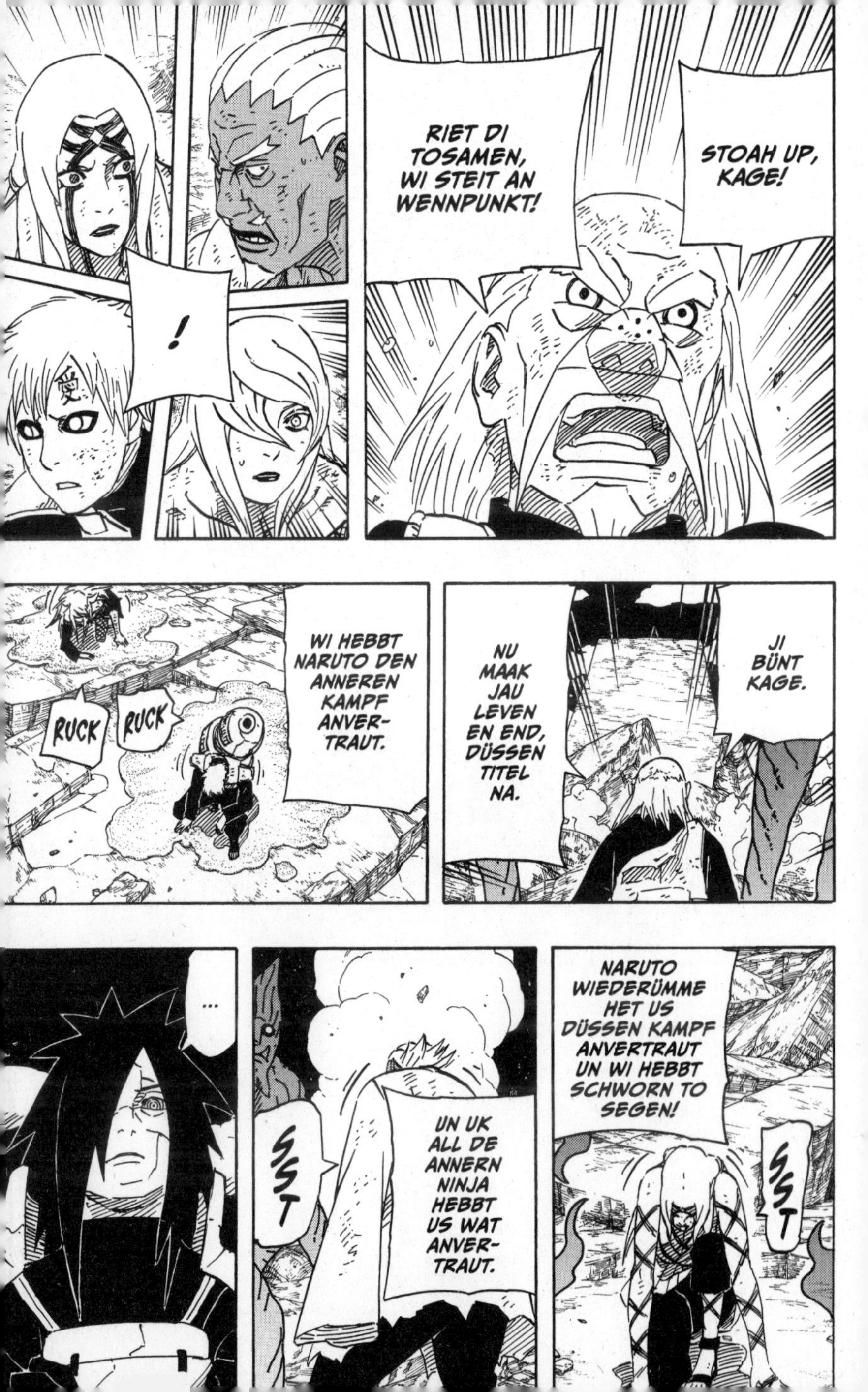
STOAH UP, KAGE!
RIET DI TOSAMEN, WI STEIT AN WENNPUNKT!
!
JI BÜNT KAGE.
NU MAAK JAU LEVEN EN END, DÜSSEN TITEL NA.
WI HEBBT NARUTO DEN ANNEREN KAMPF ANVERTRAUT.
RUCK
RUCK
NARUTO WIEDERÜMME HET US DÜSSEN KAMPF ANVERTRAUT UN WI HEBBT SCHWORN TO SEGEN!
SSST
UN UK ALL DE ANNERN NINJA HEBBT US WAT ANVERTRAUT.
SSST
...

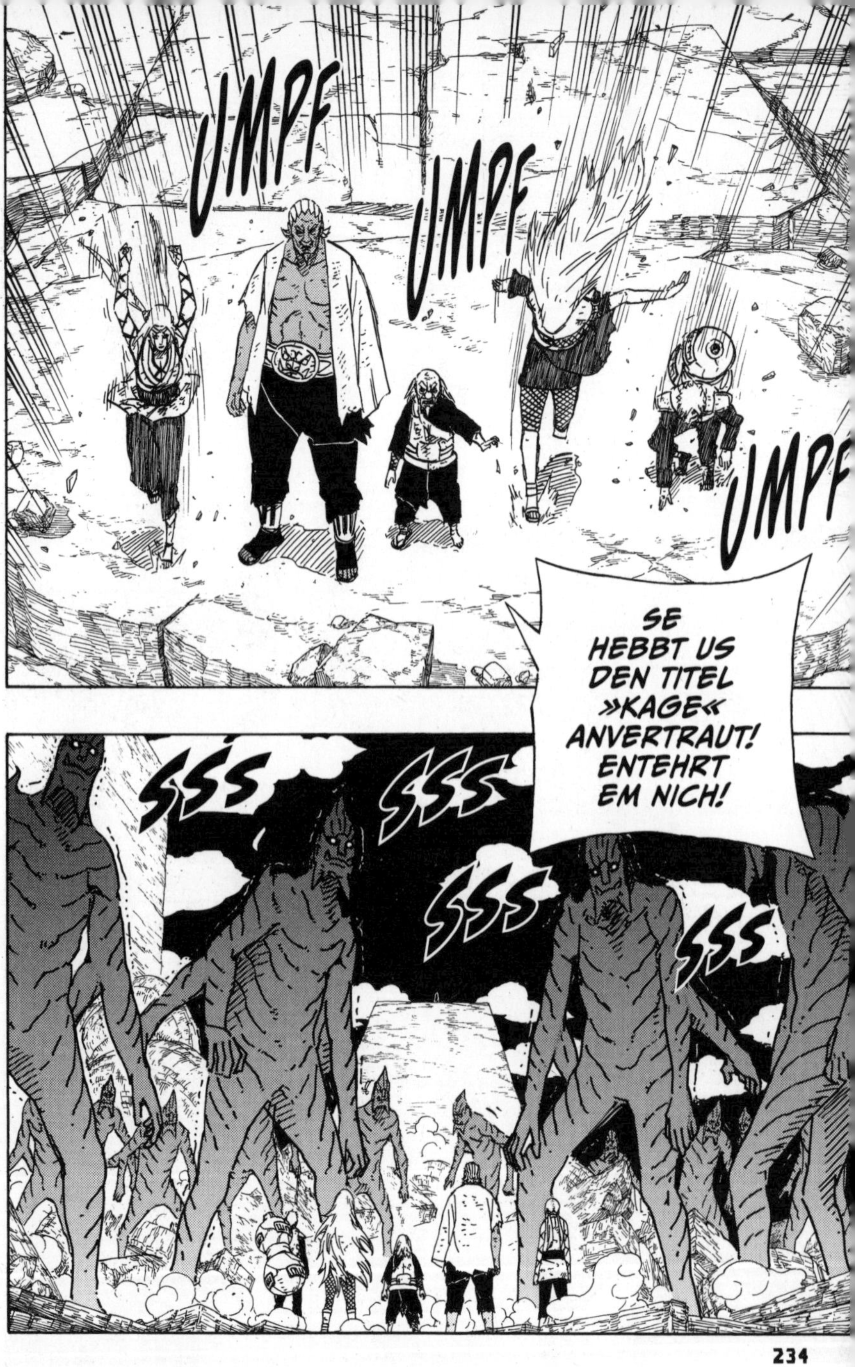
UMPF
UMPF
UMPF
SE HEBBT US DEN TITEL »KAGE« ANVERTRAUT! ENTEHRT EM NICH!
SSS
SSS
SSS
SSS

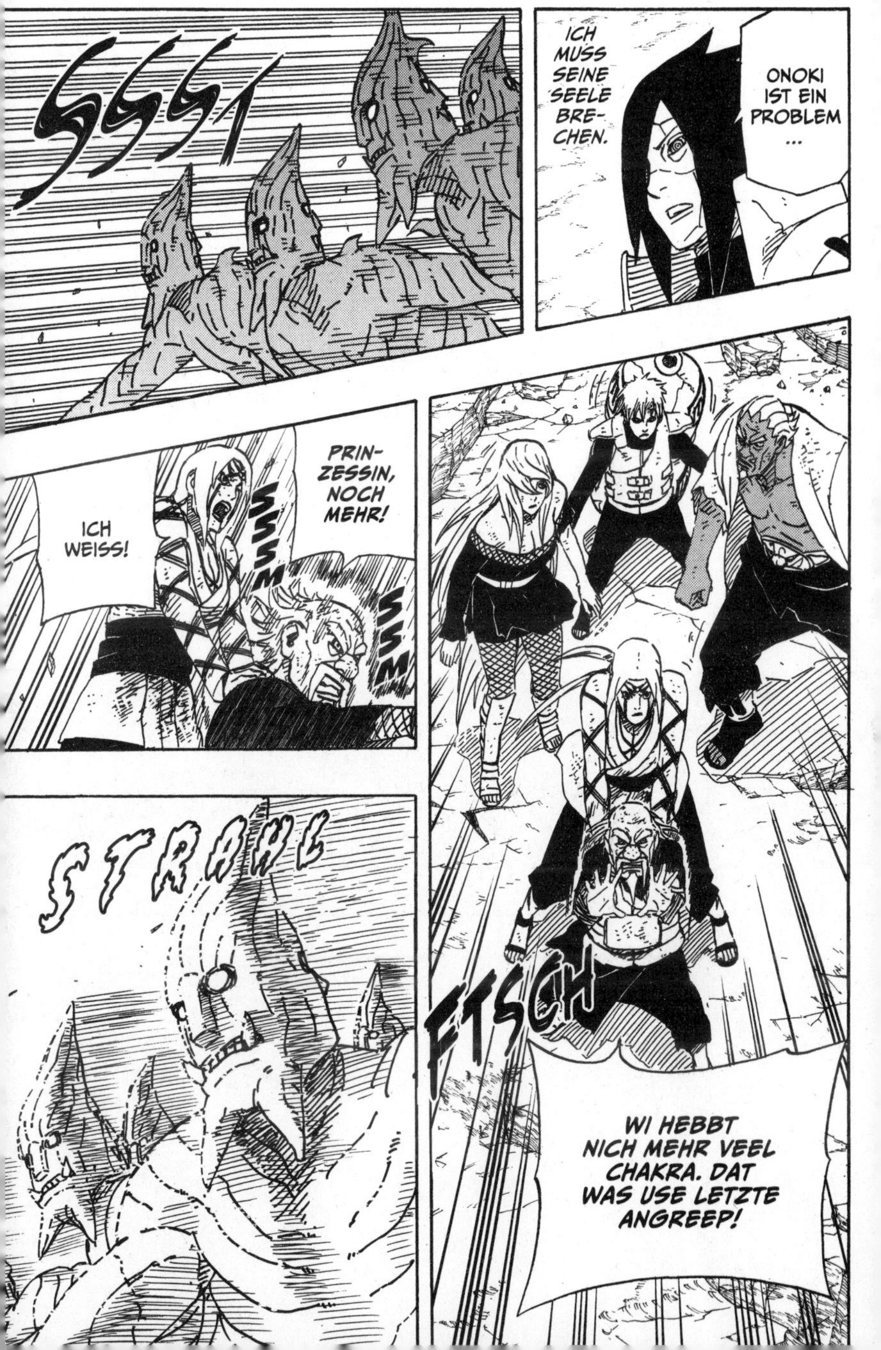
ONOKI IST EIN PROBLEM ...
ICH MUSS SEINE SEELE BRE-CHEN.
SSST
PRIN-ZESSIN, NOCH MEHR!
SSSM
SSSM
ICH WEISS!
WI HEBBT NICH MEHR VEEL CHAKRA. DAT WAS USE LETZTE ANGREEP!
FTSCH
STRAHL

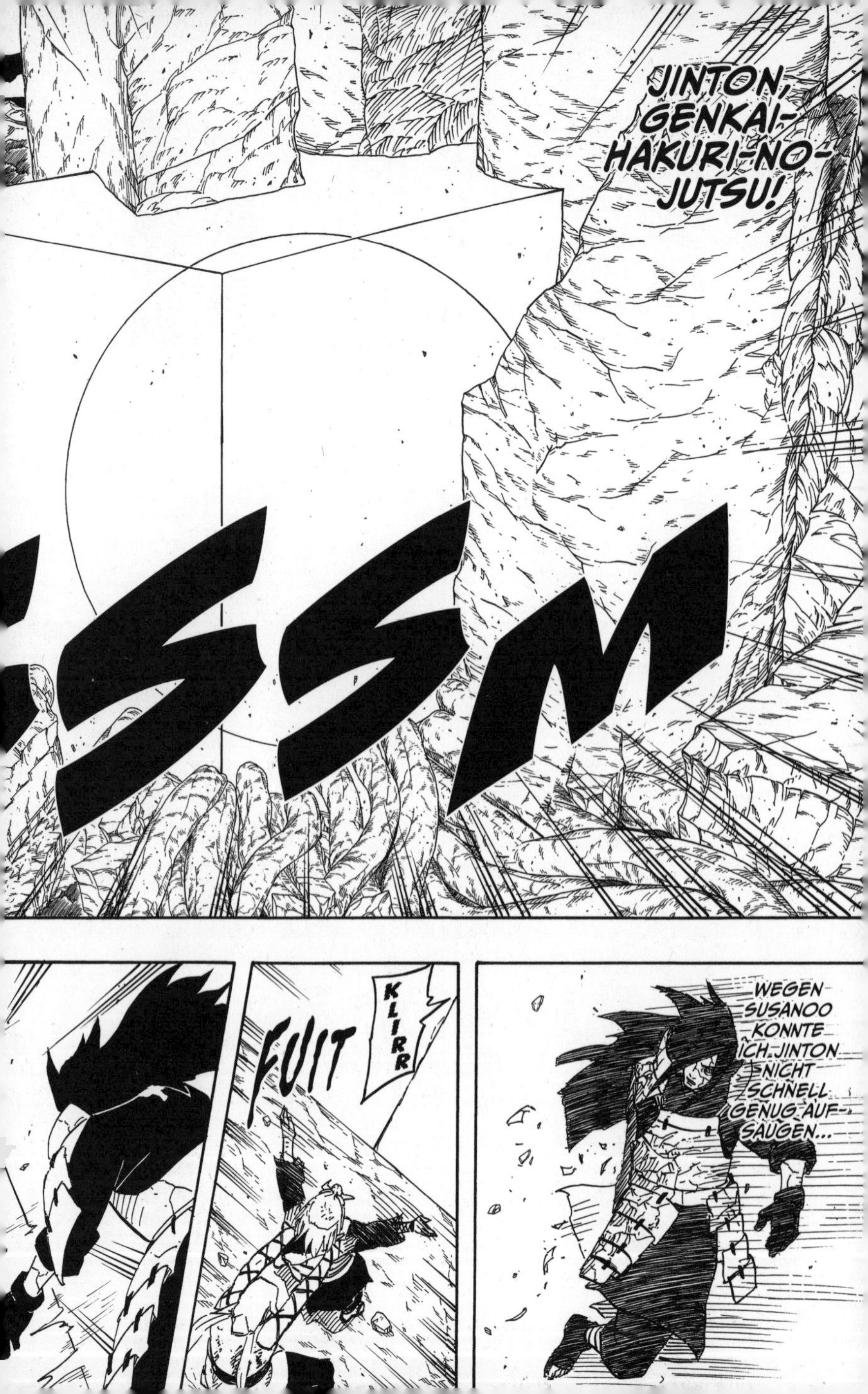
JINTON, GENKAI-HAKURI-NO-JUTSU!
SSM
WEGEN SUSANOO KONNTE ICH JINTON NICHT SCHNELL GENUG AUF-SAUGEN...
KLIRR
FUIT

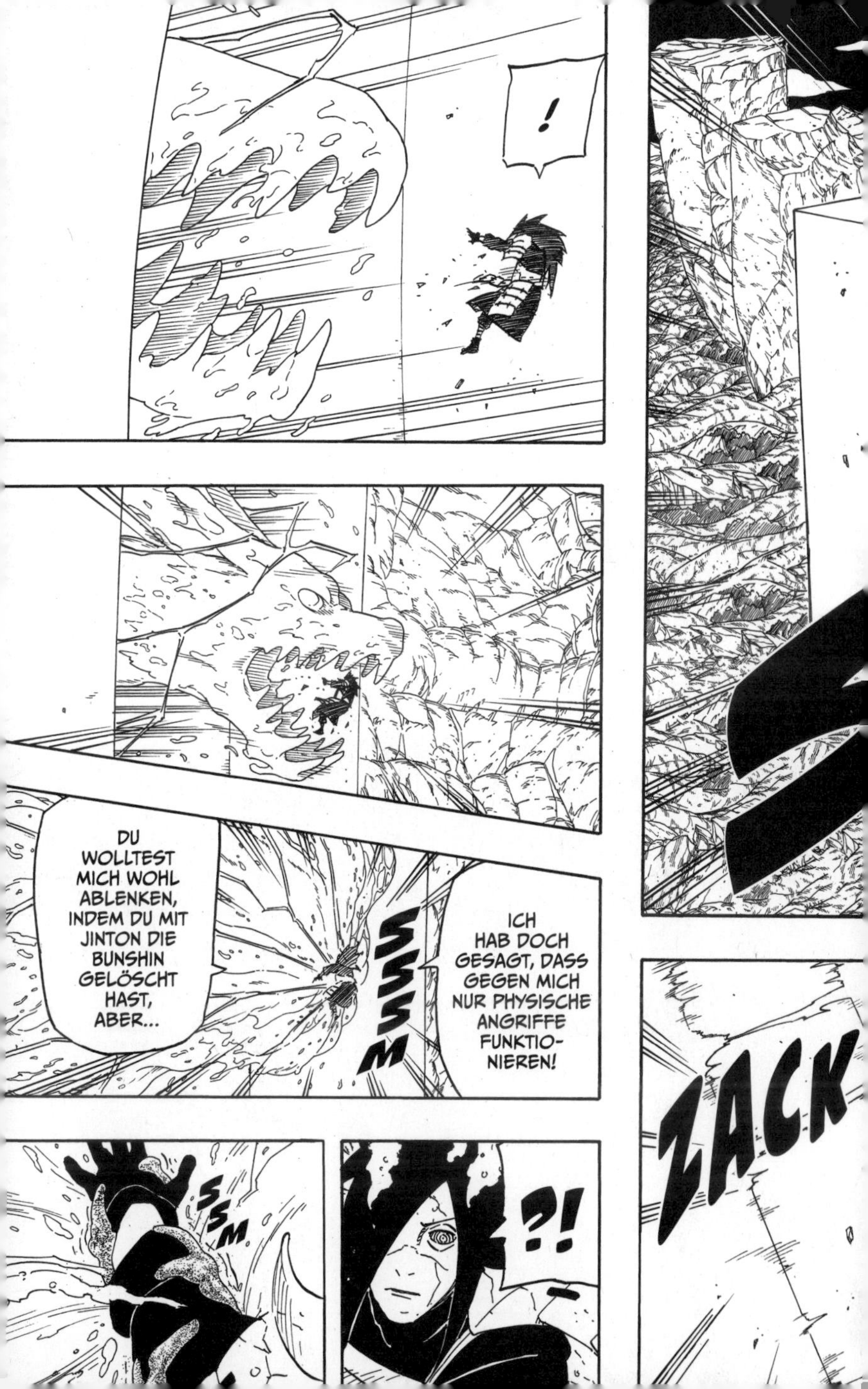
!
DU WOLLTEST MICH WOHL ABLENKEN, INDEM DU MIT JINTON DIE BUNSHIN GELÖSCHT HAST, ABER...
SSSM
ICH HAB DOCH GESAGT, DASS GEGEN MICH NUR PHYSISCHE ANGRIFFE FUNKTIONIEREN!
SSM
?!
ZACK

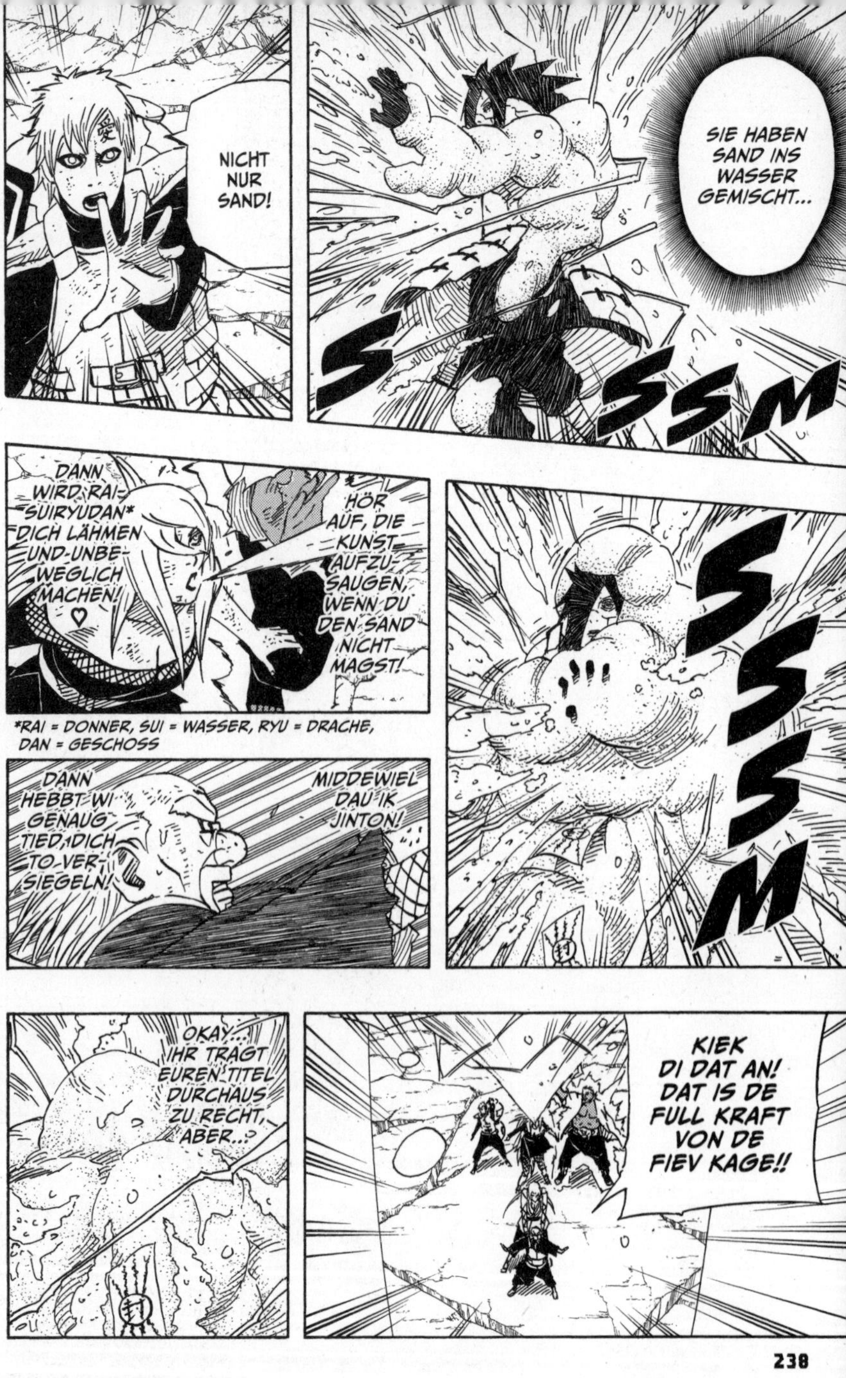

*RAI = DONNER, SUI = WASSER, RYU = DRACHE, DAN = GESCHOSS

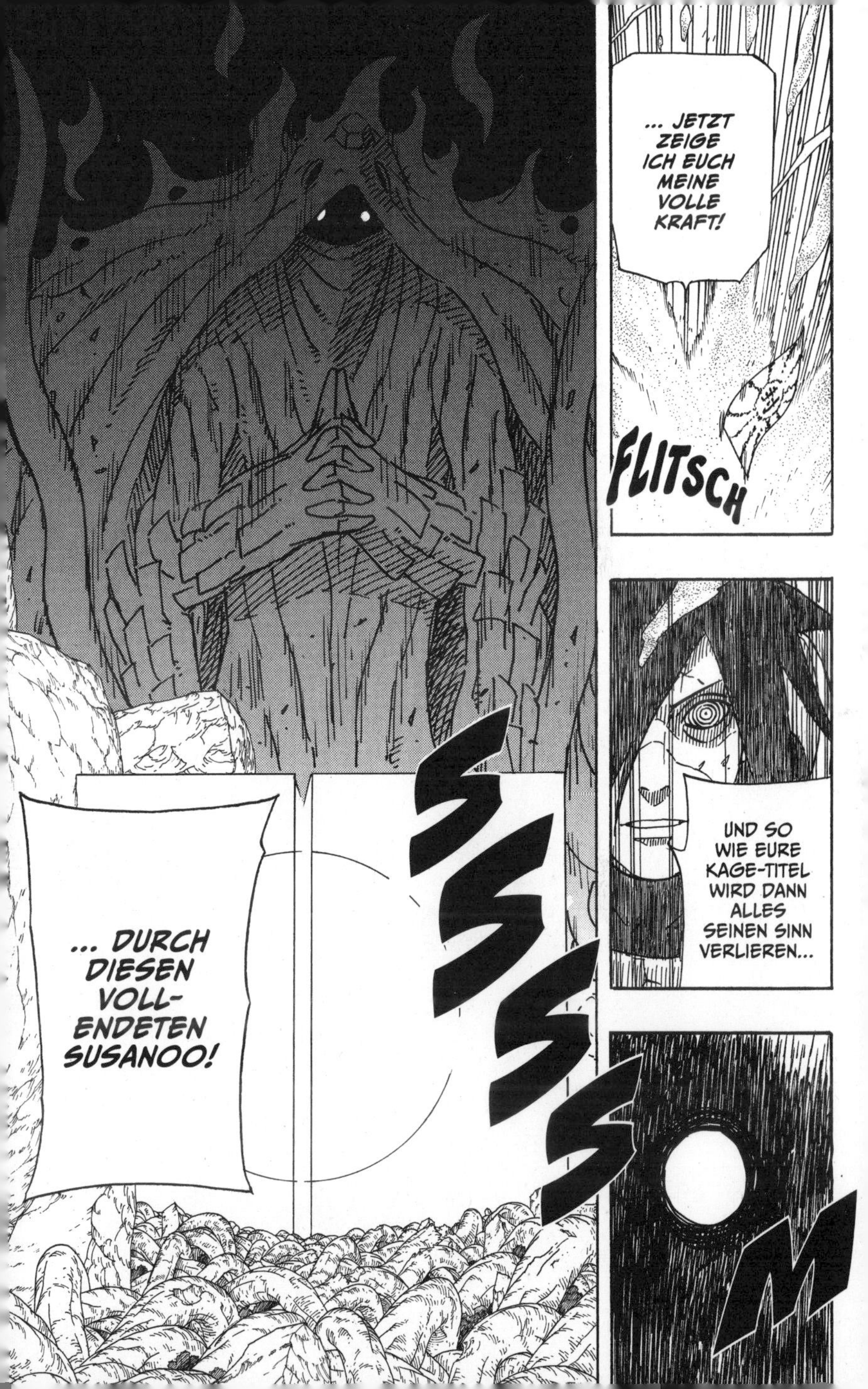
... JETZT ZEIGE ICH EUCH MEINE VOLLE KRAFT!
FLITSCH
UND SO WIE EURE KAGE-TITEL WIRD DANN ALLES SEINEN SINN VERLIEREN...
... DURCH DIESEN VOLL-ENDETEN SUSANOO!
SSSSSOM

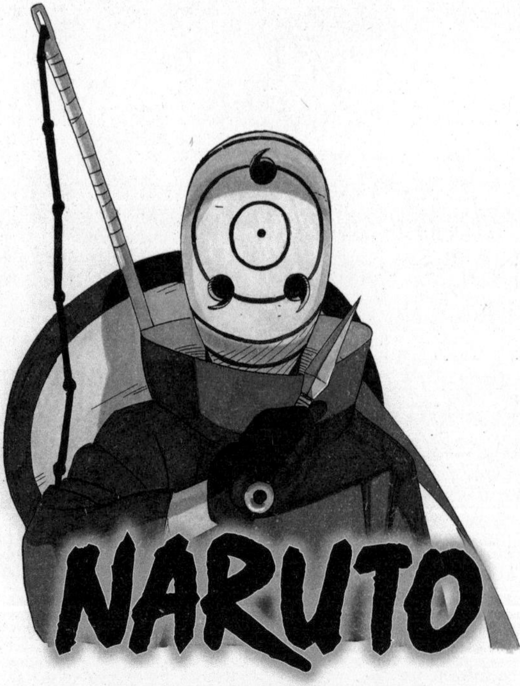
NARUTO

589. Kapitel: Edotensei-no-Jutsu wird gelöst

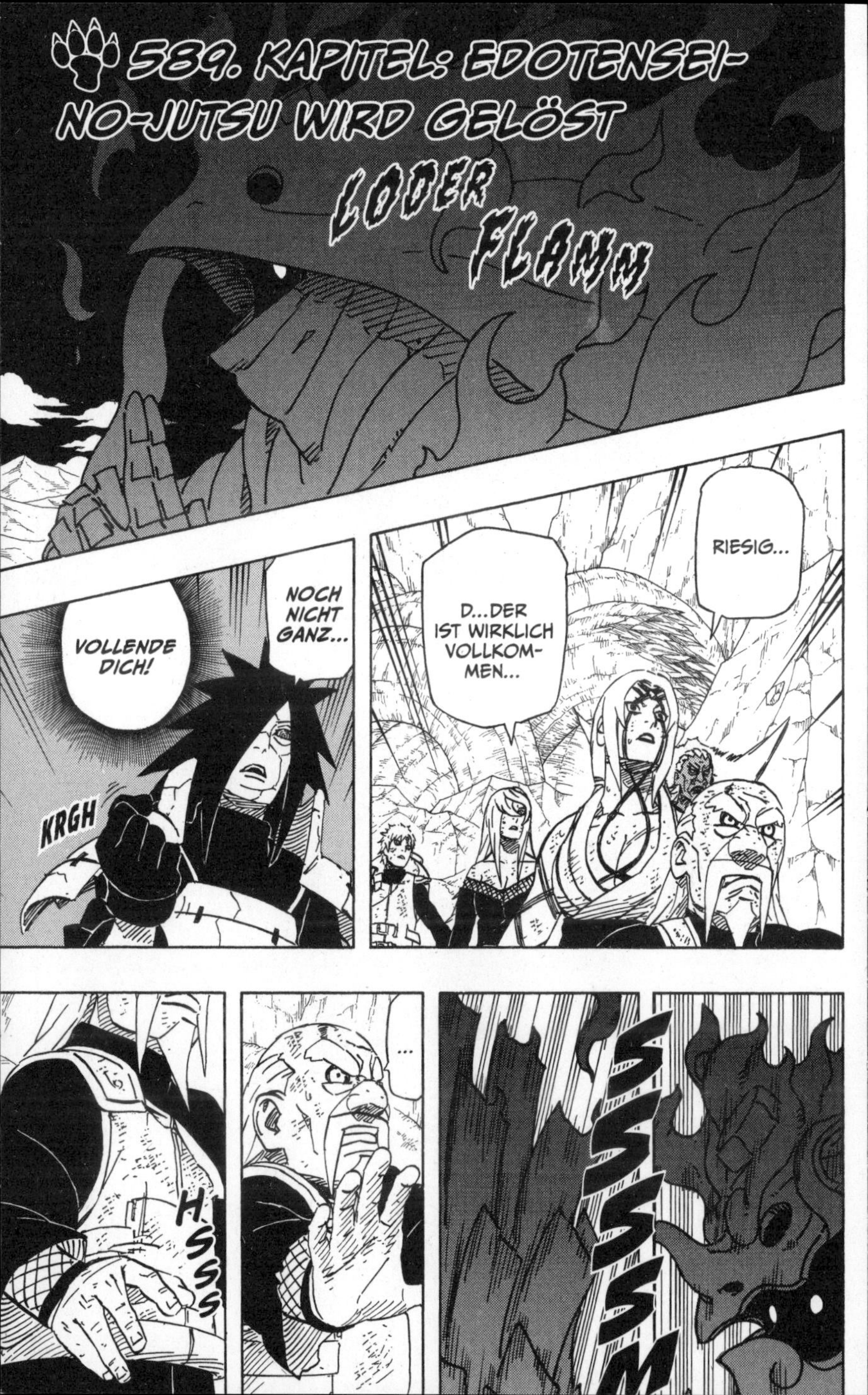

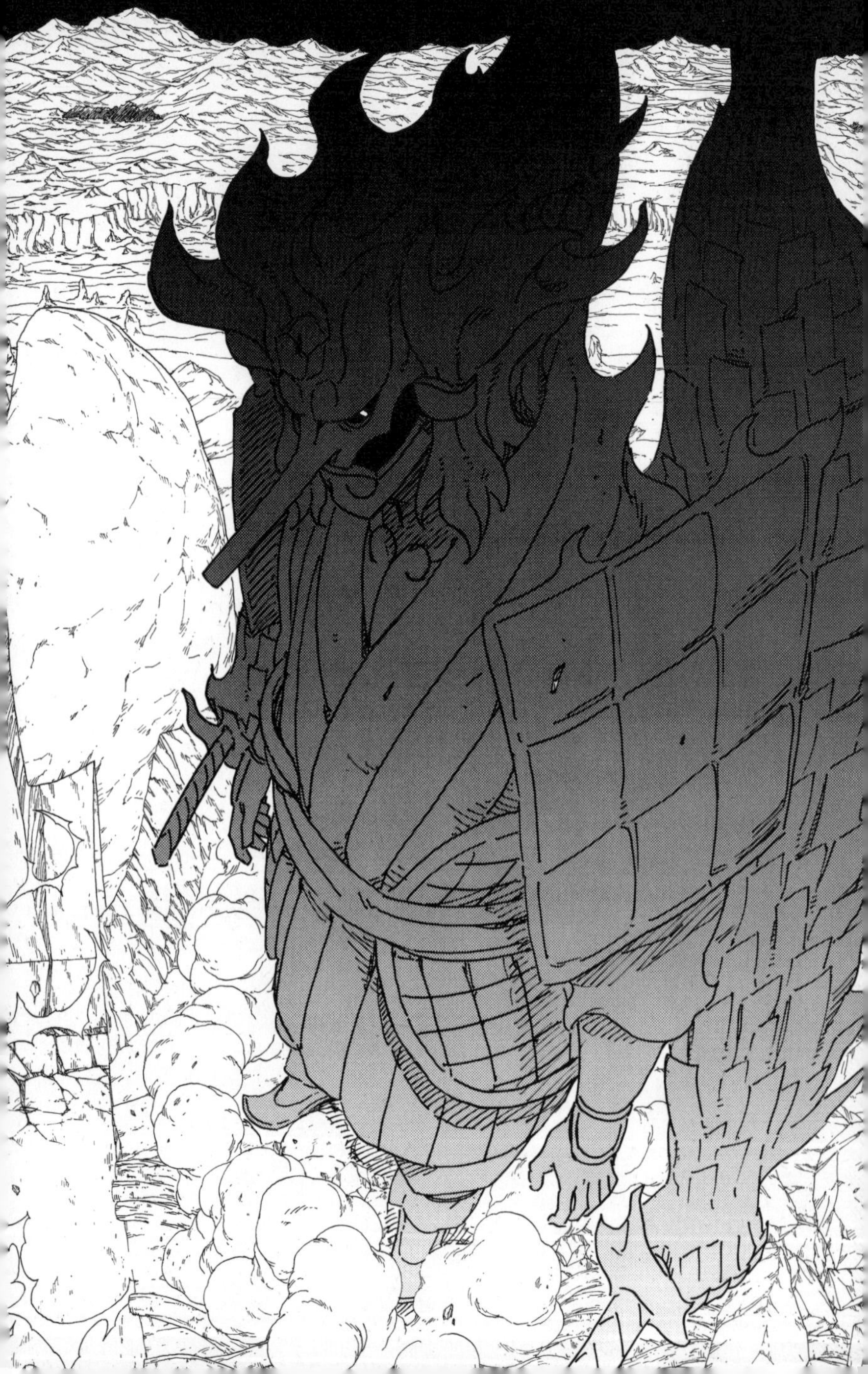

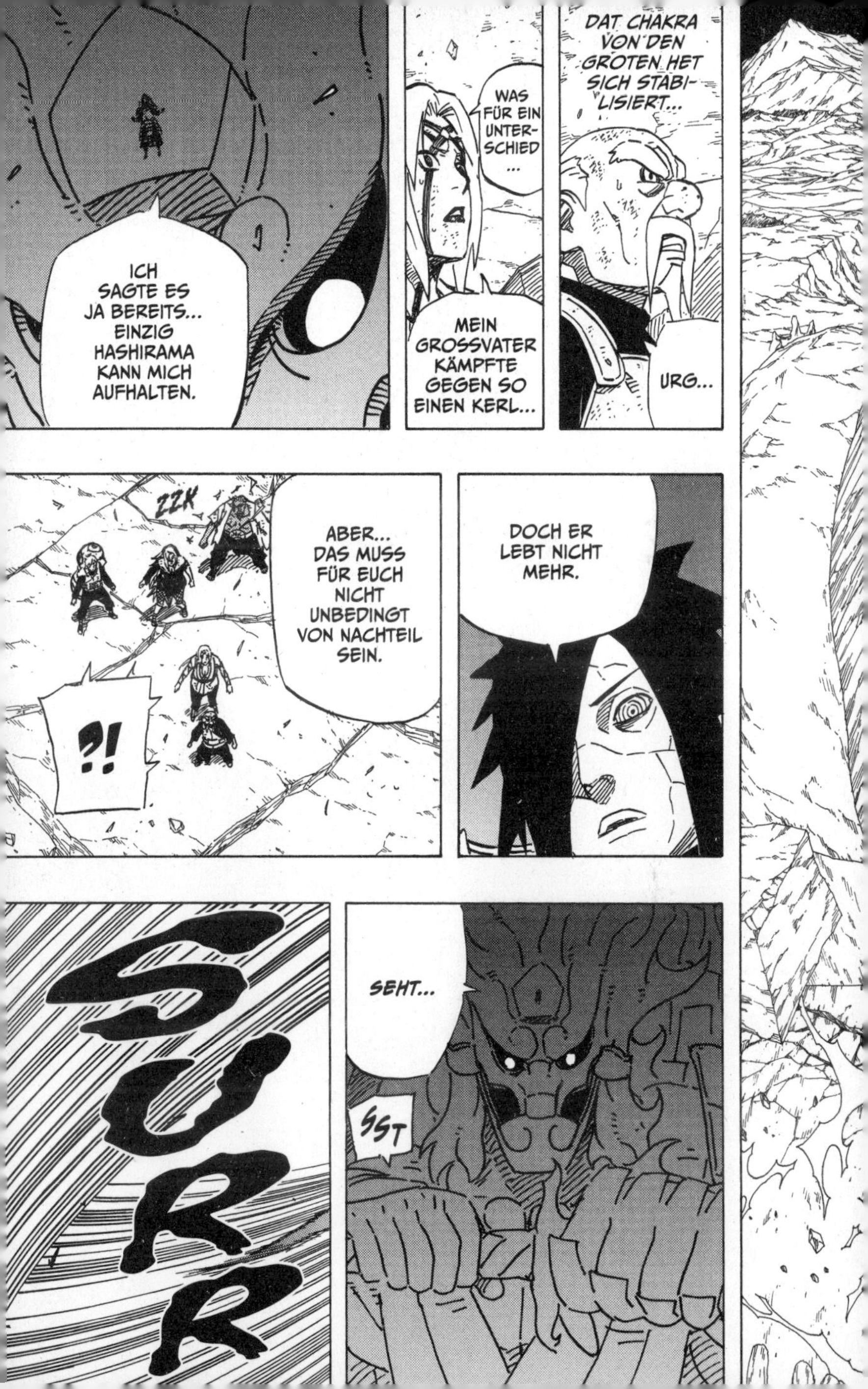
DAT CHAKRA VON DEN GROTEN HET SICH STABI-LISIERT...
URG...
WAS FÜR EIN UNTER-SCHIED ...
MEIN GROSSVATER KÄMPFTE GEGEN SO EINEN KERL...
ICH SAGTE ES JA BEREITS... EINZIG HASHIRAMA KANN MICH AUFHALTEN.
DOCH ER LEBT NICHT MEHR.
ABER... DAS MUSS FÜR EUCH NICHT UNBEDINGT VON NACHTEIL SEIN.
ZZK
?!
SEHT...
SST
SURR

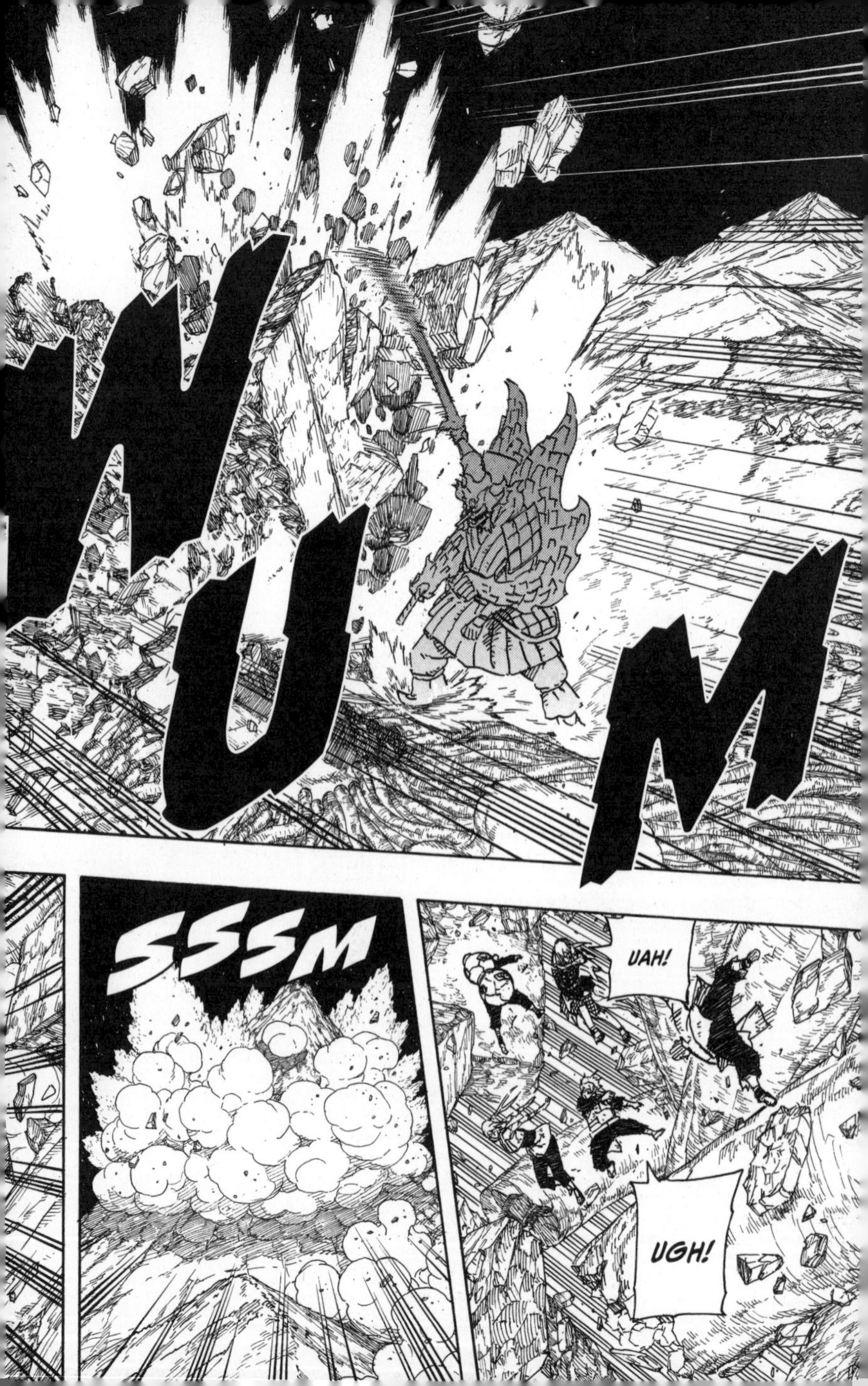
UAH!
UGH!
SSSM

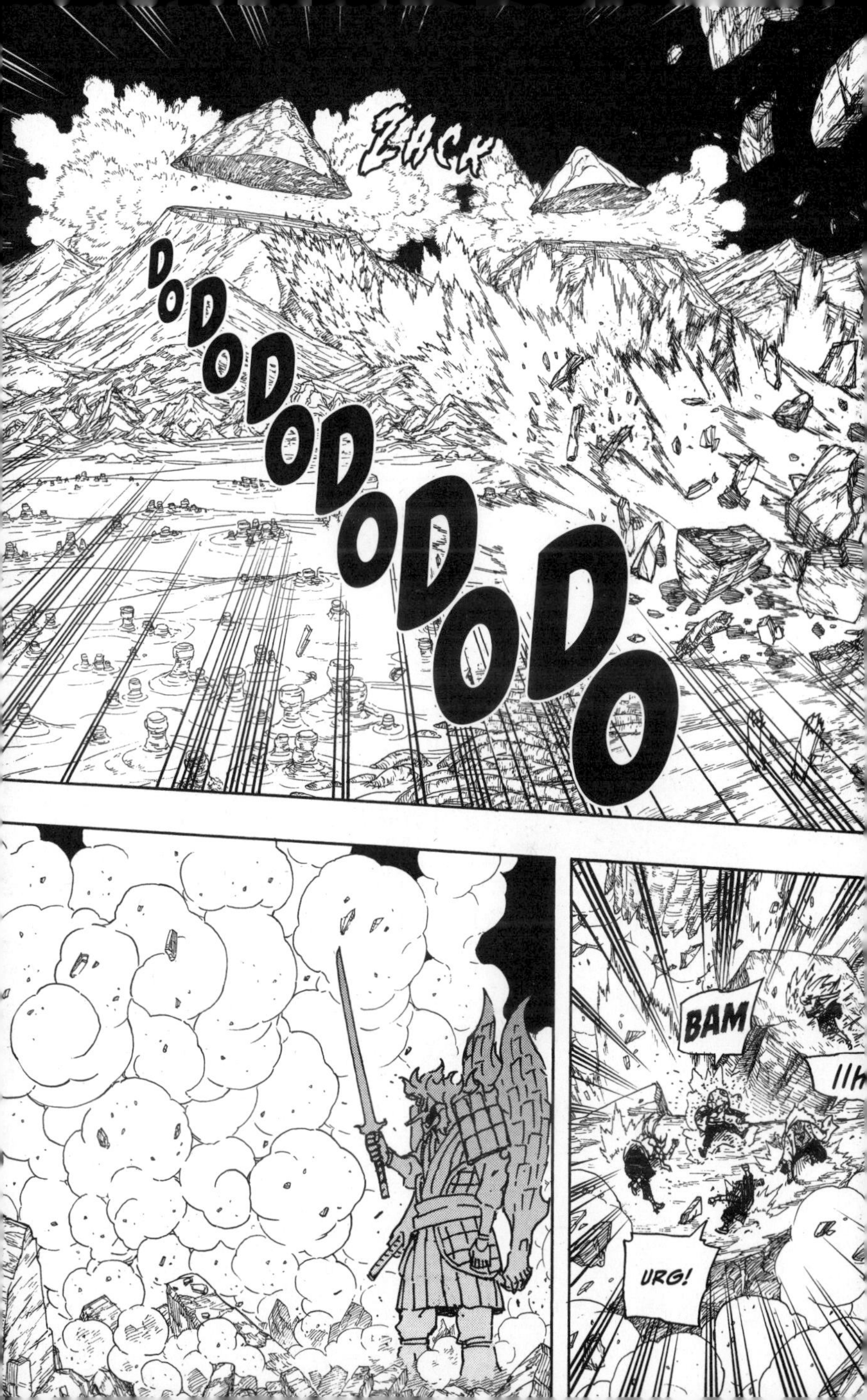
ZACK
DODODODODODO
BAM
URG!

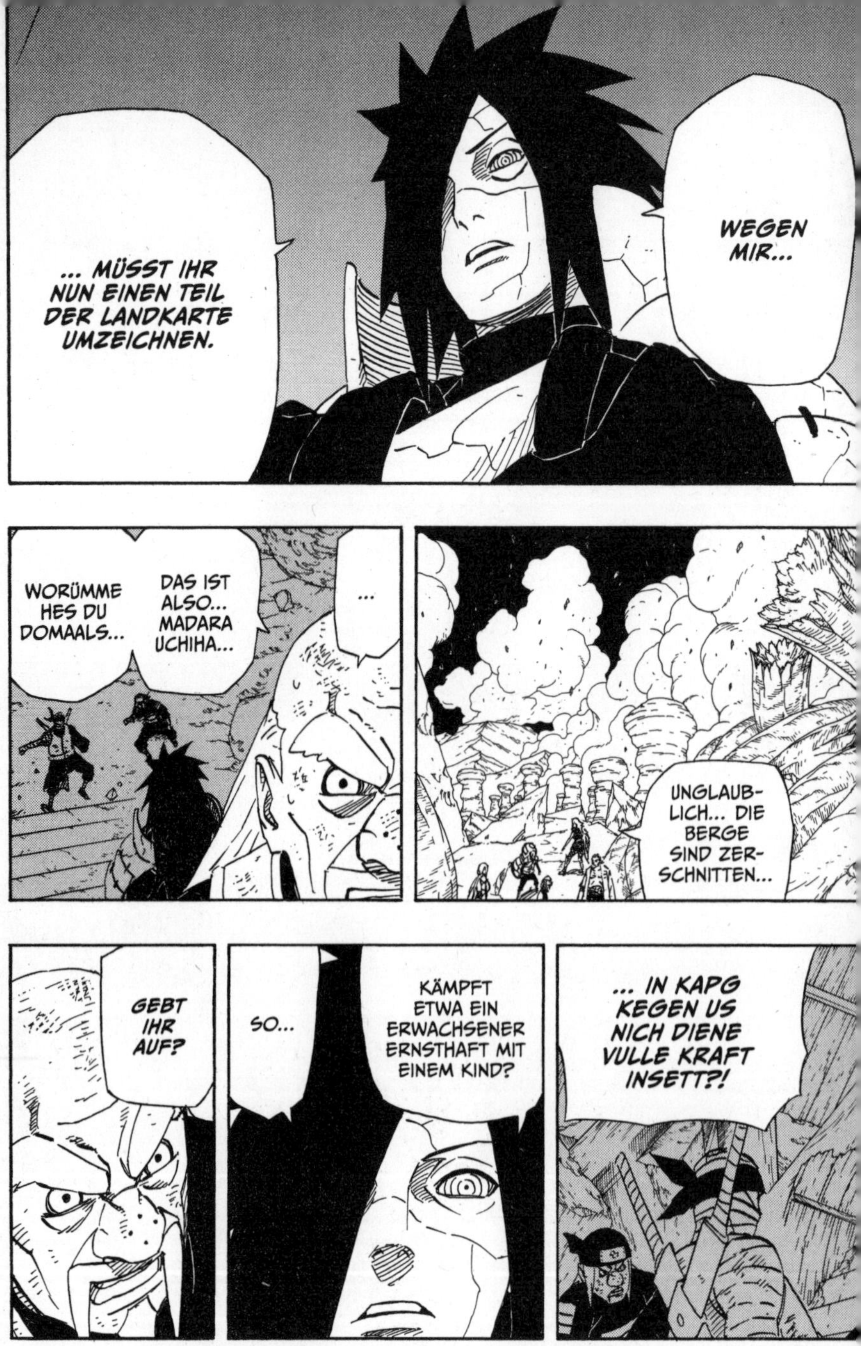
WEGEN MIR...
... MÜSST IHR NUN EINEN TEIL DER LANDKARTE UMZEICHNEN.
UNGLAUB-LICH... DIE BERGE SIND ZER-SCHNITTEN...
...
DAS IST ALSO... MADARA UCHIHA...
WORÜMME HES DU DOMAALS...
... IN KAPG KEGEN US NICH DIENE VULLE KRAFT INSETT?!
KÄMPFT ETWA EIN ERWACHSENER ERNSTHAFT MIT EINEM KIND?
SO...
GEBT IHR AUF?

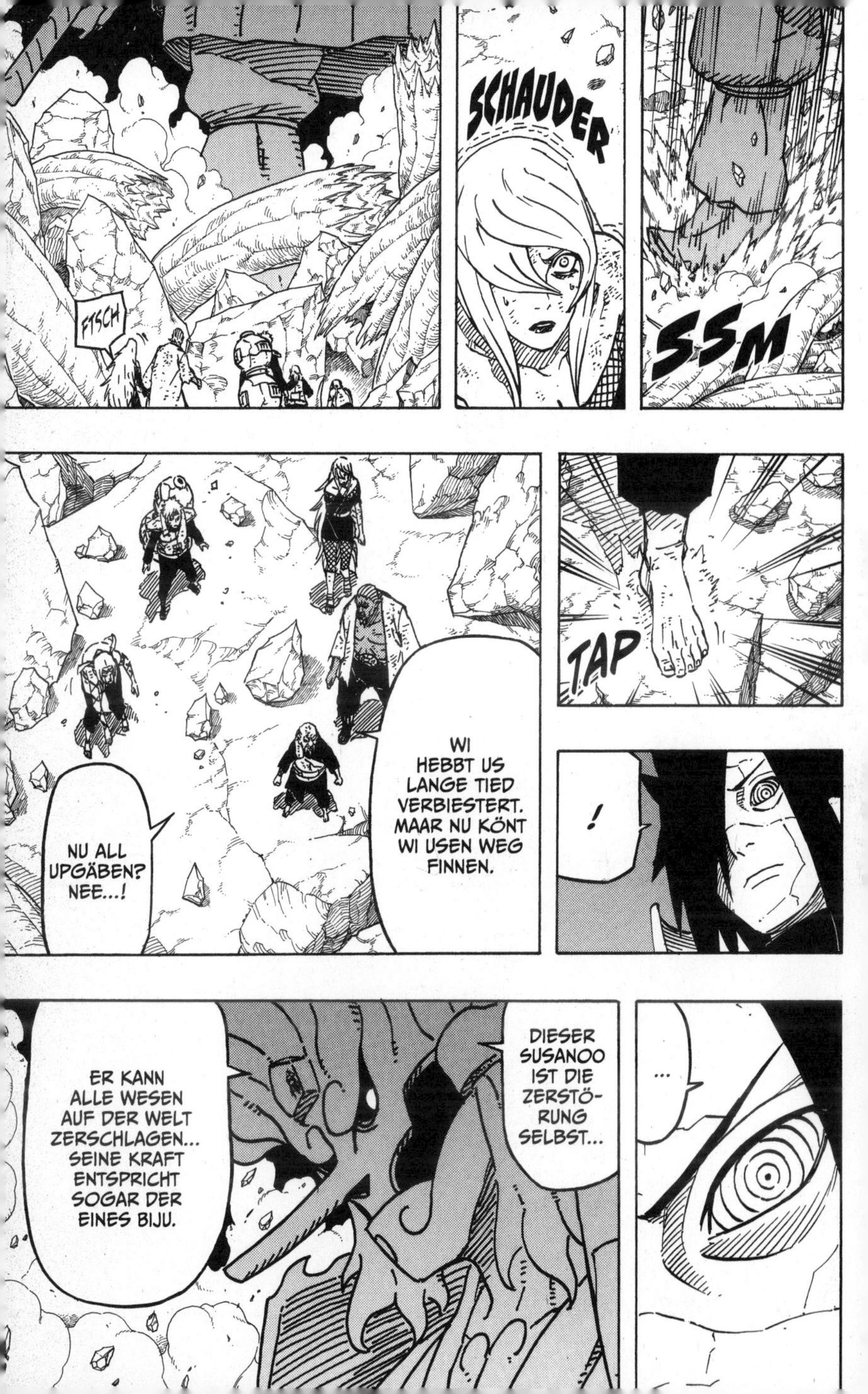
SSM
SCHAUDER
FTSCH
TAP
!
WI HEBBT US LANGE TIED VERBIESTERT. MAAR NU KÖNT WI USEN WEG FINNEN.
NU ALL UPGÄBEN? NEE...!
...
DIESER SUSANOO IST DIE ZERSTÖ-RUNG SELBST...
ER KANN ALLE WESEN AUF DER WELT ZERSCHLAGEN... SEINE KRAFT ENTSPRICHT SOGAR DER EINES BIJU.

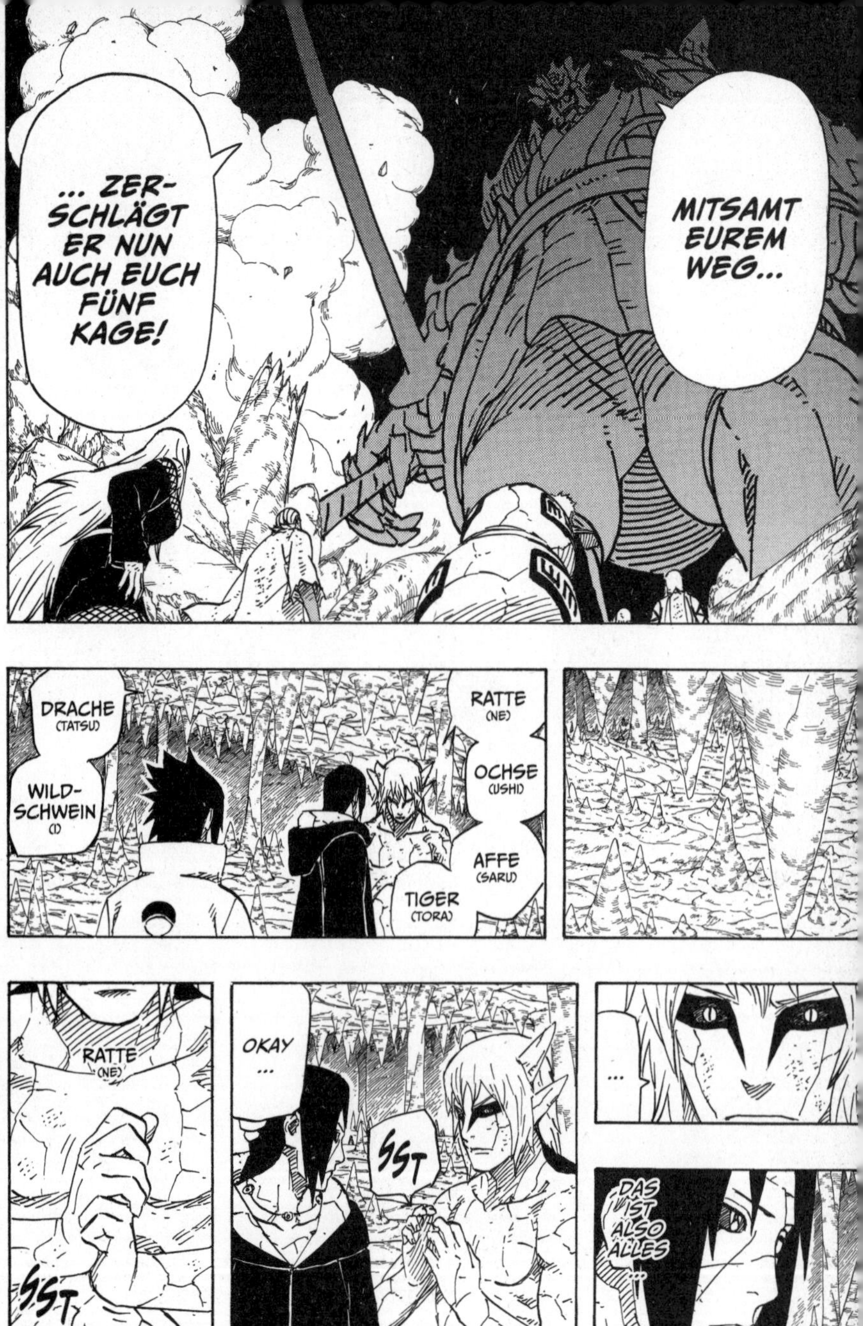
MITSAMT EUREM WEG...
... ZER-SCHLÄGT ER NUN AUCH EUCH FÜNF KAGE!
RATTE (NE)
OCHSE (USHI)
AFFE (SARU)
TIGER (TORA)
DRACHE (TATSU)
WILD-SCHWEIN (I)
...
DAS IST ALSO ALLES ...
OKAY ...
SST
RATTE (NE)
SST

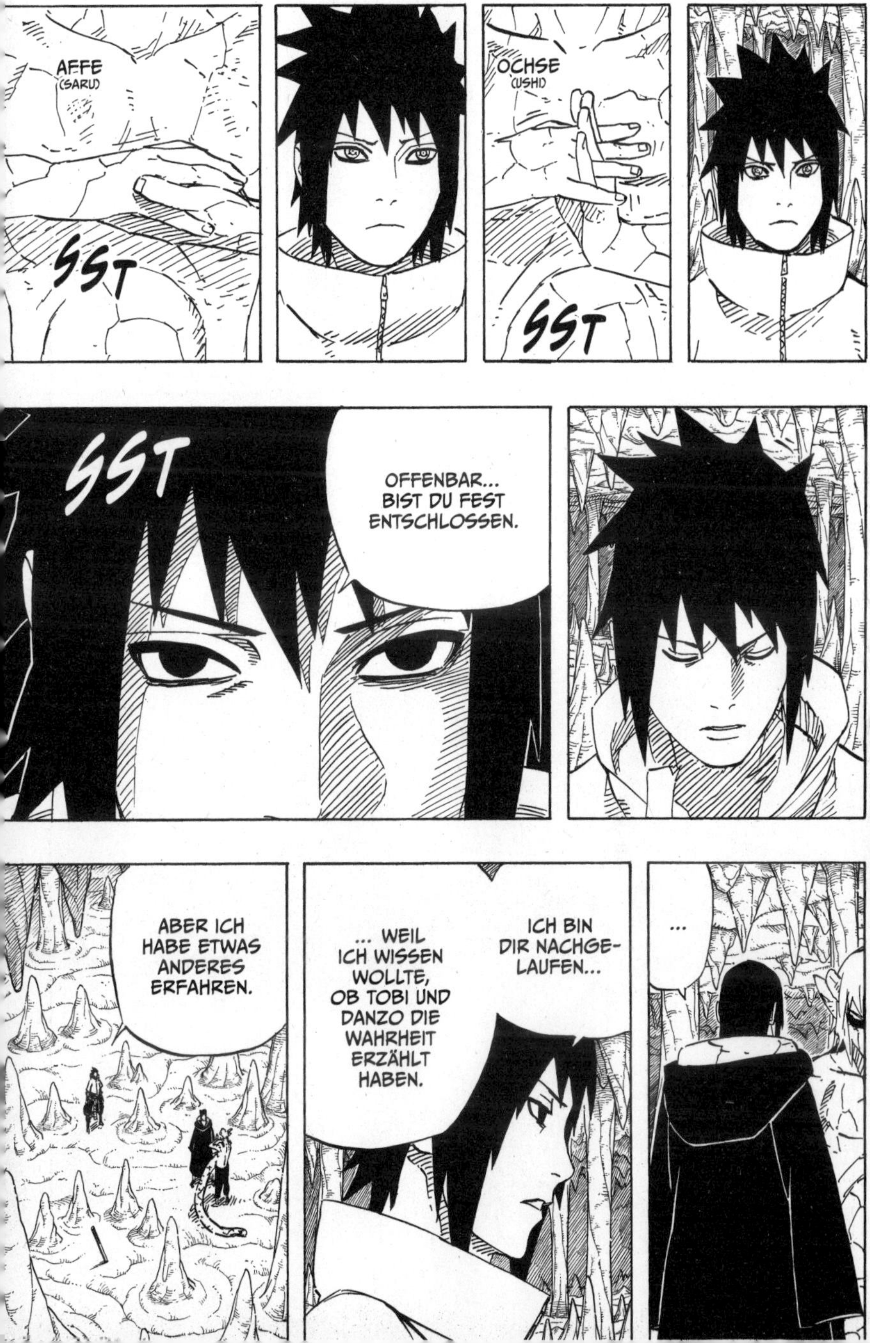
OCHSE
(USHI)
SST
AFFE
(SARU)
SST
OFFENBAR... BIST DU FEST ENTSCHLOSSEN.
SST
...
ICH BIN DIR NACHGE-LAUFEN...
... WEIL ICH WISSEN WOLLTE, OB TOBI UND DANZO DIE WAHRHEIT ERZÄHLT HABEN.
ABER ICH HABE ETWAS ANDERES ERFAHREN.

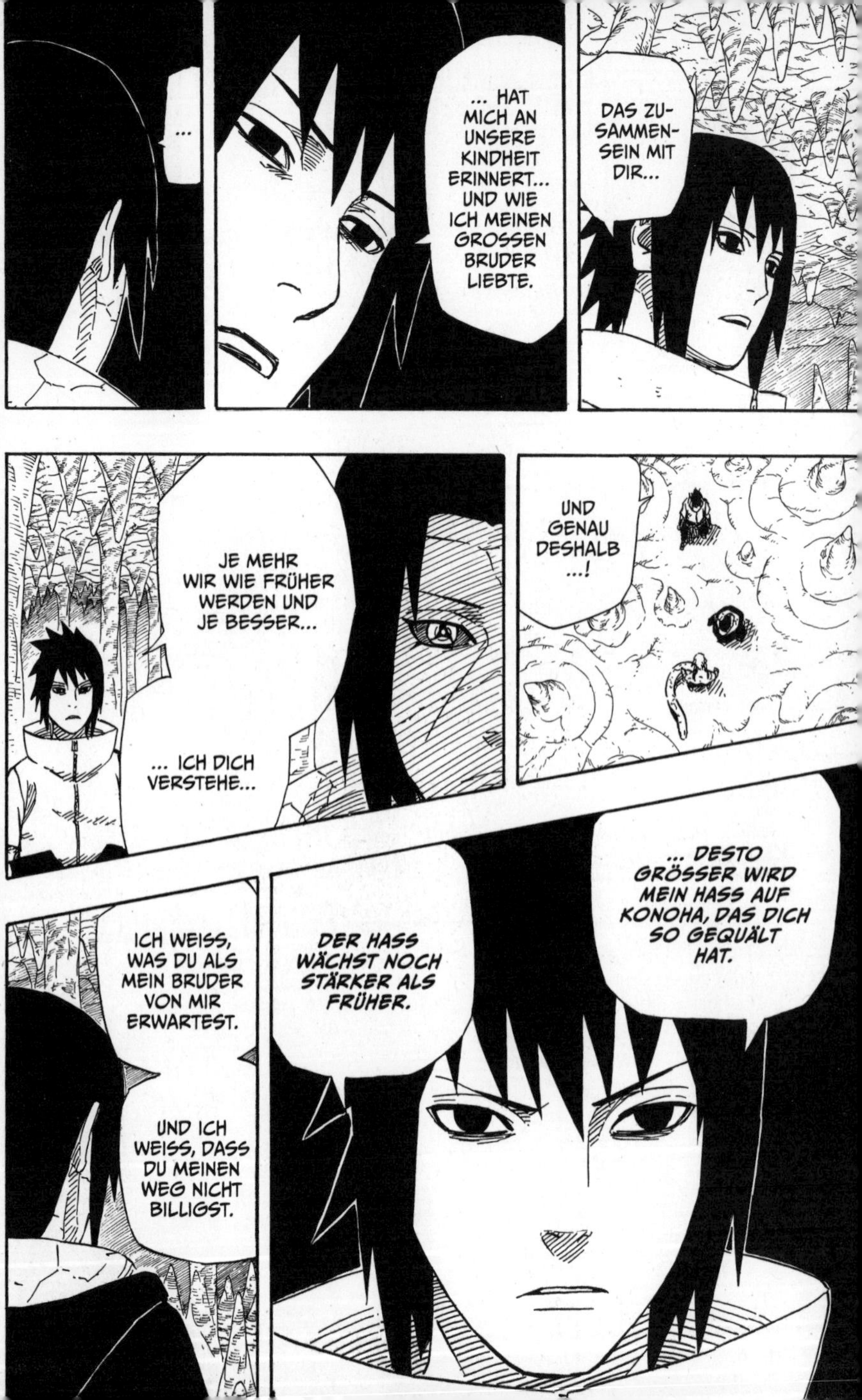
DAS ZUSAMMENSEIN MIT DIR...
... HAT MICH AN UNSERE KINDHEIT ERINNERT... UND WIE ICH MEINEN GROSSEN BRUDER LIEBTE.
...
UND GENAU DESHALB ...!
JE MEHR WIR WIE FRÜHER WERDEN UND JE BESSER...
... ICH DICH VERSTEHE...
... DESTO GRÖSSER WIRD MEIN HASS AUF KONOHA, DAS DICH SO GEQUÄLT HAT.
DER HASS WÄCHST NOCH STÄRKER ALS FRÜHER.
ICH WEISS, WAS DU ALS MEIN BRUDER VON MIR ERWARTEST.
UND ICH WEISS, DASS DU MEINEN WEG NICHT BILLIGST.

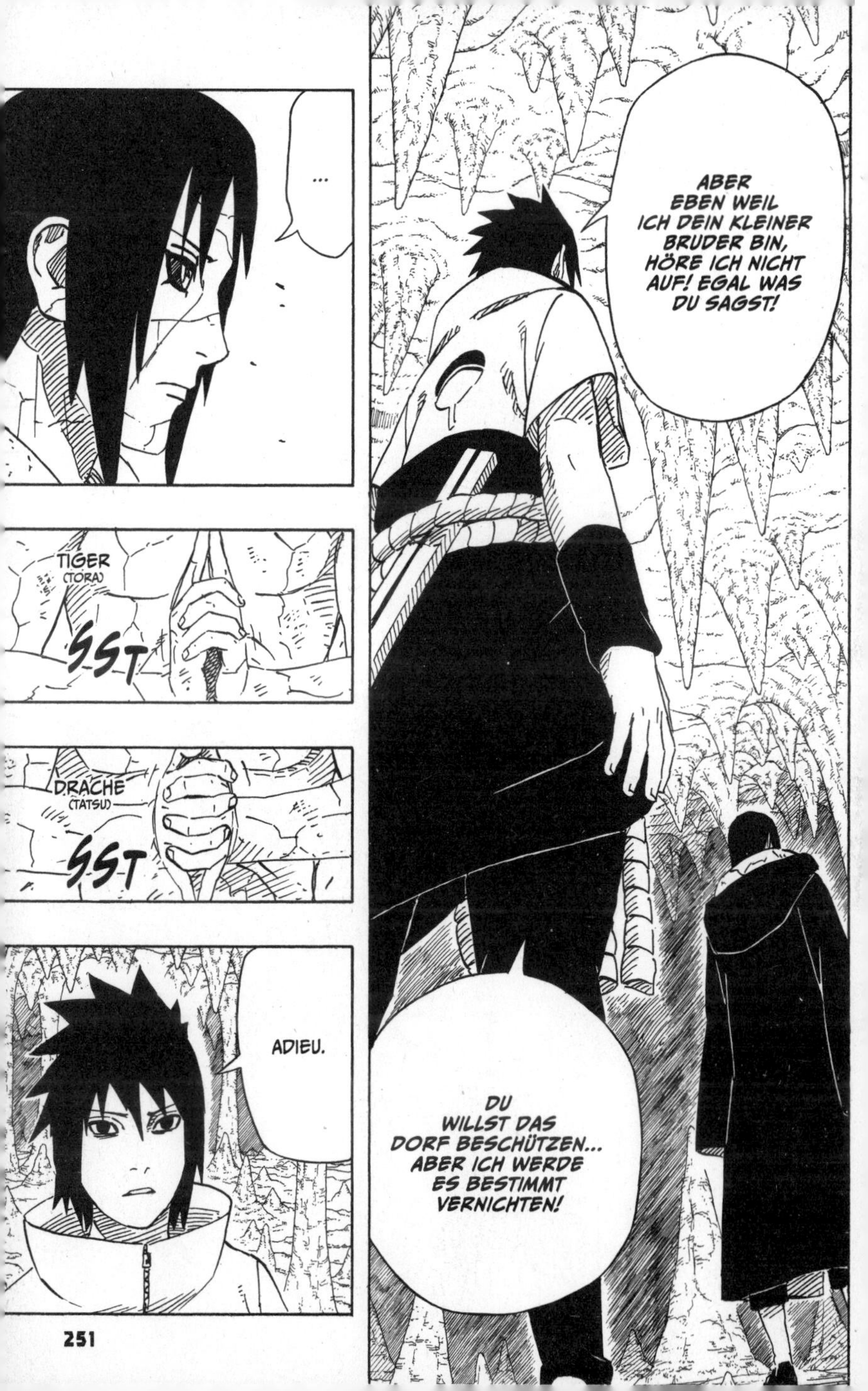
ABER EBEN WEIL ICH DEIN KLEINER BRUDER BIN, HÖRE ICH NICHT AUF! EGAL WAS DU SAGST!
DU WILLST DAS DORF BESCHÜTZEN... ABER ICH WERDE ES BESTIMMT VERNICHTEN!
...
TIGER (TORA)
SST
DRACHE (TATSU)
SST
ADIEU.

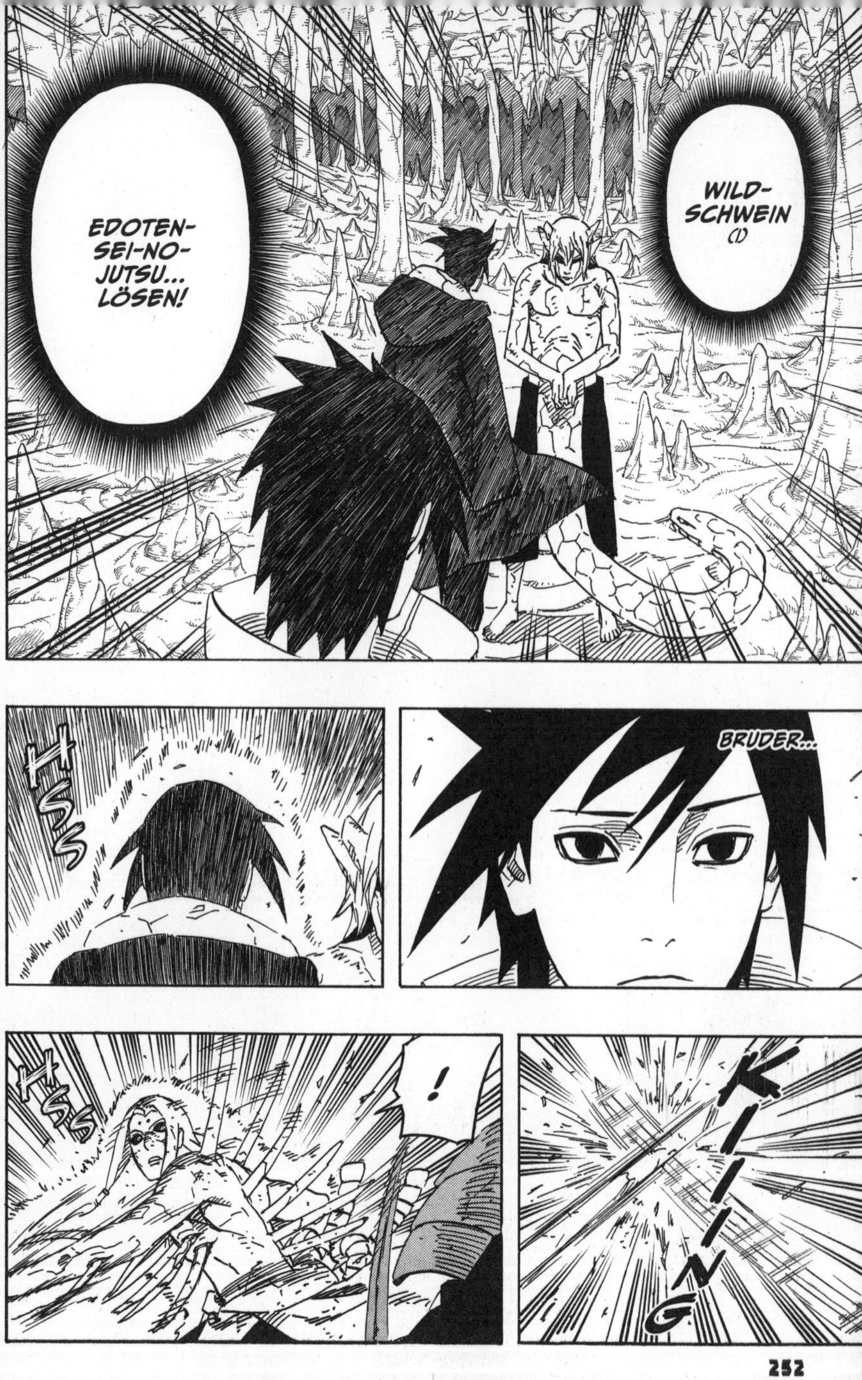
WILD-
SCHWEIN
(I)
EDOTEN-
SEI-NO-
JUTSU...
LÖSEN!
BRUDER...
HSS
KIIIING
!
HSS

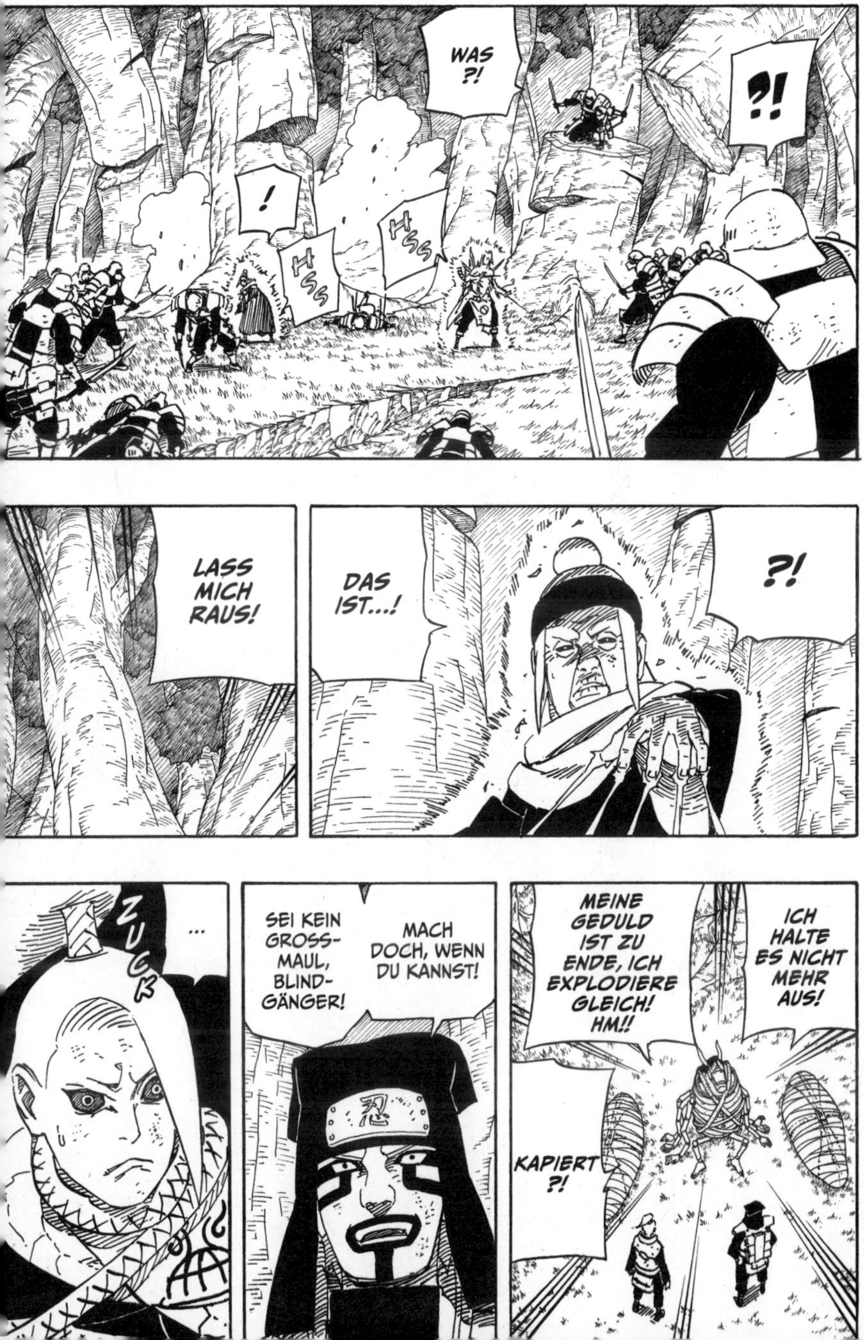

?!
WAS ?!
!
HSS
HSS
?!
DAS IST...!
LASS MICH RAUS!
ICH HALTE ES NICHT MEHR AUS!
MEINE GEDULD IST ZU ENDE, ICH EXPLODIERE GLEICH! HM!!
KAPIERT ?!
MACH DOCH, WENN DU KANNST!
SEI KEIN GROSS-MAUL, BLIND-GÄNGER!
ZUCK
...

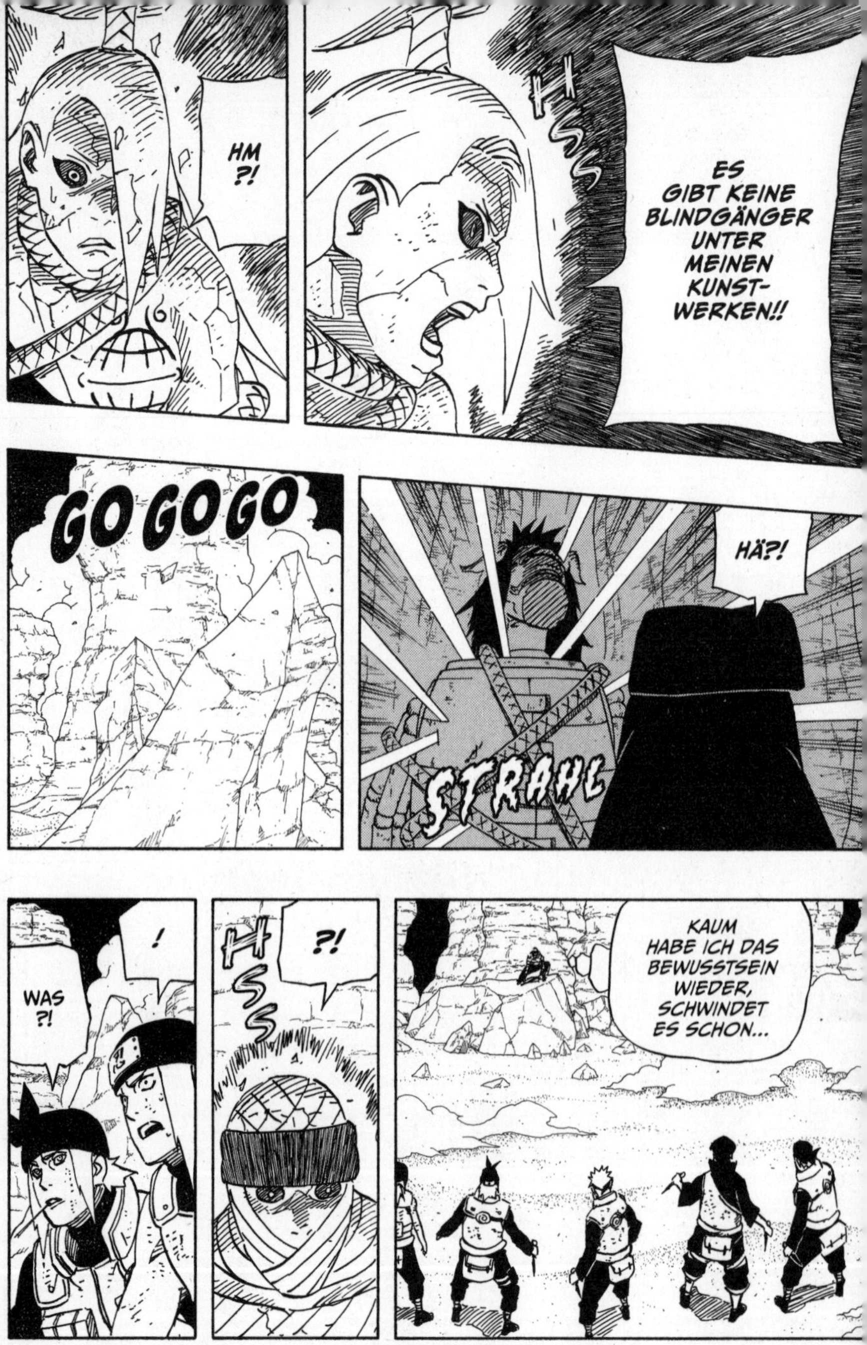

HSS
ES GIBT KEINE BLINDGÄNGER UNTER MEINEN KUNSTWERKEN!!
HM ?!
HÄ?!
STRAHL
GOGOGO
KAUM HABE ICH DAS BEWUSSTSEIN WIEDER, SCHWINDET ES SCHON...
?!
HSS
!
WAS ?!

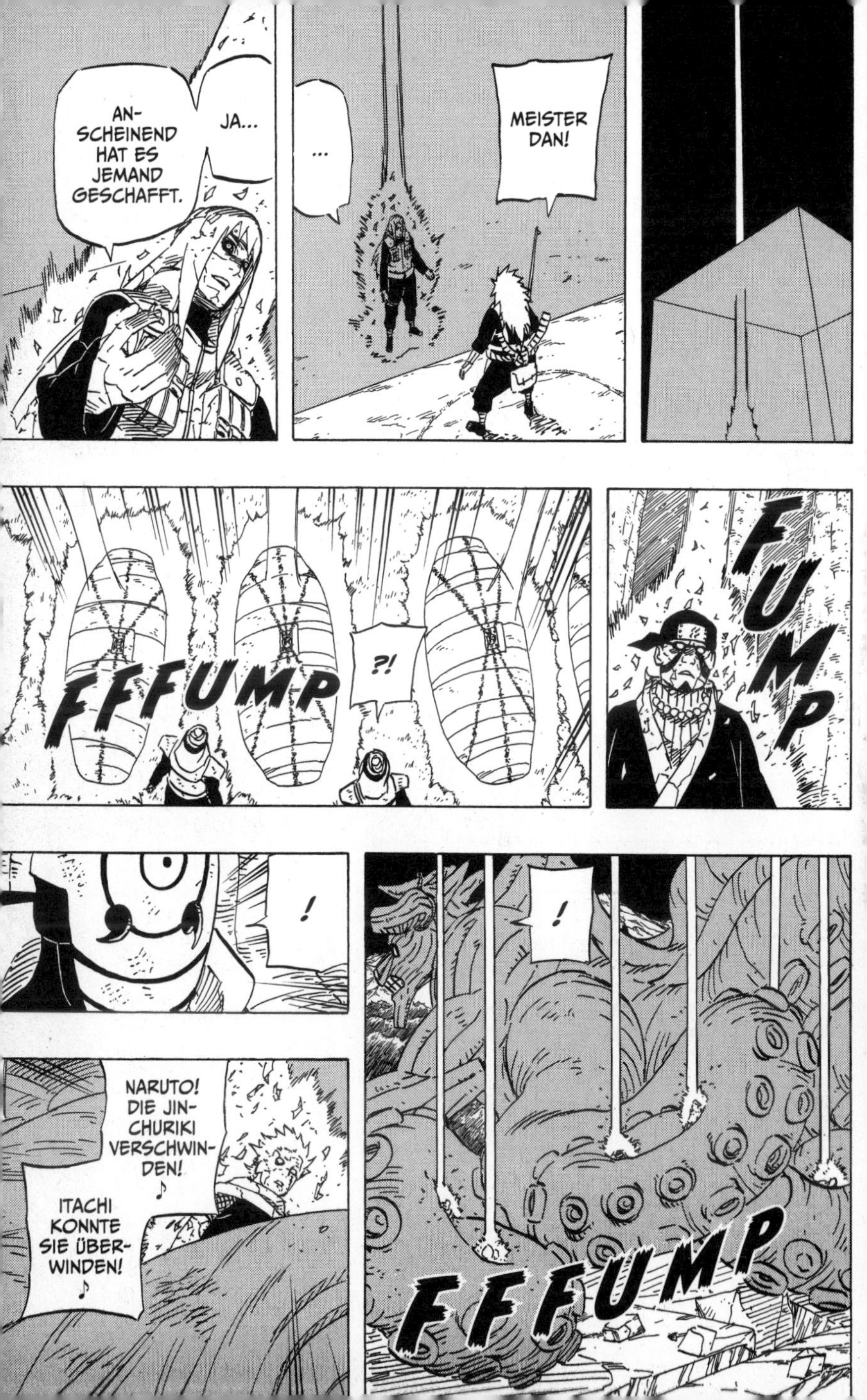
MEISTER DAN!
...
JA...
AN-SCHEINEND HAT ES JEMAND GESCHAFFT.
FUMP
?!
FFFUMP
!
!
FFFUMP
NARUTO! DIE JIN-CHURIKI VERSCHWIN-DEN! ♪
ITACHI KONNTE SIE ÜBER-WINDEN! ♪

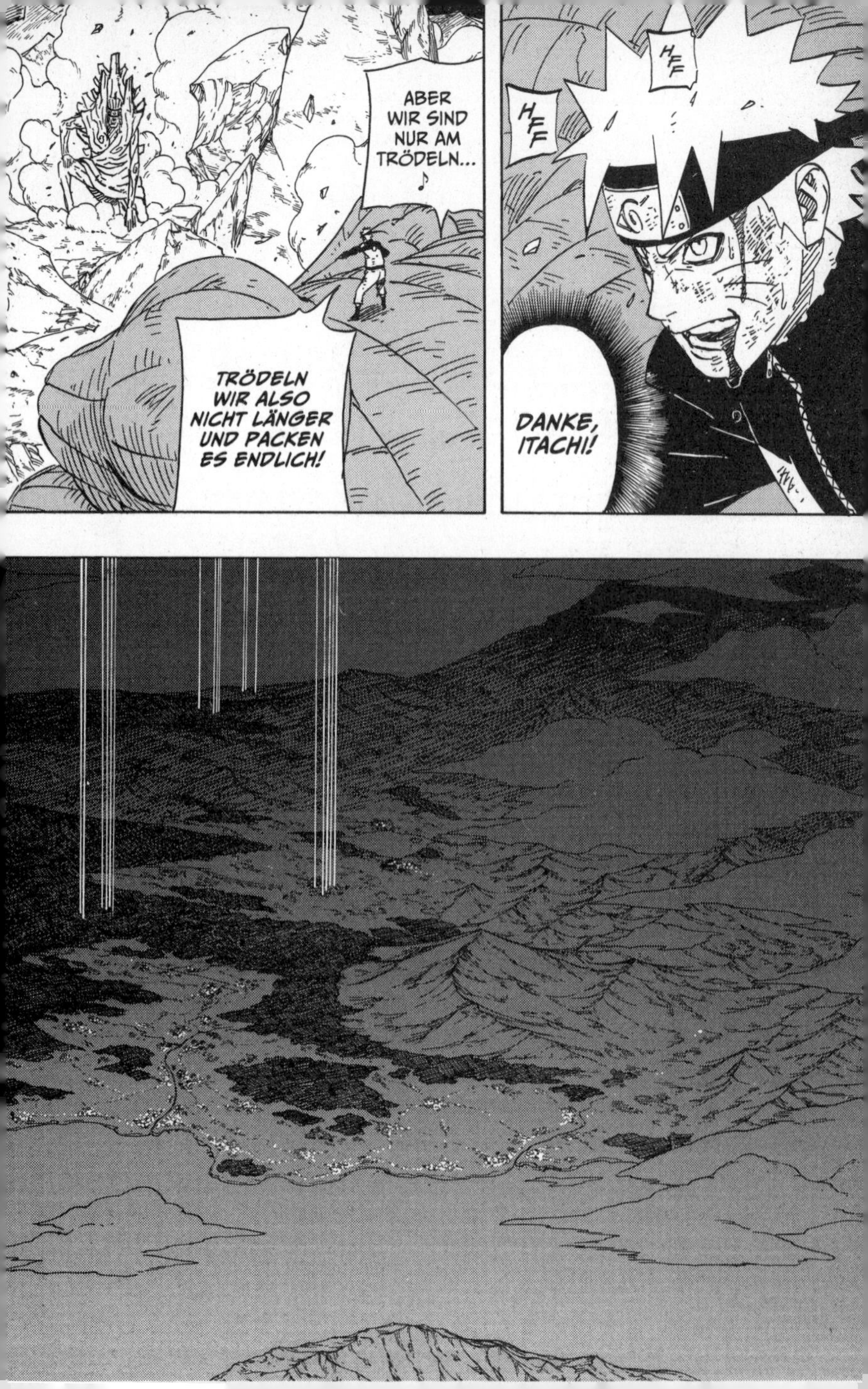

HFF
HFF
DANKE, ITACHI!
ABER WIR SIND NUR AM TRÖDELN... ♪
TRÖDELN WIR ALSO NICHT LÄNGER UND PACKEN ES ENDLICH!

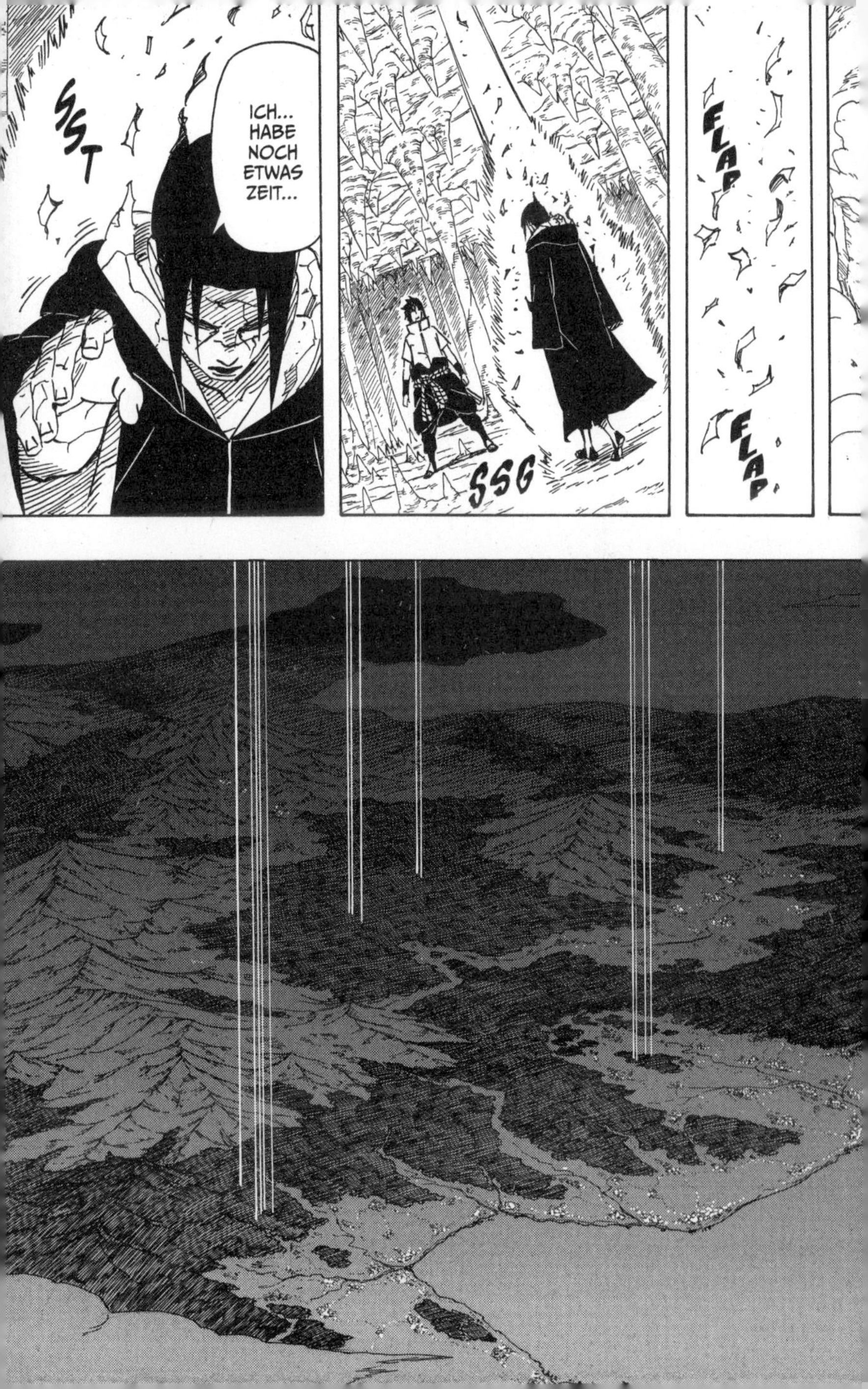

FLAP
FLAP
SSG
ICH... HABE NOCH ETWAS ZEIT...
SST

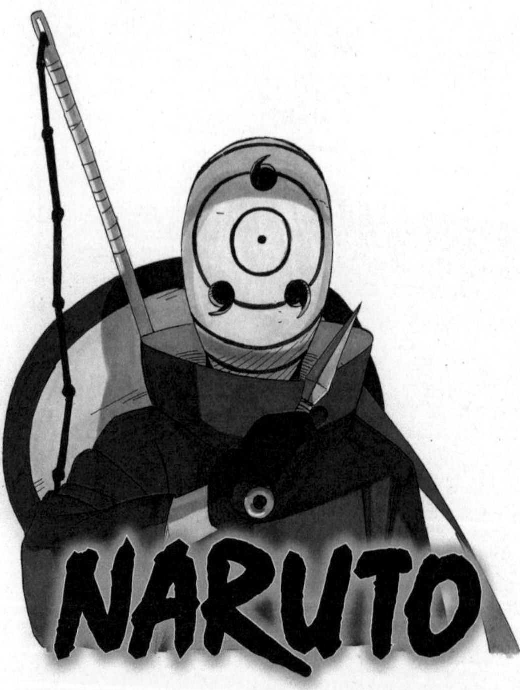
NARUTO

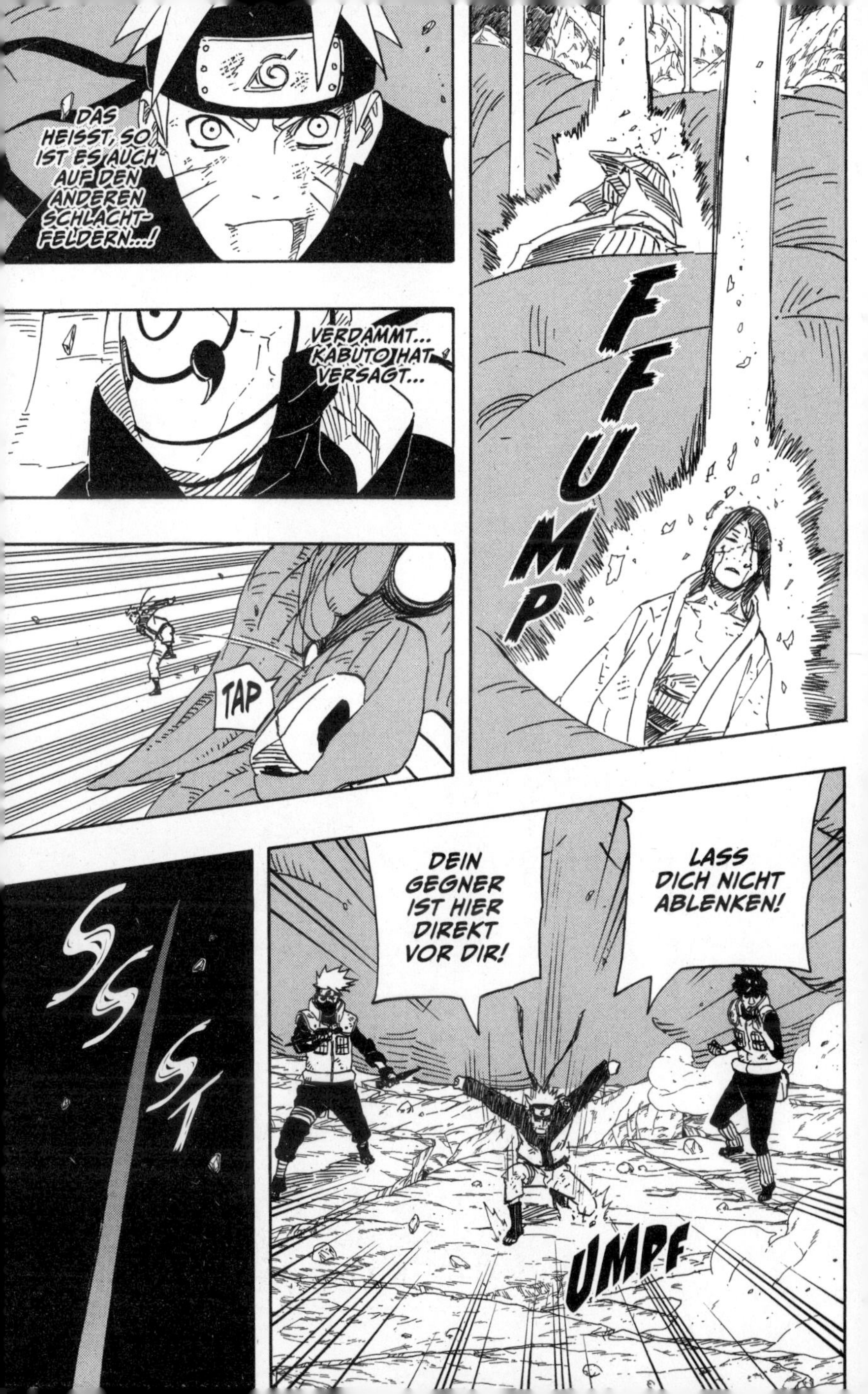
DAS HEISST, SO IST ES AUCH AUF DEN ANDEREN SCHLACHT-FELDERN...!
FFUMP
VERDAMMT... KABUTO HAT VERSAGT...
TAP
LASS DICH NICHT ABLENKEN!
DEIN GEGNER IST HIER DIREKT VOR DIR!
UMPF
SSST

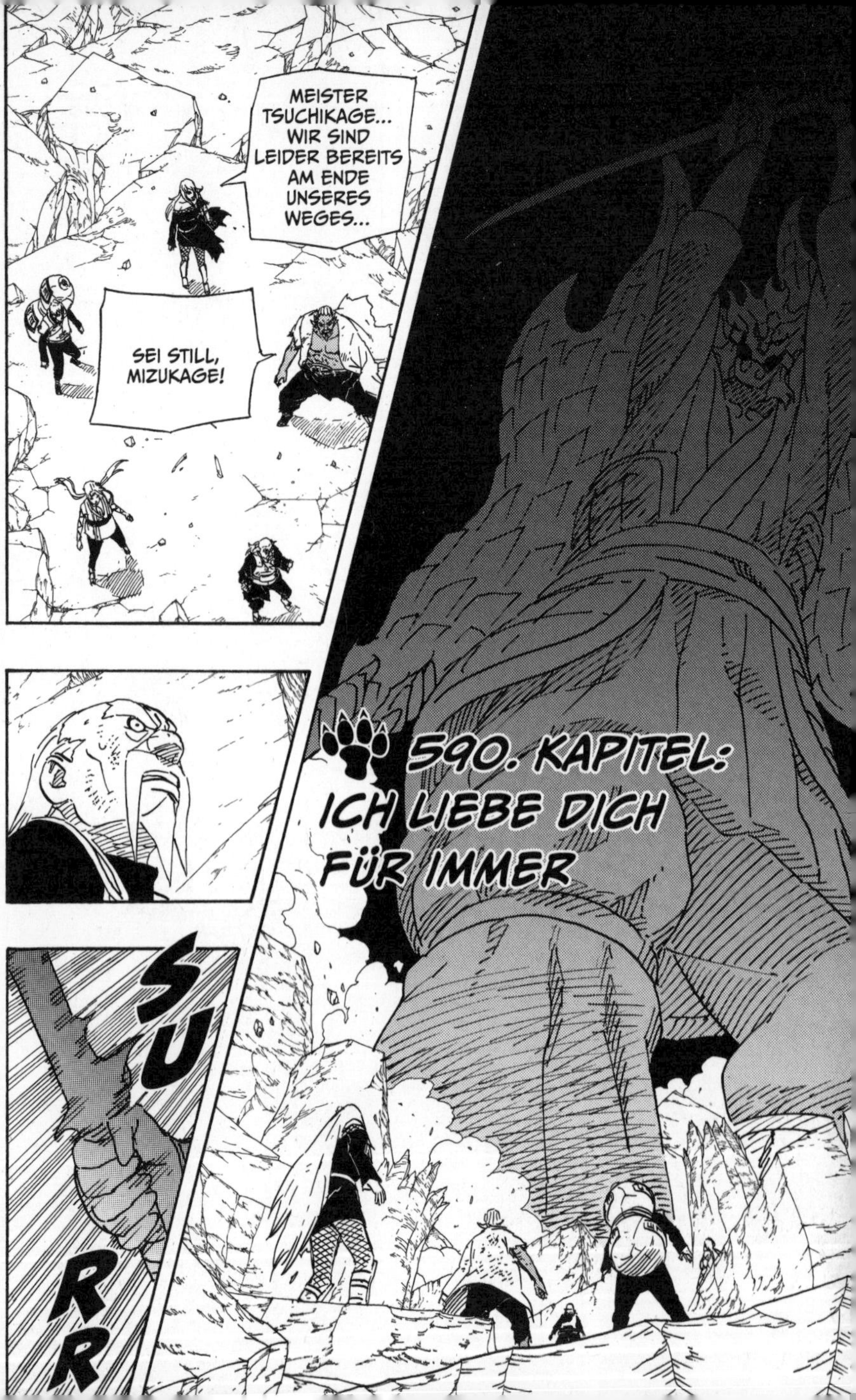
590. KAPITEL:
ICH LIEBE DICH
FÜR IMMER
MEISTER TSUCHIKAGE... WIR SIND LEIDER BEREITS AM ENDE UNSERES WEGES...
SEI STILL, MIZUKAGE!
SURR

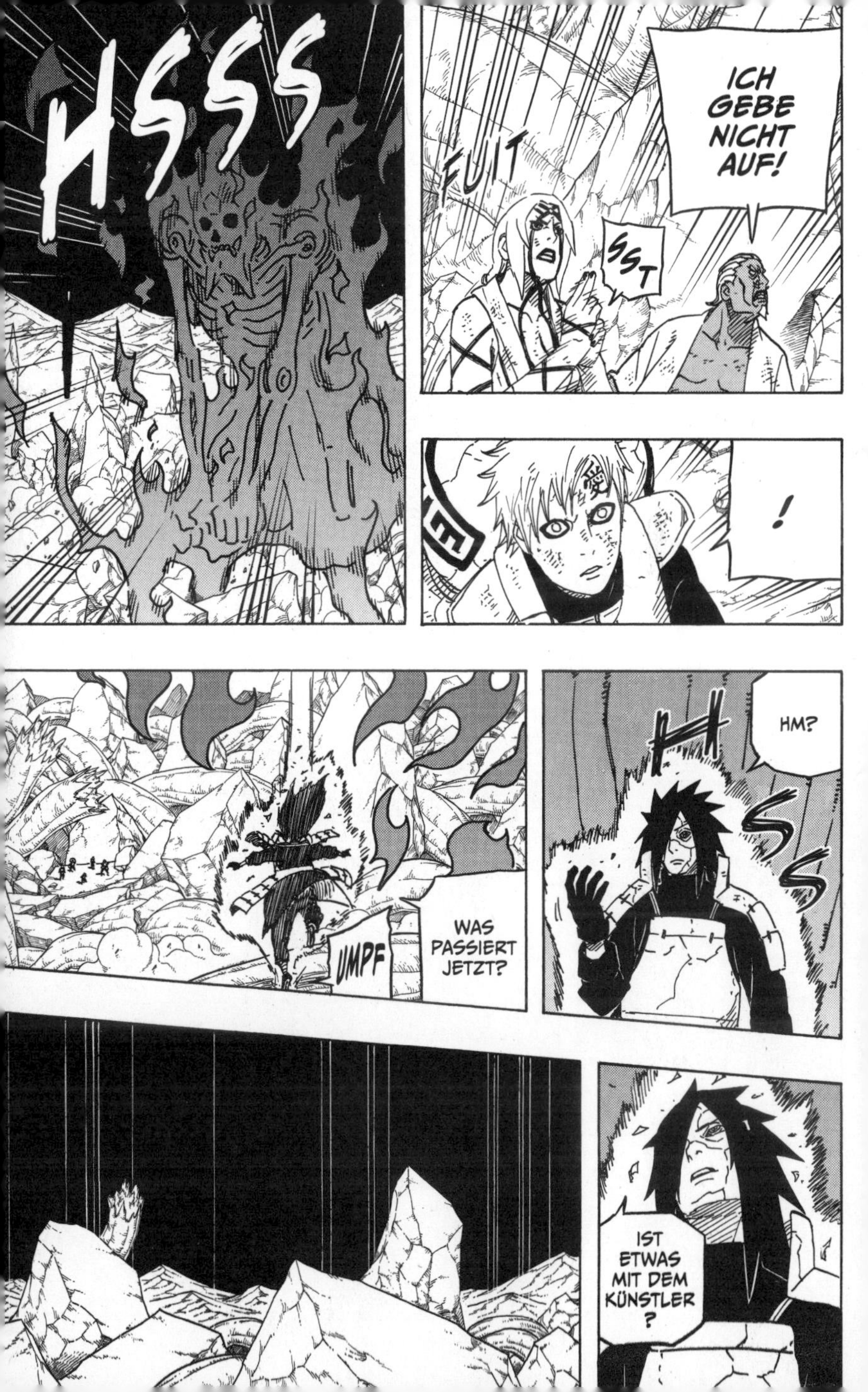
ICH GEBE NICHT AUF!
SST
FUIT
HSSS
!
HM?
HSS
WAS PASSIERT JETZT?
UMPF
IST ETWAS MIT DEM KÜNSTLER?

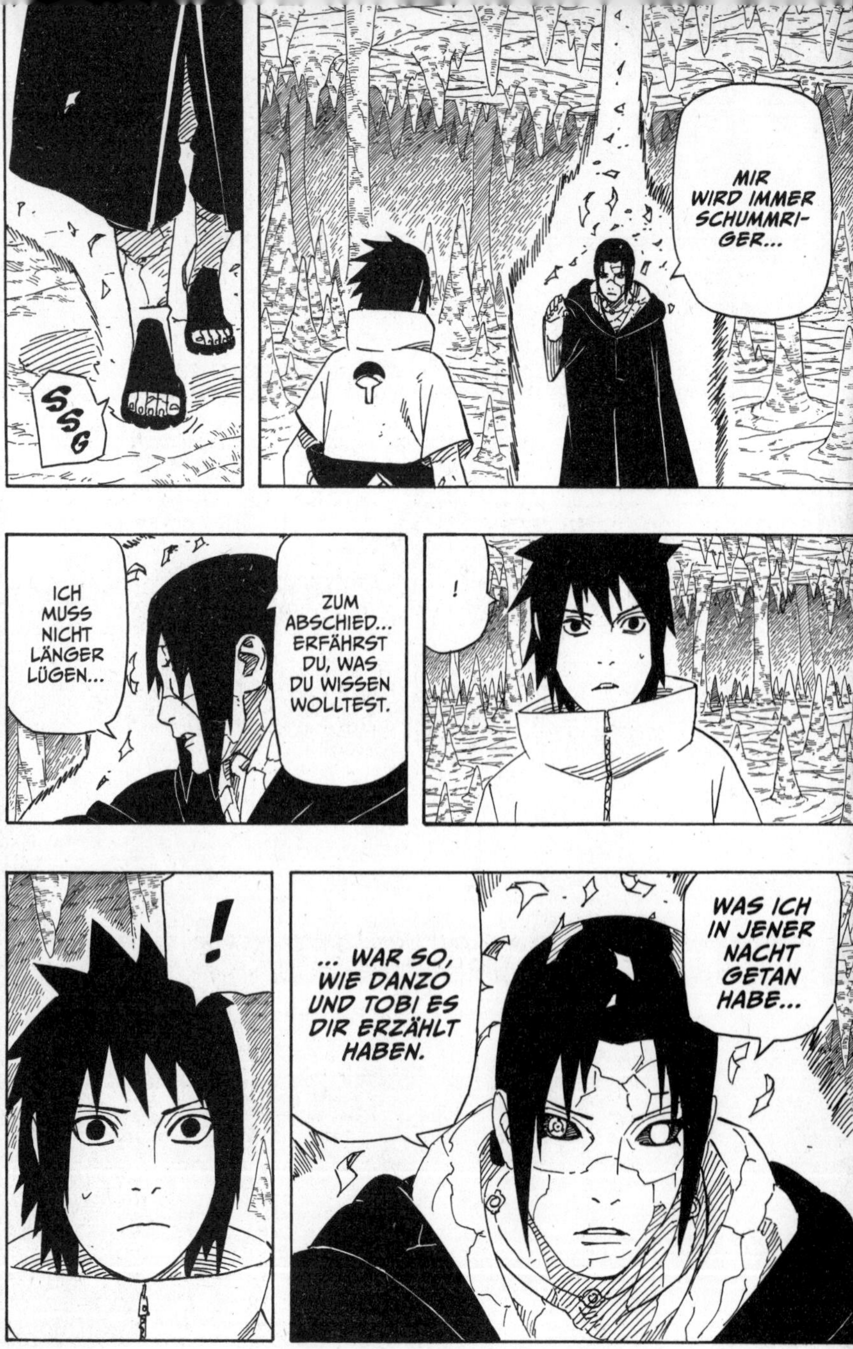
MIR WIRD IMMER SCHUMMRI-GER...
SSG
!
ZUM ABSCHIED... ERFÄHRST DU, WAS DU WISSEN WOLLTEST.
ICH MUSS NICHT LÄNGER LÜGEN...
WAS ICH IN JENER NACHT GETAN HABE...
... WAR SO, WIE DANZO UND TOBI ES DIR ERZÄHLT HABEN.
!

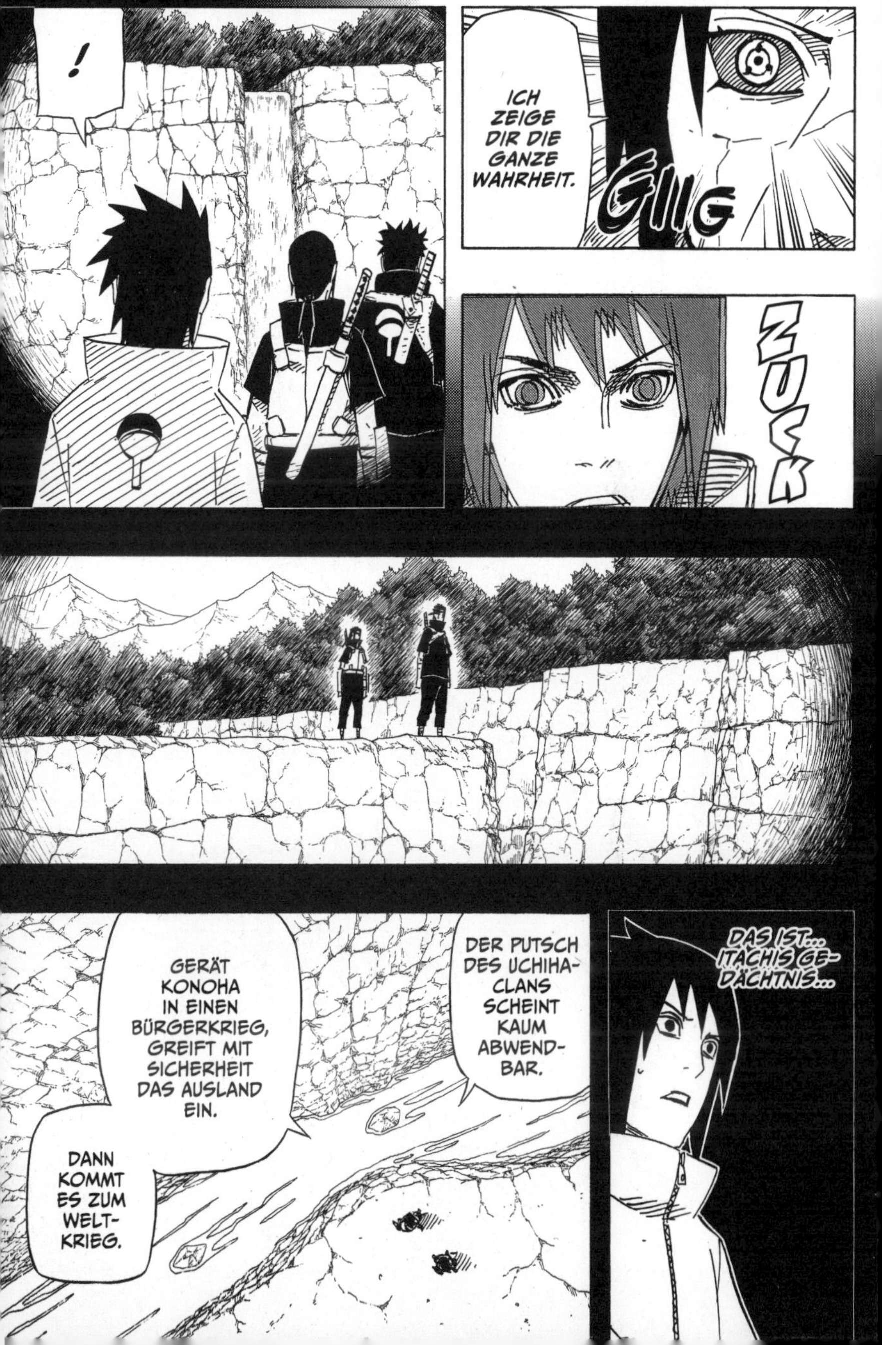
ICH ZEIGE DIR DIE GANZE WAHRHEIT.
GIIG
ZUCK
!
DAS IST... ITACHIS GE-DÄCHTNIS...
DER PUTSCH DES UCHIHA-CLANS SCHEINT KAUM ABWEND-BAR.
GERÄT KONOHA IN EINEN BÜRGERKRIEG, GREIFT MIT SICHERHEIT DAS AUSLAND EIN.
DANN KOMMT ES ZUM WELT-KRIEG.

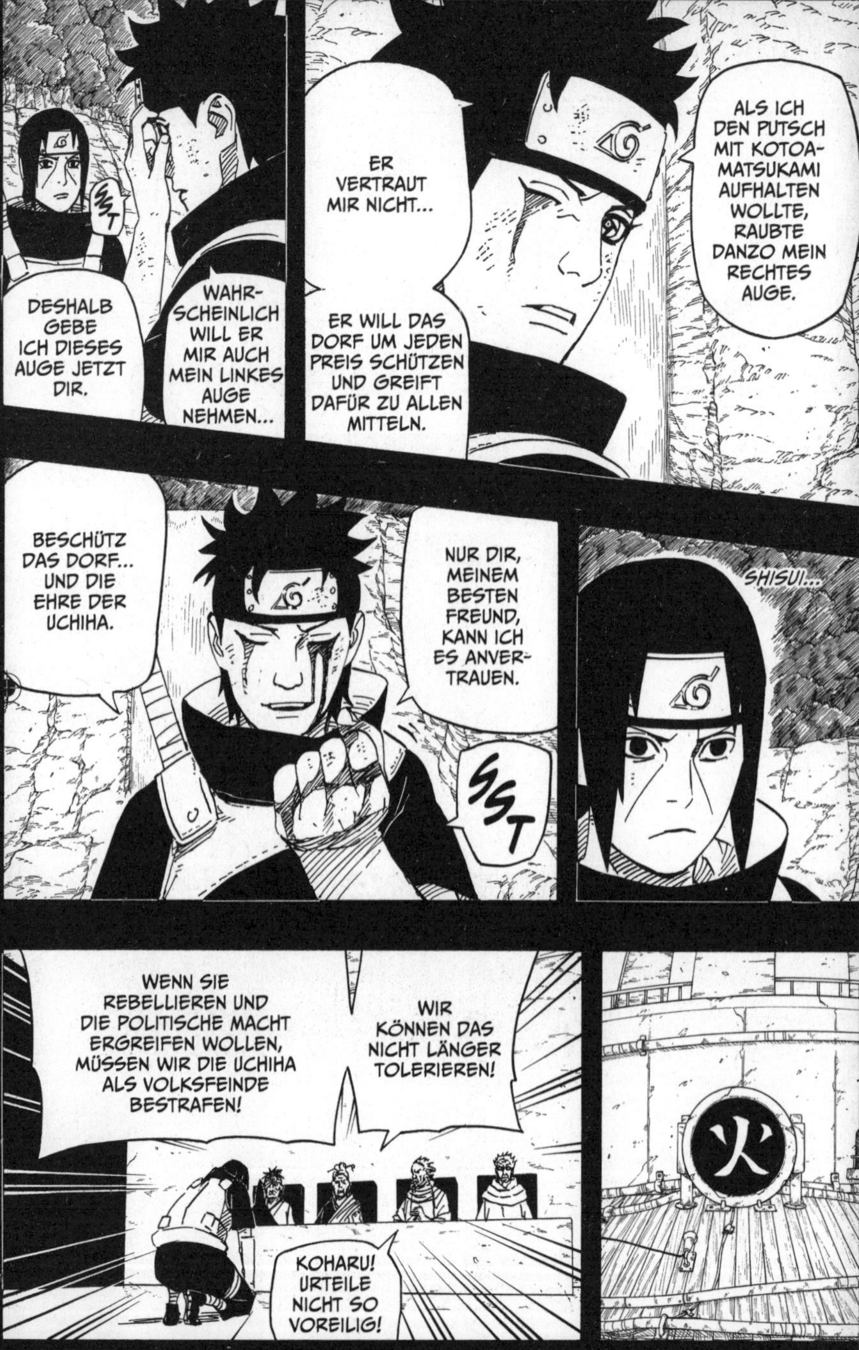
ALS ICH DEN PUTSCH MIT KOTOA-MATSUKAMI AUFHALTEN WOLLTE, RAUBTE DANZO MEIN RECHTES AUGE.
ER VERTRAUT MIR NICHT...
ER WILL DAS DORF UM JEDEN PREIS SCHÜTZEN UND GREIFT DAFÜR ZU ALLEN MITTELN.
SST
WAHRSCHEINLICH WILL ER MIR AUCH MEIN LINKES AUGE NEHMEN...
DESHALB GEBE ICH DIESES AUGE JETZT DIR.
SHISUI...
NUR DIR, MEINEM BESTEN FREUND, KANN ICH ES ANVERTRAUEN.
SST
BESCHÜTZ DAS DORF... UND DIE EHRE DER UCHIHA.
火
WIR KÖNNEN DAS NICHT LÄNGER TOLERIEREN!
WENN SIE REBELLIEREN UND DIE POLITISCHE MACHT ERGREIFEN WOLLEN, MÜSSEN WIR DIE UCHIHA ALS VOLKSFEINDE BESTRAFEN!
KOHARU! URTEILE NICHT SO VOREILIG!

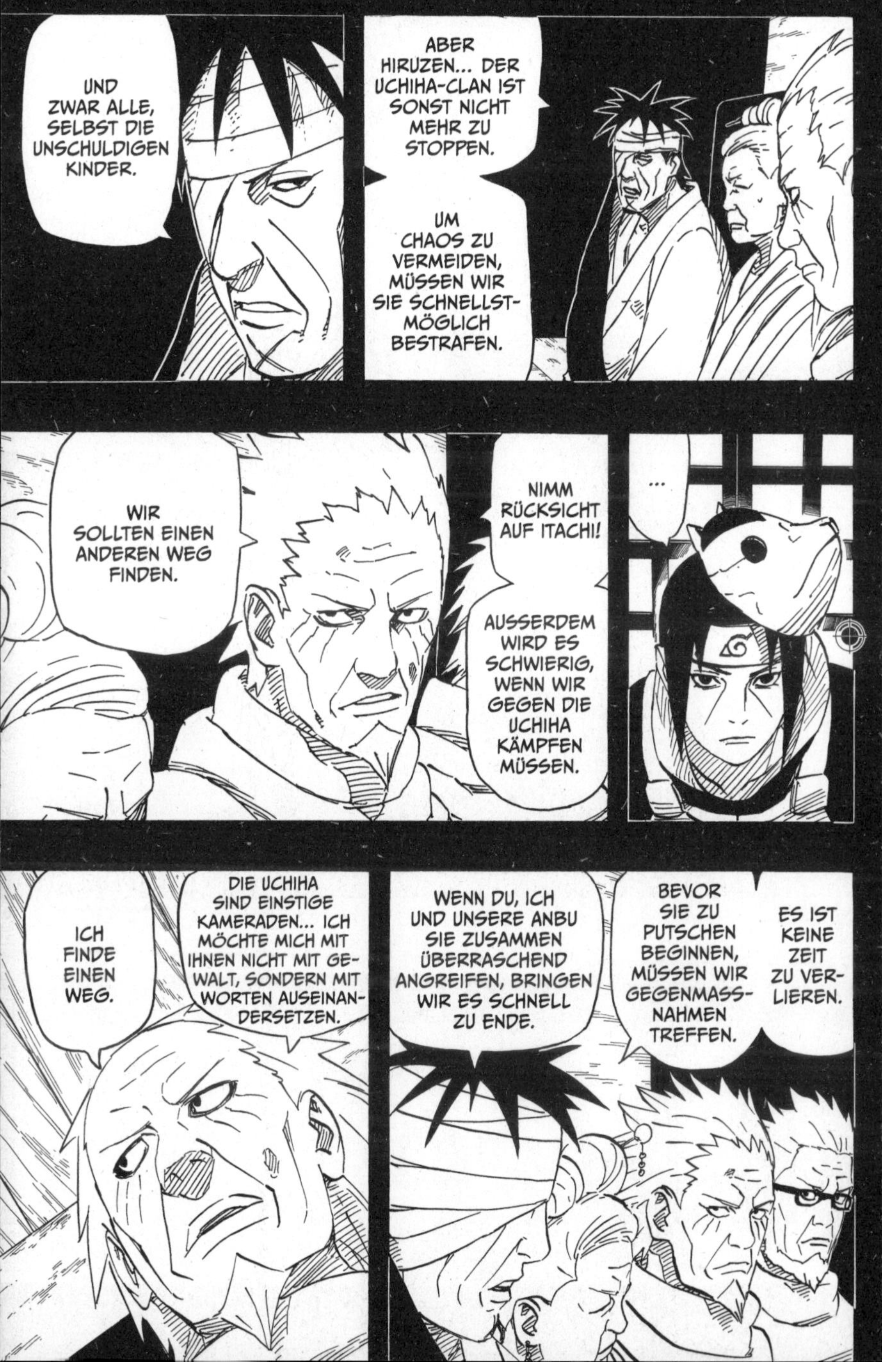

UND ZWAR ALLE, SELBST DIE UNSCHULDIGEN KINDER.
ABER HIRUZEN… DER UCHIHA-CLAN IST SONST NICHT MEHR ZU STOPPEN.
UM CHAOS ZU VERMEIDEN, MÜSSEN WIR SIE SCHNELLST-MÖGLICH BESTRAFEN.
…
NIMM RÜCKSICHT AUF ITACHI!
AUSSERDEM WIRD ES SCHWIERIG, WENN WIR GEGEN DIE UCHIHA KÄMPFEN MÜSSEN.
WIR SOLLTEN EINEN ANDEREN WEG FINDEN.
ES IST KEINE ZEIT ZU VERLIEREN.
BEVOR SIE ZU PUTSCHEN BEGINNEN, MÜSSEN WIR GEGENMASSNAHMEN TREFFEN.
WENN DU, ICH UND UNSERE ANBU SIE ZUSAMMEN ÜBERRASCHEND ANGREIFEN, BRINGEN WIR ES SCHNELL ZU ENDE.
DIE UCHIHA SIND EINSTIGE KAMERADEN… ICH MÖCHTE MICH MIT IHNEN NICHT MIT GEWALT, SONDERN MIT WORTEN AUSEINANDERSETZEN.
ICH FINDE EINEN WEG.

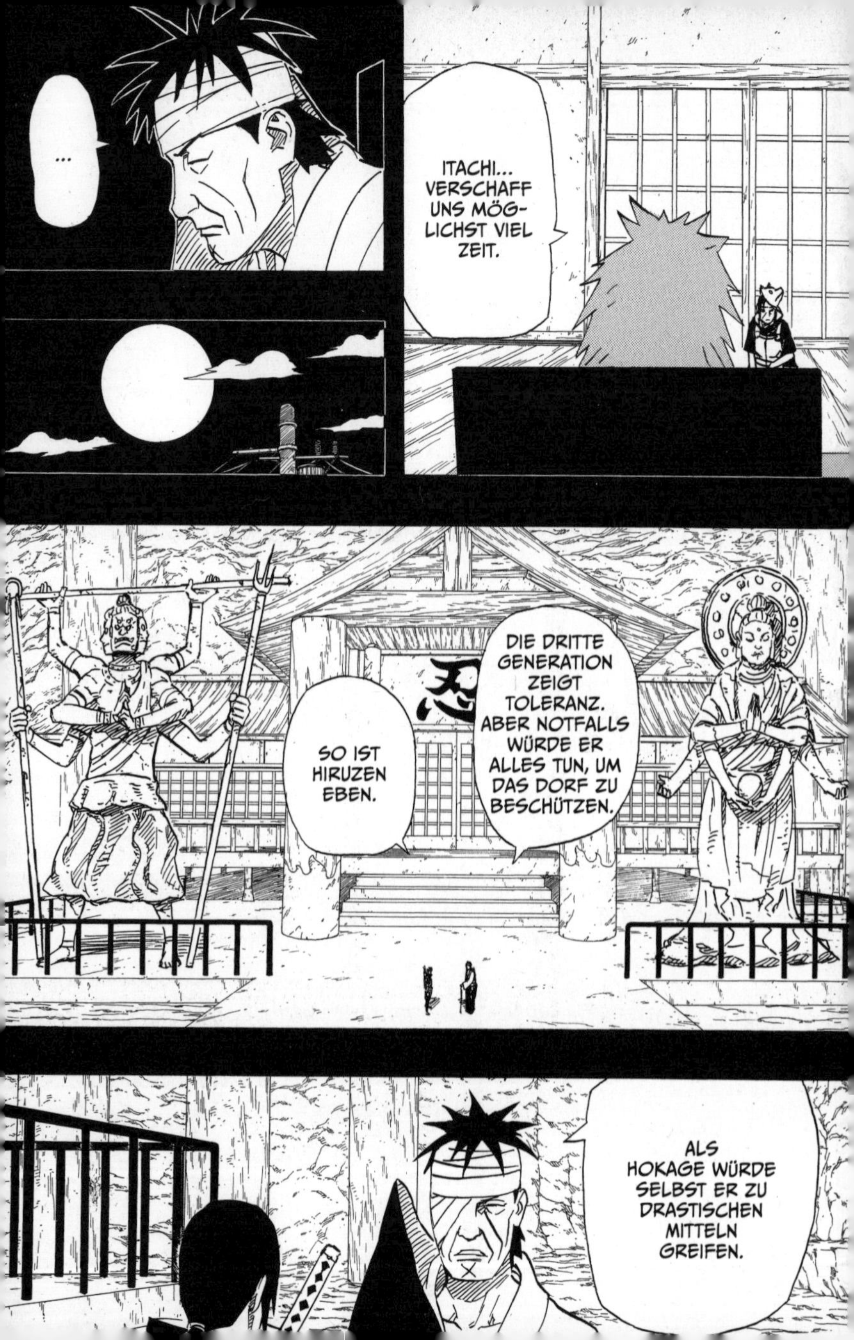
ITACHI... VERSCHAFF UNS MÖG-LICHST VIEL ZEIT.
...
DIE DRITTE GENERATION ZEIGT TOLERANZ. ABER NOTFALLS WÜRDE ER ALLES TUN, UM DAS DORF ZU BESCHÜTZEN.
SO IST HIRUZEN EBEN.
ALS HOKAGE WÜRDE SELBST ER ZU DRASTISCHEN MITTELN GREIFEN.

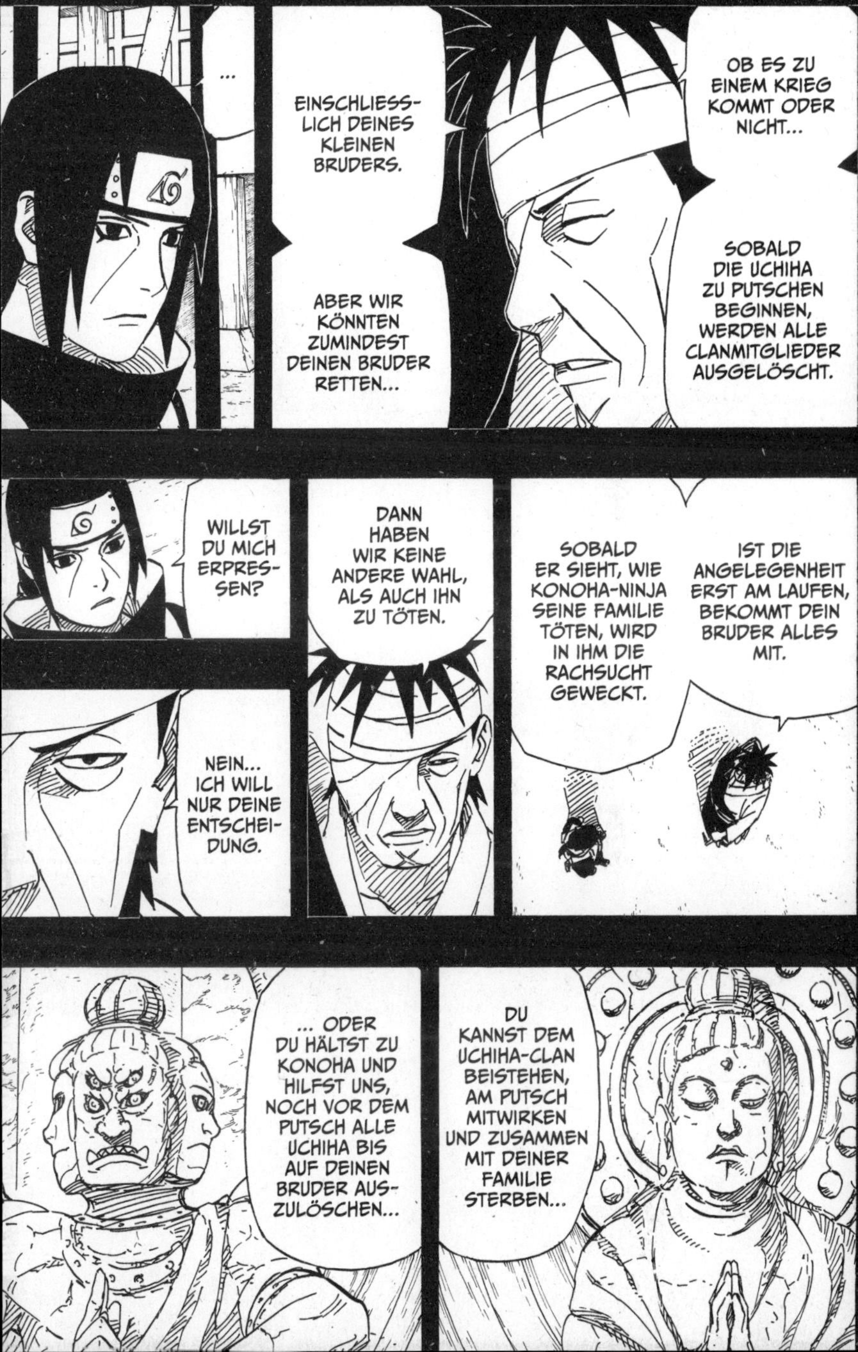

OB ES ZU EINEM KRIEG KOMMT ODER NICHT...
SOBALD DIE UCHIHA ZU PUTSCHEN BEGINNEN, WERDEN ALLE CLANMITGLIEDER AUSGELÖSCHT.
EINSCHLIESSLICH DEINES KLEINEN BRUDERS.
ABER WIR KÖNNTEN ZUMINDEST DEINEN BRUDER RETTEN...
...
IST DIE ANGELEGENHEIT ERST AM LAUFEN, BEKOMMT DEIN BRUDER ALLES MIT.
SOBALD ER SIEHT, WIE KONOHA-NINJA SEINE FAMILIE TÖTEN, WIRD IN IHM DIE RACHSUCHT GEWECKT.
DANN HABEN WIR KEINE ANDERE WAHL, ALS AUCH IHN ZU TÖTEN.
WILLST DU MICH ERPRESSEN?
NEIN... ICH WILL NUR DEINE ENTSCHEIDUNG.
DU KANNST DEM UCHIHA-CLAN BEISTEHEN, AM PUTSCH MITWIRKEN UND ZUSAMMEN MIT DEINER FAMILIE STERBEN...
... ODER DU HÄLTST ZU KONOHA UND HILFST UNS, NOCH VOR DEM PUTSCH ALLE UCHIHA BIS AUF DEINEN BRUDER AUSZULÖSCHEN...

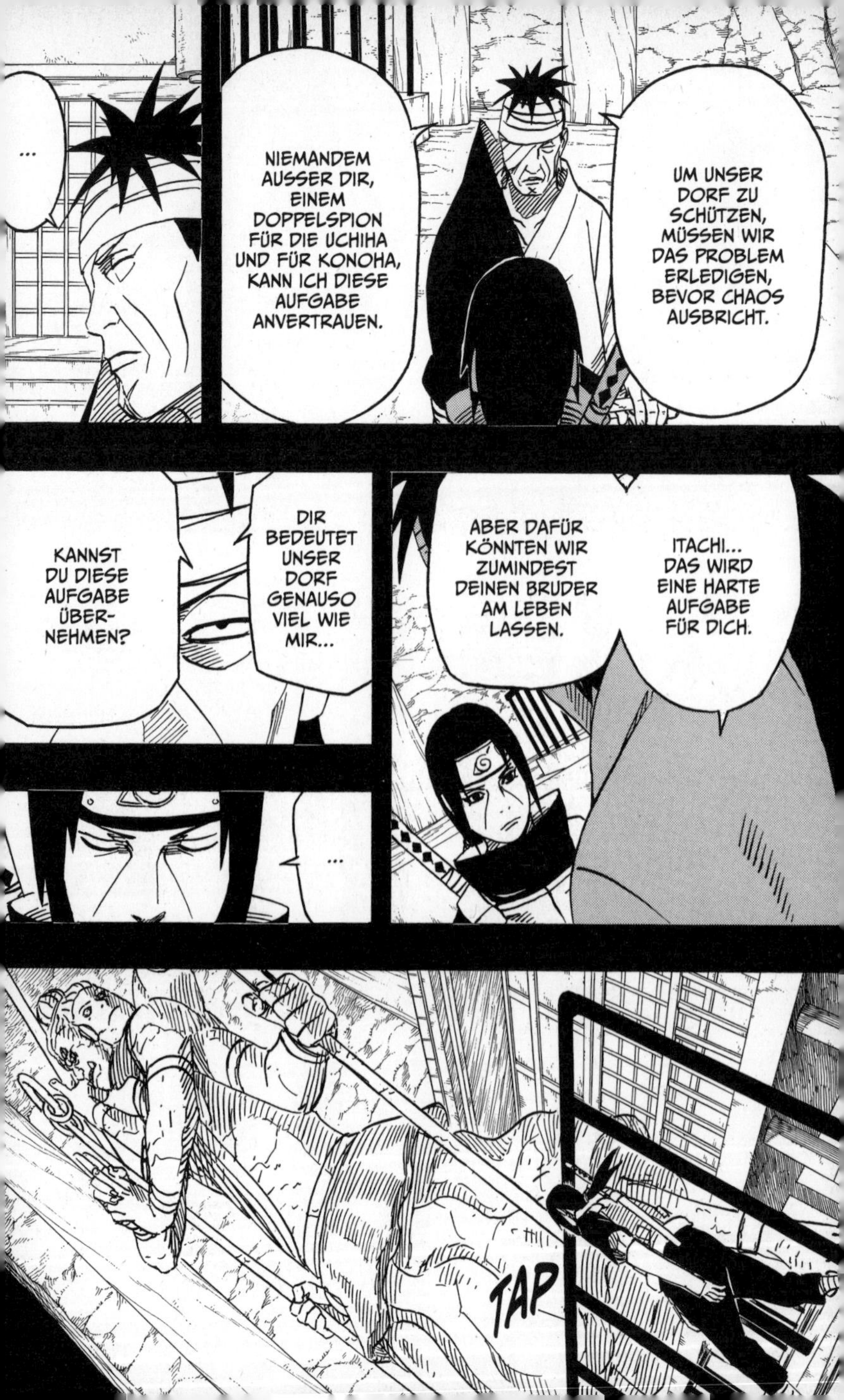
UM UNSER DORF ZU SCHÜTZEN, MÜSSEN WIR DAS PROBLEM ERLEDIGEN, BEVOR CHAOS AUSBRICHT.
NIEMANDEM AUSSER DIR, EINEM DOPPELSPION FÜR DIE UCHIHA UND FÜR KONOHA, KANN ICH DIESE AUFGABE ANVERTRAUEN.
...
ITACHI... DAS WIRD EINE HARTE AUFGABE FÜR DICH.
ABER DAFÜR KÖNNTEN WIR ZUMINDEST DEINEN BRUDER AM LEBEN LASSEN.
DIR BEDEUTET UNSER DORF GENAUSO VIEL WIE MIR...
KANNST DU DIESE AUFGABE ÜBER-NEHMEN?
...
TAP

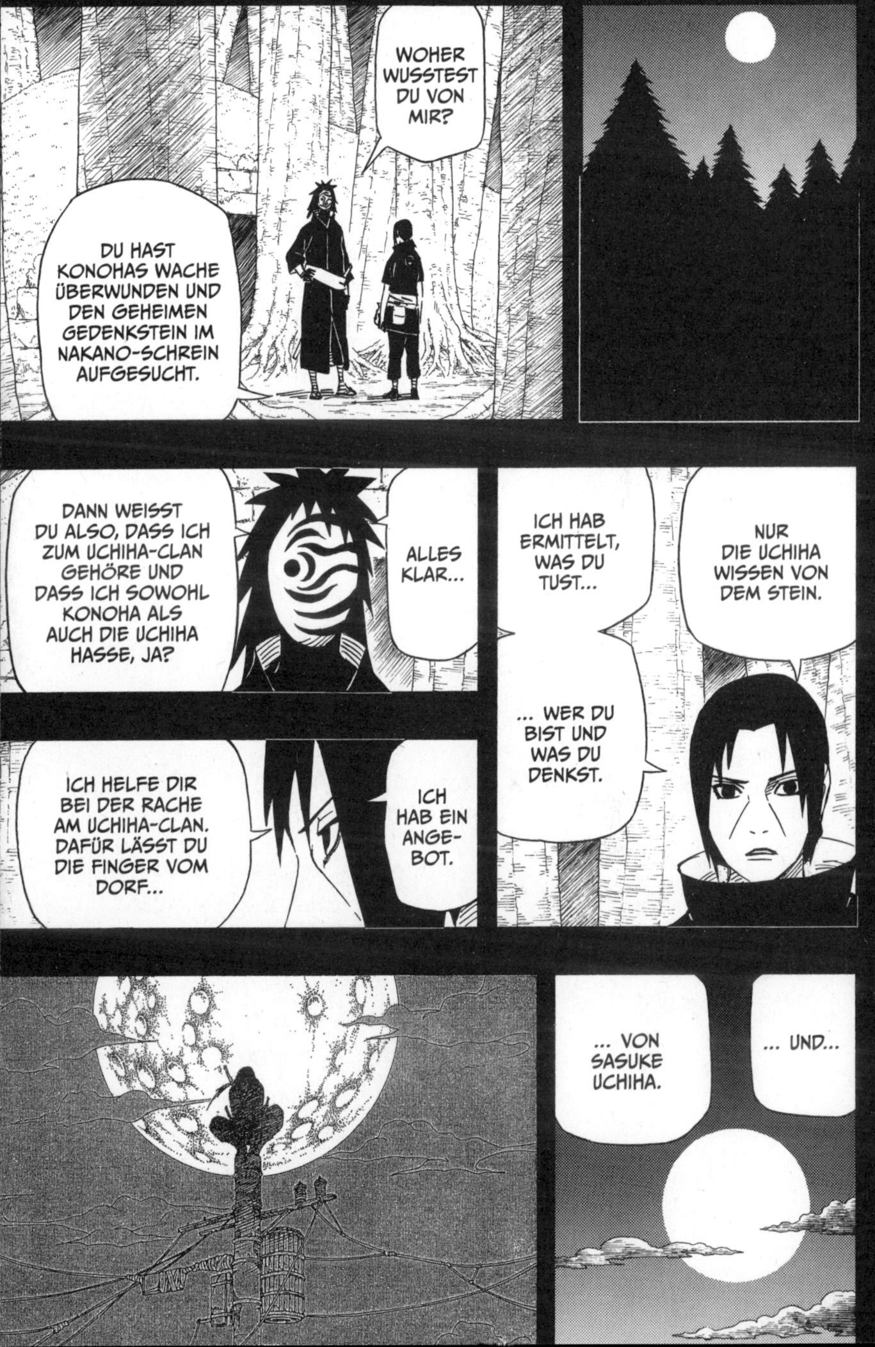
WOHER WUSSTEST DU VON MIR?
DU HAST KONOHAS WACHE ÜBERWUNDEN UND DEN GEHEIMEN GEDENKSTEIN IM NAKANO-SCHREIN AUFGESUCHT.
NUR DIE UCHIHA WISSEN VON DEM STEIN.
ICH HAB ERMITTELT, WAS DU TUST...
... WER DU BIST UND WAS DU DENKST.
ALLES KLAR...
DANN WEISST DU ALSO, DASS ICH ZUM UCHIHA-CLAN GEHÖRE UND DASS ICH SOWOHL KONOHA ALS AUCH DIE UCHIHA HASSE, JA?
ICH HAB EIN ANGEBOT.
ICH HELFE DIR BEI DER RACHE AM UCHIHA-CLAN. DAFÜR LÄSST DU DIE FINGER VOM DORF...
... UND...
... VON SASUKE UCHIHA.

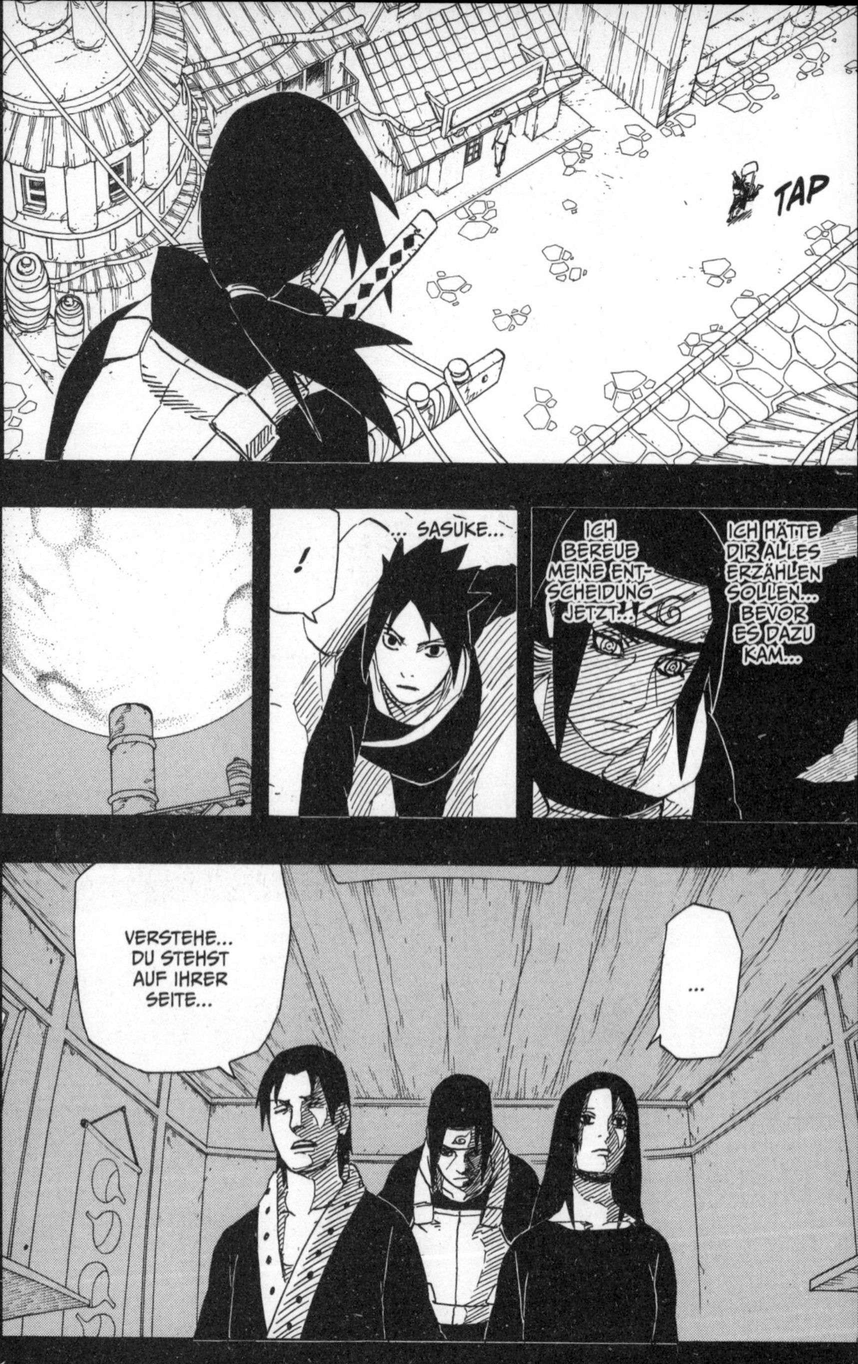
TAP
ICH HÄTTE DIR ALLES ERZÄHLEN SOLLEN... BEVOR ES DAZU KAM...
ICH BEREUE MEINE ENT-SCHEIDUNG JETZT...!!
... SASUKE...
!
...
VERSTEHE... DU STEHST AUF IHRER SEITE...

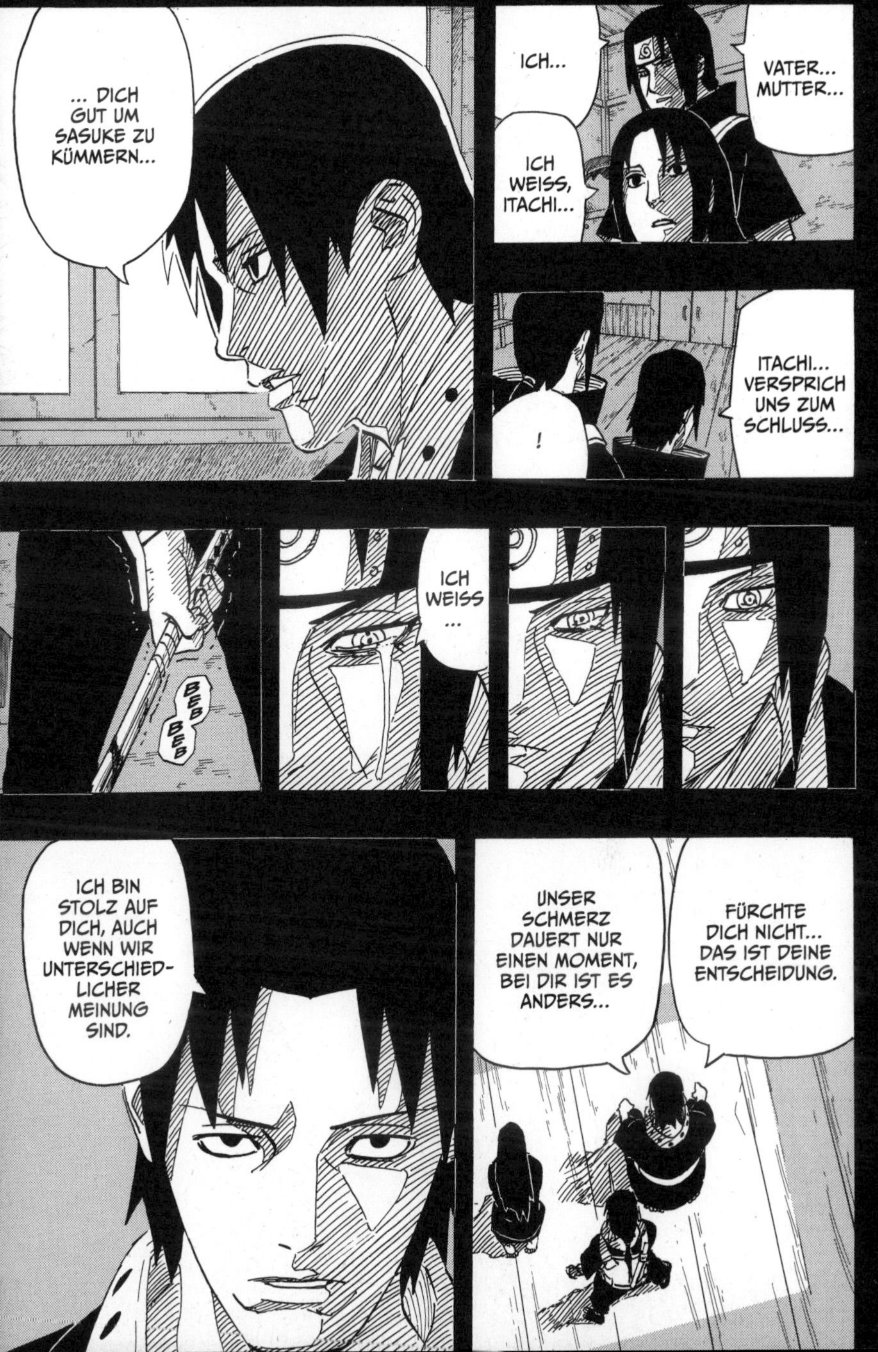
VATER... MUTTER...
ICH...
ICH WEISS, ITACHI...
ITACHI... VERSPRICH UNS ZUM SCHLUSS...
!
... DICH GUT UM SASUKE ZU KÜMMERN...
ICH WEISS ...
BEB BEB
FÜRCHTE DICH NICHT... DAS IST DEINE ENTSCHEIDUNG.
UNSER SCHMERZ DAUERT NUR EINEN MOMENT, BEI DIR IST ES ANDERS...
ICH BIN STOLZ AUF DICH, AUCH WENN WIR UNTERSCHIED-LICHER MEINUNG SIND.

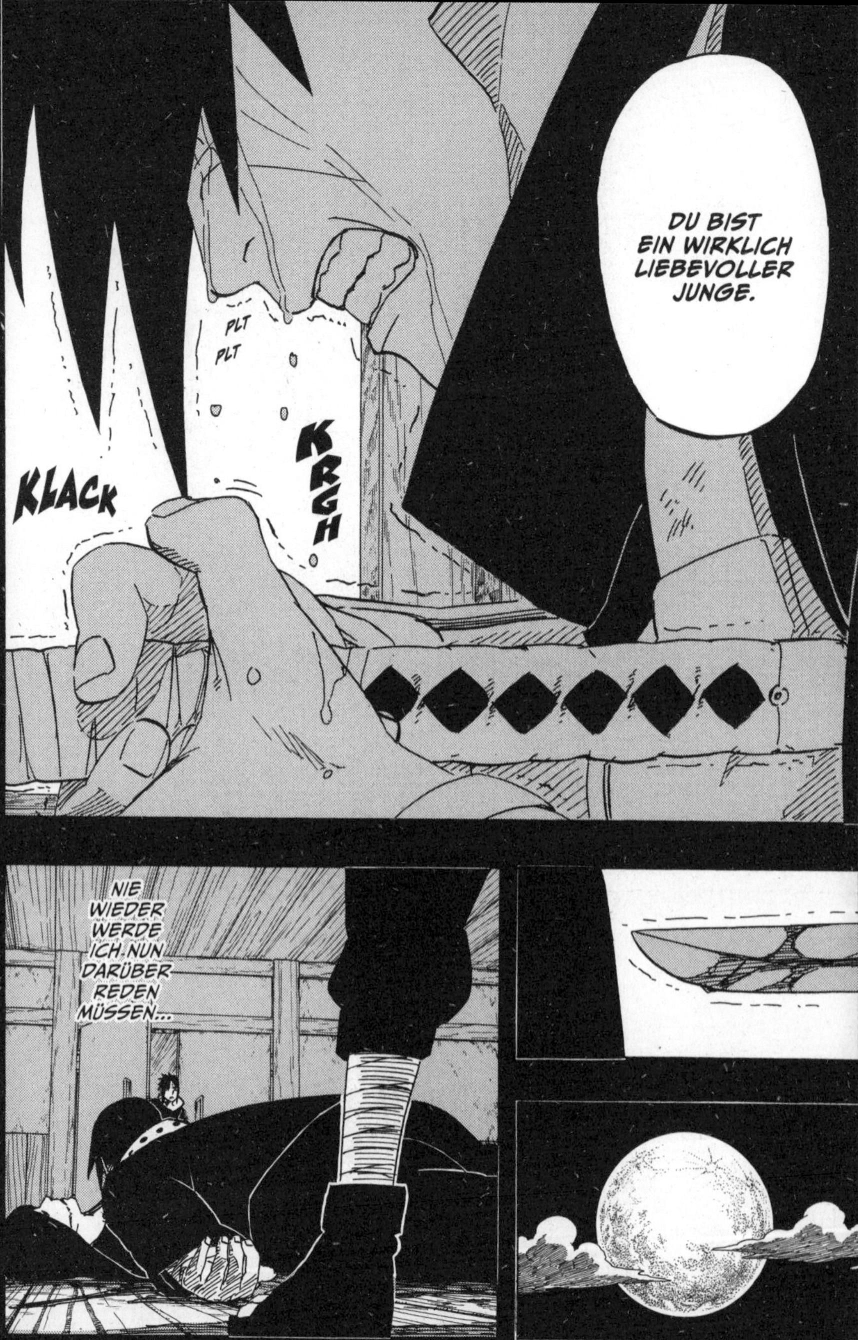
DU BIST
EIN WIRKLICH
LIEBEVOLLER
JUNGE.
KRGH
PLT
PLT
KLACK
NIE
WIEDER
WERDE
ICH NUN
DARÜBER
REDEN
MÜSSEN...

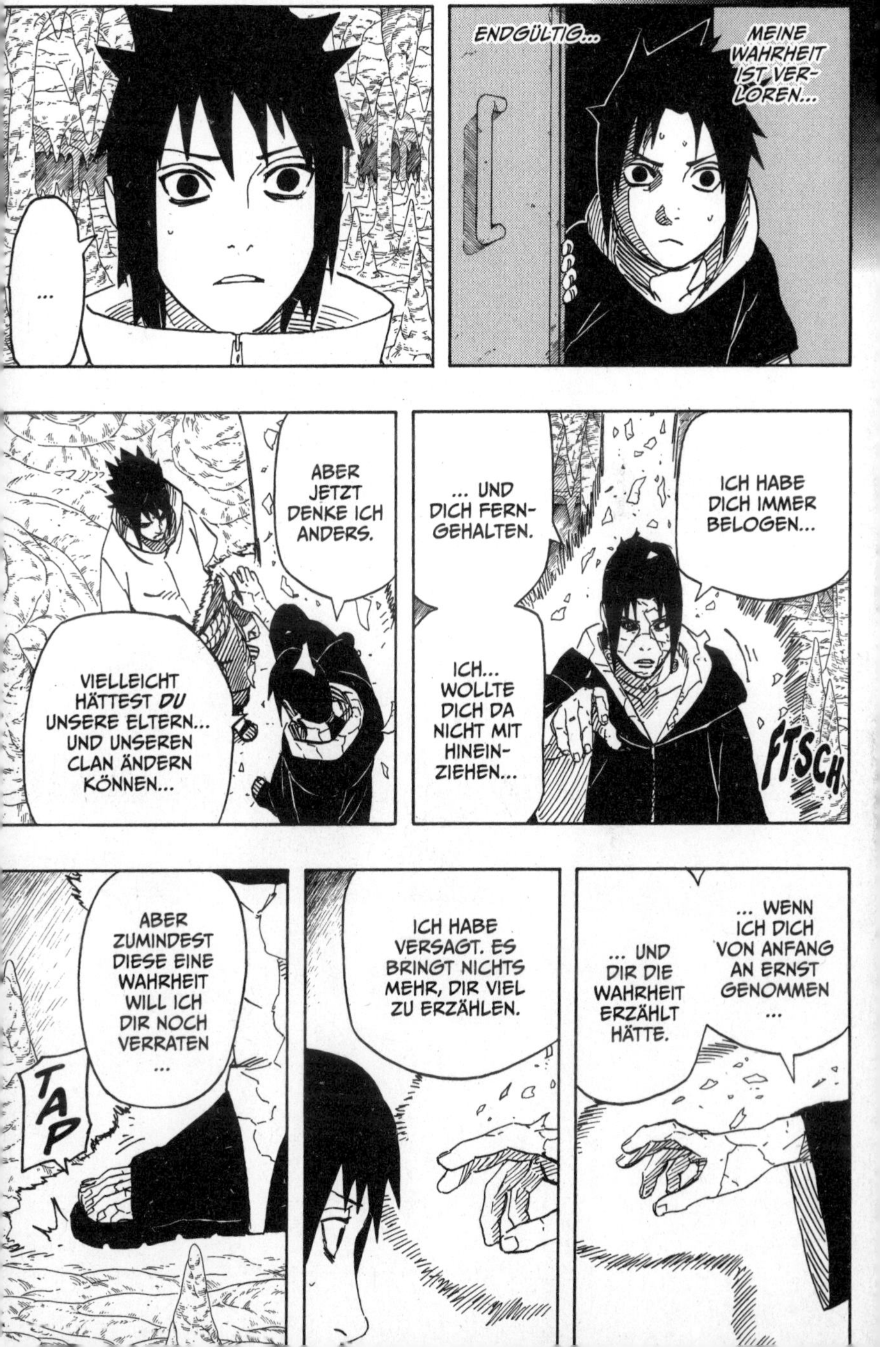
MEINE WAHRHEIT IST VERLOREN...
ENDGÜLTIG...
...
ICH HABE DICH IMMER BELOGEN...
... UND DICH FERNGEHALTEN.
ICH... WOLLTE DICH DA NICHT MIT HINEINZIEHEN...
FTSCH
ABER JETZT DENKE ICH ANDERS.
VIELLEICHT HÄTTEST *DU* UNSERE ELTERN... UND UNSEREN CLAN ÄNDERN KÖNNEN...
... WENN ICH DICH VON ANFANG AN ERNST GENOMMEN ...
... UND DIR DIE WAHRHEIT ERZÄHLT HÄTTE.
ICH HABE VERSAGT. ES BRINGT NICHTS MEHR, DIR VIEL ZU ERZÄHLEN.
ABER ZUMINDEST DIESE EINE WAHRHEIT WILL ICH DIR NOCH VERRATEN ...
TAP

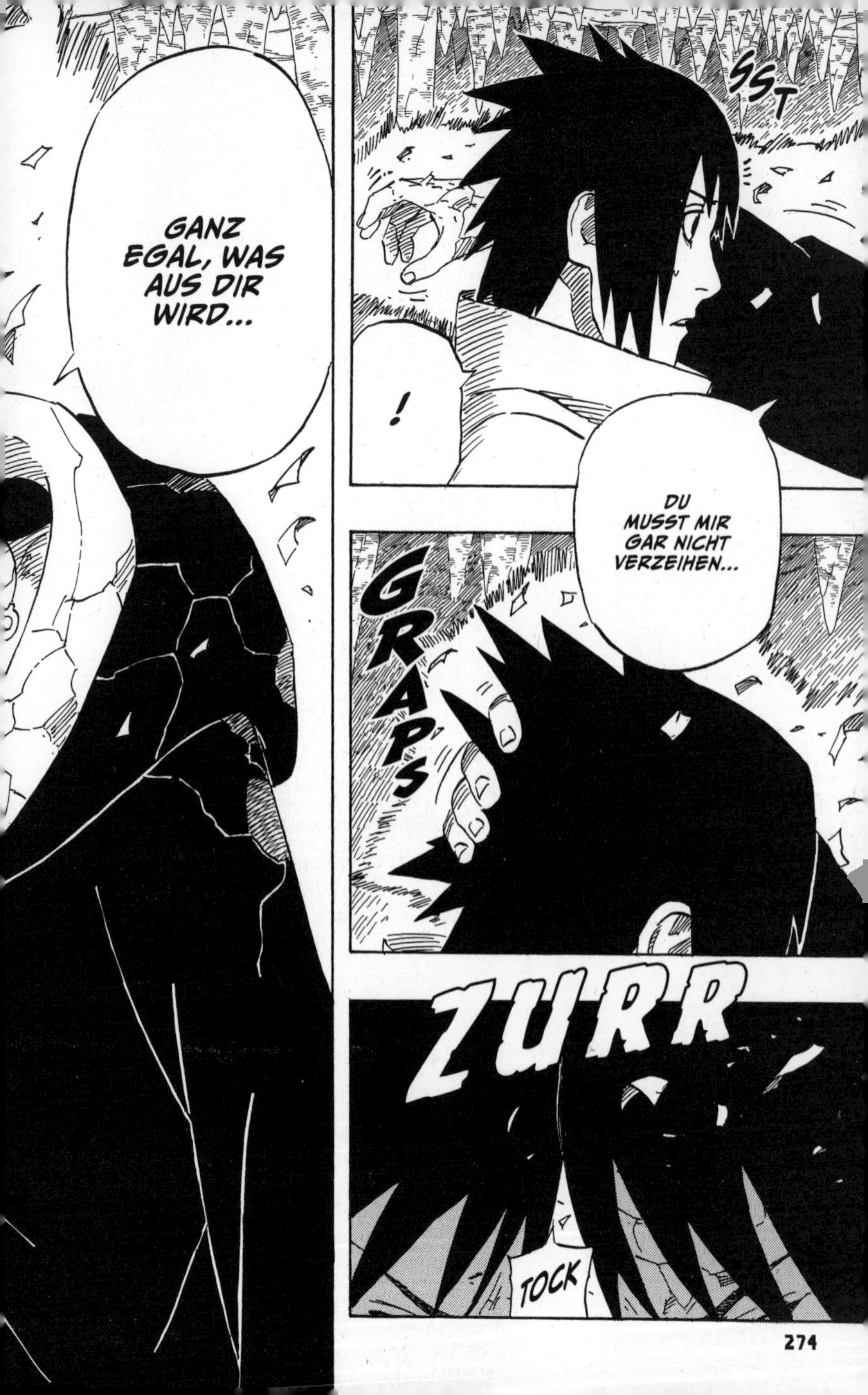
SST
!
DU MUSST MIR GAR NICHT VERZEIHEN...
GRAPS
ZURR
TOCK
GANZ EGAL, WAS AUS DIR WIRD...

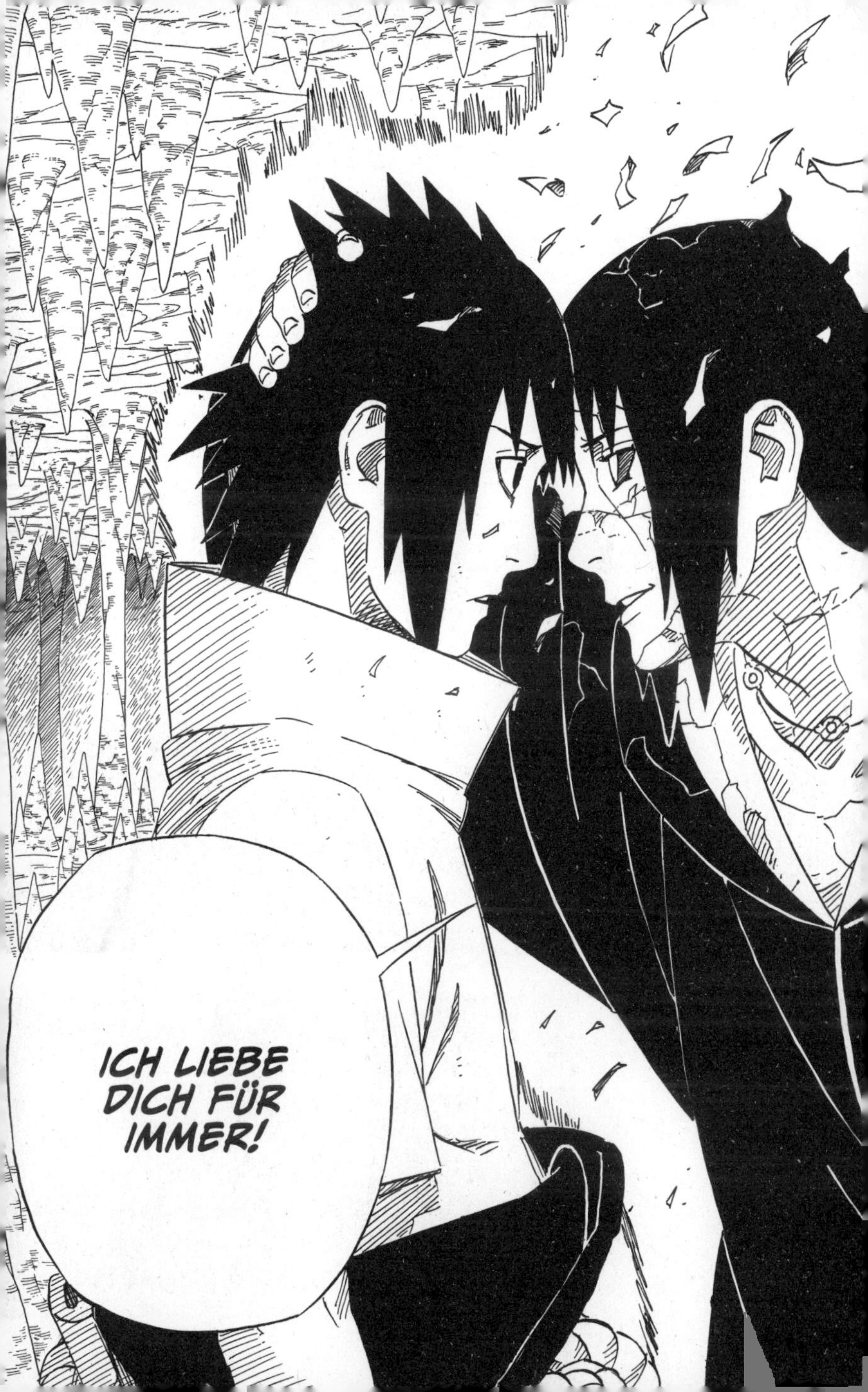
ICH LIEBE DICH FÜR IMMER!

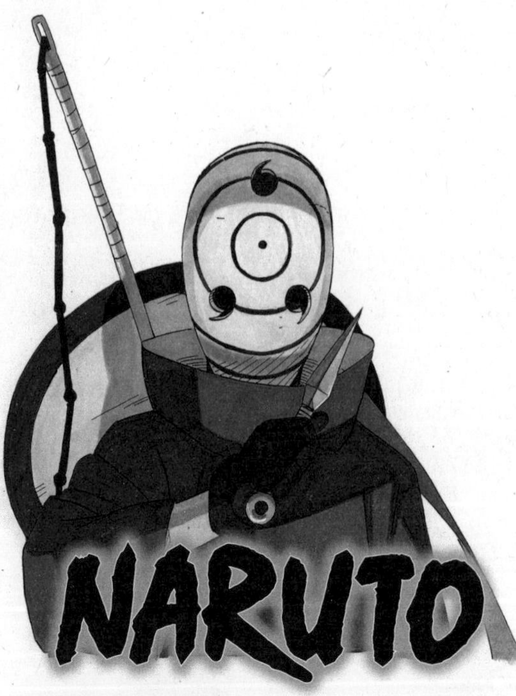
NARUTO

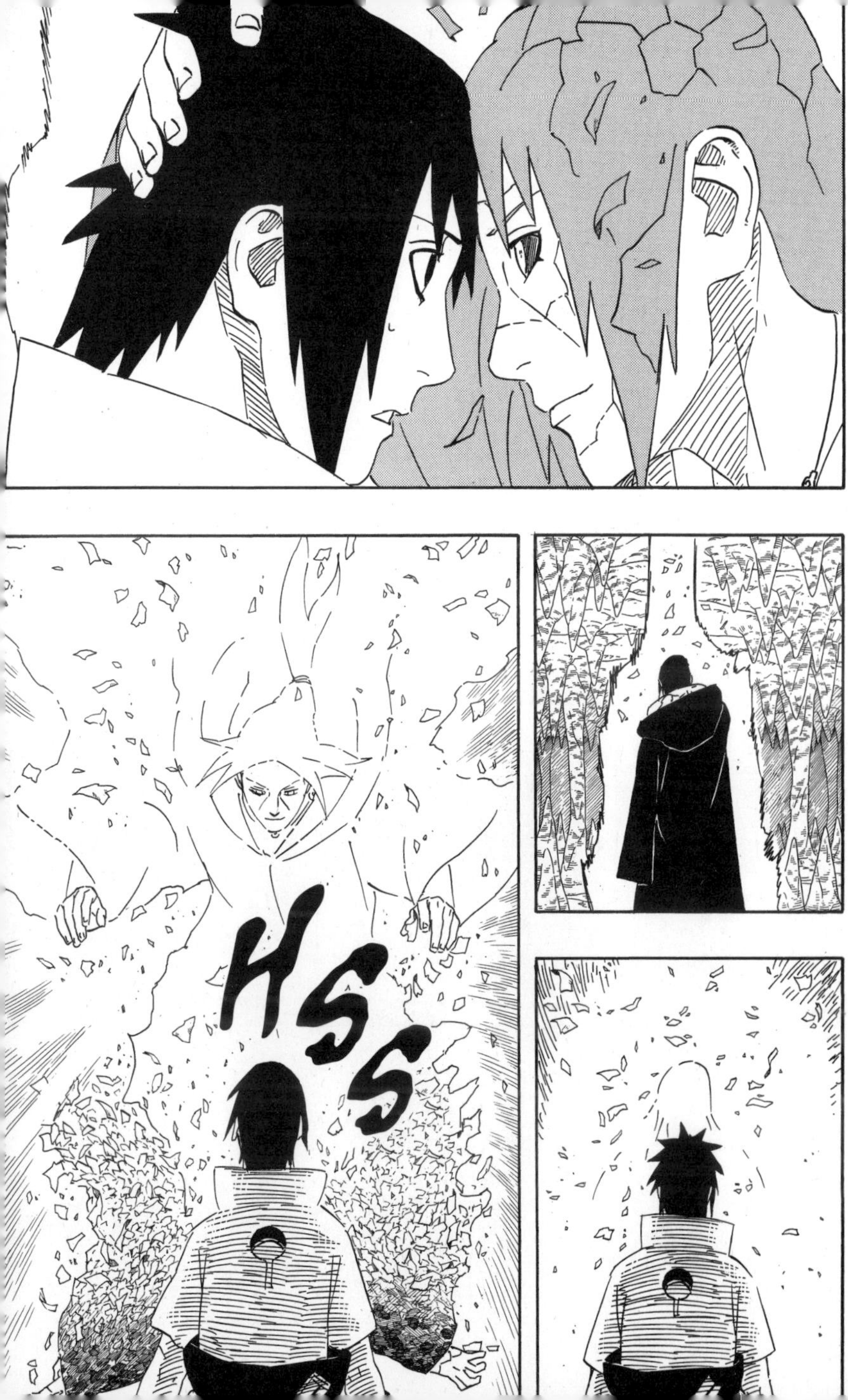
HSS

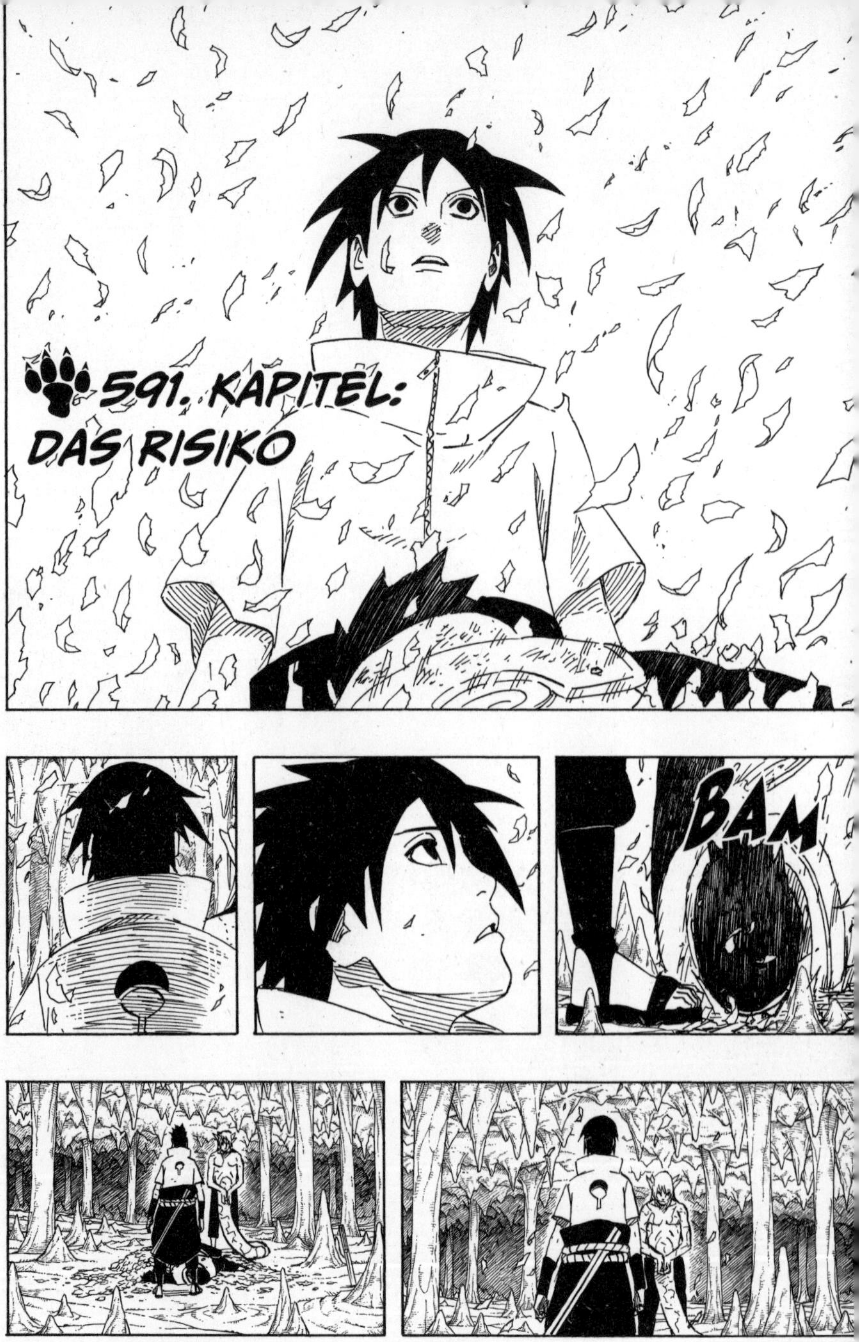
591. KAPITEL:
DAS RISIKO
BAM

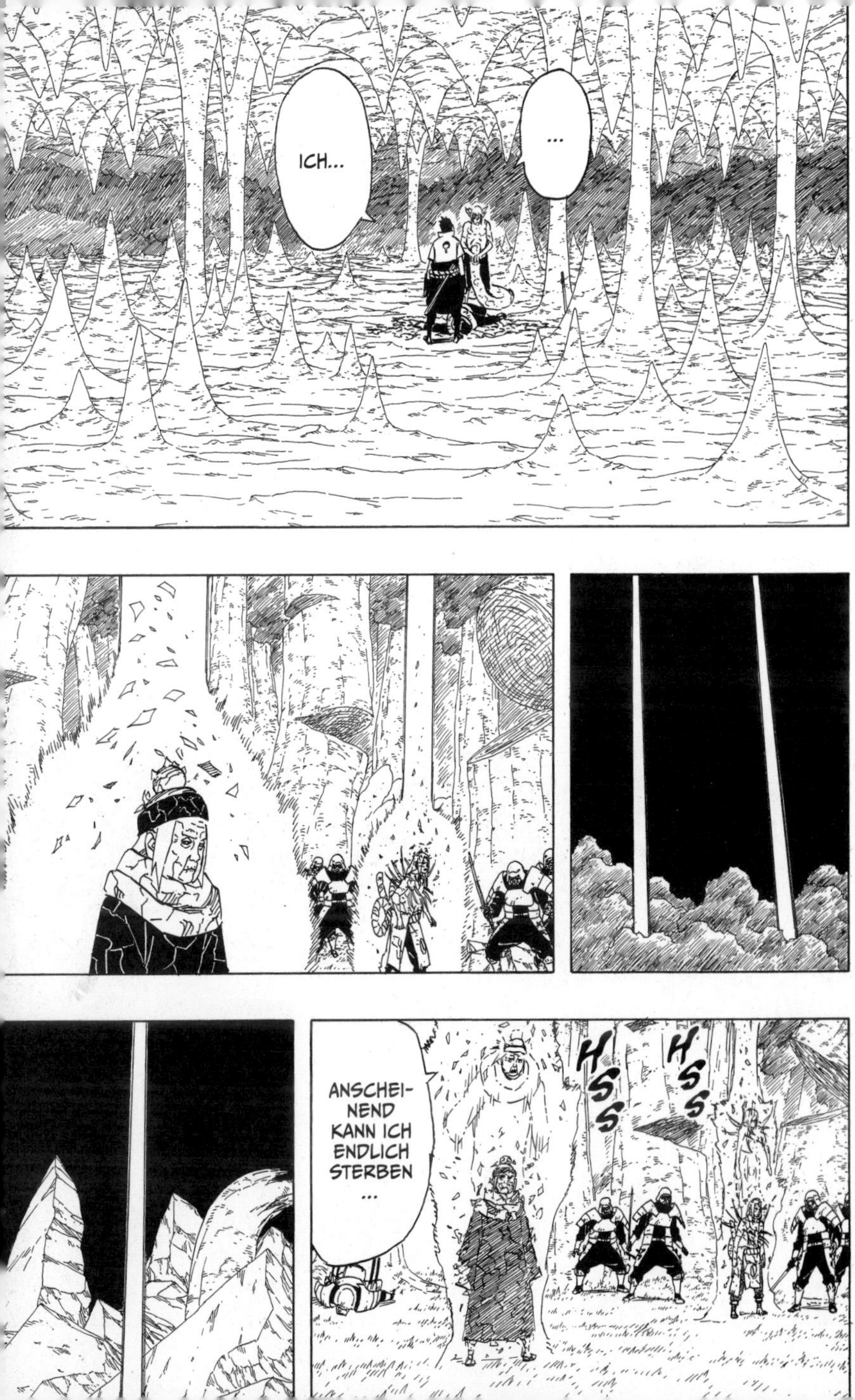
...
ICH...
ANSCHEI-NEND KANN ICH ENDLICH STERBEN ...
HSS
HSS

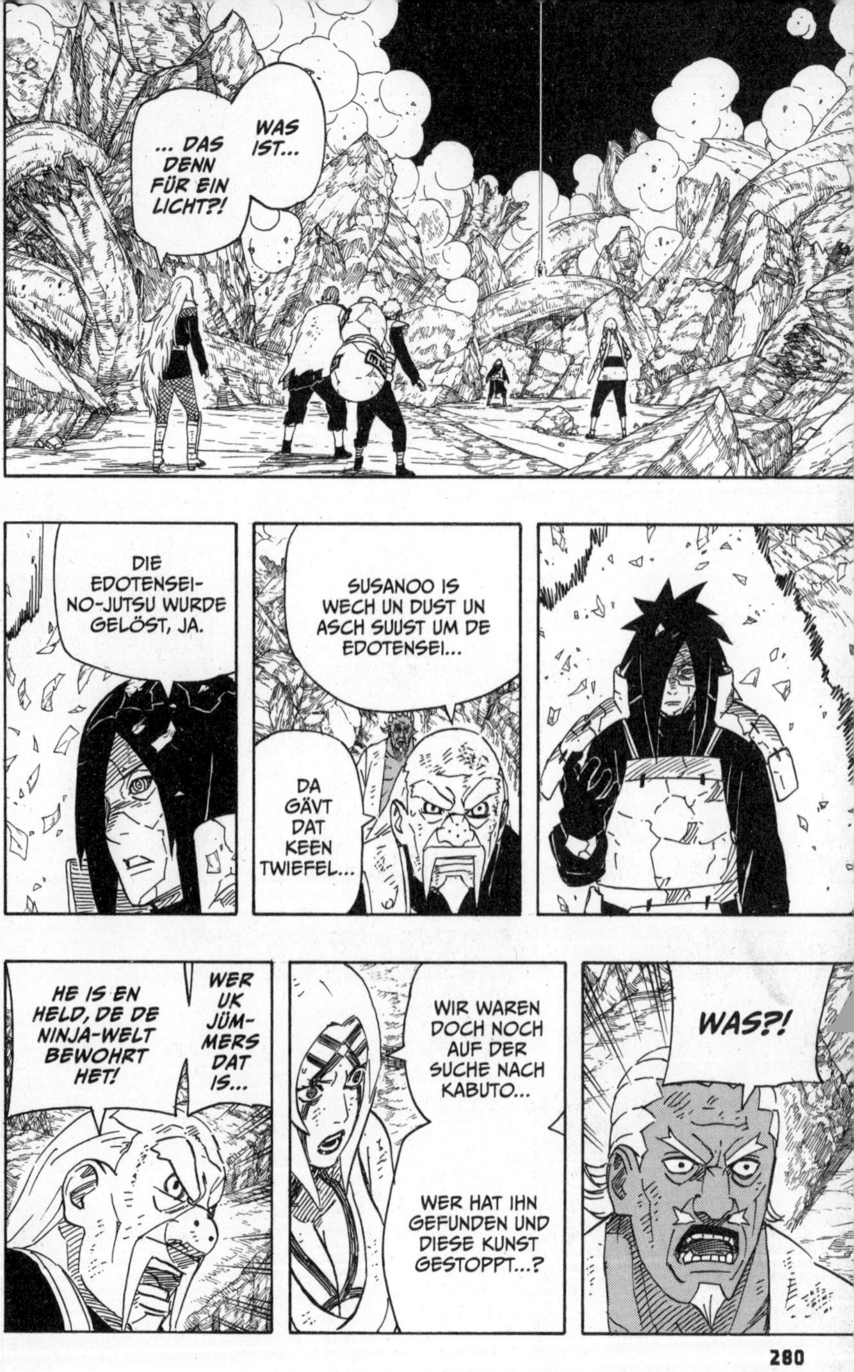
WAS IST...
... DAS DENN FÜR EIN LICHT?!
SUSANOO IS WECH UN DUST UN ASCH SUUST UM DE EDOTENSEI...
DA GÄVT DAT KEEN TWIEFEL...
DIE EDOTENSEI-NO-JUTSU WURDE GELÖST, JA.
WAS?!
WIR WAREN DOCH NOCH AUF DER SUCHE NACH KABUTO...
WER HAT IHN GEFUNDEN UND DIESE KUNST GESTOPPT...?
WER UK JÜMMERS DAT IS...
HE IS EN HELD, DE DE NINJA-WELT BEWOHRT HET!

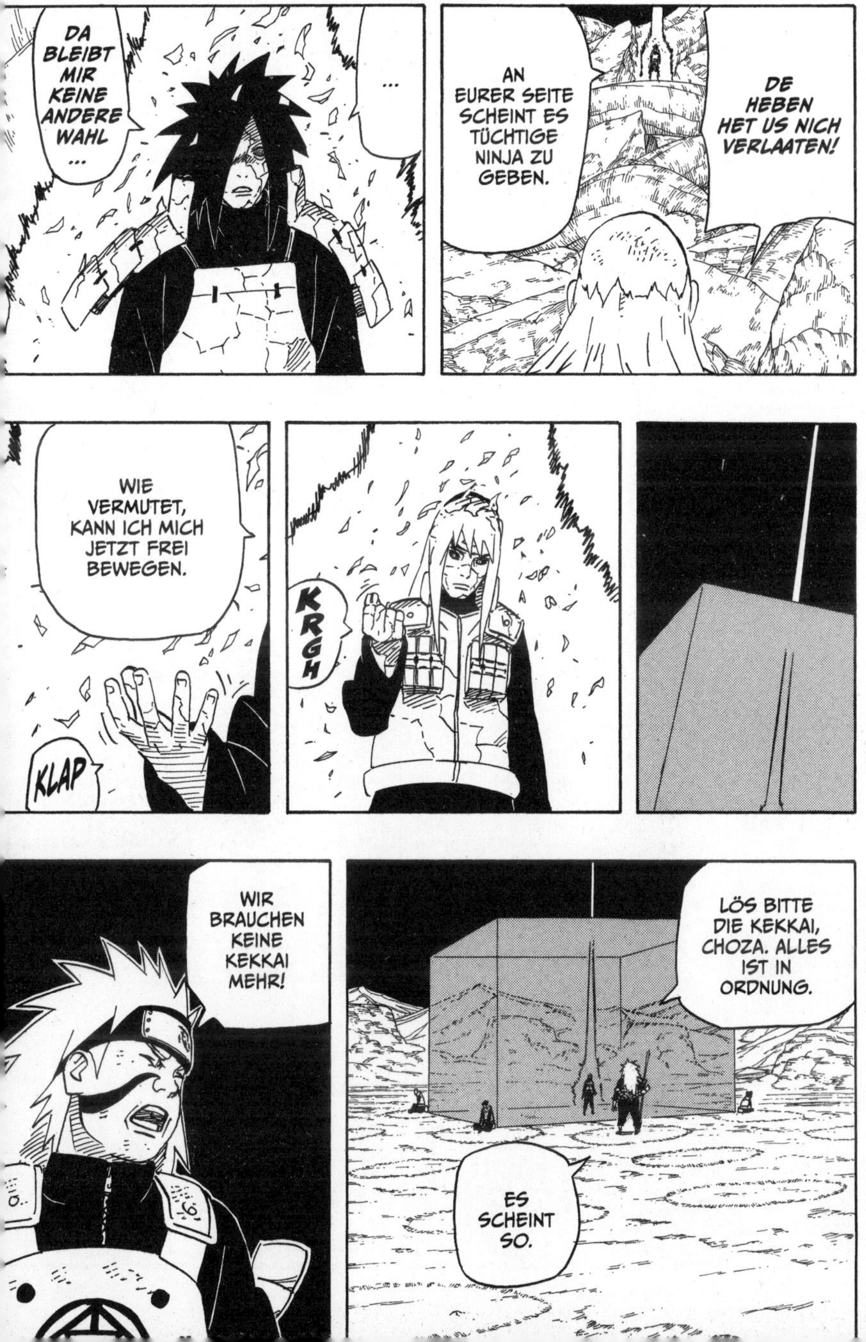
DE HEBEN HET US NICH VERLAATEN!
AN EURER SEITE SCHEINT ES TÜCHTIGE NINJA ZU GEBEN.
...
DA BLEIBT MIR KEINE ANDERE WAHL ...
KRGH
WIE VERMUTET, KANN ICH MICH JETZT FREI BEWEGEN.
KLAP
LÖS BITTE DIE KEKKAI, CHOZA. ALLES IST IN ORDNUNG.
ES SCHEINT SO.
WIR BRAUCHEN KEINE KEKKAI MEHR!

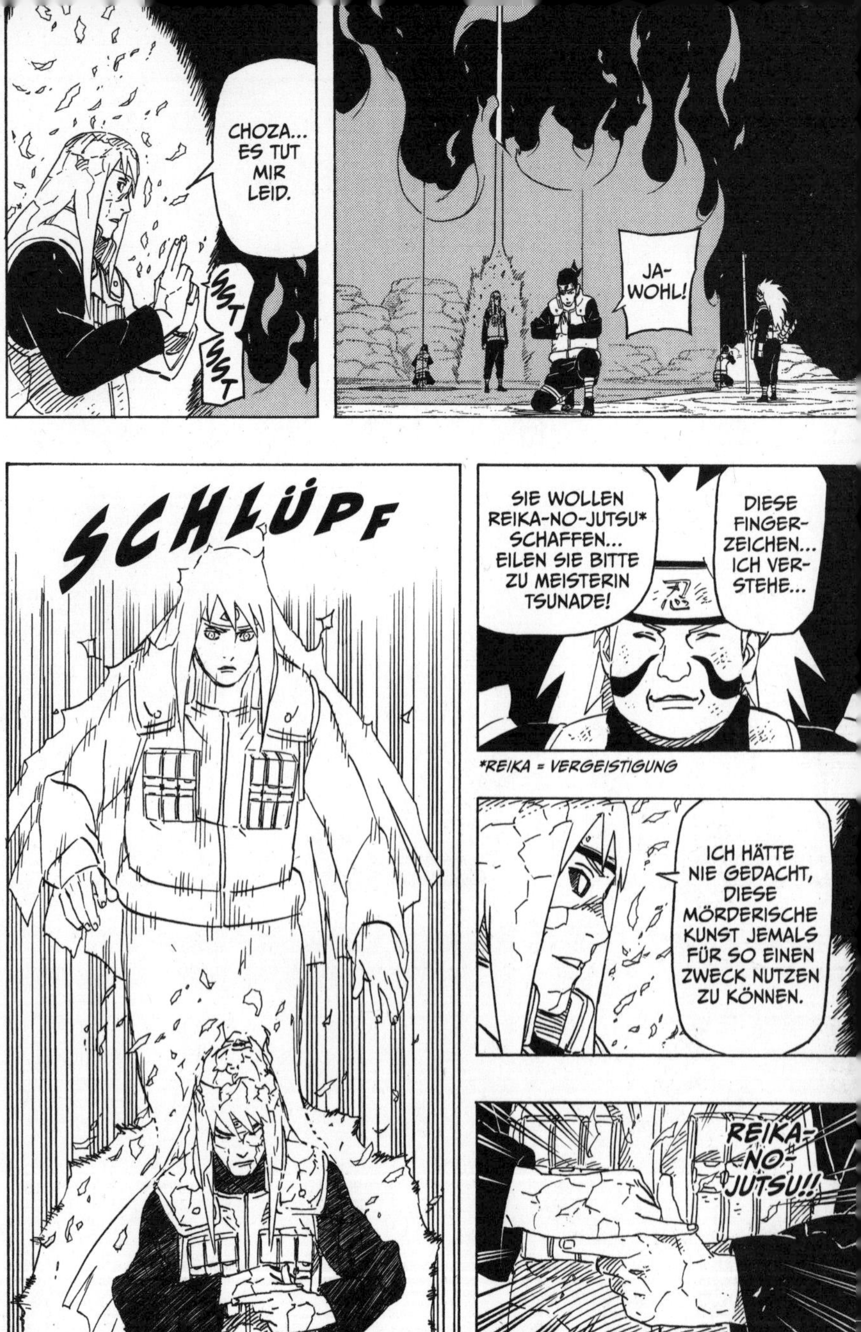
JA-WOHL!
CHOZA... ES TUT MIR LEID.
SST SST
DIESE FINGER-ZEICHEN... ICH VER-STEHE...
SIE WOLLEN REIKA-NO-JUTSU* SCHAFFEN... EILEN SIE BITTE ZU MEISTERIN TSUNADE!
*REIKA = VERGEISTIGUNG
ICH HÄTTE NIE GEDACHT, DIESE MÖRDERISCHE KUNST JEMALS FÜR SO EINEN ZWECK NUTZEN ZU KÖNNEN.
REIKA-NO-JUTSU!!
SCHLÜPF

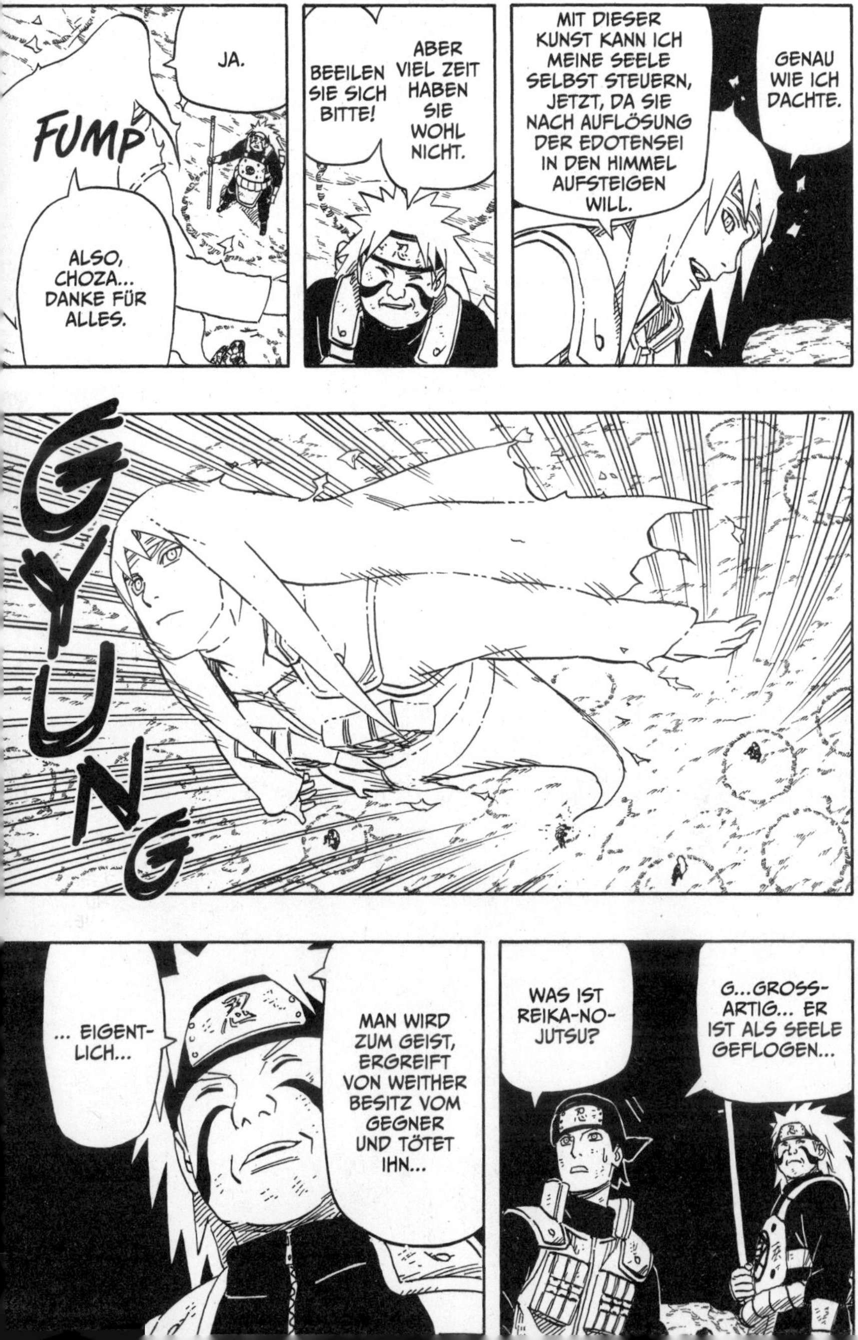
GENAU WIE ICH DACHTE.
MIT DIESER KUNST KANN ICH MEINE SEELE SELBST STEUERN, JETZT, DA SIE NACH AUFLÖSUNG DER EDOTENSEI IN DEN HIMMEL AUFSTEIGEN WILL.
ABER VIEL ZEIT HABEN SIE WOHL NICHT.
BEEILEN SIE SICH BITTE!
JA.
FUMP
ALSO, CHOZA... DANKE FÜR ALLES.
GYUNG
G...GROSS-ARTIG... ER IST ALS SEELE GEFLOGEN...
WAS IST REIKA-NO-JUTSU?
MAN WIRD ZUM GEIST, ERGREIFT VON WEITHER BESITZ VOM GEGNER UND TÖTET IHN...
... EIGENT-LICH...

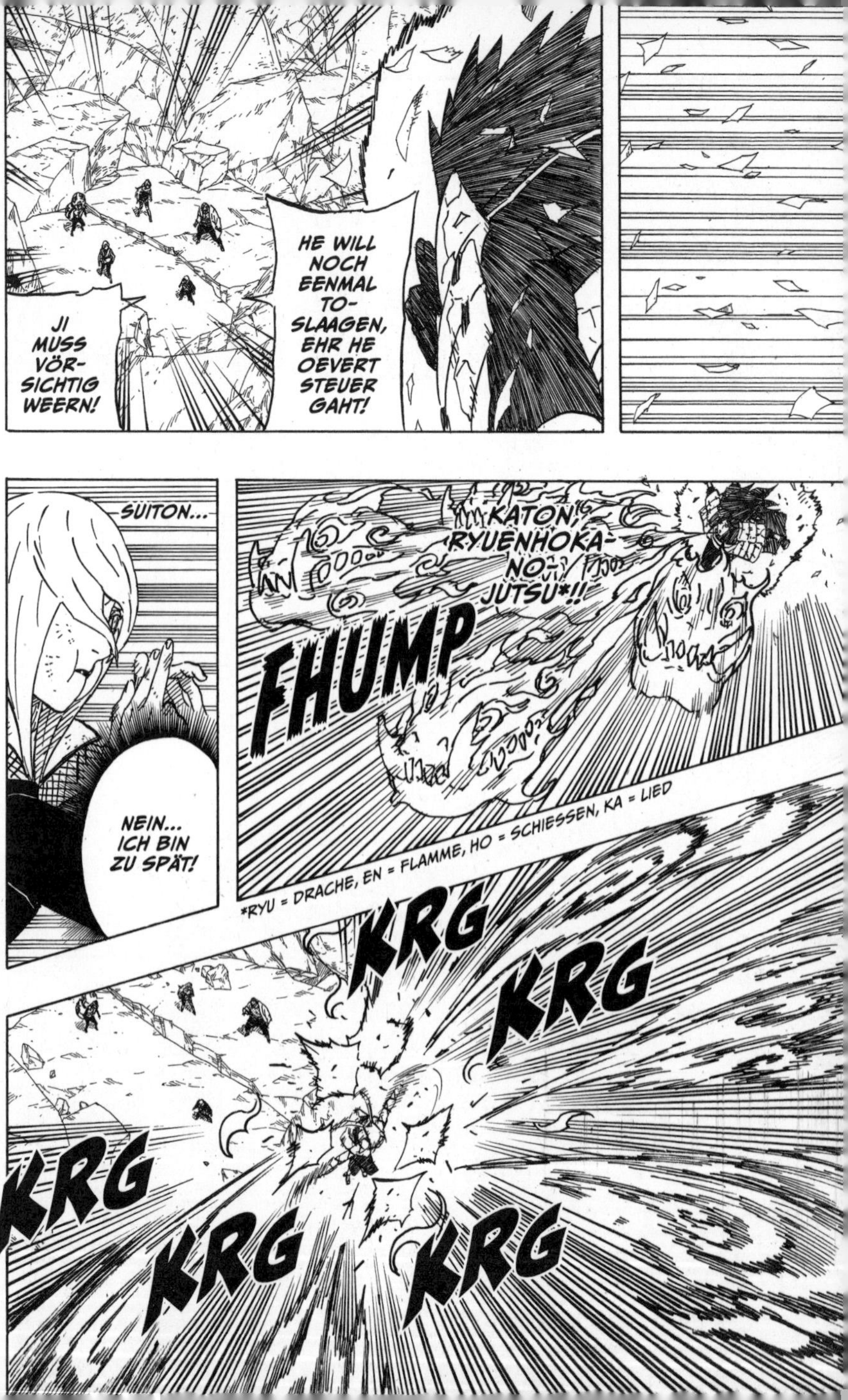
HE WILL NOCH EENMAL TO-SLAAGEN, EHR HE OEVERT STEUER GAHT!
JI MUSS VÖRSICHTIG WEERN!
KATON, RYUENHOKA-NO-JUTSU*!!
FHUMP
SUITON…
NEIN… ICH BIN ZU SPÄT!
*RYU = DRACHE, EN = FLAMME, HO = SCHIESSEN, KA = LIED
KRG
KRG
KRG
KRG
KRG

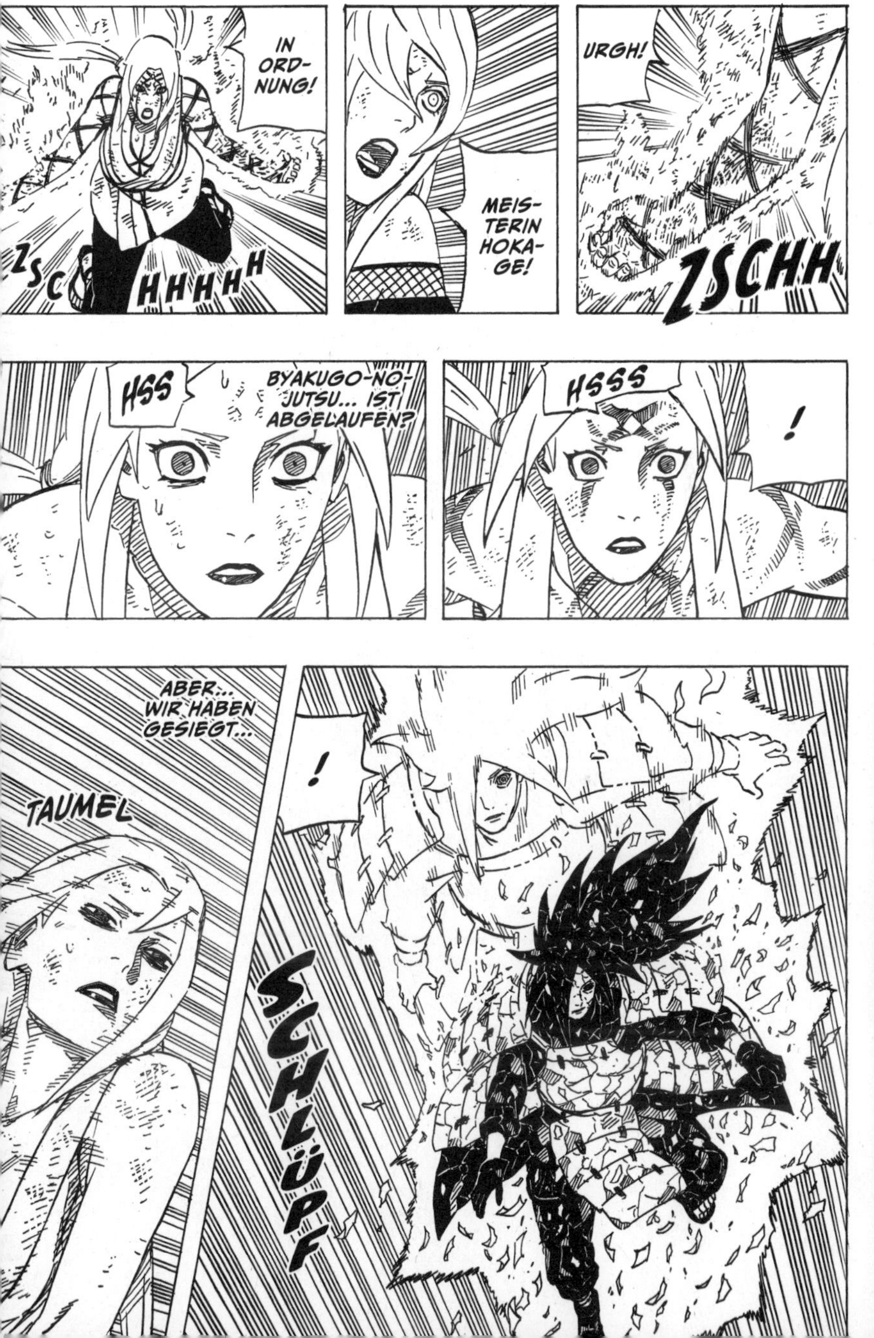
URGH!
ZSCHH
IN ORD-NUNG!
MEISTERIN HOKAGE!
ZSCHHHHHH
HSSS
!
HSS
BYAKUGO-NO-JUTSU... IST ABGELAUFEN?
!
SCHLÜPF
ABER... WIR HABEN GESIEGT...
TAUMEL

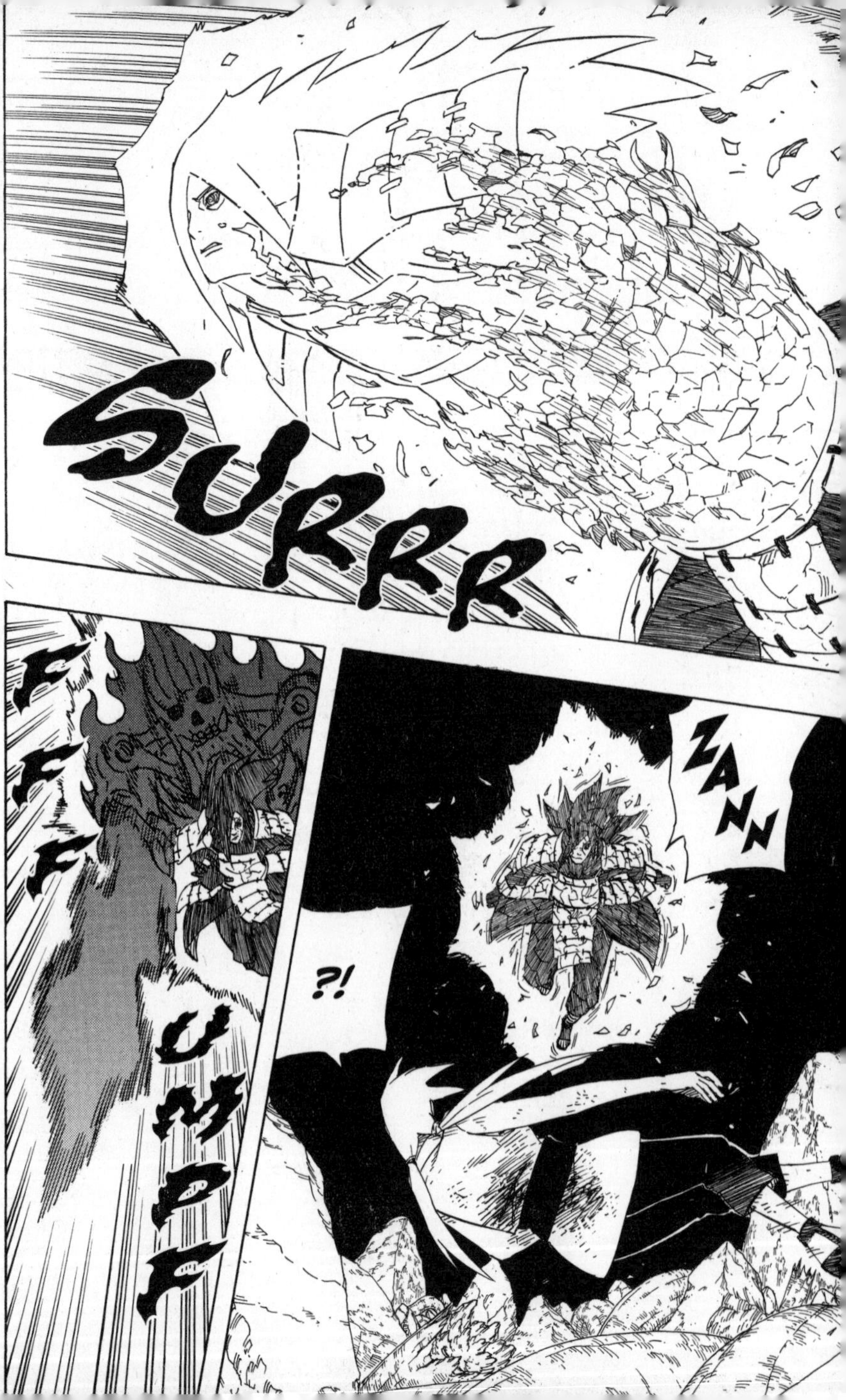

SURRR
ZANN
?!
FFF
UMPF

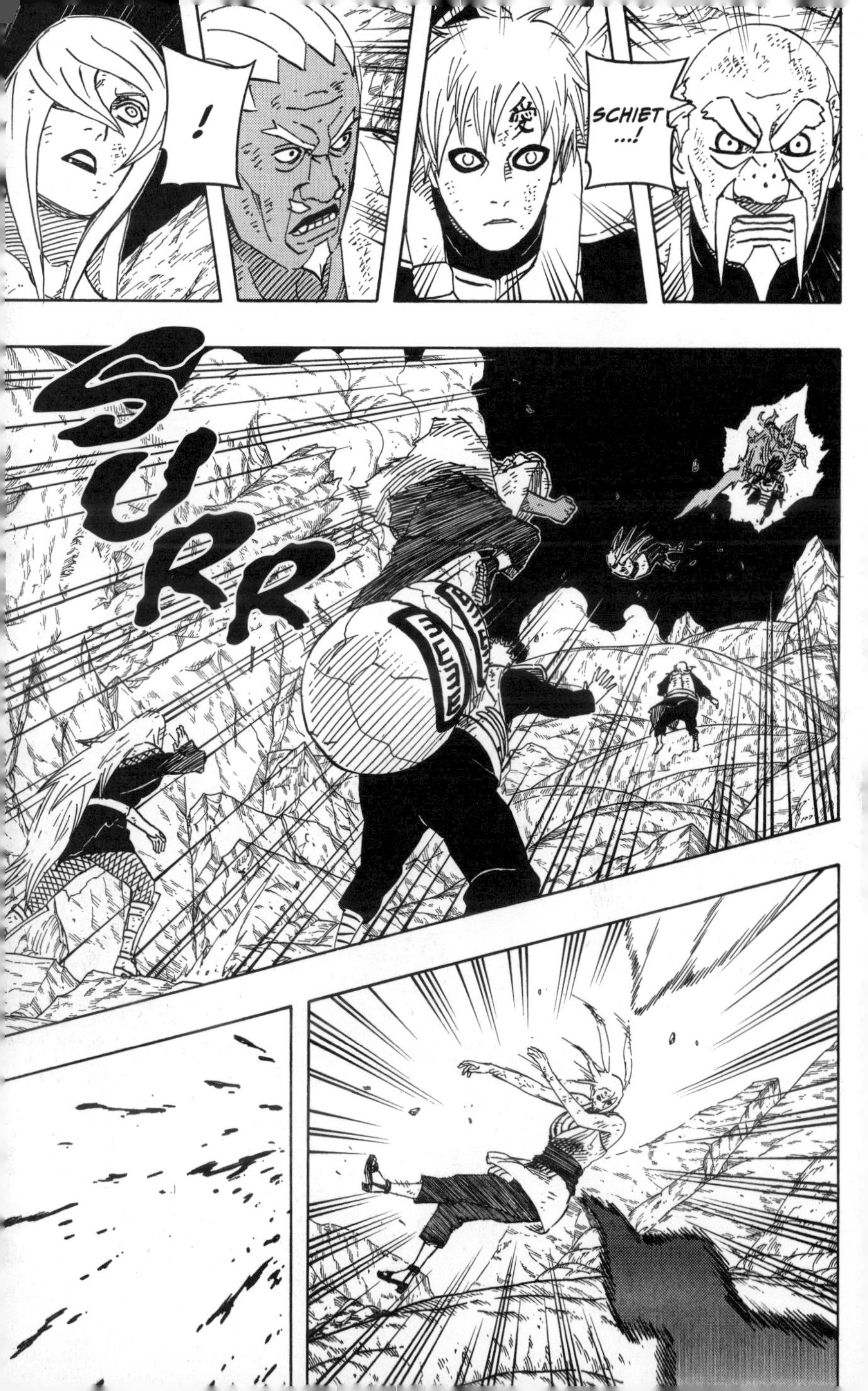
SCHIET ...!
!
SURR

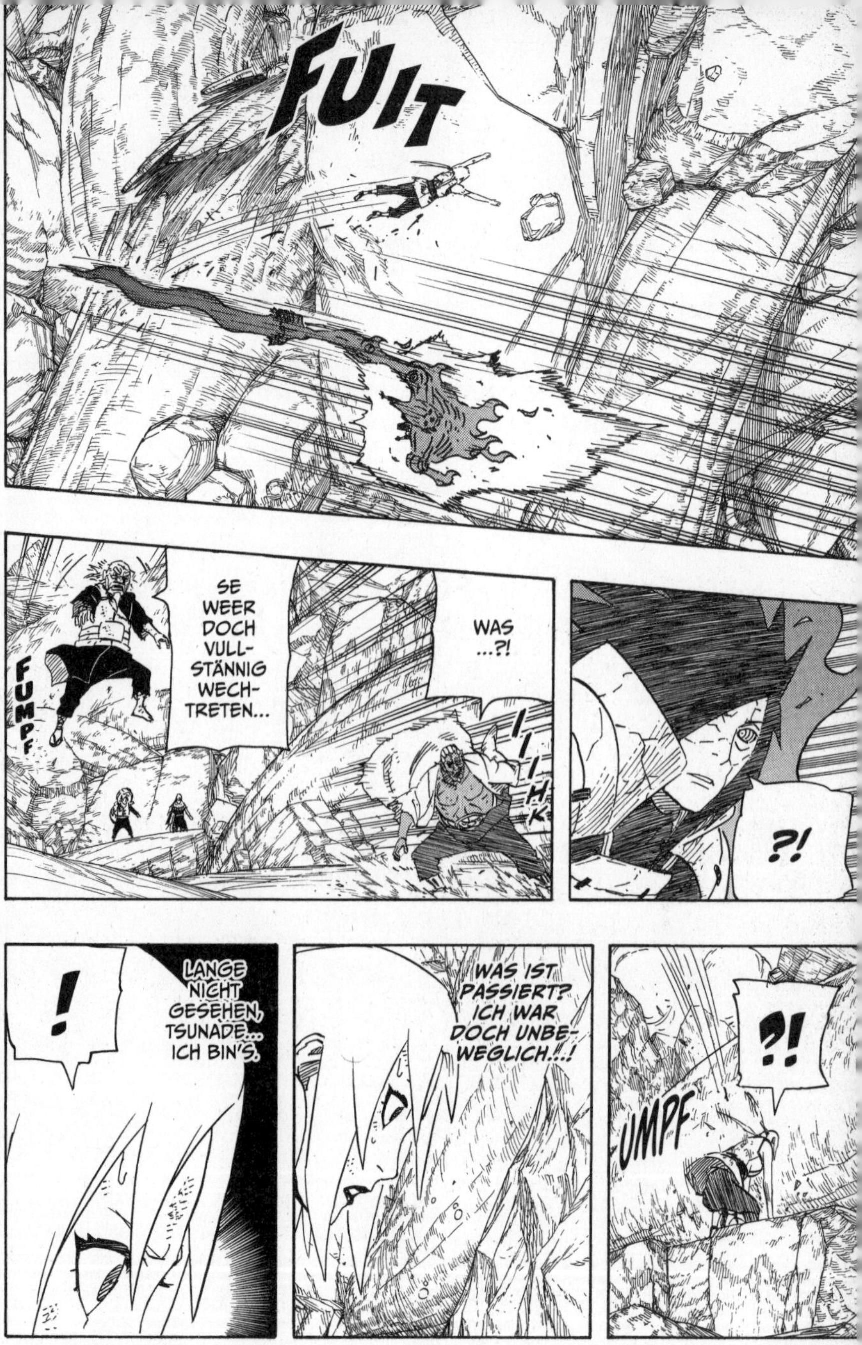
FUIT
?!
WAS ...?!
IIIHK
SE WEER DOCH VULL-STÄNNIG WECH-TRETEN...
FUMPF
?!
UMPF
WAS IST PASSIERT? ICH WAR DOCH UNBE-WEGLICH...!
LANGE NICHT GESEHEN, TSUNADE... ICH BIN'S.
!

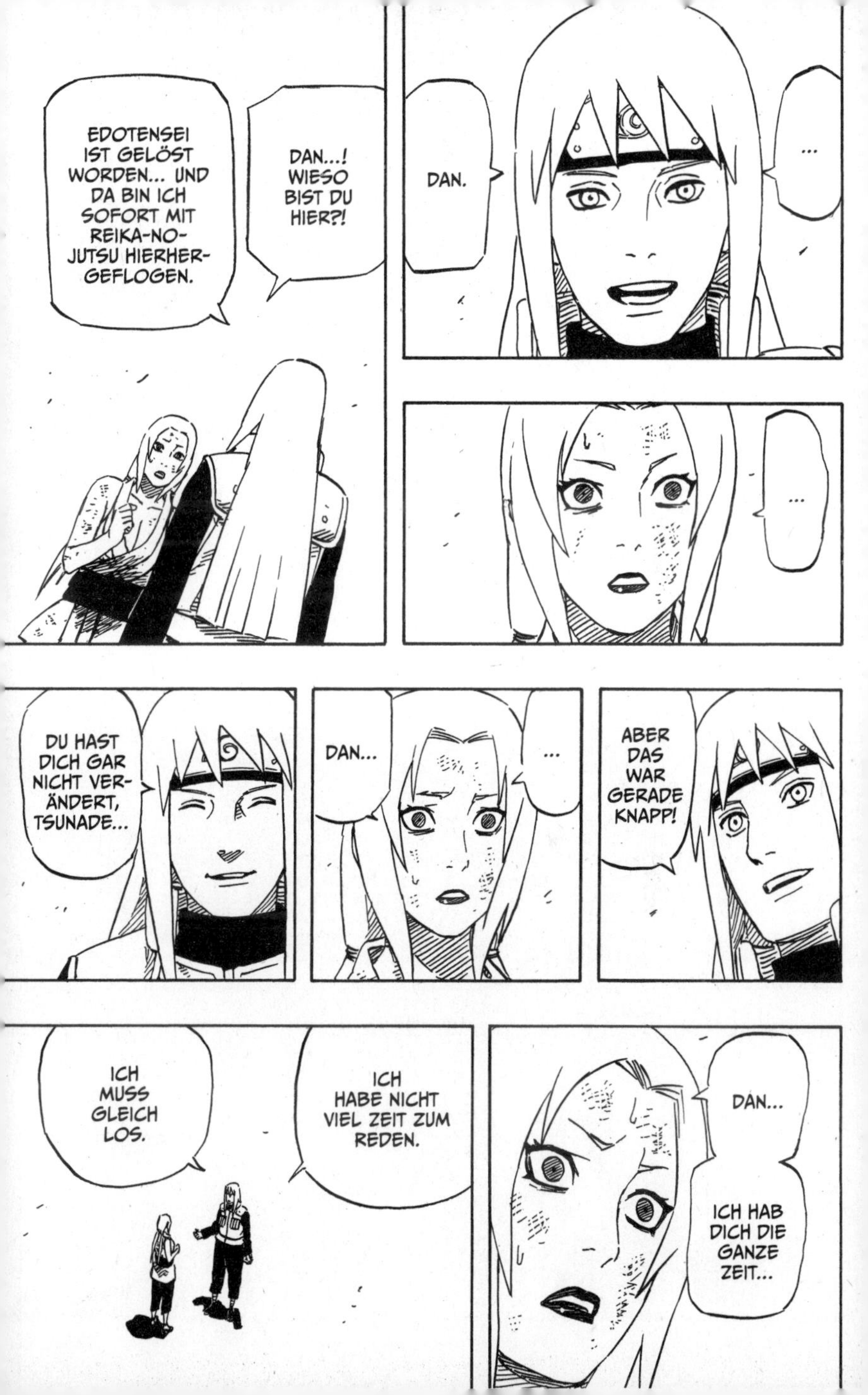
DAN...! WIESO BIST DU HIER?!
EDOTENSEI IST GELÖST WORDEN... UND DA BIN ICH SOFORT MIT REIKA-NO-JUTSU HIERHERGEFLOGEN.
DAN.
...
...
DU HAST DICH GAR NICHT VERÄNDERT, TSUNADE...
DAN...
...
ABER DAS WAR GERADE KNAPP!
ICH MUSS GLEICH LOS.
ICH HABE NICHT VIEL ZEIT ZUM REDEN.
DAN...
ICH HAB DICH DIE GANZE ZEIT...

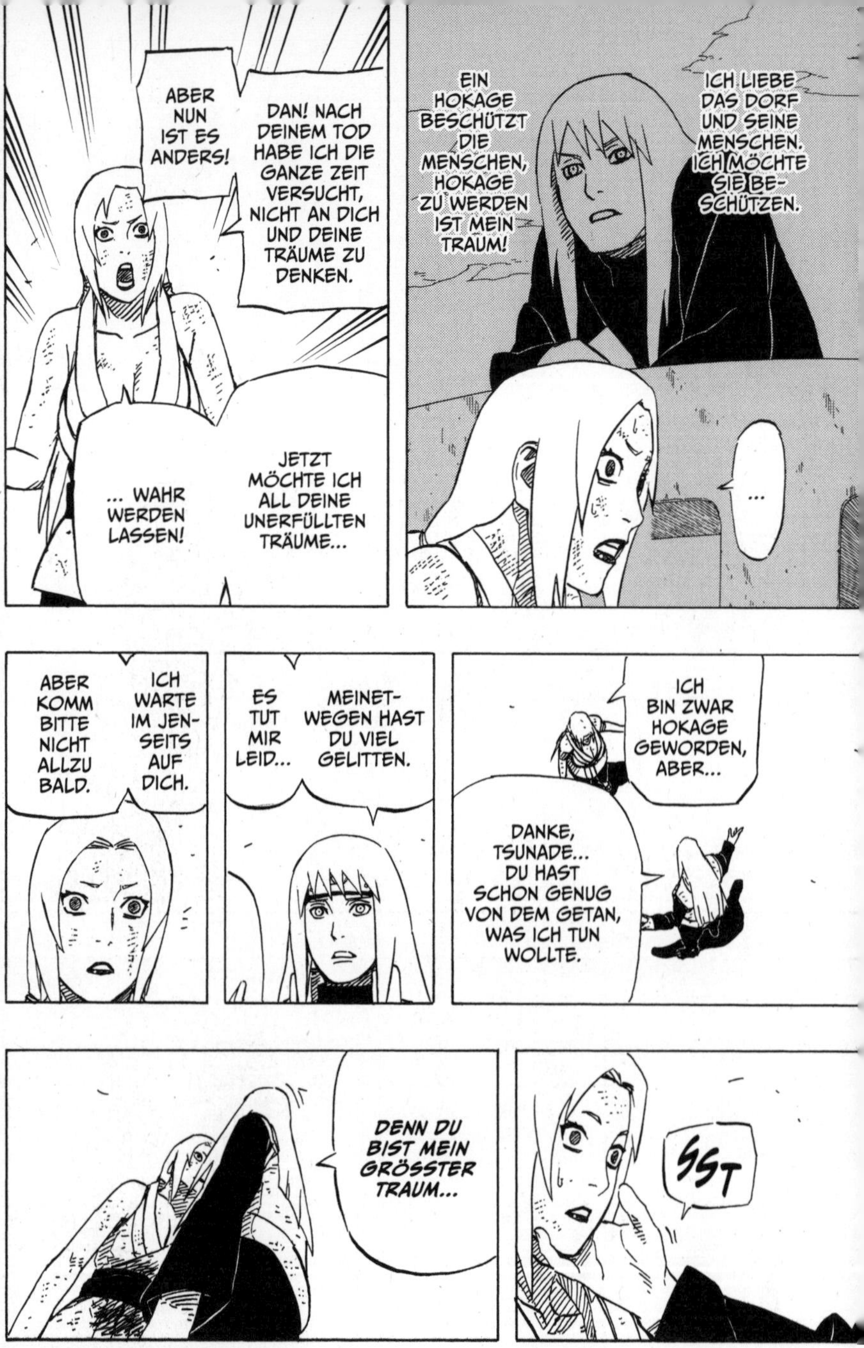
ICH LIEBE DAS DORF UND SEINE MENSCHEN. ICH MÖCHTE SIE BE-SCHÜTZEN.
EIN HOKAGE BESCHÜTZT DIE MENSCHEN, HOKAGE ZU WERDEN IST MEIN TRAUM!
...
DAN! NACH DEINEM TOD HABE ICH DIE GANZE ZEIT VERSUCHT, NICHT AN DICH UND DEINE TRÄUME ZU DENKEN.
ABER NUN IST ES ANDERS!
JETZT MÖCHTE ICH ALL DEINE UNERFÜLLTEN TRÄUME...
... WAHR WERDEN LASSEN!
ICH BIN ZWAR HOKAGE GEWORDEN, ABER...
DANKE, TSUNADE... DU HAST SCHON GENUG VON DEM GETAN, WAS ICH TUN WOLLTE.
MEINET-WEGEN HAST DU VIEL GELITTEN.
ES TUT MIR LEID...
ICH WARTE IM JEN-SEITS AUF DICH.
ABER KOMM BITTE NICHT ALLZU BALD.
SST
DENN DU BIST MEIN GRÖSSTER TRAUM...

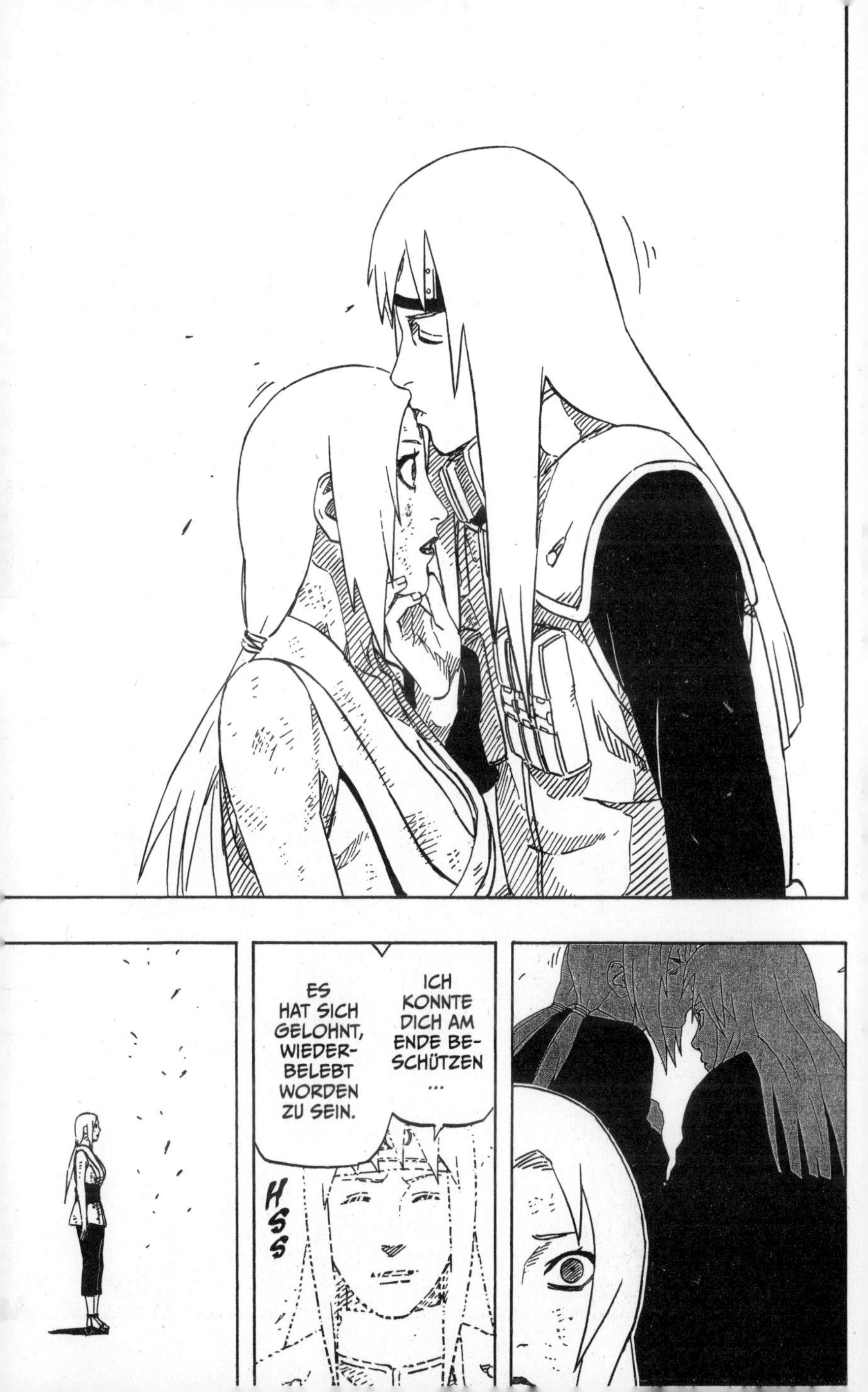

ICH KONNTE DICH AM ENDE BESCHÜTZEN ...
ES HAT SICH GELOHNT, WIEDERBELEBT WORDEN ZU SEIN.
HSS

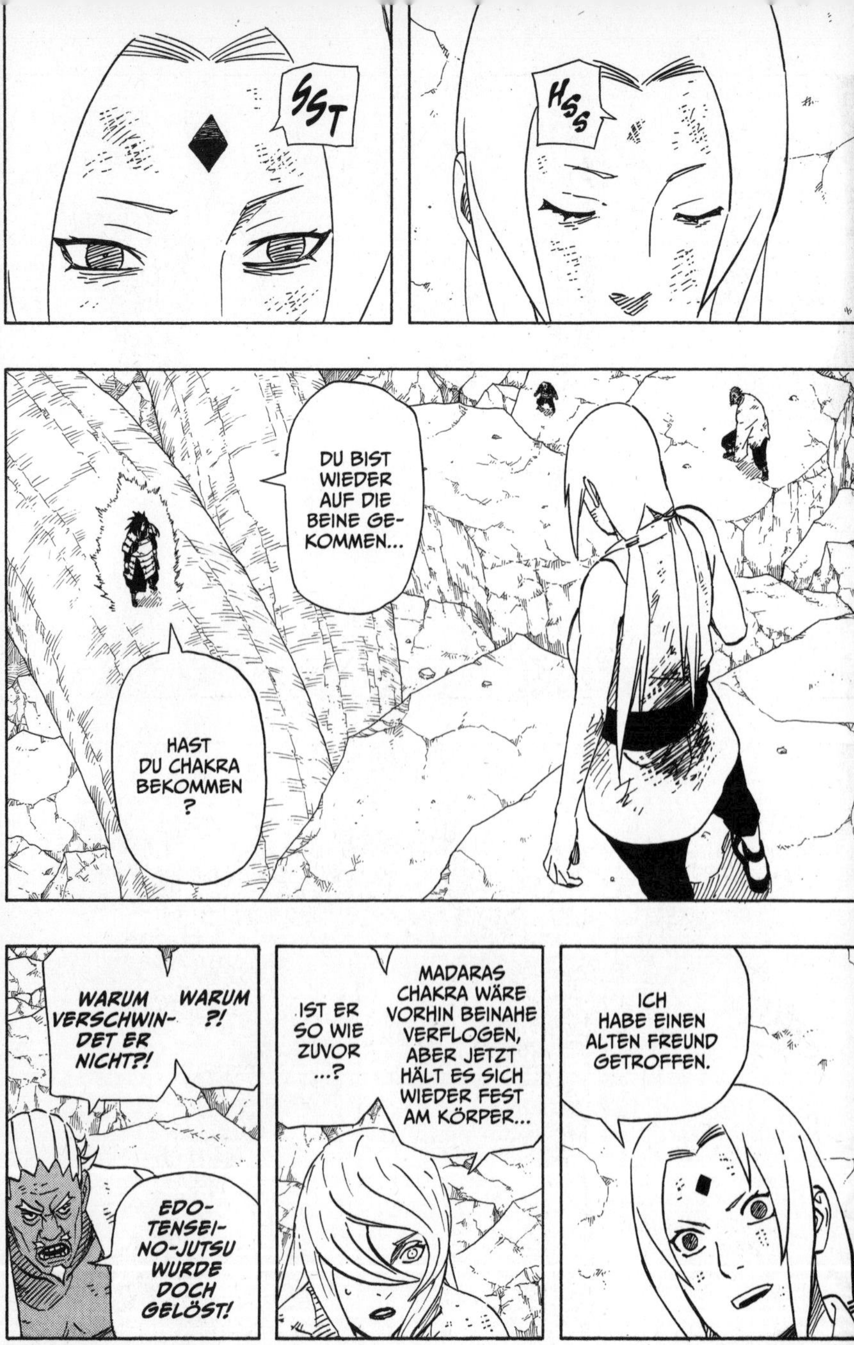
HSS
SST
DU BIST WIEDER AUF DIE BEINE GE- KOMMEN...
HAST DU CHAKRA BEKOMMEN ?
ICH HABE EINEN ALTEN FREUND GETROFFEN.
MADARAS CHAKRA WÄRE VORHIN BEINAHE VERFLOGEN, ABER JETZT HÄLT ES SICH WIEDER FEST AM KÖRPER...
IST ER SO WIE ZUVOR ...?
WARUM ?!
WARUM VERSCHWIN- DET ER NICHT?!
EDO- TENSEI- NO-JUTSU WURDE DOCH GELÖST!

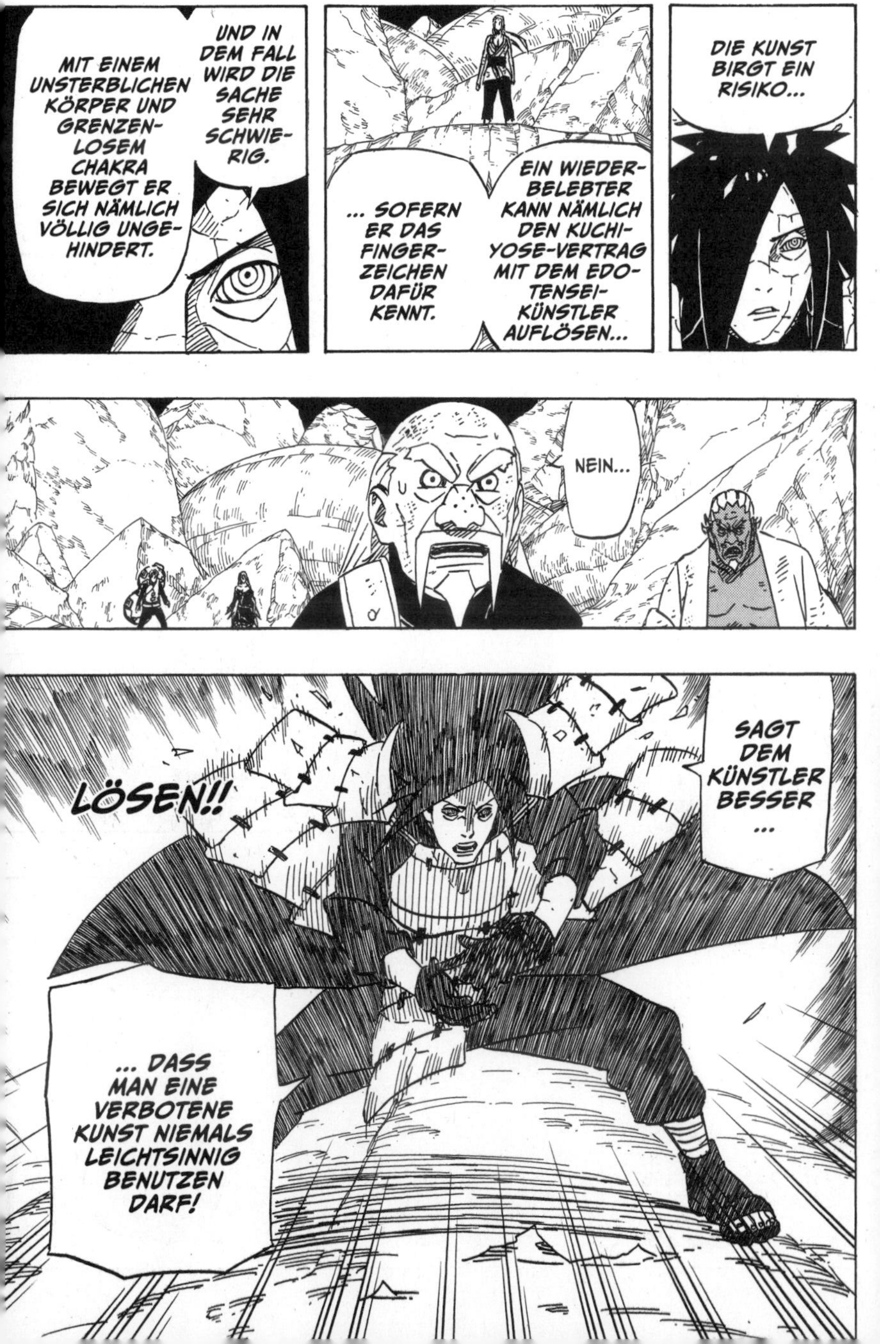
DIE KUNST BIRGT EIN RISIKO...
EIN WIEDERBELEBTER KANN NÄMLICH DEN KUCHI-YOSE-VERTRAG MIT DEM EDO-TENSEI-KÜNSTLER AUFLÖSEN...
... SOFERN ER DAS FINGERZEICHEN DAFÜR KENNT.
UND IN DEM FALL WIRD DIE SACHE SEHR SCHWIERIG.
MIT EINEM UNSTERBLICHEN KÖRPER UND GRENZENLOSEM CHAKRA BEWEGT ER SICH NÄMLICH VÖLLIG UNGEHINDERT.
NEIN...
SAGT DEM KÜNSTLER BESSER ...
LÖSEN!!
... DASS MAN EINE VERBOTENE KUNST NIEMALS LEICHTSINNIG BENUTZEN DARF!

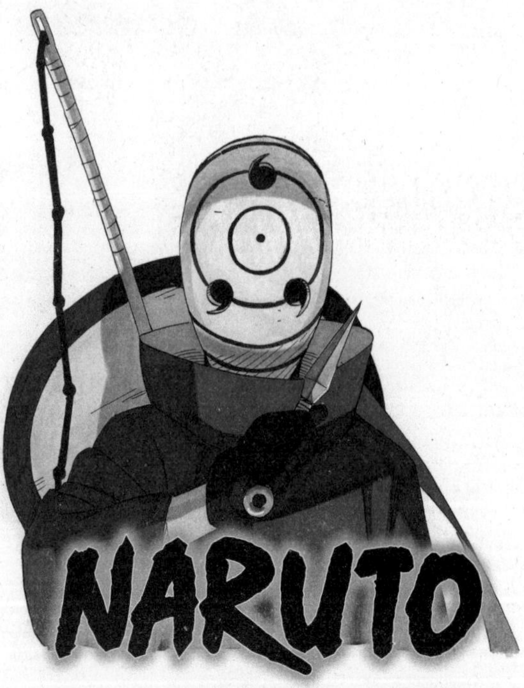
NARUTO

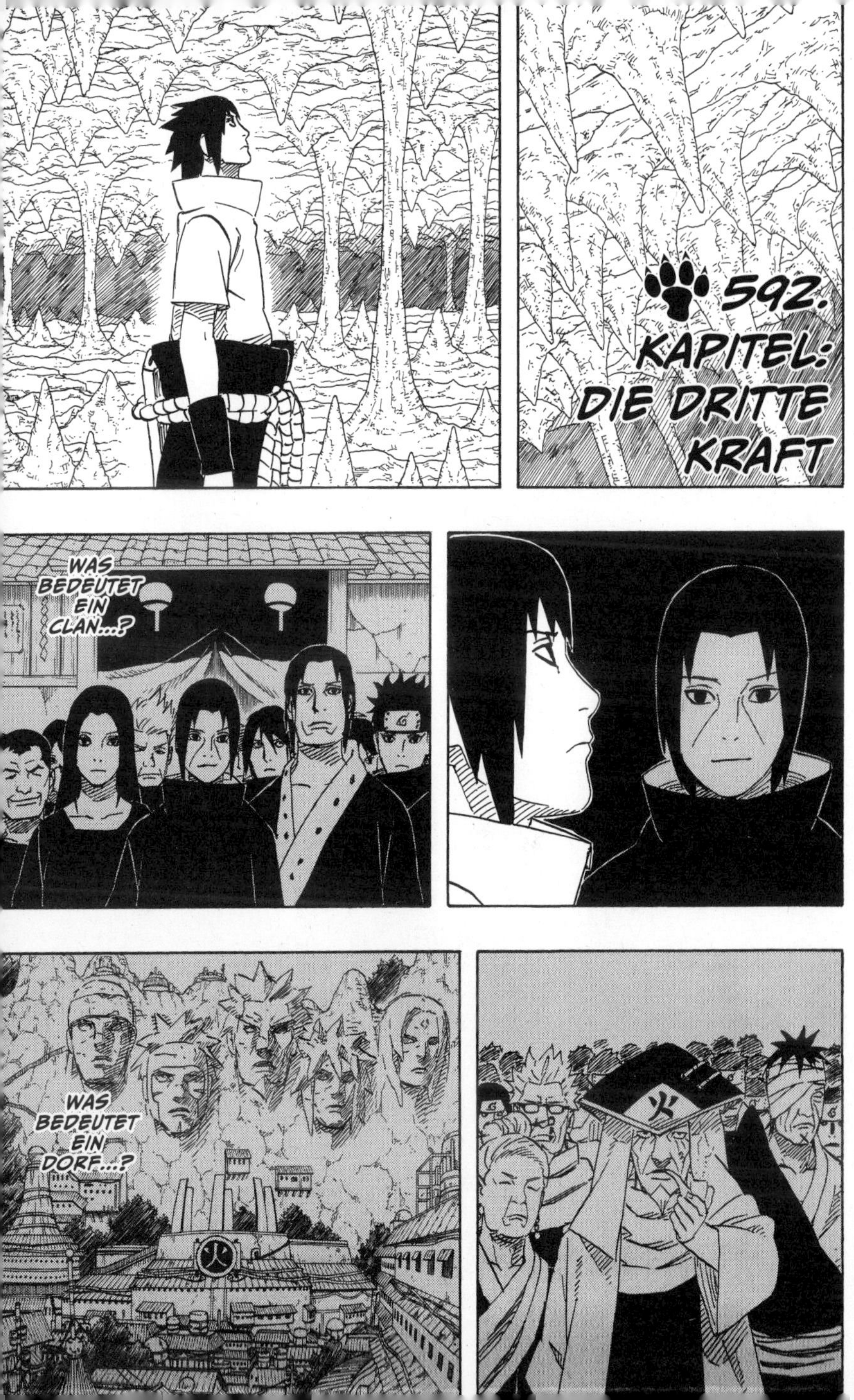
592. Kapitel: Die dritte Kraft
Was bedeutet ein Clan...?
Was bedeutet ein Dorf...?

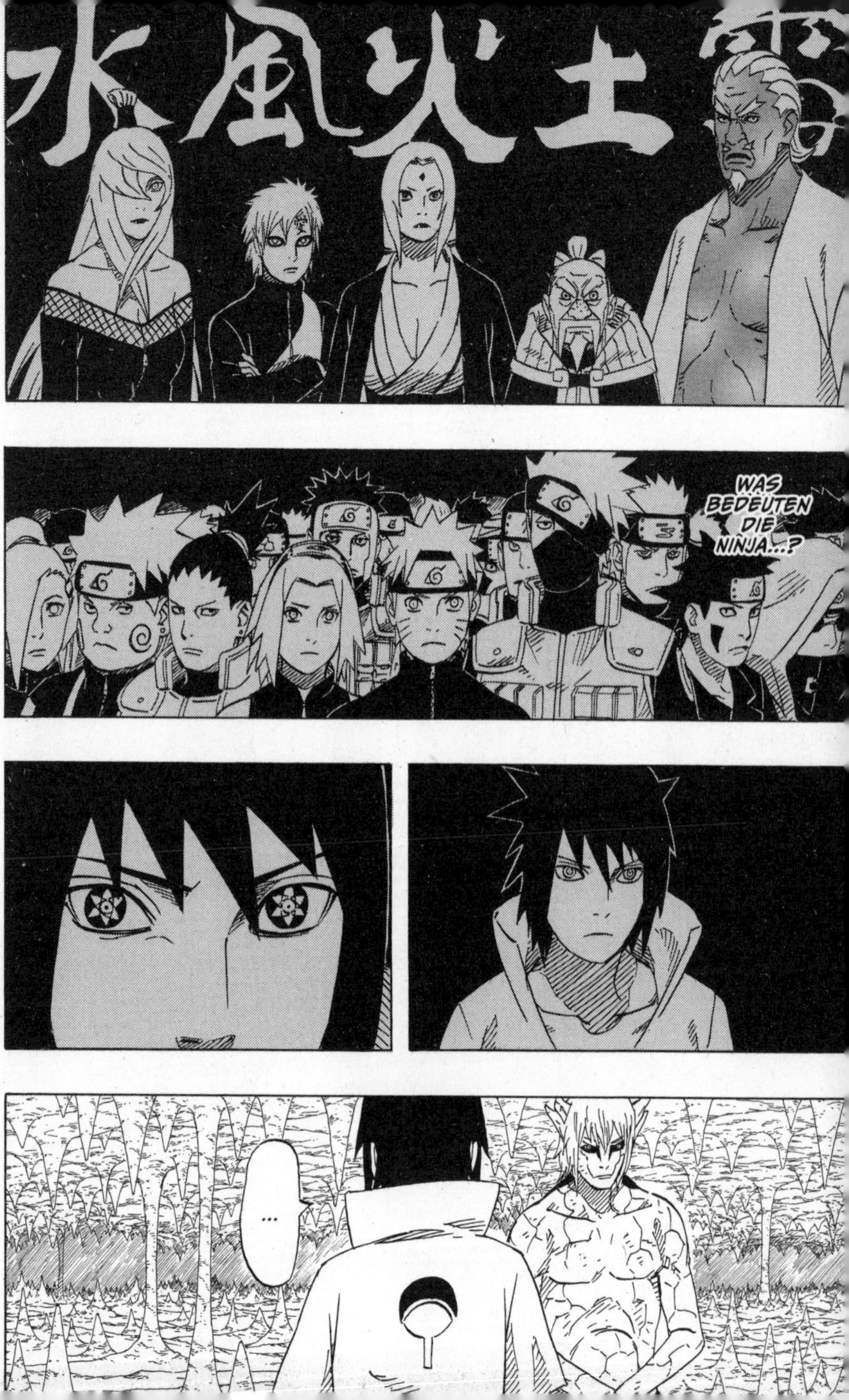

WAS BEDEUTEN DIE NINJA...?
...

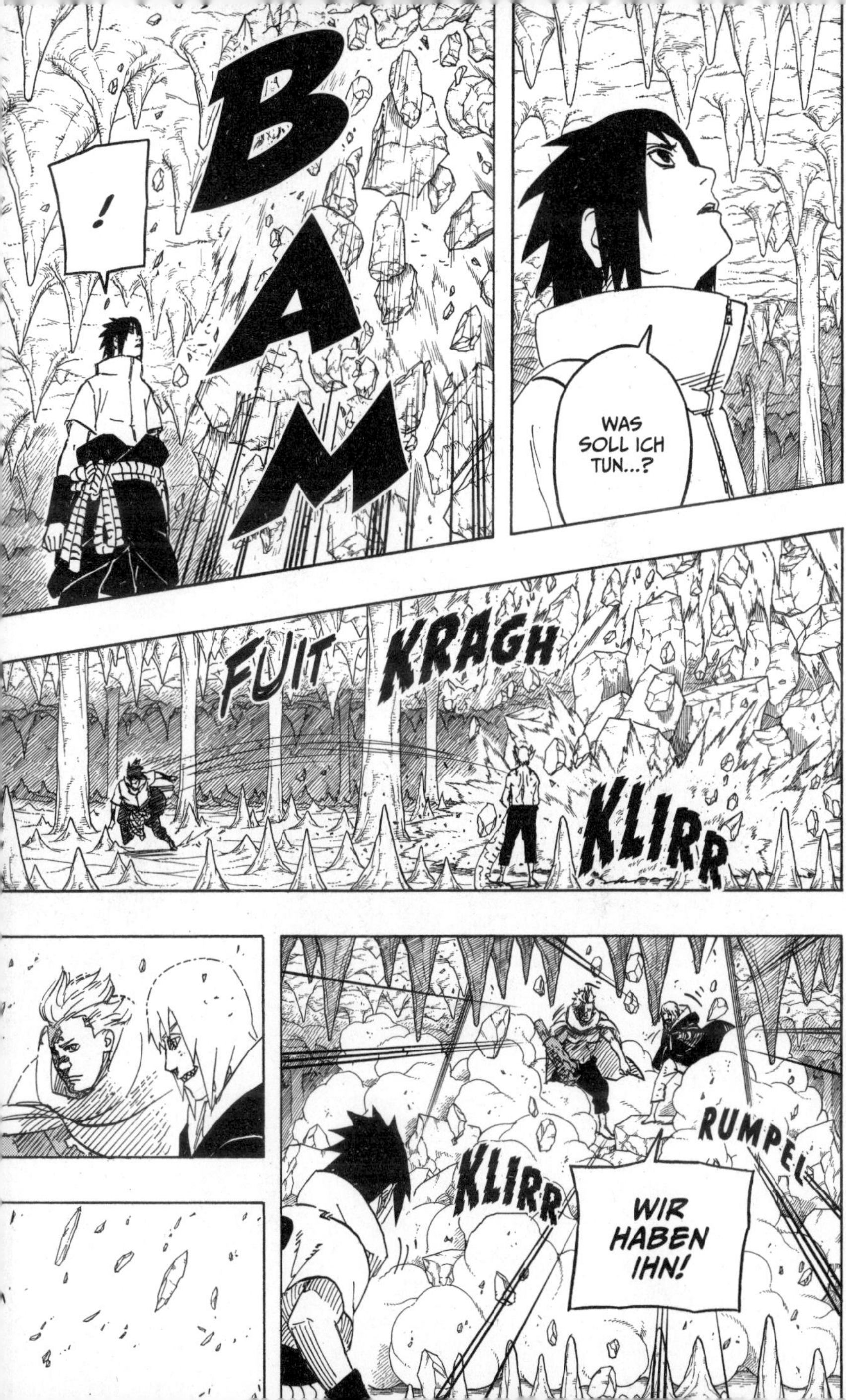
WAS SOLL ICH TUN...?
!
BAM
KRAGH
FUIT
KLIRR
RUMPEL
WIR HABEN IHN!
KLIRR

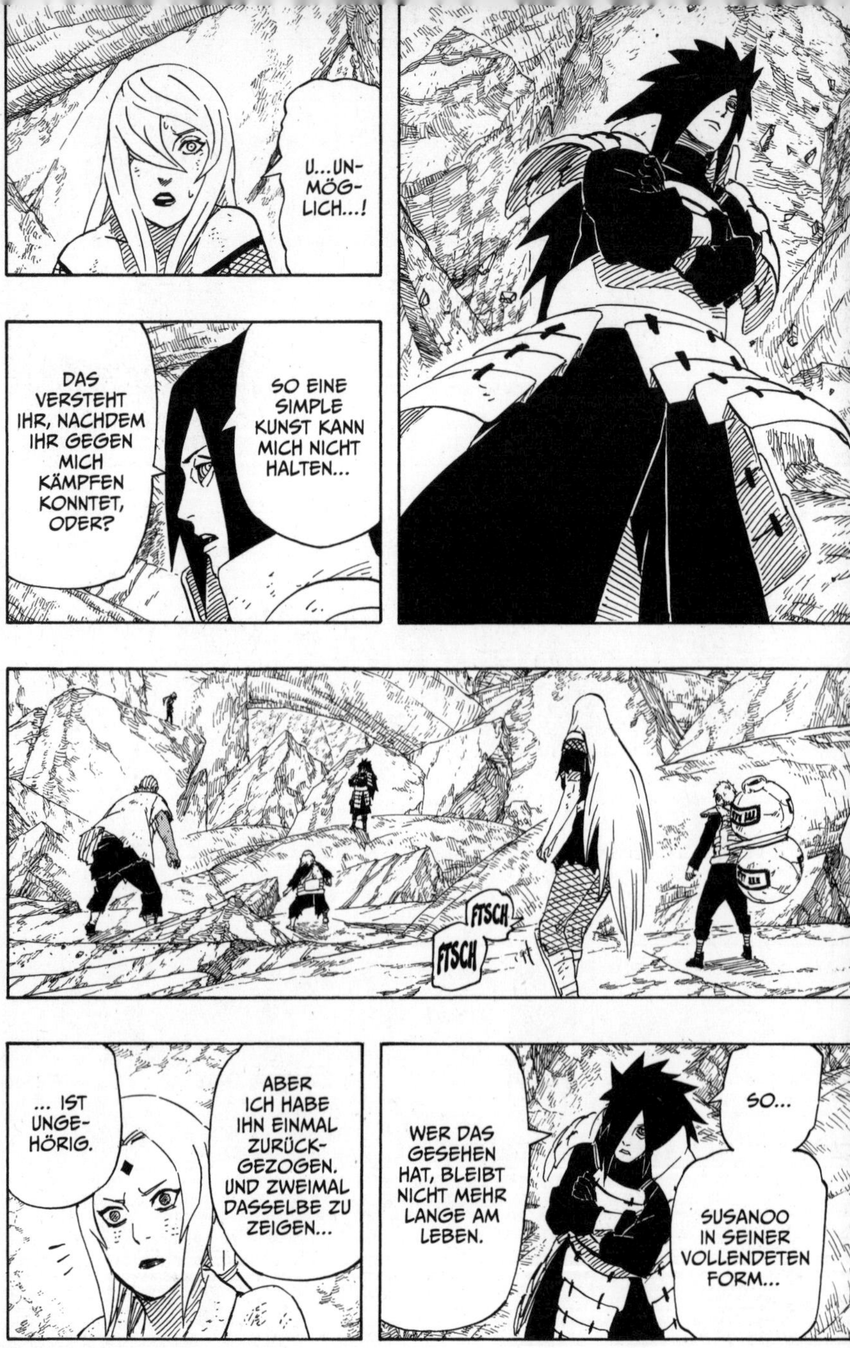
U...UNMÖGLICH...!
SO EINE SIMPLE KUNST KANN MICH NICHT HALTEN...
DAS VERSTEHT IHR, NACHDEM IHR GEGEN MICH KÄMPFEN KONNTET, ODER?
FTSCH
FTSCH
SO...
SUSANOO IN SEINER VOLLENDETEN FORM...
WER DAS GESEHEN HAT, BLEIBT NICHT MEHR LANGE AM LEBEN.
ABER ICH HABE IHN EINMAL ZURÜCKGEZOGEN. UND ZWEIMAL DASSELBE ZU ZEIGEN...
... IST UNGEHÖRIG.

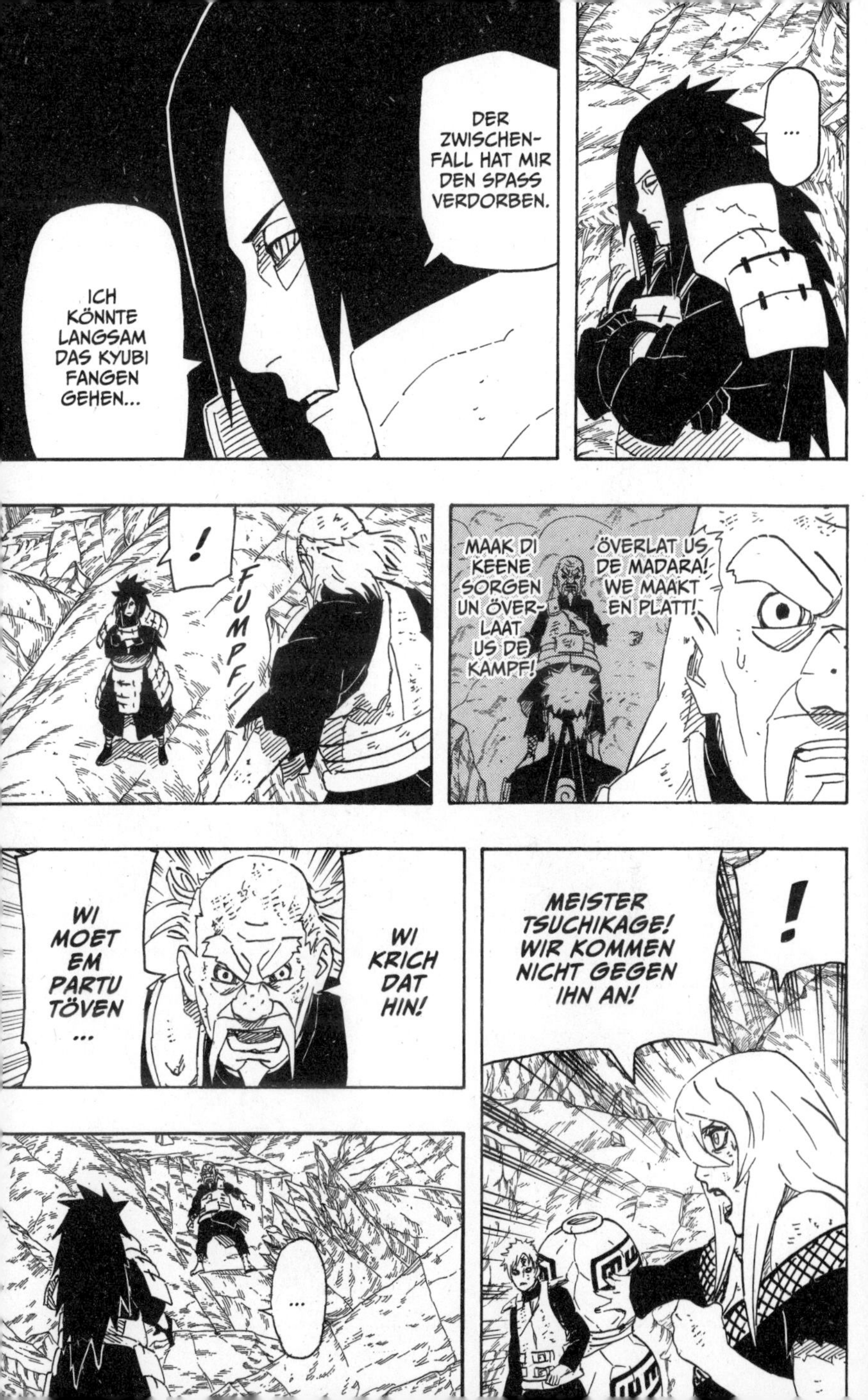
...
DER ZWISCHEN-FALL HAT MIR DEN SPASS VERDORBEN.
ICH KÖNNTE LANGSAM DAS KYUBI FANGEN GEHEN...
ÖVERLAT US DE MADARA! WE MAAKT EN PLATT!
MAAK DI KEENE SORGEN UN ÖVER-LAAT US DE KAMPF!
!
FUMPF
!
MEISTER TSUCHIKAGE! WIR KOMMEN NICHT GEGEN IHN AN!
WI KRICH DAT HIN!
WI MOET EM PARTU TÖVEN ...
...

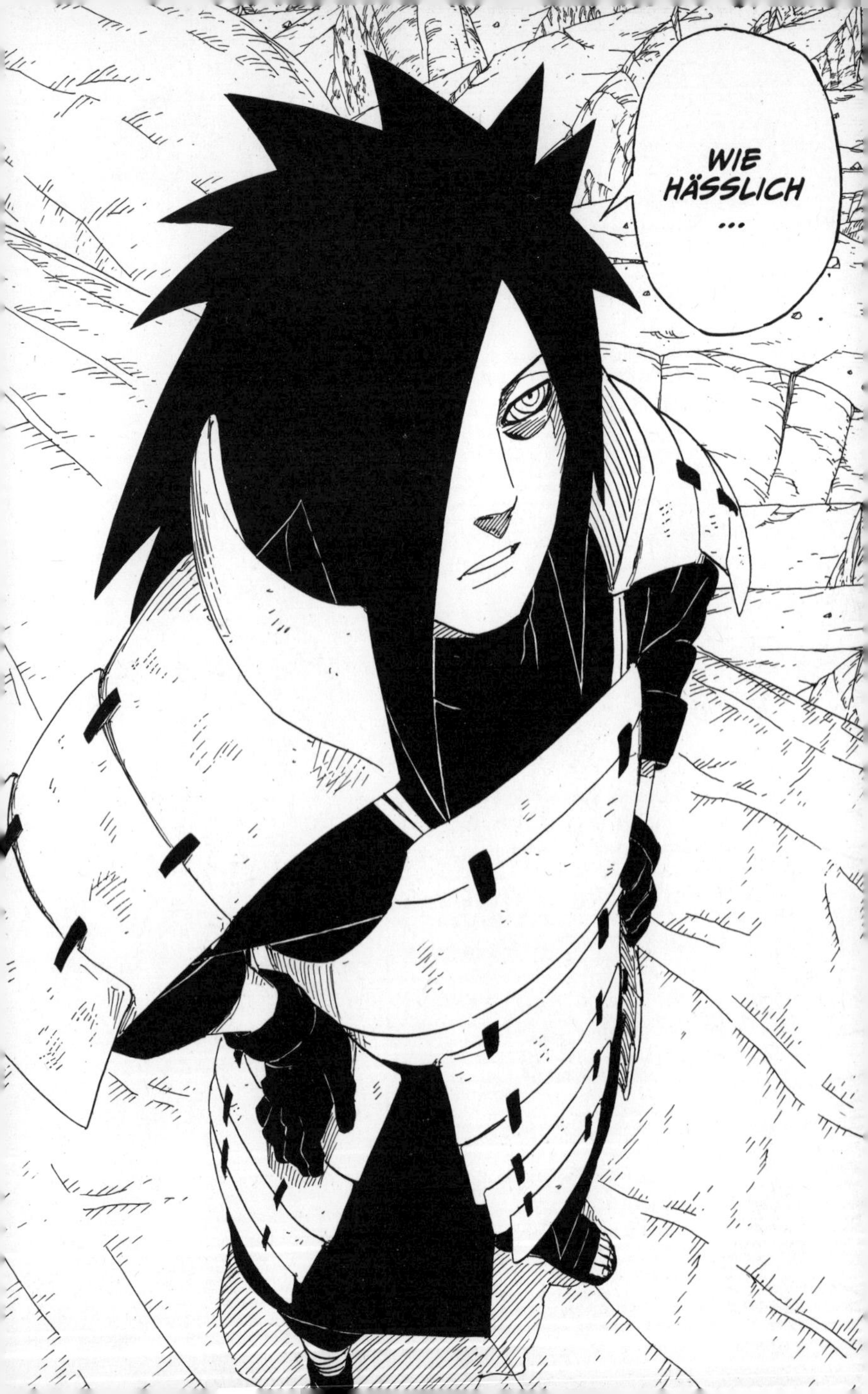
WIE HÄSSLICH …

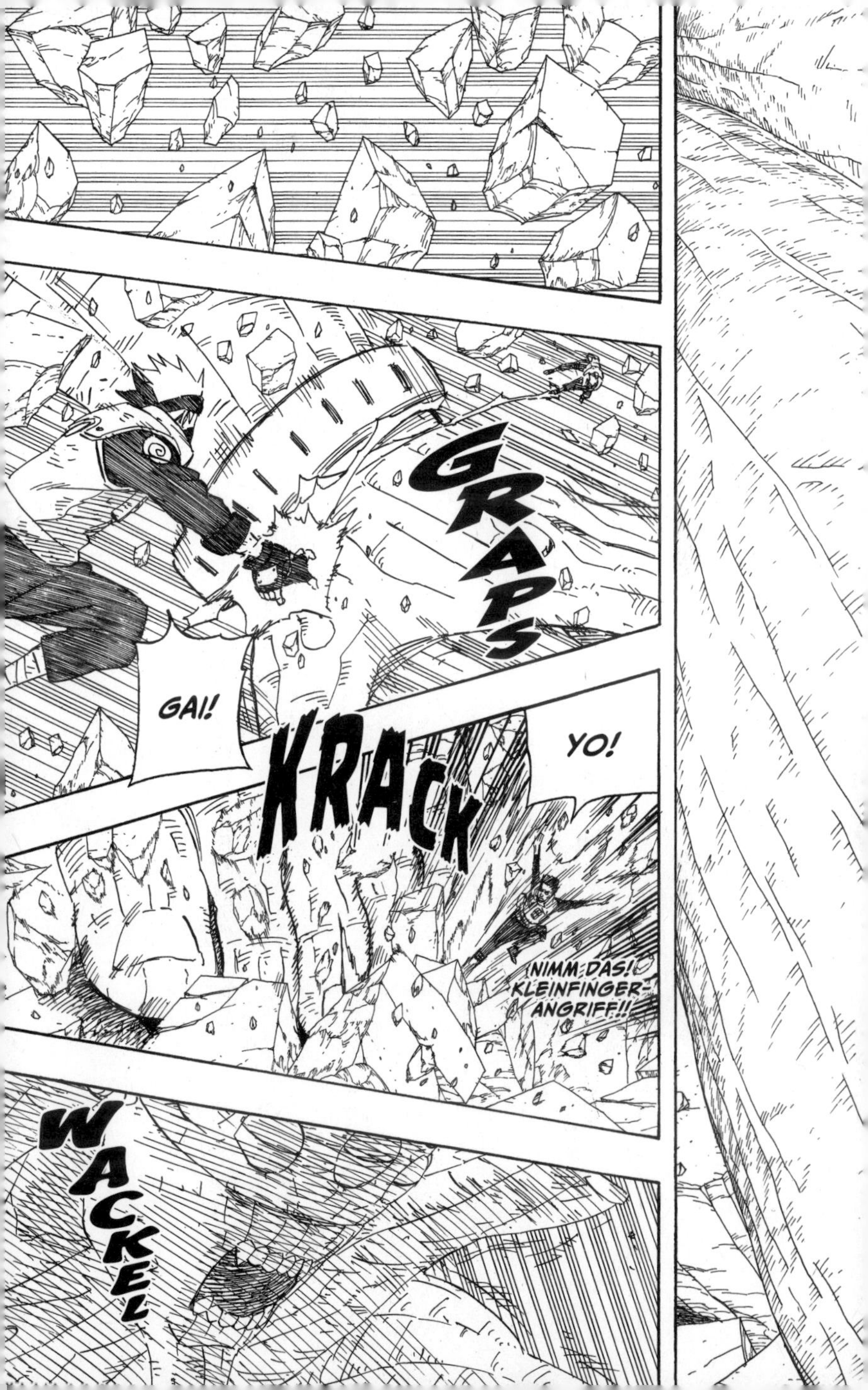
GRAPS
GAI!
YO!
KRACK
NIMM DAS! KLEINFINGER-ANGRIFF!!
WACKEL

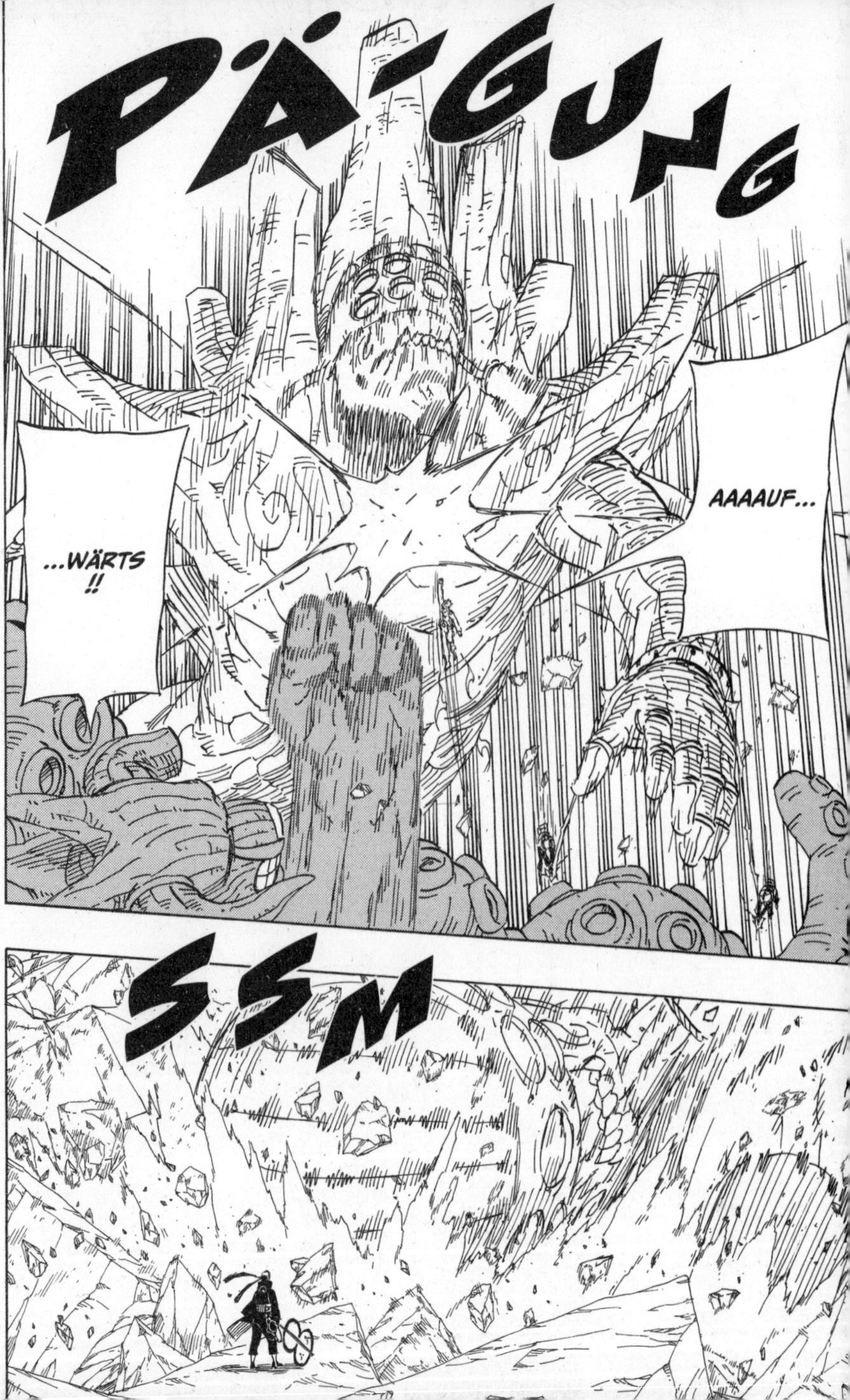

PÄ-GUHG
AAAAUF...
...WÄRTS !!
SSM

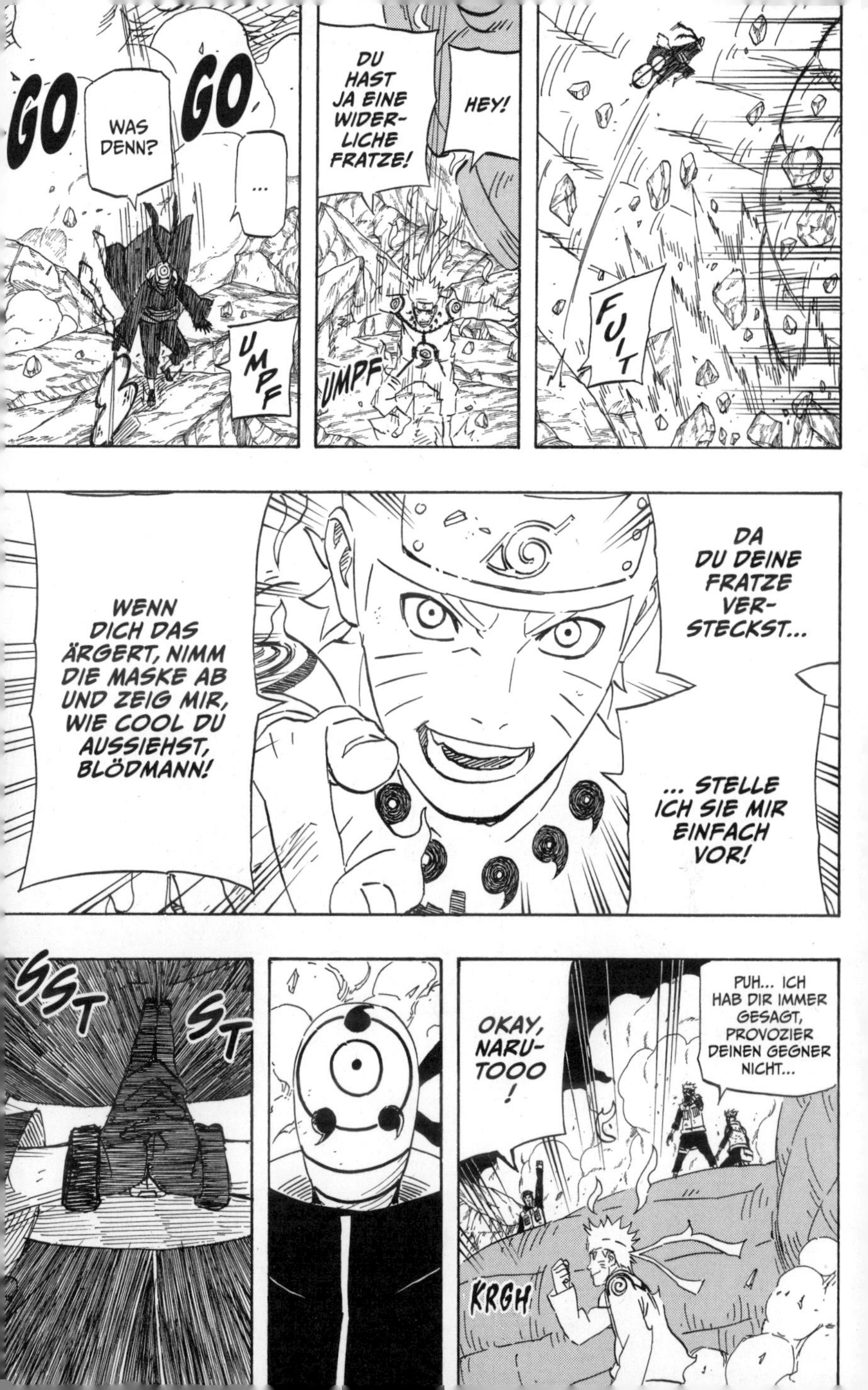
FUIT
HEY!
DU HAST JA EINE WIDER-LICHE FRATZE!
UMPF
GO
...
GO
WAS DENN?
UMPF
DA DU DEINE FRATZE VER-STECKST...
... STELLE ICH SIE MIR EINFACH VOR!
WENN DICH DAS ÄRGERT, NIMM DIE MASKE AB UND ZEIG MIR, WIE COOL DU AUSSIEHST, BLÖDMANN!
PUH... ICH HAB DIR IMMER GESAGT, PROVOZIER DEINEN GEGNER NICHT...
OKAY, NARU-TOOO!
KRGH
ST
SST

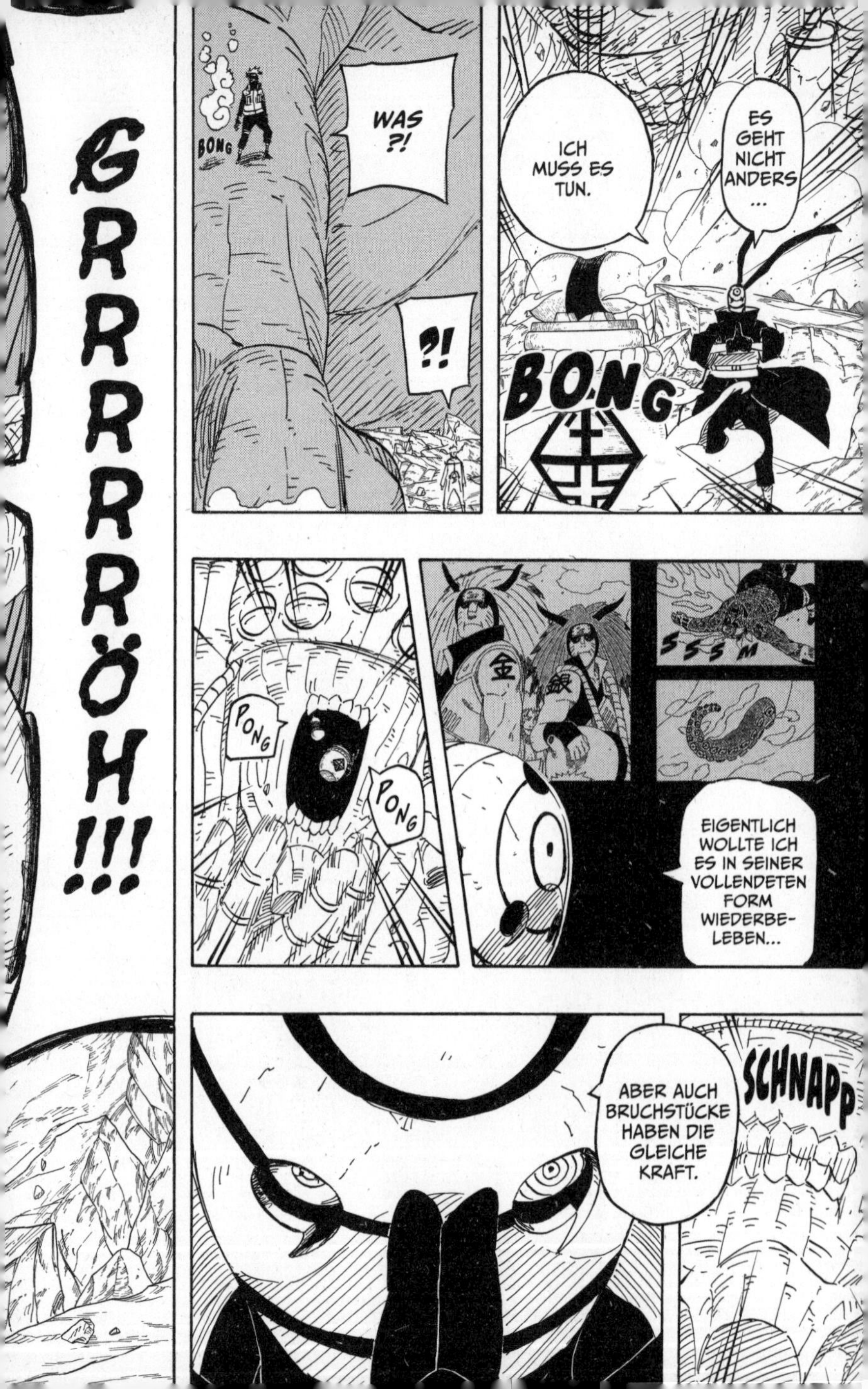

ES GEHT NICHT ANDERS …
ICH MUSS ES TUN.
BONG
WAS ?!
BONG
?!
GRRRRRRÖH!!!
SSSM
EIGENTLICH WOLLTE ICH ES IN SEINER VOLLENDETEN FORM WIEDERBE-LEBEN…
PONG
PONG
SCHNAPP
ABER AUCH BRUCHSTÜCKE HABEN DIE GLEICHE KRAFT.

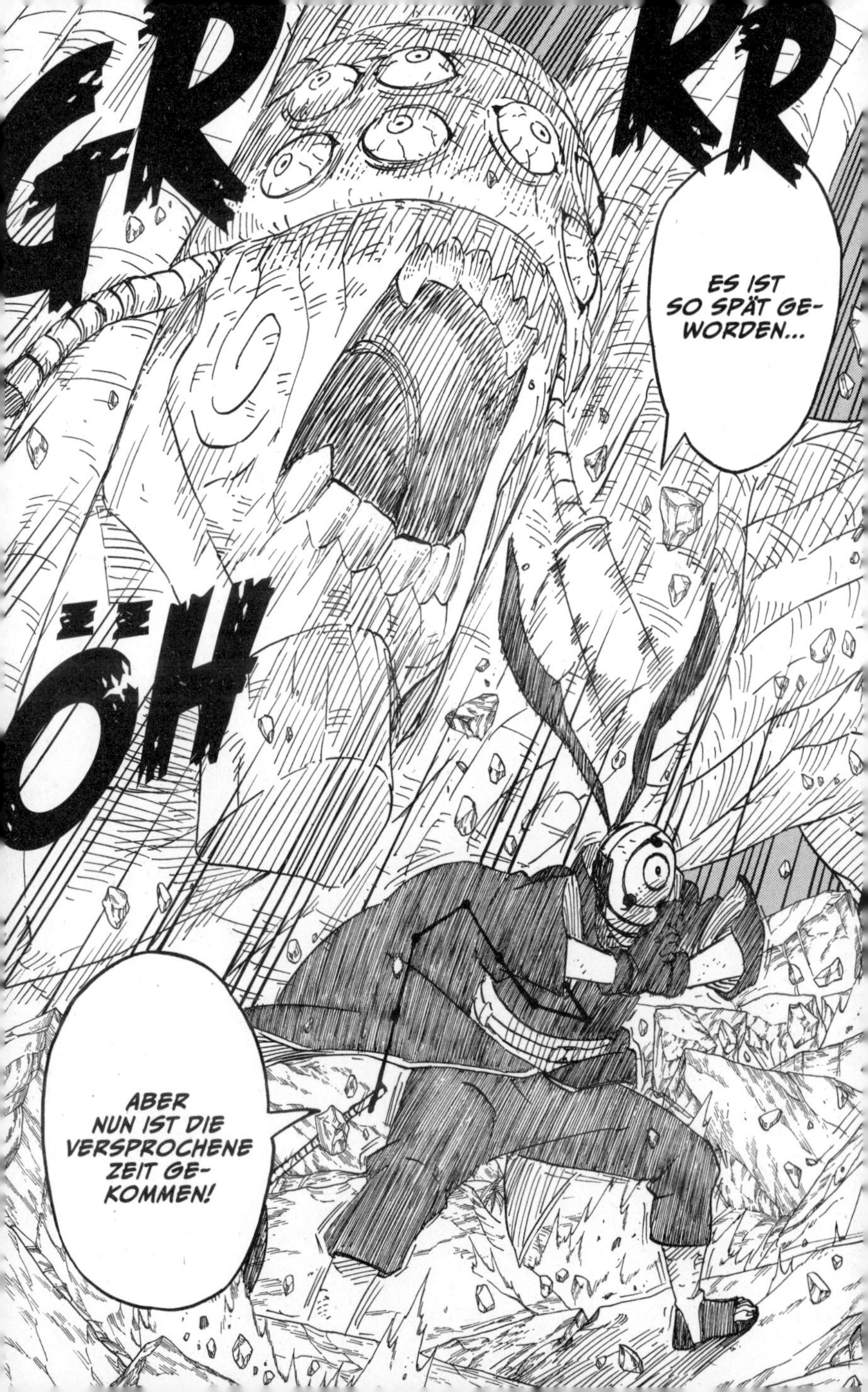

GR
KR
ES IST SO SPÄT GE-WORDEN...
ÖH
ABER NUN IST DIE VERSPROCHENE ZEIT GE-KOMMEN!

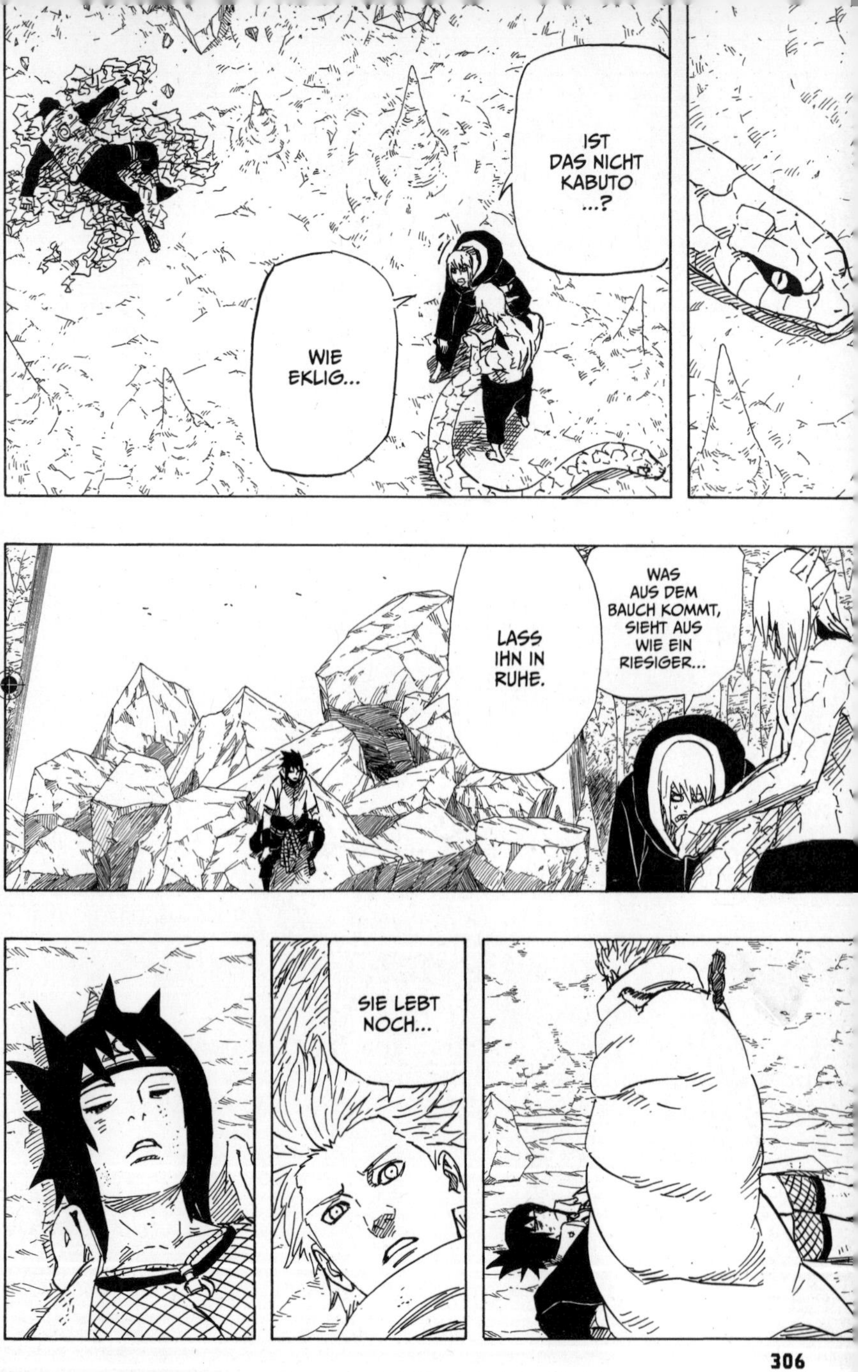
IST DAS NICHT KABUTO ...?
WIE EKLIG...
WAS AUS DEM BAUCH KOMMT, SIEHT AUS WIE EIN RIESIGER...
LASS IHN IN RUHE.
SIE LEBT NOCH...

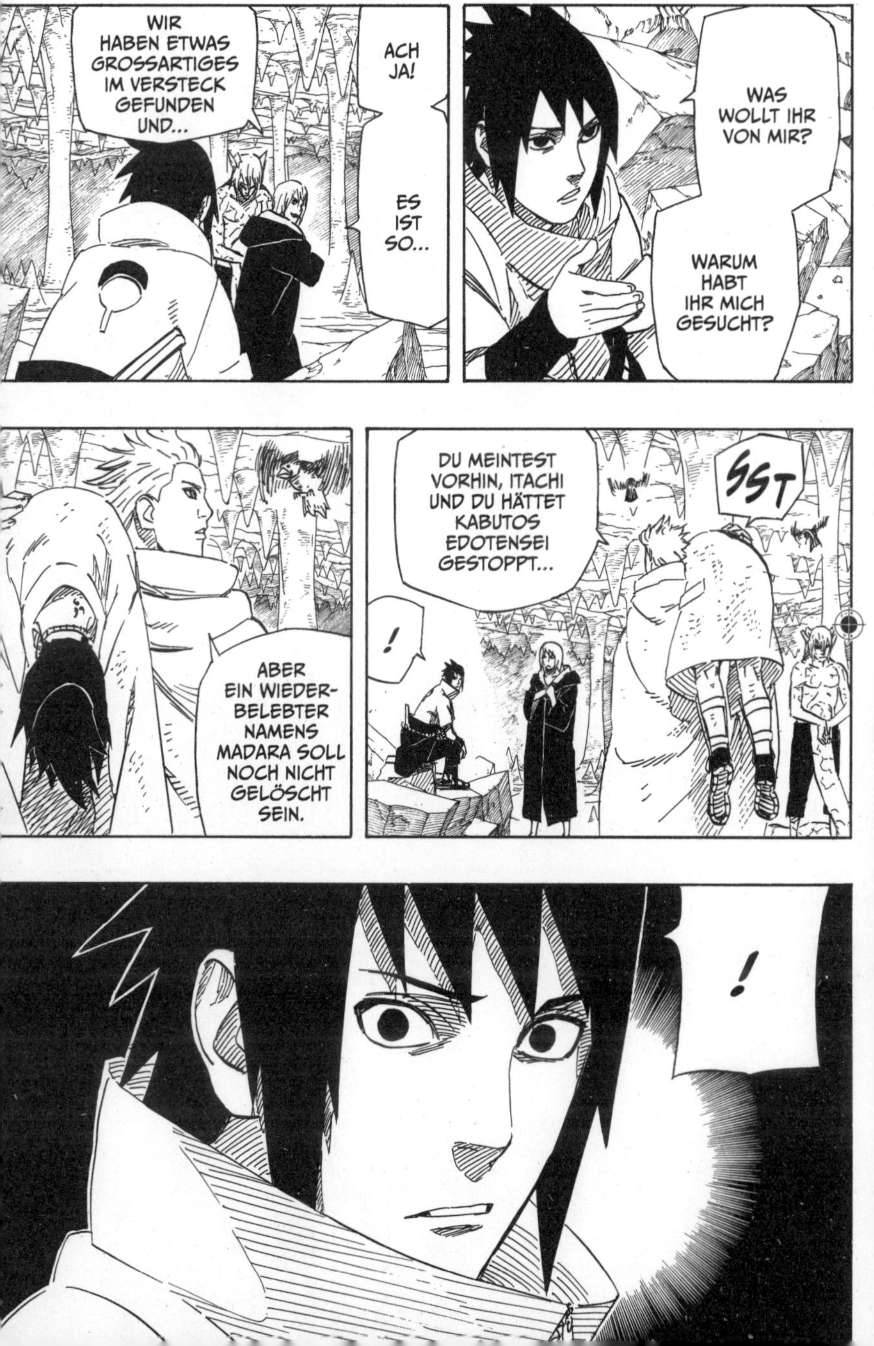
WIR HABEN ETWAS GROSSARTIGES IM VERSTECK GEFUNDEN UND...
ACH JA!
ES IST SO...
WAS WOLLT IHR VON MIR?
WARUM HABT IHR MICH GESUCHT?
ABER EIN WIEDER-BELEBTER NAMENS MADARA SOLL NOCH NICHT GELÖSCHT SEIN.
DU MEINTEST VORHIN, ITACHI UND DU HÄTTET KABUTOS EDOTENSEI GESTOPPT...
SST
!
!

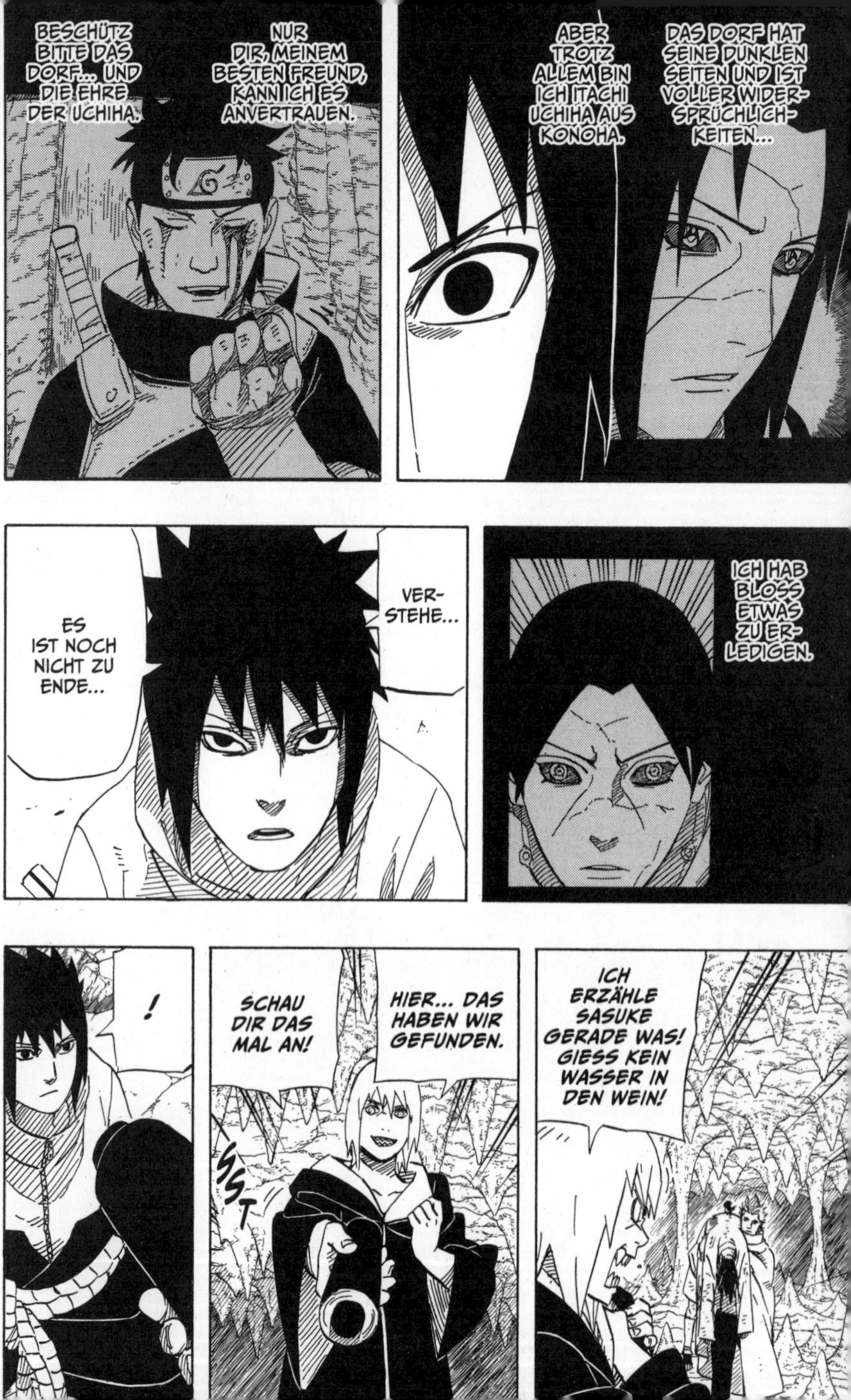

DAS DORF HAT SEINE DUNKLEN SEITEN UND IST VOLLER WIDER-SPRÜCHLICH-KEITEN...
ABER TROTZ ALLEM BIN ICH ITACHI UCHIHA AUS KONOHA.
NUR DIR, MEINEM BESTEN FREUND, KANN ICH ES ANVERTRAUEN.
BESCHÜTZ BITTE DAS DORF... UND DIE EHRE DER UCHIHA.
ICH HAB BLOSS ETWAS ZU ER-LEDIGEN.
VER-STEHE...
ES IST NOCH NICHT ZU ENDE...
ICH ERZÄHLE SASUKE GERADE WAS! GIESS KEIN WASSER IN DEN WEIN!
HIER... DAS HABEN WIR GEFUNDEN.
SCHAU DIR DAS MAL AN!
SST
!

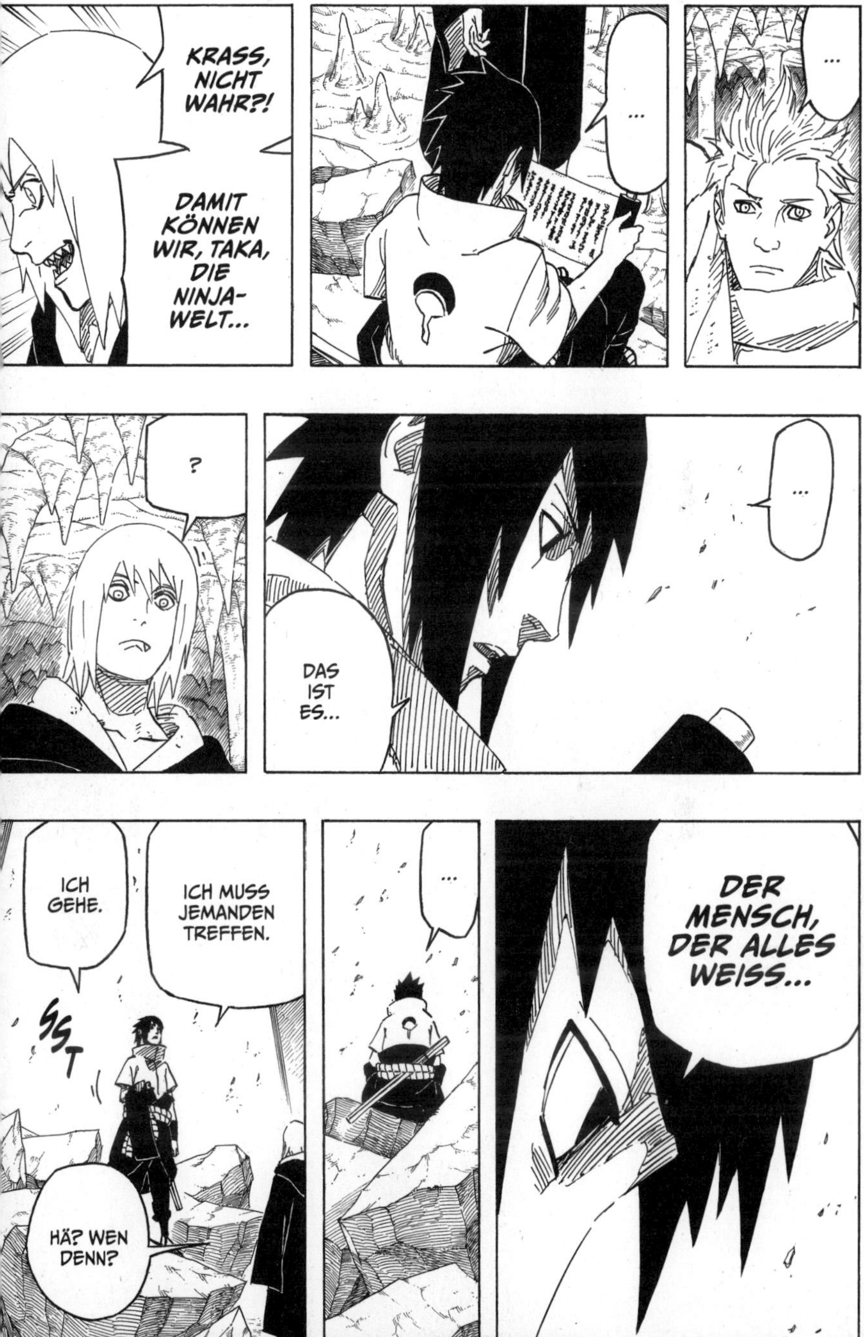
...
...
KRASS, NICHT WAHR?!
DAMIT KÖNNEN WIR, TAKA, DIE NINJA-WELT...
...
DAS IST ES...
?
DER MENSCH, DER ALLES WEISS...
...
ICH MUSS JEMANDEN TREFFEN.
ICH GEHE.
SST
HÄ? WEN DENN?

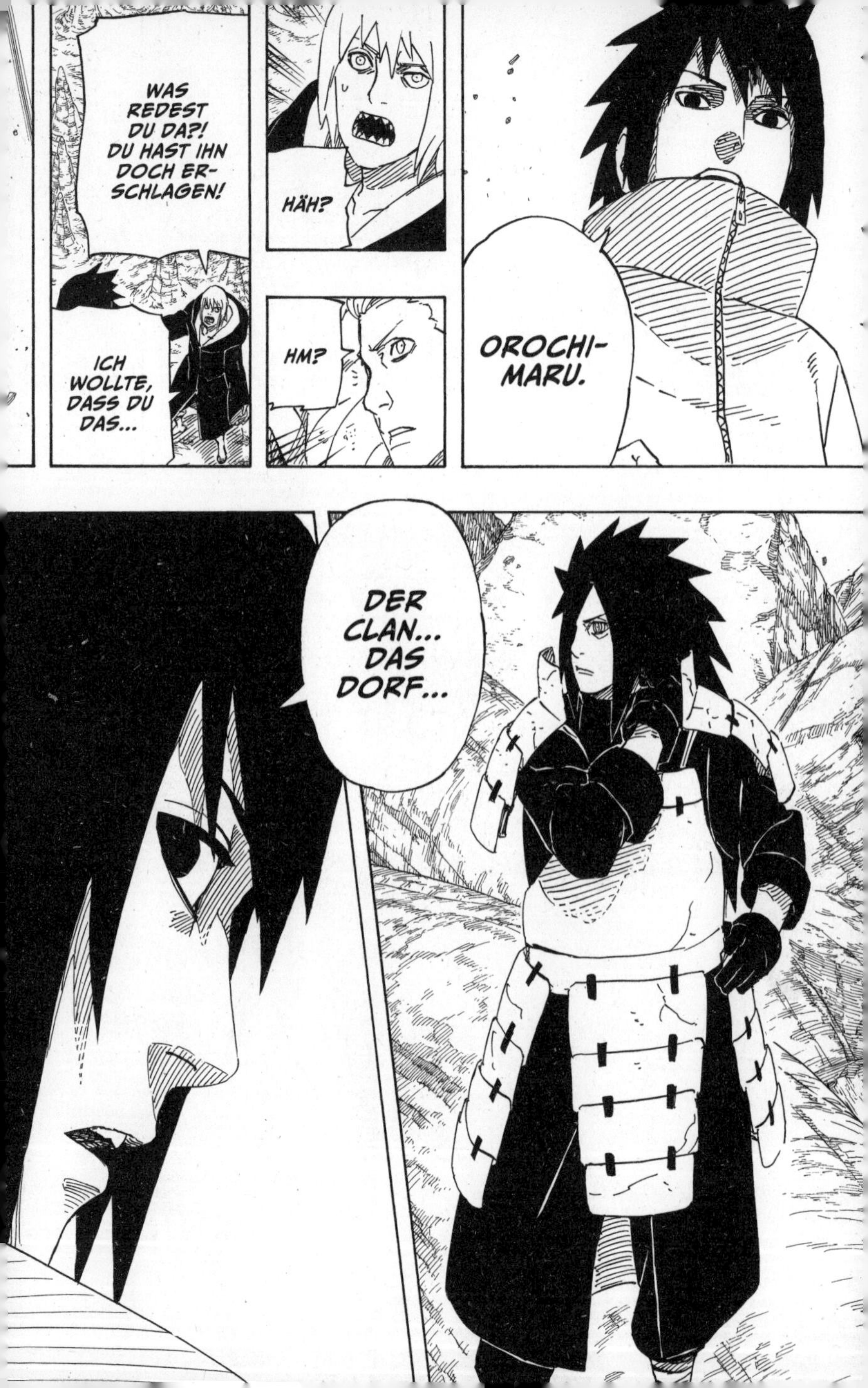
OROCHI-
MARU.
HÄH?
HM?
ICH WOLLTE, DASS DU DAS...
WAS REDEST DU DA?! DU HAST IHN DOCH ER-SCHLAGEN!
DER CLAN... DAS DORF...

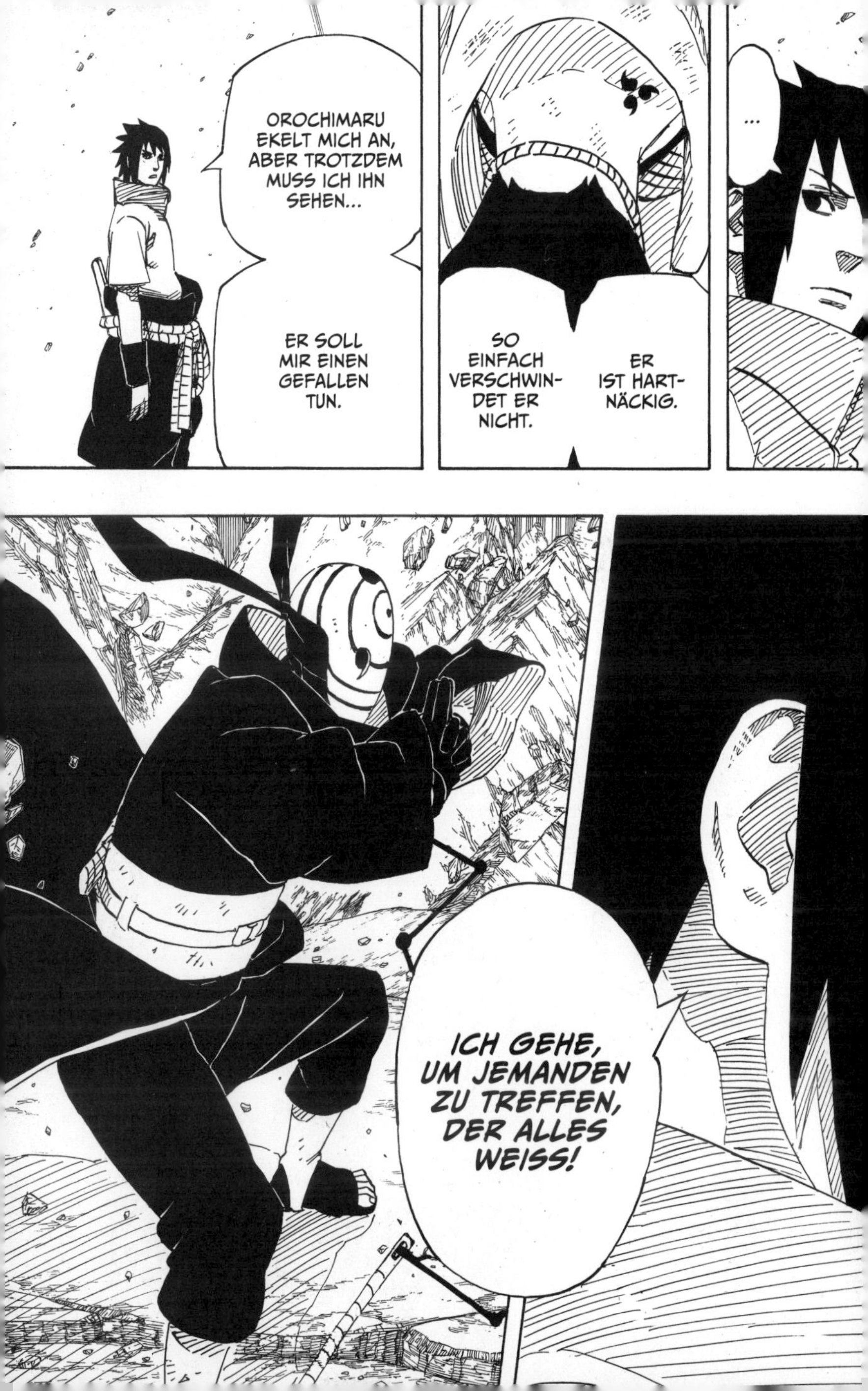
...
ER IST HART-NÄCKIG.
SO EINFACH VERSCHWIN-DET ER NICHT.
OROCHIMARU EKELT MICH AN, ABER TROTZDEM MUSS ICH IHN SEHEN...
ER SOLL MIR EINEN GEFALLEN TUN.
ICH GEHE, UM JEMANDEN ZU TREFFEN, DER ALLES WEISS!

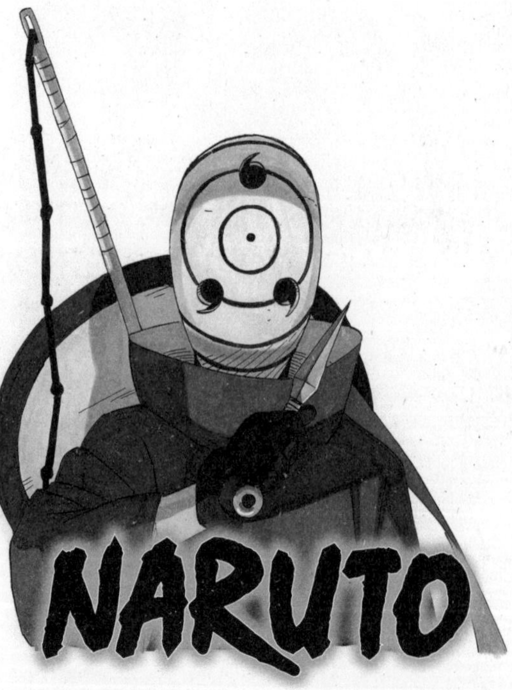
NARUTO

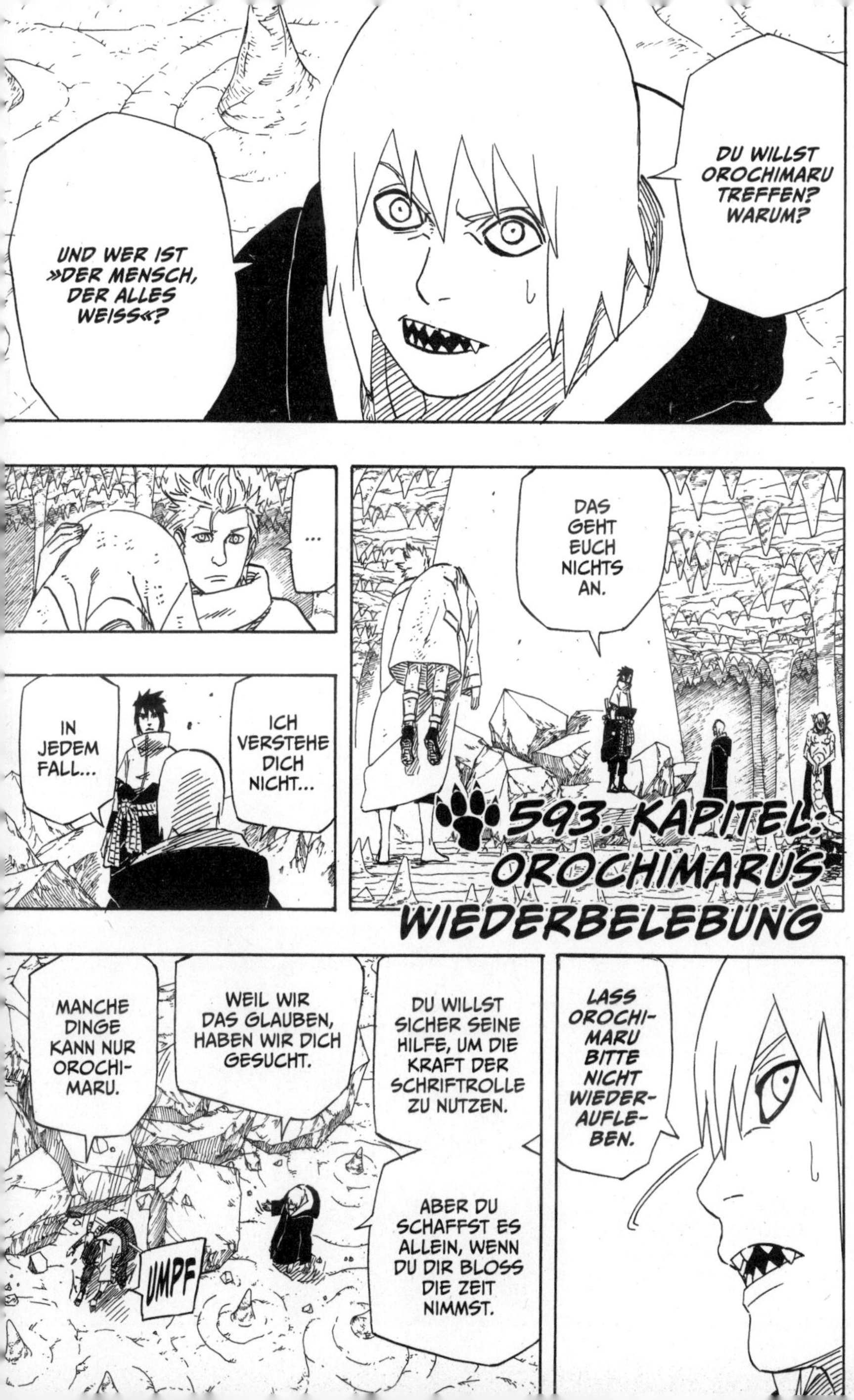
DU WILLST OROCHIMARU TREFFEN? WARUM?
UND WER IST »DER MENSCH, DER ALLES WEISS«?
DAS GEHT EUCH NICHTS AN.
593. KAPITEL: OROCHIMARUS WIEDERBELEBUNG
...
ICH VERSTEHE DICH NICHT...
IN JEDEM FALL...
LASS OROCHIMARU BITTE NICHT WIEDERAUFLEBEN.
DU WILLST SICHER SEINE HILFE, UM DIE KRAFT DER SCHRIFTROLLE ZU NUTZEN.
ABER DU SCHAFFST ES ALLEIN, WENN DU DIR BLOSS DIE ZEIT NIMMST.
WEIL WIR DAS GLAUBEN, HABEN WIR DICH GESUCHT.
MANCHE DINGE KANN NUR OROCHIMARU.
UMPF

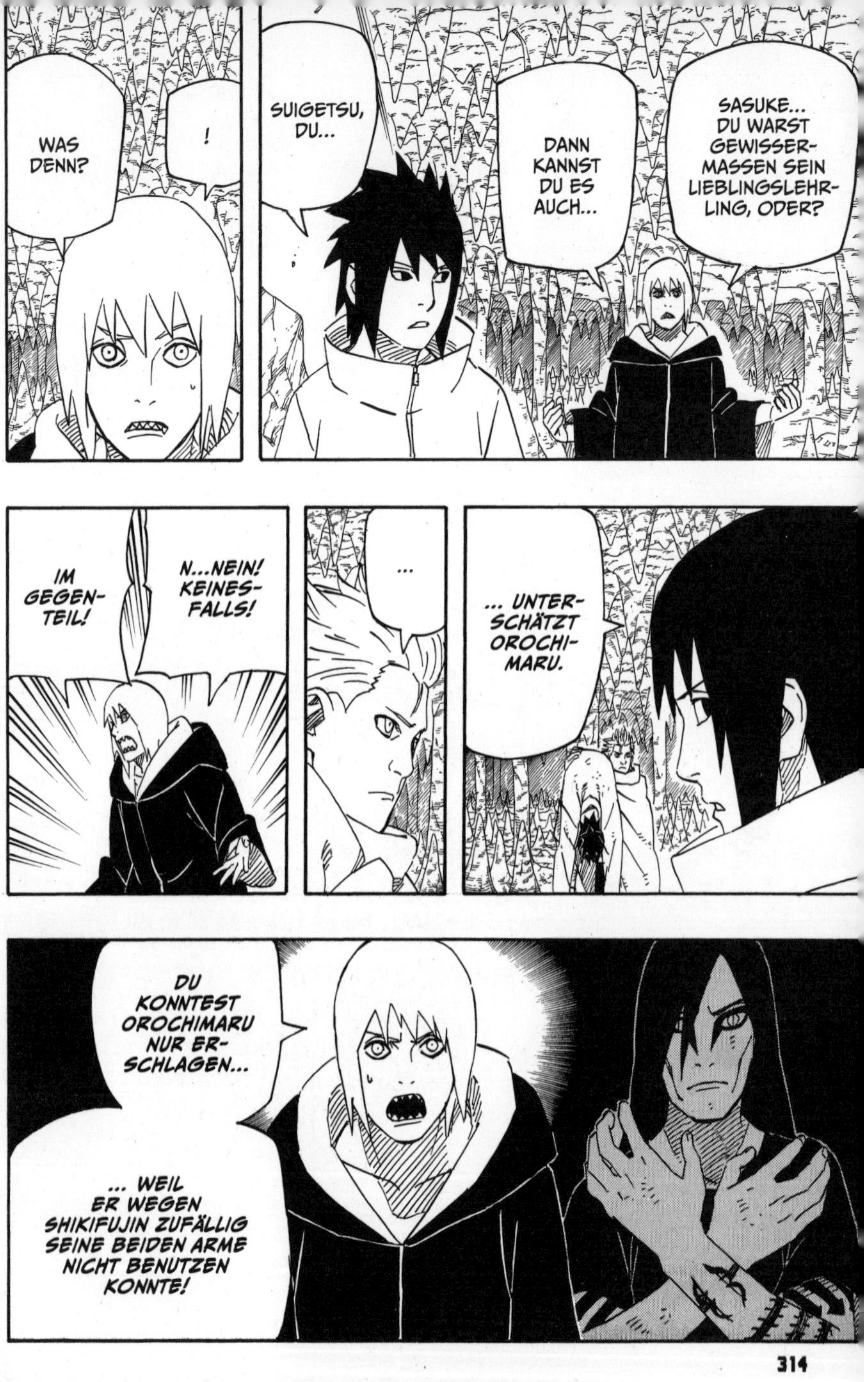
SASUKE... DU WARST GEWISSERMASSEN SEIN LIEBLINGSLEHRLING, ODER?
DANN KANNST DU ES AUCH...
SUIGETSU, DU...
!
WAS DENN?
... UNTERSCHÄTZT OROCHIMARU.
...
N...NEIN! KEINESFALLS!
IM GEGENTEIL!
DU KONNTEST OROCHIMARU NUR ERSCHLAGEN...
... WEIL ER WEGEN SHIKIFUJIN ZUFÄLLIG SEINE BEIDEN ARME NICHT BENUTZEN KONNTE!

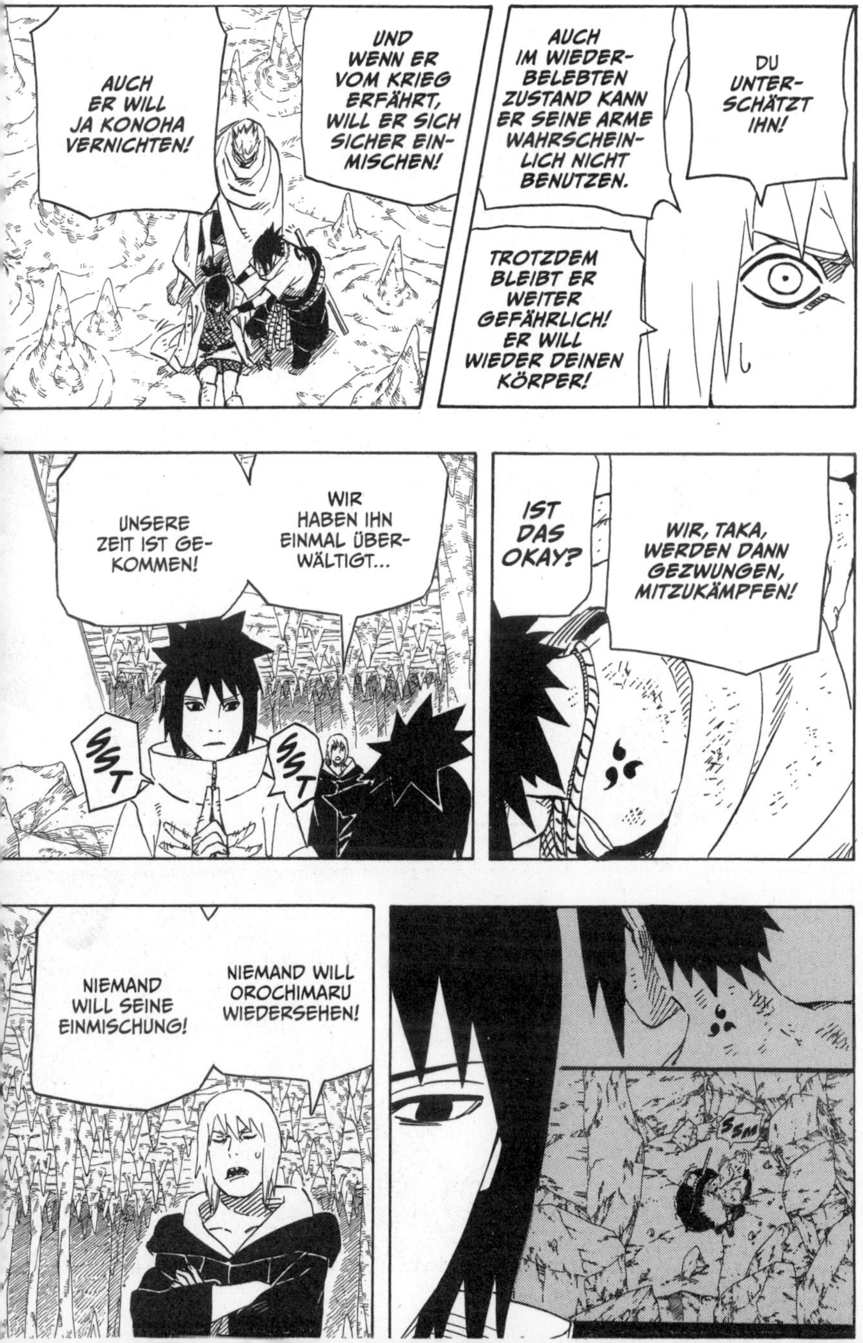
DU UNTERSCHÄTZT IHN!
AUCH IM WIEDERBELEBTEN ZUSTAND KANN ER SEINE ARME WAHRSCHEINLICH NICHT BENUTZEN.
TROTZDEM BLEIBT ER WEITER GEFÄHRLICH! ER WILL WIEDER DEINEN KÖRPER!
UND WENN ER VOM KRIEG ERFÄHRT, WILL ER SICH SICHER EINMISCHEN!
AUCH ER WILL JA KONOHA VERNICHTEN!
WIR, TAKA, WERDEN DANN GEZWUNGEN, MITZUKÄMPFEN!
IST DAS OKAY?
WIR HABEN IHN EINMAL ÜBERWÄLTIGT...
UNSERE ZEIT IST GEKOMMEN!
SST
SST
SSM
NIEMAND WILL OROCHIMARU WIEDERSEHEN!
NIEMAND WILL SEINE EINMISCHUNG!

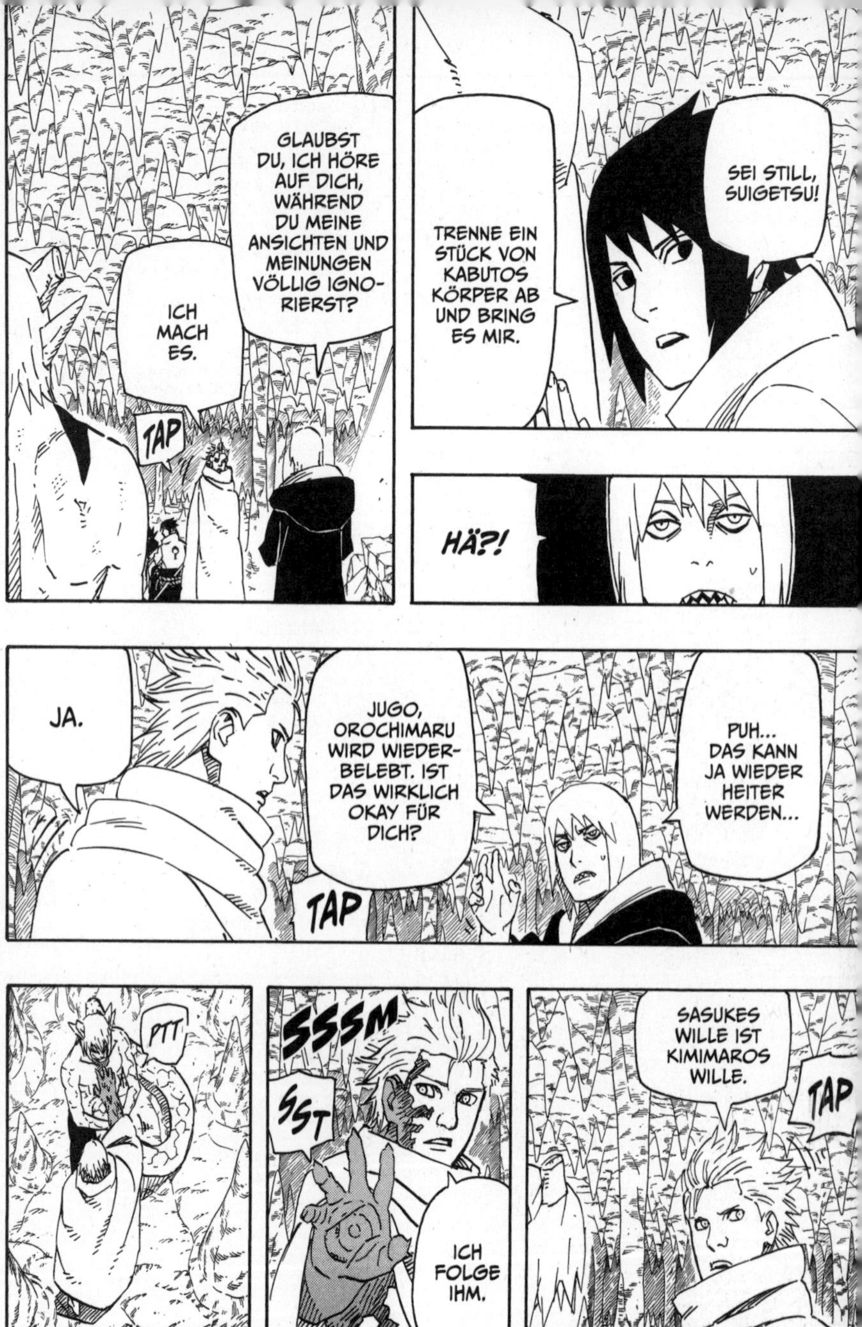
SEI STILL, SUIGETSU!
TRENNE EIN STÜCK VON KABUTOS KÖRPER AB UND BRING ES MIR.
HÄ?!
GLAUBST DU, ICH HÖRE AUF DICH, WÄHREND DU MEINE ANSICHTEN UND MEINUNGEN VÖLLIG IGNO-RIERST?
ICH MACH ES.
TAP
PUH... DAS KANN JA WIEDER HEITER WERDEN...
JUGO, OROCHIMARU WIRD WIEDER-BELEBT. IST DAS WIRKLICH OKAY FÜR DICH?
TAP
JA.
SASUKES WILLE IST KIMIMAROS WILLE.
TAP
SSSM
SST
ICH FOLGE IHM.
PTT

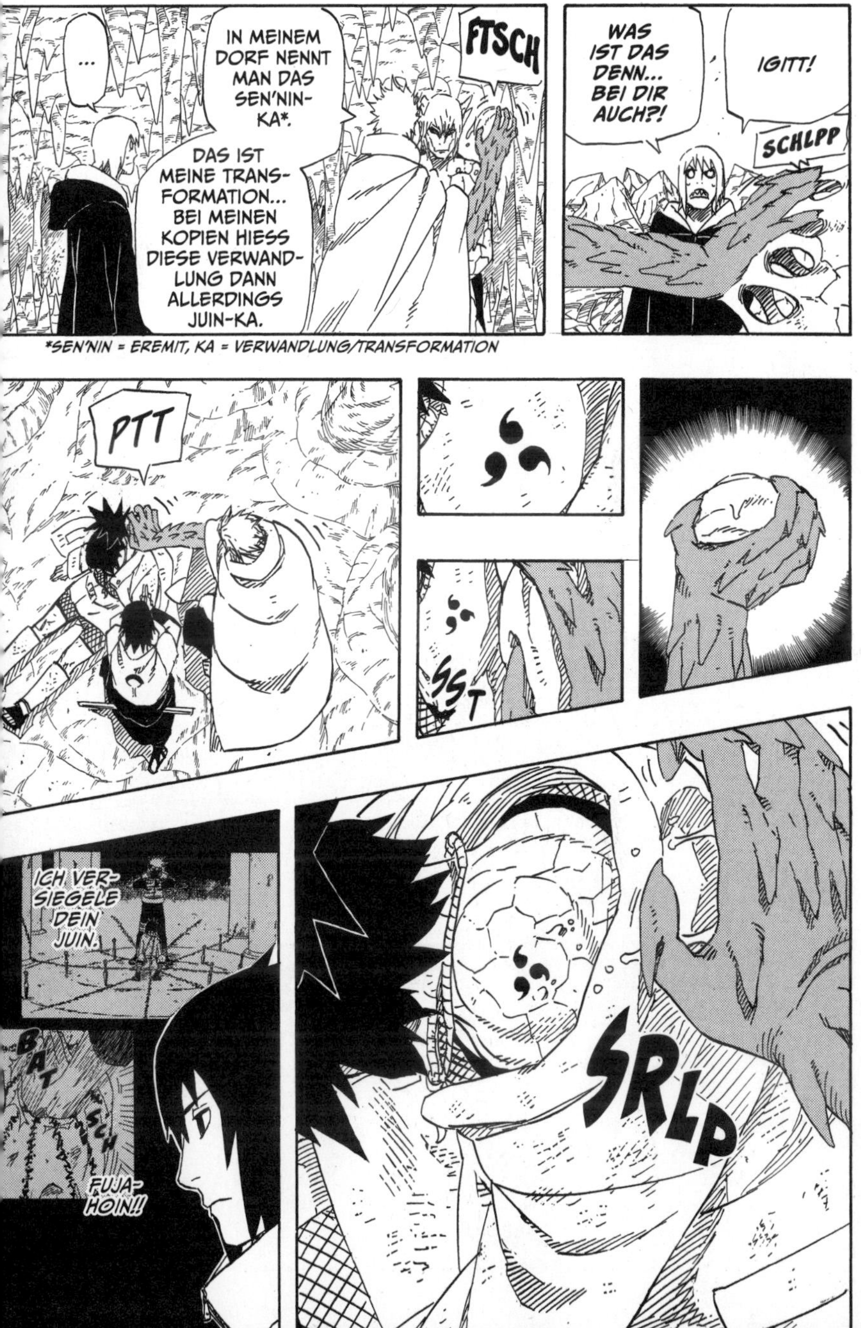

*SEN'NIN = EREMIT, KA = VERWANDLUNG/TRANSFORMATION

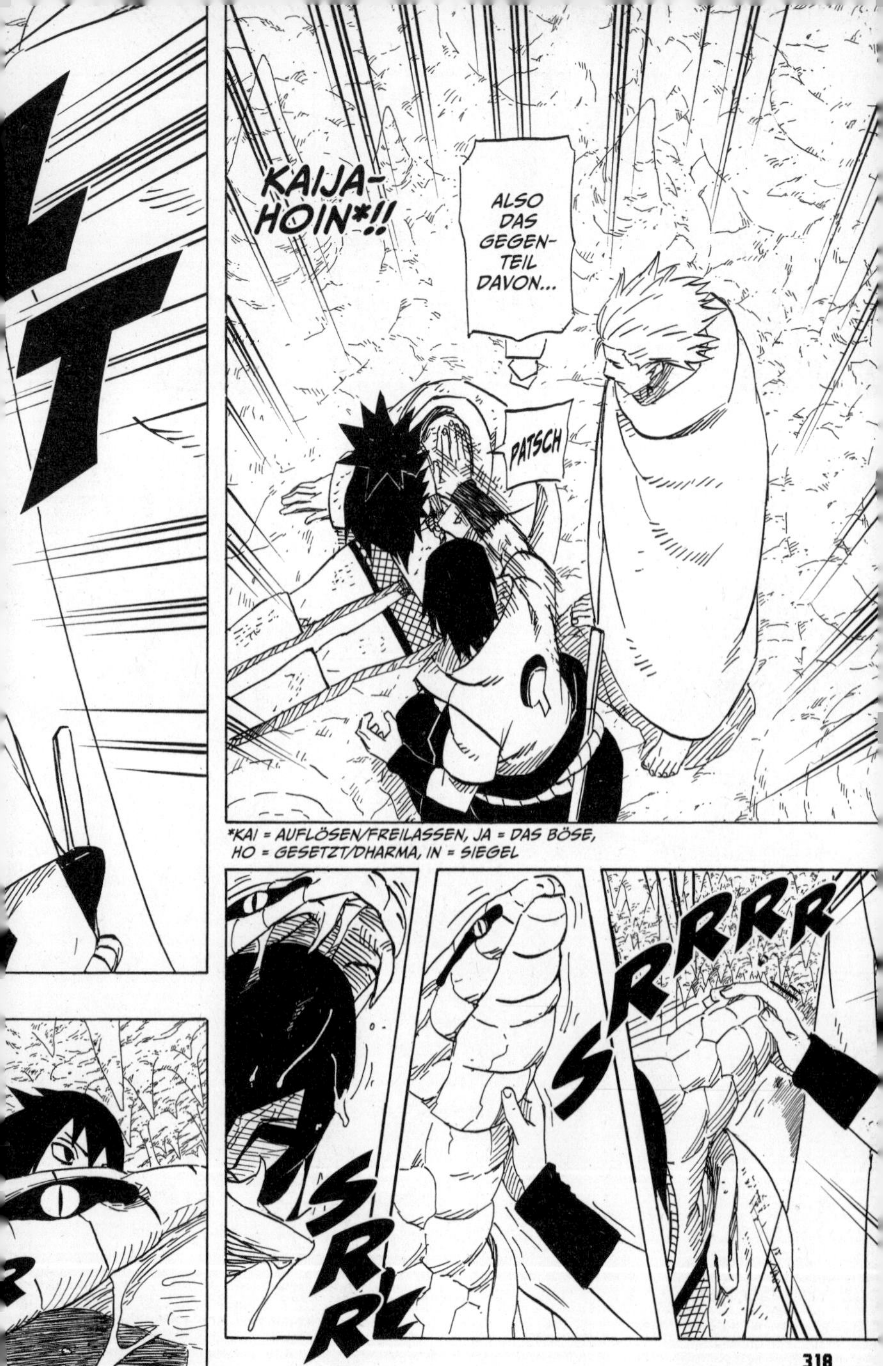

*KAI = AUFLÖSEN/FREILASSEN, JA = DAS BÖSE, HO = GESETZT/DHARMA, IN = SIEGEL

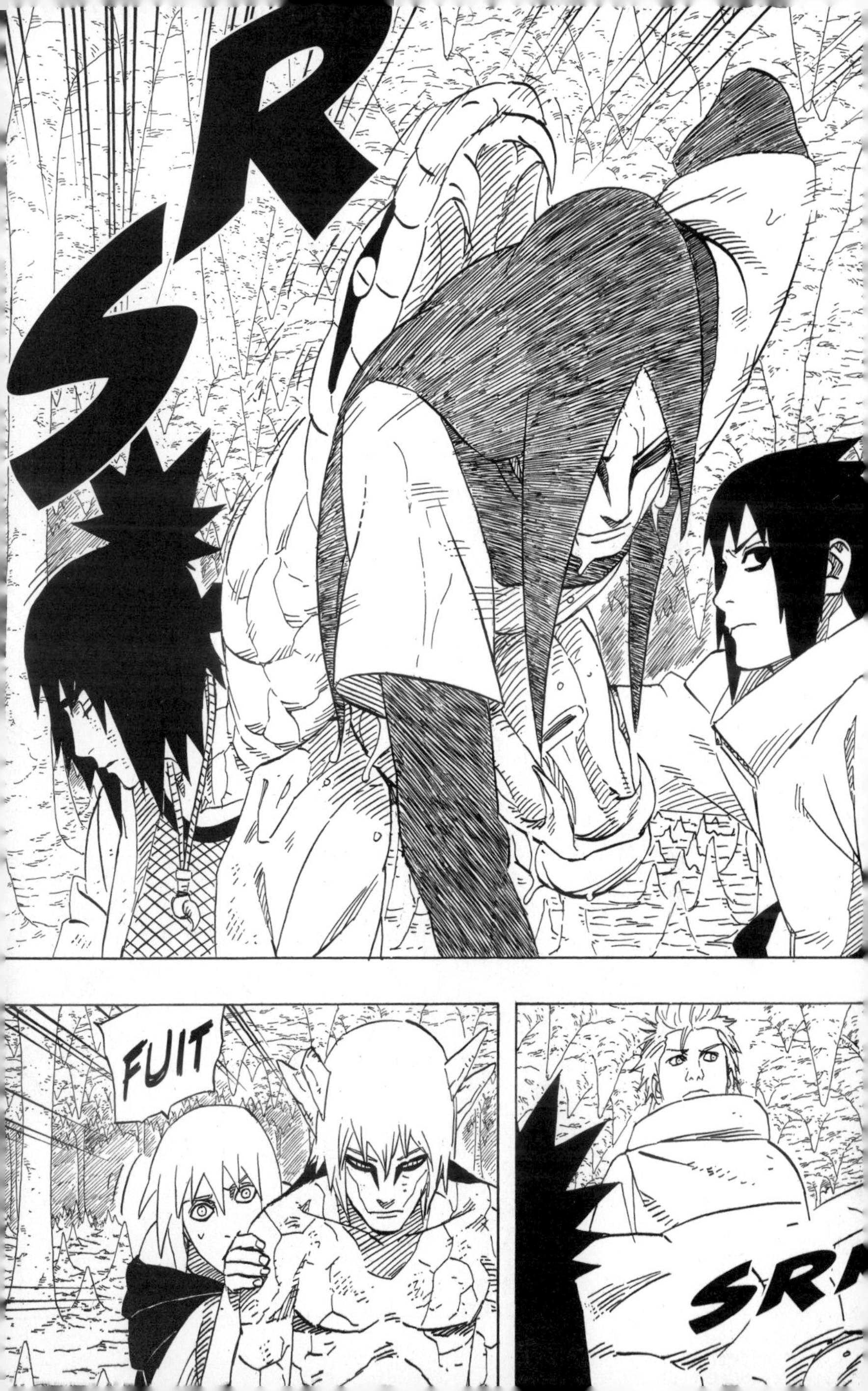
SRS
FUIT
SRR

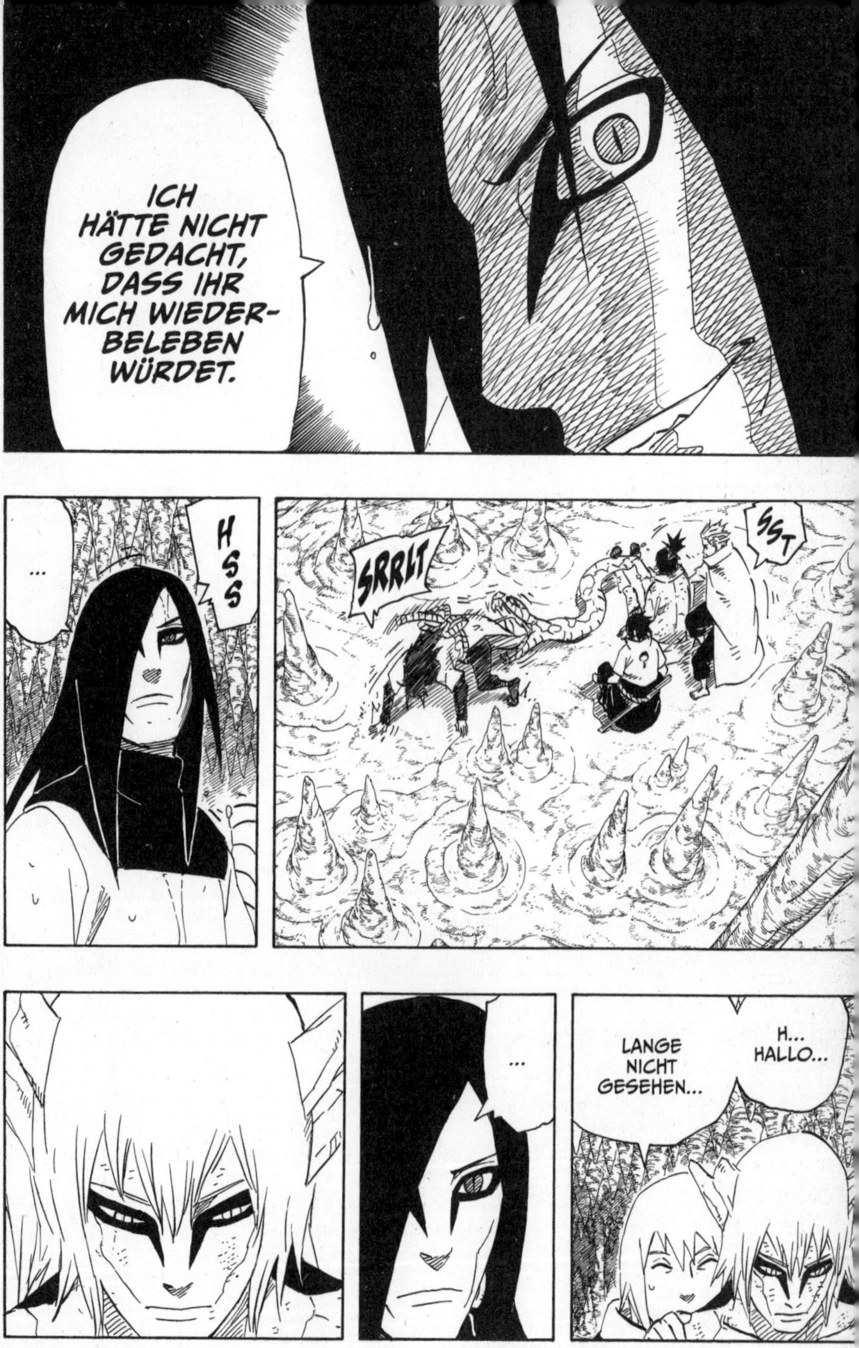
ICH HÄTTE NICHT GEDACHT, DASS IHR MICH WIEDER-BELEBEN WÜRDET.
SST
SRRLT
HSS
...
H... HALLO...
LANGE NICHT GESEHEN...
...

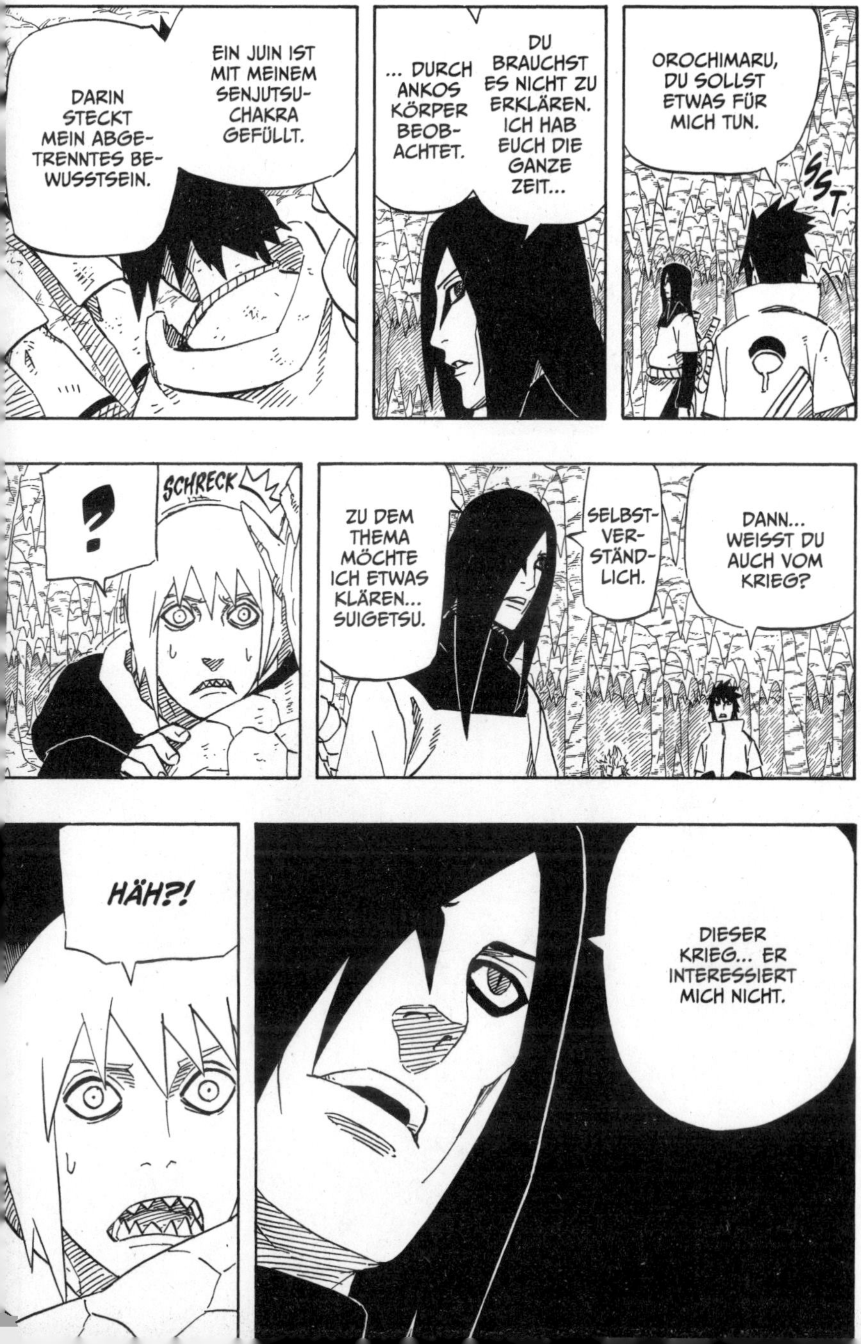
OROCHIMARU, DU SOLLST ETWAS FÜR MICH TUN.
SST
DU BRAUCHST ES NICHT ZU ERKLÄREN. ICH HAB EUCH DIE GANZE ZEIT...
... DURCH ANKOS KÖRPER BEOBACHTET.
EIN JUIN IST MIT MEINEM SENJUTSU-CHAKRA GEFÜLLT.
DARIN STECKT MEIN ABGETRENNTES BEWUSSTSEIN.
DANN... WEISST DU AUCH VOM KRIEG?
SELBSTVERSTÄNDLICH.
ZU DEM THEMA MÖCHTE ICH ETWAS KLÄREN... SUIGETSU.
SCHRECK
?
DIESER KRIEG... ER INTERESSIERT MICH NICHT.
HÄH?!

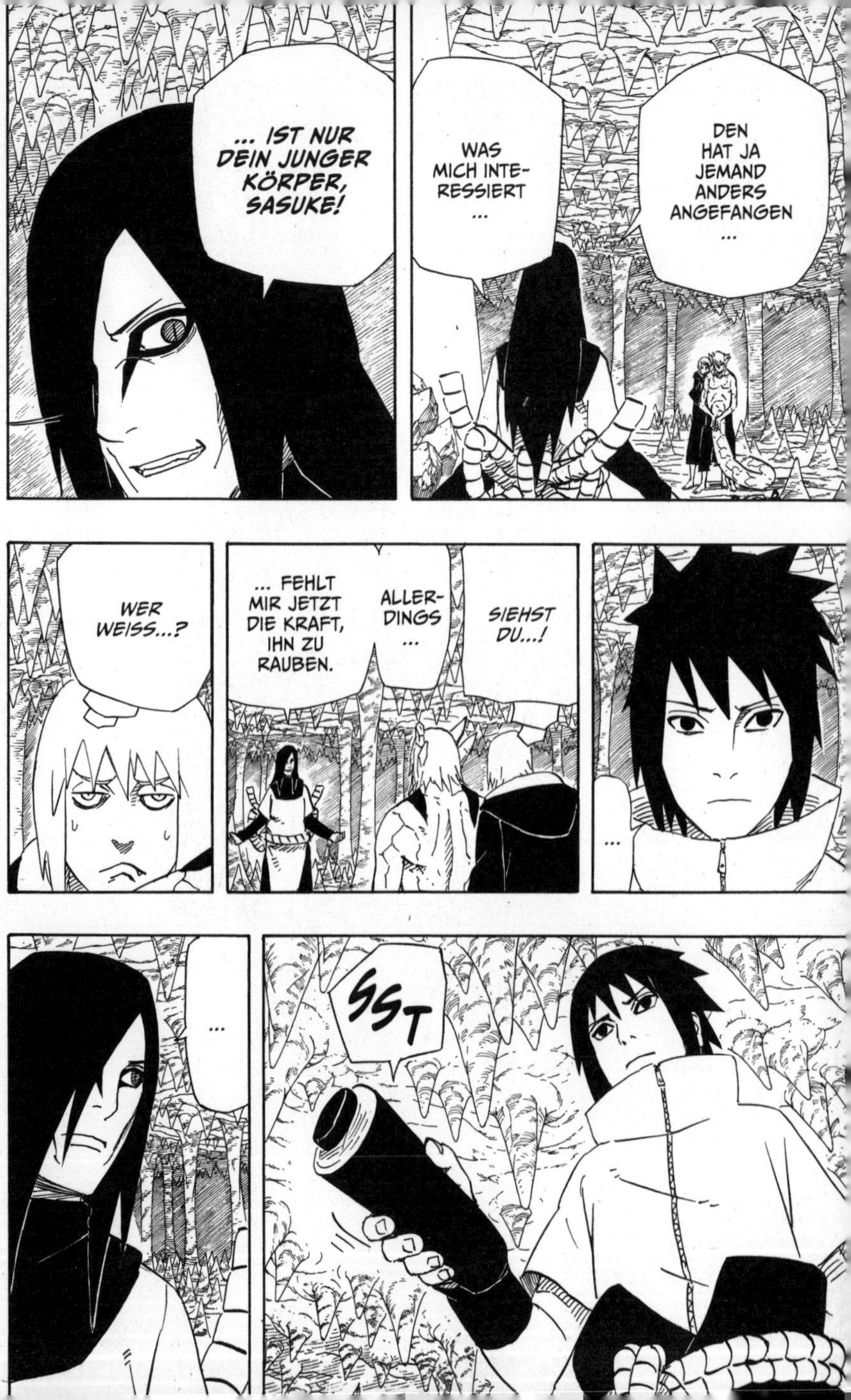
DEN HAT JA JEMAND ANDERS ANGEFANGEN ...
WAS MICH INTERESSIERT ...
... IST NUR DEIN JUNGER KÖRPER, SASUKE!
...
SIEHST DU...!
ALLERDINGS ...
... FEHLT MIR JETZT DIE KRAFT, IHN ZU RAUBEN.
WER WEISS...?
SST
...

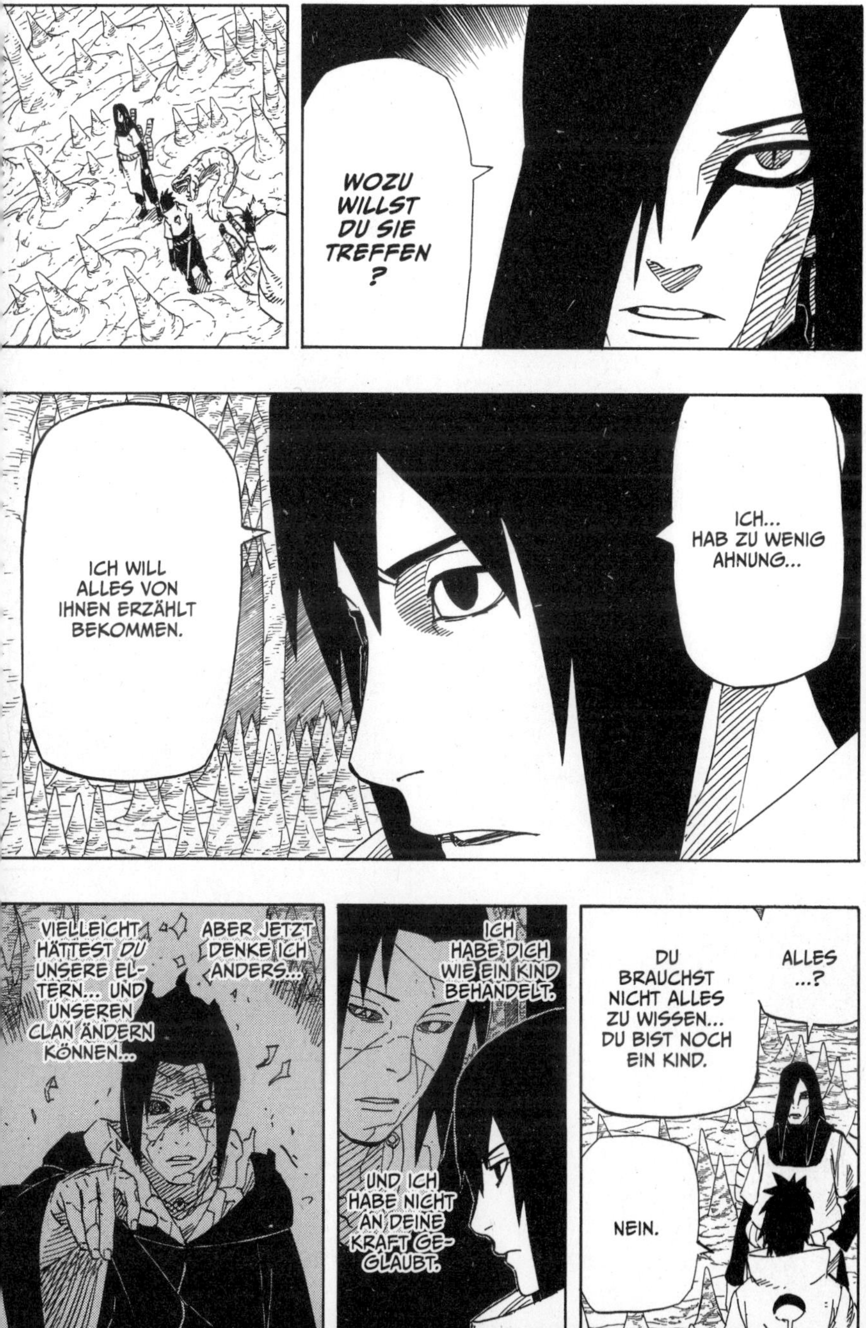
WOZU WILLST DU SIE TREFFEN ?
ICH... HAB ZU WENIG AHNUNG...
ICH WILL ALLES VON IHNEN ERZÄHLT BEKOMMEN.
ALLES ...?
DU BRAUCHST NICHT ALLES ZU WISSEN... DU BIST NOCH EIN KIND.
NEIN.
ICH HABE DICH WIE EIN KIND BEHANDELT.
UND ICH HABE NICHT AN DEINE KRAFT GEGLAUBT.
ABER JETZT DENKE ICH ANDERS...
VIELLEICHT HÄTTEST *DU* UNSERE ELTERN... UND UNSEREN CLAN ÄNDERN KÖNNEN...

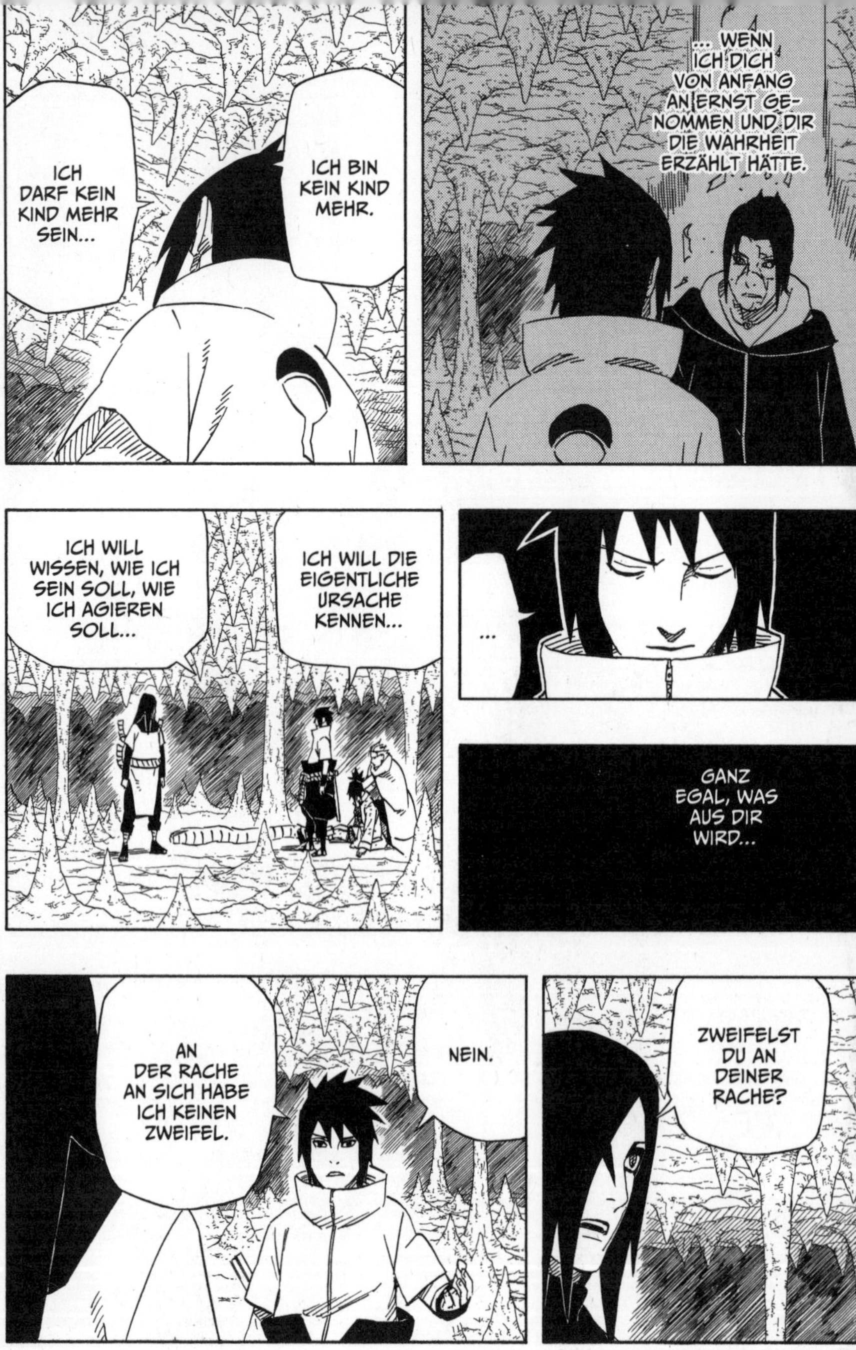
... WENN ICH DICH VON ANFANG AN ERNST GE-NOMMEN UND DIR DIE WAHRHEIT ERZÄHLT HÄTTE.
ICH BIN KEIN KIND MEHR.
ICH DARF KEIN KIND MEHR SEIN...
...
GANZ EGAL, WAS AUS DIR WIRD...
ICH WILL DIE EIGENTLICHE URSACHE KENNEN...
ICH WILL WISSEN, WIE ICH SEIN SOLL, WIE ICH AGIEREN SOLL...
ZWEIFELST DU AN DEINER RACHE?
NEIN.
AN DER RACHE AN SICH HABE ICH KEINEN ZWEIFEL.

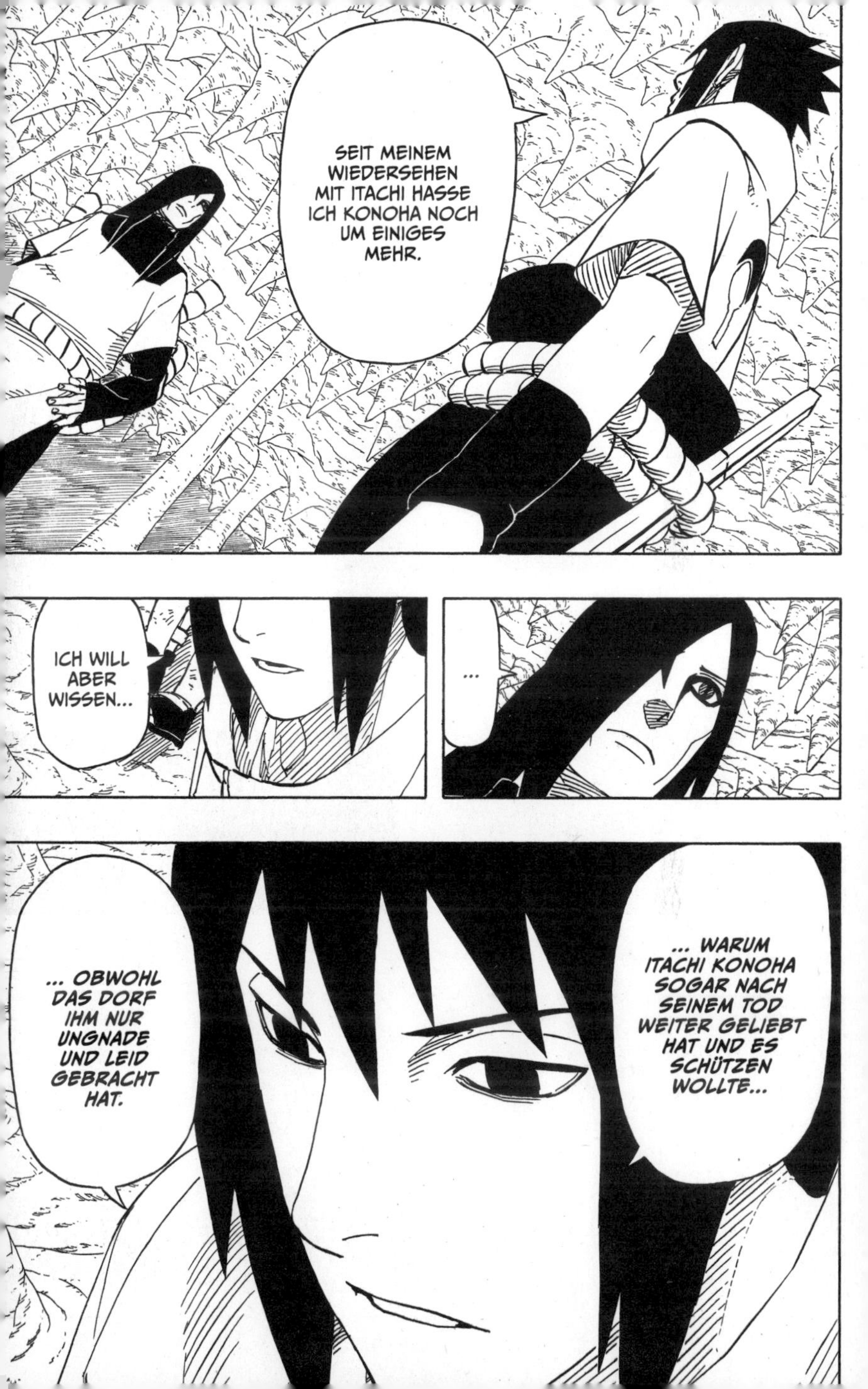
SEIT MEINEM WIEDERSEHEN MIT ITACHI HASSE ICH KONOHA NOCH UM EINIGES MEHR.
...
ICH WILL ABER WISSEN...
... WARUM ITACHI KONOHA SOGAR NACH SEINEM TOD WEITER GELIEBT HAT UND ES SCHÜTZEN WOLLTE...
... OBWOHL DAS DORF IHM NUR UNGNADE UND LEID GEBRACHT HAT.

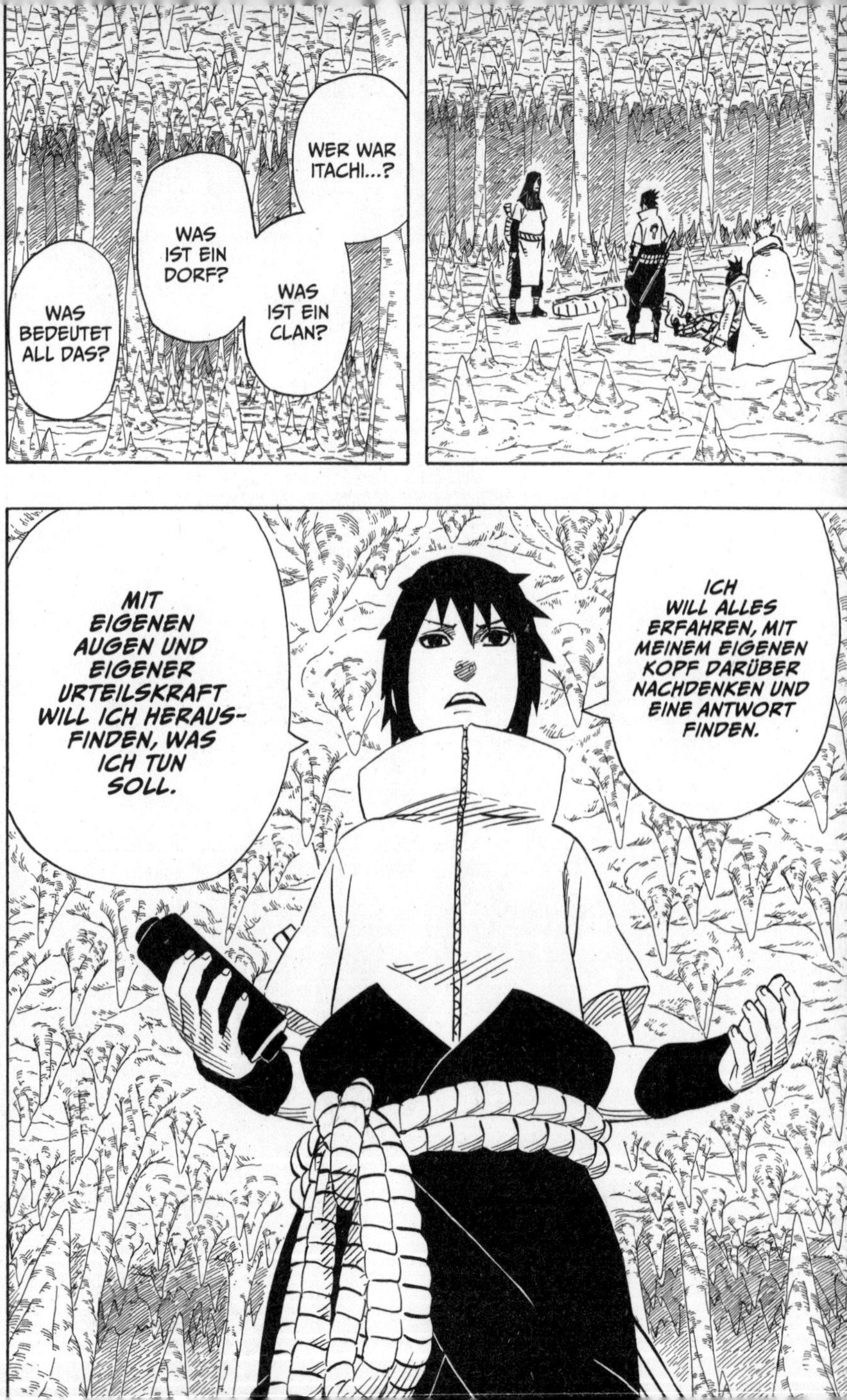
WER WAR ITACHI...?
WAS IST EIN DORF?
WAS IST EIN CLAN?
WAS BEDEUTET ALL DAS?
ICH WILL ALLES ERFAHREN, MIT MEINEM EIGENEN KOPF DARÜBER NACHDENKEN UND EINE ANTWORT FINDEN.
MIT EIGENEN AUGEN UND EIGENER URTEILSKRAFT WILL ICH HERAUS-FINDEN, WAS ICH TUN SOLL.

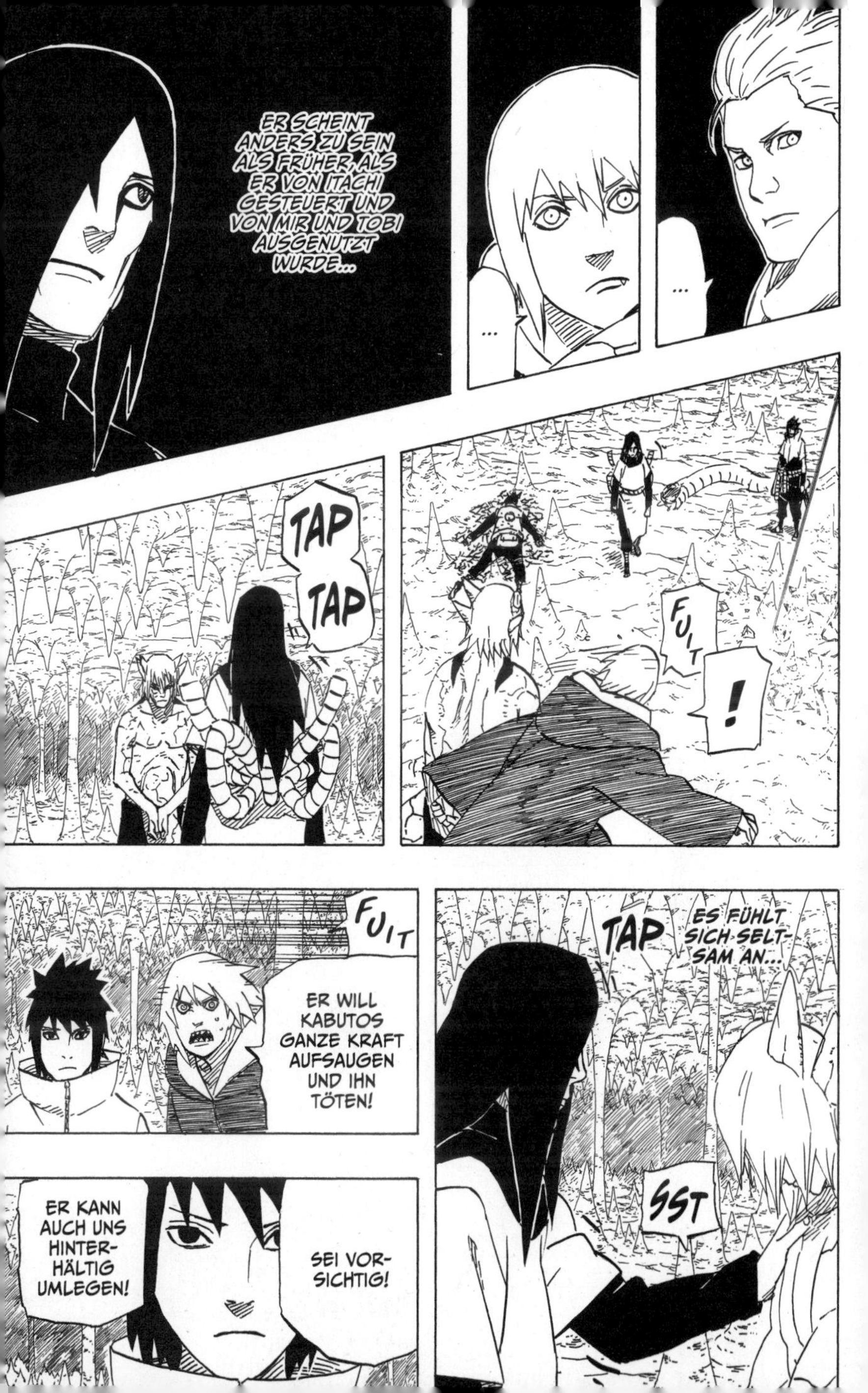
...
...
ER SCHEINT ANDERS ZU SEIN ALS FRÜHER, ALS ER VON ITACHI GESTEUERT UND VON MIR UND TOBI AUSGENUTZT WURDE...
FUIT
!
TAP TAP
FUIT
ER WILL KABUTOS GANZE KRAFT AUFSAUGEN UND IHN TÖTEN!
ES FÜHLT SICH SELTSAM AN...
TAP
SST
SEI VORSICHTIG!
ER KANN AUCH UNS HINTERHÄLTIG UMLEGEN!

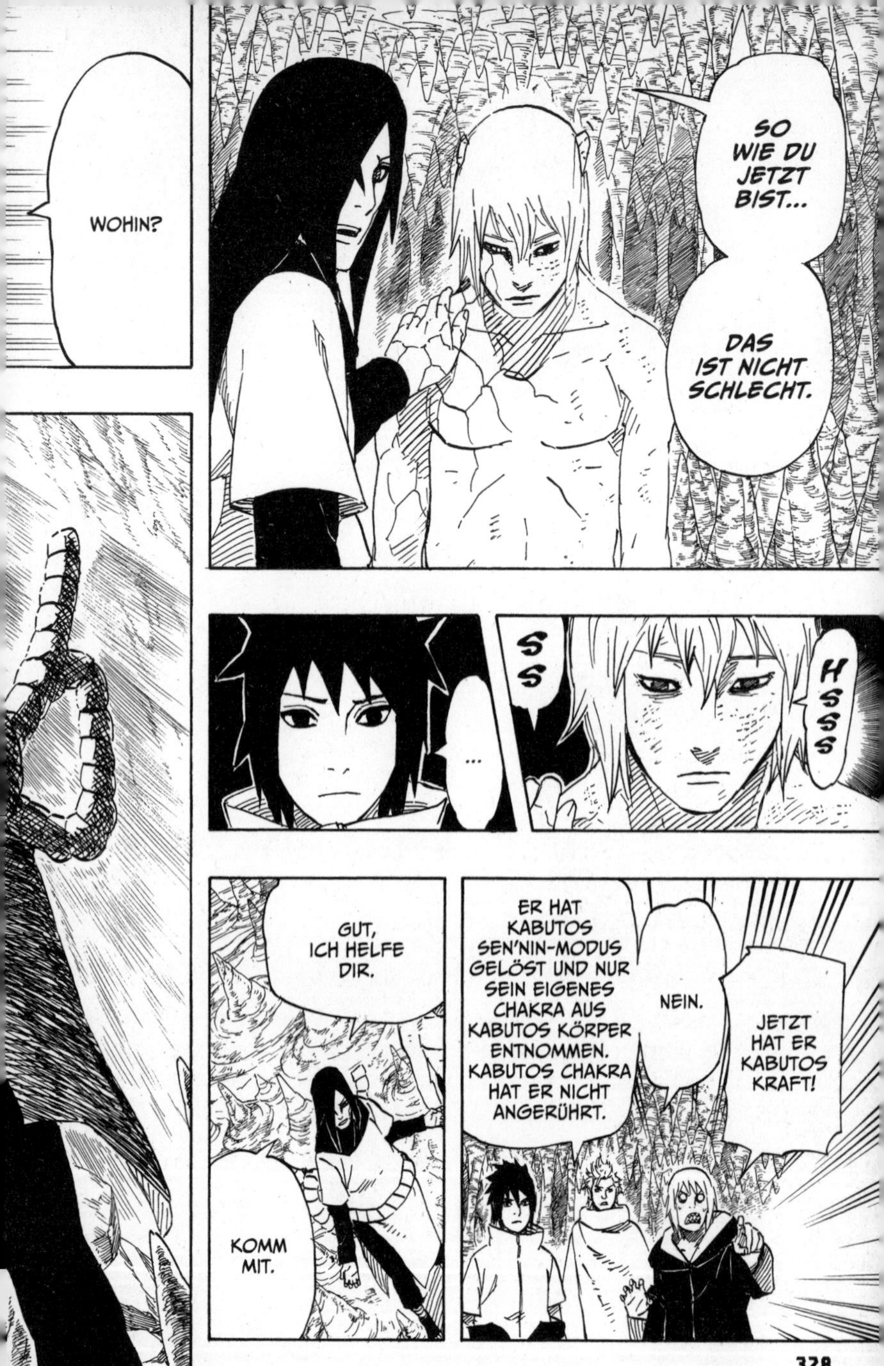
SO WIE DU JETZT BIST...
DAS IST NICHT SCHLECHT.
WOHIN?
HSSS
SS
...
JETZT HAT ER KABUTOS KRAFT!
NEIN.
ER HAT KABUTOS SEN'NIN-MODUS GELÖST UND NUR SEIN EIGENES CHAKRA AUS KABUTOS KÖRPER ENTNOMMEN. KABUTOS CHAKRA HAT ER NICHT ANGERÜHRT.
GUT, ICH HELFE DIR.
KOMM MIT.

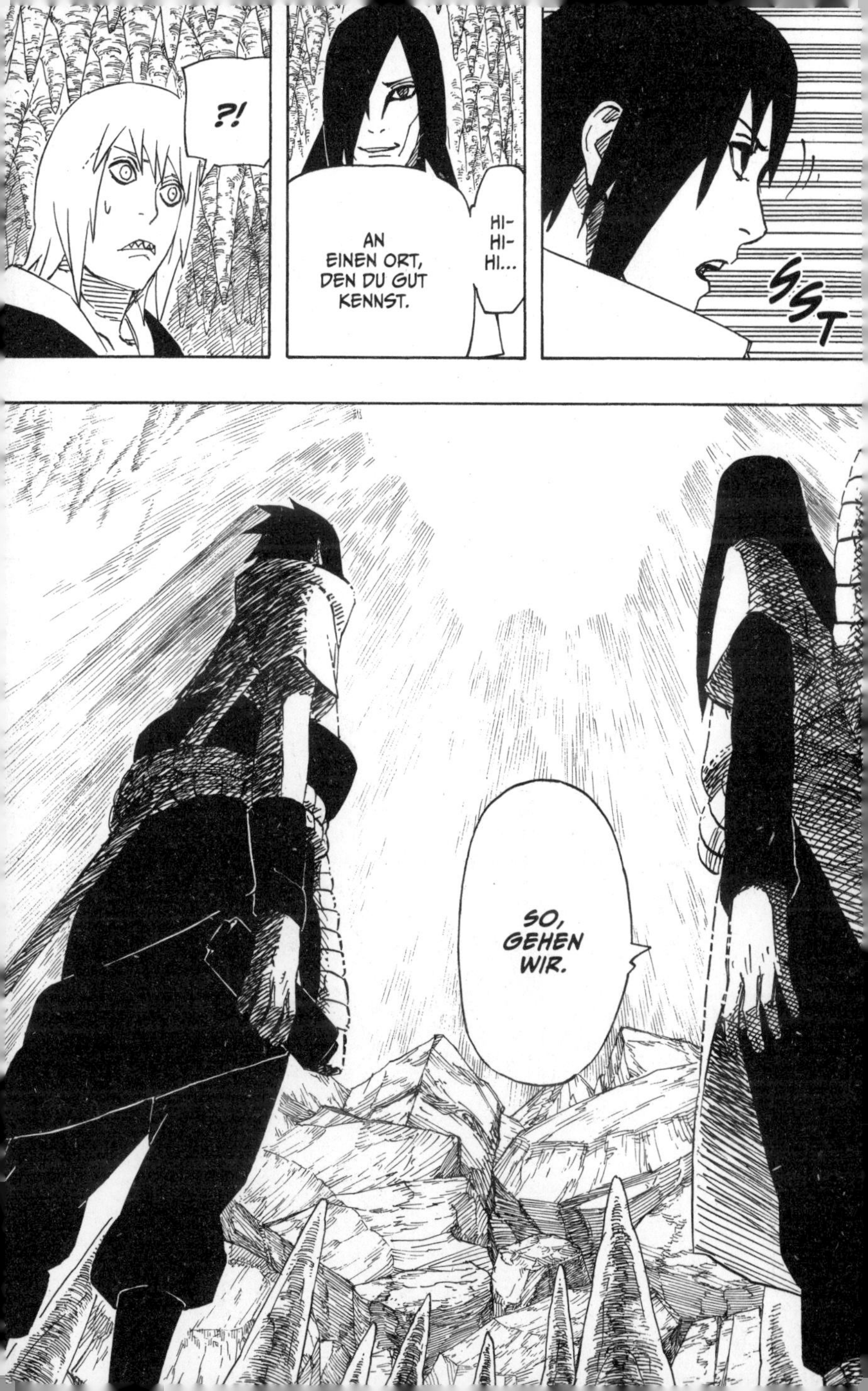
SSST
HI-HI-HI...
AN EINEN ORT, DEN DU GUT KENNST.
?!
SO, GEHEN WIR.

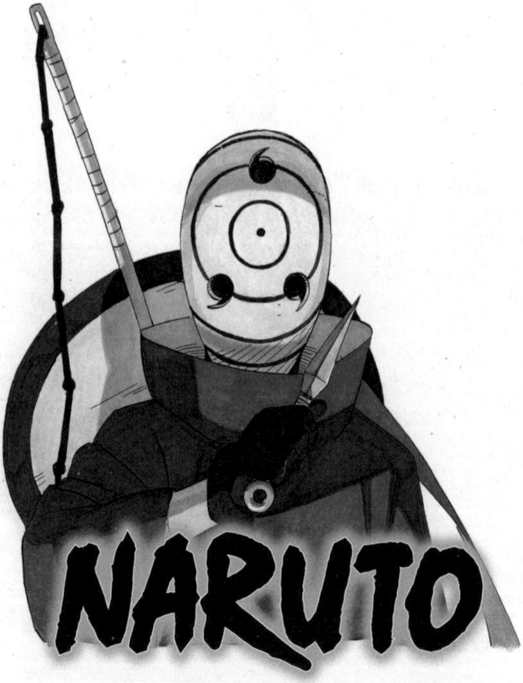
NARUTO

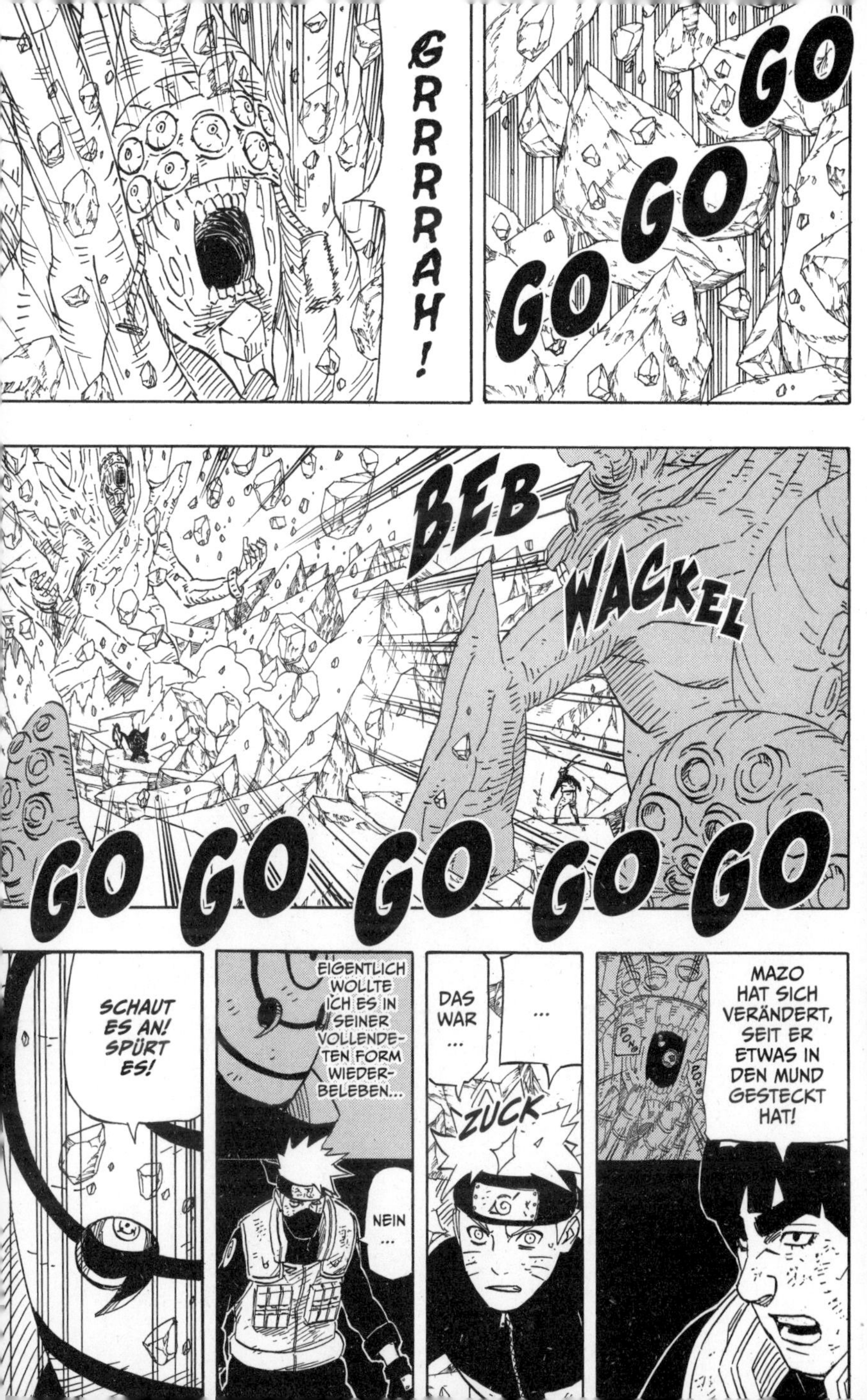
GO GO GO GO
GRRRRAH!
BEB
WACKEL
GO GO GO GO GO
MAZO HAT SICH VERÄNDERT, SEIT ER ETWAS IN DEN MUND GESTECKT HAT!
DAS WAR ...
...
ZUCK
EIGENTLICH WOLLTE ICH ES IN SEINER VOLLENDETEN FORM WIEDERBELEBEN...
NEIN ...
SCHAUT ES AN! SPÜRT ES!

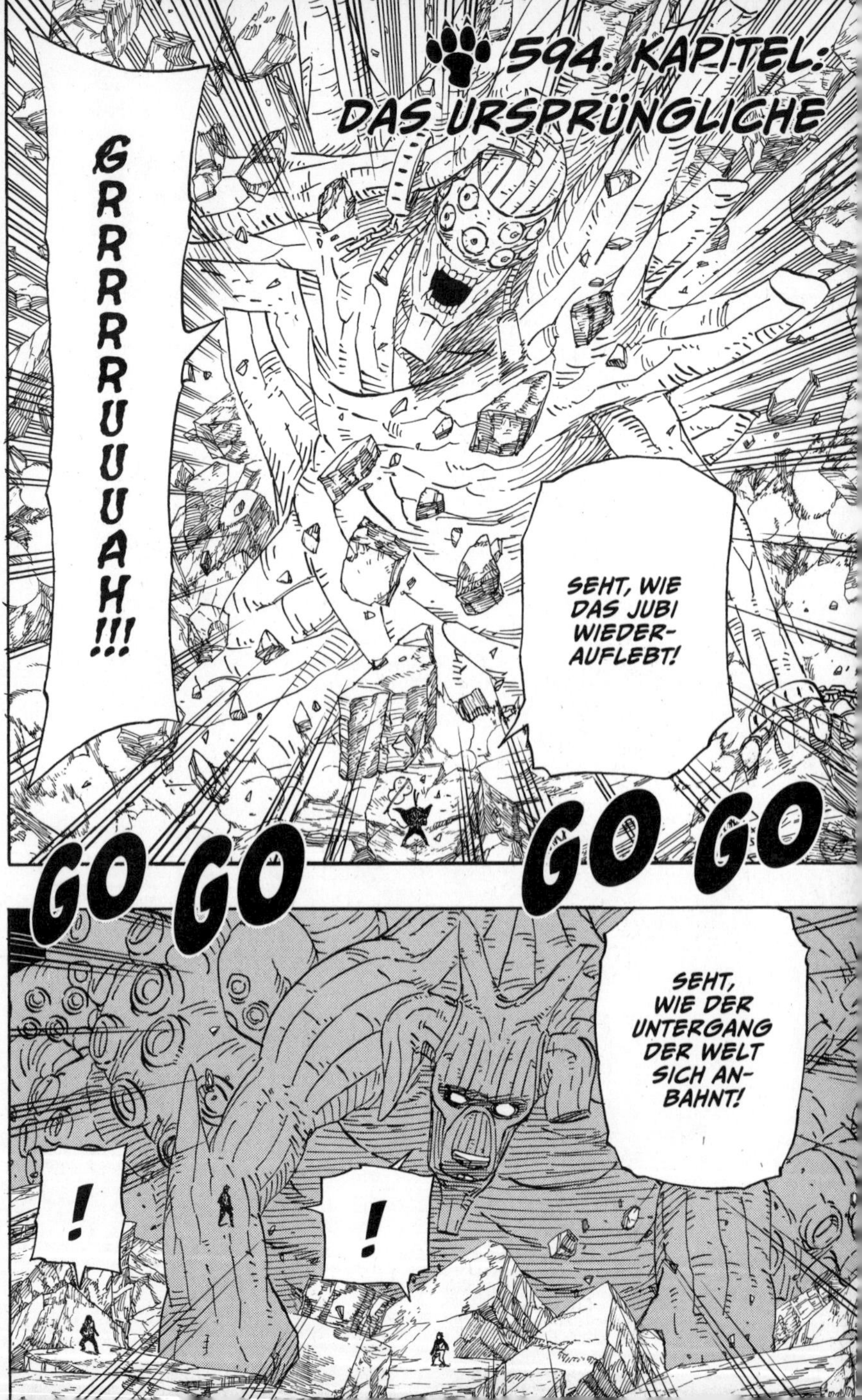
594. KAPITEL: DAS URSPRÜNGLICHE
SEHT, WIE DAS JUBI WIEDER-AUFLEBT!
GRRRRRUUUAH!!!
GO GO GO GO
SEHT, WIE DER UNTERGANG DER WELT SICH AN-BAHNT!
!
!

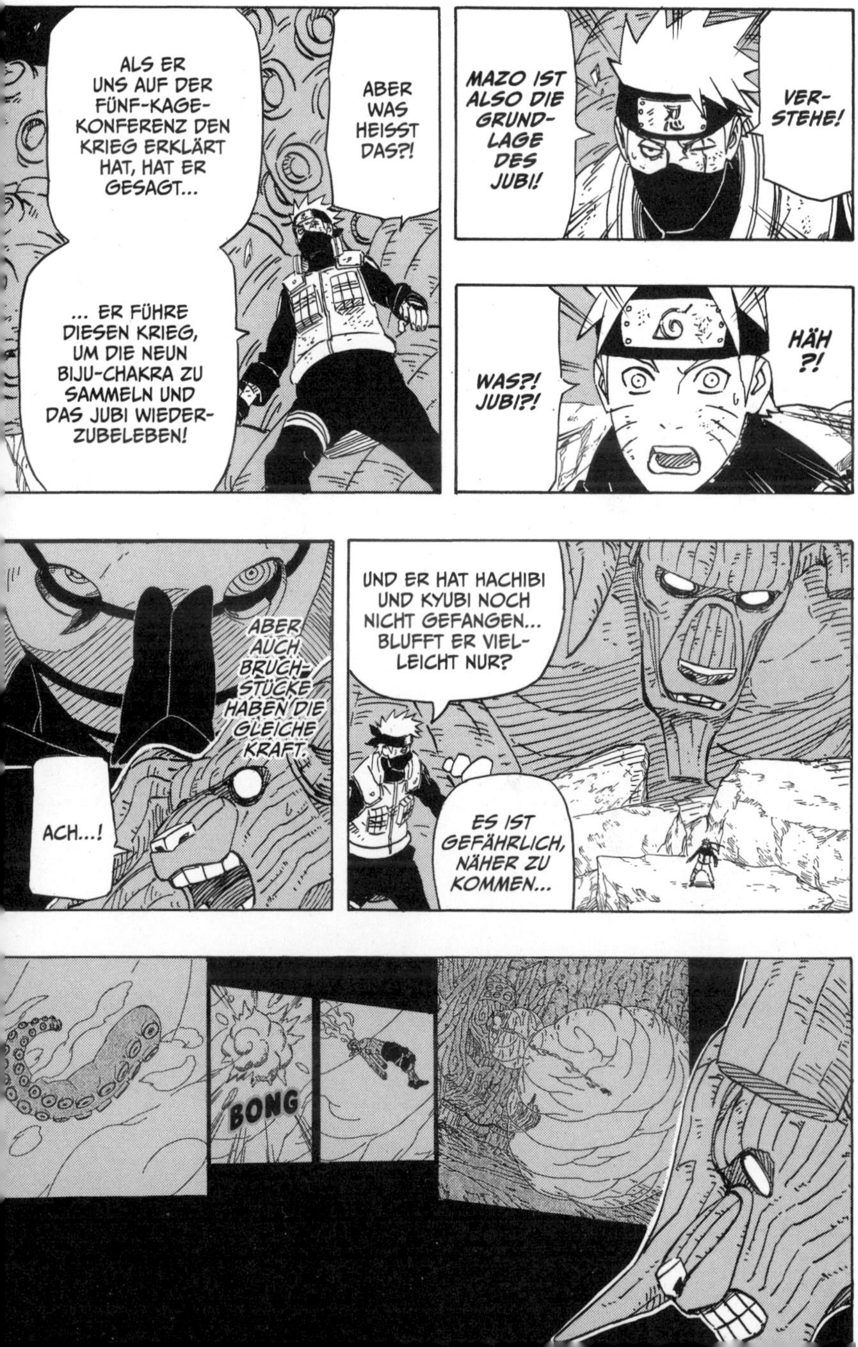
VER-
STEHE!
MAZO IST ALSO DIE GRUND-LAGE DES JUBI!
HÄH ?!
WAS?! JUBI?!
ABER WAS HEISST DAS?!
ALS ER UNS AUF DER FÜNF-KAGE-KONFERENZ DEN KRIEG ERKLÄRT HAT, HAT ER GESAGT...
... ER FÜHRE DIESEN KRIEG, UM DIE NEUN BIJU-CHAKRA ZU SAMMELN UND DAS JUBI WIEDER-ZUBELEBEN!
UND ER HAT HACHIBI UND KYUBI NOCH NICHT GEFANGEN... BLUFFT ER VIEL-LEICHT NUR?
ES IST GEFÄHRLICH, NÄHER ZU KOMMEN...
ABER AUCH BRUCH-STÜCKE HABEN DIE GLEICHE KRAFT.
ACH...!
BONG

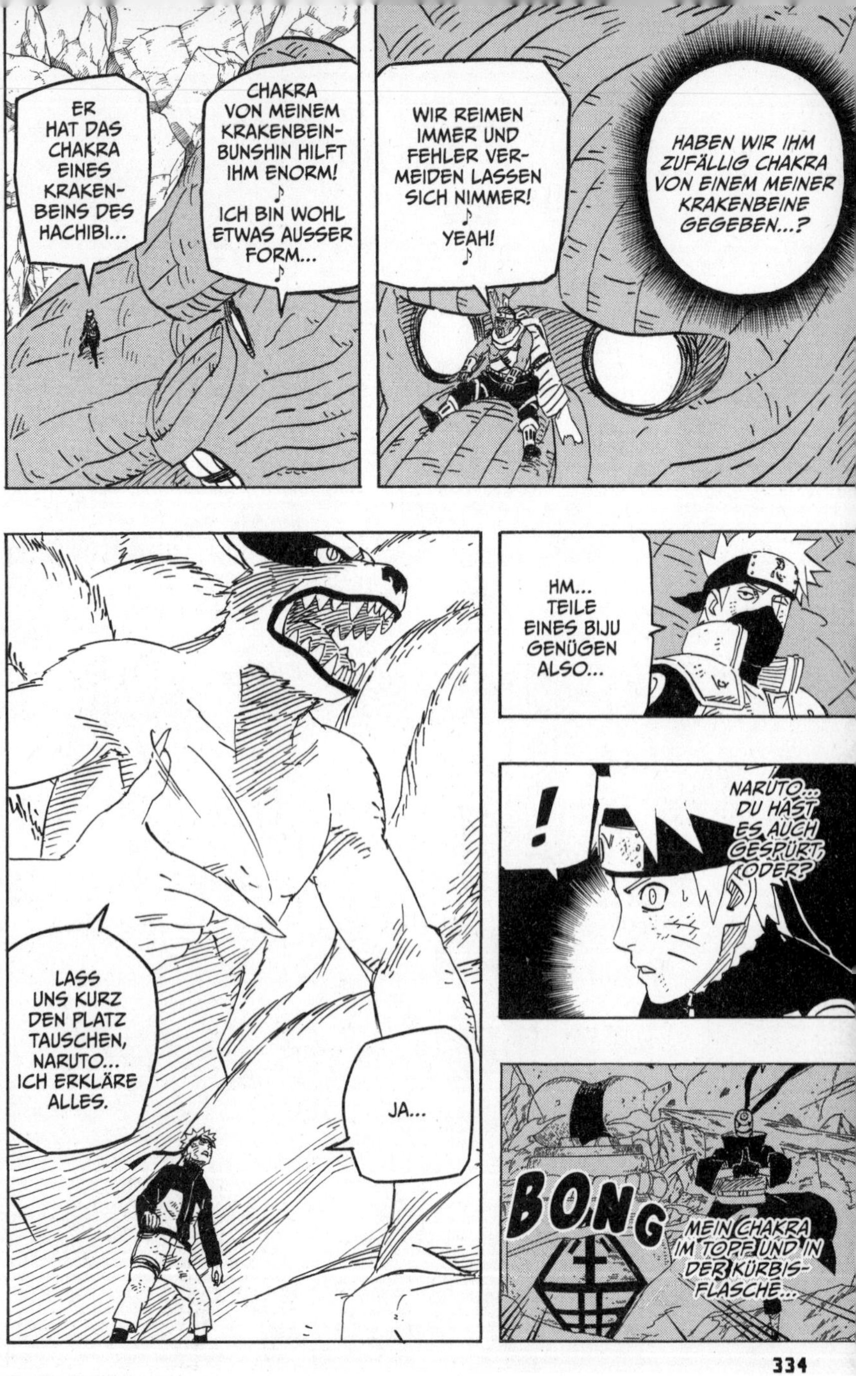
HABEN WIR IHM ZUFÄLLIG CHAKRA VON EINEM MEINER KRAKENBEINE GEGEBEN...?
WIR REIMEN IMMER UND FEHLER VERMEIDEN LASSEN SICH NIMMER! ♪ YEAH! ♪
CHAKRA VON MEINEM KRAKENBEIN-BUNSHIN HILFT IHM ENORM! ♪ ICH BIN WOHL ETWAS AUSSER FORM... ♪
ER HAT DAS CHAKRA EINES KRAKENBEINS DES HACHIBI...
HM... TEILE EINES BIJU GENÜGEN ALSO...
!
NARUTO... DU HAST ES AUCH GESPÜRT, ODER?
LASS UNS KURZ DEN PLATZ TAUSCHEN, NARUTO... ICH ERKLÄRE ALLES.
JA...
BONG
MEIN CHAKRA IM TOPF UND IN DER KÜRBISFLASCHE...

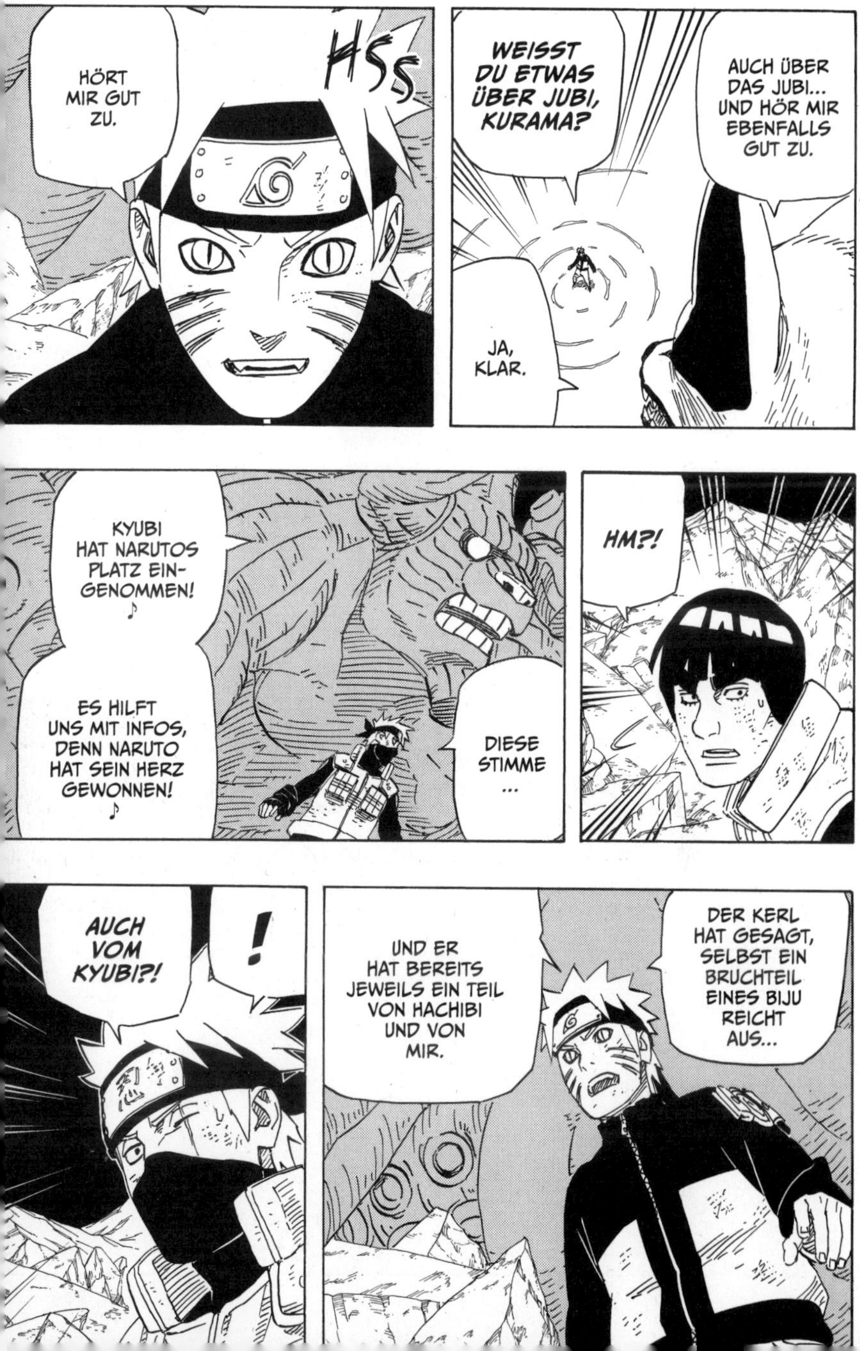
WEISST DU ETWAS ÜBER JUBI, KURAMA?
JA, KLAR.
AUCH ÜBER DAS JUBI... UND HÖR MIR EBENFALLS GUT ZU.
HSS
HÖRT MIR GUT ZU.
HM?!
DIESE STIMME ...
KYUBI HAT NARUTOS PLATZ EIN-GENOMMEN! ♪
ES HILFT UNS MIT INFOS, DENN NARUTO HAT SEIN HERZ GEWONNEN! ♪
DER KERL HAT GESAGT, SELBST EIN BRUCHTEIL EINES BIJU REICHT AUS...
UND ER HAT BEREITS JEWEILS EIN TEIL VON HACHIBI UND VON MIR.
!
AUCH VOM KYUBI?!

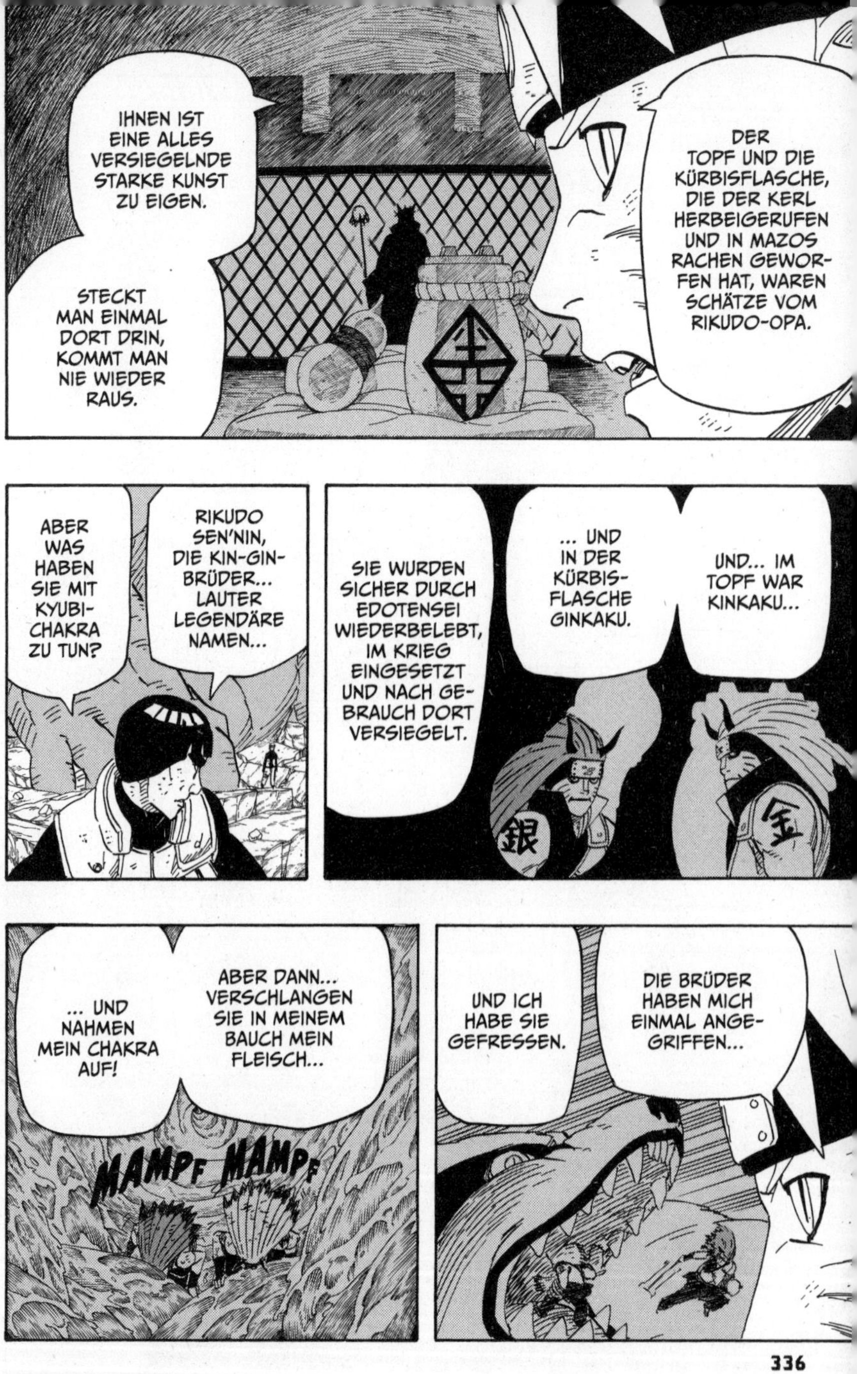
DER TOPF UND DIE KÜRBISFLASCHE, DIE DER KERL HERBEIGERUFEN UND IN MAZOS RACHEN GEWORFEN HAT, WAREN SCHÄTZE VOM RIKUDO-OPA.
IHNEN IST EINE ALLES VERSIEGELNDE STARKE KUNST ZU EIGEN.
STECKT MAN EINMAL DORT DRIN, KOMMT MAN NIE WIEDER RAUS.
UND... IM TOPF WAR KINKAKU...
... UND IN DER KÜRBISFLASCHE GINKAKU.
SIE WURDEN SICHER DURCH EDOTENSEI WIEDERBELEBT, IM KRIEG EINGESETZT UND NACH GEBRAUCH DORT VERSIEGELT.
RIKUDO SEN'NIN, DIE KIN-GIN-BRÜDER... LAUTER LEGENDÄRE NAMEN...
ABER WAS HABEN SIE MIT KYUBI-CHAKRA ZU TUN?
DIE BRÜDER HABEN MICH EINMAL ANGEGRIFFEN...
UND ICH HABE SIE GEFRESSEN.
ABER DANN... VERSCHLANGEN SIE IN MEINEM BAUCH MEIN FLEISCH...
... UND NAHMEN MEIN CHAKRA AUF!
MAMPF MAMPF

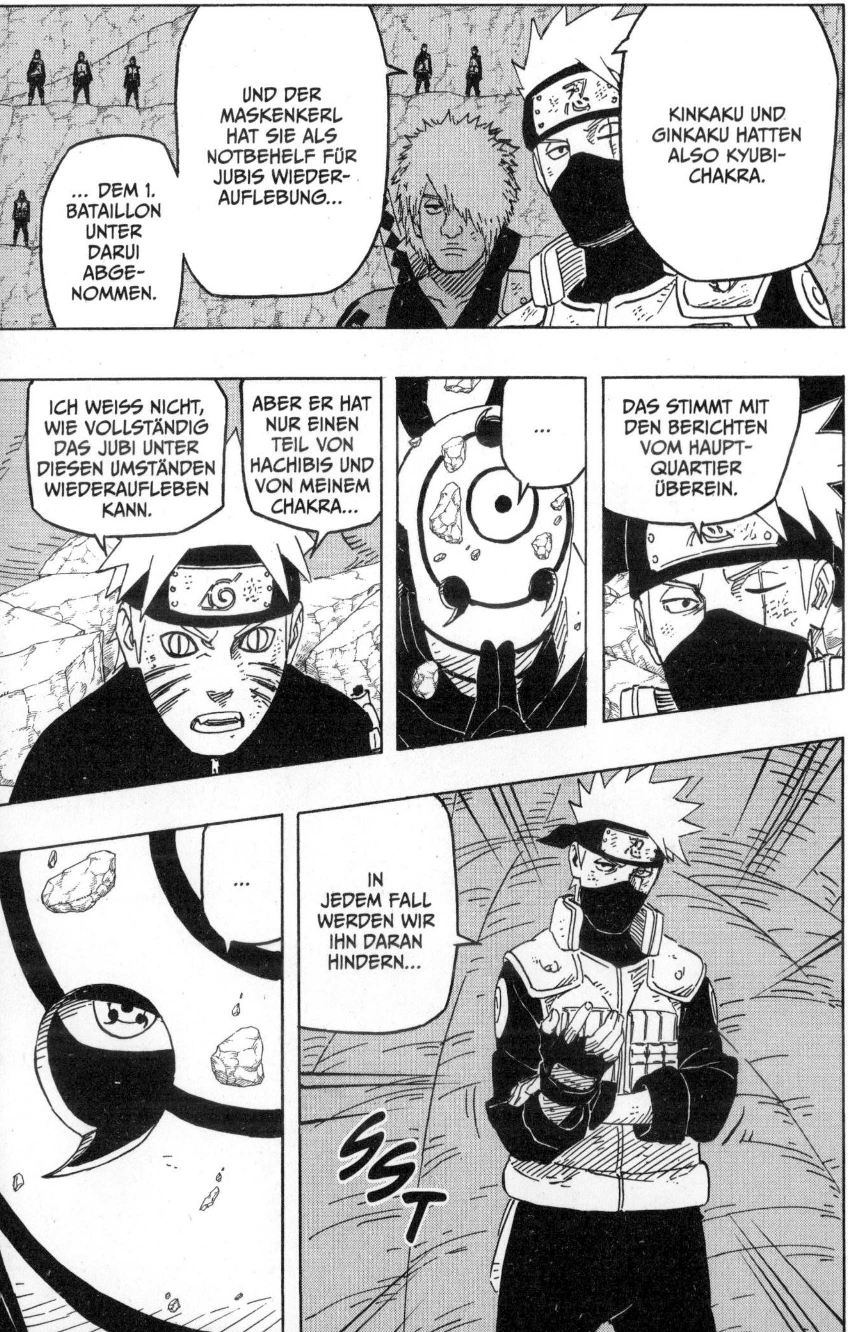
KINKAKU UND GINKAKU HATTEN ALSO KYUBI-CHAKRA.
UND DER MASKENKERL HAT SIE ALS NOTBEHELF FÜR JUBIS WIEDER-AUFLEBUNG...
... DEM 1. BATAILLON UNTER DARUI ABGE-NOMMEN.
DAS STIMMT MIT DEN BERICHTEN VOM HAUPT-QUARTIER ÜBEREIN.
...
ABER ER HAT NUR EINEN TEIL VON HACHIBIS UND VON MEINEM CHAKRA...
ICH WEISS NICHT, WIE VOLLSTÄNDIG DAS JUBI UNTER DIESEN UMSTÄNDEN WIEDERAUFLEBEN KANN.
IN JEDEM FALL WERDEN WIR IHN DARAN HINDERN...
SST
...

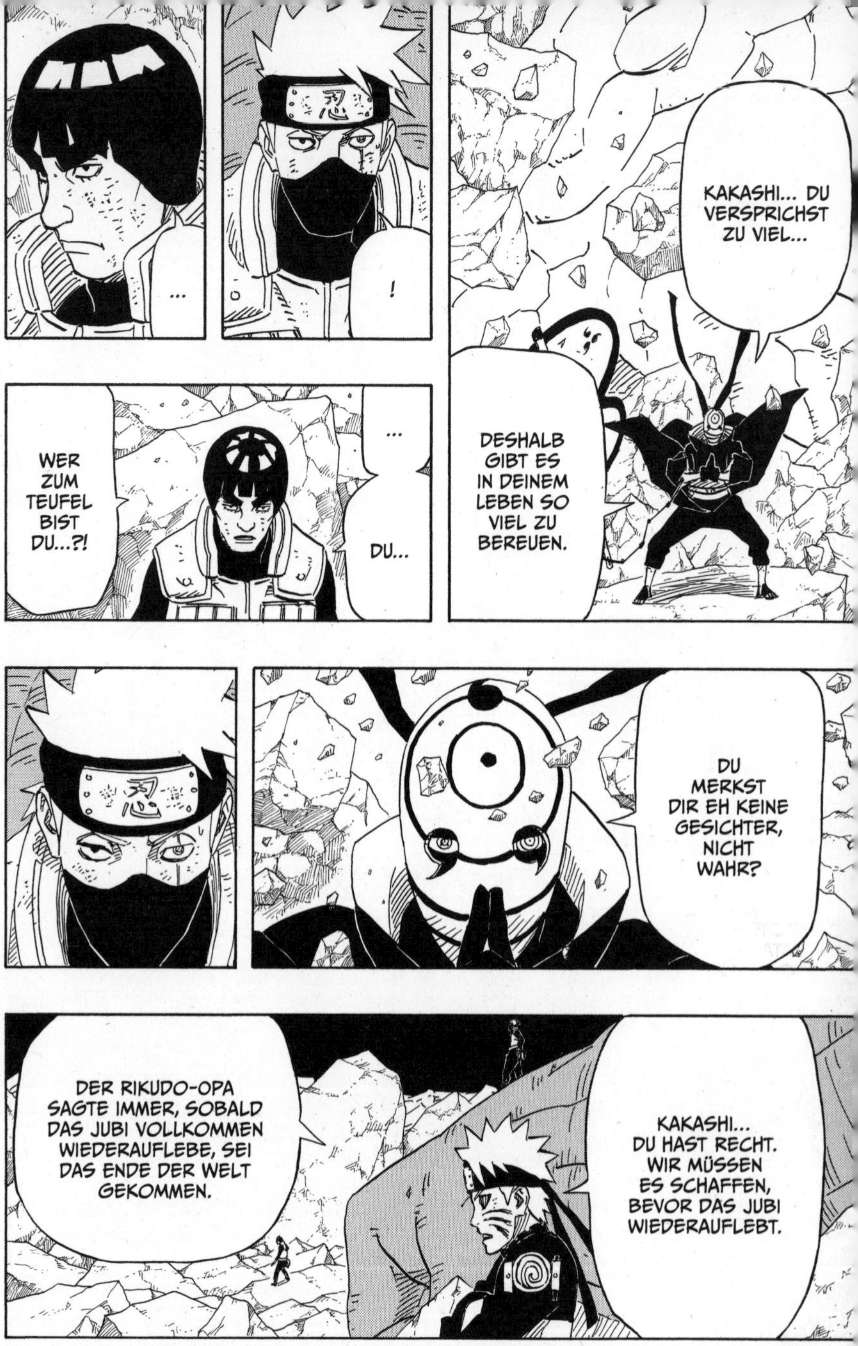
KAKASHI... DU VERSPRICHST ZU VIEL...
DESHALB GIBT ES IN DEINEM LEBEN SO VIEL ZU BEREUEN.
!
...
... DU...
WER ZUM TEUFEL BIST DU...?!
DU MERKST DIR EH KEINE GESICHTER, NICHT WAHR?
KAKASHI... DU HAST RECHT. WIR MÜSSEN ES SCHAFFEN, BEVOR DAS JUBI WIEDERAUFLEBT.
DER RIKUDO-OPA SAGTE IMMER, SOBALD DAS JUBI VOLLKOMMEN WIEDERAUFLEBE, SEI DAS ENDE DER WELT GEKOMMEN.

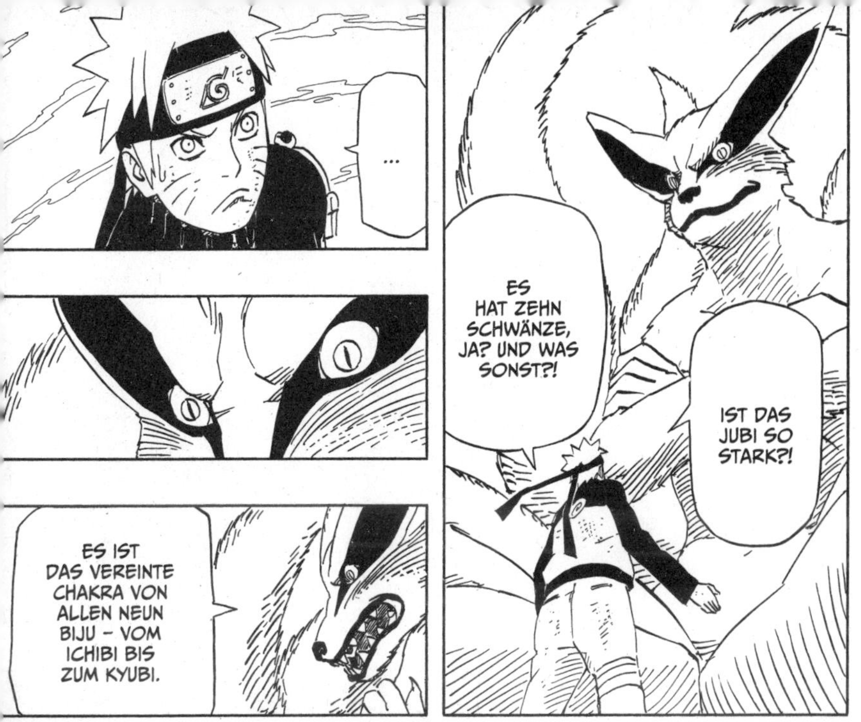

*AME-NO-HITOTSU-NO-KAMI = EINÄUGIGER GOTT

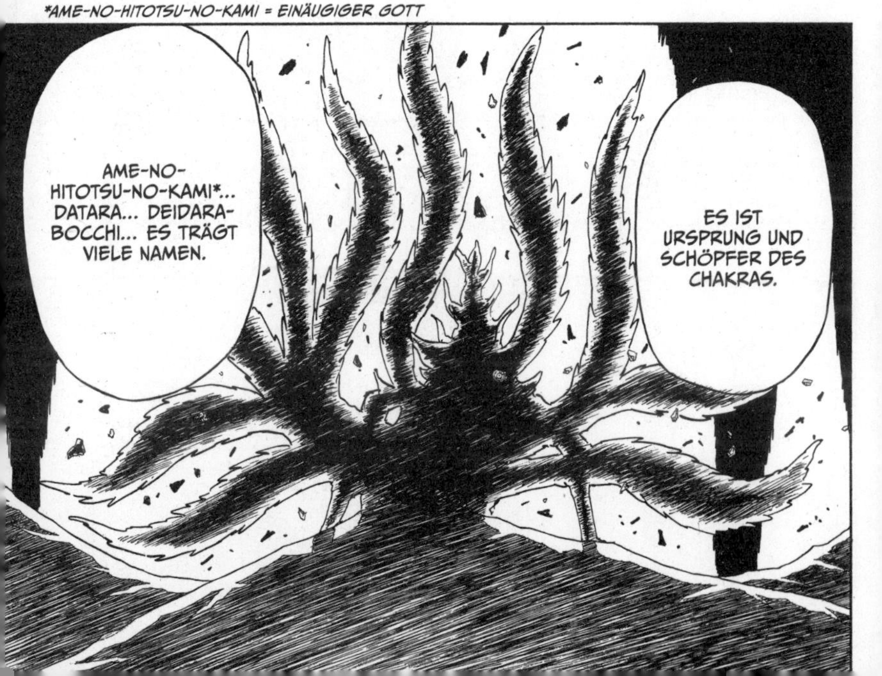

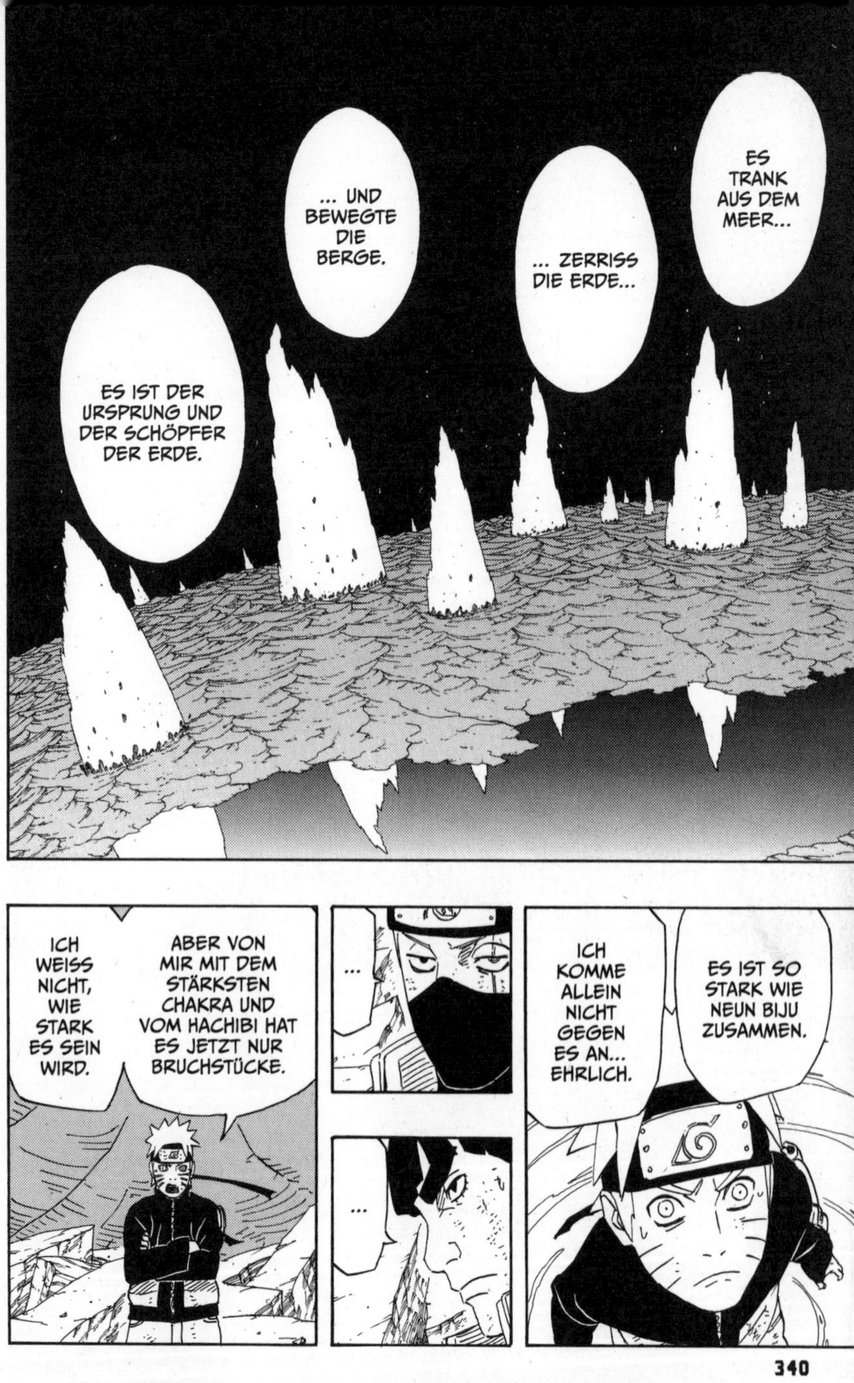
ES TRANK AUS DEM MEER...
... ZERRISS DIE ERDE...
... UND BEWEGTE DIE BERGE.
ES IST DER URSPRUNG UND DER SCHÖPFER DER ERDE.
ES IST SO STARK WIE NEUN BIJU ZUSAMMEN.
ICH KOMME ALLEIN NICHT GEGEN ES AN... EHRLICH.
...
...
ABER VON MIR MIT DEM STÄRKSTEN CHAKRA UND VOM HACHIBI HAT ES JETZT NUR BRUCHSTÜCKE.
ICH WEISS NICHT, WIE STARK ES SEIN WIRD.

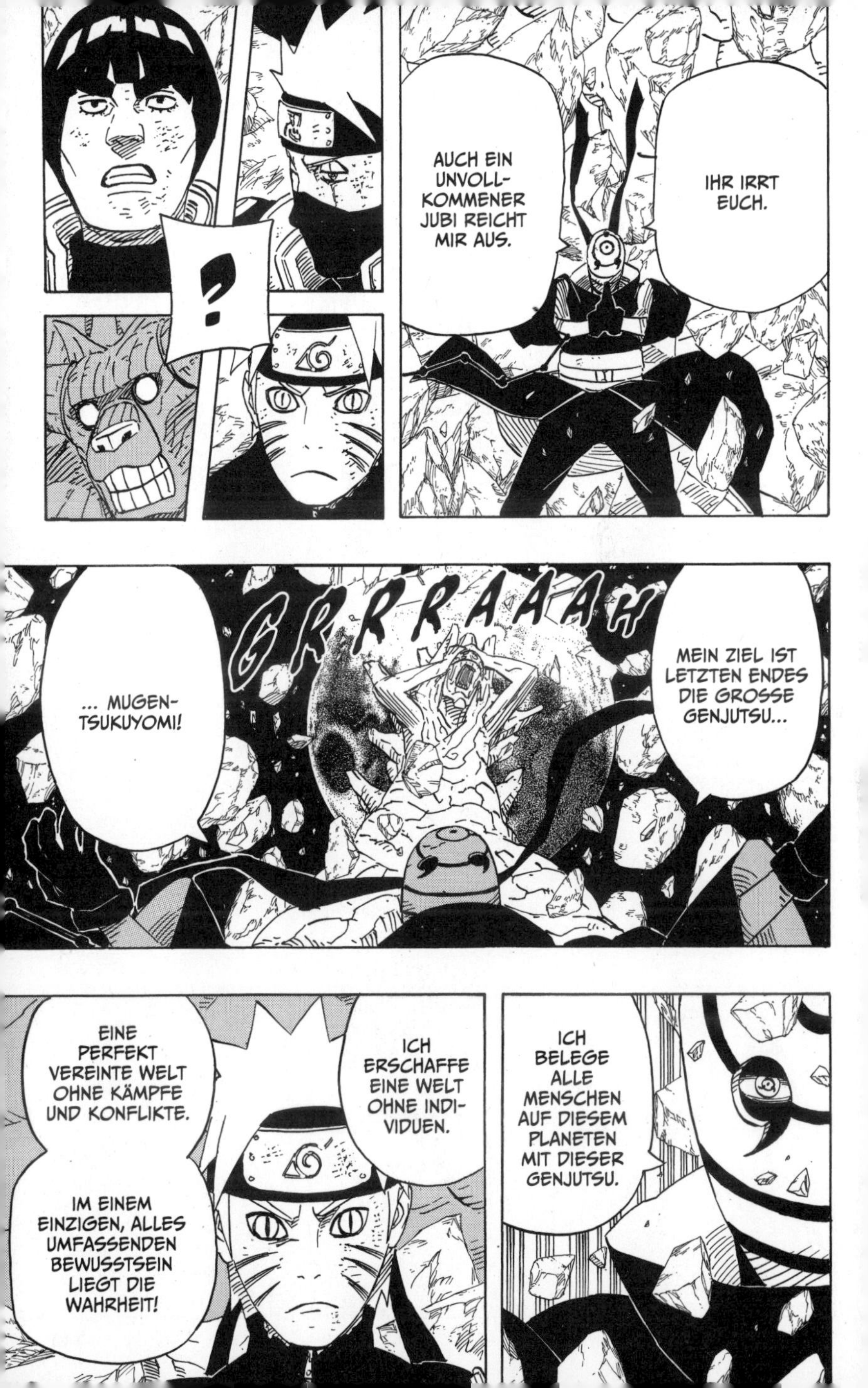
IHR IRRT EUCH.
AUCH EIN UNVOLL-KOMMENER JUBI REICHT MIR AUS.
?
MEIN ZIEL IST LETZTEN ENDES DIE GROSSE GENJUTSU...
GRRRAAAAH
... MUGEN-TSUKUYOMI!
ICH BELEGE ALLE MENSCHEN AUF DIESEM PLANETEN MIT DIESER GENJUTSU.
ICH ERSCHAFFE EINE WELT OHNE INDI-VIDUEN.
EINE PERFEKT VEREINTE WELT OHNE KÄMPFE UND KONFLIKTE.
IM EINEM EINZIGEN, ALLES UMFASSENDEN BEWUSSTSEIN LIEGT DIE WAHRHEIT!

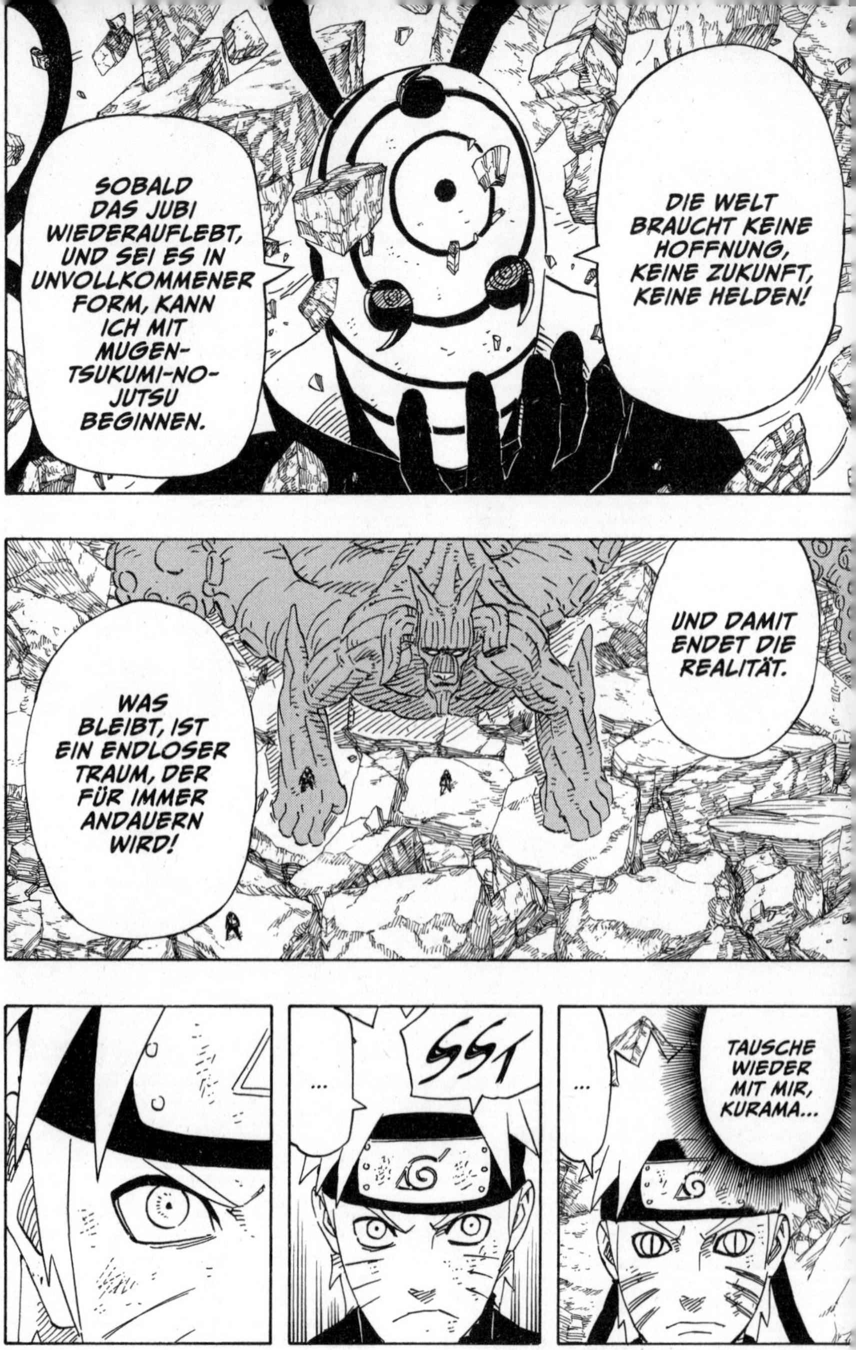
DIE WELT BRAUCHT KEINE HOFFNUNG, KEINE ZUKUNFT, KEINE HELDEN!
SOBALD DAS JUBI WIEDERAUFLEBT, UND SEI ES IN UNVOLLKOMMENER FORM, KANN ICH MIT MUGEN-TSUKUMI-NO-JUTSU BEGINNEN.
UND DAMIT ENDET DIE REALITÄT.
WAS BLEIBT, IST EIN ENDLOSER TRAUM, DER FÜR IMMER ANDAUERN WIRD!
TAUSCHE WIEDER MIT MIR, KURAMA...
...
SST
...

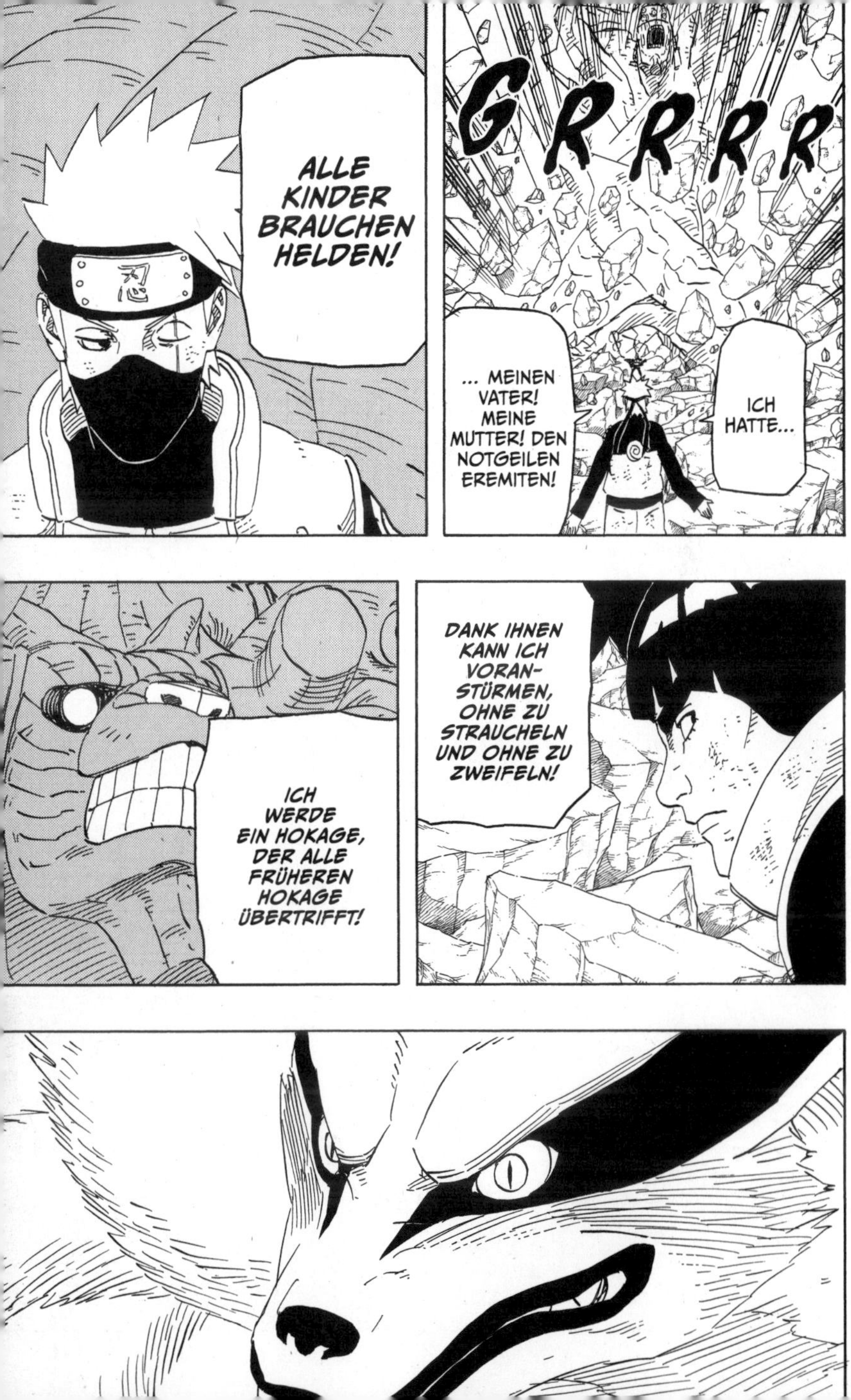
GRRRRR
ICH HATTE...
... MEINEN VATER! MEINE MUTTER! DEN NOTGEILEN EREMITEN!
ALLE KINDER BRAUCHEN HELDEN!
DANK IHNEN KANN ICH VORAN-STÜRMEN, OHNE ZU STRAUCHELN UND OHNE ZU ZWEIFELN!
ICH WERDE EIN HOKAGE, DER ALLE FRÜHEREN HOKAGE ÜBERTRIFFT!

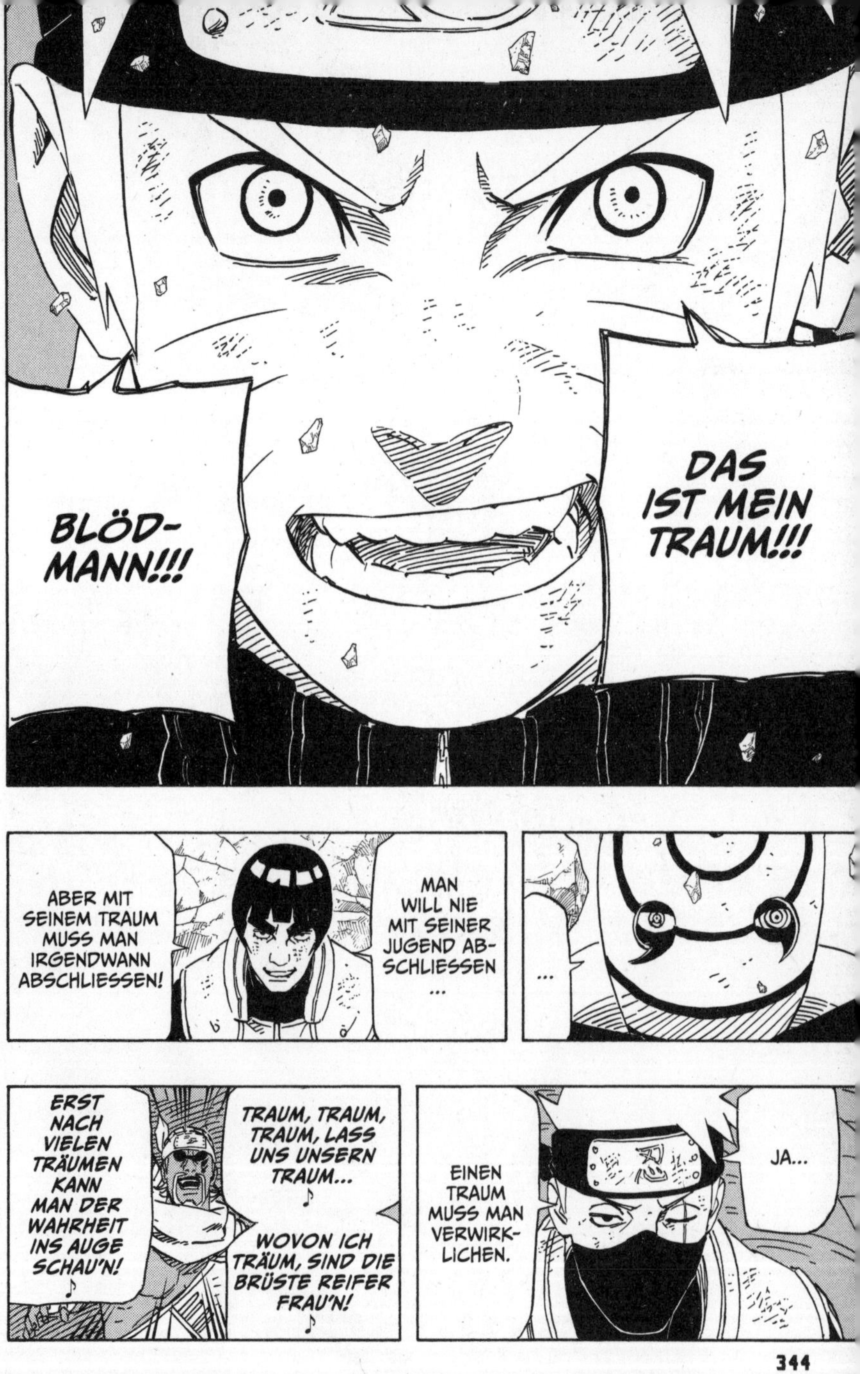
DAS IST MEIN TRAUM!!!
BLÖD-MANN!!!
...
MAN WILL NIE MIT SEINER JUGEND ABSCHLIESSEN ...
ABER MIT SEINEM TRAUM MUSS MAN IRGENDWANN ABSCHLIESSEN!
JA...
EINEN TRAUM MUSS MAN VERWIRKLICHEN.
TRAUM, TRAUM, TRAUM, LASS UNS UNSERN TRAUM... ♪
WOVON ICH TRÄUM, SIND DIE BRÜSTE REIFER FRAU'N! ♪
ERST NACH VIELEN TRÄUMEN KANN MAN DER WAHRHEIT INS AUGE SCHAU'N! ♪

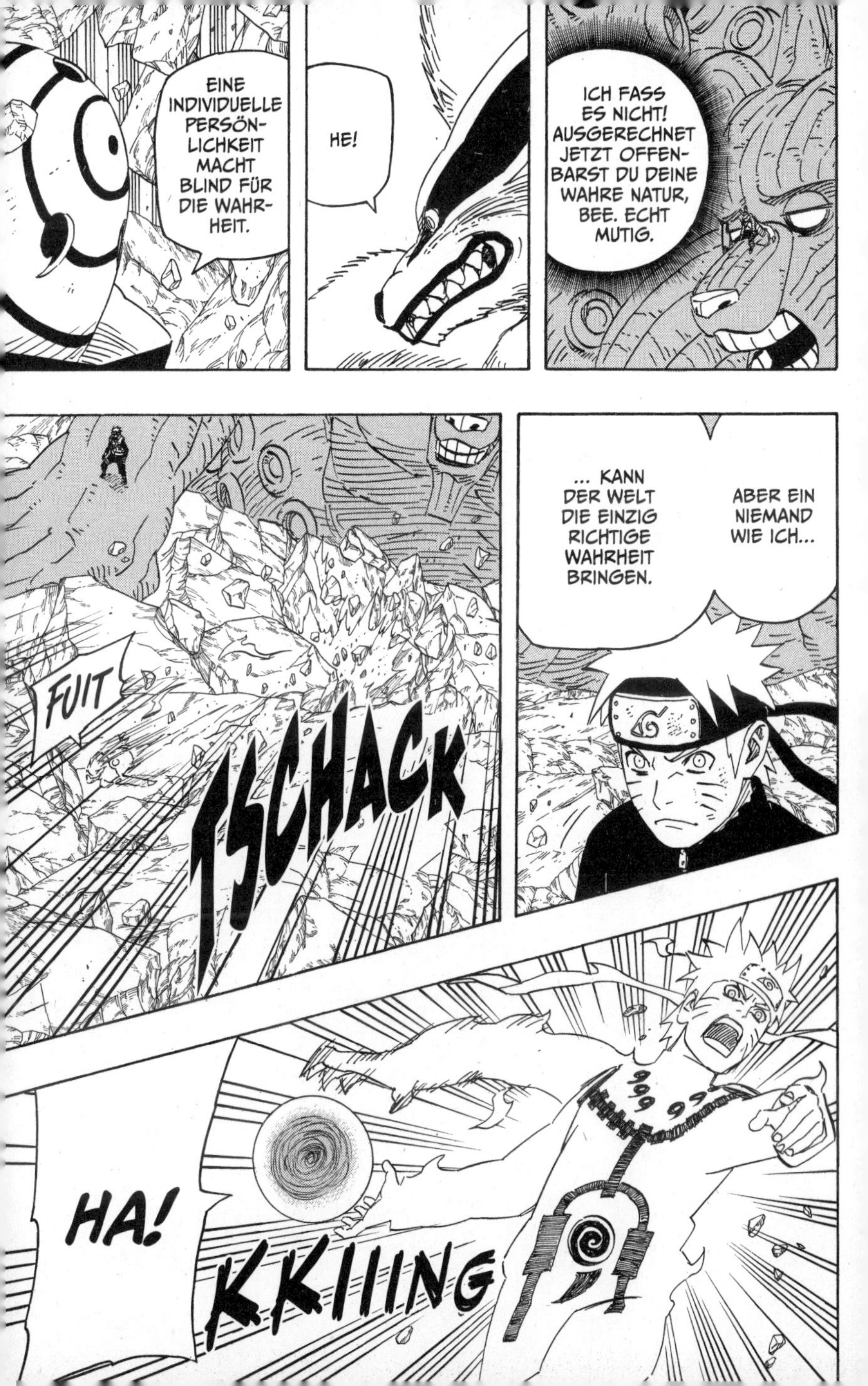
ICH FASS ES NICHT! AUSGERECHNET JETZT OFFENBARST DU DEINE WAHRE NATUR, BEE. ECHT MUTIG.
HE!
EINE INDIVIDUELLE PERSÖNLICHKEIT MACHT BLIND FÜR DIE WAHRHEIT.
ABER EIN NIEMAND WIE ICH...
... KANN DER WELT DIE EINZIG RICHTIGE WAHRHEIT BRINGEN.
FUIT
TSCHACK
HA!
KKIIING

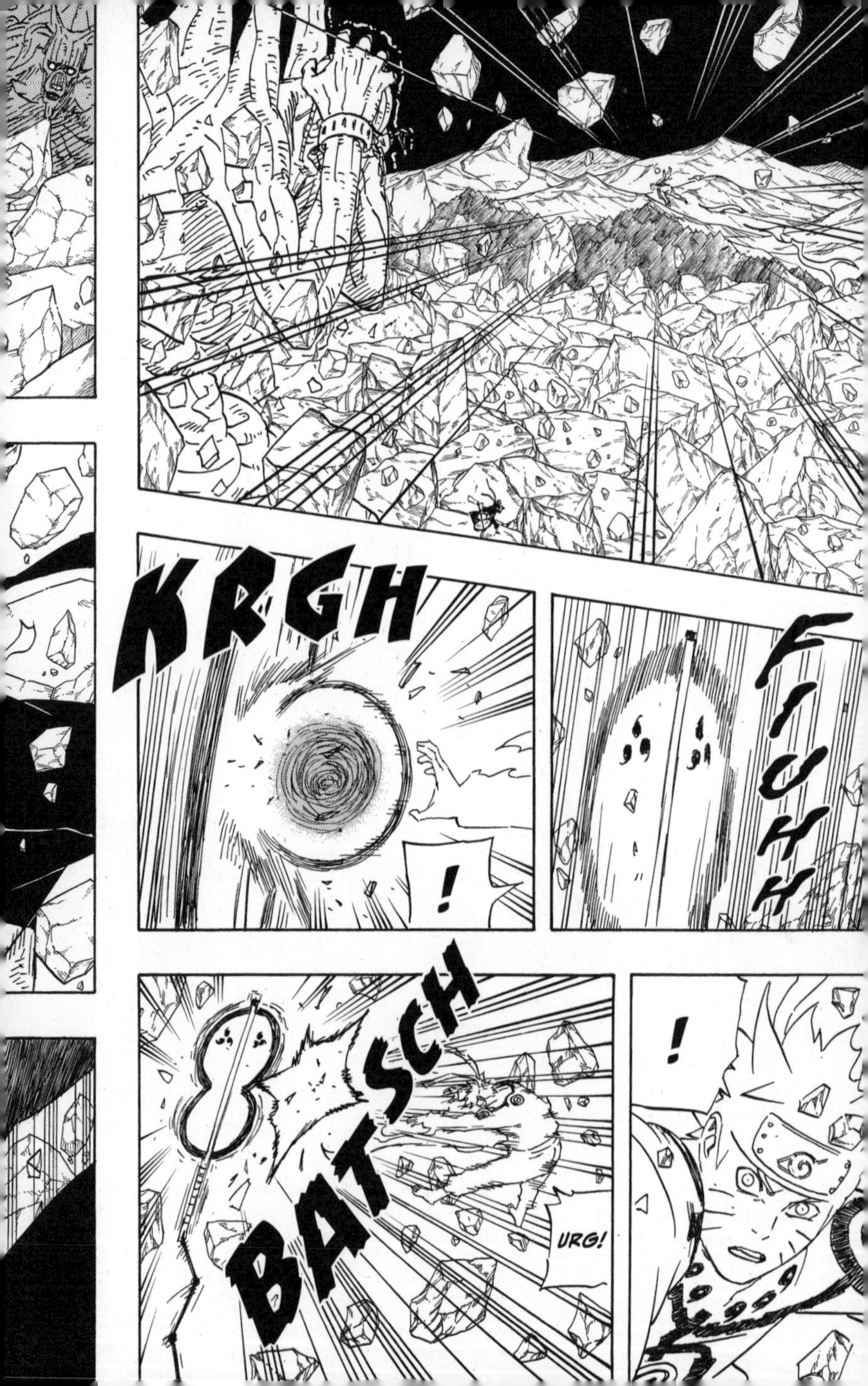
FIUHH
KRGH
!
!
BATSCH
URG!

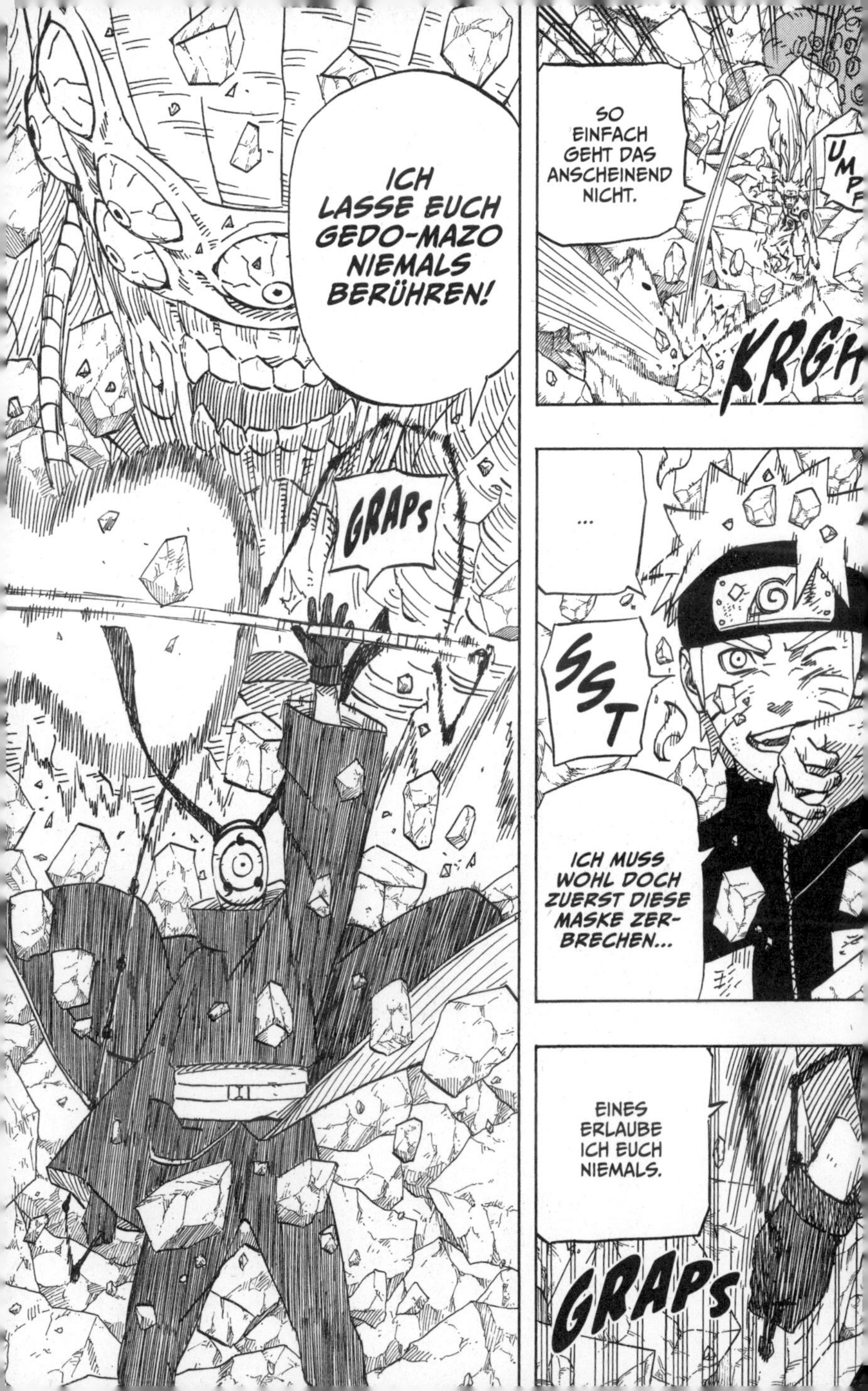
SO EINFACH GEHT DAS ANSCHEINEND NICHT.
UMPF
KRGK
...
SST
ICH MUSS WOHL DOCH ZUERST DIESE MASKE ZER-BRECHEN...
EINES ERLAUBE ICH EUCH NIEMALS.
GRAPS
ICH LASSE EUCH GEDO-MAZO NIEMALS BERÜHREN!
GRAPS

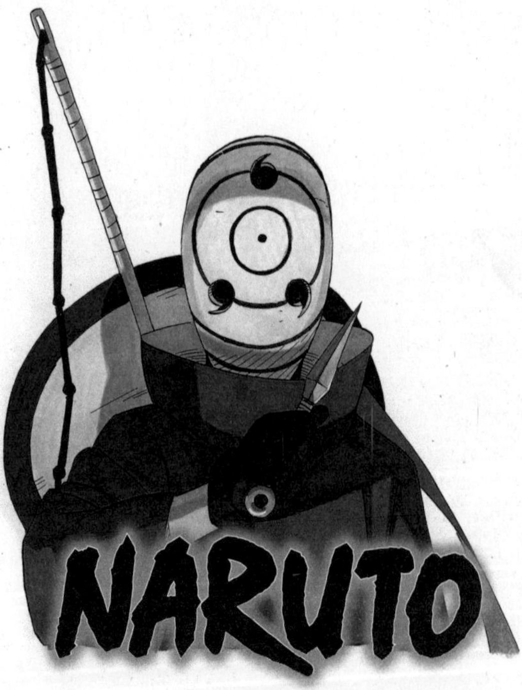
NARUTO

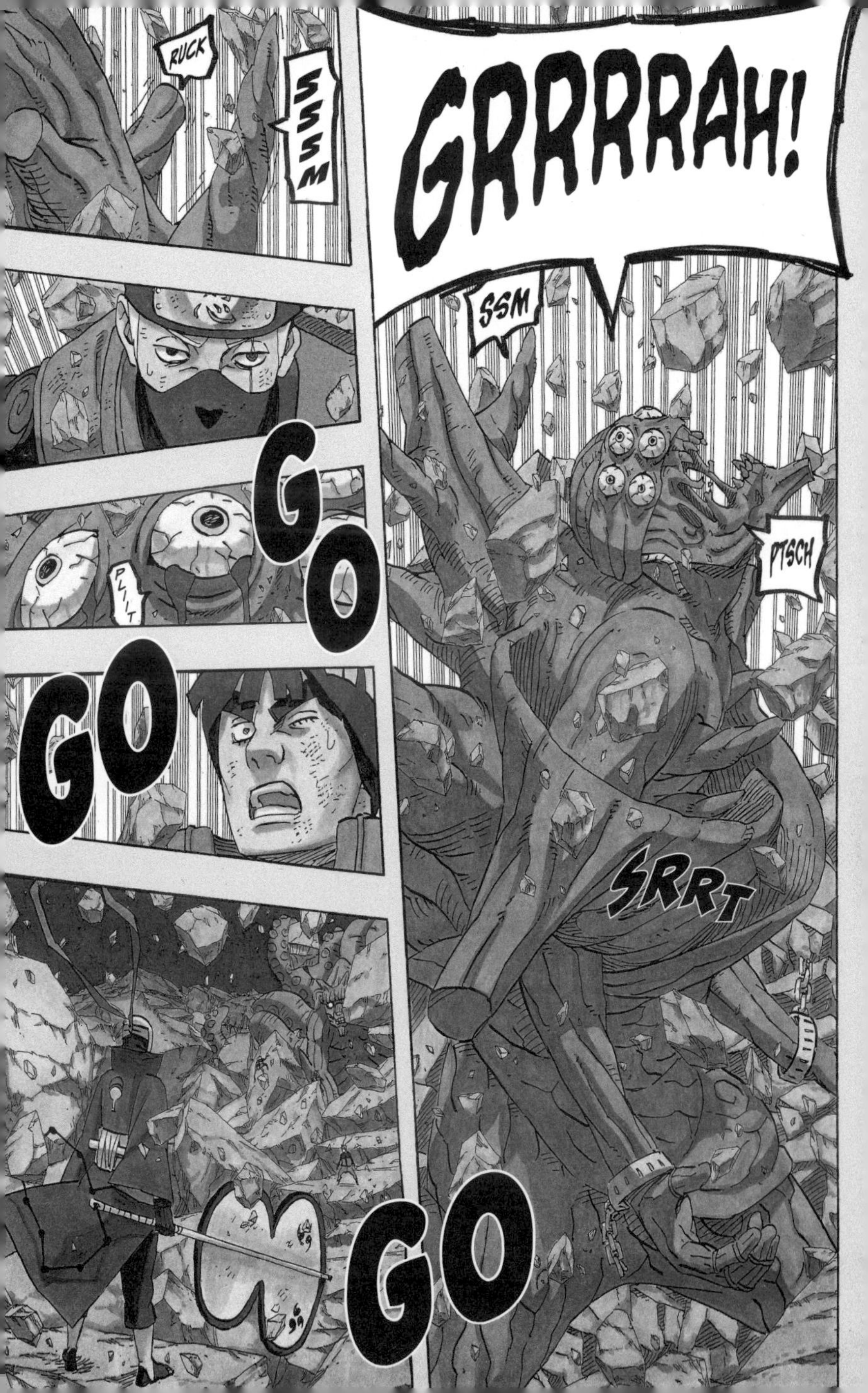

GRRRRAH!
SSM
PTSCH
SRRT
GO
RUCK
SSSM
GO
PLIT
GO

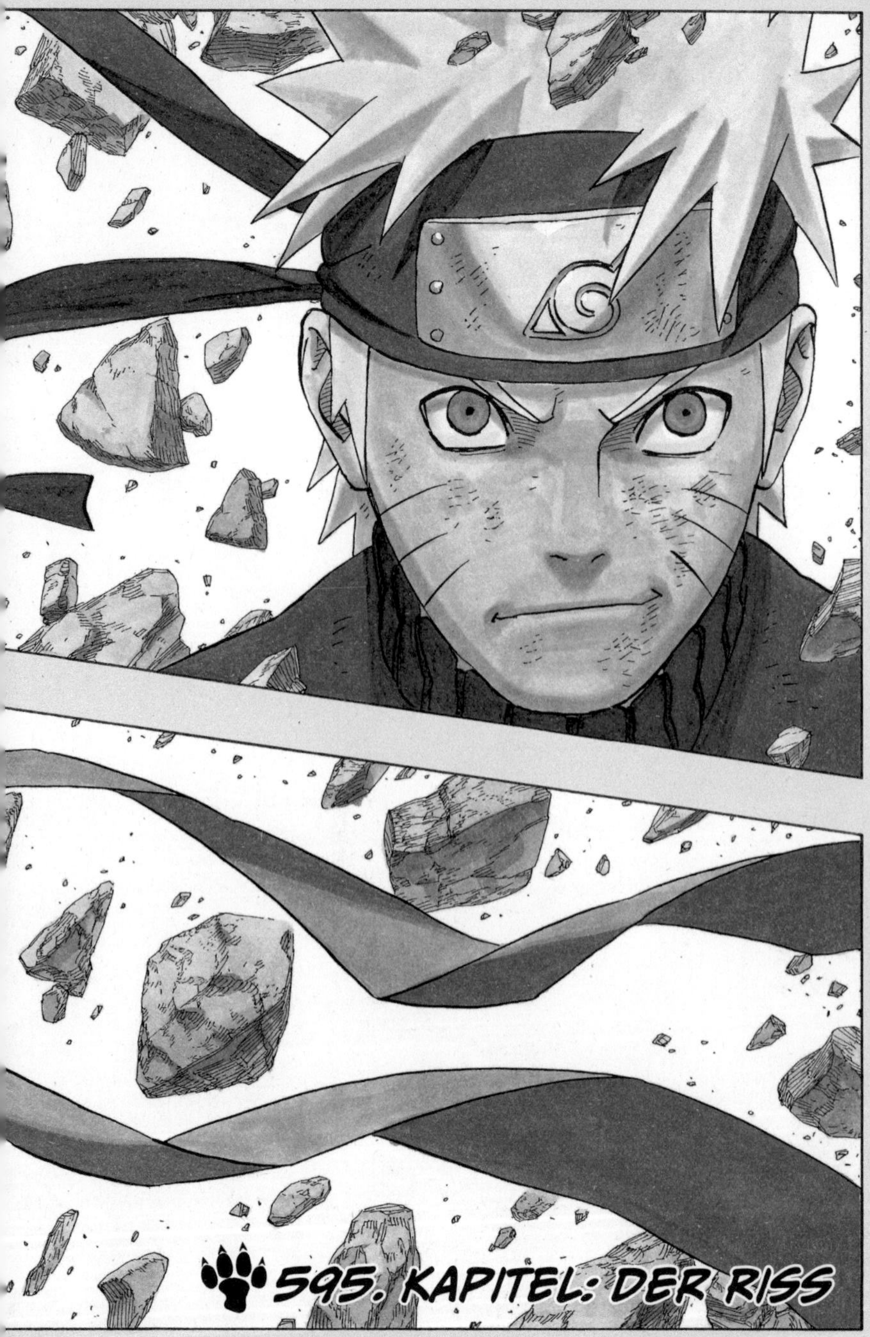
595. KAPITEL: DER RISS

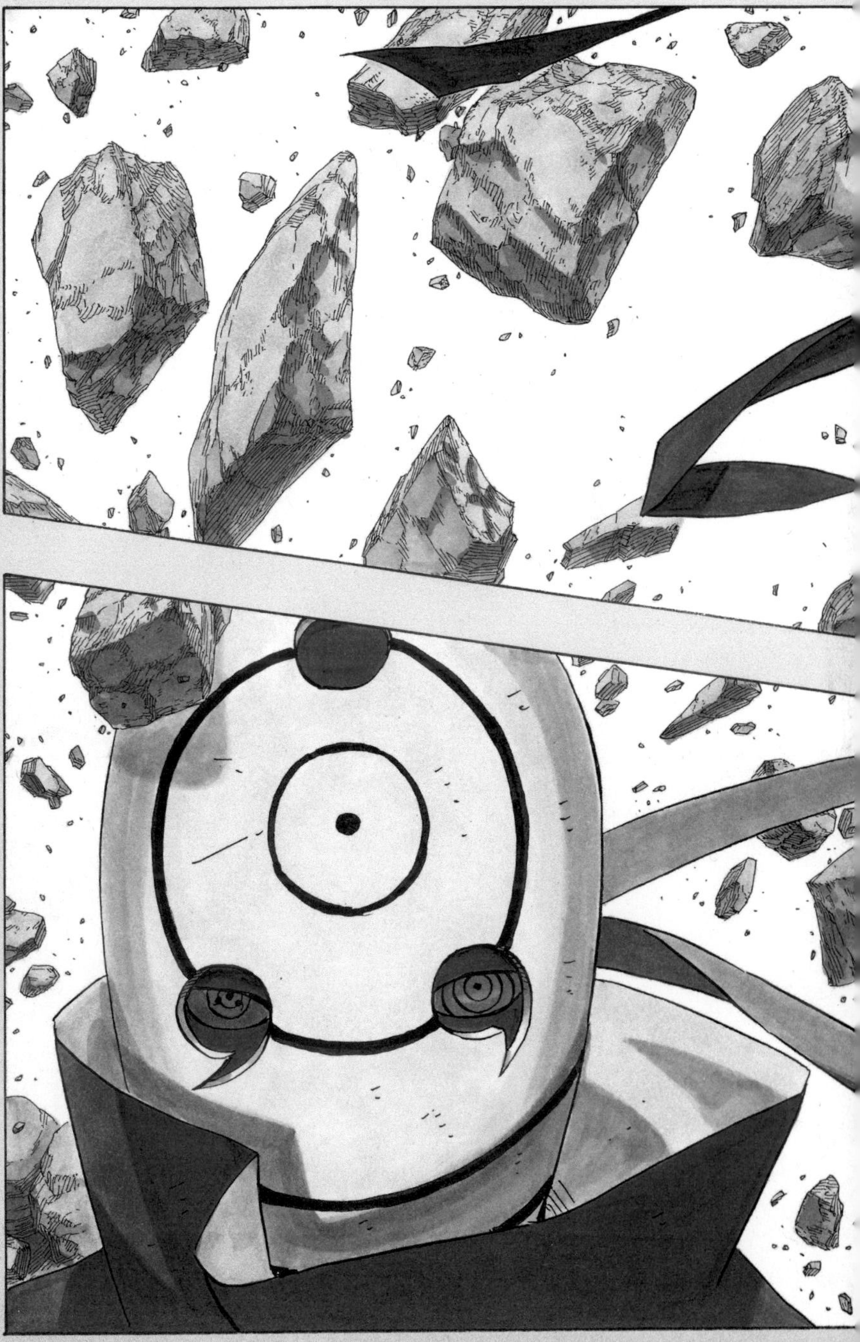

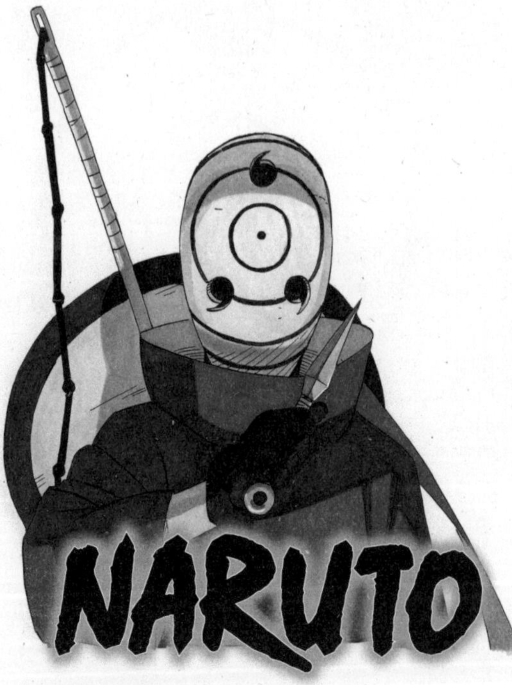
NARUTO

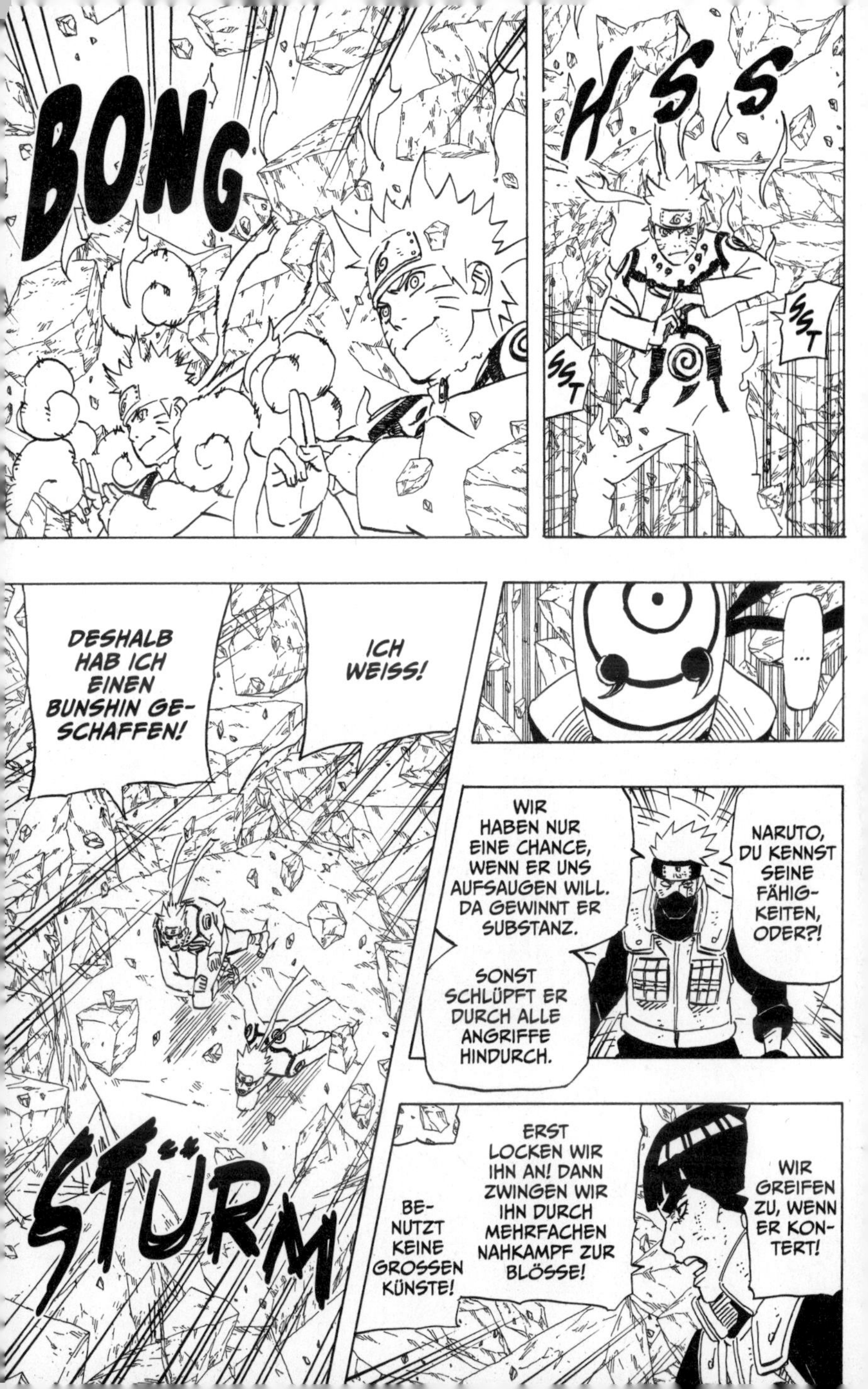
HSS
SST
SST
BONG
...
ICH WEISS!
DESHALB HAB ICH EINEN BUNSHIN GE-SCHAFFEN!
NARUTO, DU KENNST SEINE FÄHIG-KEITEN, ODER?!
WIR HABEN NUR EINE CHANCE, WENN ER UNS AUFSAUGEN WILL. DA GEWINNT ER SUBSTANZ.
SONST SCHLÜPFT ER DURCH ALLE ANGRIFFE HINDURCH.
WIR GREIFEN ZU, WENN ER KON-TERT!
ERST LOCKEN WIR IHN AN! DANN ZWINGEN WIR IHN DURCH MEHRFACHEN NAHKAMPF ZUR BLÖSSE!
BE-NUTZT KEINE GROSSEN KÜNSTE!
STÜRM

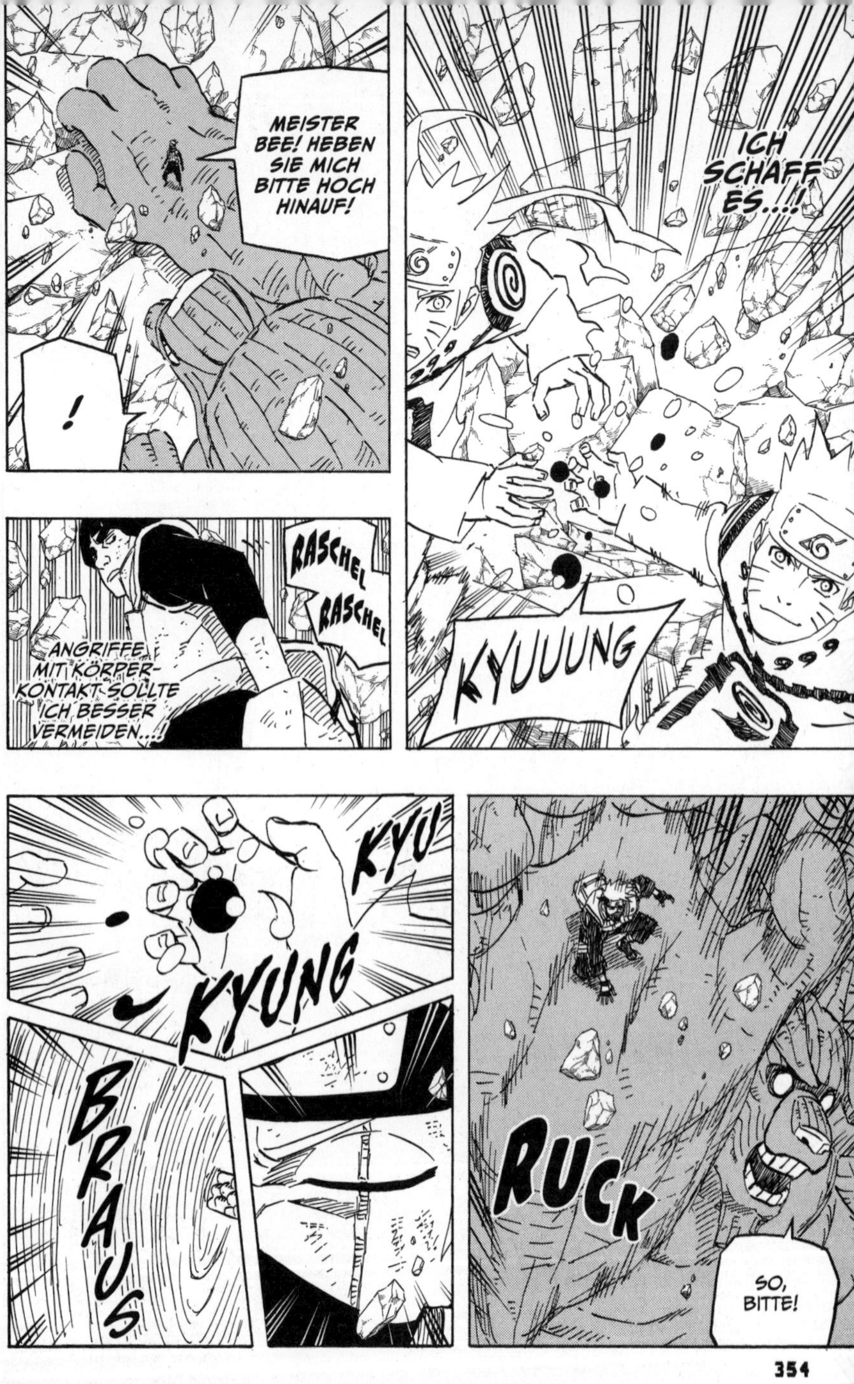

ICH SCHAFF ES...!!
KYUUUNG
MEISTER BEE! HEBEN SIE MICH BITTE HOCH HINAUF!
!
RASCHEL RASCHEL
ANGRIFFE MIT KÖRPER-KONTAKT SOLLTE ICH BESSER VERMEIDEN...!
RUCK
SO, BITTE!
KYU
KYUNG
BRAUS

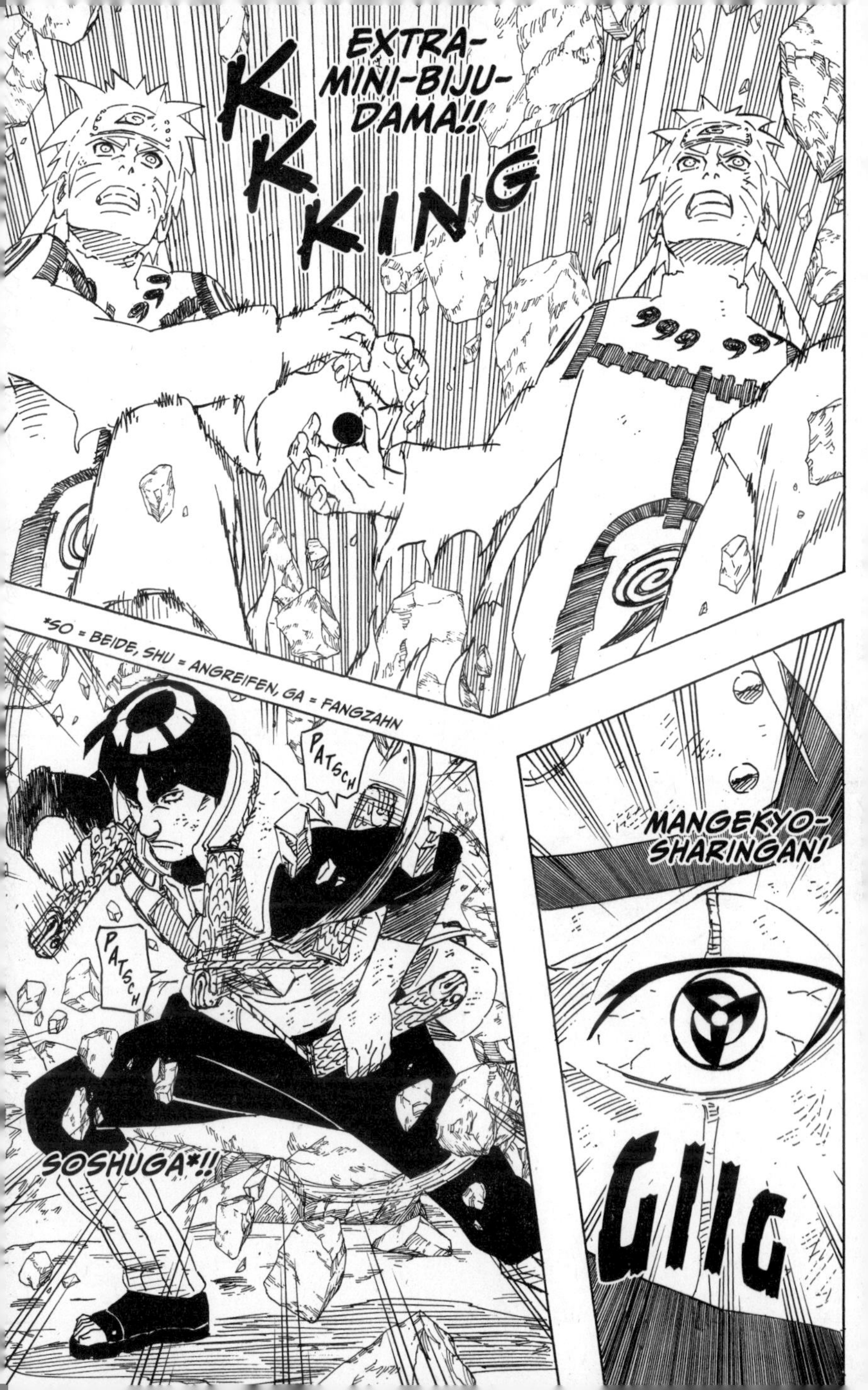
EXTRA-
MINI-BIJU-
DAMA!!
KKKING
MANGEKYO-
SHARINGAN!
GLIG
*SO = BEIDE, SHU = ANGREIFEN, GA = FANGZAHN
PATSCH
PATSCH
SOSHUGA*!!

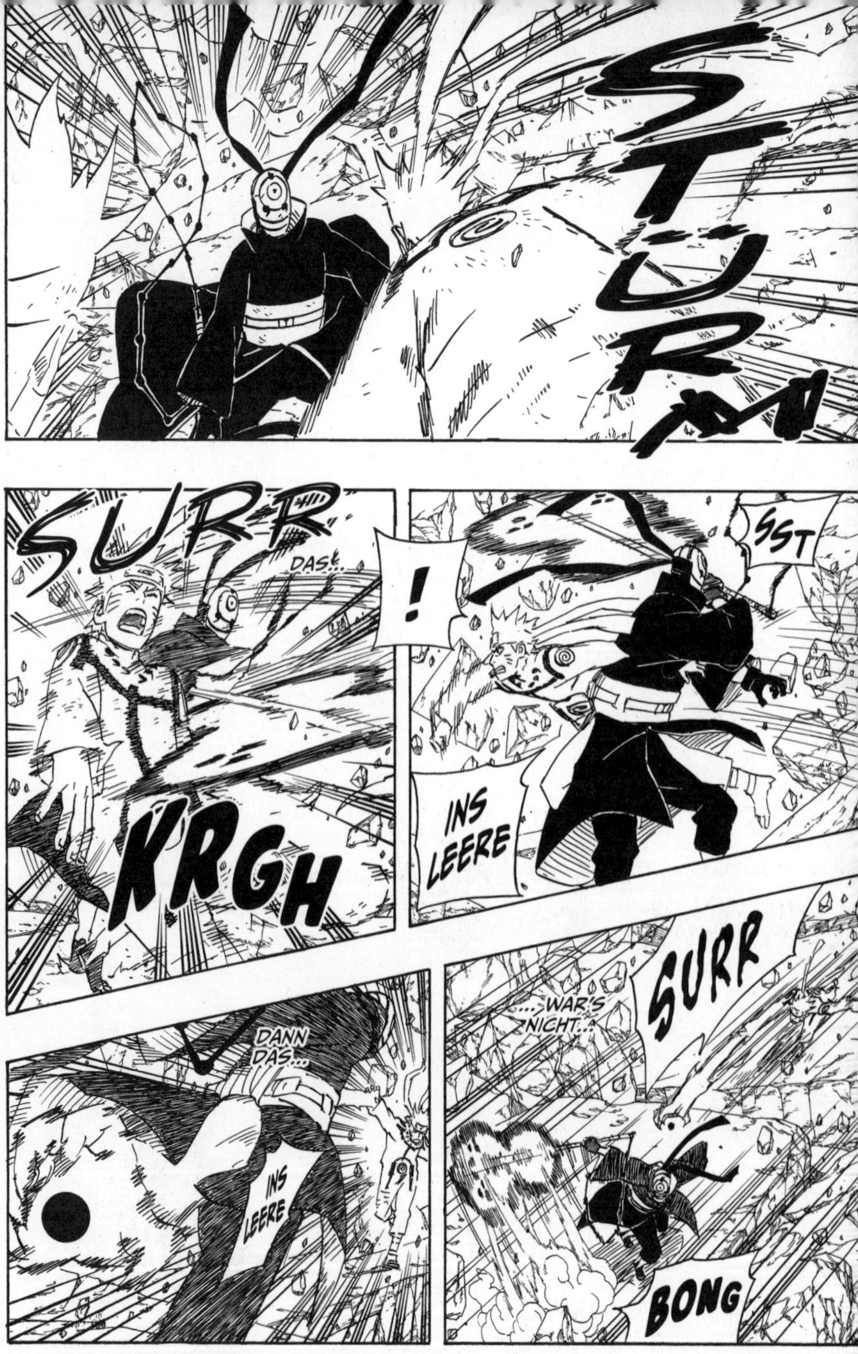
STURM
SST
!
INS LEERE
SURR
DAS...
KRGH
...WAR'S NICHT...
SURR
BONG
DANN DAS...
INS LEERE

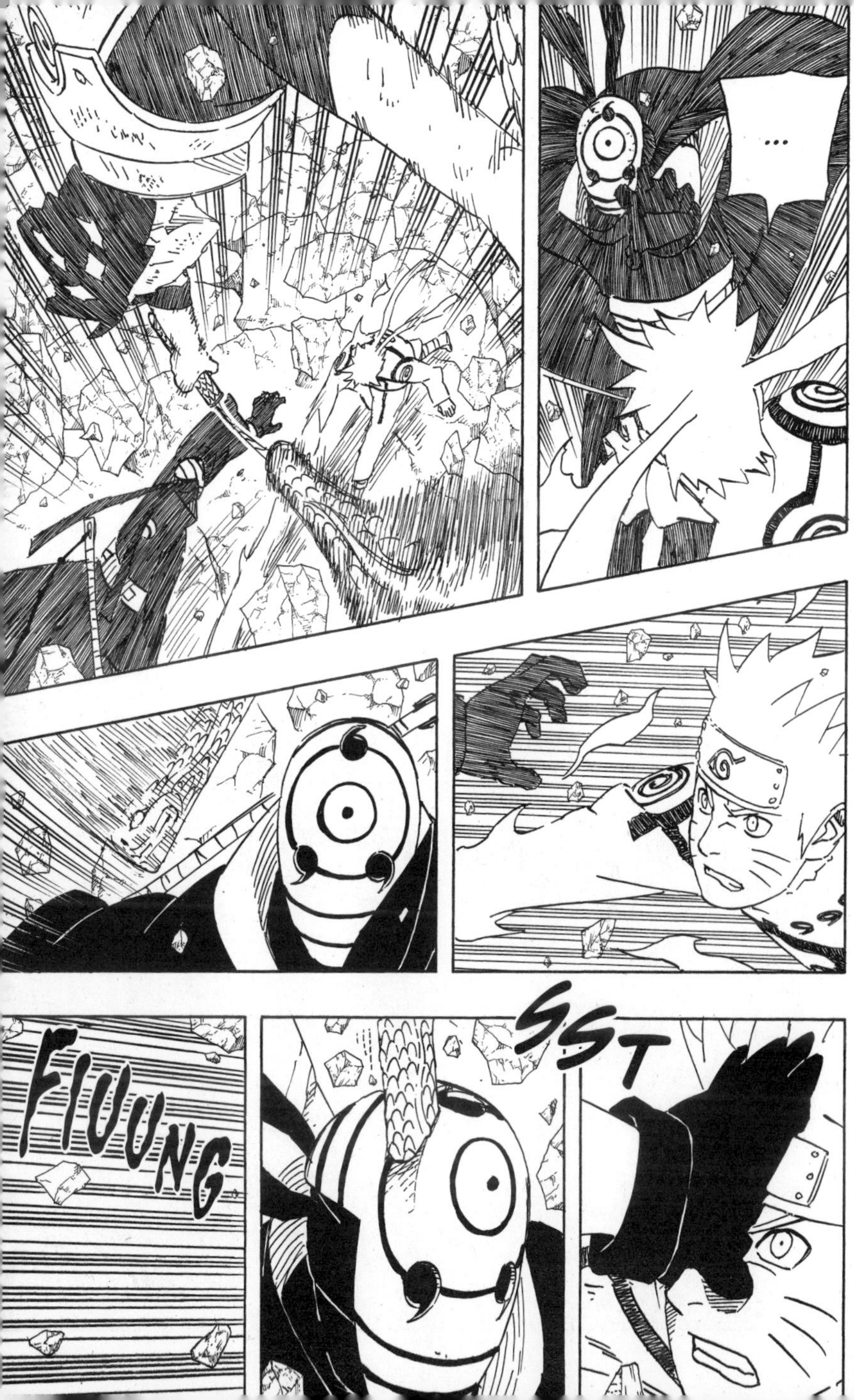

...
SST
FIUUNG

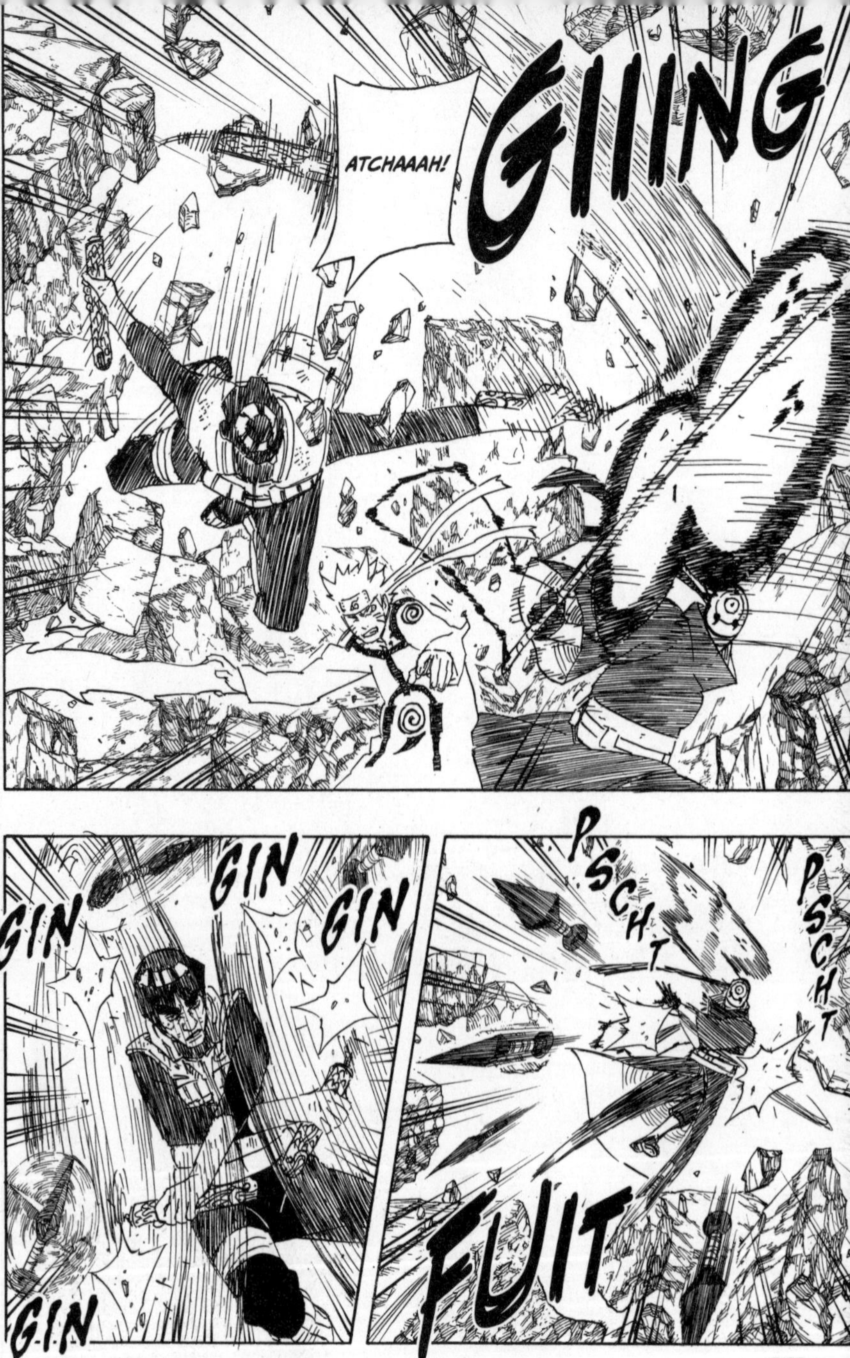
GIIING
ATCHAAAH!
PSCHT
PSCHT
FUIT
GIN
GIN
GIN
GIN

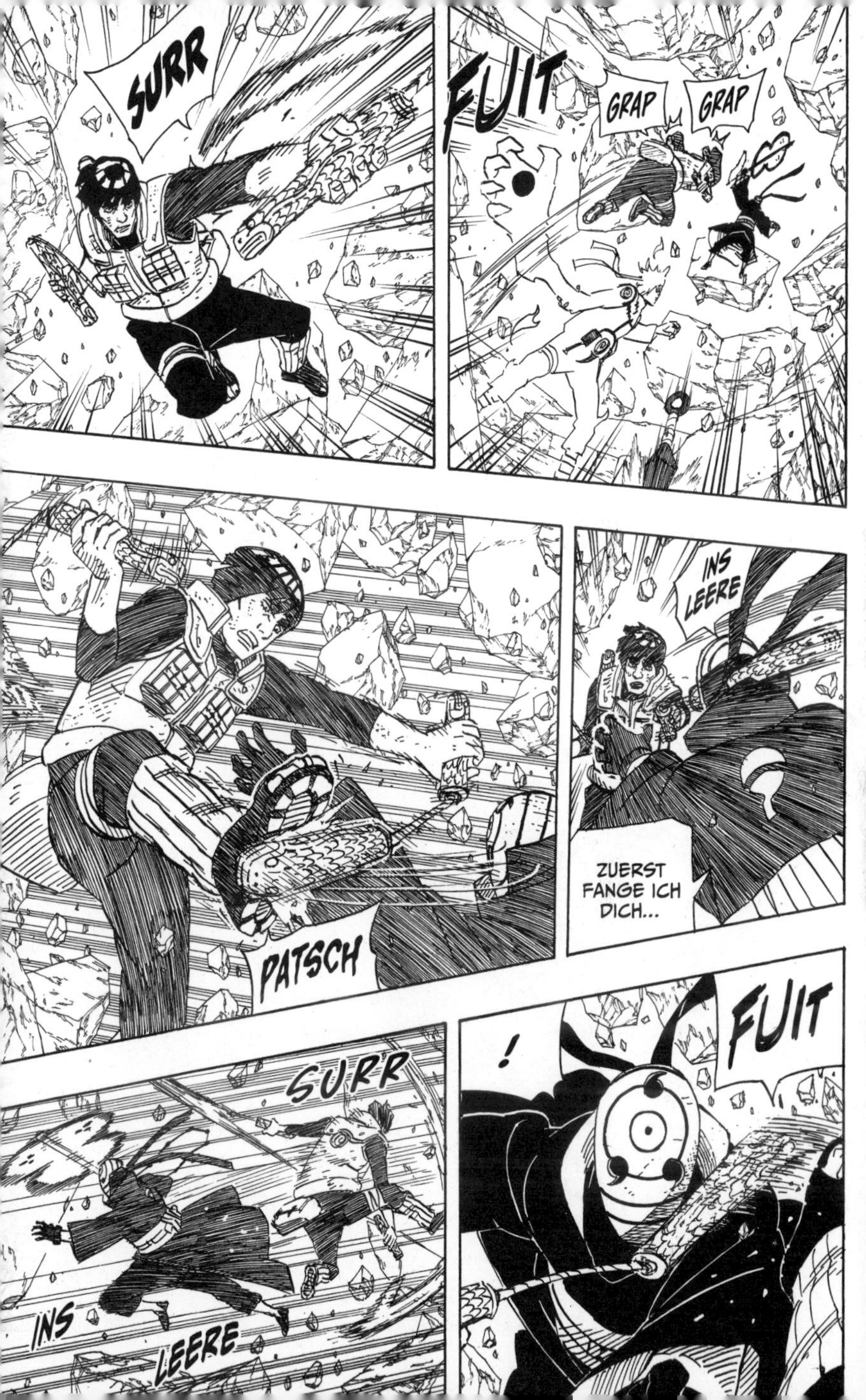
FUIT
GRAP
GRAP
SURR
INS LEERE
ZUERST FANGE ICH DICH...
PATSCH
FUIT
!
SURR
INS LEERE

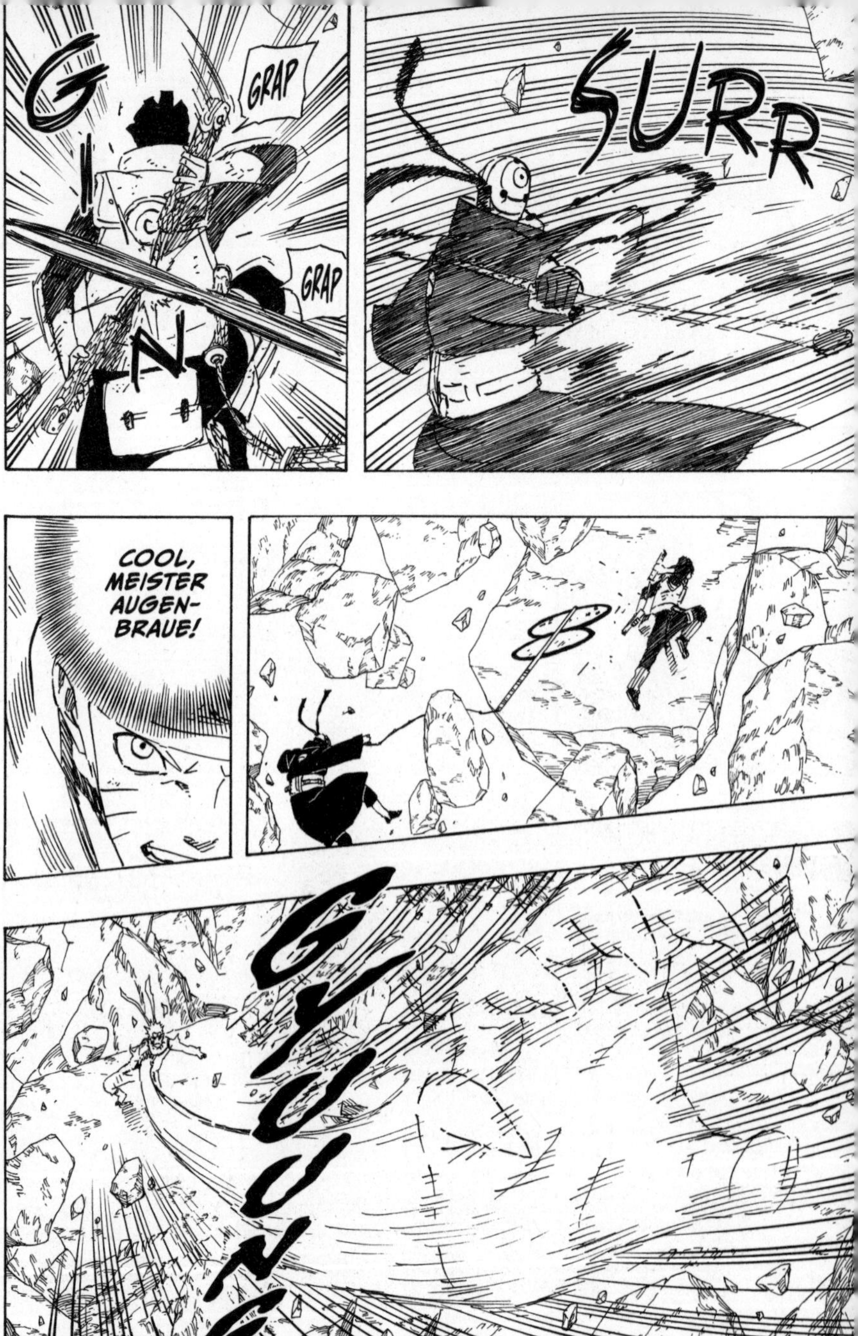
SURR
GIN
GRAP
GRAP
COOL, MEISTER AUGEN-BRAUE!
GWUUNG

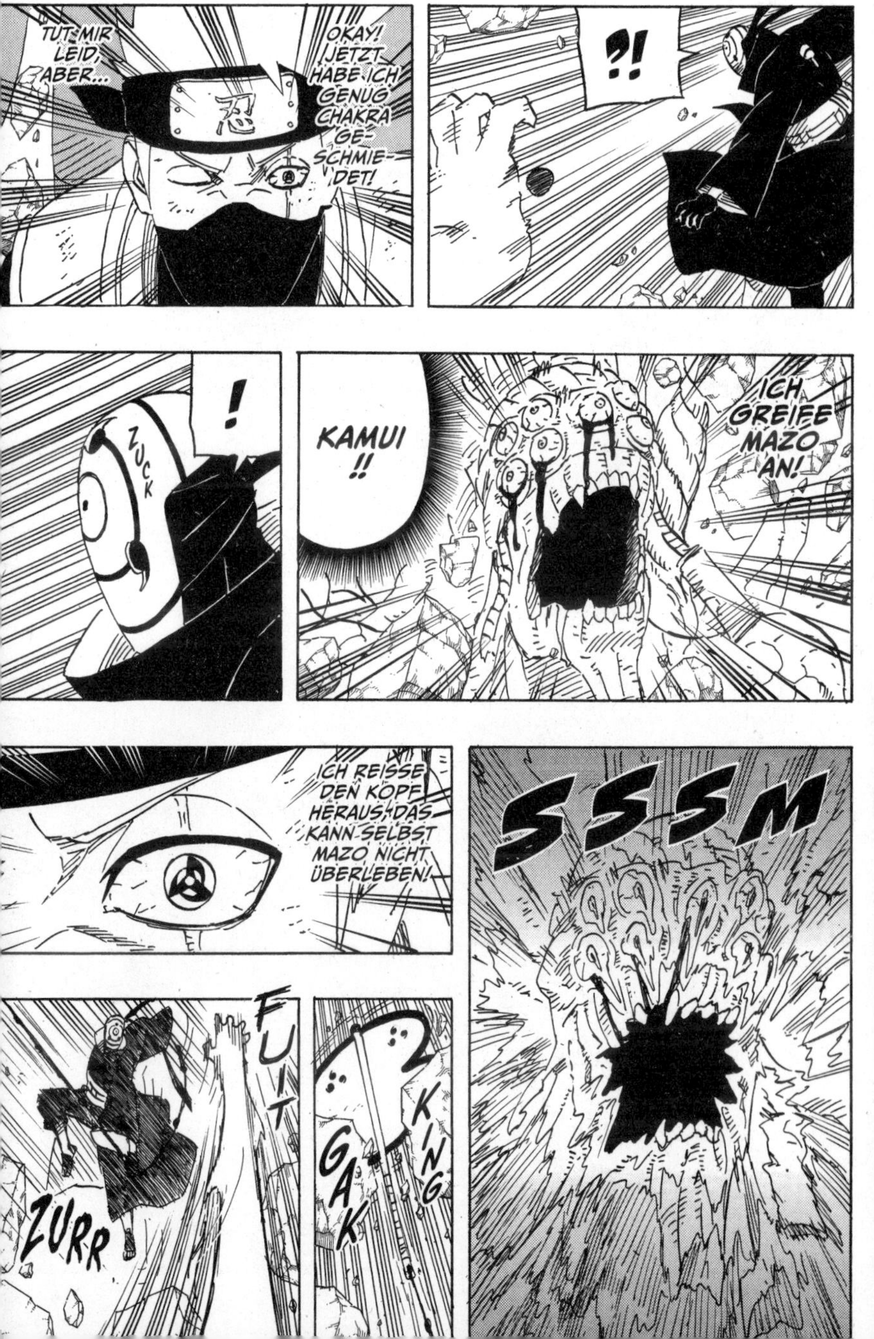
?!
OKAY! JETZT HABE ICH GENUG CHAKRA GESCHMIEDET!
TUT MIR LEID, ABER...
ICH GREIFE MAZO AN!
KAMUI!!
!
ZUCK
SSSM
ICH REISSE DEN KOPF HERAUS. DAS KANN SELBST MAZO NICHT ÜBERLEBEN!
KING
GAK
FUIT
ZURR

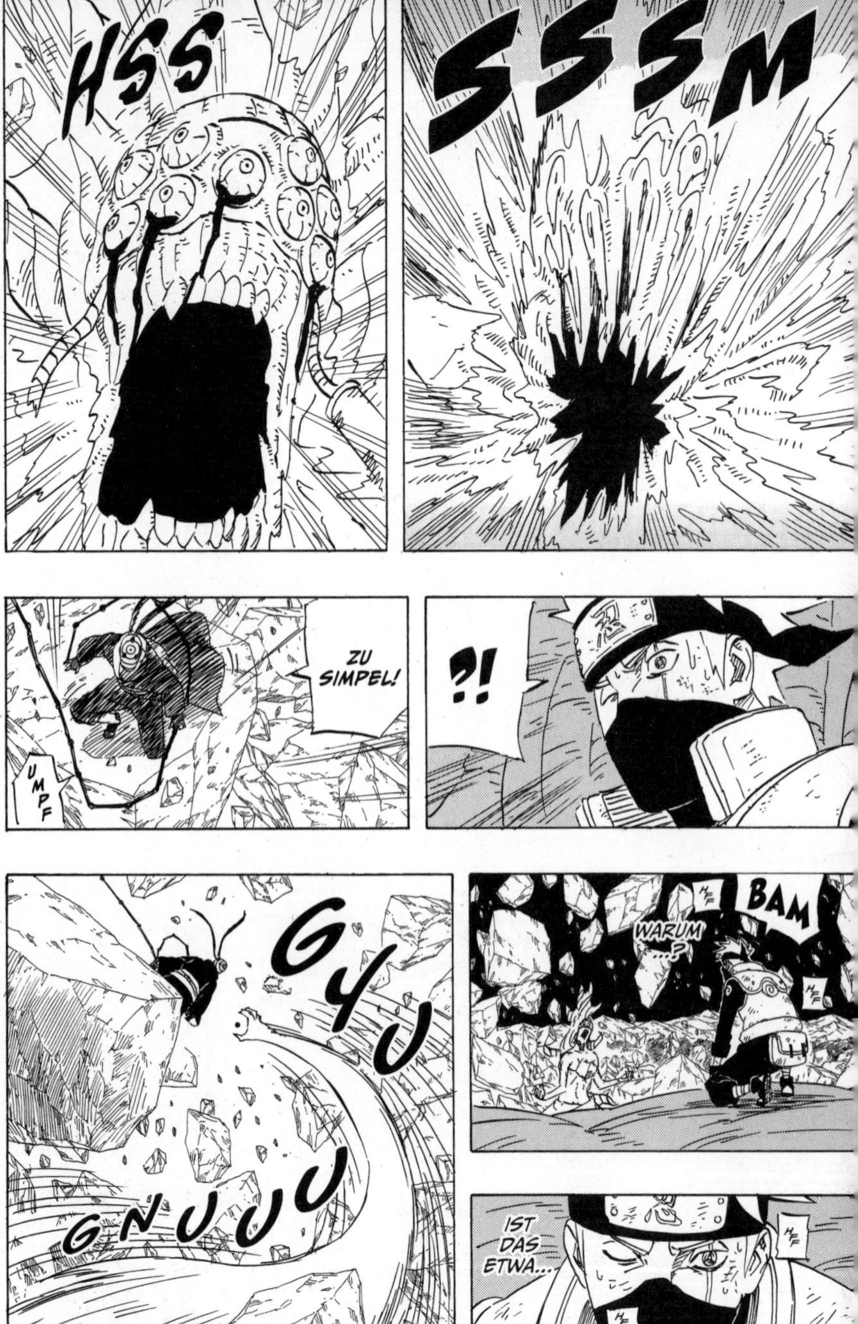
SSSM
HSS
?!
ZU SIMPEL!
UMPF
HEF
BAM
WARUM ...?
HEF
IST DAS ETWA...
HEF
HEF
GYU
GNUUUU

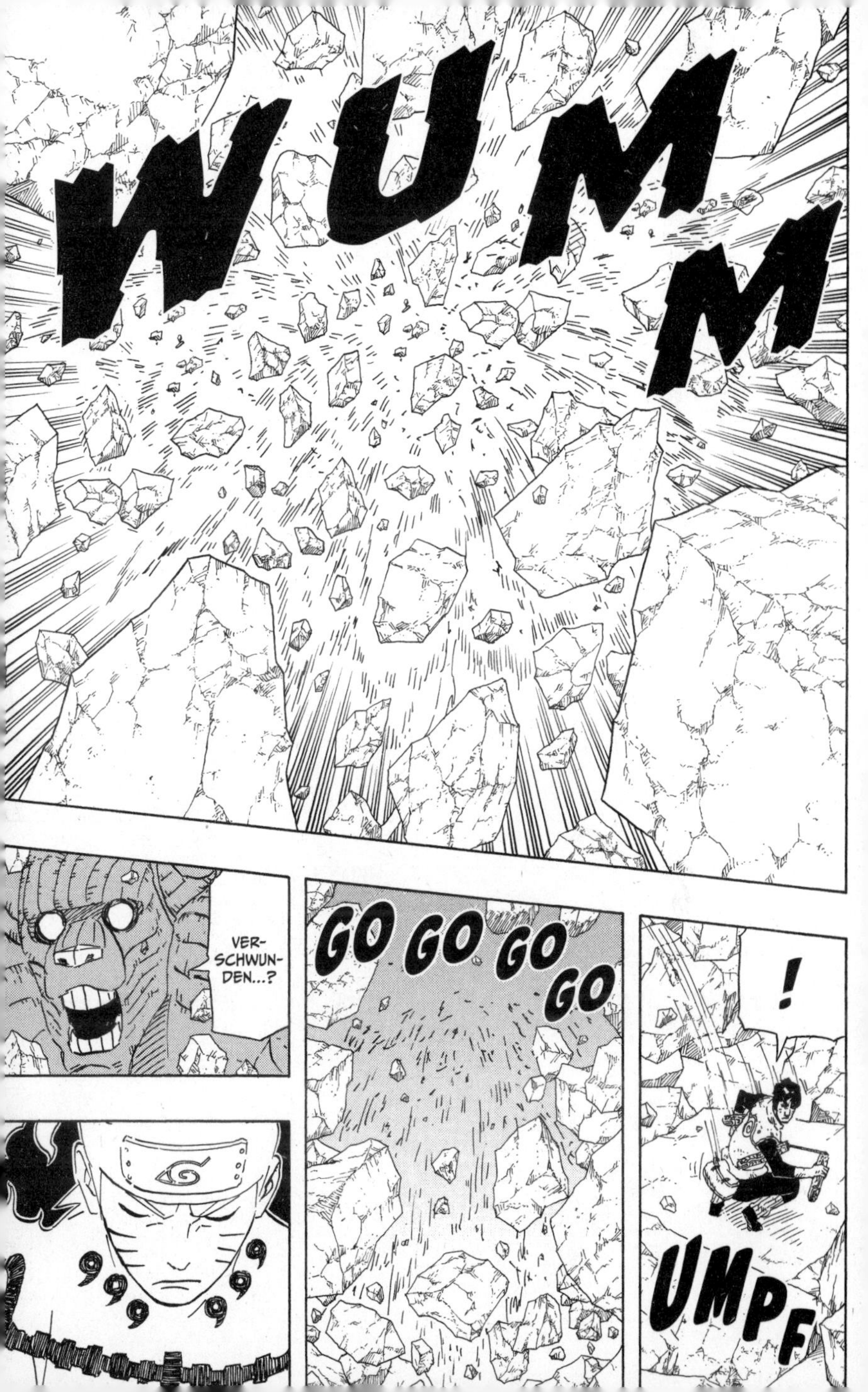
WUMM
!
UMPF
GO GO GO GO
VER-SCHWUN-DEN...?

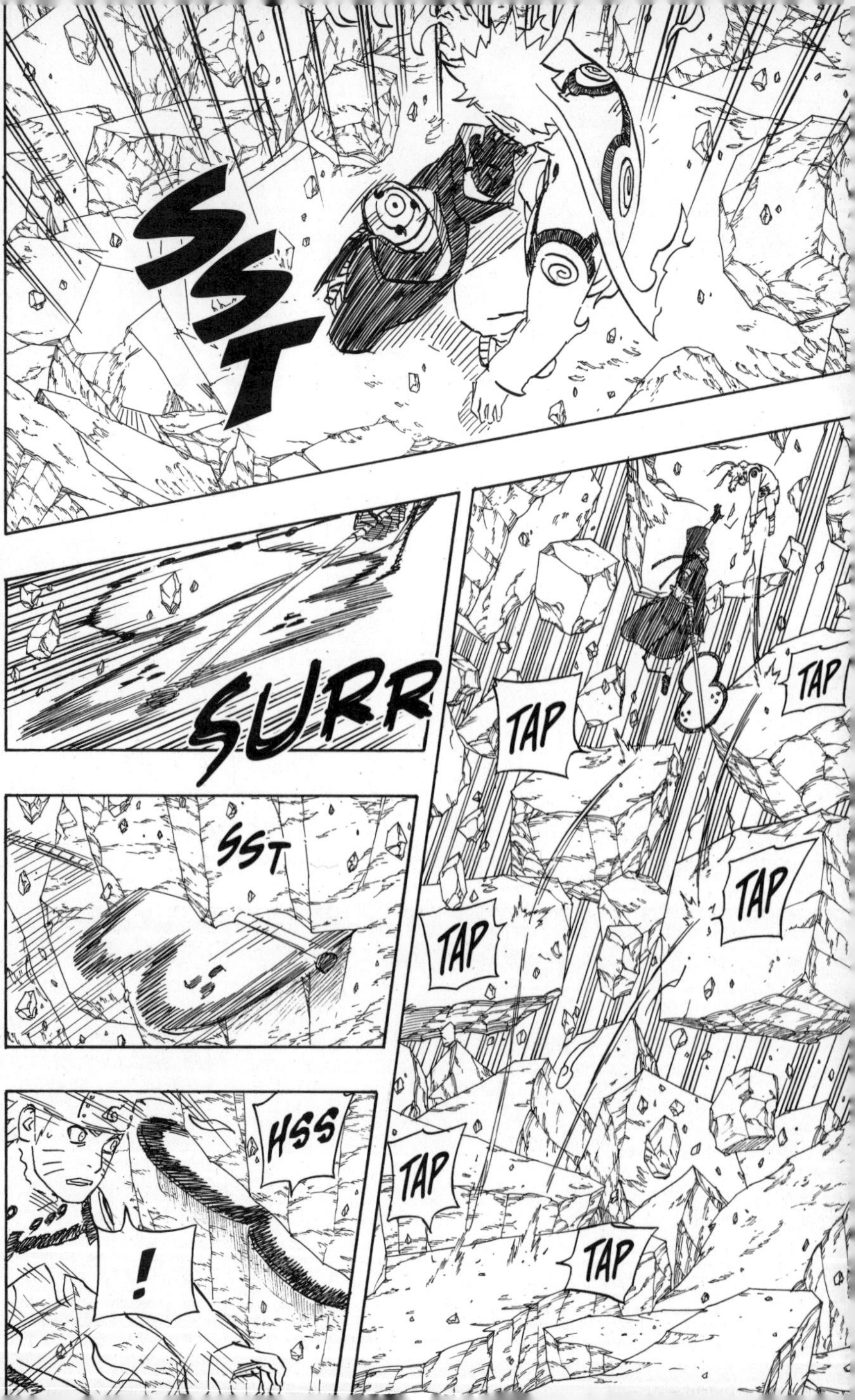
SST
TAP
TAP
TAP
TAP
TAP
TAP
SURR
SST
HSS
!

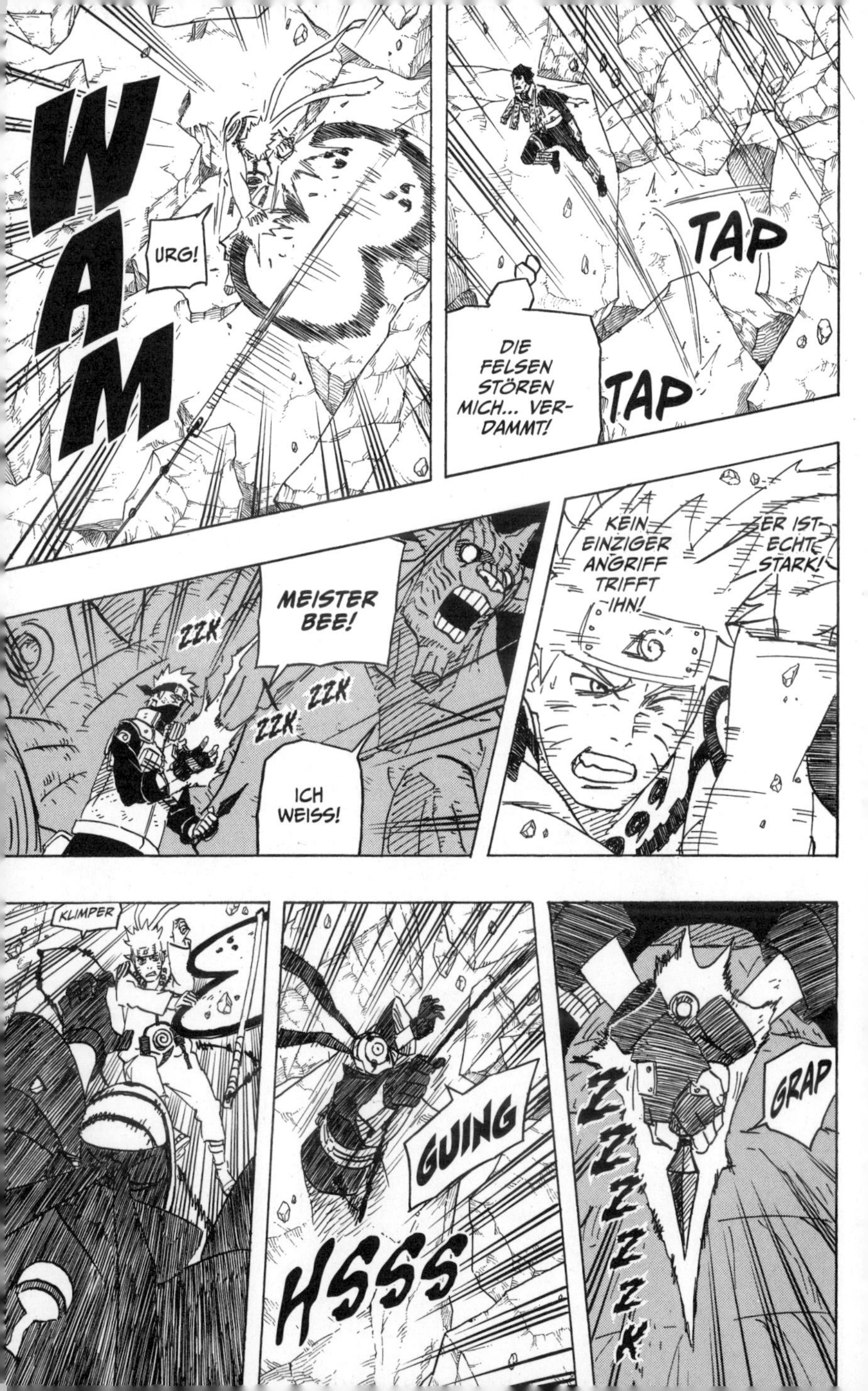
TAP
TAP
DIE FELSEN STÖREN MICH... VER-DAMMT!
WAM
URG!
ER IST ECHT STARK!
KEIN EINZIGER ANGRIFF TRIFFT IHN!
MEISTER BEE!
ZZK
ZZK
ZZK
ICH WEISS!
GRAP
ZZZZZZK
GUING
HSSS
KLIMPER

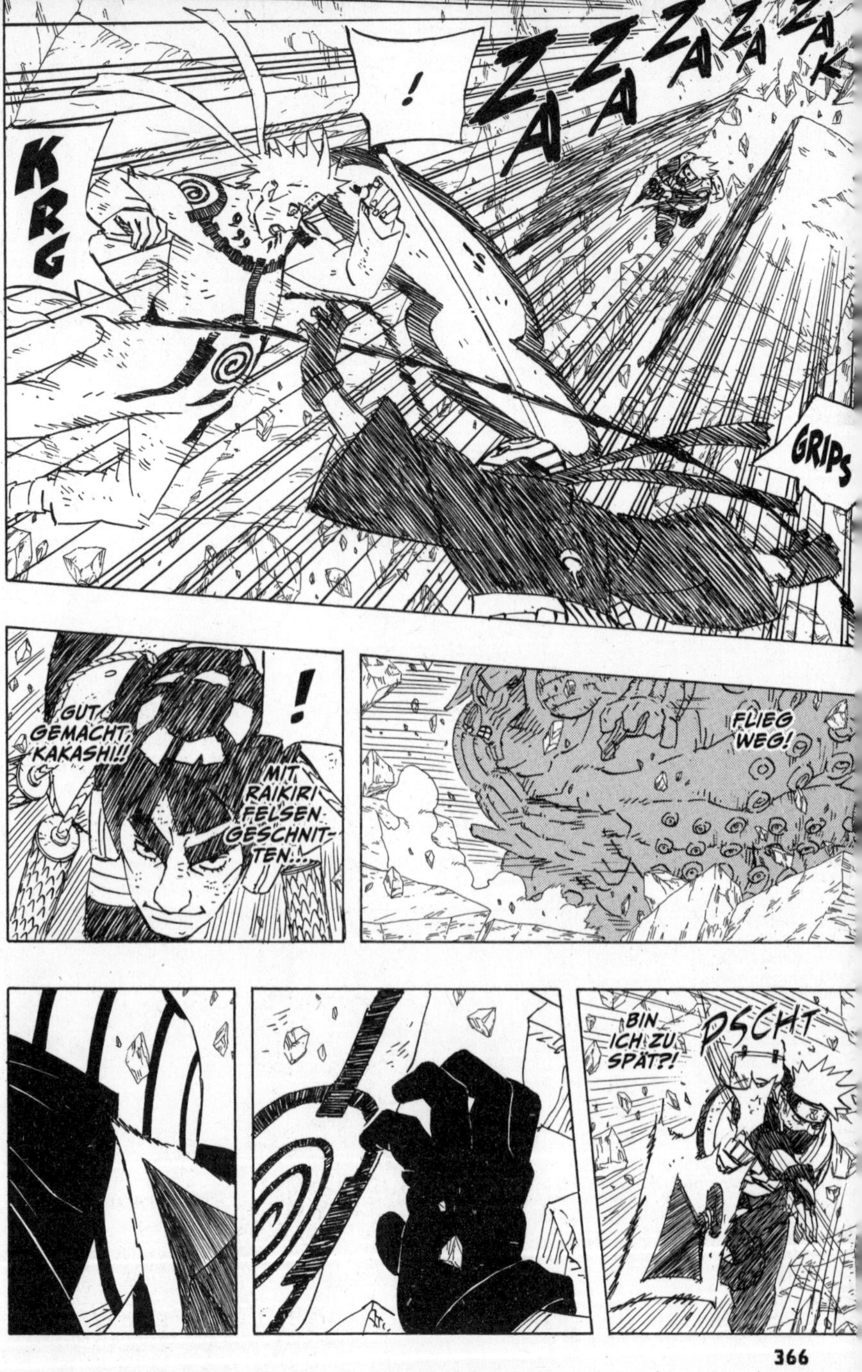
ZAZAZAZAZAK
!
KRG
GRIPS
FLIEG WEG!
!
GUT GEMACHT KAKASHI!!
MIT RAIKIRI FELSEN GESCHNITTEN...
BIN ICH ZU SPÄT?!
DSCHT

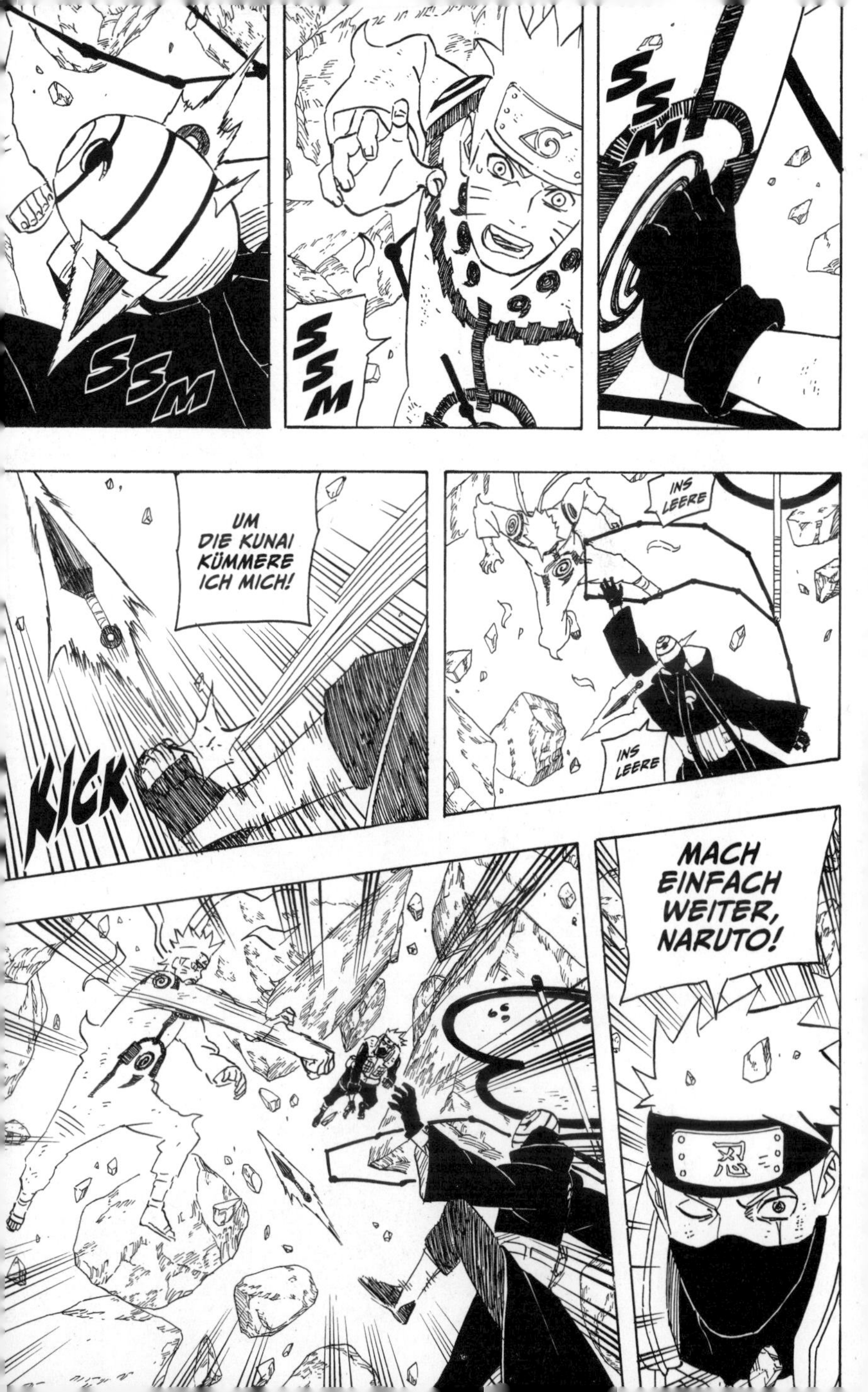
SSM
SSM
SSM
INS LEERE
INS LEERE
UM DIE KUNAI KÜMMERE ICH MICH!
KICK
MACH EINFACH WEITER, NARUTO!

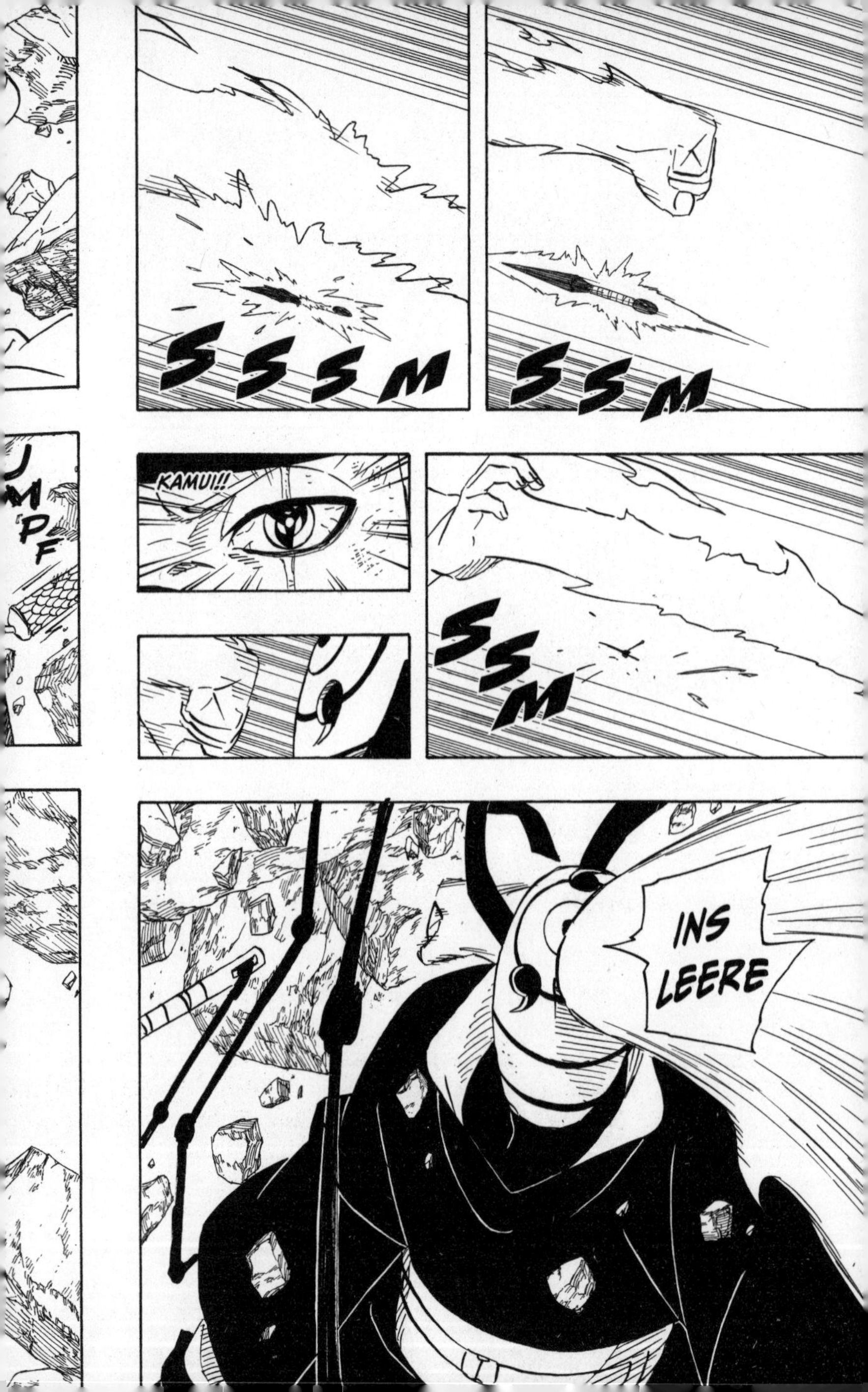
SSSM
SSSSM
SSSM
KAMUI!!
INS LEERE

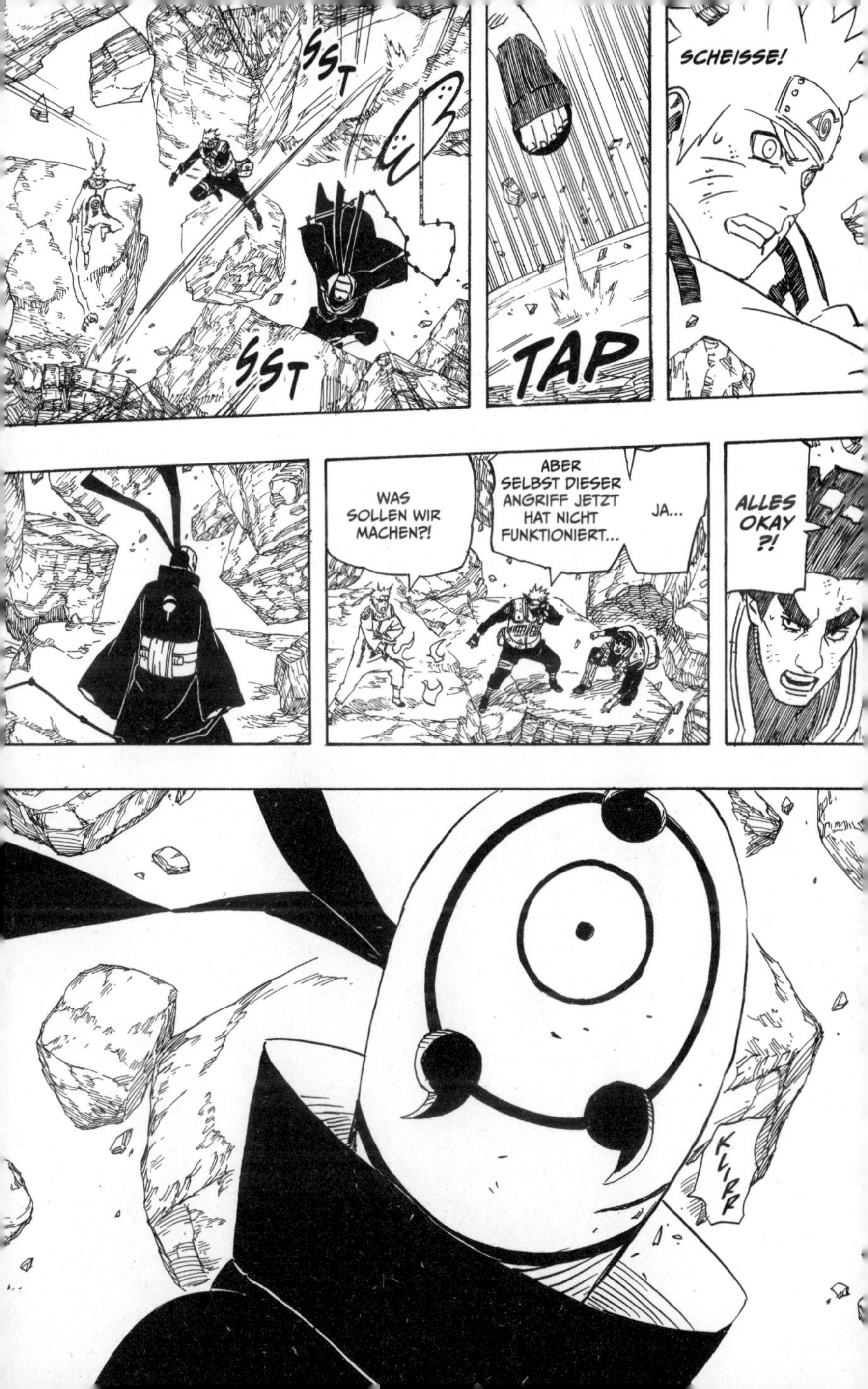
SCHEISSE!
TAP
SST
SST
ALLES OKAY ?!
JA...
ABER SELBST DIESER ANGRIFF JETZT HAT NICHT FUNKTIONIERT...
WAS SOLLEN WIR MACHEN?!
KLIRR

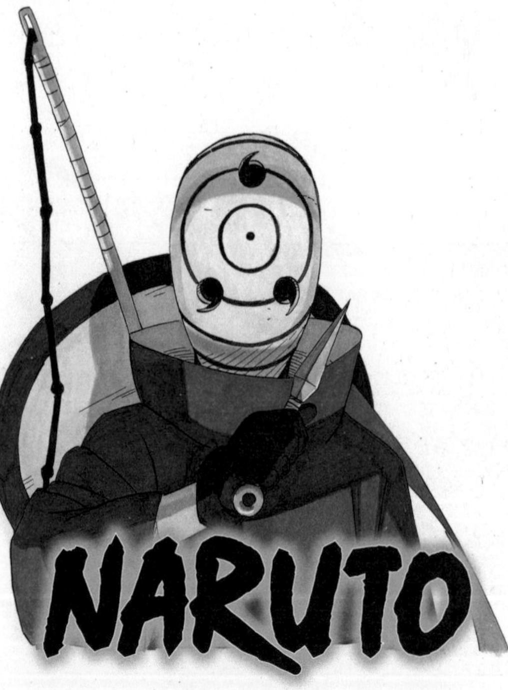
NARUTO

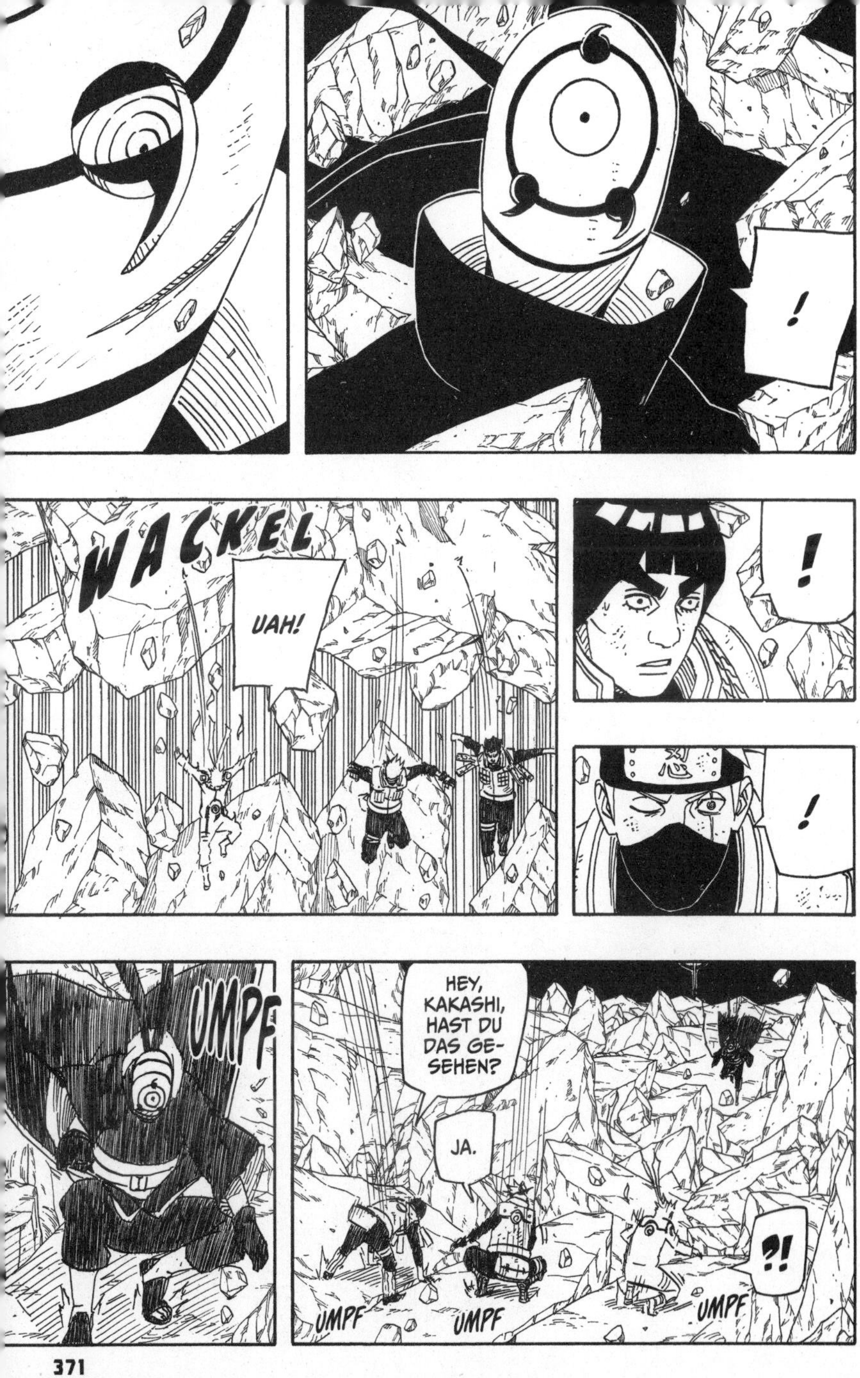
!
!
!
WACKEL
UAH!
HEY, KAKASHI, HAST DU DAS GESEHEN?
JA.
?!
UMPF
UMPF
UMPF
UMPF

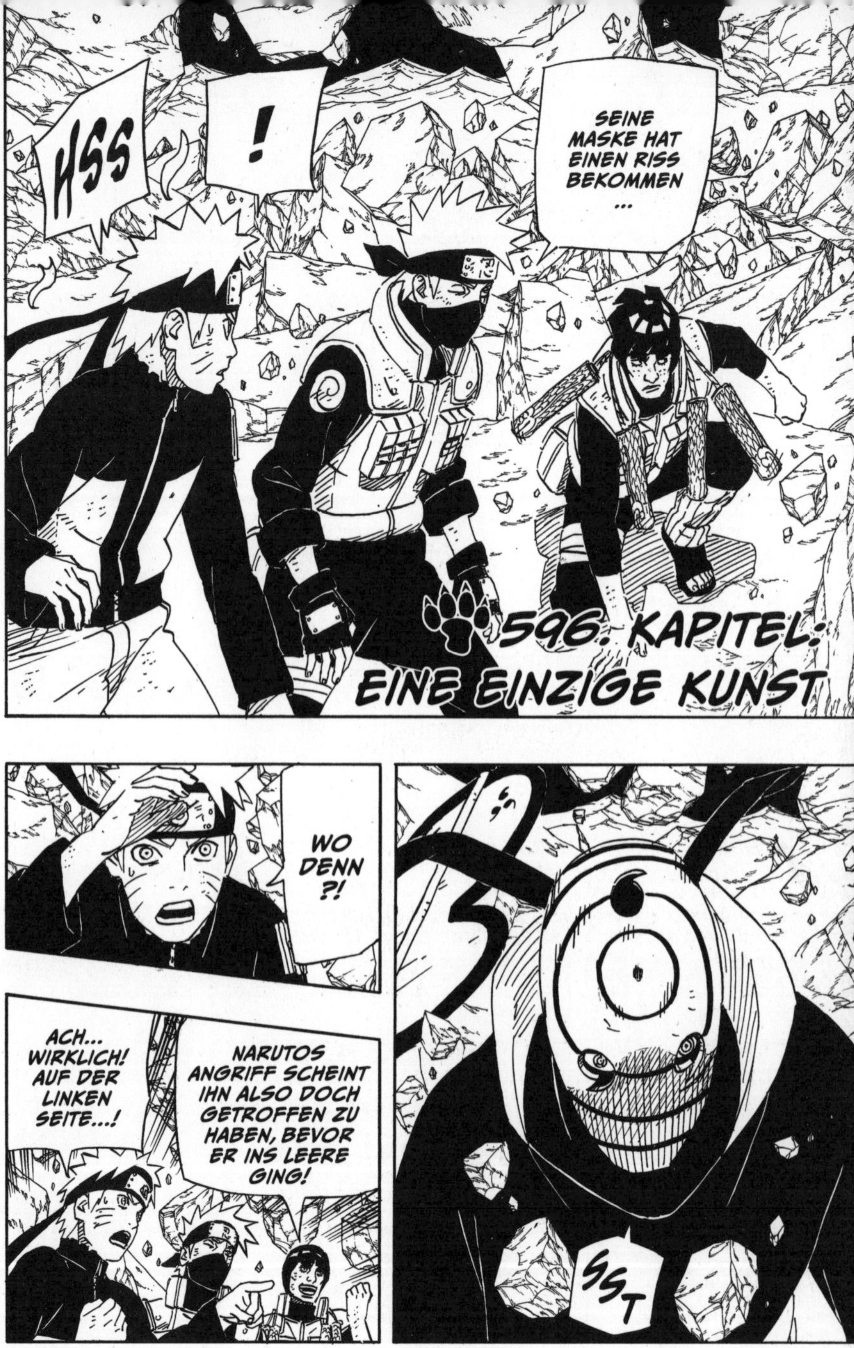
SEINE MASKE HAT EINEN RISS BEKOMMEN ...
!
HSS
596. KAPITEL: EINE EINZIGE KUNST
SST
WO DENN ?!
NARUTOS ANGRIFF SCHEINT IHN ALSO DOCH GETROFFEN ZU HABEN, BEVOR ER INS LEERE GING!
ACH... WIRKLICH! AUF DER LINKEN SEITE...!

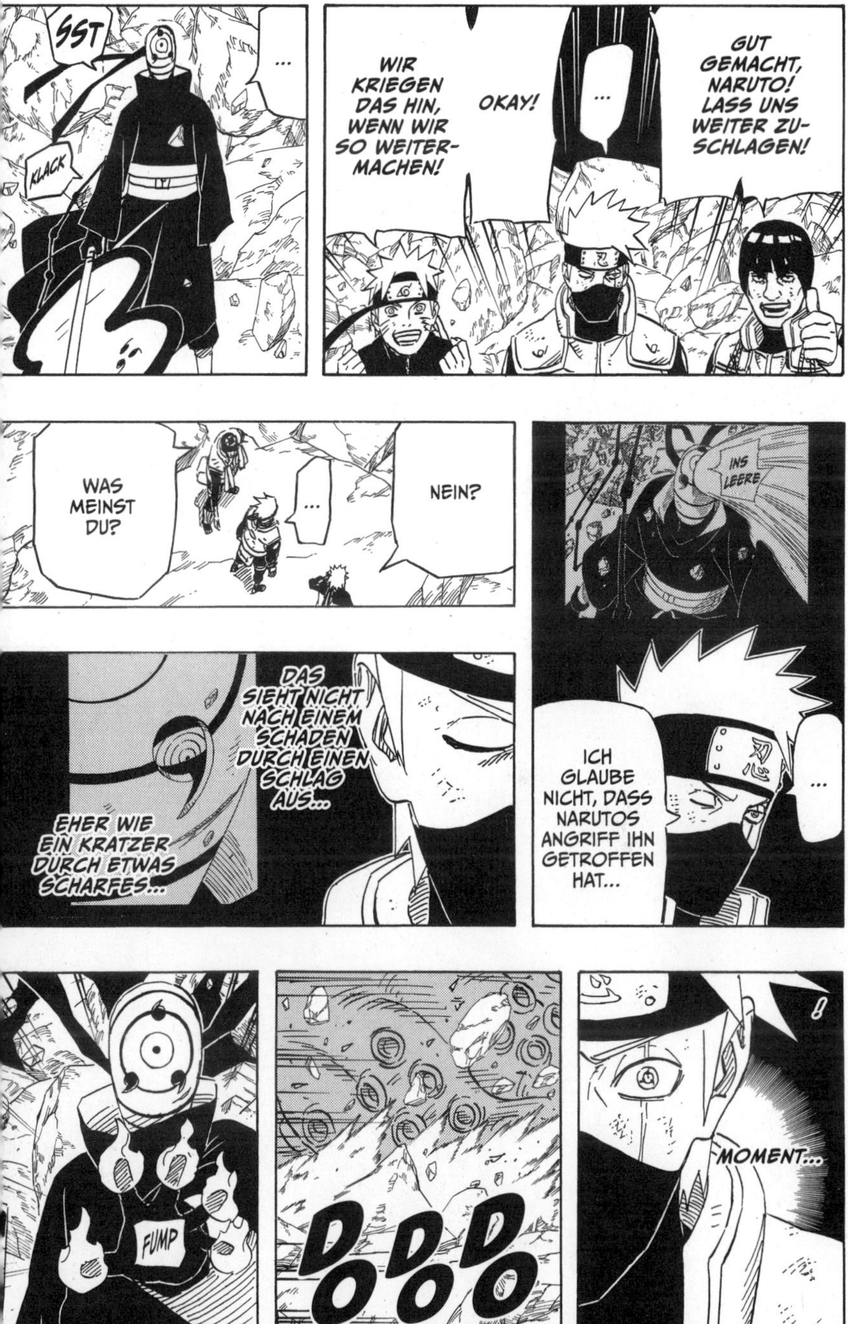
GUT GEMACHT, NARUTO! LASS UNS WEITER ZU-SCHLAGEN!
...
OKAY!
WIR KRIEGEN DAS HIN, WENN WIR SO WEITER-MACHEN!
...
SST
KLACK
INS LEERE
...
ICH GLAUBE NICHT, DASS NARUTOS ANGRIFF IHN GETROFFEN HAT...
NEIN?
...
WAS MEINST DU?
DAS SIEHT NICHT NACH EINEM SCHADEN DURCH EINEN SCHLAG AUS...
EHER WIE EIN KRATZER DURCH ETWAS SCHARFES...
!
MOMENT...
DDD
OOO
FUMP

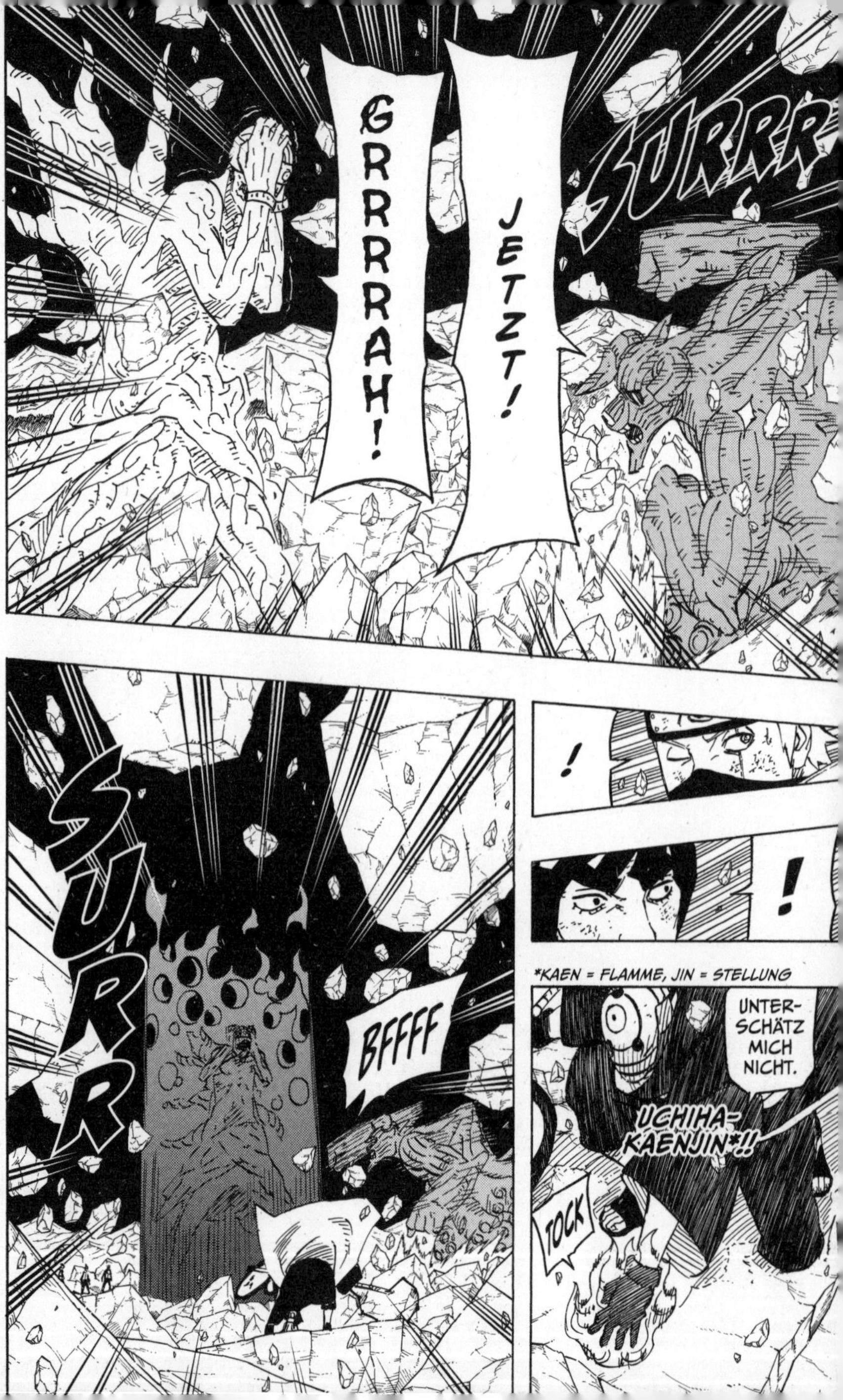

*KAEN = FLAMME, JIN = STELLUNG

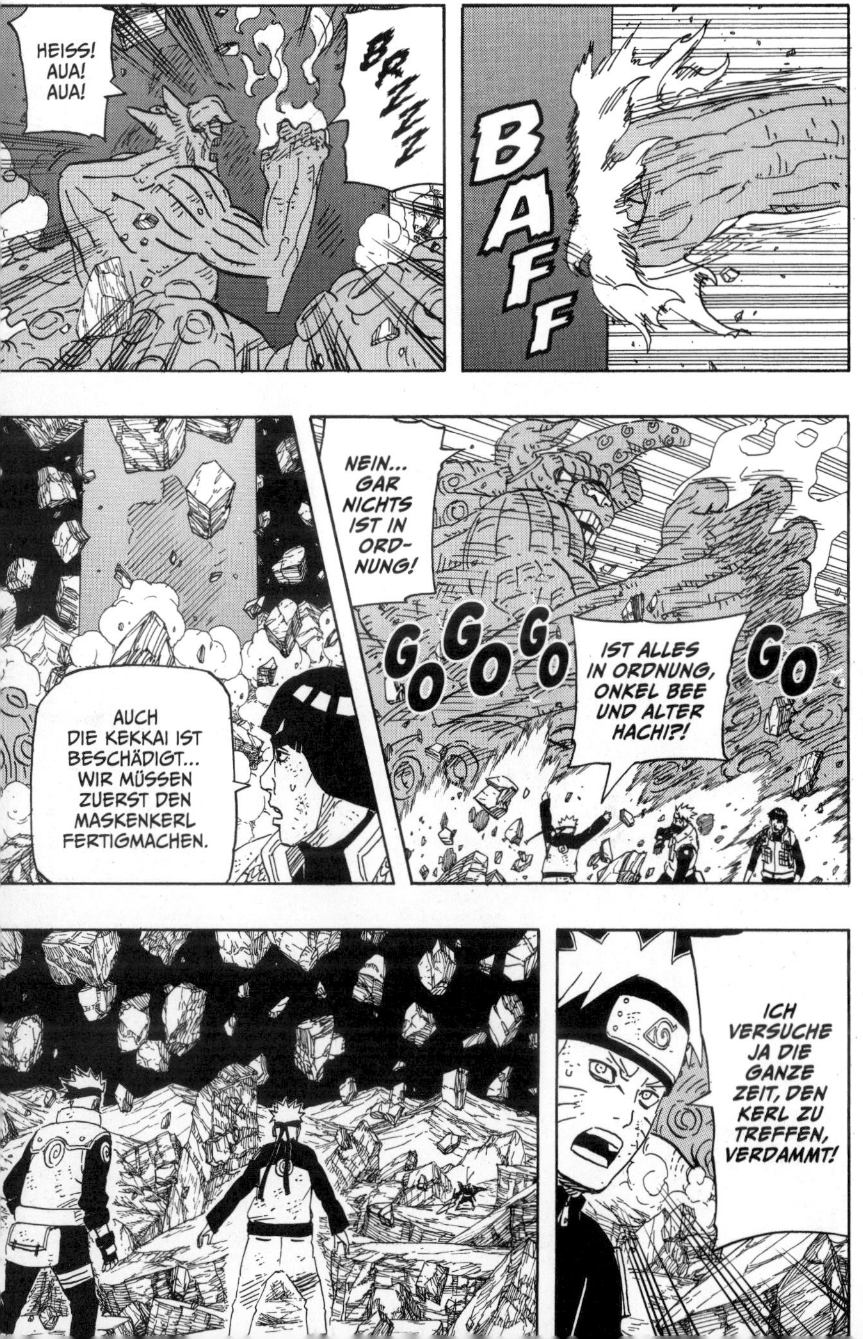

BAFF
HEISS! AUA! AUA!
GOGOGO
GO
IST ALLES IN ORDNUNG, ONKEL BEE UND ALTER HACHI?!
NEIN... GAR NICHTS IST IN ORDNUNG!
AUCH DIE KEKKAI IST BESCHÄDIGT... WIR MÜSSEN ZUERST DEN MASKENKERL FERTIGMACHEN.
ICH VERSUCHE JA DIE GANZE ZEIT, DEN KERL ZU TREFFEN, VERDAMMT!

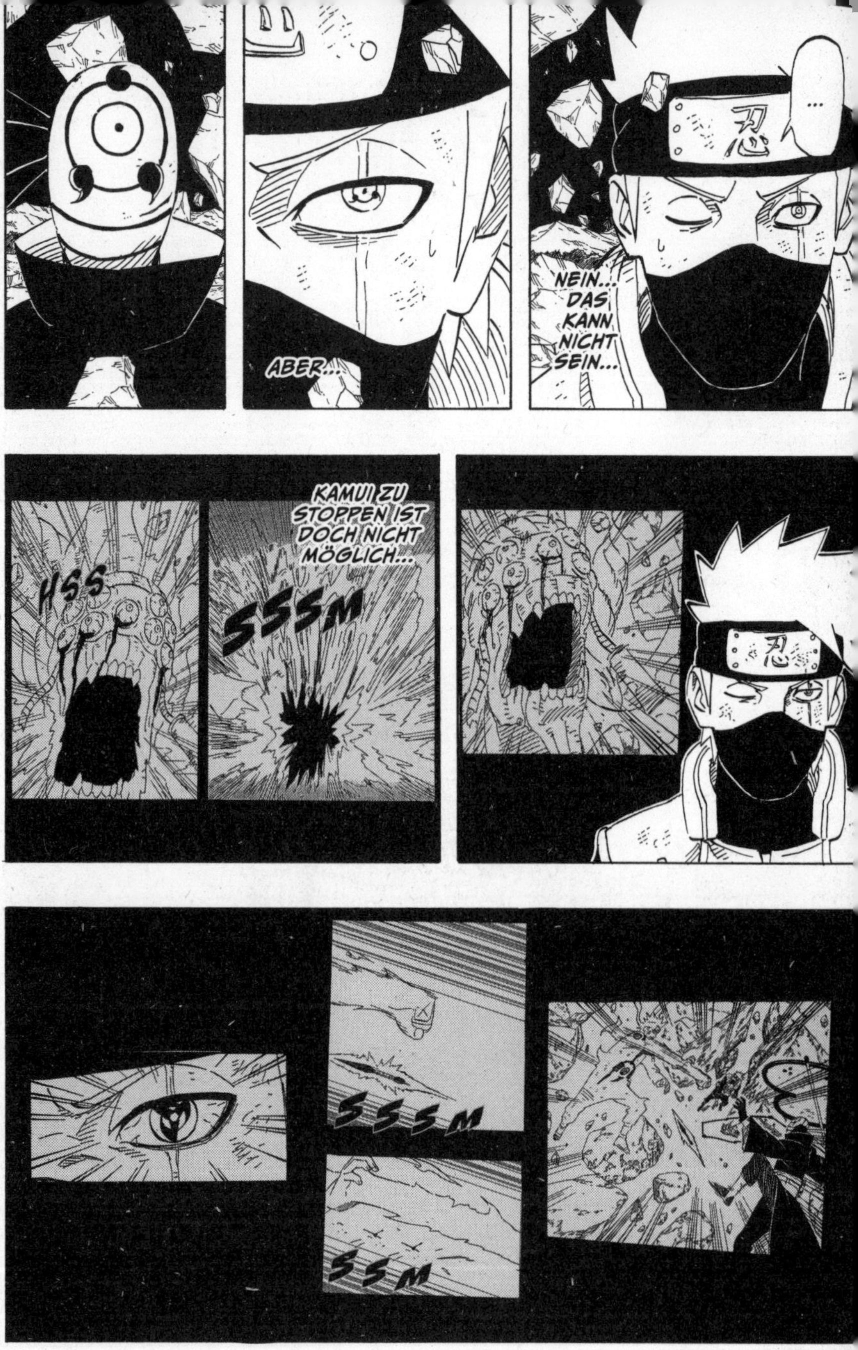
NEIN... DAS KANN NICHT SEIN...
ABER...
KAMUI ZU STOPPEN IST DOCH NICHT MÖGLICH...
SSSM
HSS
SSSM
SSM

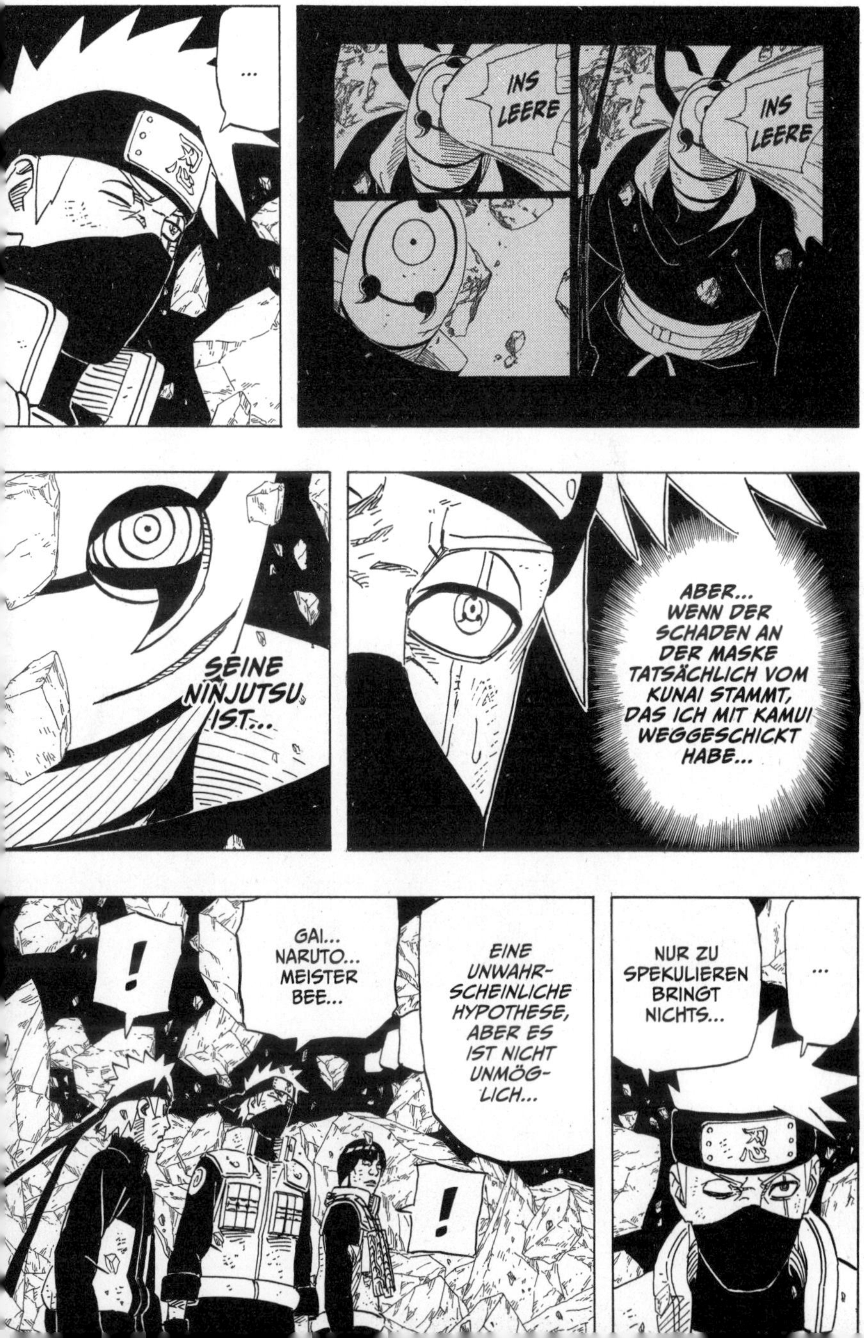
...
INS LEERE
INS LEERE
SEINE NINJUTSU IST...
ABER... WENN DER SCHADEN AN DER MASKE TATSÄCHLICH VOM KUNAI STAMMT, DAS ICH MIT KAMUI WEGGESCHICKT HABE...
...
NUR ZU SPEKULIEREN BRINGT NICHTS...
EINE UNWAHR-SCHEINLICHE HYPOTHESE, ABER ES IST NICHT UNMÖG-LICH...
GAI... NARUTO... MEISTER BEE...
!
!

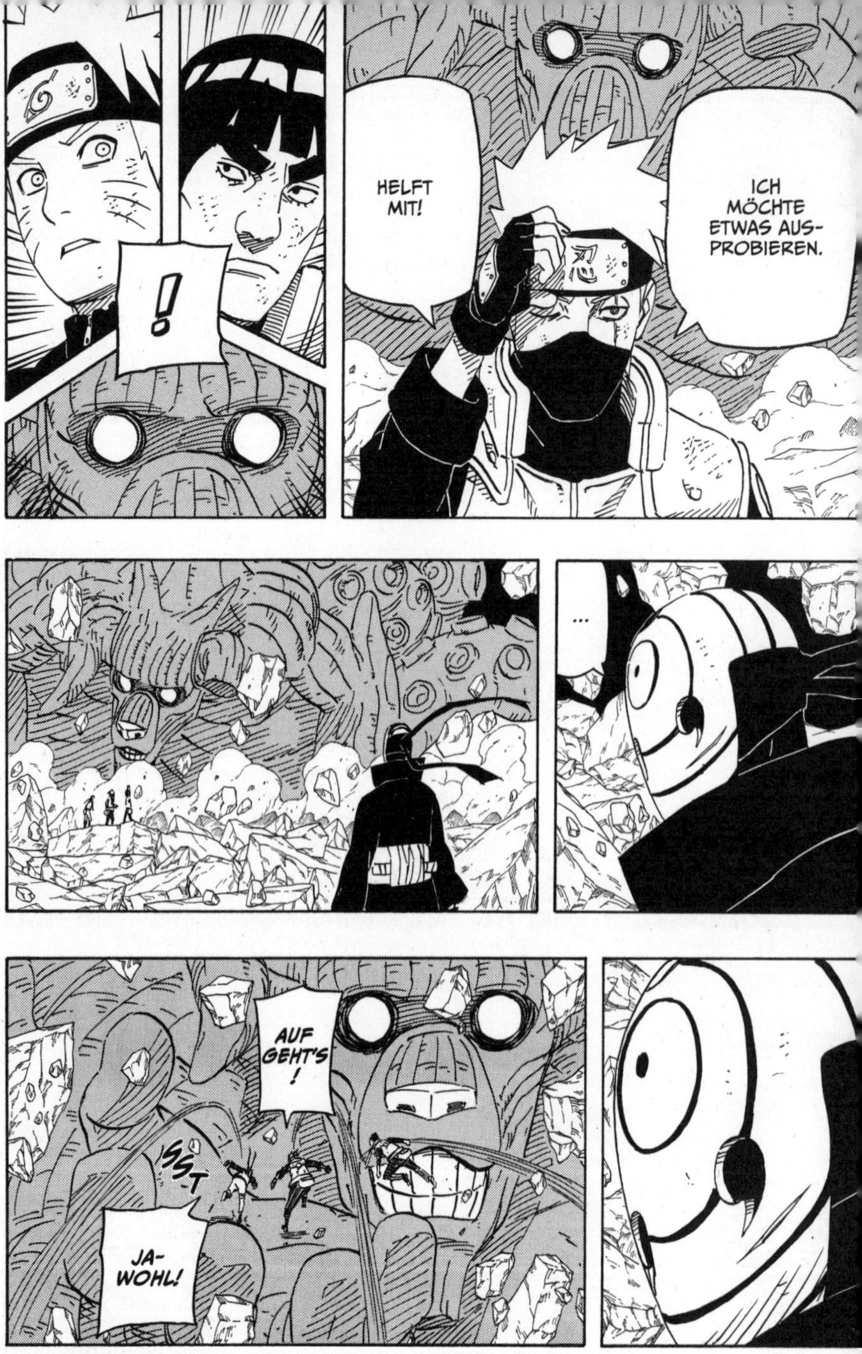

ICH MÖCHTE ETWAS AUS-PROBIEREN.
HELFT MIT!
!
...
AUF GEHT'S!
SST
JA-WOHL!

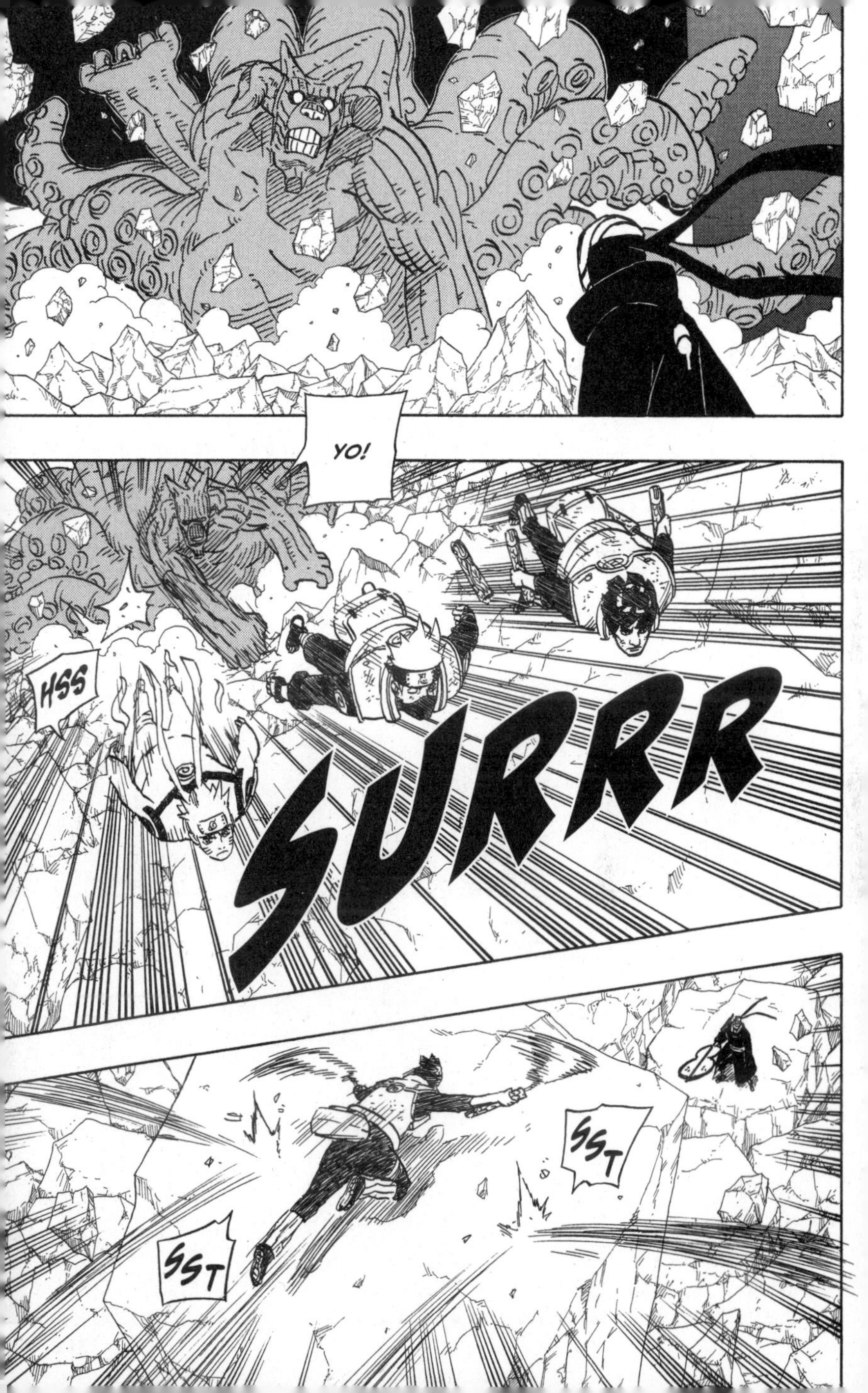
YO!
HSS
SURRR
SST
SST

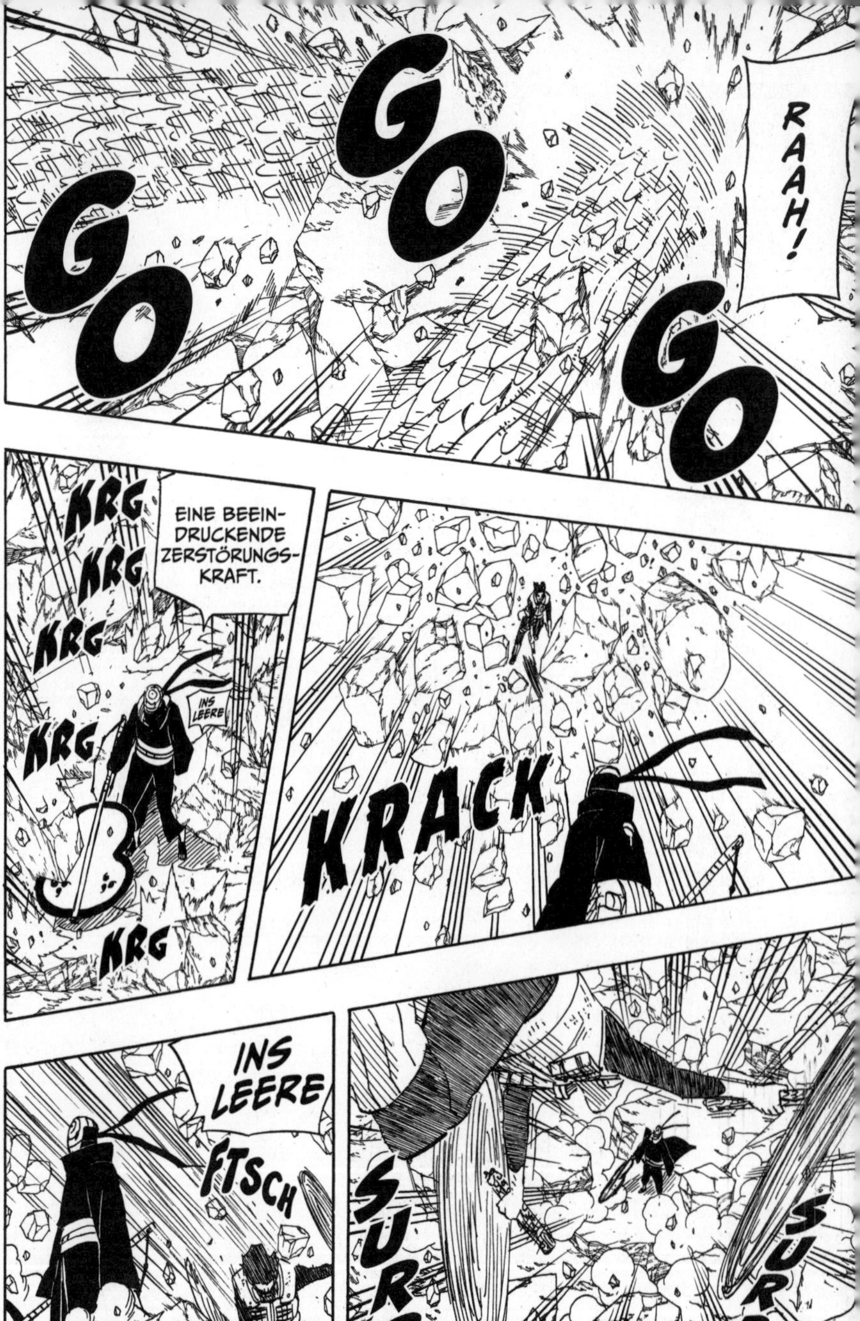
RAAH!
GO GO
GO GO
GO GO
EINE BEEIN-
DRUCKENDE
ZERSTÖRUNGS-
KRAFT.
KRG KRG KRG
KRG
KRG
INS LEERE
KRACK
INS LEERE
FTSCH
SURR
SURR

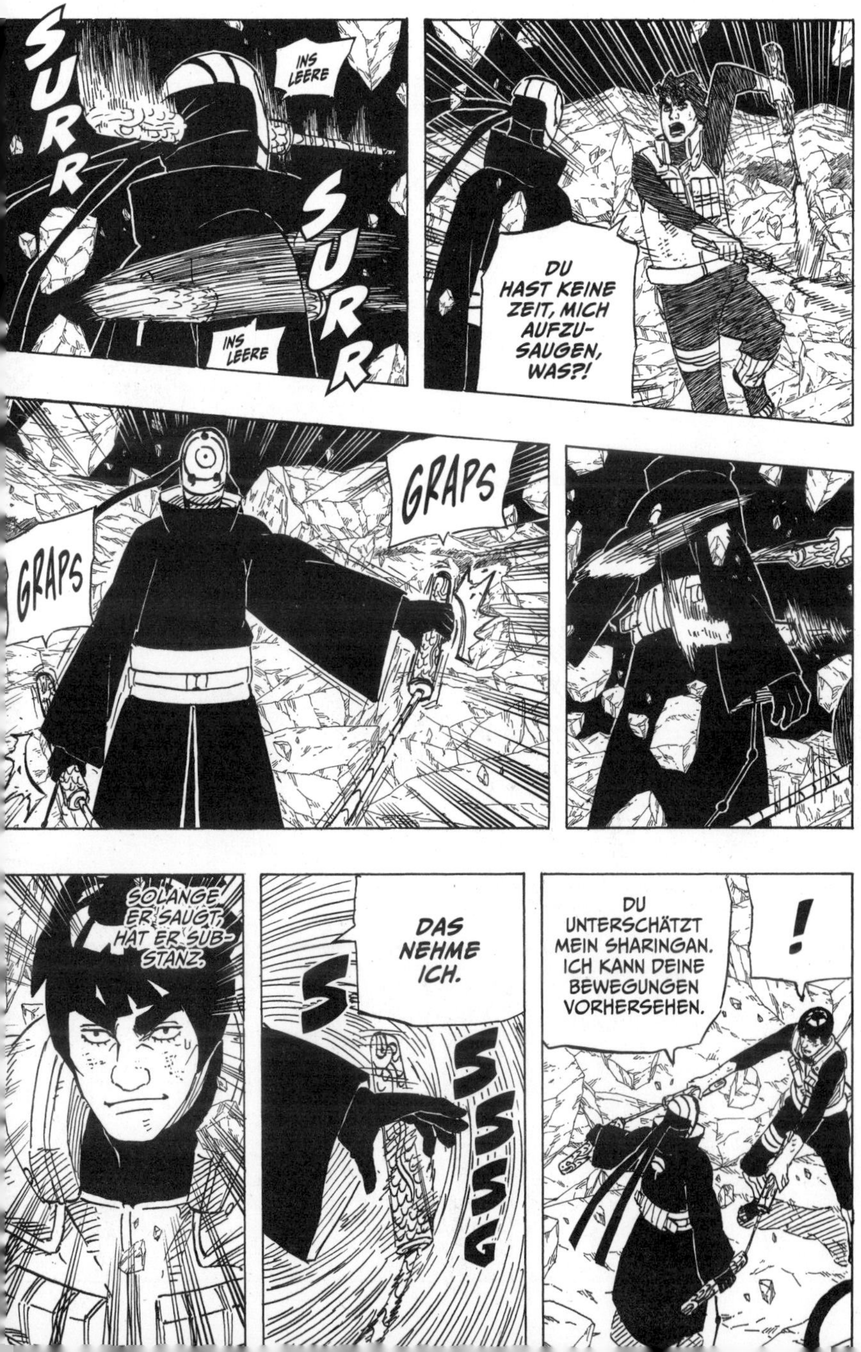
SURR
INS LEERE
SURR
INS LEERE
DU HAST KEINE ZEIT, MICH AUFZU-SAUGEN, WAS?!
GRAPS
GRAPS
SOLANGE ER SAUGT, HAT ER SUB-STANZ.
DAS NEHME ICH.
S
SSSG
DU UNTERSCHÄTZT MEIN SHARINGAN. ICH KANN DEINE BEWEGUNGEN VORHERSEHEN.
!

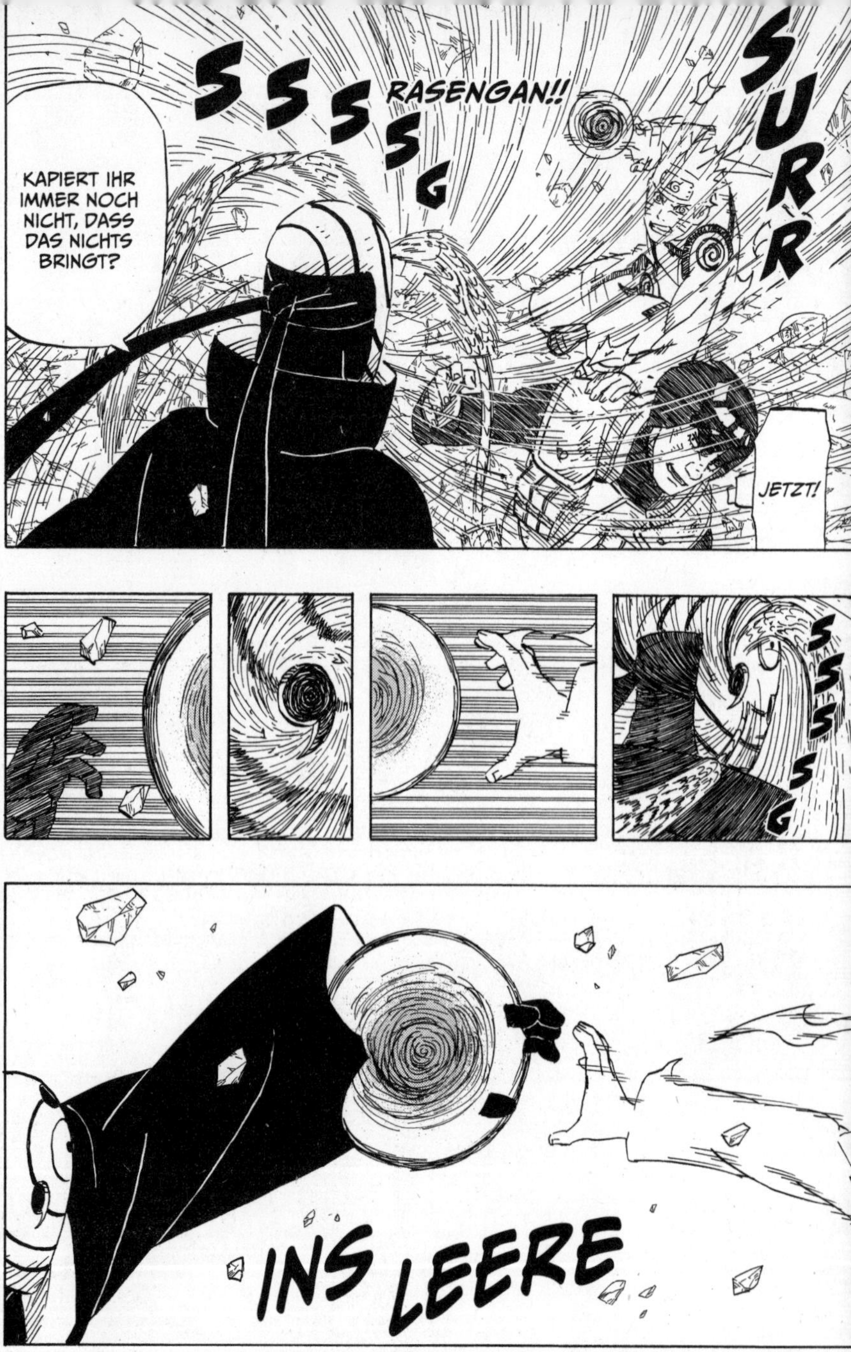
SURR
RASENGAN!!
SSSSG
KAPIERT IHR IMMER NOCH NICHT, DASS DAS NICHTS BRINGT?
JETZT!
SSSSG
INS LEERE

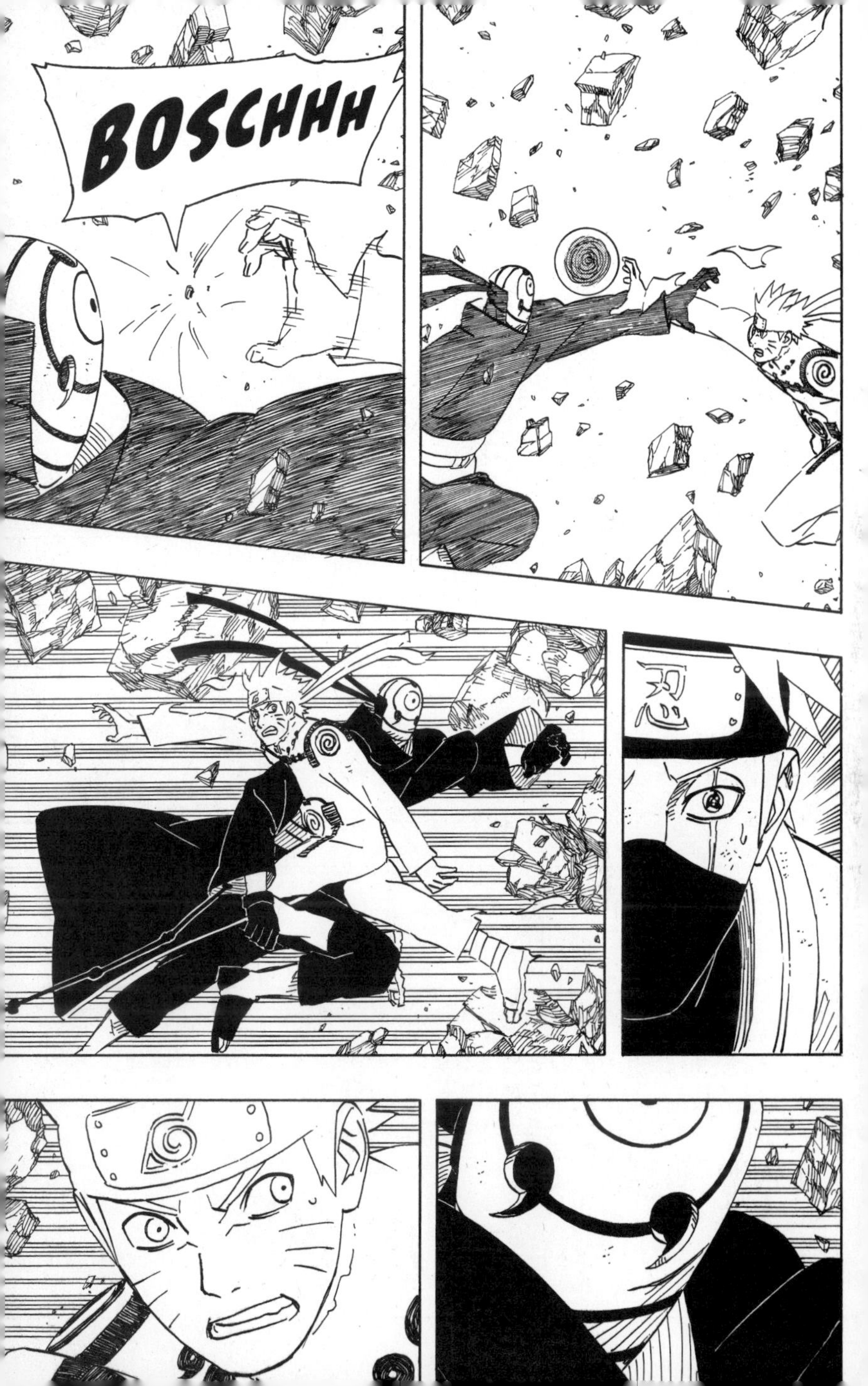
BOSCHHH

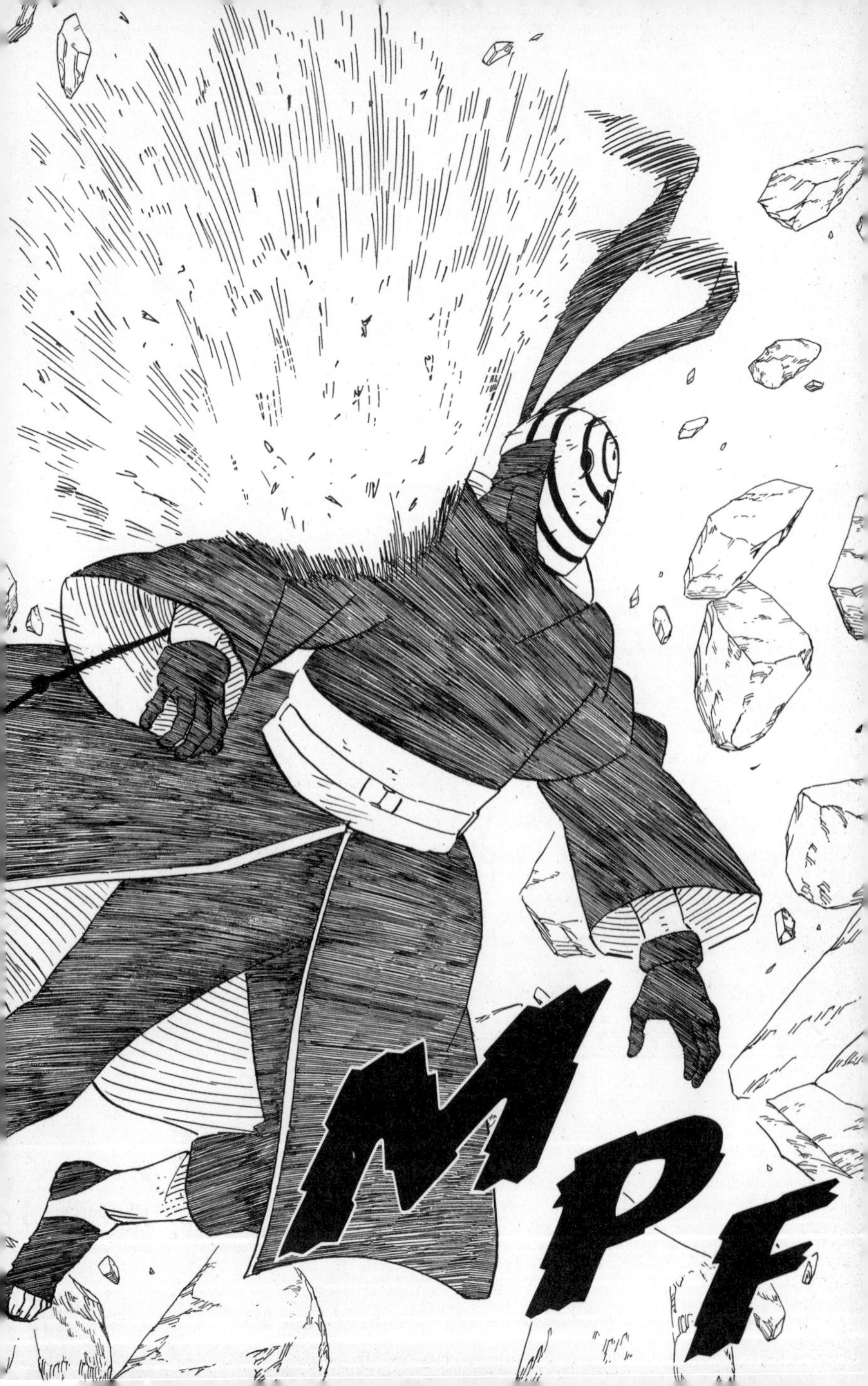
MPF

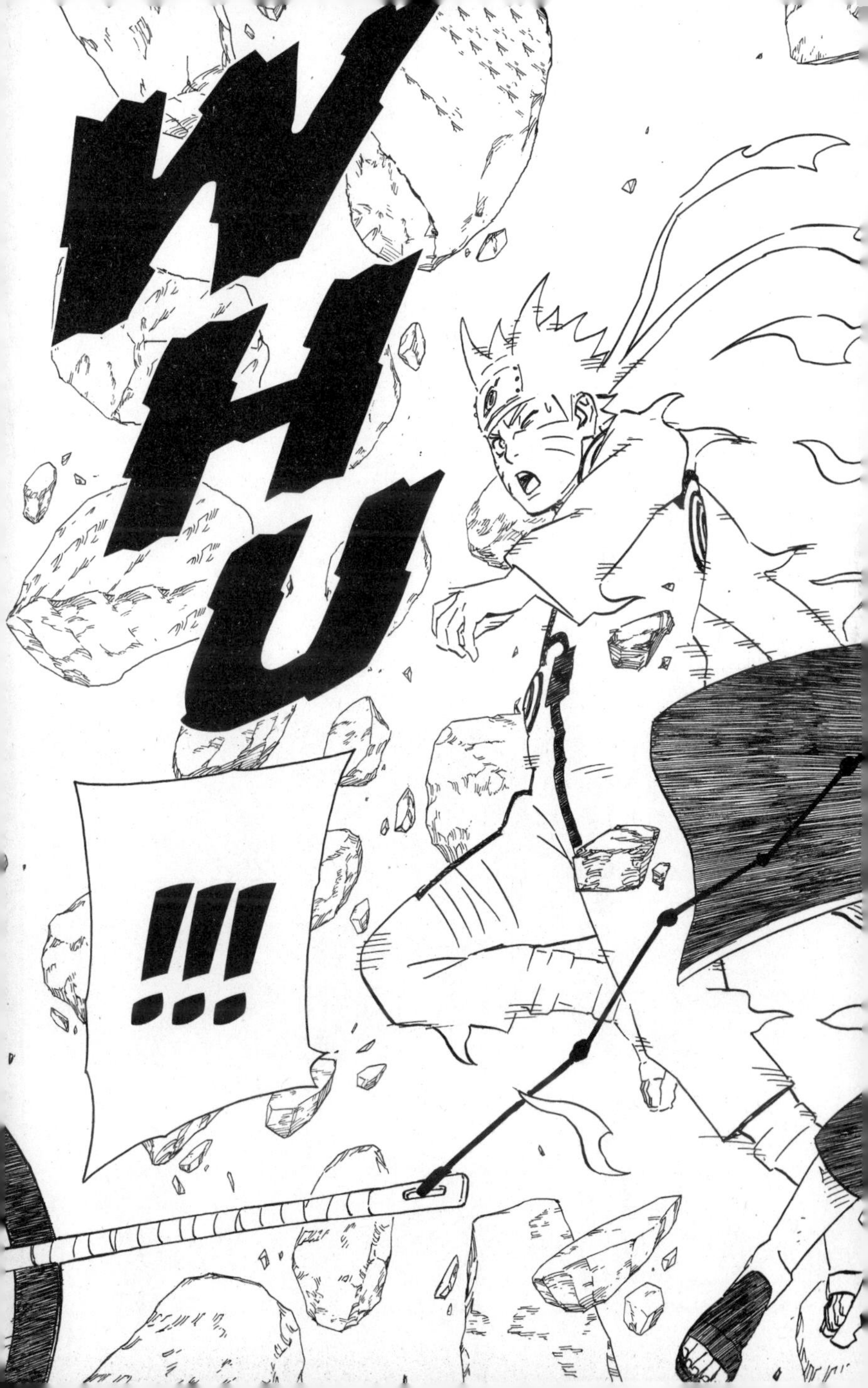
WHU
!!!

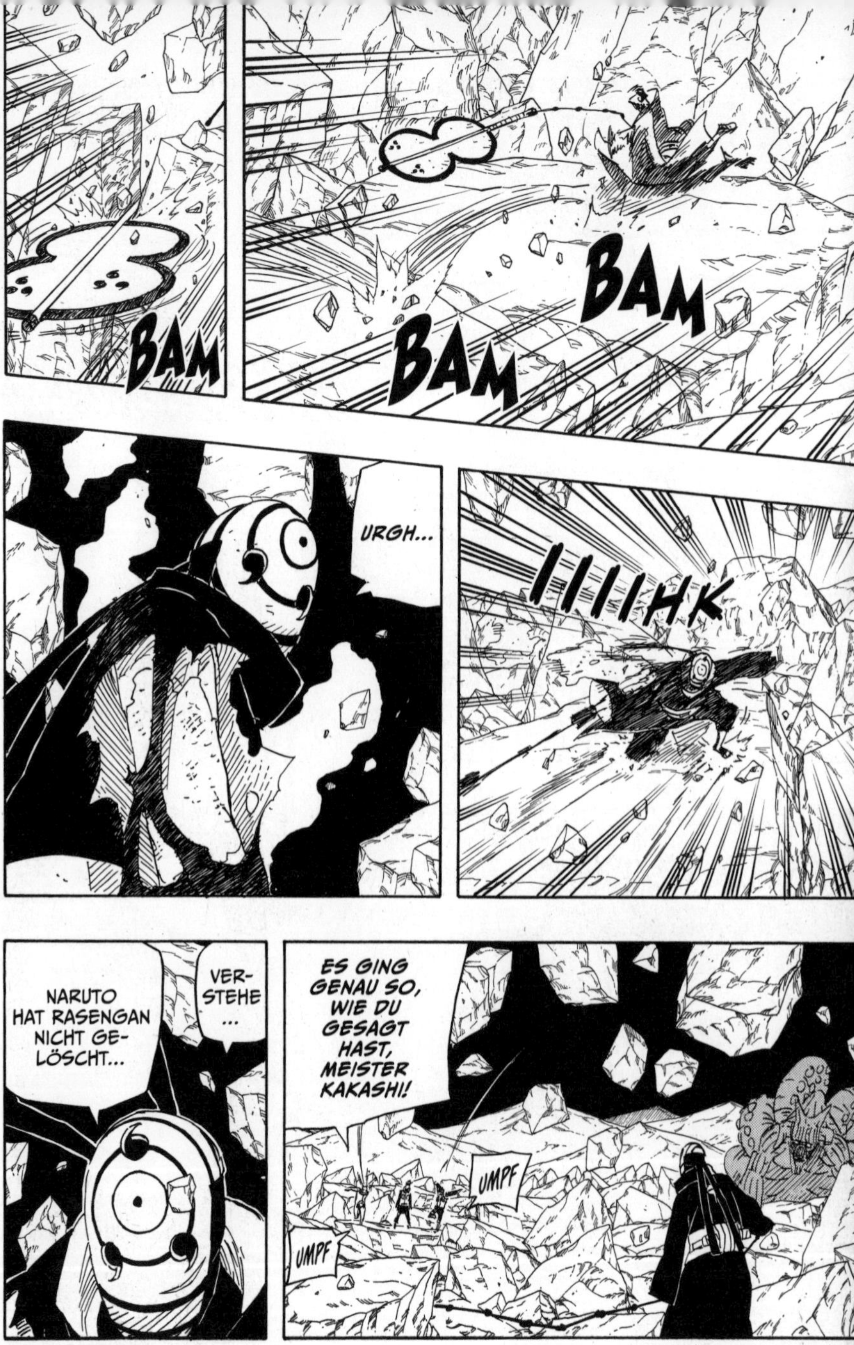
BAM
BAM
BAM
BAM
IIIIHK
URGH...
ES GING GENAU SO, WIE DU GESAGT HAST, MEISTER KAKASHI!
UMPF
UMPF
VER-STEHE ...
NARUTO HAT RASENGAN NICHT GE-LÖSCHT...

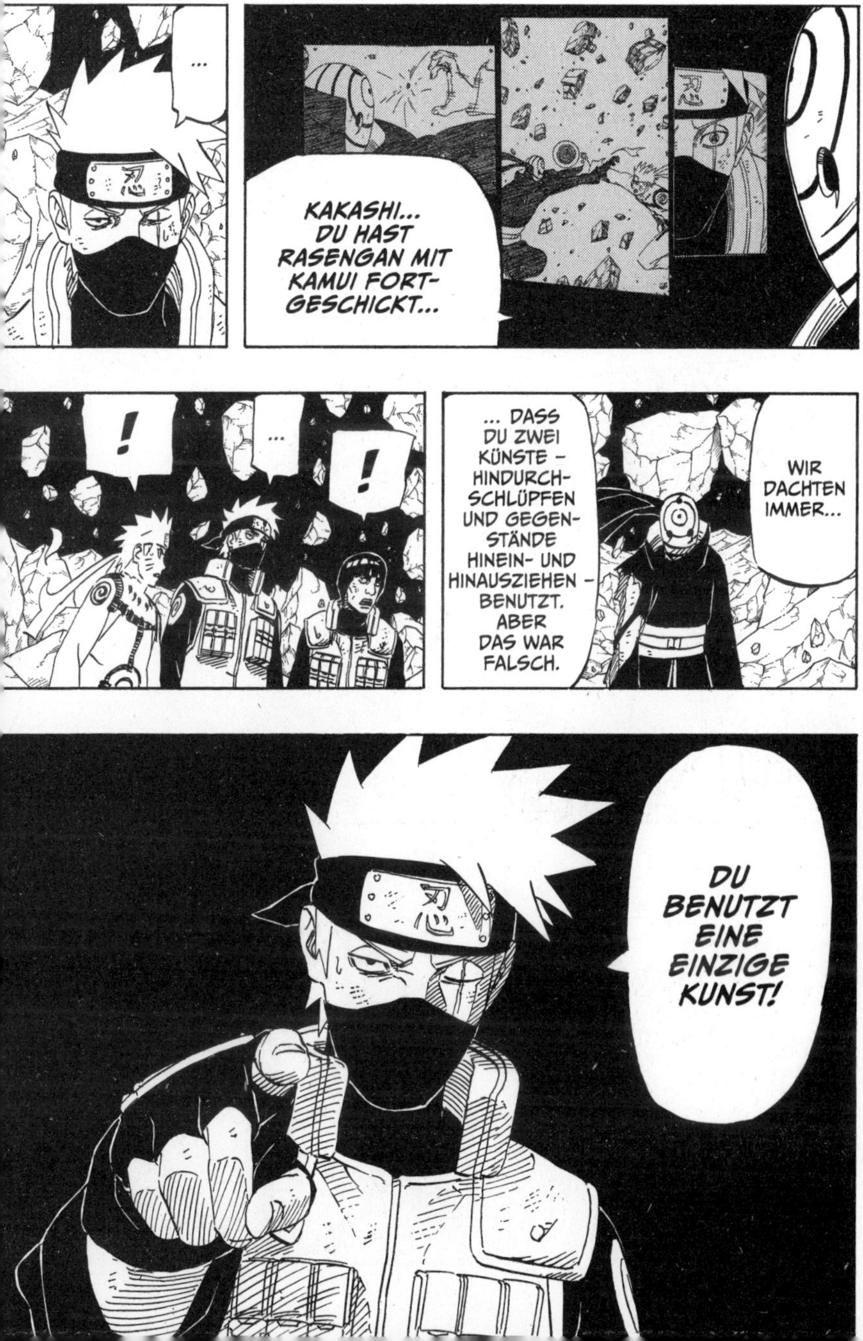

KAKASHI... DU HAST RASENGAN MIT KAMUI FORT-GESCHICKT...
...
WIR DACHTEN IMMER...
... DASS DU ZWEI KÜNSTE – HINDURCH-SCHLÜPFEN UND GEGEN-STÄNDE HINEIN- UND HINAUSZIEHEN – BENUTZT. ABER DAS WAR FALSCH.
!
...
!
DU BENUTZT EINE EINZIGE KUNST!

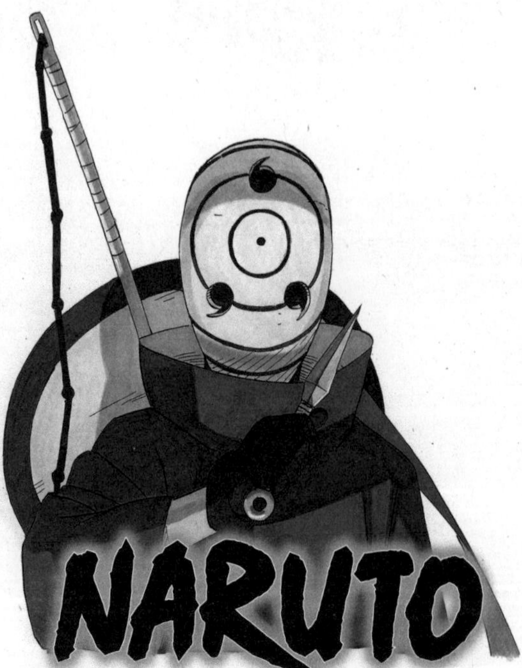
NARUTO

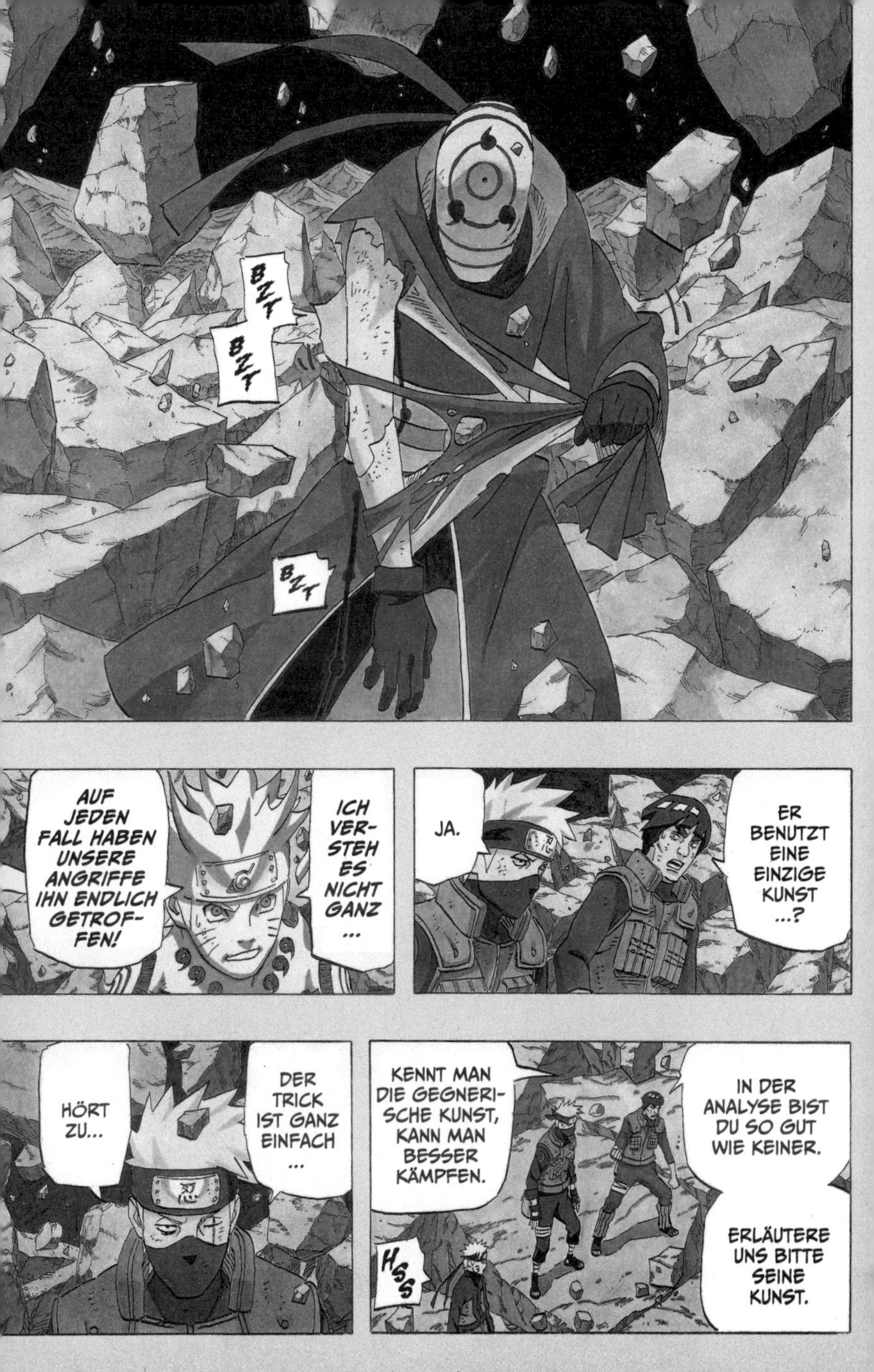
BZZ
BZZ
BZZ
ER BENUTZT EINE EINZIGE KUNST ...?
JA.
ICH VERSTEH ES NICHT GANZ ...
AUF JEDEN FALL HABEN UNSERE ANGRIFFE IHN ENDLICH GETROFFEN!
IN DER ANALYSE BIST DU SO GUT WIE KEINER.
ERLÄUTERE UNS BITTE SEINE KUNST.
KENNT MAN DIE GEGNERISCHE KUNST, KANN MAN BESSER KÄMPFEN.
HSS
DER TRICK IST GANZ EINFACH ...
HÖRT ZU ...

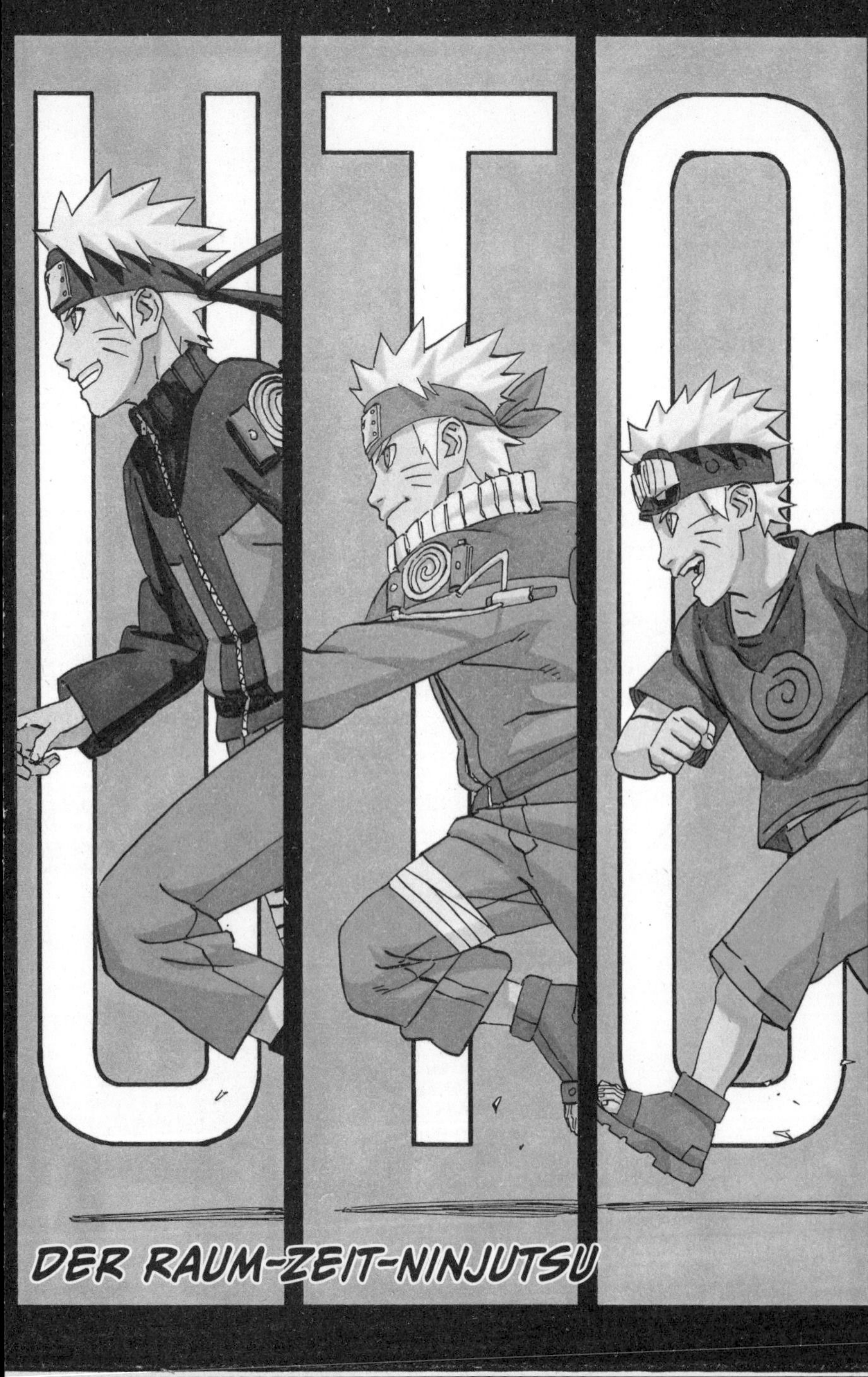
UTO
DER RAUM-ZEIT-NINJUTSU

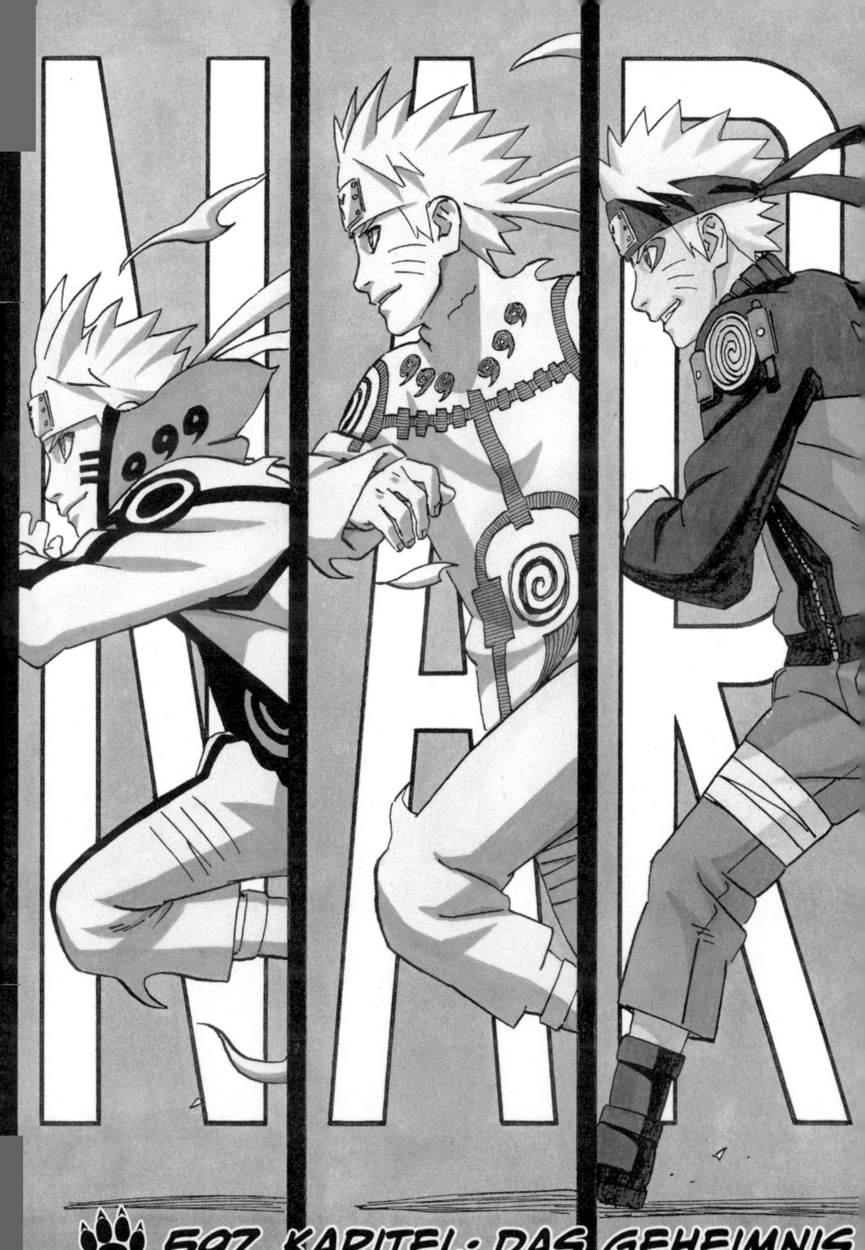

597. Kapitel: Das Geheimnis

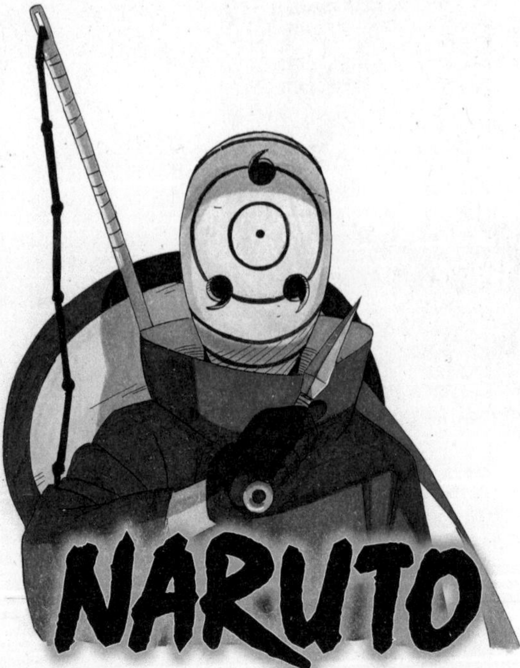

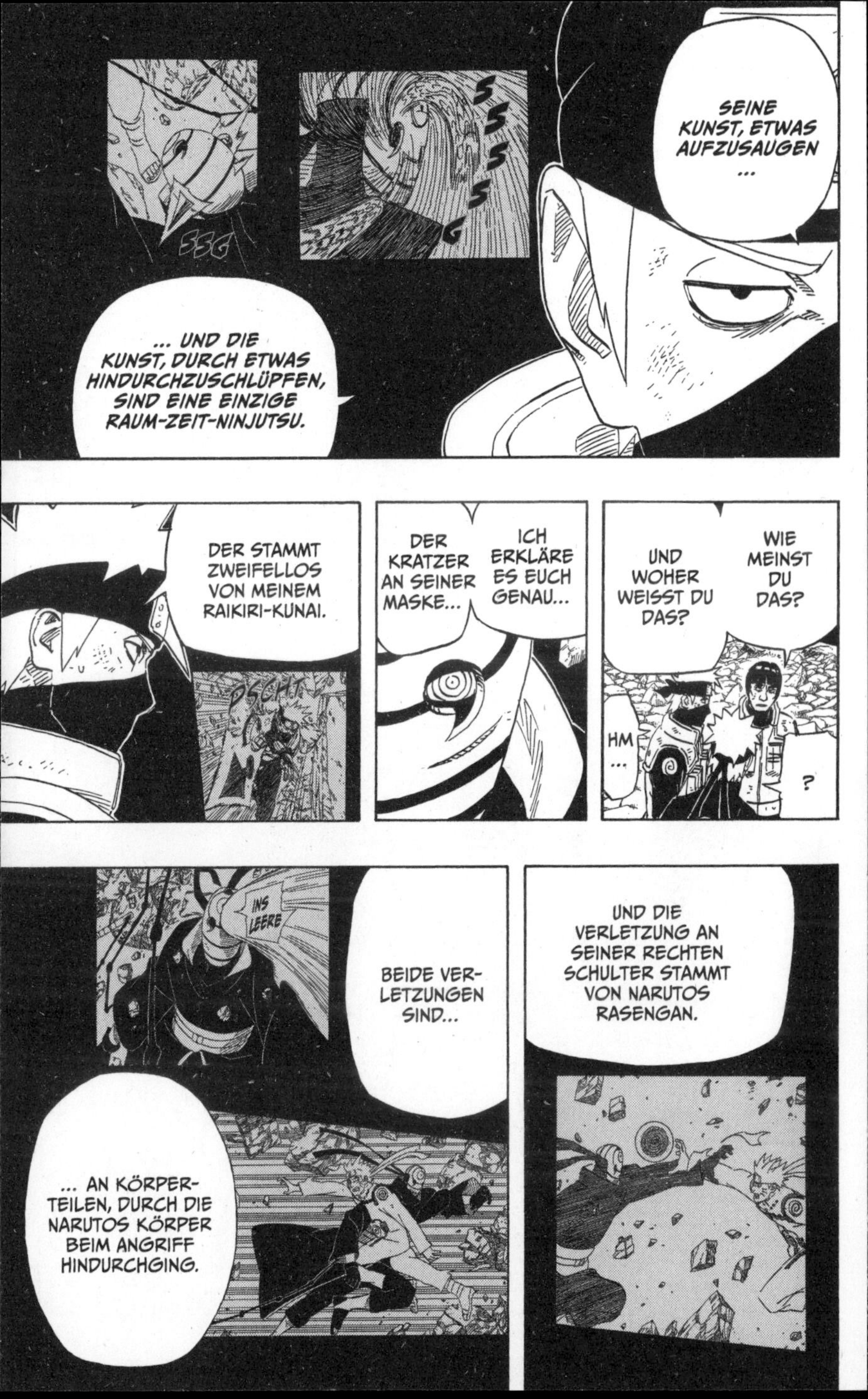
SEINE KUNST, ETWAS AUFZUSAUGEN ...
SSSSSG
SSG
... UND DIE KUNST, DURCH ETWAS HINDURCHZUSCHLÜPFEN, SIND EINE EINZIGE RAUM-ZEIT-NINJUTSU.
WIE MEINST DU DAS?
UND WOHER WEISST DU DAS?
HM ...
?
ICH ERKLÄRE ES EUCH GENAU...
DER KRATZER AN SEINER MASKE...
DER STAMMT ZWEIFELLOS VON MEINEM RAIKIRI-KUNAI.
PSCHT
UND DIE VERLETZUNG AN SEINER RECHTEN SCHULTER STAMMT VON NARUTOS RASENGAN.
BEIDE VERLETZUNGEN SIND...
INS LEERE
... AN KÖRPERTEILEN, DURCH DIE NARUTOS KÖRPER BEIM ANGRIFF HINDURCHGING.

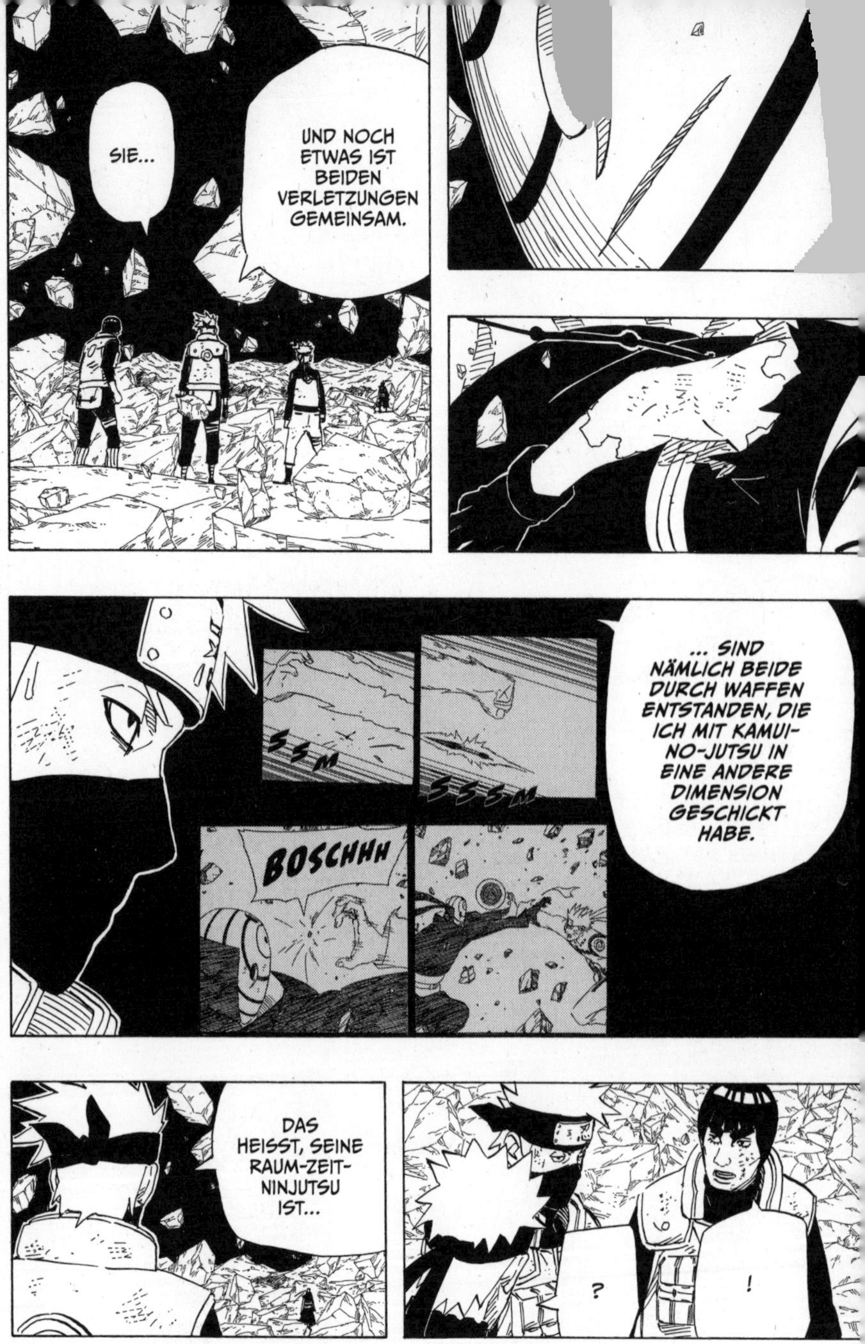
UND NOCH ETWAS IST BEIDEN VERLETZUNGEN GEMEINSAM.
SIE...
... SIND NÄMLICH BEIDE DURCH WAFFEN ENTSTANDEN, DIE ICH MIT KAMUI-NO-JUTSU IN EINE ANDERE DIMENSION GESCHICKT HABE.
SSSM
SSM
BOSCHHH
!
?
DAS HEISST, SEINE RAUM-ZEIT-NINJUTSU IST...

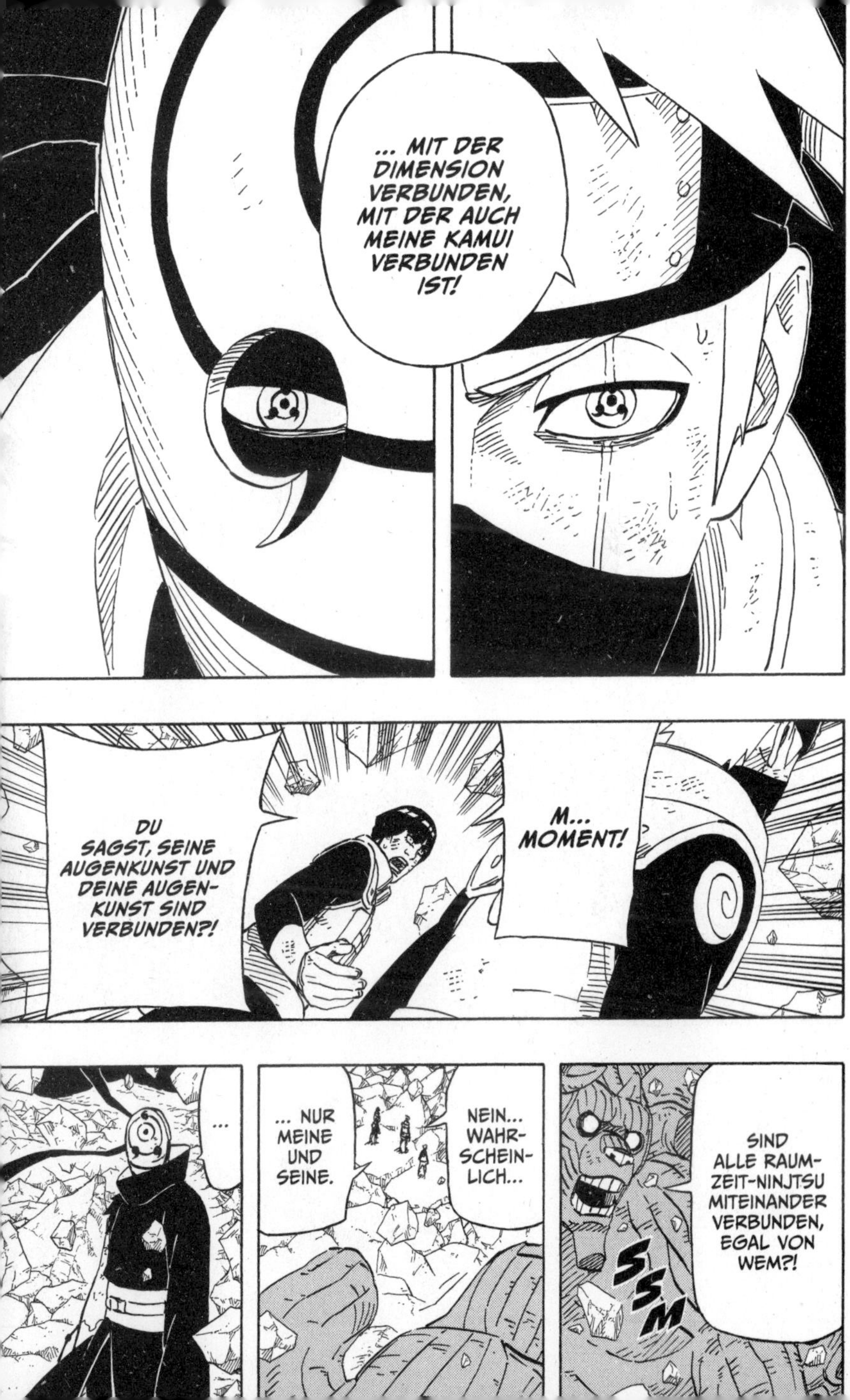
... MIT DER DIMENSION VERBUNDEN, MIT DER AUCH MEINE KAMUI VERBUNDEN IST!
M... MOMENT!
DU SAGST, SEINE AUGENKUNST UND DEINE AUGEN-KUNST SIND VERBUNDEN?!
SIND ALLE RAUM-ZEIT-NINJTSU MITEINANDER VERBUNDEN, EGAL VON WEM?!
SSM
NEIN... WAHR-SCHEIN-LICH...
... NUR MEINE UND SEINE.
...

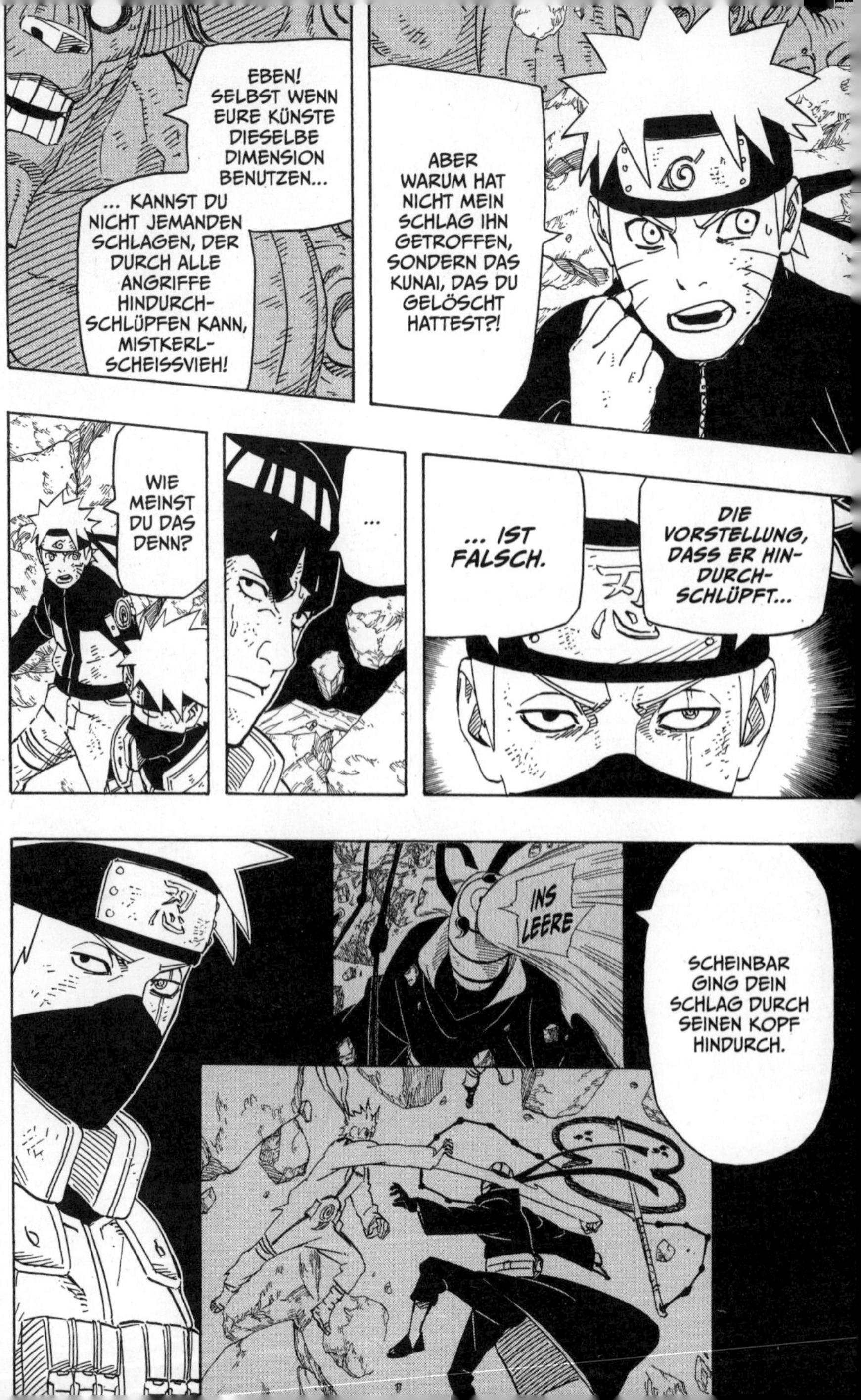
ABER WARUM HAT NICHT MEIN SCHLAG IHN GETROFFEN, SONDERN DAS KUNAI, DAS DU GELÖSCHT HATTEST?!
EBEN! SELBST WENN EURE KÜNSTE DIESELBE DIMENSION BENUTZEN...
... KANNST DU NICHT JEMANDEN SCHLAGEN, DER DURCH ALLE ANGRIFFE HINDURCHSCHLÜPFEN KANN, MISTKERL-SCHEISSVIEH!
DIE VORSTELLUNG, DASS ER HINDURCHSCHLÜPFT...
... IST FALSCH.
...
WIE MEINST DU DAS DENN?
SCHEINBAR GING DEIN SCHLAG DURCH SEINEN KOPF HINDURCH.
INS LEERE

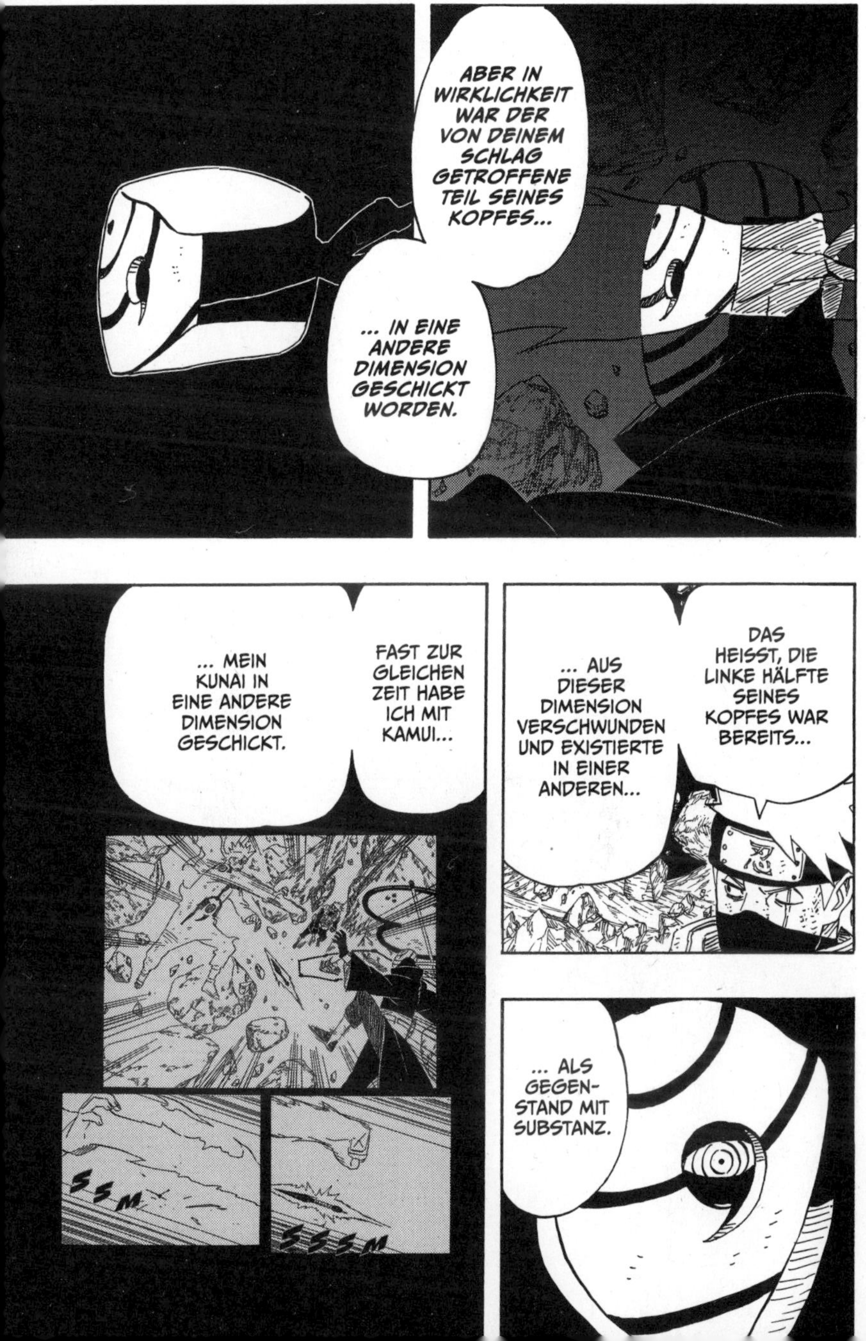
ABER IN WIRKLICHKEIT WAR DER VON DEINEM SCHLAG GETROFFENE TEIL SEINES KOPFES...
... IN EINE ANDERE DIMENSION GESCHICKT WORDEN.
DAS HEISST, DIE LINKE HÄLFTE SEINES KOPFES WAR BEREITS...
... AUS DIESER DIMENSION VERSCHWUNDEN UND EXISTIERTE IN EINER ANDEREN...
FAST ZUR GLEICHEN ZEIT HABE ICH MIT KAMUI...
... MEIN KUNAI IN EINE ANDERE DIMENSION GESCHICKT.
... ALS GEGEN-STAND MIT SUBSTANZ.
SSSM
SSM

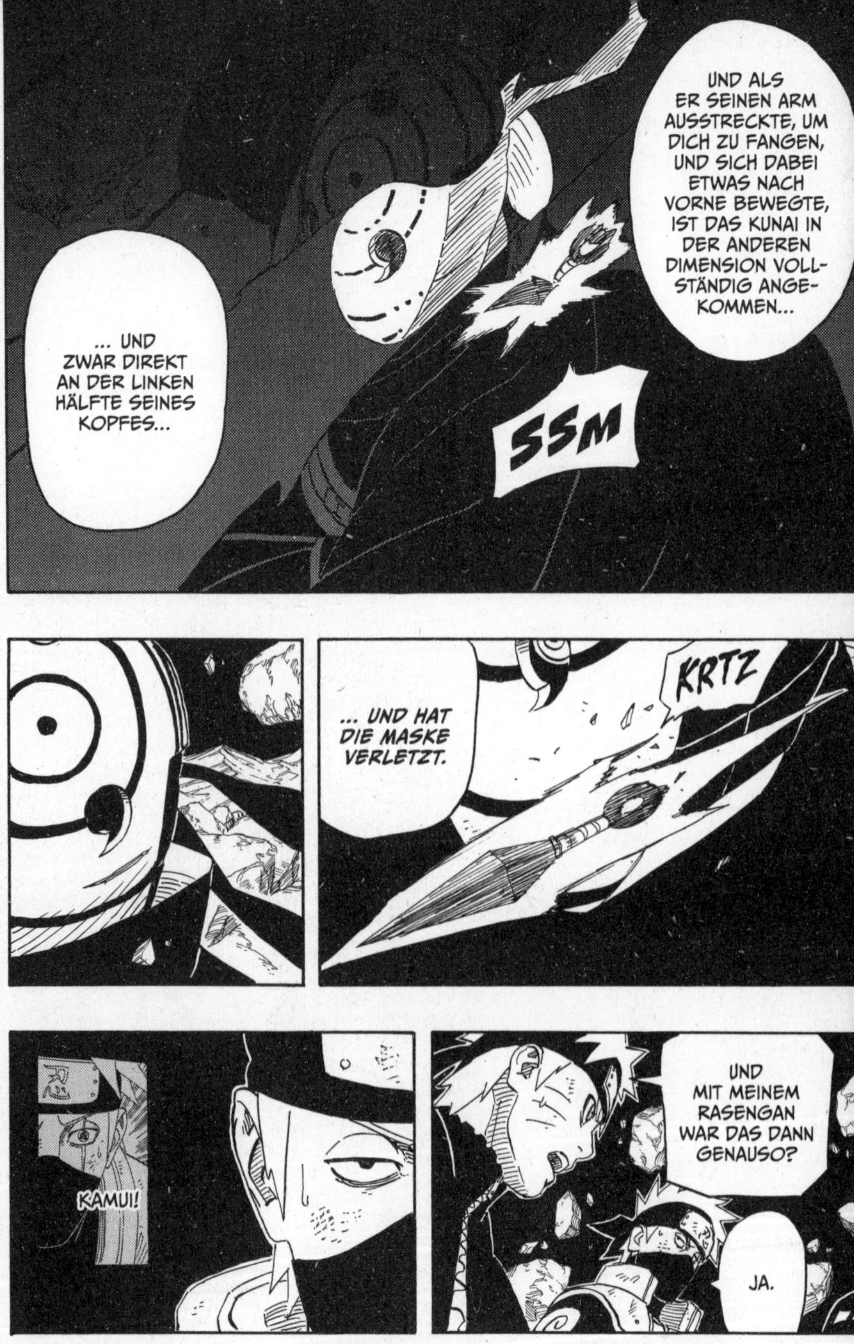
UND ALS ER SEINEN ARM AUSSTRECKTE, UM DICH ZU FANGEN, UND SICH DABEI ETWAS NACH VORNE BEWEGTE, IST DAS KUNAI IN DER ANDEREN DIMENSION VOLLSTÄNDIG ANGEKOMMEN...
... UND ZWAR DIREKT AN DER LINKEN HÄLFTE SEINES KOPFES...
SSM
KRTZ
... UND HAT DIE MASKE VERLETZT.
UND MIT MEINEM RASENGAN WAR DAS DANN GENAUSO?
JA.
KAMUI!

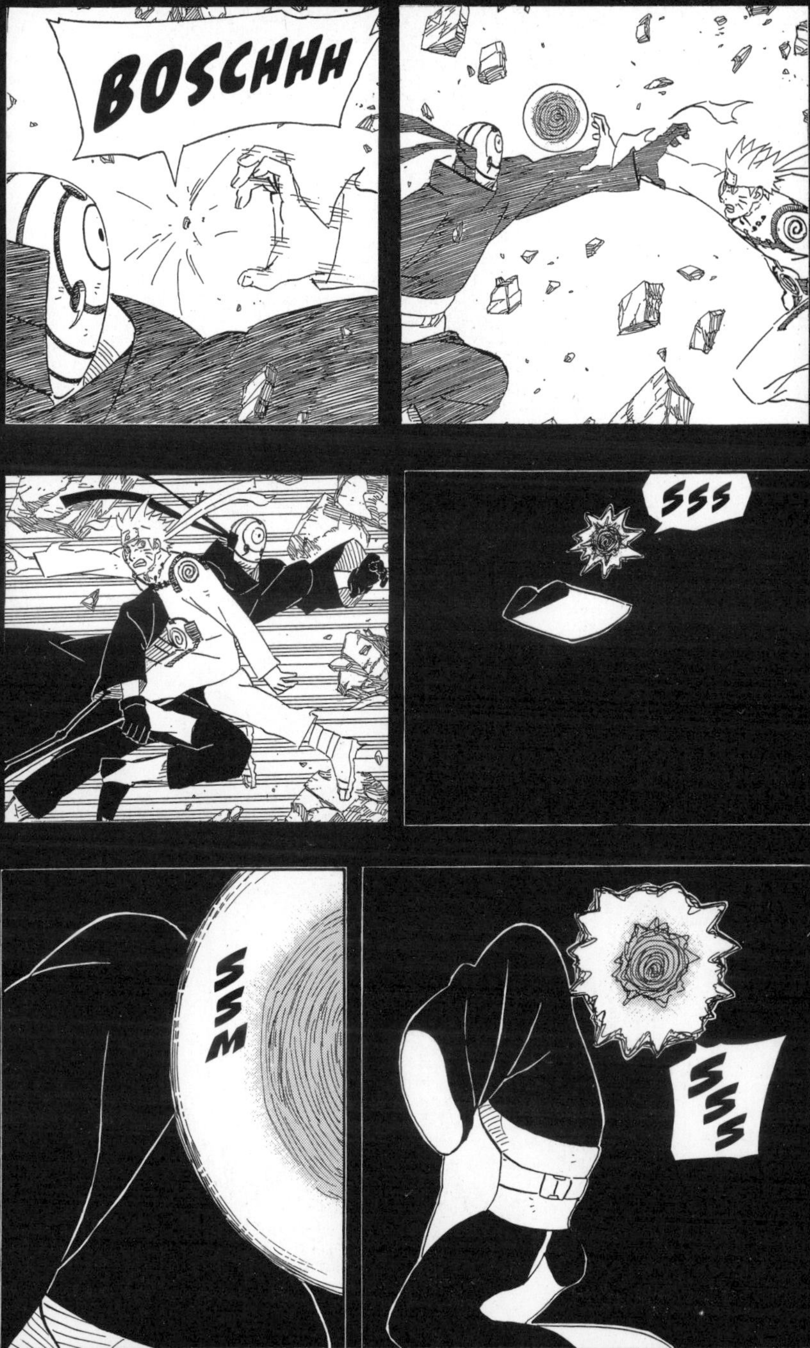
BOSCHHH
SSS
SSS
SSM

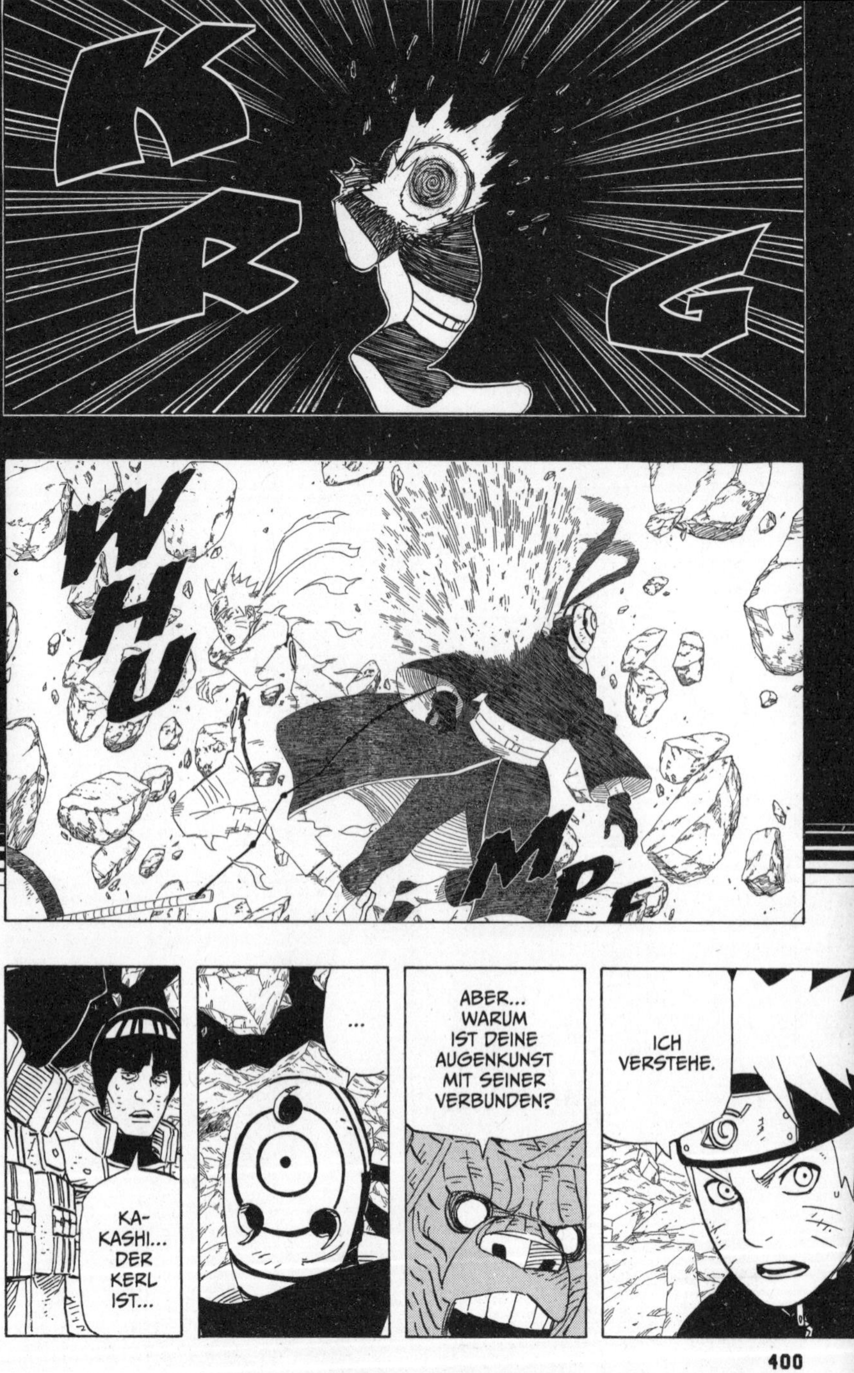
KRG
WHUMPF
ICH VERSTEHE.
ABER... WARUM IST DEINE AUGENKUNST MIT SEINER VERBUNDEN?
...
KA-KASHI... DER KERL IST...

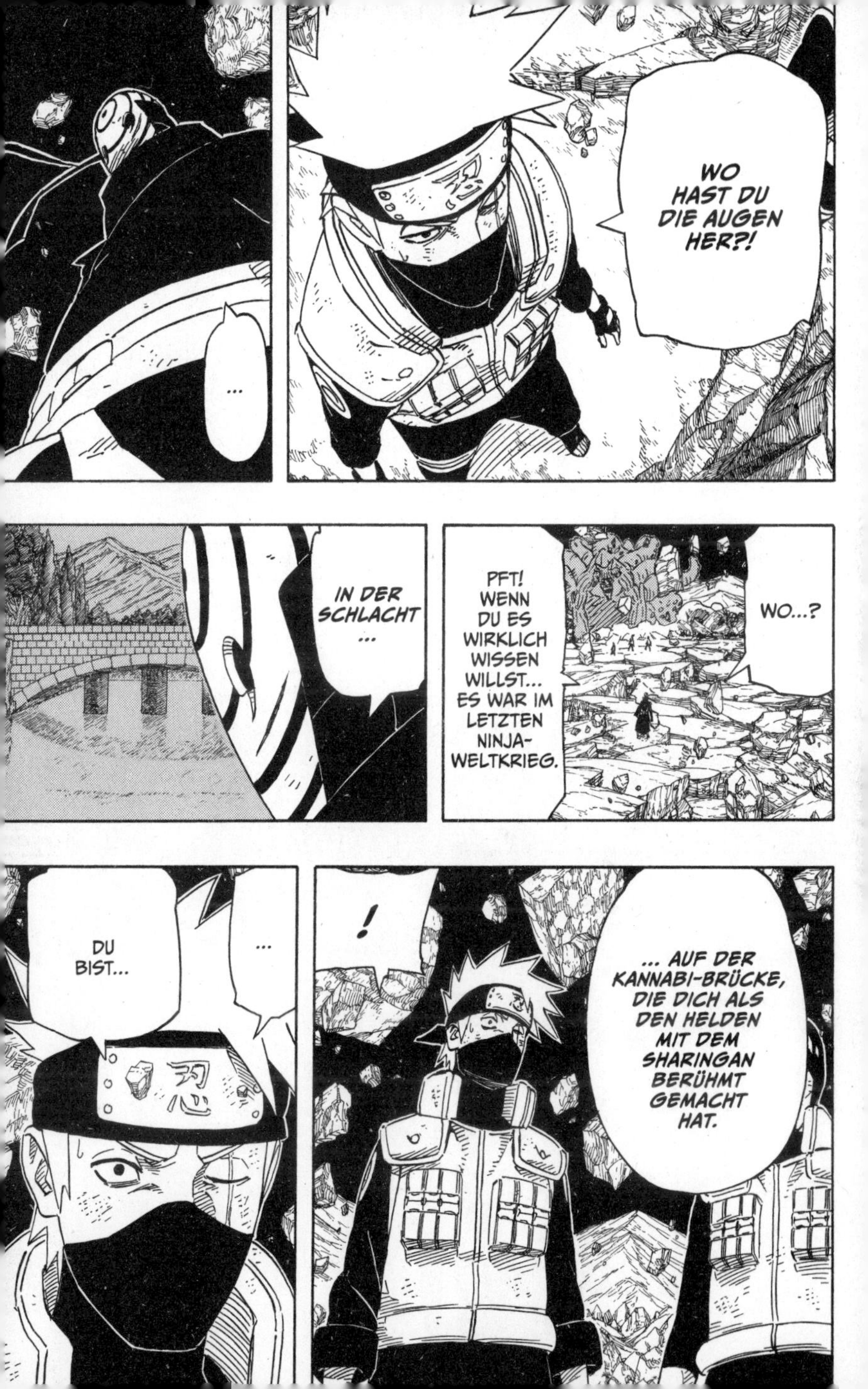
WO HAST DU DIE AUGEN HER?!
...
WO...?
PFT! WENN DU ES WIRKLICH WISSEN WILLST... ES WAR IM LETZTEN NINJA-WELTKRIEG.
IN DER SCHLACHT ...
!
... AUF DER KANNABI-BRÜCKE, DIE DICH ALS DEN HELDEN MIT DEM SHARINGAN BERÜHMT GEMACHT HAT.
...
DU BIST...

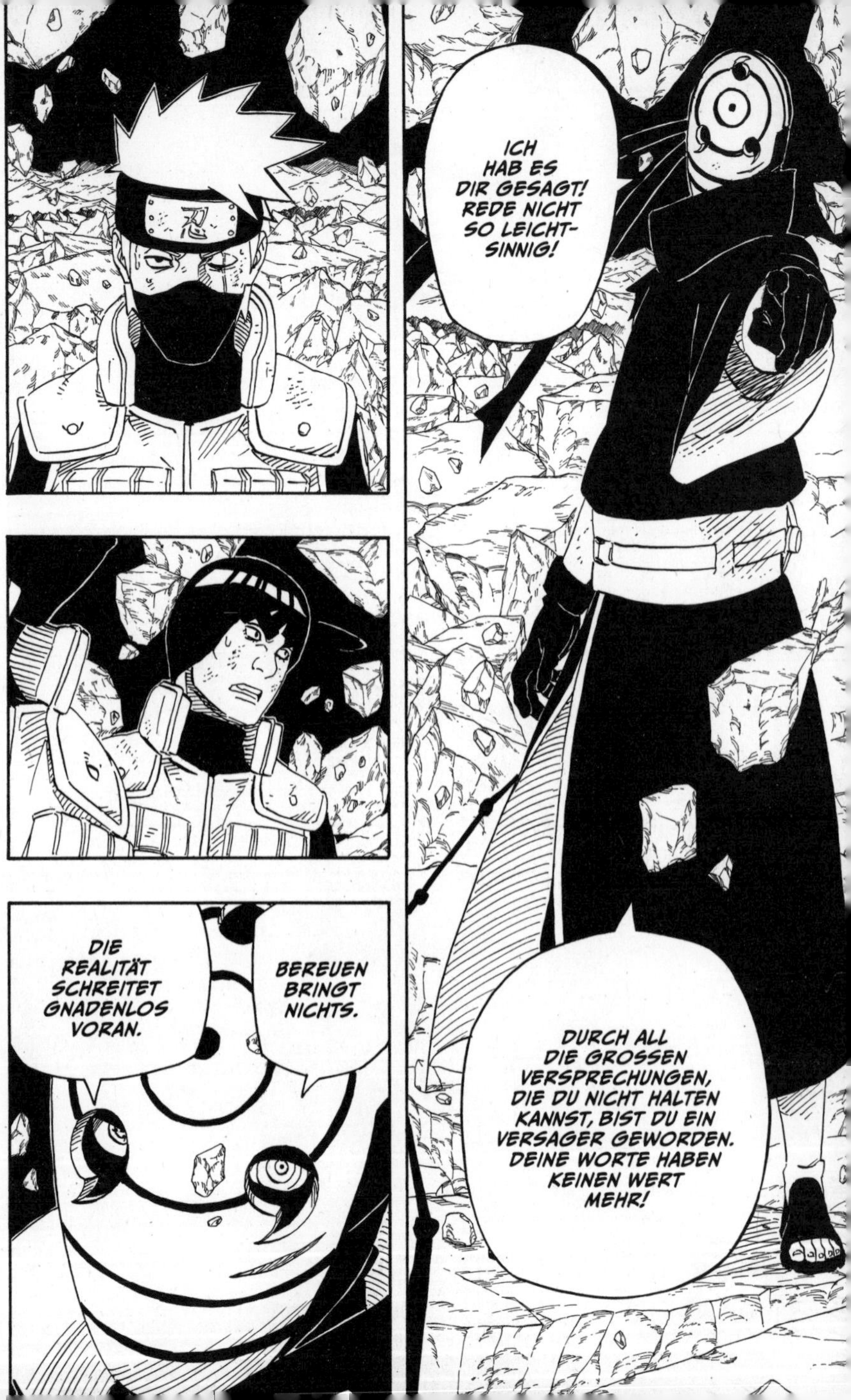
ICH HAB ES DIR GESAGT! REDE NICHT SO LEICHT-SINNIG!
DURCH ALL DIE GROSSEN VERSPRECHUNGEN, DIE DU NICHT HALTEN KANNST, BIST DU EIN VERSAGER GEWORDEN. DEINE WORTE HABEN KEINEN WERT MEHR!
BEREUEN BRINGT NICHTS.
DIE REALITÄT SCHREITET GNADENLOS VORAN.

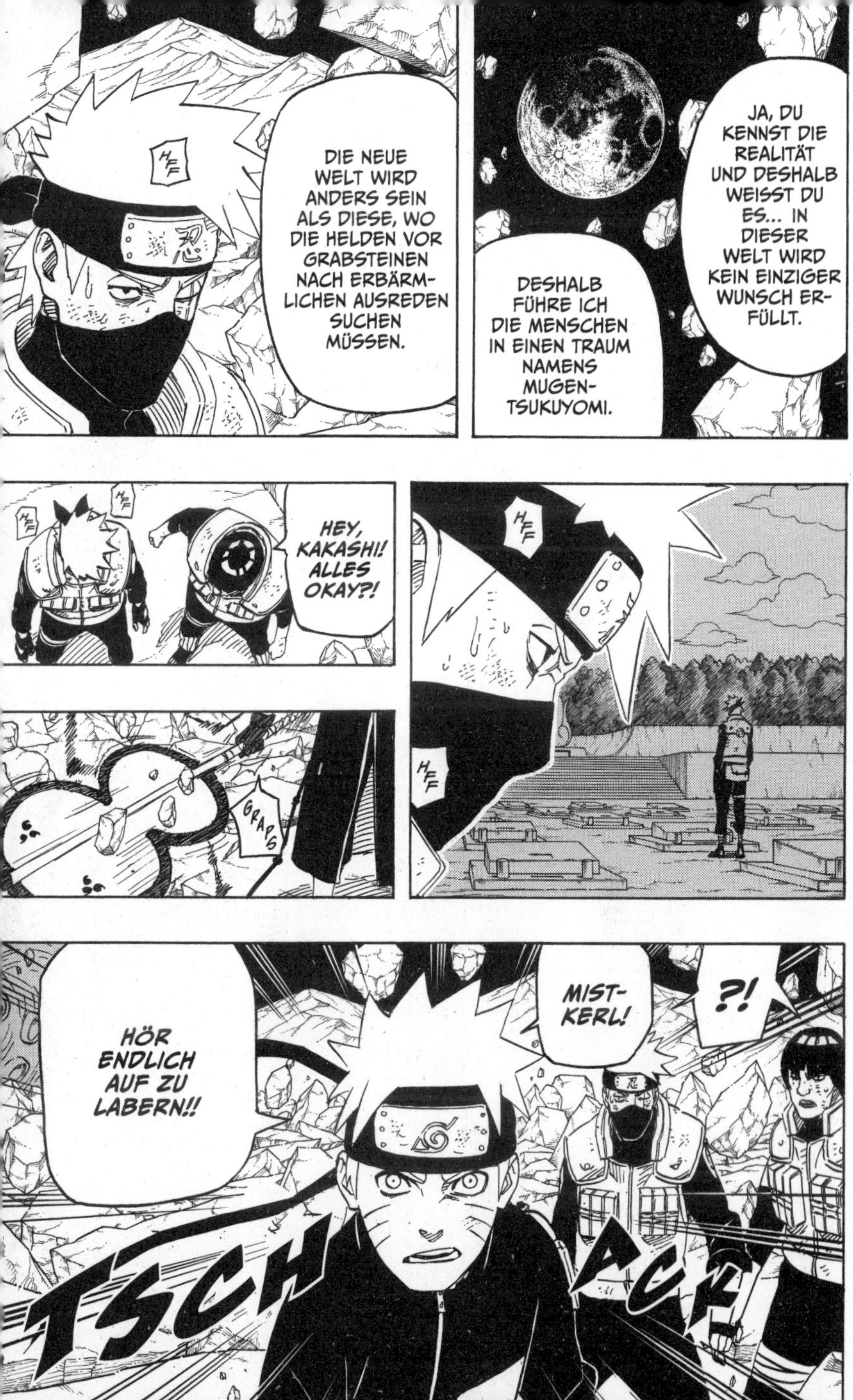
JA, DU KENNST DIE REALITÄT UND DESHALB WEISST DU ES... IN DIESER WELT WIRD KEIN EINZIGER WUNSCH ERFÜLLT.
DESHALB FÜHRE ICH DIE MENSCHEN IN EINEN TRAUM NAMENS MUGEN-TSUKUYOMI.
HEF
DIE NEUE WELT WIRD ANDERS SEIN ALS DIESE, WO DIE HELDEN VOR GRABSTEINEN NACH ERBÄRMLICHEN AUSREDEN SUCHEN MÜSSEN.
HEF
HEF
HEY, KAKASHI! ALLES OKAY?!
HEF
HEF
HEF
GRAPS
?!
MIST-KERL!
HÖR ENDLICH AUF ZU LABERN!!
TSCHACK

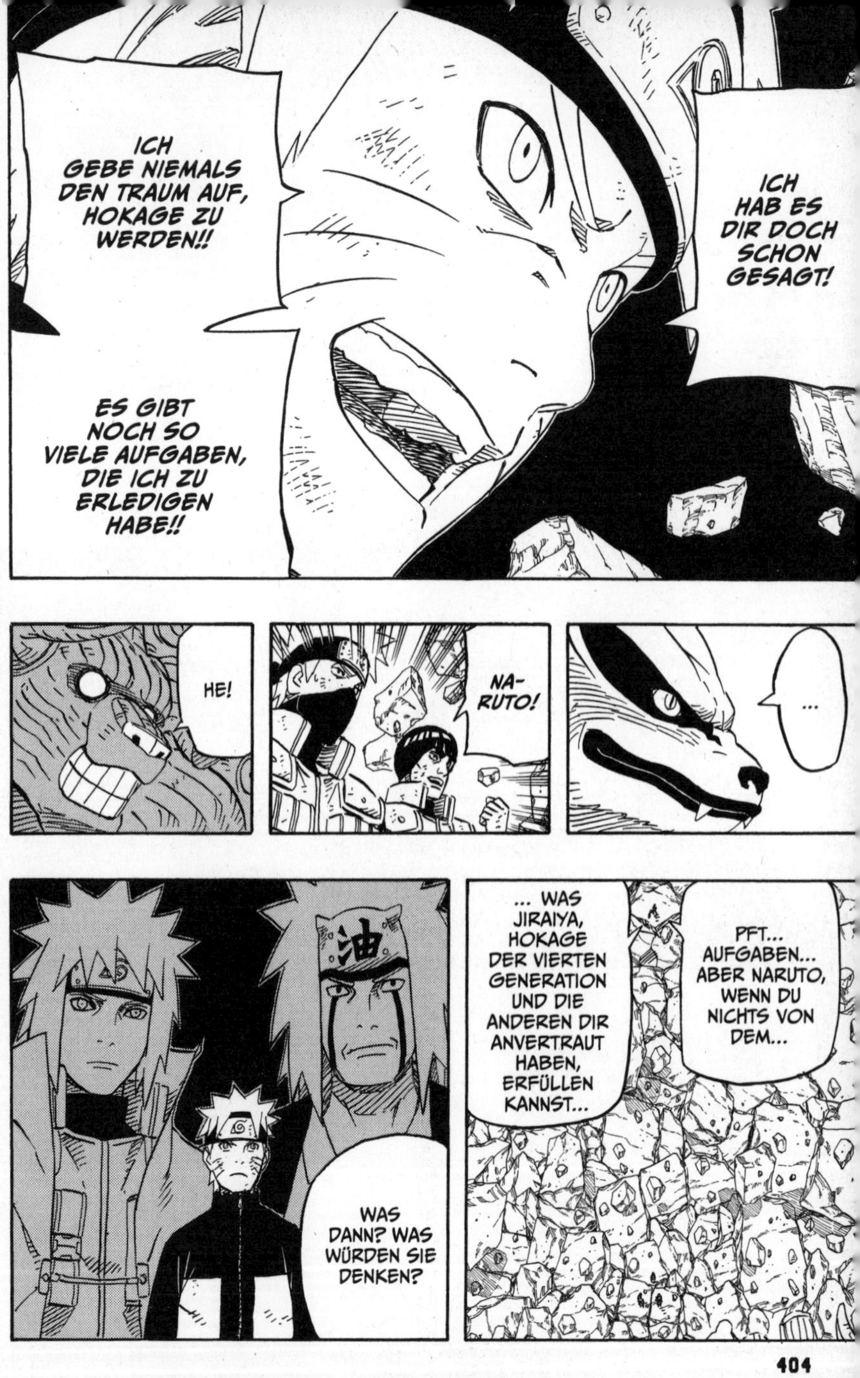
ICH HAB ES DIR DOCH SCHON GESAGT!
ICH GEBE NIEMALS DEN TRAUM AUF, HOKAGE ZU WERDEN!!
ES GIBT NOCH SO VIELE AUFGABEN, DIE ICH ZU ERLEDIGEN HABE!!
...
NA-RUTO!
HE!
PFT... AUFGABEN... ABER NARUTO, WENN DU NICHTS VON DEM...
... WAS JIRAIYA, HOKAGE DER VIERTEN GENERATION UND DIE ANDEREN DIR ANVERTRAUT HABEN, ERFÜLLEN KANNST...
油
WAS DANN? WAS WÜRDEN SIE DENKEN?

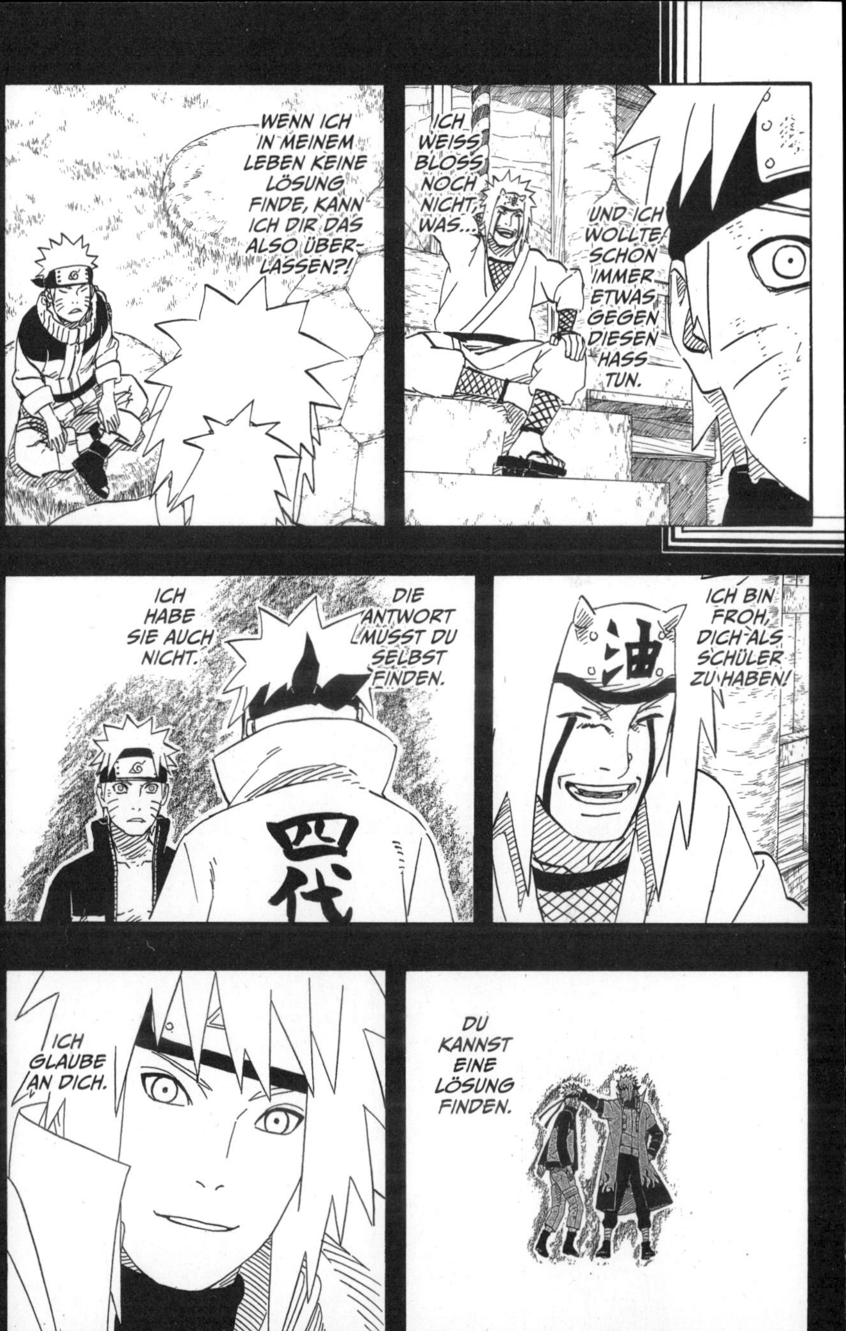
ICH WEISS BLOSS NOCH NICHT, WAS...
UND ICH WOLLTE SCHON IMMER ETWAS GEGEN DIESEN HASS TUN.
WENN ICH IN MEINEM LEBEN KEINE LÖSUNG FINDE, KANN ICH DIR DAS ALSO ÜBERLASSEN?!
ICH BIN FROH, DICH ALS SCHÜLER ZU HABEN!
DIE ANTWORT MUSST DU SELBST FINDEN.
ICH HABE SIE AUCH NICHT.
DU KANNST EINE LÖSUNG FINDEN.
ICH GLAUBE AN DICH.

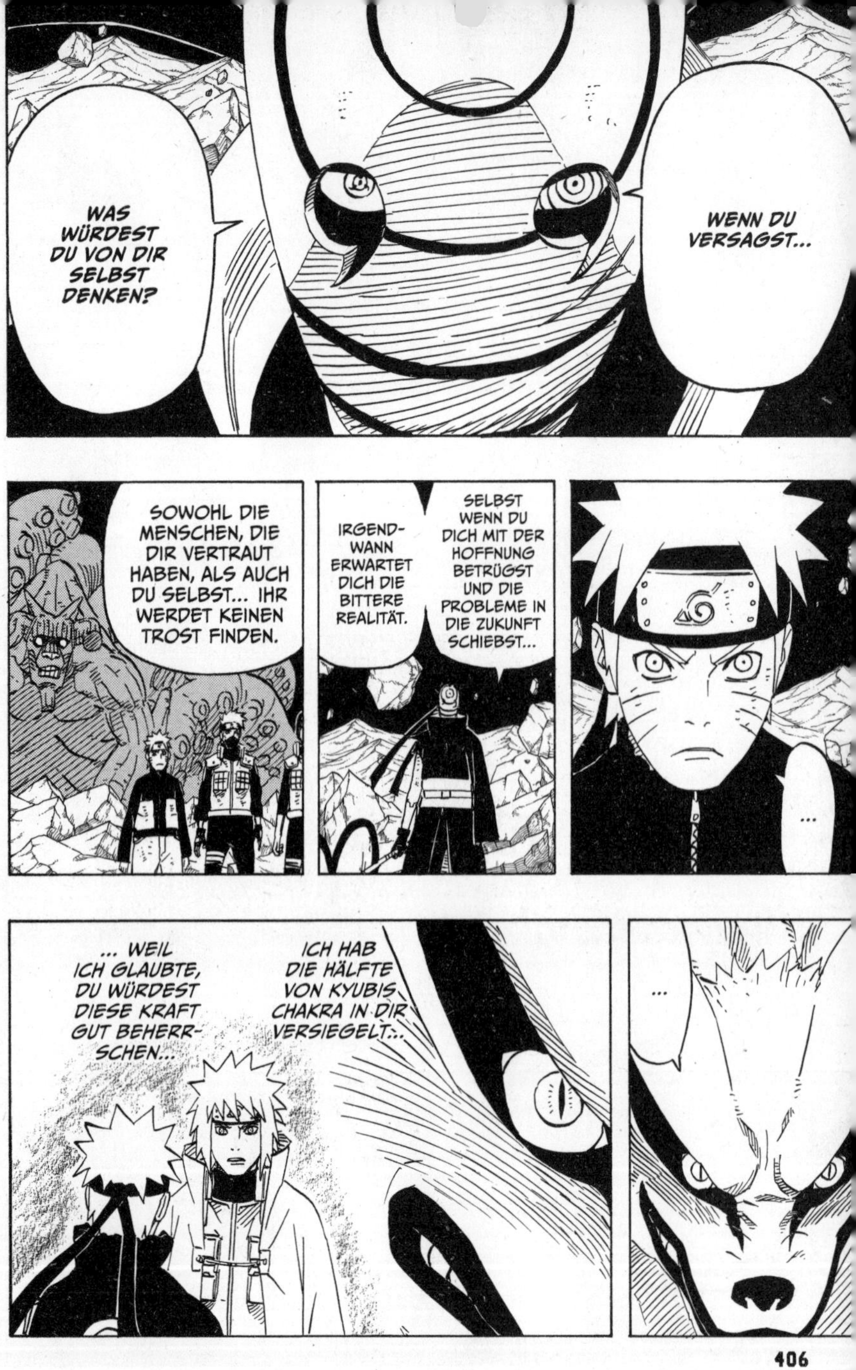
WENN DU VERSAGST...
WAS WÜRDEST DU VON DIR SELBST DENKEN?
...
SELBST WENN DU DICH MIT DER HOFFNUNG BETRÜGST UND DIE PROBLEME IN DIE ZUKUNFT SCHIEBST...
IRGEND-WANN ERWARTET DICH DIE BITTERE REALITÄT.
SOWOHL DIE MENSCHEN, DIE DIR VERTRAUT HABEN, ALS AUCH DU SELBST... IHR WERDET KEINEN TROST FINDEN.
...
ICH HAB DIE HÄLFTE VON KYUBIS CHAKRA IN DIR VERSIEGELT...
... WEIL ICH GLAUBTE, DU WÜRDEST DIESE KRAFT GUT BEHERR-SCHEN...

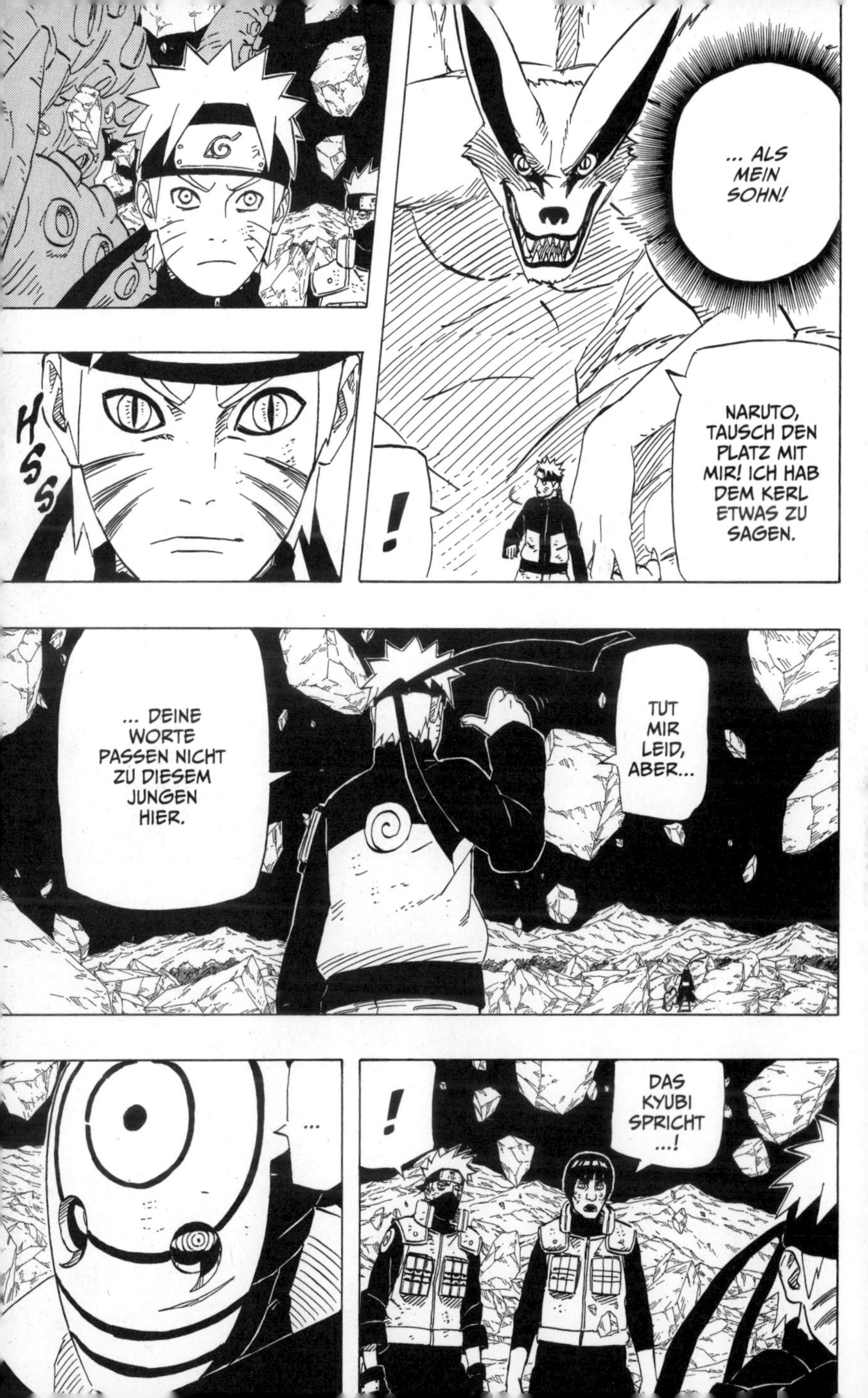
... ALS MEIN SOHN!
HSS
NARUTO, TAUSCH DEN PLATZ MIT MIR! ICH HAB DEM KERL ETWAS ZU SAGEN.
!
TUT MIR LEID, ABER...
... DEINE WORTE PASSEN NICHT ZU DIESEM JUNGEN HIER.
DAS KYUBI SPRICHT ...!
!
...

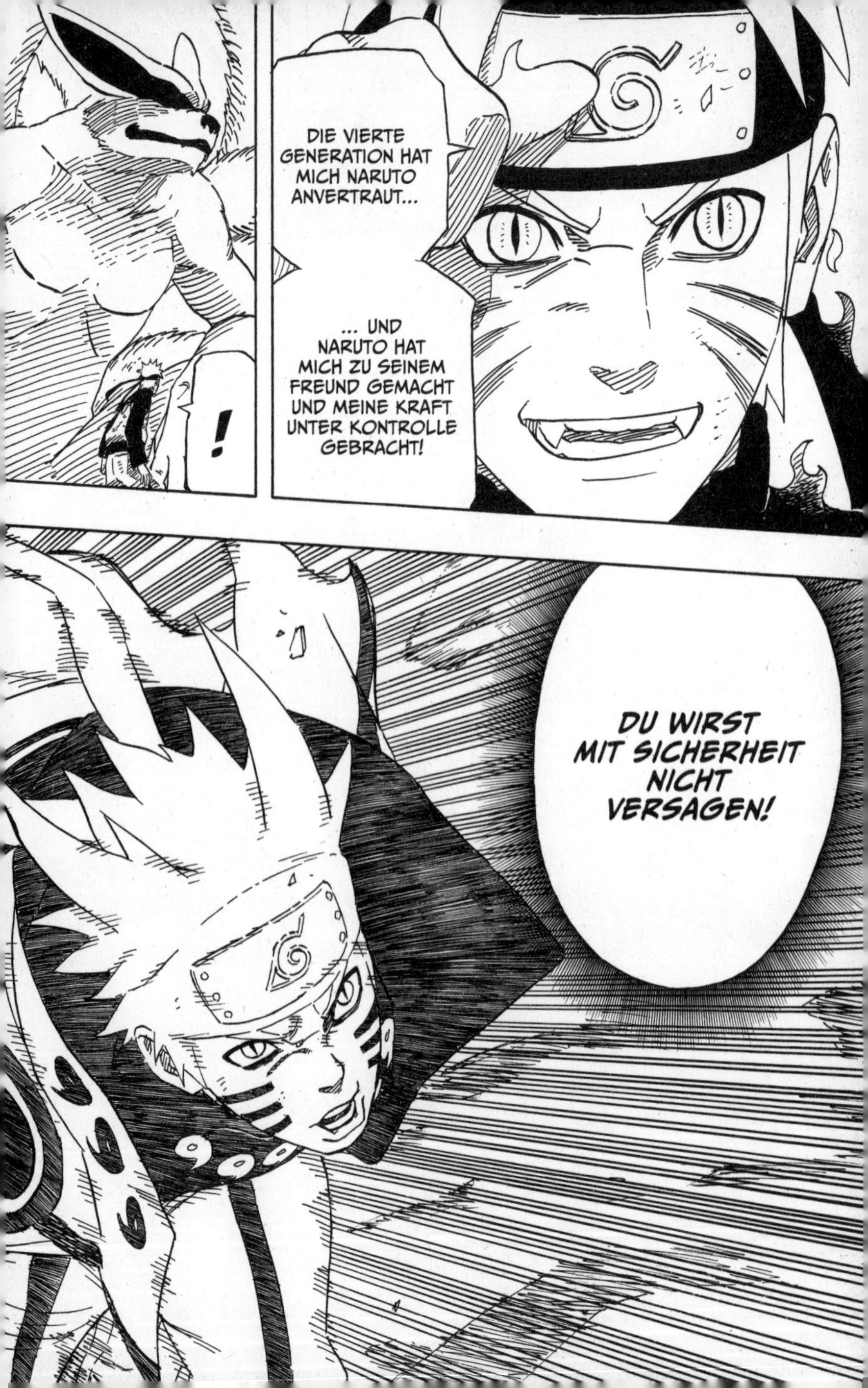
DIE VIERTE GENERATION HAT MICH NARUTO ANVERTRAUT...
... UND NARUTO HAT MICH ZU SEINEM FREUND GEMACHT UND MEINE KRAFT UNTER KONTROLLE GEBRACHT!
!
DU WIRST MIT SICHERHEIT NICHT VERSAGEN!

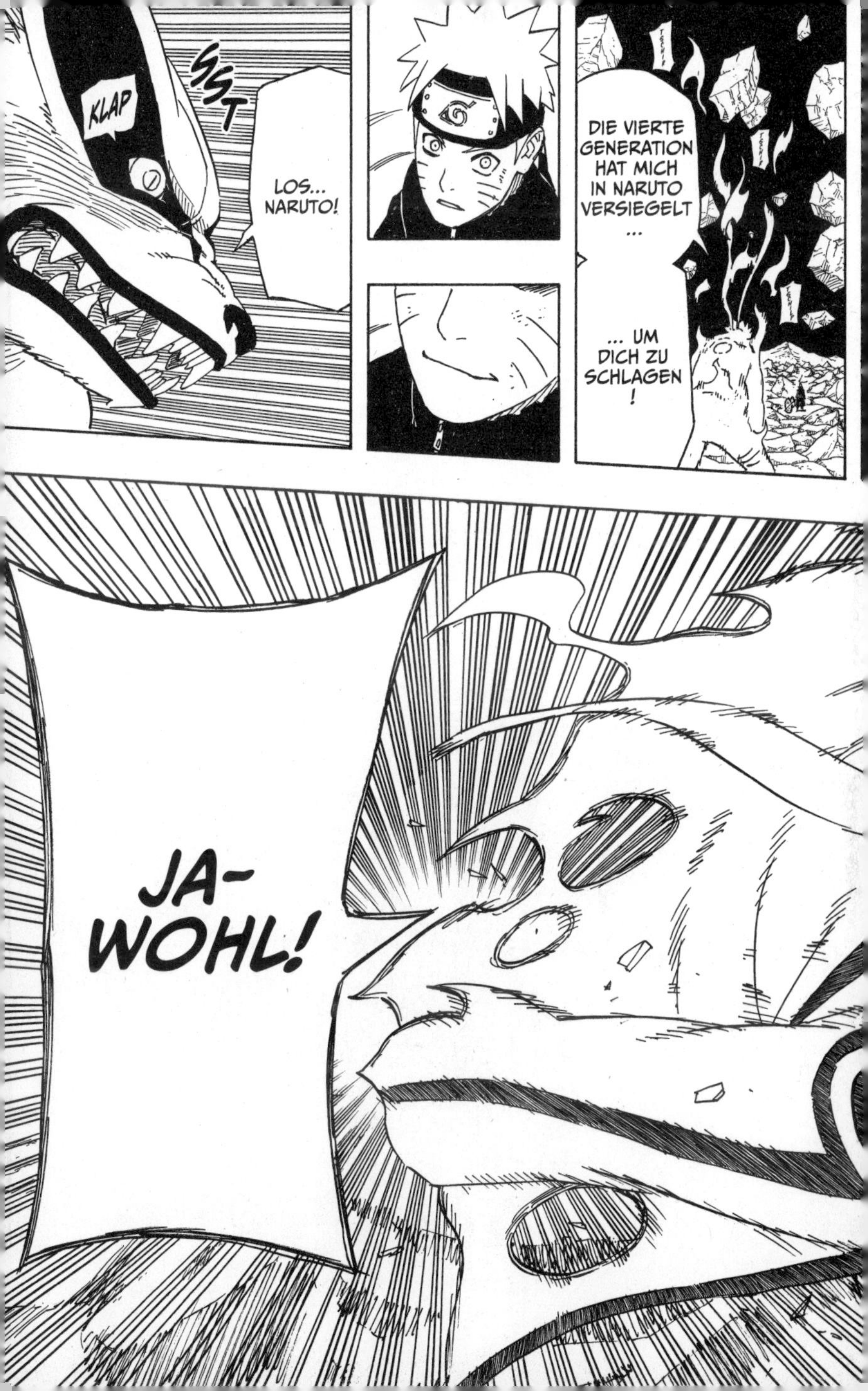
DIE VIERTE GENERATION HAT MICH IN NARUTO VERSIEGELT ...
... UM DICH ZU SCHLAGEN !
LOS... NARUTO!
SST
KLAP
JA-WOHL!

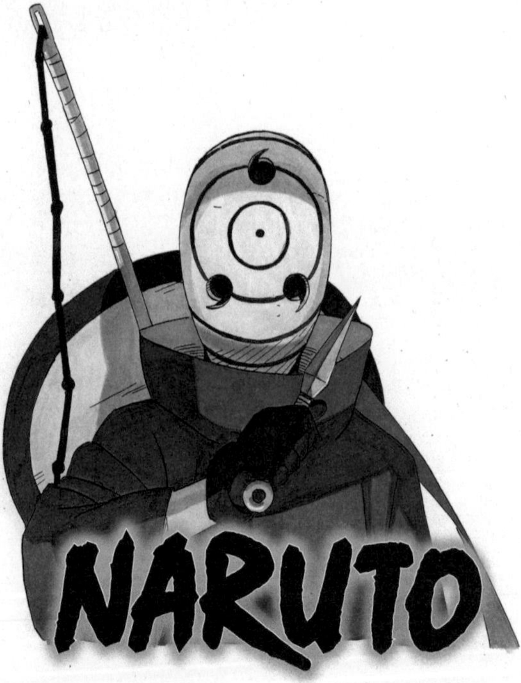
NARUTO

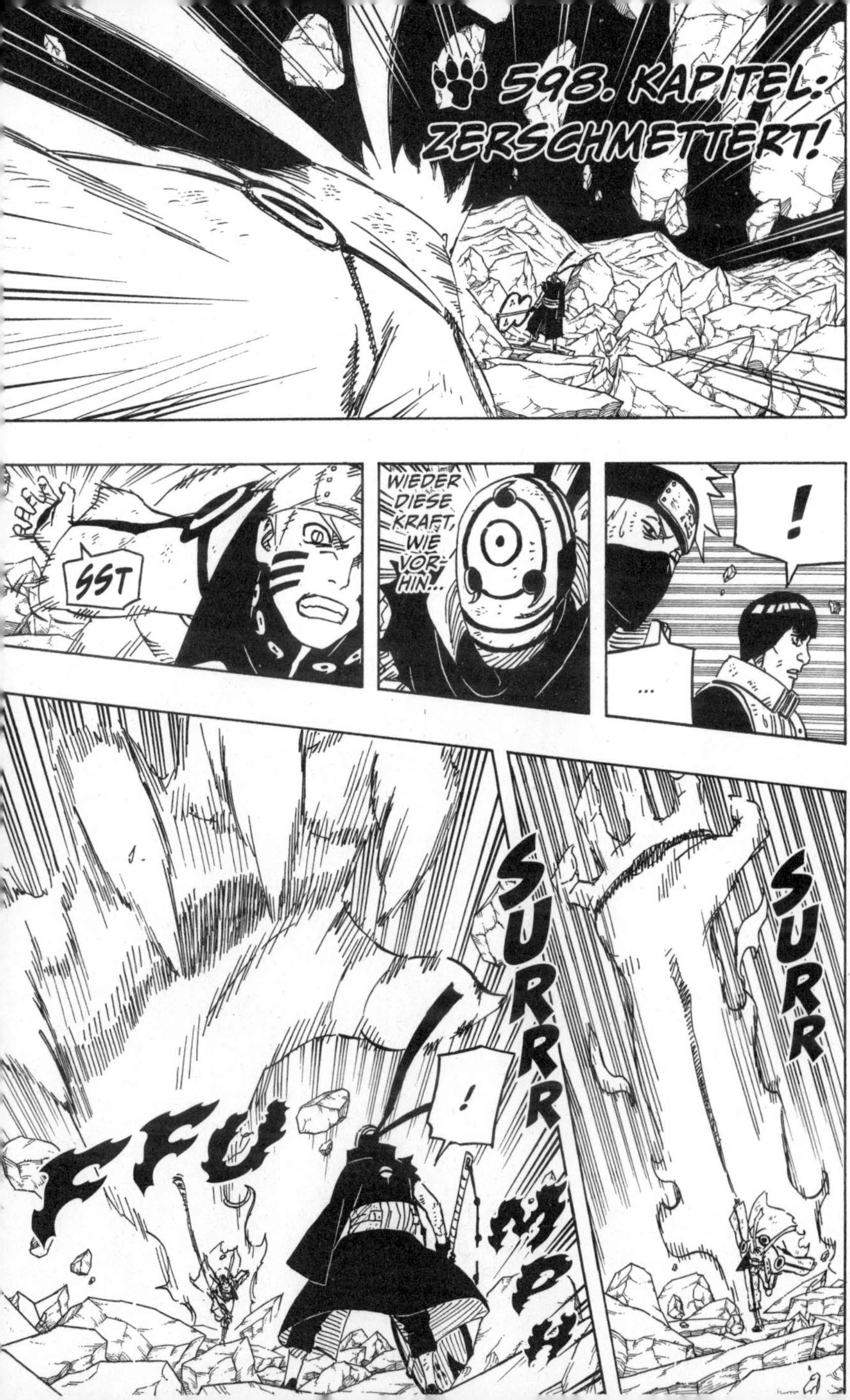
598. KAPITEL: ZERSCHMETTERT!
!
...
WIEDER DIESE KRAFT, WIE VORHIN...
SST
SURR
SURR
!
FFU
MPH

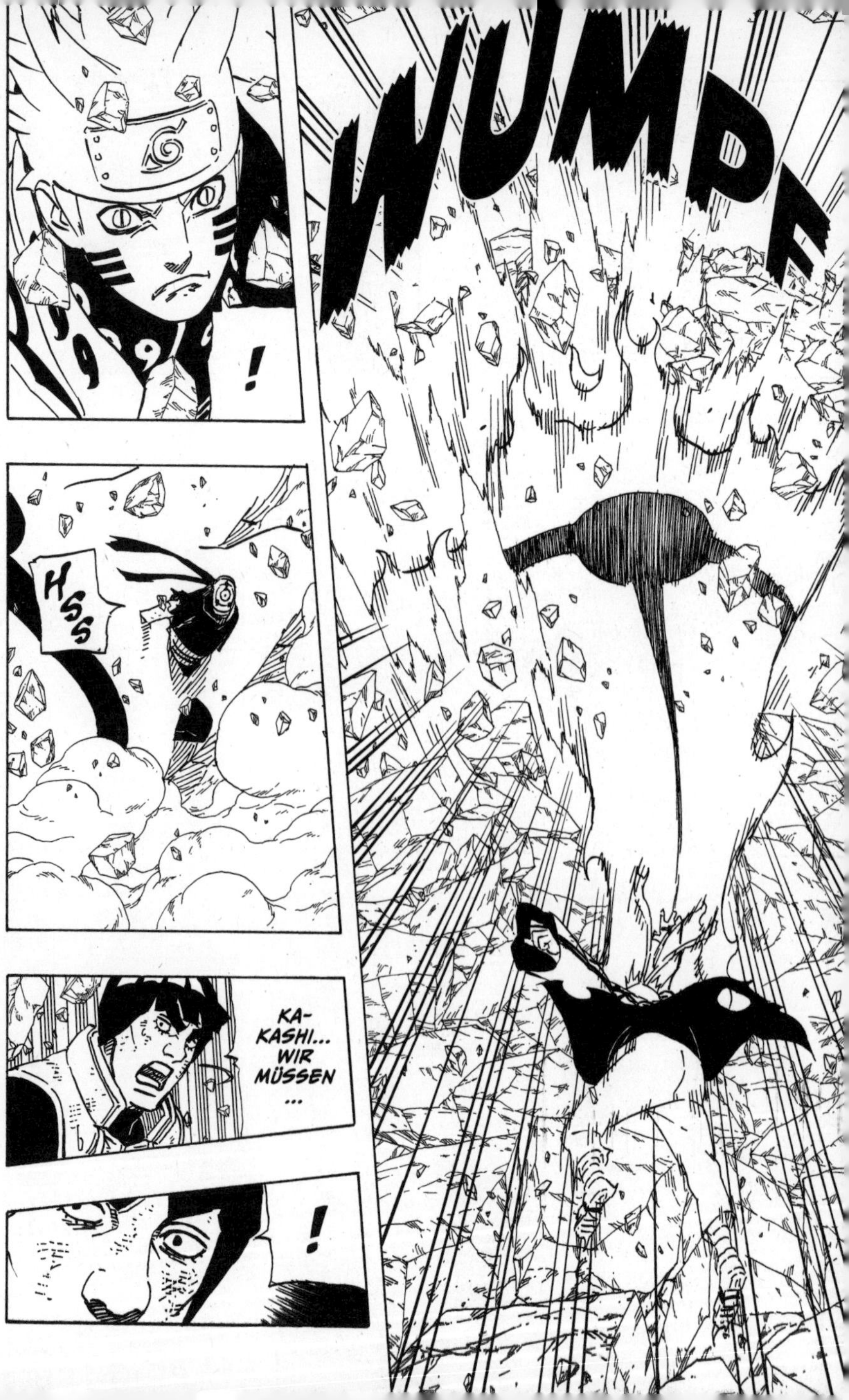
WUMPF
!
HSS
KA-KASHI... WIR MÜSSEN ...
!

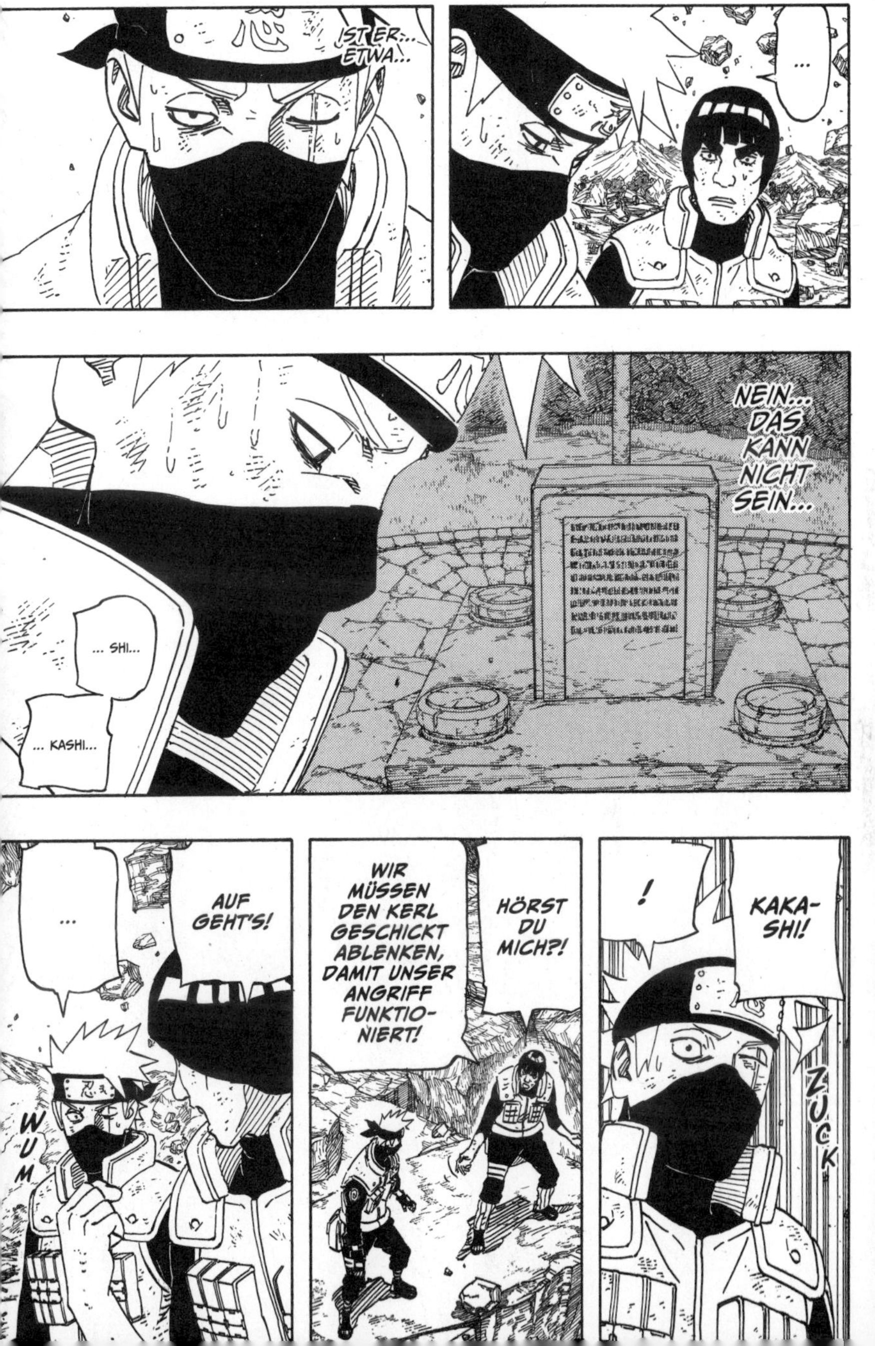
...
IST ER... ETWA...
NEIN... DAS KANN NICHT SEIN...
... SHI...
... KASHI...
KAKA-SHI!
!
ZUCK
HÖRST DU MICH?!
WIR MÜSSEN DEN KERL GESCHICKT ABLENKEN, DAMIT UNSER ANGRIFF FUNKTIONIERT!
AUF GEHT'S!
...
WUM

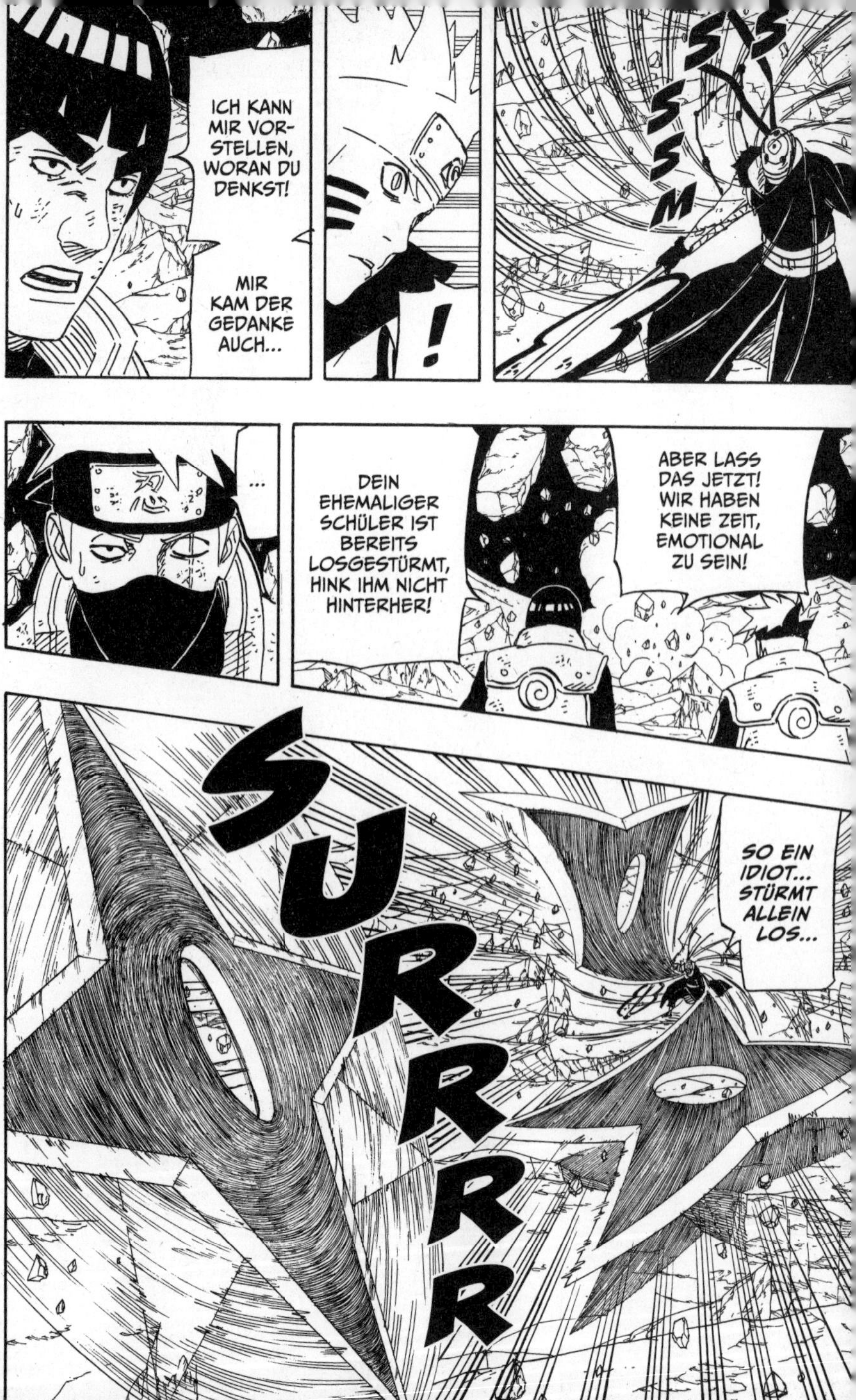
SSSSM
!
ICH KANN MIR VORSTELLEN, WORAN DU DENKST!
MIR KAM DER GEDANKE AUCH...
ABER LASS DAS JETZT! WIR HABEN KEINE ZEIT, EMOTIONAL ZU SEIN!
DEIN EHEMALIGER SCHÜLER IST BEREITS LOSGESTÜRMT, HINK IHM NICHT HINTERHER!
...
SO EIN IDIOT... STÜRMT ALLEIN LOS...
SURRRRR

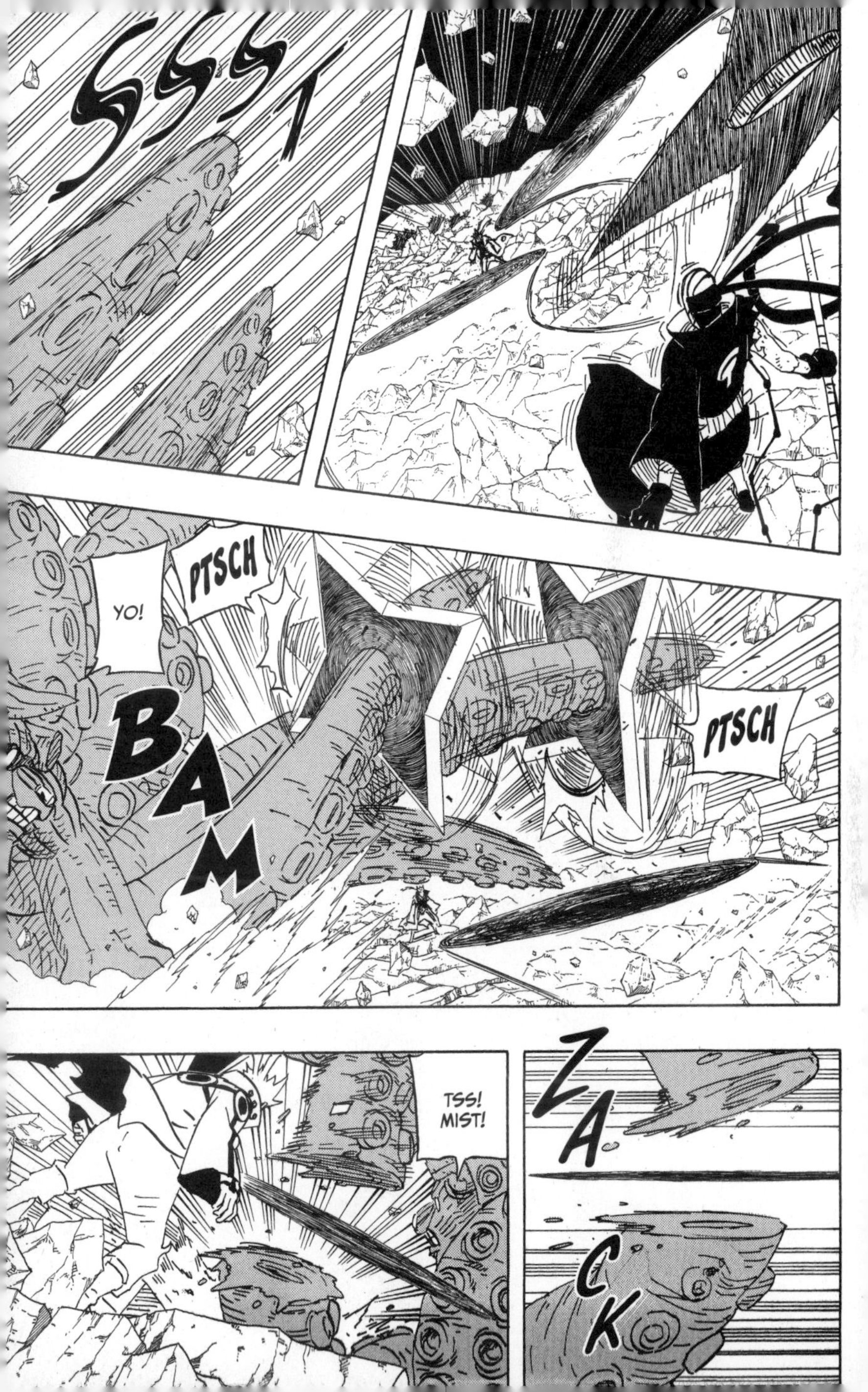
SSST
PTSCH
PTSCH
YO!
BAM
TSS! MIST!
ZACK

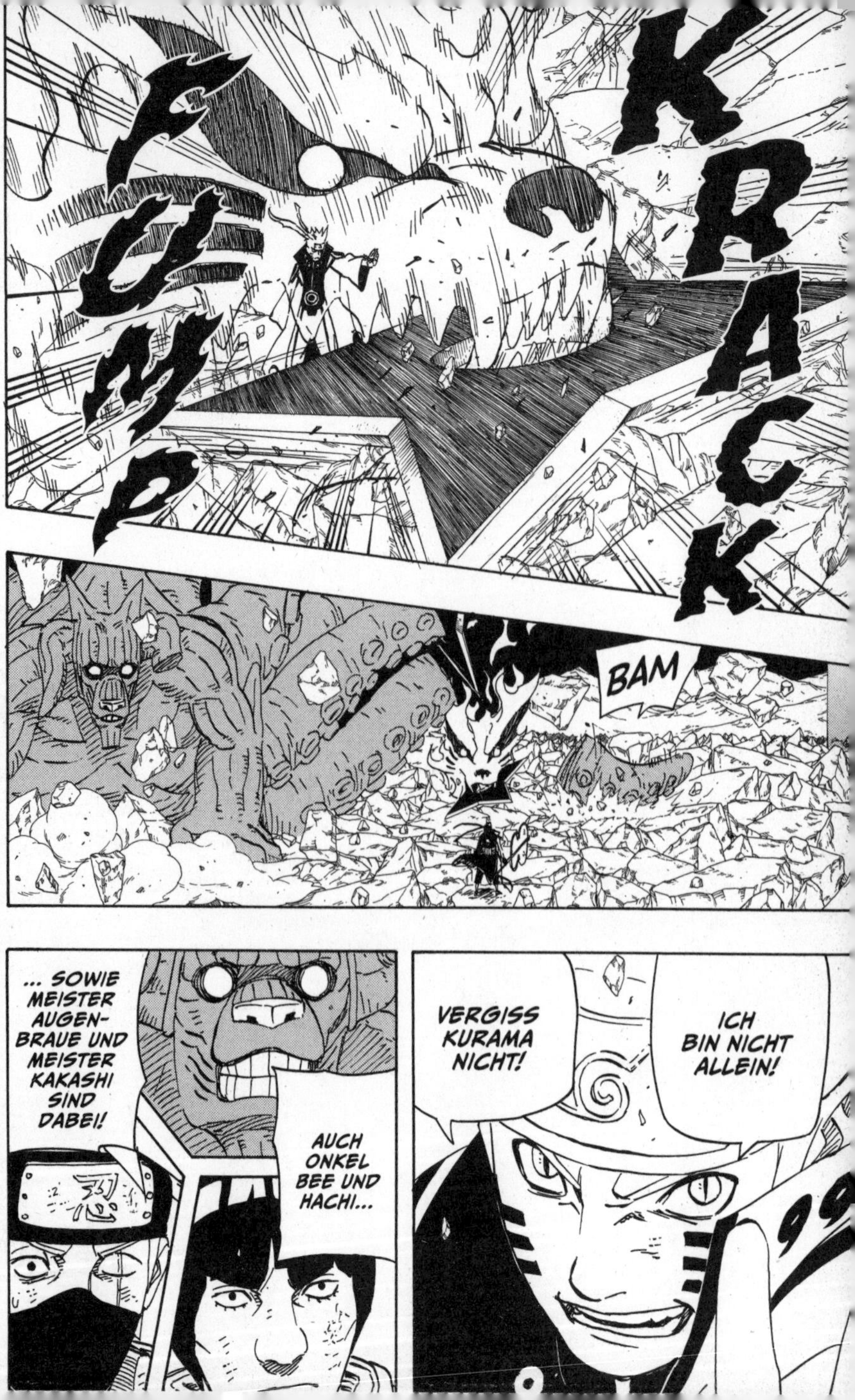
KRACK
FUMP
BAM
ICH BIN NICHT ALLEIN!
VERGISS KURAMA NICHT!
AUCH ONKEL BEE UND HACHI...
... SOWIE MEISTER AUGEN-BRAUE UND MEISTER KAKASHI SIND DABEI!

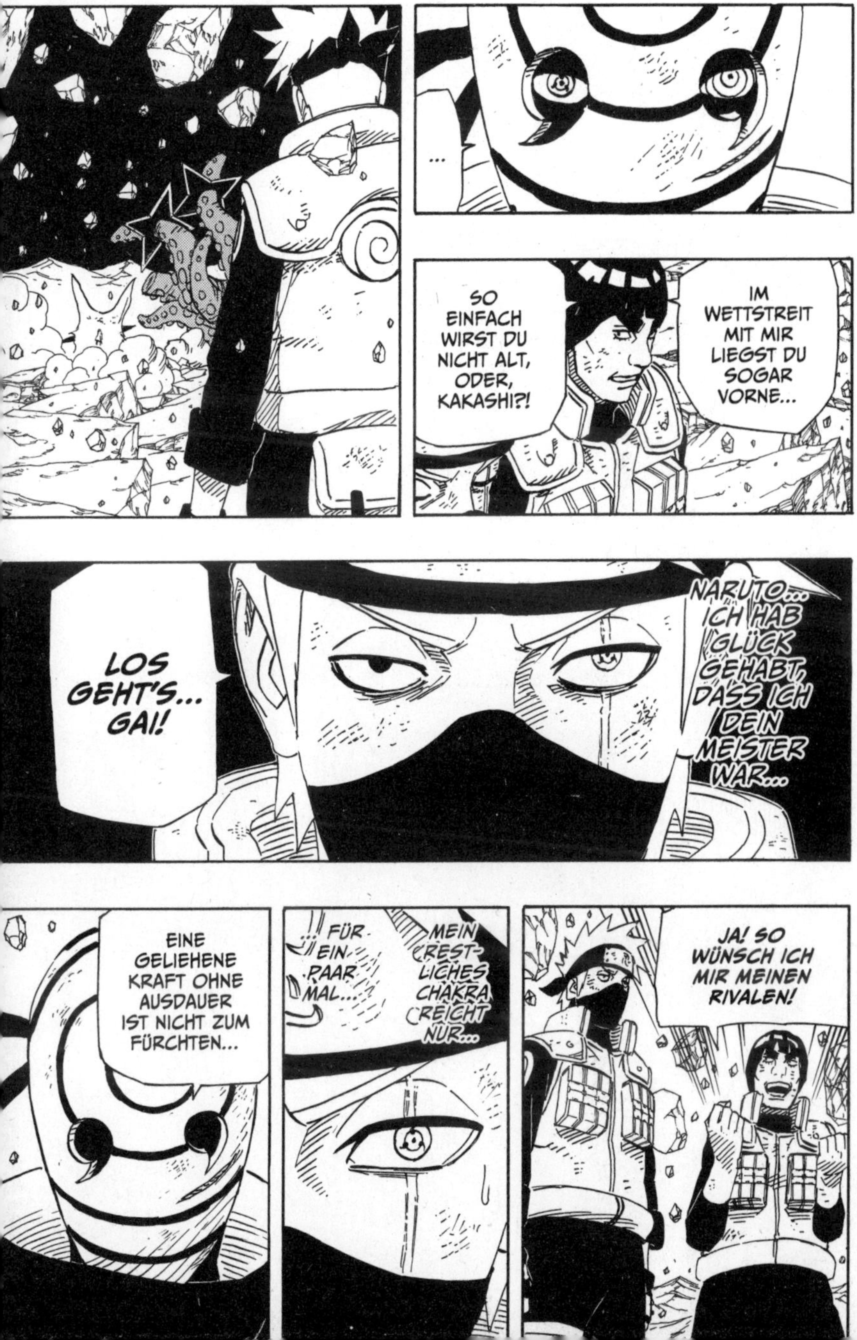
...
IM WETTSTREIT MIT MIR LIEGST DU SOGAR VORNE...
SO EINFACH WIRST DU NICHT ALT, ODER, KAKASHI?!
NARUTO... ICH HAB GLÜCK GEHABT, DASS ICH DEIN MEISTER WAR...
LOS GEHT'S... GAI!
JA! SO WÜNSCH ICH MIR MEINEN RIVALEN!
MEIN RESTLICHES CHAKRA REICHT NUR...
...FÜR EIN PAAR MAL...
EINE GELIEHENE KRAFT OHNE AUSDAUER IST NICHT ZUM FÜRCHTEN...

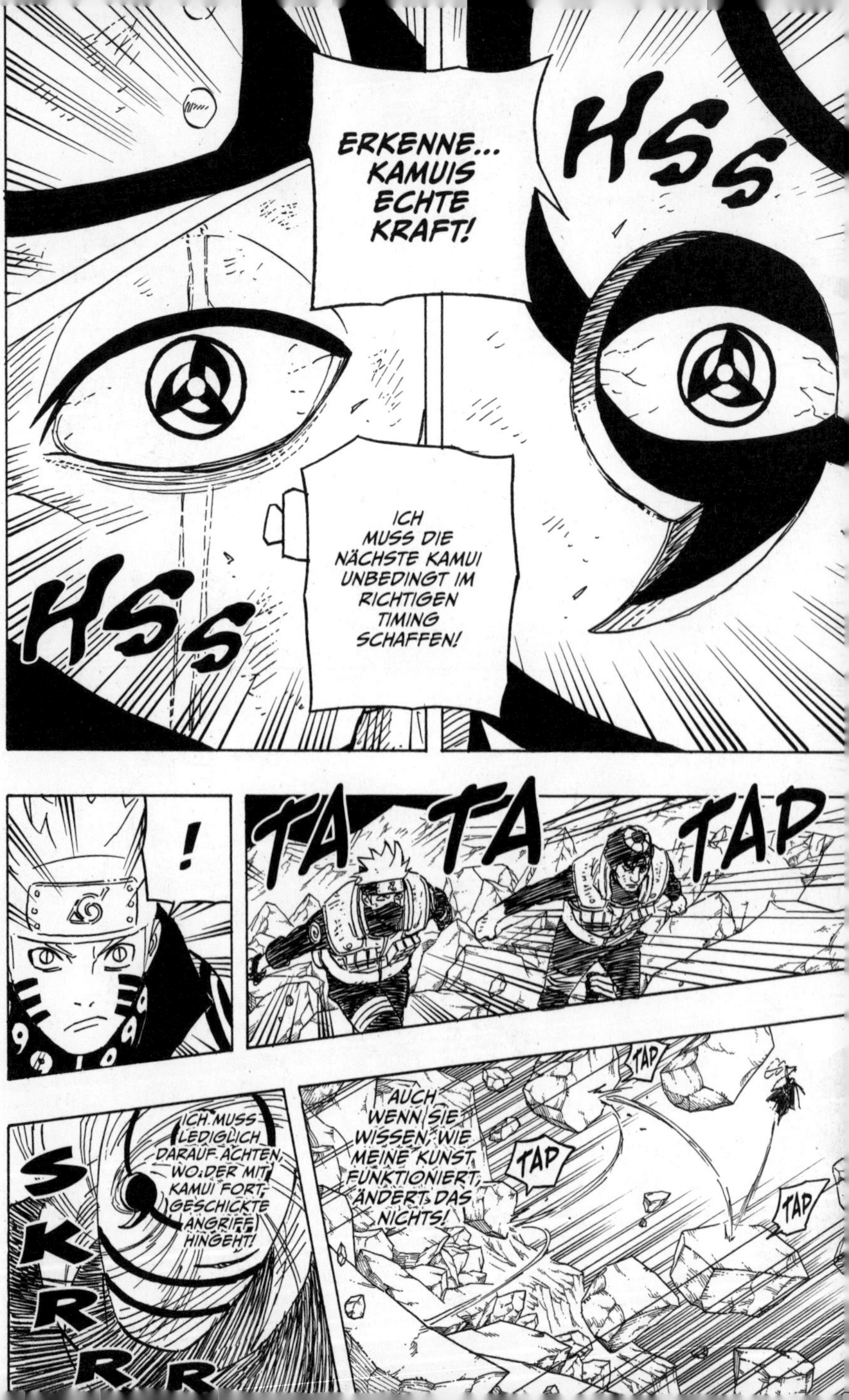
HSS
ERKENNE... KAMUIS ECHTE KRAFT!
ICH MUSS DIE NÄCHSTE KAMUI UNBEDINGT IM RICHTIGEN TIMING SCHAFFEN!
HSS
TA TA TAP
!
TAP
TAP
TAP
AUCH WENN SIE WISSEN, WIE MEINE KUNST FUNKTIONIERT, ÄNDERT DAS NICHTS!
ICH MUSS LEDIGLICH DARAUF ACHTEN, WO DER MIT KAMUI FORTGESCHICKTE ANGRIFF HINGEHT!
SKRRRR

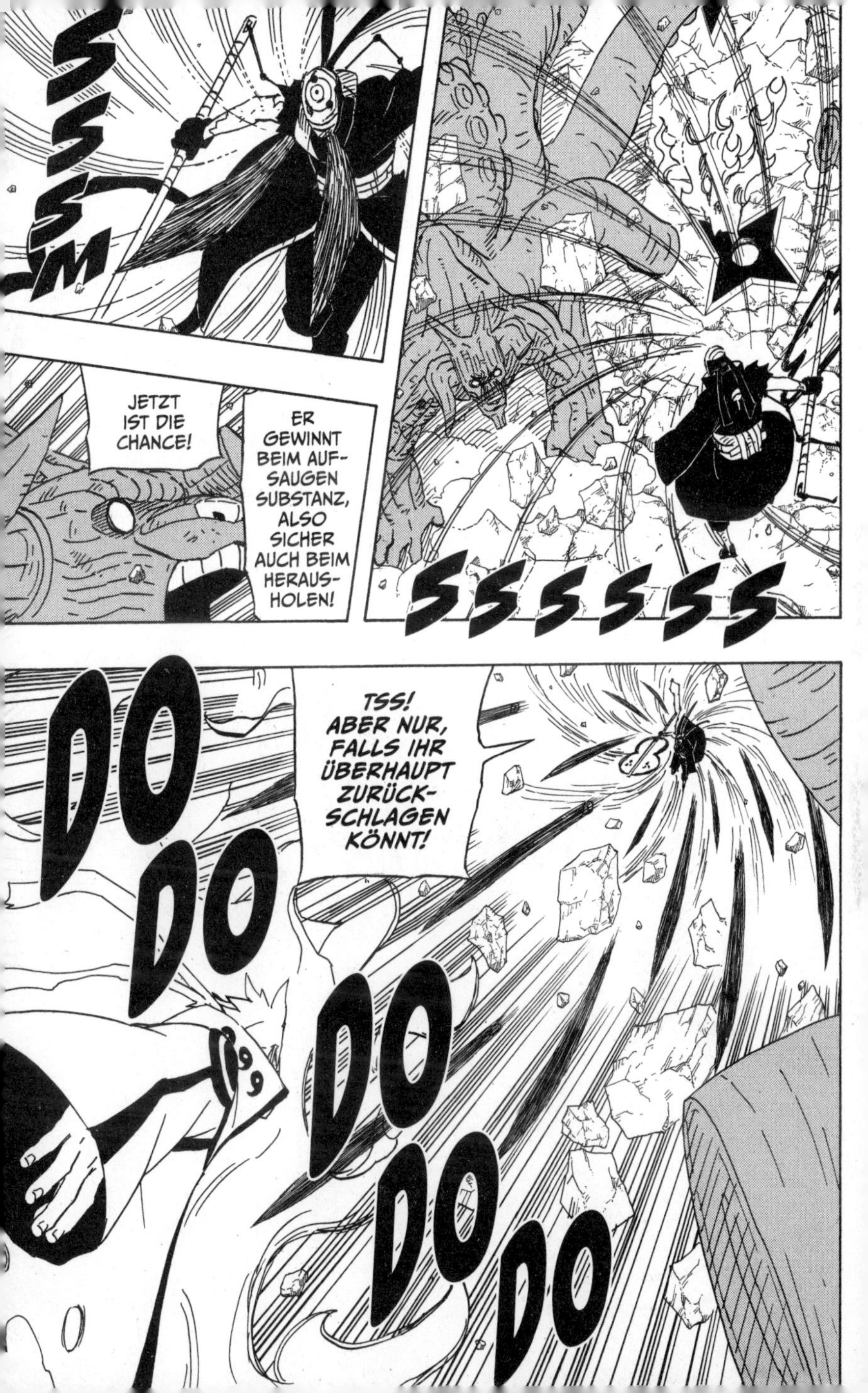
SSSSSS
SSSSM
ER GEWINNT BEIM AUF-SAUGEN SUBSTANZ, ALSO SICHER AUCH BEIM HERAUS-HOLEN!
JETZT IST DIE CHANCE!
TSS! ABER NUR, FALLS IHR ÜBERHAUPT ZURÜCK-SCHLAGEN KÖNNT!
DODODO
DODODODO

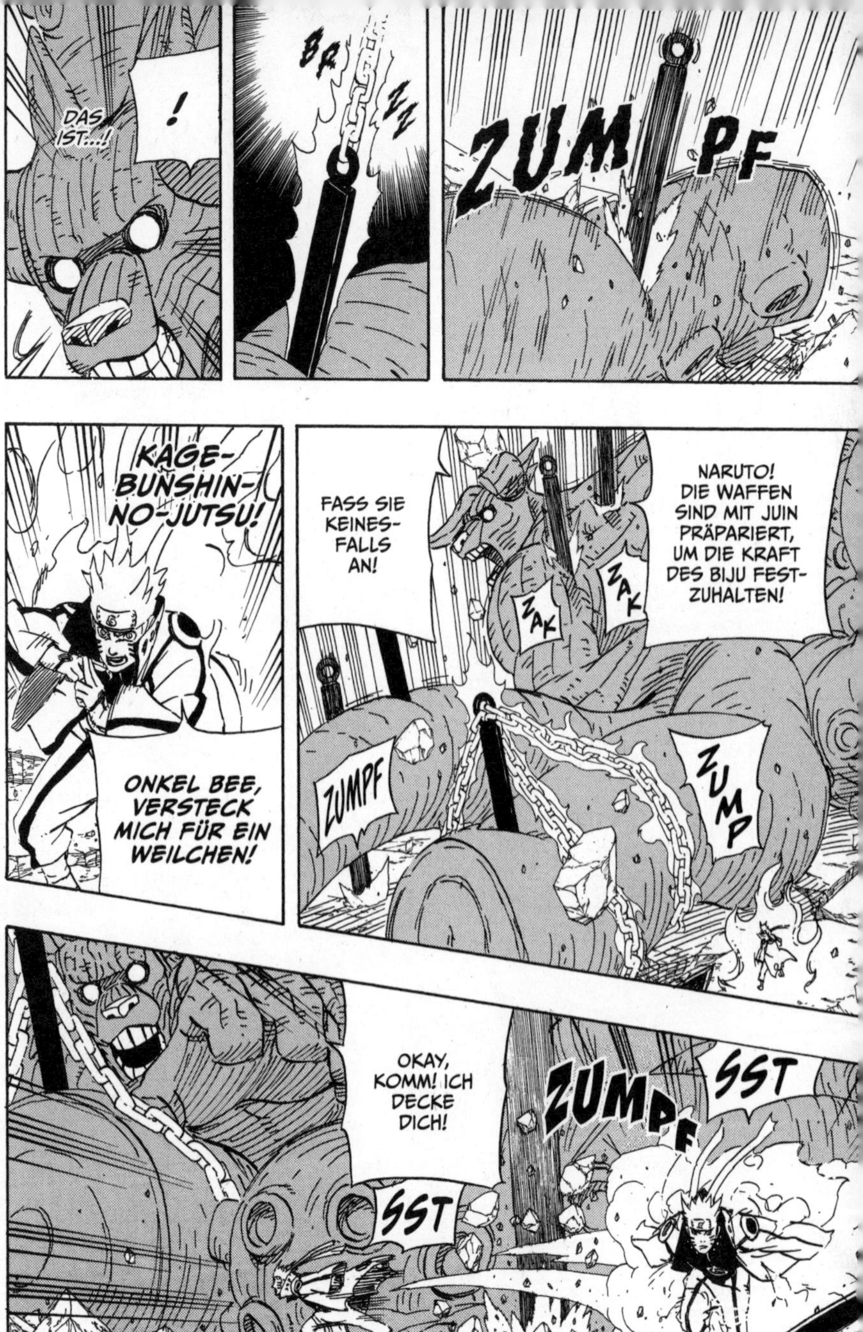
DAS IST...!
!
BRZZZ
ZUMPF
KAGE-BUNSHIN-NO-JUTSU!
ONKEL BEE, VERSTECK MICH FÜR EIN WEILCHEN!
NARUTO! DIE WAFFEN SIND MIT JUIN PRÄPARIERT, UM DIE KRAFT DES BIJU FESTZUHALTEN!
FASS SIE KEINESFALLS AN!
ZAK
ZAK
ZUMP
ZUMPF
OKAY, KOMM! ICH DECKE DICH!
SST
ZUMPF
SST

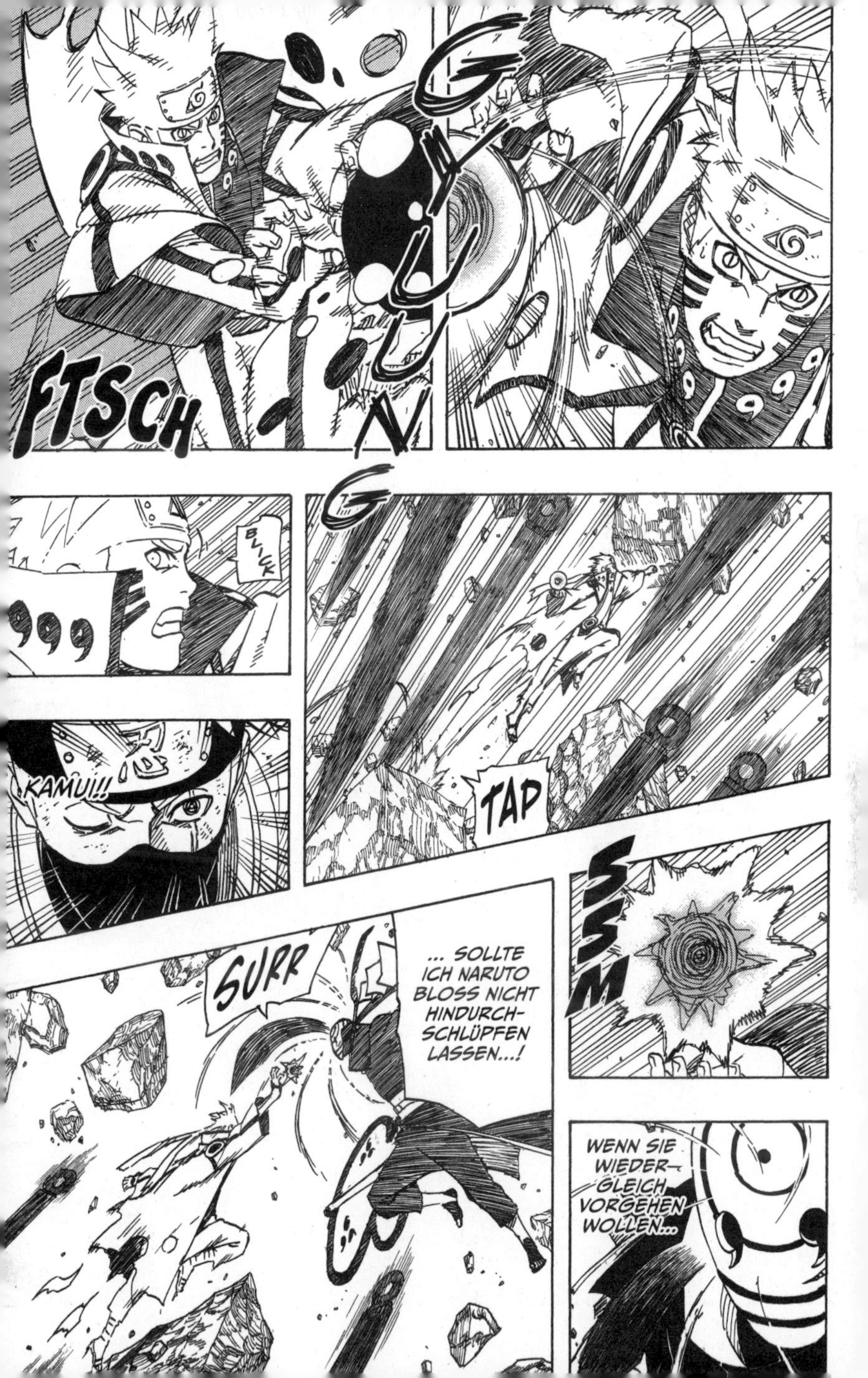

FTSCH
GUNNG
BLICK
TAP
KAMUI!!
SSM
... SOLLTE ICH NARUTO BLOSS NICHT HINDURCH-SCHLÜPFEN LASSEN...!
SURR
WENN SIE WIEDER-GLEICH VORGEHEN WOLLEN...

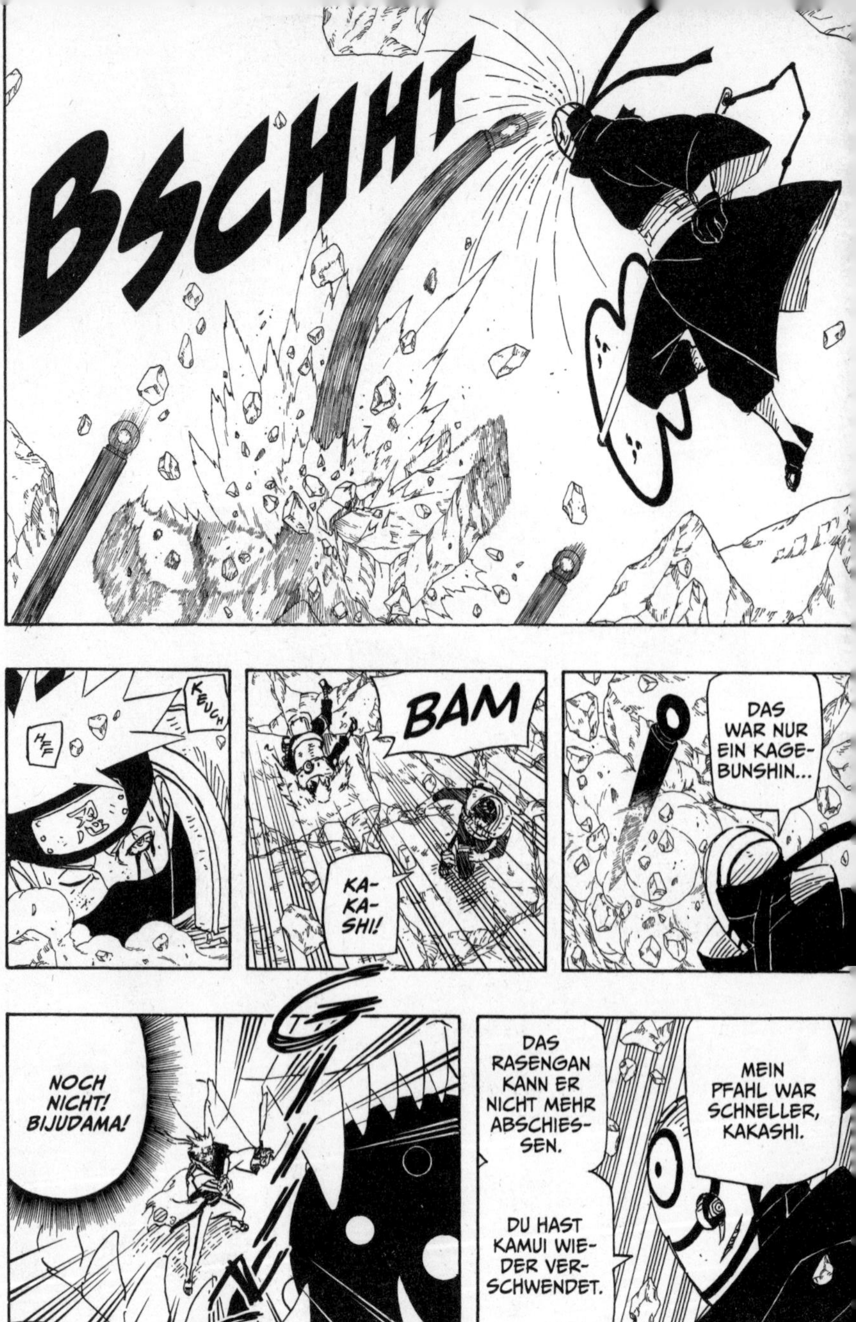
BSCHHT
DAS WAR NUR EIN KAGE-BUNSHIN...
BAM
KA-KA-SHI!
KEUCH
HEF
MEIN PFAHL WAR SCHNELLER, KAKASHI.
DAS RASENGAN KANN ER NICHT MEHR ABSCHIES-SEN.
DU HAST KAMUI WIE-DER VER-SCHWENDET.
NOCH NICHT! BIJUDAMA!

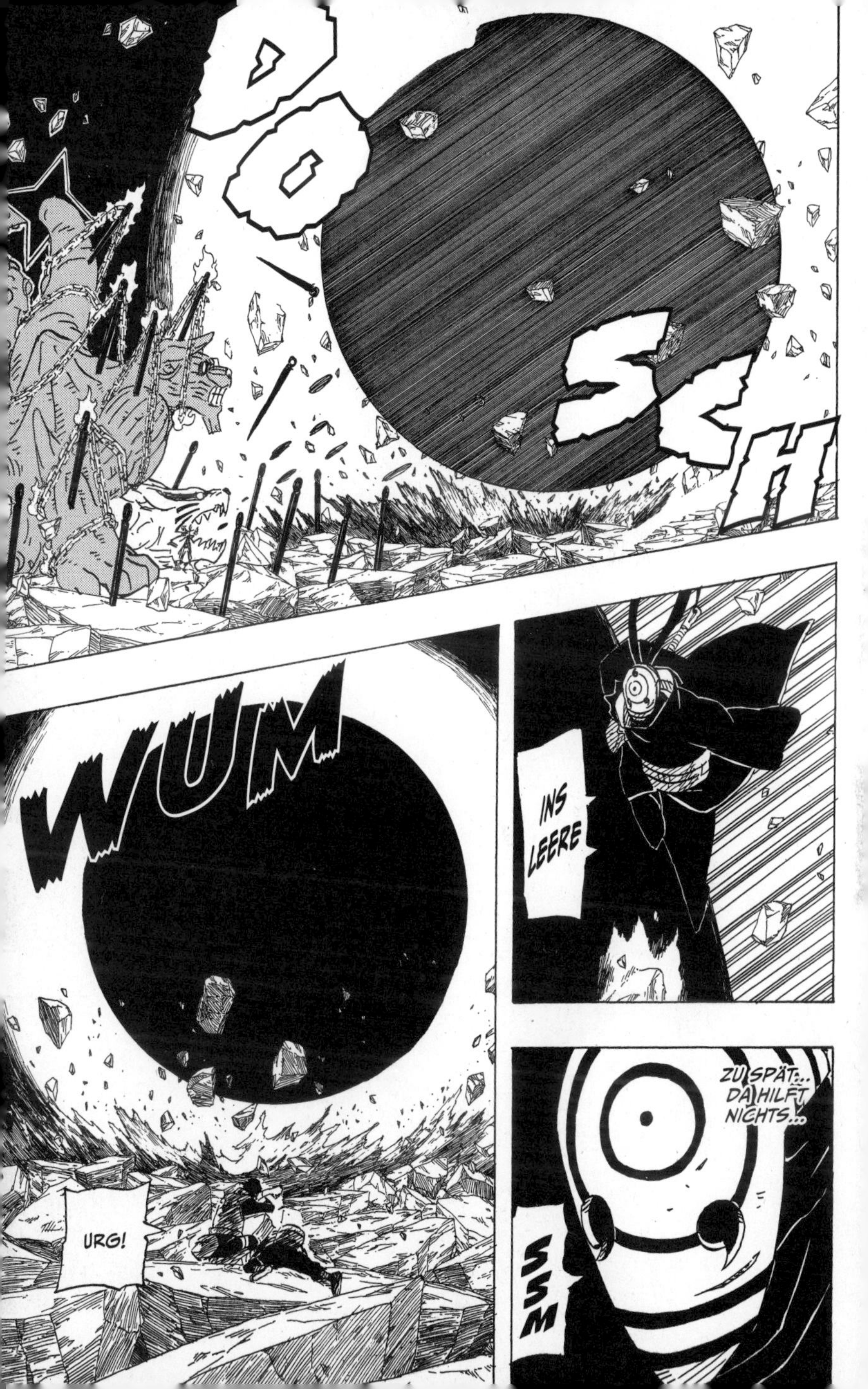

DO
SCH
INS LEERE
WUM
URG!
ZU SPÄT... DA HILFT NICHTS...
SSM

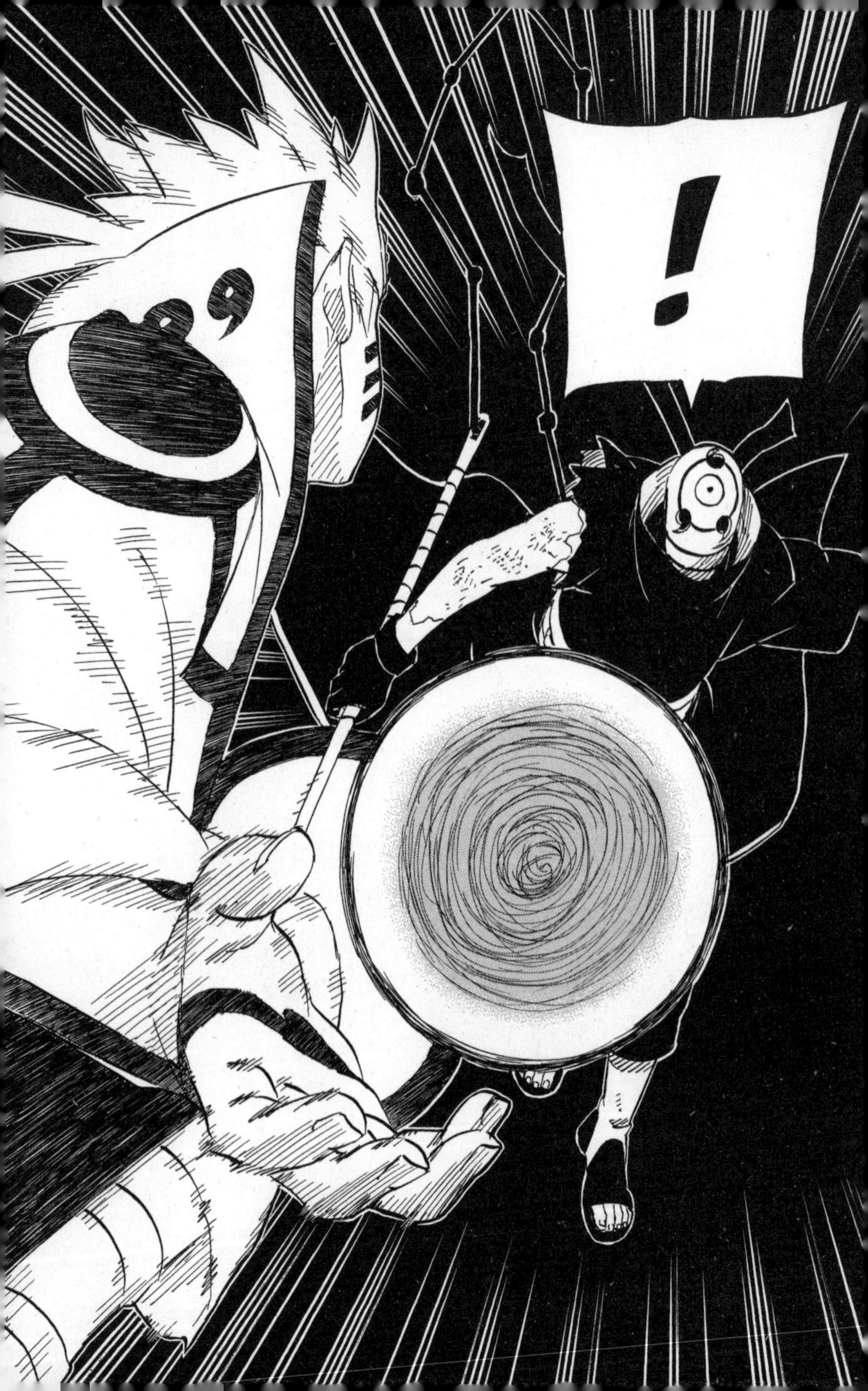

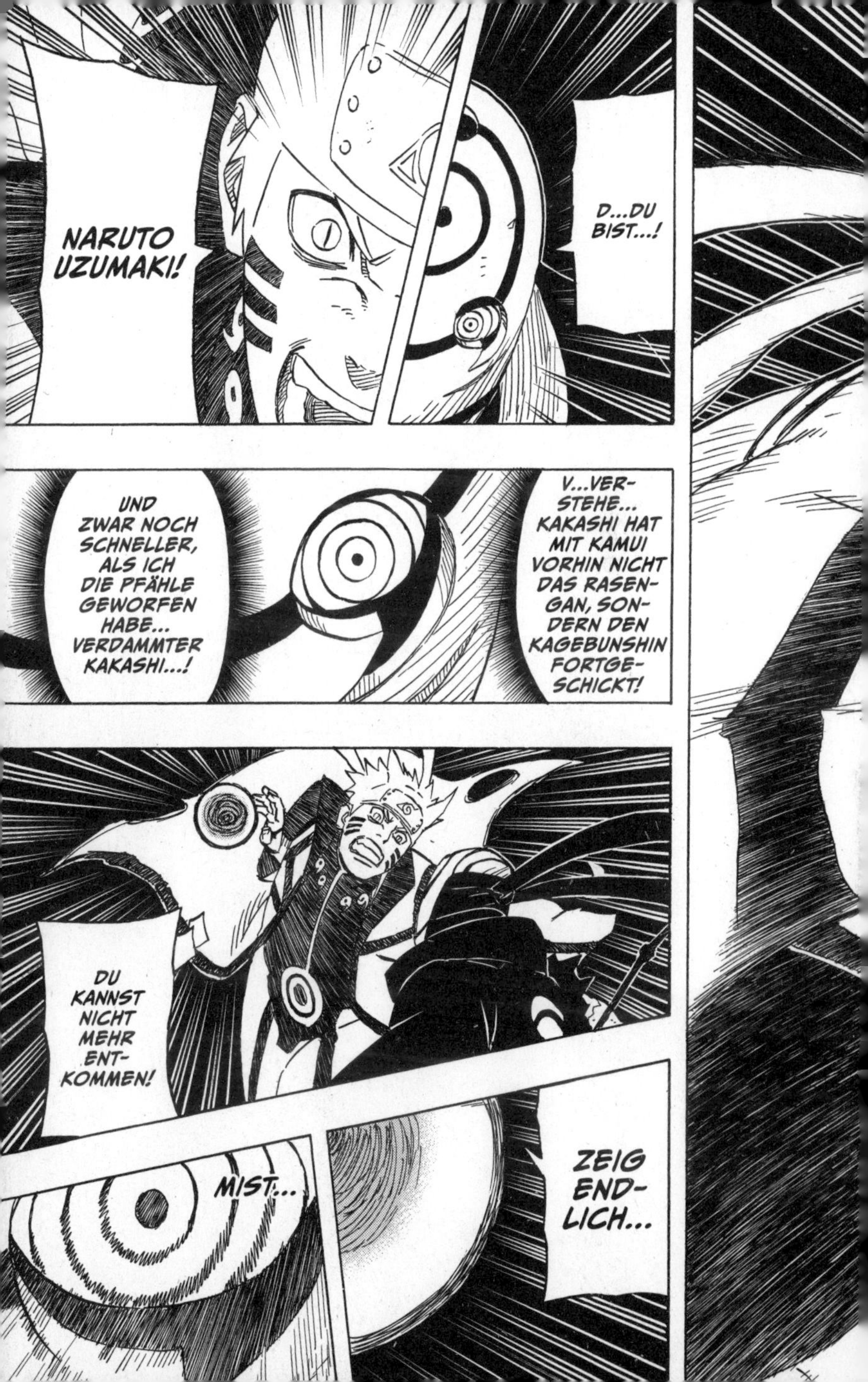
D...DU BIST...!
NARUTO UZUMAKI!
V...VERSTEHE... KAKASHI HAT MIT KAMUI VORHIN NICHT DAS RASENGAN, SONDERN DEN KAGEBUNSHIN FORTGESCHICKT!
UND ZWAR NOCH SCHNELLER, ALS ICH DIE PFÄHLE GEWORFEN HABE... VERDAMMTER KAKASHI...!
DU KANNST NICHT MEHR ENTKOMMEN!
ZEIG ENDLICH...
MIST...

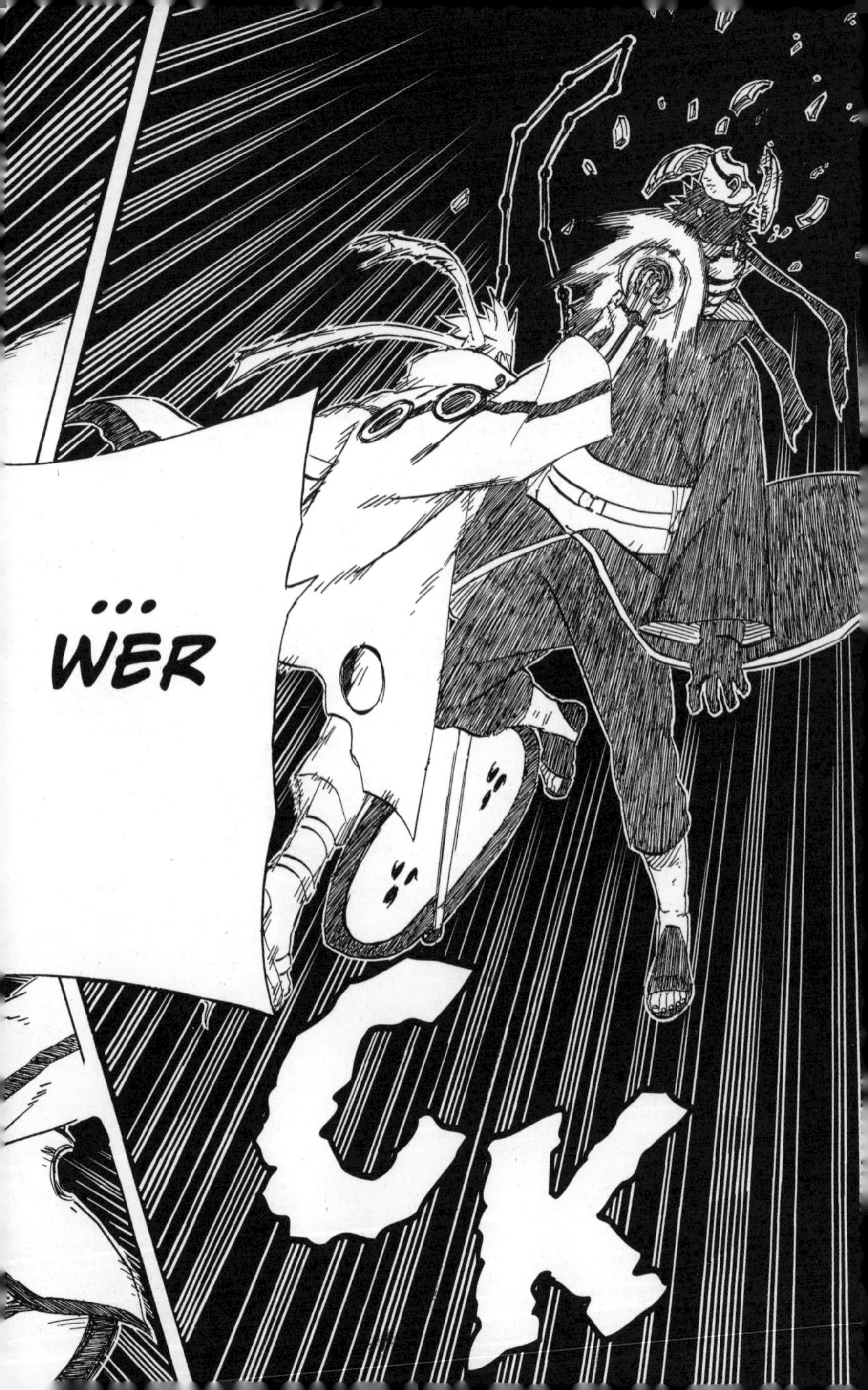
... WER
CK

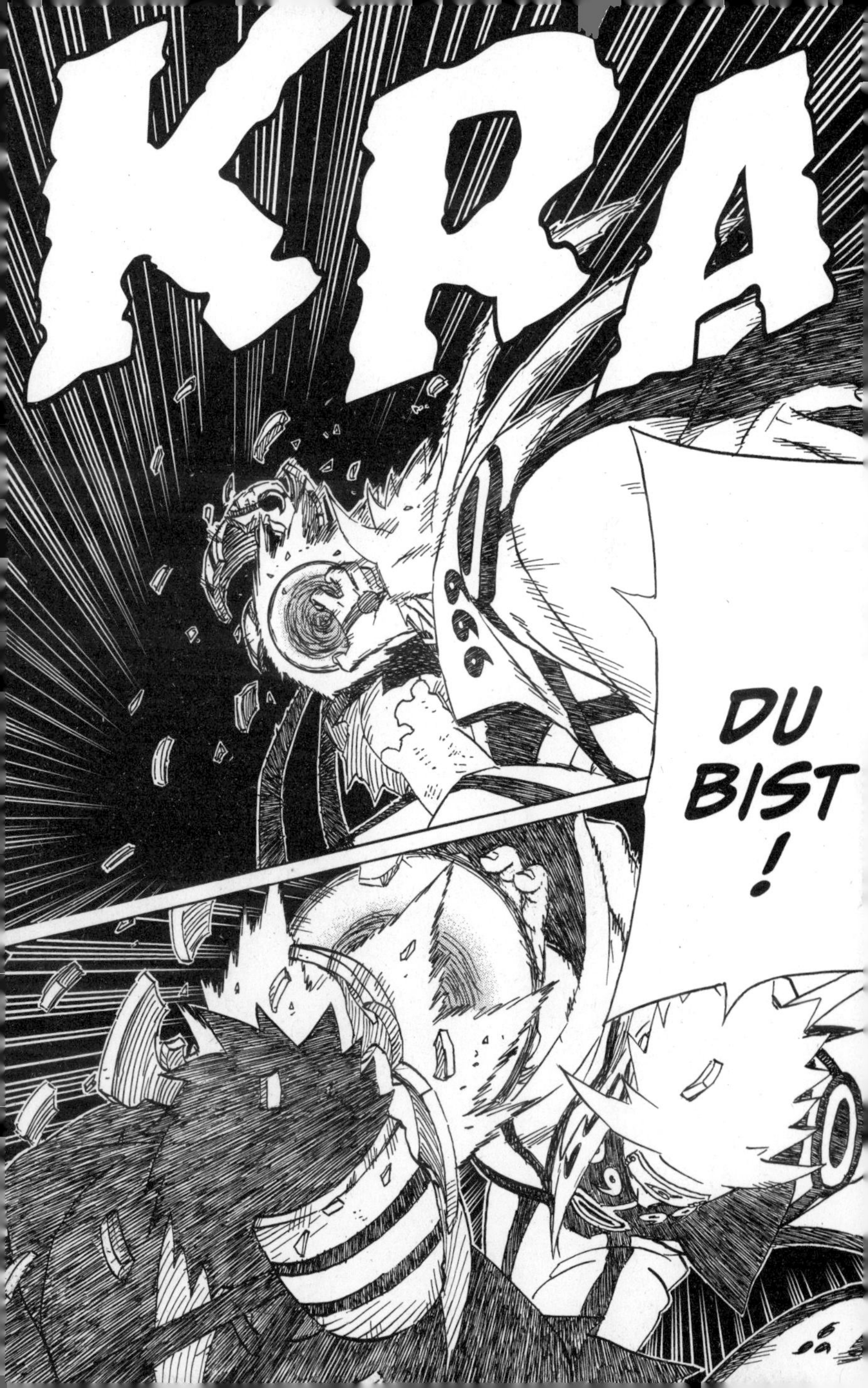
KRA
DU BIST !

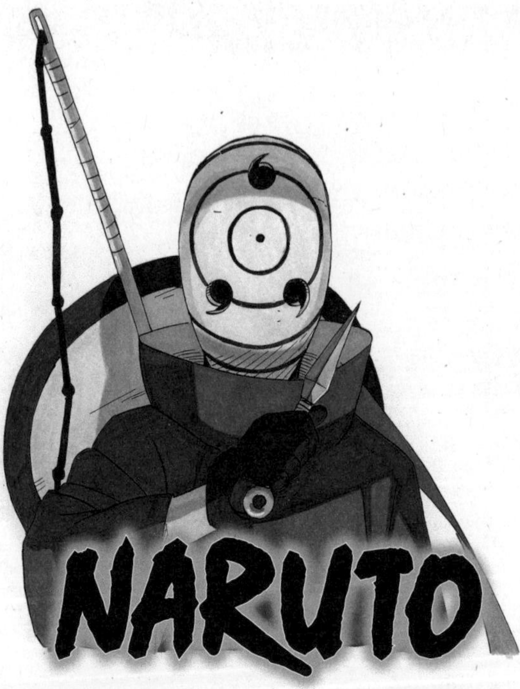
NARUTO

599. Kapitel: Obito Uchiha

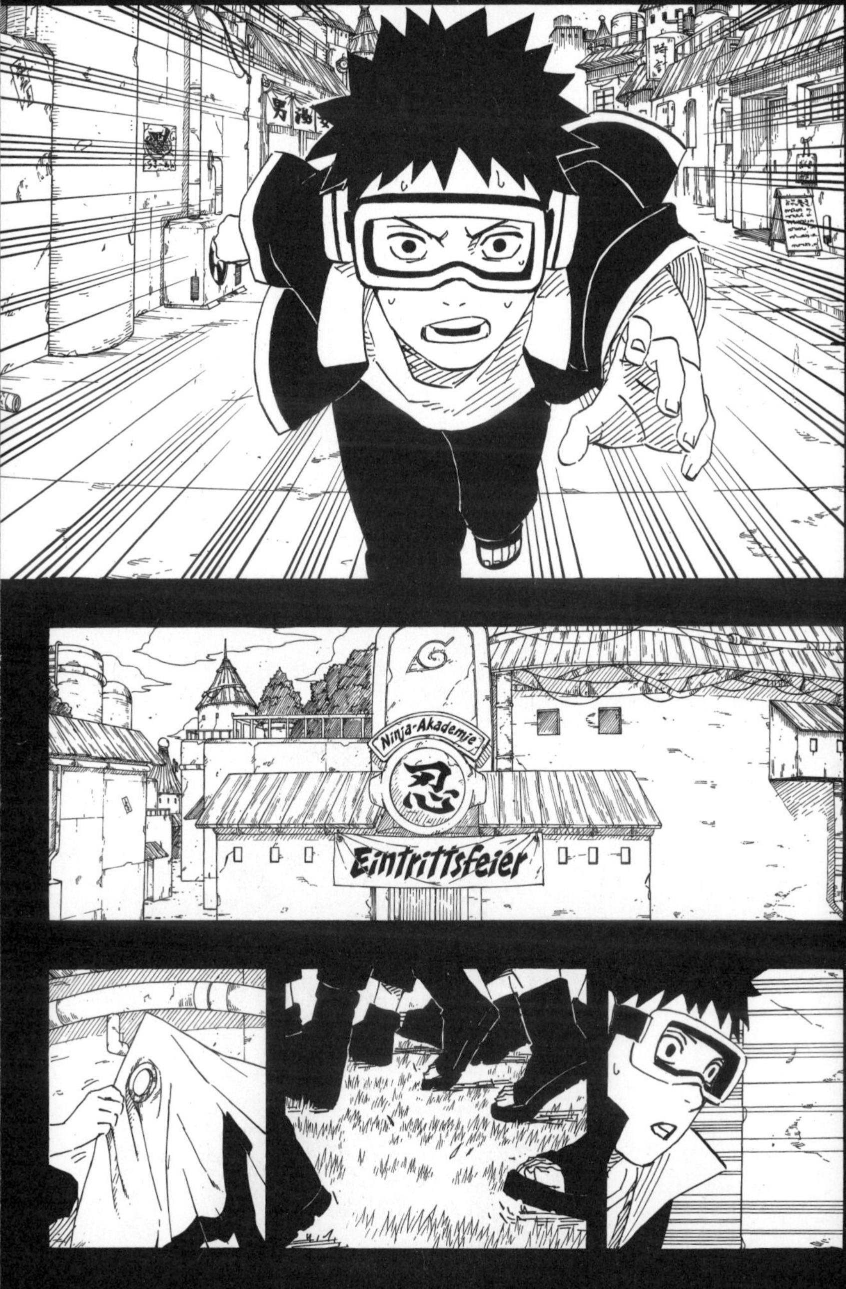

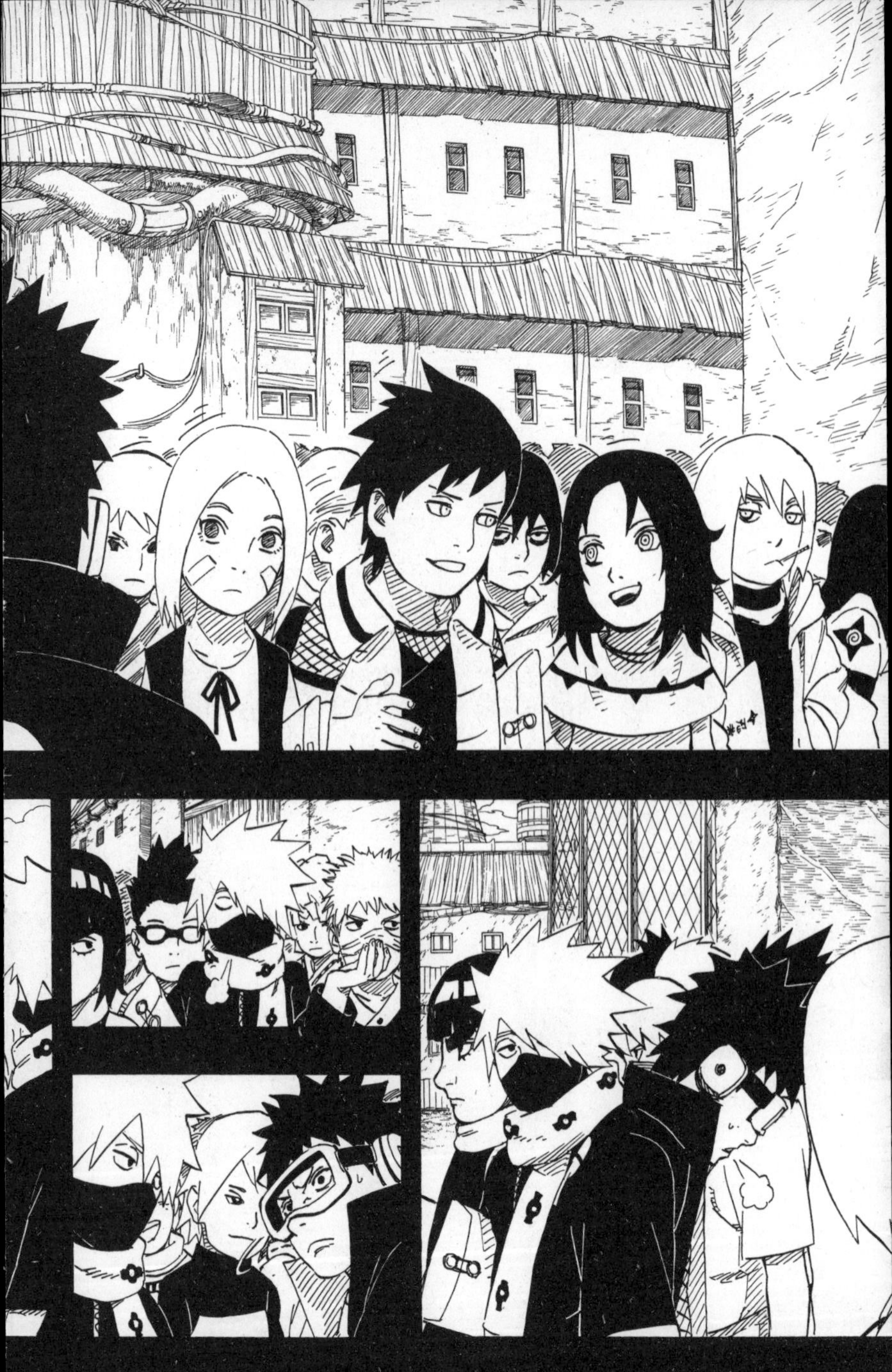

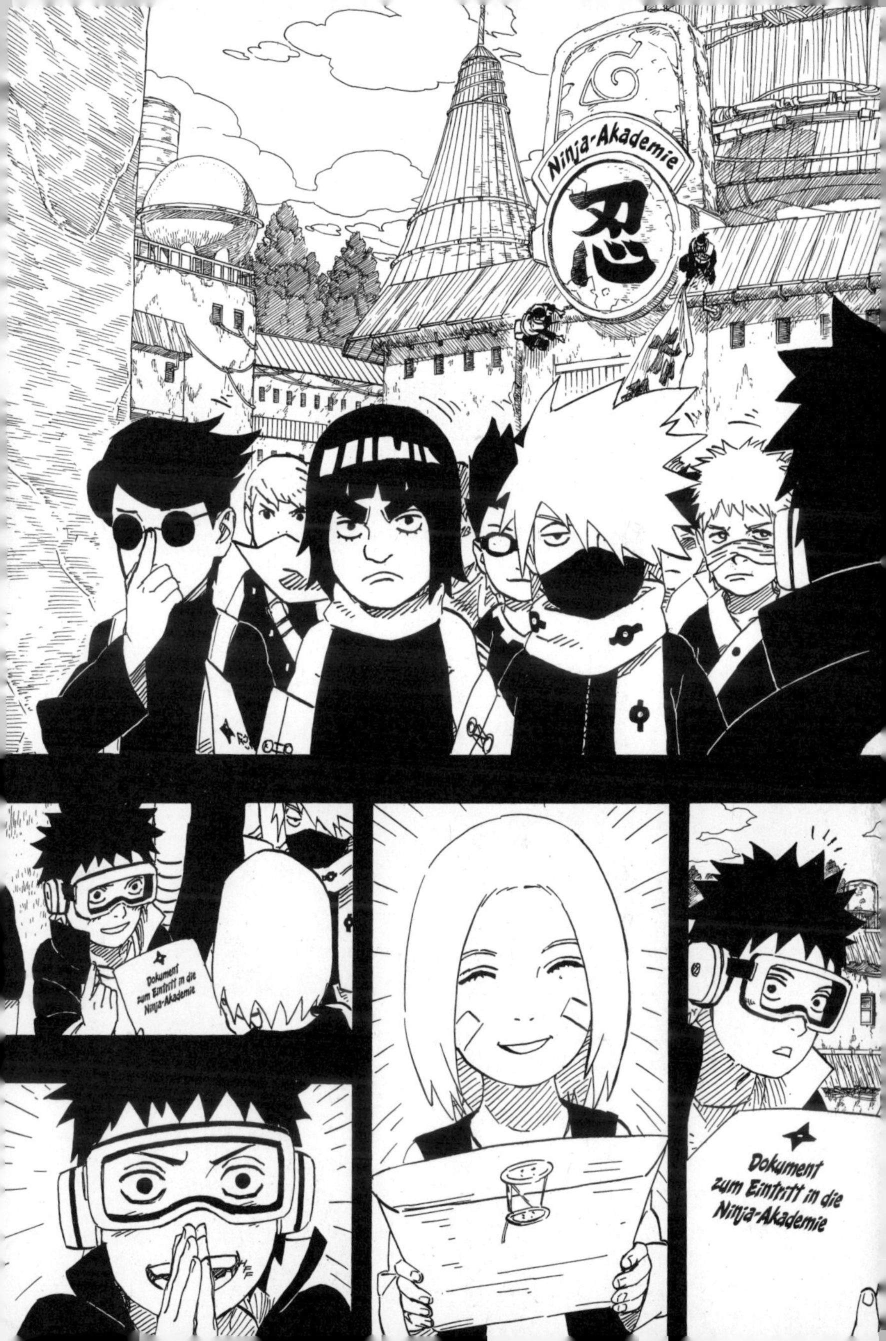
Ninja-Akademie
忍
Dokument zum Eintritt in die Ninja-Akademie
Dokument zum Eintritt in die Ninja-Akademie

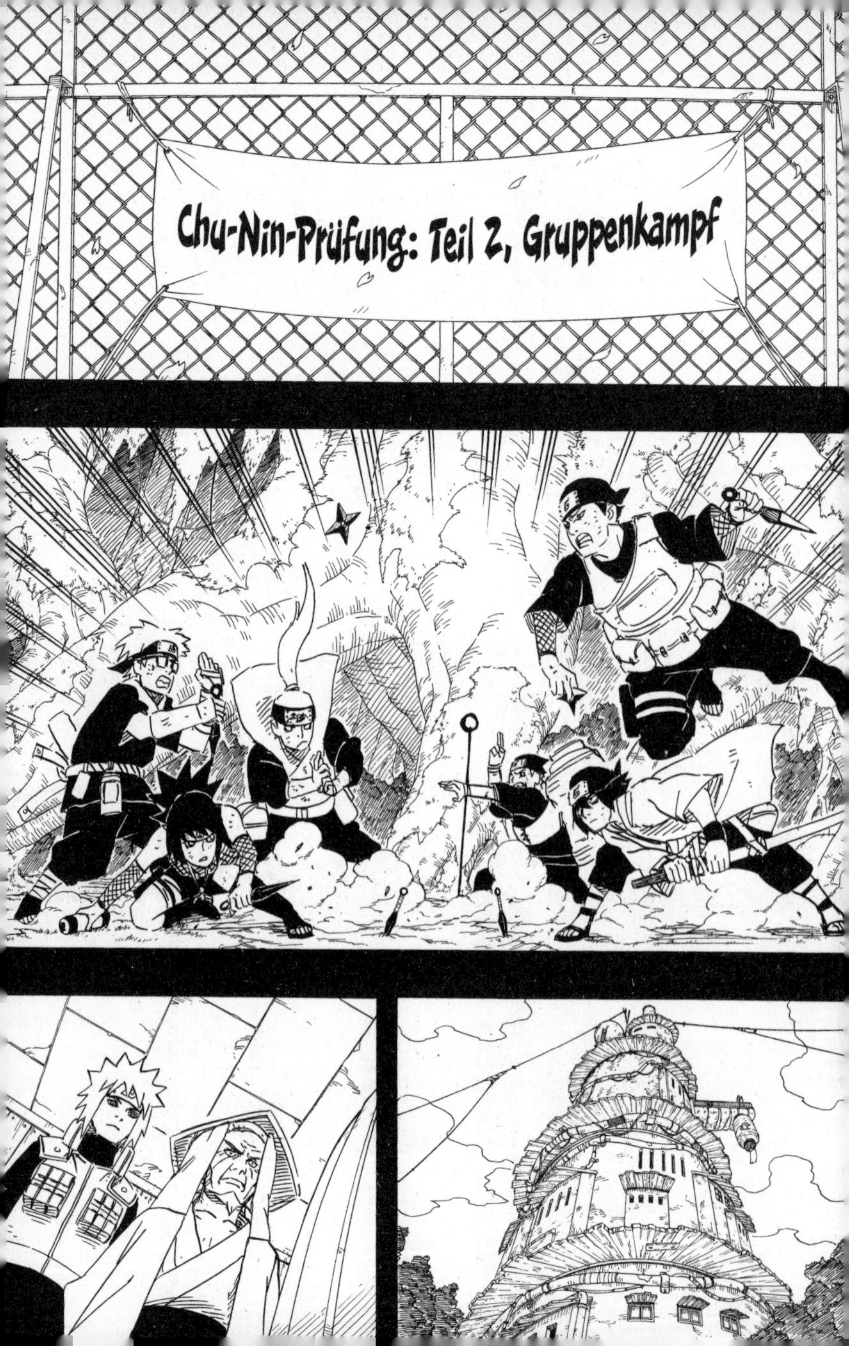
Chu-Nin-Prüfung: Teil 2, Gruppenkampf

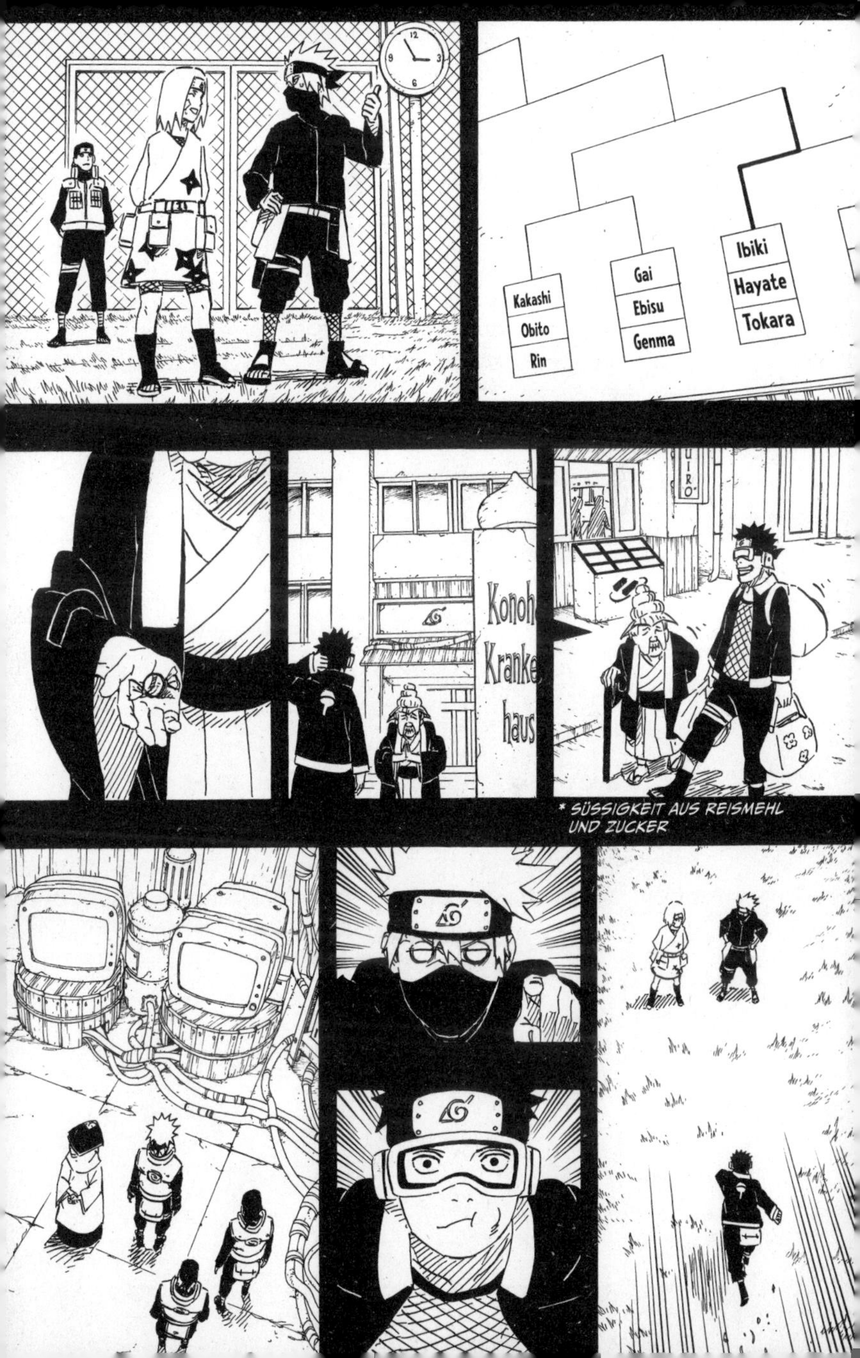
Kakashi
Obito
Rin
Gai
Ebisu
Genma
Ibiki
Hayate
Tokara
Konoh
Kranke
haus
* SÜSSIGKEIT AUS REISMEHL UND ZUCKER

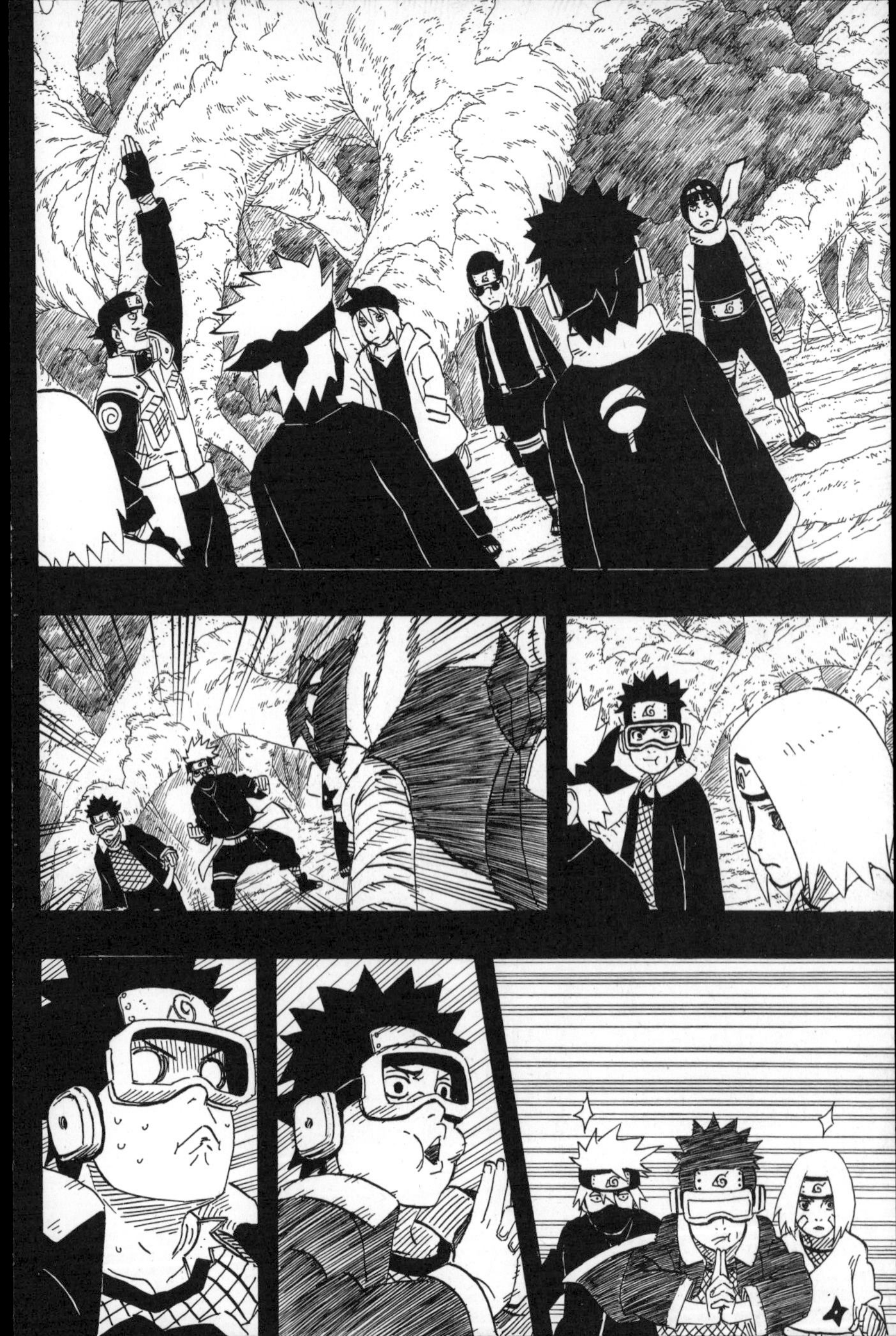

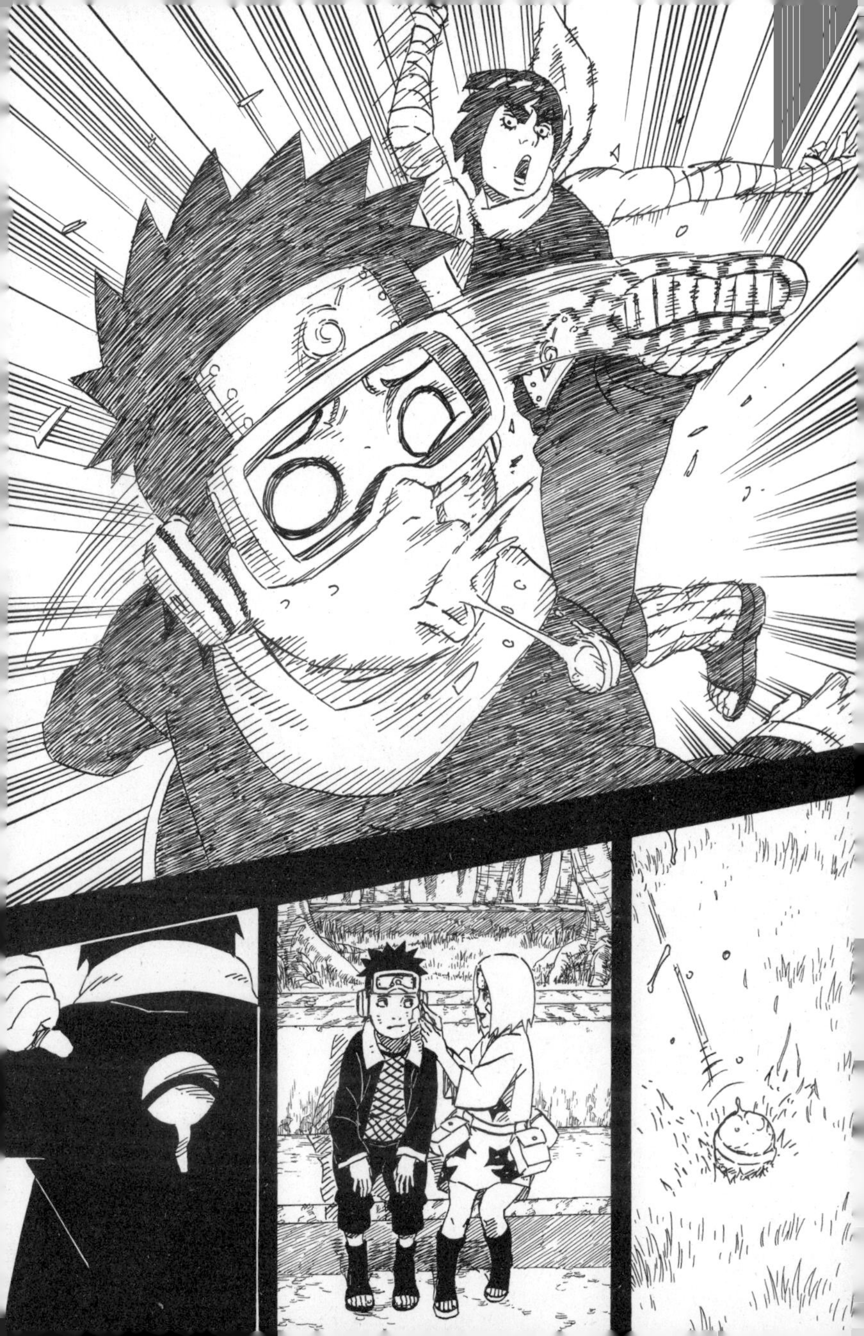

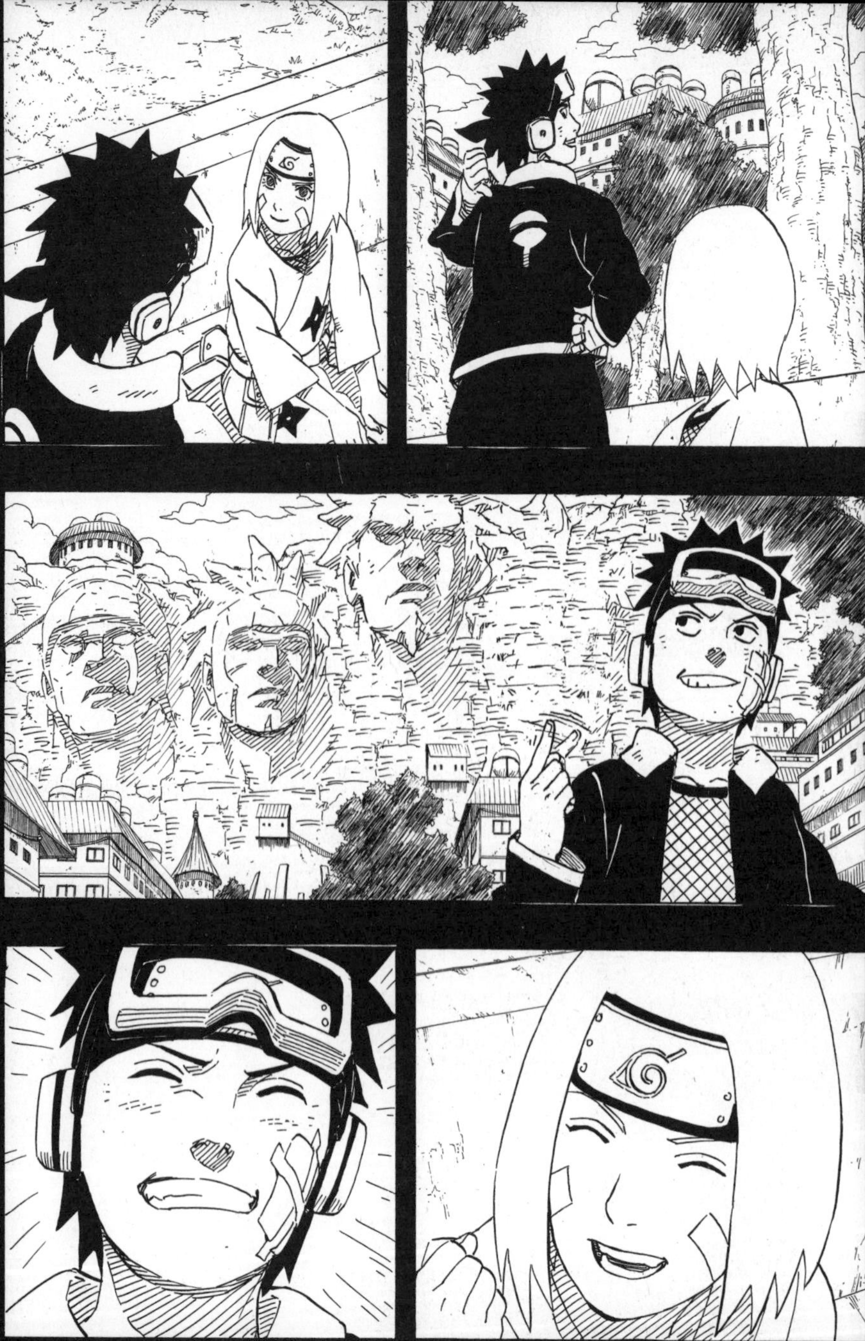

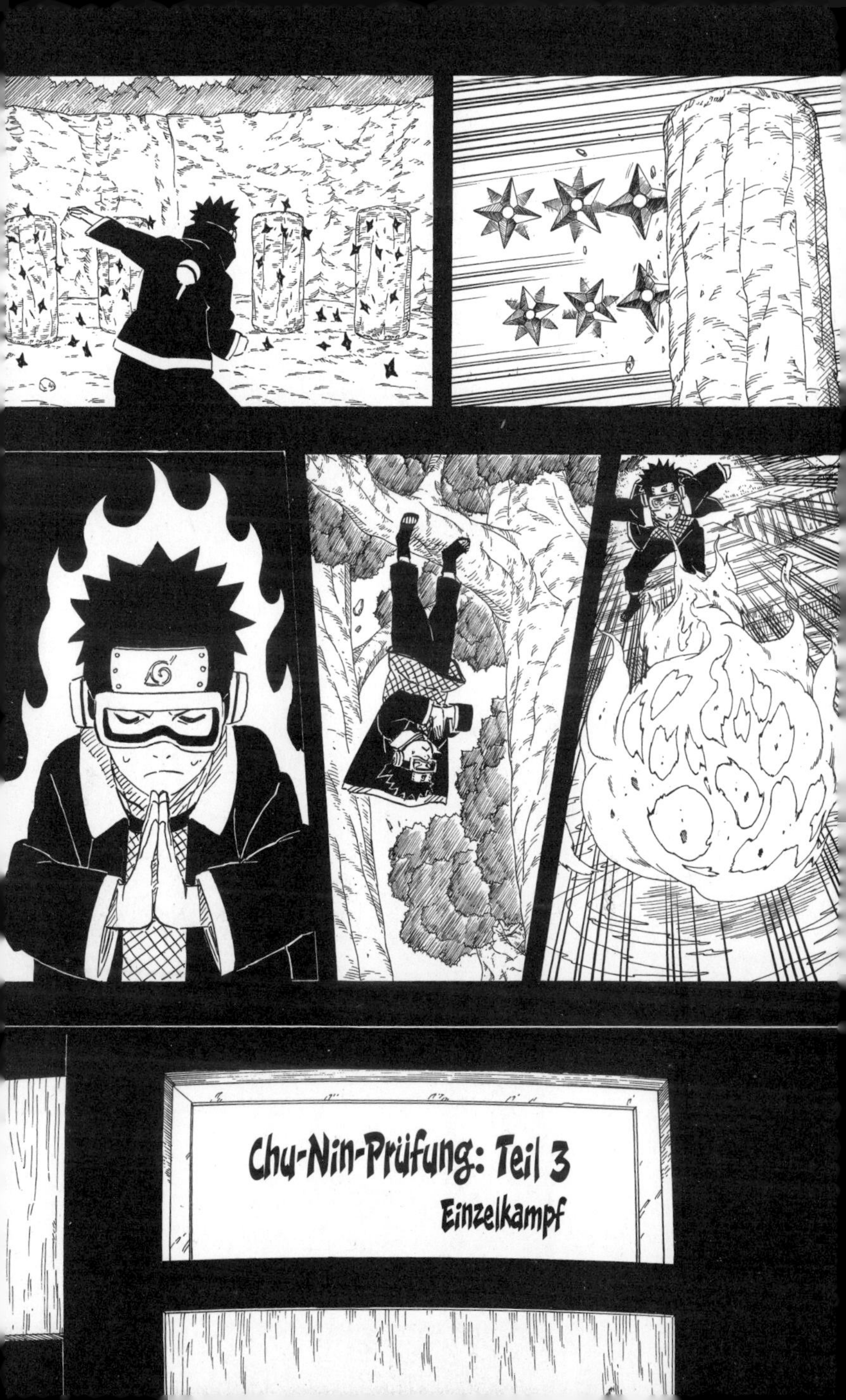
Chu-Nin-Prüfung: Teil 3
Einzelkampf

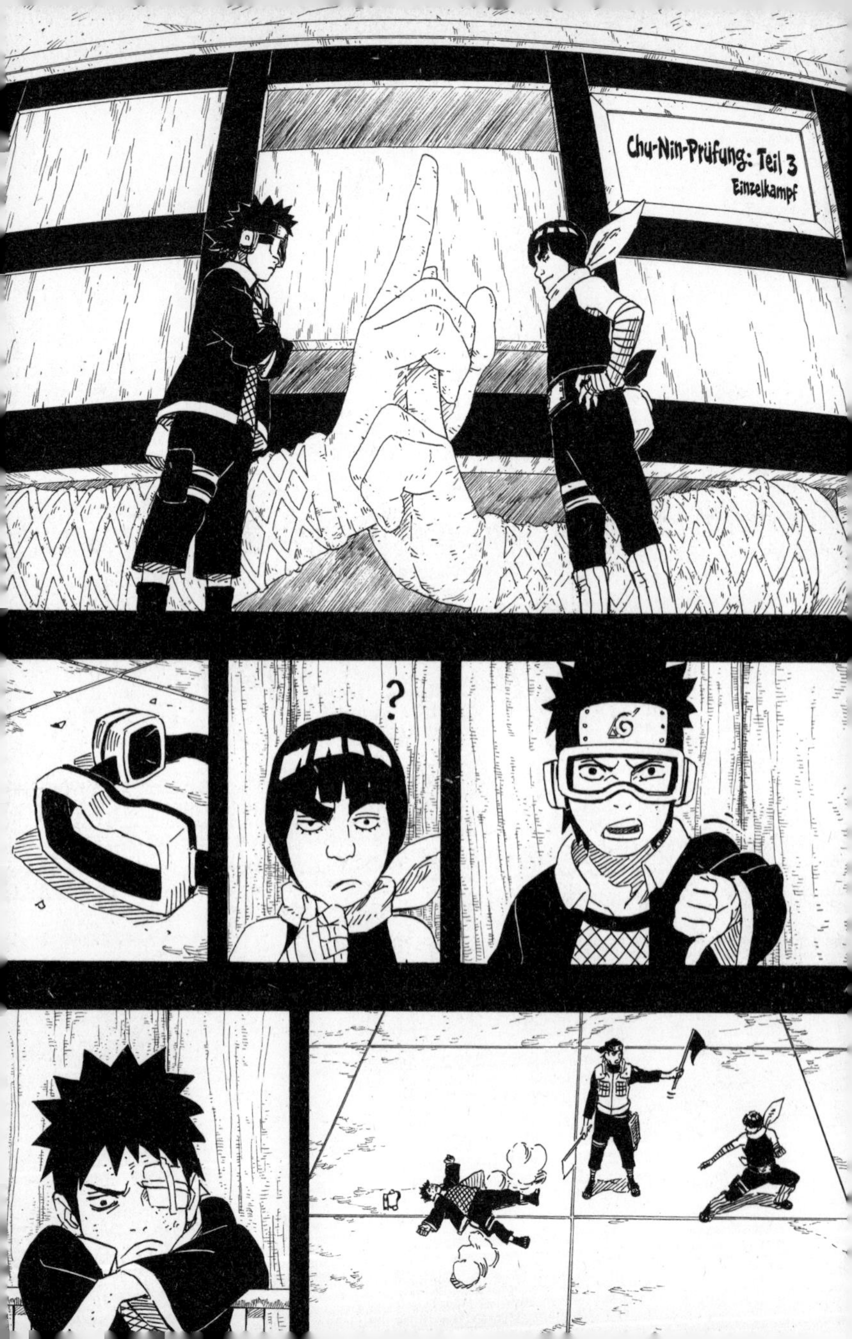

Chu-Nin-Prüfung: Teil 3
Einzelkampf
?

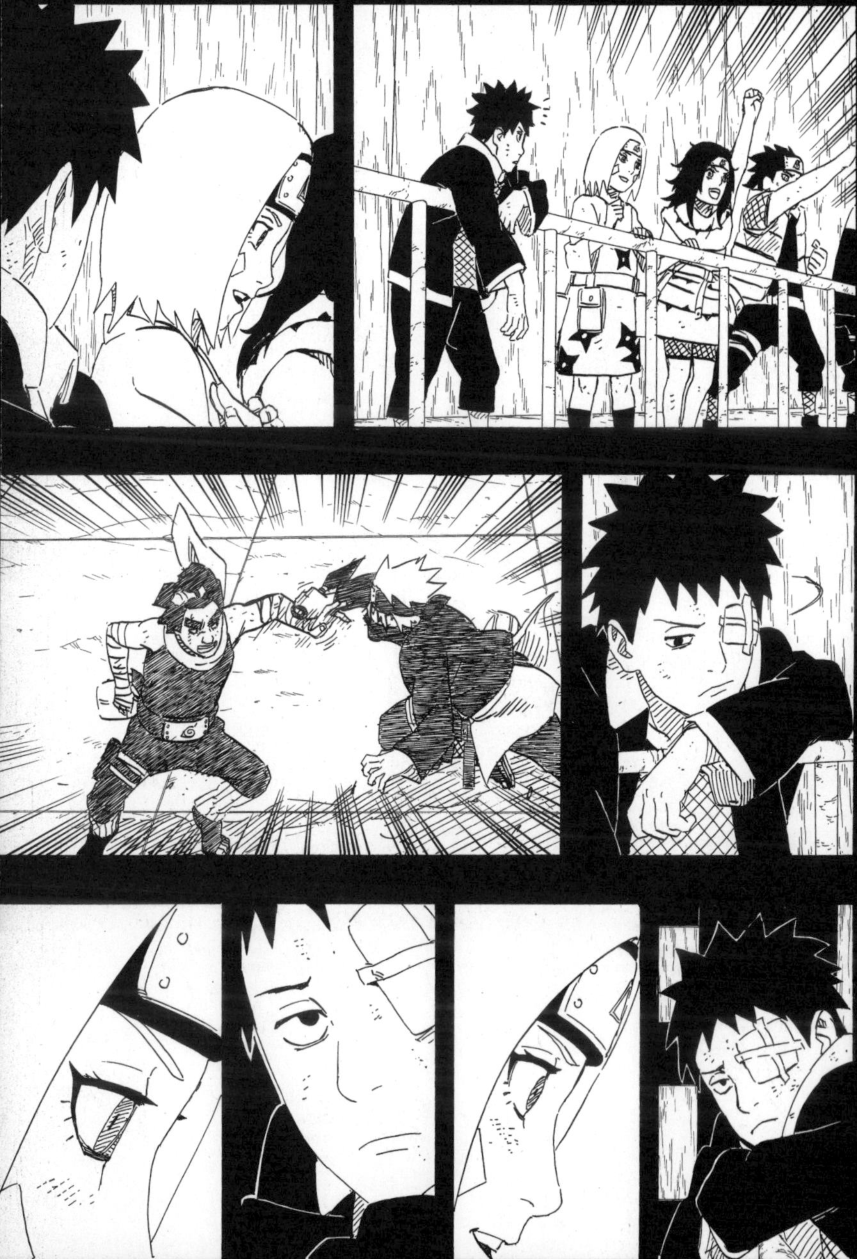

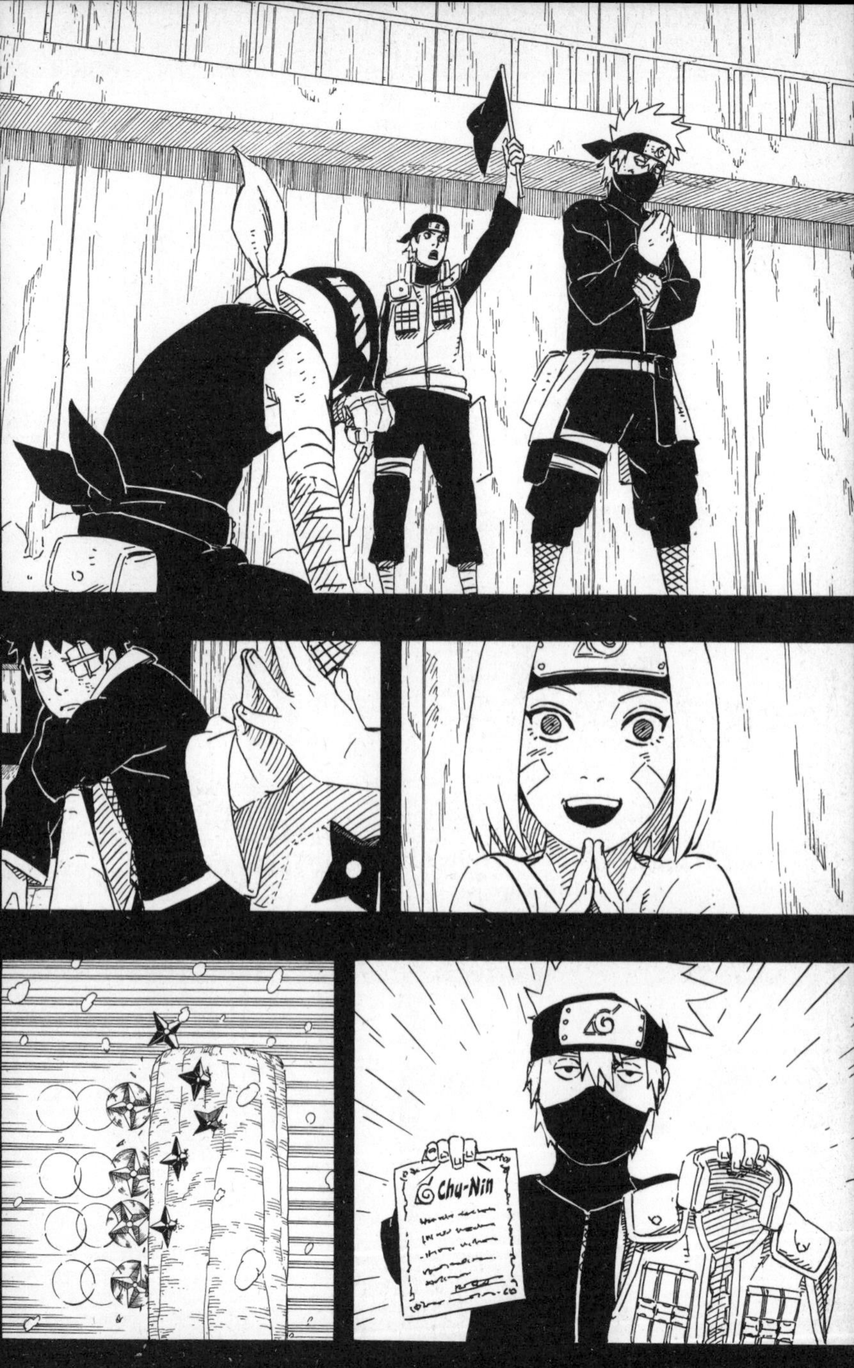
Chu-Nin

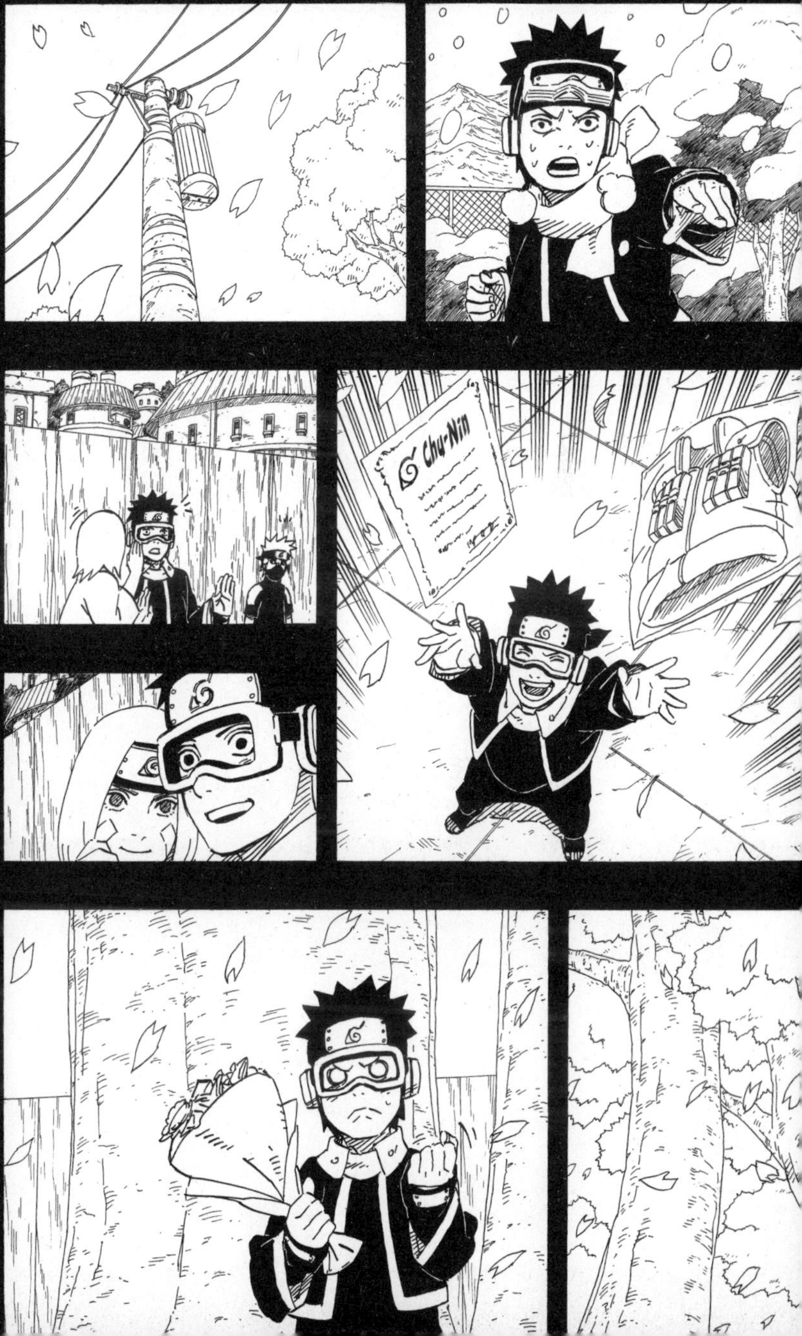
Chu-Nin

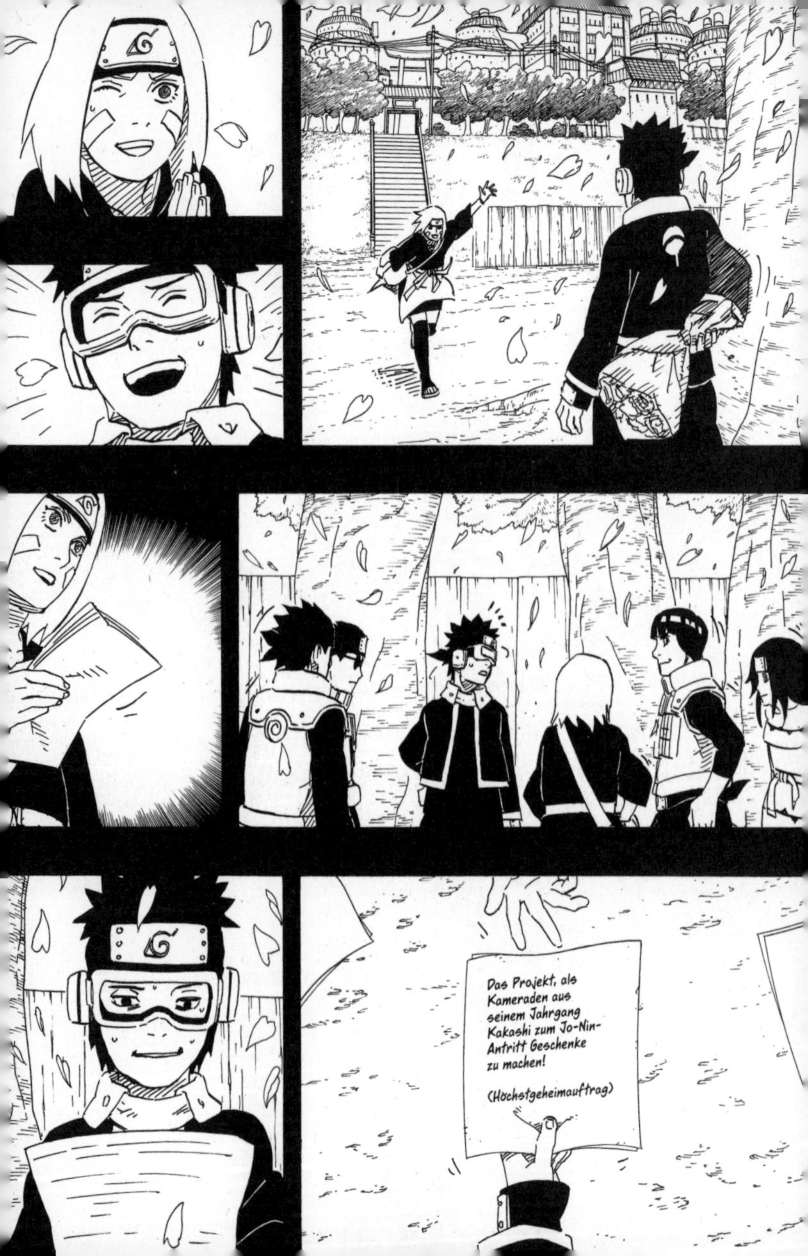
Das Projekt, als Kameraden aus seinem Jahrgang Kakashi zum Jo-Nin-Antritt Geschenke zu machen!
(Höchstgeheimauftrag)

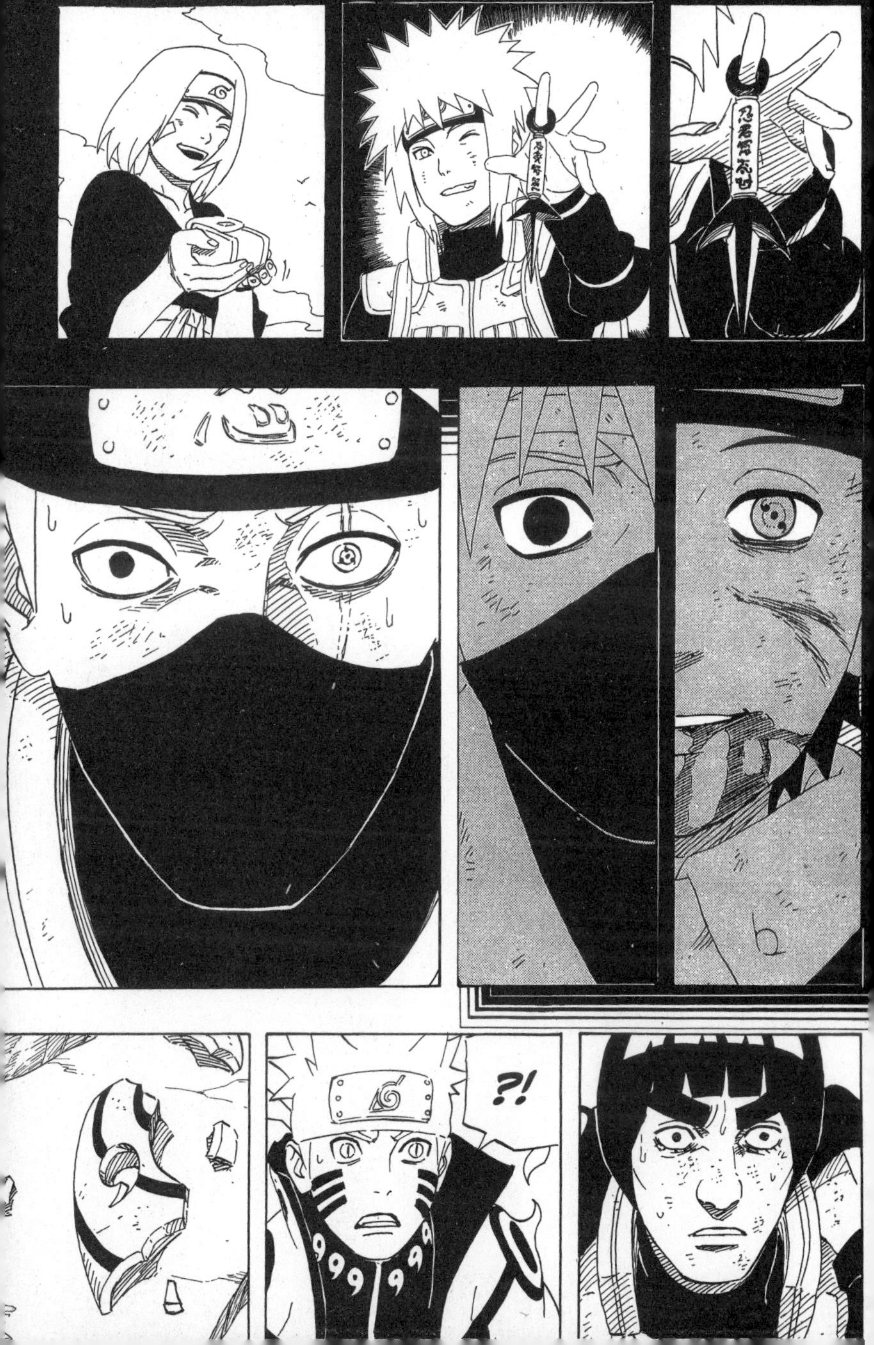

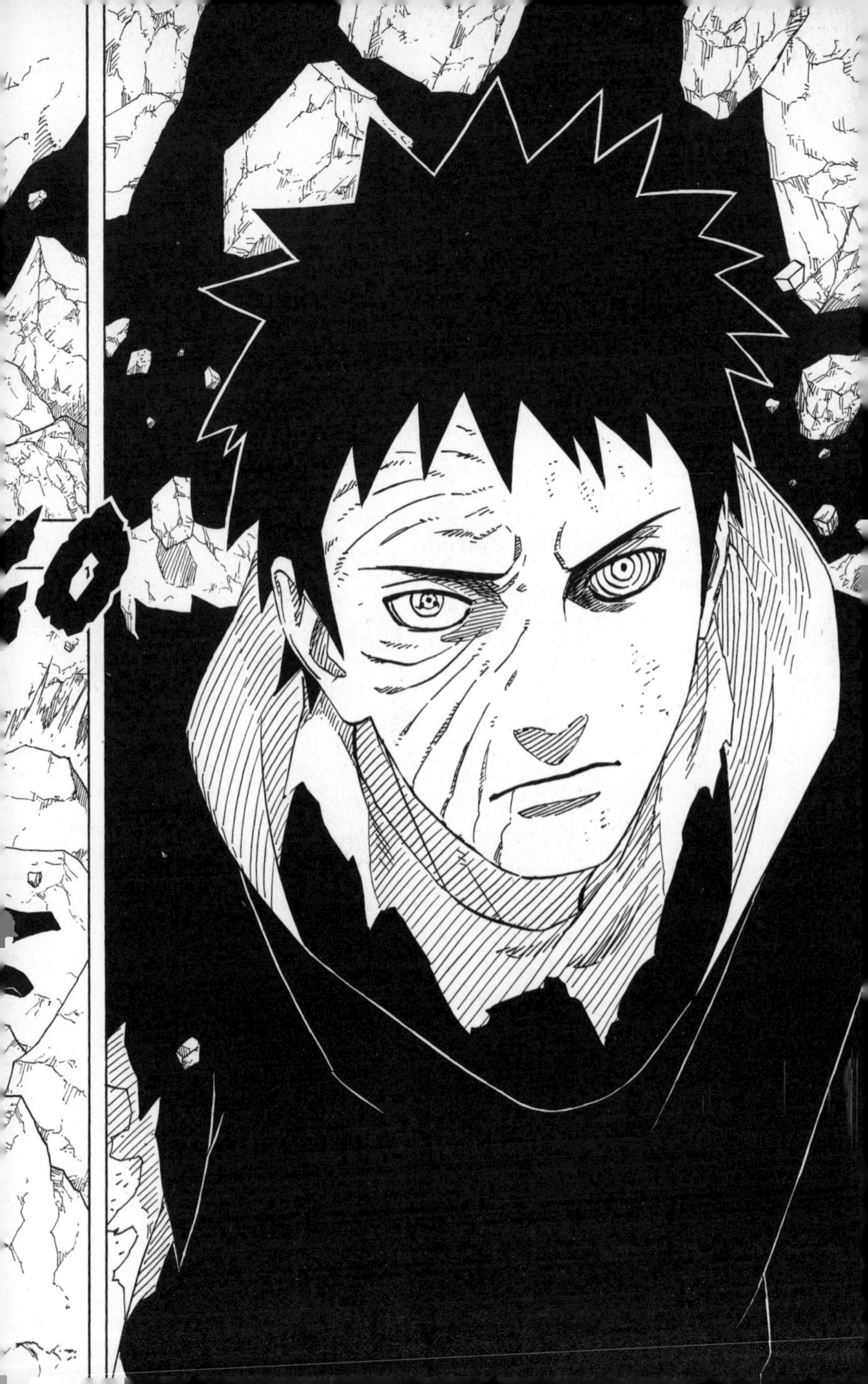

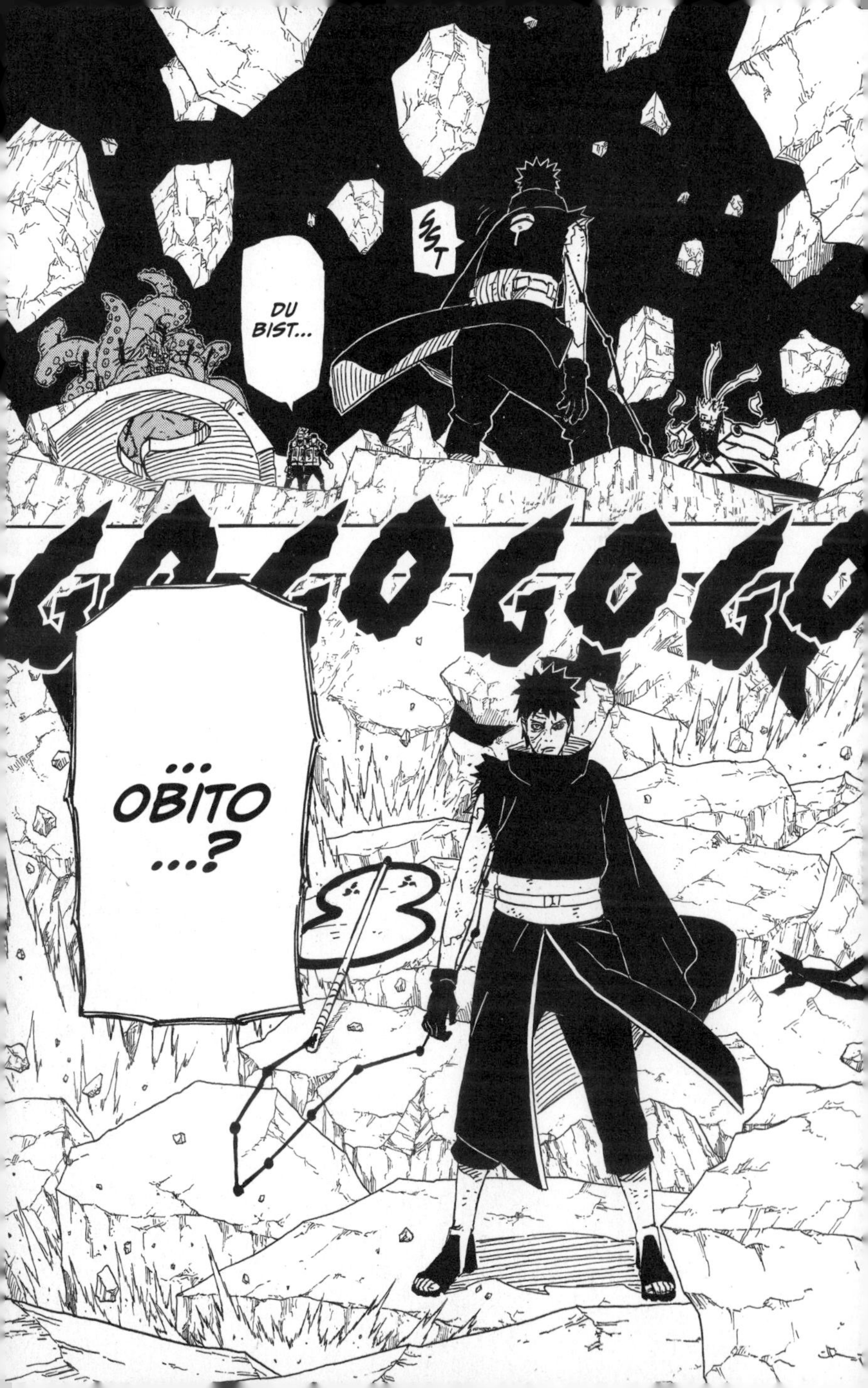

SST
DU BIST...
GOGOGOGO
... OBITO ...?

GLOSSAR

S. 246
Worümme hes du domaals in Kapg kegen us nich diene vulle Kraft insett?!
Warum hast du damals im Kampf gegen uns nicht deine volle Kraft eingesetzt?!

S. 247
Wi hebbt us lange tied verbiestert. Maar nu könt wi usen Weg finnen.
Wir hatten uns lange Zeit verirrt. Aber gerade sind wir dabei, unseren Weg zu finden.

Nu all upgäben? Nee...!
Jetzt schon aufgeben? Nein...!

S. 280
Susanoo is wech un Dust un Asch suust um de Edotensei...
Susanoo ist verschwunden und Staub und Asche brausen um die Edotensei...

Da gävt dat keen Twiefel...
Es besteht kein Zweifel...

Wer uk jümmers dat is...
Wer auch immer es sei...

He is en Held, de de Ninja-Welt bewohrt het!
Er ist ein Held, der die Ninja-Welt geschützt hat!

S. 281
De Heben het us nich verlaaten!
Der Himmel hat uns nicht verlassen!

S. 284
He will noch eenmal toslaagen, ehr he oevert Steuer gaht!
Er will noch einmal zuschlagen, bevor er verschwindet!

Ji muss vörsichtig weern!
Seid vorsichtig!

S. 287
Schiet...!
Mist...!

S. 288
Se weer doch vullstännig wechtreten...
Sie war doch komplett weggetreten...

S. 299
Överlat us de Madara! Wi maakt em platt!
Überlass uns den Madara hier! Wir besiegen ihn sicher!

Maak di keene Sorgen un överlaat us de Kampf!
Mach dir keine Sorgen und überlass uns diesen Kampf!

Wi krich dat hin!
Wir kriegen das hin!

Wi moet em partu töven...
Wir müssen ihn unbedingt aufhalten...

S. 47
Miene Kunst bringt di ümme!
Meine Kunst bringt dich um!

Mien Jinton het voerdem diene linke Schuller lädiert.
Mein Jinton hat vorhin deine linke Schulter verletzt.

Dat geit also!
Das geht also!

S. 233
Stoah up, Kage!
Steht auf, ihr Kage!

Riet di tosamen, wi steit an Wennpunkt!
Reißt euch zusammen, wir stehen am Wendepunkt!

Ji bünt Kage.
Ihr seid Kage.

Nu maak jau leven en end, düssen Titel na.
Also vollendet euer Leben diesem Titel entsprechend!

Wi hebbt Naruto den anneren Kampf anvertraut.
Wir haben Naruto den anderen Kampf anvertraut!

Naruto wiederümme het us düssen Kampf anvertraut un wi hebbt schworn to segen!
Naruto wiederum hat uns diesen Kampf anvertraut, und wir haben geschworen zu siegen!

Un uk all de annern Ninja hebbt us wat anvertraut.
Und auch alle anderen Ninja haben uns etwas anvertraut.

S. 234
Se hebbt us den Titel »Kage« anvertraut! Entehrt em nich!
Sie haben uns den Titel »Kage« anvertraut! Entehrt ihn nicht!

S. 235
Wi hebbt nich mehr veel Chakra. Dat was use letzte Angreep!
Wir haben nicht mehr viel Chakra. Das wird unser letzter Angriff!

S. 240
Middewiel dau ik Jinton!
Indes übe ich Jinton aus!

Dann hebbt wi genaug tied, dich to versiegeln!
Damit gewinnen wir genug Zeit, dich zu versiegeln!

Kiek di dat an! Dat is de full Kraft von de fiev Kage!!
Sieh es dir an! Das ist die volle Kraft der fünf Kage!!

S. 243
Dat Chakra von den Groten het sich stabilisiert...
Das Chakra des Riesen hat sich stabilisiert...

PRODUZIERT MIT VERANTWORTUNG

MIX
Papier | Fördert gute Waldnutzung
FSC® C083411
www.fsc.org

CARLSEN MANGA! NEWS
jeden Monat neu per E-Mail
www.carlsenmanga.de
www.carlsen.de

CARLSEN MANGA
Deutsche Ausgabe/German Edition

Aus dem Japanischen von Miyuki Tsuji

First published in Japan in 1999 by SHUEISHA Inc., Tokyo.
German translation rights in Germany, Austria, Luxembourg and German-speaking Switzerland
arranged by SHUEISHA Inc. through VME PLB SAS, France.
Redaktion: Anne Berling
Textbearbeitung: Ina Schiele
Herstellung: Wiebke Düsedau & Ronny Willisch

Bei Fragen zum Produkt: carlsen.de/kontakt
ISBN 978-3-551-79547-2

HALT!

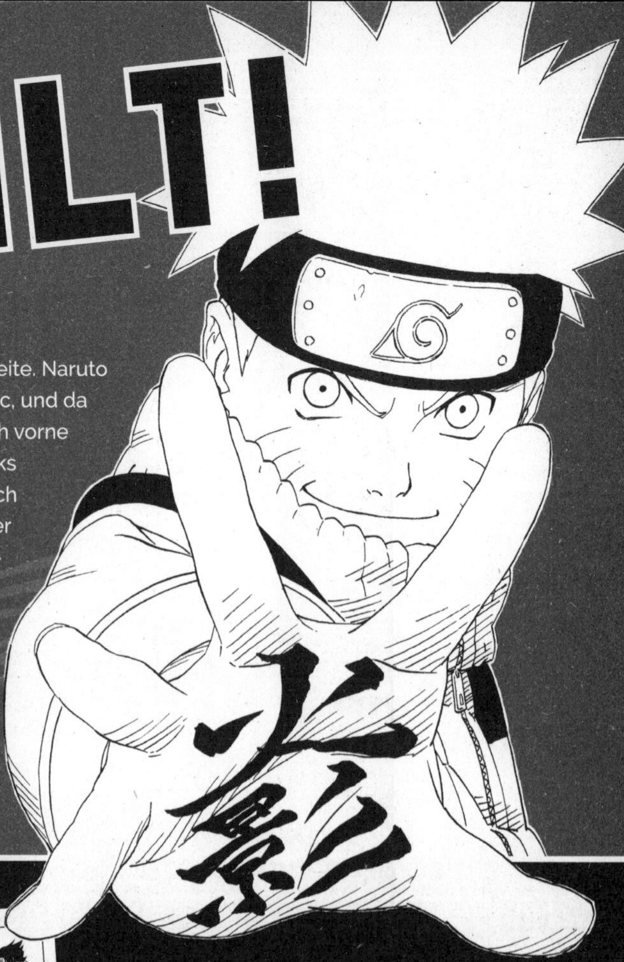

Das ist nicht die erste Seite. Naruto ist ein japanischer Comic, und da in Japan von hinten nach vorne und von rechts nach links gelesen wird, musst auch du diesen Comic von der anderen Seite aufschlagen und von hinten nach vorne lesen.

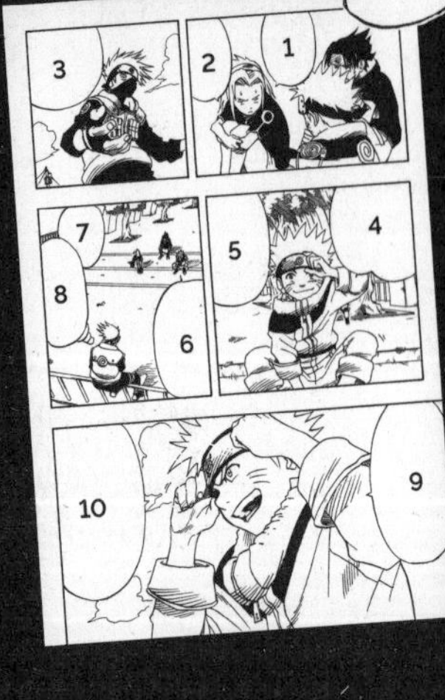

Auch die Bilder und Sprechblasen werden von rechts oben nach links unten gelesen, so wie es die Grafik hier zeigt. Schwer? Zuerst ungewohnt, doch es bringt richtig Spaß. Probiert es aus!

Viel Vergnügen mit **NARUTO** und der ganzen Ninja-Bande!